中华人民共和国
民法典人格权编释义

Annotations on Personality Rights of Civil Code of the People's Republic of China

王利明 程 啸 朱 虎◎著

中国法制出版社
CHINA LEGAL PUBLISHING HOUSE

中华人民共和国
民法典人格权编释义

Annotations on Personality Rights of
Civil Code of
the People's Republic of China

王利明　程　啸　朱　虎◎著

中国法制出版社
CHINA LEGAL PUBLISHING HOUSE

前言：人格权独立成编的时代意义

王利明

为人民谋幸福，为民族谋复兴，是中国共产党执政的初心，也是新时代的奋斗目标。党的十九大报告在民生部分提出了要保障公民的合法权益，并且特别强调了对人格权的保护。由于人格权是民事主体对其人格利益享有的排斥他人干涉的权利，关乎每个人的人格尊严，是民事主体最基本、最重要的权利，因此人格权编的立法目的就是要“贯彻党的十九大和十九届二中全会关于‘保护人民人身权、财产权、人格权’的精神，落实宪法关于‘公民的人格尊严不受侵犯’的要求”,① 坚持以人民为中心，回应社会关切，顺应人民群众对人格权保护的迫切需求，总结现有人格权立法以及实践经验，对人格权制度作出详细的、科学合理的规定，全面确认和保护人格权。同时，人格权编也对现行民事法律规范进行了系统整合，为司法实践中处理人格权纠纷提供了较为明确的裁判依据，从而实现民法典编纂的时代性和体系化目标。

人格权在民法典中独立成编，落实了民法调整平等主体之间的人身关系和财产关系的任务，改变了传统民法存在的“重物轻人”的体系缺陷，这既是民法典回应时代需求的集中体现，也从根本上满足了新时代人民群众日益增长的美好幸福生活的需要，强化了对人格尊严的维护。人格权独立成编是我国民法典最重要的创新之一和最大亮点，也为世界各国有效应对人格权保护问题提供了中国经验和中国方案。人格权独立成编的意义主

---

① 沈春耀作关于民法典各分编（草案）修改情况和民法典（草案）编纂情况的汇报，载《人民日报》2018 年 8 月 28 日。

要体现在如下几个方面。

一、人格权独立成编是实现人民群众对美好生活向往的需要

按照马克思主义理论，人的地位是最高的。马克思主义倡导人的解放，实现人的全面发展，归根结底都是为了人。当前，中国特色社会主义已经进入了新时代，党的十九大报告在深刻分析我国经济社会现实的基础上明确指出："我国社会主要矛盾已经转化为人民日益增长的美好生活需要和不平衡不充分的发展之间的矛盾。"经过改革开放四十年来的发展，我国持续稳定地解决了十几亿人的温饱问题。我国已经成为世界第二大经济强国，人民物质生活条件得到了极大的改善，总体上实现了小康，不久将全面建成小康社会。在这样的背景下，人民美好生活的需要日益广泛，广大人民群众不仅对物质文化生活提出了更高的要求，对精神生活的要求也必然日益提高，希望过上更有尊严、更体面的生活，尤其是在民主、法治、公平、正义、安全、环境等方面的要求更加强烈。① 美国社会心理学家马斯洛（Maslow）曾经提出著名的"需求层次理论"，即当人们只满足于基本物质需要时，人们对隐私等精神性人格权的诉求会相对很少，而当人的生存需要基本满足之后，对文化和精神的需要将越来越强烈。② 马斯洛把这种心理需要归纳为自尊需要。③ 中国改革开放的历史也印证了这一观点。在中国特色社会主义进入新时代以后，随着我国社会主要矛盾的变化，"保护人格权、维护人格尊严，是我国法治建设的重要任务"。④

人格权法律制度的根本目的在于保护个人的人格尊严，各项人格权都体现了人格尊严的保护要求。因此，在民法典中加强人格权立法，使其在民法典分则中独立成编，实质上就是为了全面保护人格权，使人民生活得更有尊严，其根本目的是实现新时代人民群众对美好幸福生活的向往。《民法典》强化了对生命、健康、身体的保护，并将其列入各项权利之首予以

---

① 参见张文显：《法治与国家治理现代化》，载《中国法学》2014 年第 4 期。

② ［美］马斯洛：《马斯洛人本哲学》，成明编译，九州出版社 2003 年版，第 52－61 页。

③ ［美］马斯洛：《动机与人格》，华夏出版社 1987 年版，第 51－52 页。

④ 沈春耀作关于民法典各分编（草案）修改情况和民法典（草案）编纂情况的汇报，载《人民日报》2018 年 8 月 28 日。

确认。《民法典》将生命尊严作为生命权的重要内容加以保护，这是人格尊严在生命权中的具体体现。《民法典》第一次规定了性骚扰的概念和认定条件，并对防范性骚扰的义务作出明确规定。《民法典》第一次确认了私生活安宁的权利，并明确将个人私人生活安宁规定在隐私权之中，《民法典》第一次确认了隐私的概念，并禁止非法进入、窥视、拍摄他人的住宅、宾馆房间等私密空间，非法拍摄、录制、公开、窥视、窃听他人的私密活动，非法拍摄、窥视他人身体的私密部位（第1033条），从而维护个人尊严，保障社会生活的安定有序。针对他人发送垃圾短信、垃圾邮件侵扰个人私人生活安宁的行为，《民法典》确认和完善了有关个人信息保护的规则。总之，人格权独立成编为维护个人的人格尊严、实现人民群众美好幸福生活提供了重要的法律保障。

二、人格权独立成编是充分回应互联网、高科技进步发展的需要

首先，人格权独立成编是适应互联网时代的需要。互联网技术的发展给人格权特别是隐私权、个人信息的保护带来了巨大挑战。在互联网和大数据时代，隐私等人格权益面临严重的威胁，网络侵害人格权的事件频发，各种“人肉搜索”泛滥，网络谣言、网络暴力、非法侵入邮箱盗取信息、借助APP非法窃听他人通话等时有发生，通过网络非法披露他人短信、微信记录等行为更是屡见不鲜，此类行为不仅污染了网络空间，更是构成对他人人格权的侵害。由于互联网登录和使用的自由性，使得通过网络侵害人格权的行为具有易发性。同时，互联网受众的无限性和超地域性也使得网络侵害人格权具有一种无限放大效应，也就是说，相关的侵权信息一旦发布，即可能在瞬间实现世界范围的传播，相关的损害后果也将被无限放大，损害一旦发生就会覆水难收。因此，在互联网时代，如何预防和遏制网络侵权行为，是现代法律制度所面临的严峻挑战。我国《民法典》不仅确认和保障各项人格权，而且设置禁令、删除、更正等规则，强化了对损害的预防，并有效制止和遏制网络侵权行为，这些方式也成为依法治网的重要形式。

其次，人格权独立成编是适应高科技和信息社会发展的需要。21世纪是高科技和信息爆炸的时代，现代科技是价值中立的，① 科学技术的迅速发展是一把“双刃剑”，一方面，其给人类带来了巨大的福祉，极大地改变了人类的生产和生活方式，甚至改变了人类社会的组织方式。另一方面，科学技术一旦被滥用，反过来也可能损害个人隐私、个人信息、生命健康等，从而损害人类的福祉。例如，随着生物科技的发展，人类基因编辑、器官移植、代孕、DNA 鉴定中出现的问题越来越多。针对现代科学技术发展对个人隐私等人格权带来现实威胁，美国学者 Froomkin 提出了“零隐权”（zero privacy ，意思是隐私权已经不存在）的概念，认为各种高科技、互联网的发明在给人类带来巨大福祉的同时，也都有一个共同的副作用，即对隐私权、个人信息保护带来了巨大威胁。② 例如，互联网、卫星技术、生物辨识技术、监控技术等越来越多地成为个人信息收集的工具。科幻小说中设想的通过苍蝇携带相机到他人家中偷拍，已随着无人机技术的发展逐渐变成现实。各种高科技的发明已经使得人类无处藏身，如何强化对隐私权等人格权益的保护，成为现代法律制度所面临的最严峻的挑战。③ 为应对这些挑战，人格权编的许多条款都作出了相应规定，例如，《民法典》第 1009 条设定了关于人体基因、人体胚胎相关科研的底线规则，第 1019 条禁止利用信息技术手段深度伪造他人肖像，第 1023 条第 2 款承认了声音作为一种新型的人格利益，以及民法典扩大了个人信息的范围，在原有法律规定的基础上增加了生物识别信息、健康信息、行踪信息等，都是对互联网、高科技时代人格权保护需求的回应。

三、人格权独立成编是适应市场经济发展的需要

市场经济的发展、商业模式的改变以及网络营销的发展，在深刻改变我们消费方式的同时，也对我们的个人信息安全、隐私权保护等构成了一定的威胁。个人信息的收集与利用极大地促进了社会经济的发展。由于电

---

① 张志成：《论科技法学的法理学基础及其二元结构》，载《科技与法律》2005 年第 3 期。

② See A. Michael Froomkin, Cyberspace and Privacy: A New legal Paradigm? The Death of Privacy? 52 Stan. L. Rev. 1461, 2000.

③ 徐明：《大数据时代的隐私危机及其侵权法应对》，载《中国法学》2017 年第 1 期。

子商务的迅猛发展，网络购物早已进入每一个家庭，成为人们日常生活消费的重要方式。电子商务也带来了诸多的新型广告模式，例如，针对特定消费者个人消费癖好的分析，商家投放具有明确针对性和个性化的广告。这实际上就是在电子商务过程中商家对消费者大量信息进行收集和利用所致，会给隐私权、个人信息保护带来巨大的挑战。一些商家违规收集个人信息，或者违反约定利用个人信息，实际上都构成对个人信息权利的侵害。此外，征信制度、黑名单制度的建立也都给个人信息的保护带来了挑战。各种名目繁多的评级、企业自己建立的黑名单制度，因信息失真而使评价不准确，不仅会导致对他人名誉、信用等的损害，也会影响他人正常的经营活动乃至日常的生活。

为适应市场经济的发展和保护人格尊严的需要，《民法典》第993条确立了人格利益的许可使用规则。人格权具有专属性，但是这并不意味着人格利益不可由他人进行利用。人格利益的许可使用，也称为人格利益的经济利用，是指人格权的某些权能可以依法转让或者授权他人使用，以及在其遭受侵害以后可以通过财产损害赔偿的方式获得救济。人格利益许可使用规则的重要意义在于：一方面，有利于回应社会发展需求。传统社会中，社会形态比较简单，普遍更侧重人格权的静态保护；随着社会的发展，肖像、声音、个人信息等的利用层面凸显出来，各种利用现象层出，尤其是个人信息的利用十分普遍，我国民法典关于人格权许可利用的规定适应了人格权行使的发展趋势，有效地协调了个人信息保护与利用关系，有利于促进我国数据产业的发展和国家整体战略的推进。另一方面，有利于保护个人人格尊严。利用和保护并非截然对立的两个层面，人格尊严也包括通过自己的意志对人格利益进行自主利用，并排除他人未经许可的利用，这也是对人格尊严的动态保护。民法典也基于人格尊严保护的要求，规定了不得许可使用的情形，这为人格权的许可使用设置了界限，更有利于推进对人格尊严的保护，避免因利用而损害人格尊严。对于人格利益和财产利益可能导致的冲突，人格权编通过许可使用合同的解释以及许可使用合同的解除等问题，均作出了特殊规定。这些规定更加注重对于人格利益的保护，同时注重与财产利益的平衡，能够更好地实现保护人格尊严的宪法要求。

四、人格权独立成编是全面保护人格权的需要

人格权独立成编就是要构建完整的人格权体系，这既顺应了域外的立法趋势，也可以满足我国社会现实的需要，从而为全面保护人格权奠定制度基础。具体而言，主要表现在：

第一，为依法行政提供根本的遵循。民法典全面确认各项人格权，将为规范行政执法提供依据，行政执法过程中不得以侵害人格权为代价，不得违背法律法规的规定随意减损公民依据民法典所享有的各项人格权，国家机关工作人员在行使职权过程中还应当保护公民的各项人格权不受侵害，如《民法典》第1005条规定国家机关法定救助义务的履行，也有利于维护公民的人格权。

第二，为公正司法提供基本依据。司法机关在行使职权过程中，也要遵循民法典规定的人格权保护规则，规范、公正、文明执法，提高司法公信力。从我国司法实践来看，人格权纠纷案件在审判实践中的数量呈逐渐增长趋势。自《民法通则》确立人身权制度以来，人民法院审理的人格权案件数量每年都在快速增长，大量涉及了名誉、肖像、隐私、姓名、名称、个人信用、人身自由等人格权。实践中，侵害人格权的事件大量发生，尤其是随着互联网、高科技的发展，网络暴力、网络谣言、人肉搜索、网络诽谤、信息泄露等时有发生，这就尤其需要立法作出应对并强化对人格权的保护。而相对于世界发展趋势和现实社会需要，我国《民法总则》的几个条文过于原则、简单，远不能达到全面保护人格权益的立法目的。同时，《民法总则》第110条虽然对各项具体人格权进行了列举，在一定程度上完成了人格权类型的确认，但并没有规定各项人格权的具体内容，尤其是义务人应当承担的各项行为义务、尊重人格权应当遵循的各项具体规则、权利行使中私人利益与公共利益的协调关系，以及在侵害人格权情形下的保护规则等。因此，需要通过《民法典》人格权编构建科学合理且系统全面的人格权体系。

第三，人格权独立成编将为未来人格权的确认和保护提供空间。人格权是一个不断发展的体系，随着科学的发展、科技的进步，会出现许多新的人格利益需要保护，这些权利出现之后，只有人格权独立成编，才有足够的空间容纳这些新型的人格权益。人格权独立成编也凸显了人格权在民事权利体系中的地位和作用，使其可以和物权、债权一样，成为重要的民事权利，这也有利于强化公民的权利意识。同时，人格权的体系具有开放性，其类型和内容也是在不断发展的,[1] 通过独立成编的人格权法可以为将来人格权制度的发展预留足够的空间。尤其是考虑到现代社会生活的复杂性，科学技术的发展将持续给人与社会的关系带来影响，而人对自身发展的诉求也将随之发展，人的主体性意识和诉求也将增强。在这样的背景下，人格权的类型和内容都会不断发展，法律在未来还会有必要确认新型的人格权益,[2] 民法典中关于人格权的类型在未来还可能会增加。人格权这种与时俱进的开放性特点，在民法典人格权独立成编的立法模式下更具有可能性。在独立的人格权编中，法官可以通过对既有人格权范式的参照和类推适用，发现和确认新型的人格权法益，从而更好地确认和保护新型的人格权益。

五、人格权独立成编是完善民法典体系的需要

人格权独立成编不仅具有足够的理论支持和重大的实践意义，而且从民法典的体系结构来看，完全符合民法典体系的发展规律，并对民法典体系的丰富和完善具有十分重要的作用，一方面，人格权独立成编符合民法典体系结构的内在逻辑。人格权独立成编凸显了民法作为“人法”的本质，有助于改变传统民法“重物轻人”的体系缺陷。人格权独立成编形成对各种人格权益的周延保护，并弥补了传统民法典体系的不足。另一方面，人格权独立成编也与我国《民法典》总则编所明确的调整对象是相吻合的。我国《民法典》第 2 条在规定民法的调整对象时，将人身关系规定在财产

---

① Jean - Christophe Saint - Pau (dir.), Droits de la personnalité, LexisNexis, 2013, p. 37.

② 高圣平:《比较法视野下人格权的发展——以美国隐私权为例》，载《法商研究》2012 年第 1 期。

关系之前，凸显了对人身关系的重视。这实际上表明，我国《民法典》要求进一步强化对人身权益的保护，这一精神应当在民法典分则中得到体现。《民法典》第109条、第110条采用高度概括的方式列举了一般人格权和具体人格权，这些权利的具体内容并没有规定，这就需要在民法典分则中对其作出规定。同时，总则编所规定的民事权利实际上都需要通过各个分编以及特别法作出细化规定。例如，物权、债权等都有分编保护，身份权有婚姻家庭法保护，其他投资性权利通过公司法等特别法予以保护，但人格权迄今为止仍缺乏细化的保护规则，这就难以实现《民法典》的立法目的。

总之，"现代民法的发展显然是以人格权法的发展而展开的"①。加强和完善人格权法律制度，代表了现代民法的发展趋势。民法典是新时代保护人民民事权利的"权利法典"，而人格权编尊重人民的意愿，反映人民的需求，谋求人民的福祉，符合人民的利益，且充满了新时代的气息，彰显了时代的精神，因此堪称良法。但"徒法不足以自行"，只有学习好、实践好这部法典，才能不断推进全面依法治国，推进国家治理体系和治理能力现代化，实现人民群众对良法善治的美好期待。

---

① [日]北川善太郎：《民法典体系的民法模式与比较法》，载中国人民大学法学院：《2008年民法体系与侵权法国际研讨会材料》。

目　录

Contents

第一章　一般规定

第二章　生命权、身体权和健康权

第三章 姓名权和名称权

第四章 肖像权

第五章 名誉权和荣誉权

第六章　隐私权和个人信息保护

第一章　一般规定

第九百八十九条　【人格权编的调整范围】

本编调整因人格权的享有和保护产生的民事关系。

◆ 条文释义

一、人格权的概念和特征

（一）人格权概念的发展

本条对人格权编的调整范围作出了规定。人格权（personality right、droits-delapersonalite、Persönlichkeitsrecht）的概念始于近代。据美国学者雷特尔（Eric H. Reiter）考证，荷兰学者胡果·多诺鲁斯（Hugo Donellus，1527—1591）最早提出了生命、健康等权利，[①] 并将一些人格利益上升为一种权利，开创了人格权理论的先河。[②] 不过，虽然多诺鲁斯提出了生命、健康等具体人格权，但其并没有对人格权下一个一般性的定义。18 世纪，德国学者沃尔夫也提出了生命权、身体权等概念。19 世纪，也有学者对人格权的概念进行过研究。例如，1867 年，法国学者本陶德（Bentauld）在其撰写的《拿破仑法典的原则和实践》一书中就曾提出过人格权的概念。1870 年，另一个法国学者莫勒特（Morillot）在其撰写的一本关于版权和工业产权的著作中，也曾论及人格权理论。19 世纪中期，历史法学派的代表人物萨维尼则对人格权概念持批评态度，他认为，一个人无法拥有对自己的身体及其组成部分的权利，否则将导致个人享有自杀的权利，因此，个

① See Eric H. Reiter, *Personality and Patrimony: Comparative Perspectives on the Right to One' Image*, 76 Tul. L. Rev. 673.

② Vgl. Helmut Coing, Zur Geschichte des Begriffs subjektives Recht, in: ders. / Frederick H. Lawson / Kurt Grönfors (Hrsg.), Das subjektive Recht und der Rechtsschutz der Persönlichkeit, Alfred Metzner, Frankfurt am Main / Berlin, 1959, S. 11f.

人对其自身的权利在实证法上也难以得到承认。①

直到19世纪末期，人格权的概念才开始形成。一般认为，这一概念最早由德国学者噶莱斯（Karl Heinrich Franz von Gareis）于1877年提出，噶莱斯认为，应当区分人格利益和主体资格，人格权以人格利益为客体，而并非以“人格”为客体。人格权不包含任何涉及他人的权利，而仅仅与权利人自己有关②。这就回应了萨维尼等人对人格权概念的批评。在此基础上，他指出人格权的特性应不包括法律主体的物质性利益，人格权包括两个方面：一是源自身体的物质性存在，二是精神上的存在。他还区分了三种类型的人格权：身体完整权和人格自由权（如姓名权）、人格尊严以及智力成果中的权利（如版权）。由于噶莱斯区分了人格权与主体资格，并区分了人格权与其他私法上的权利，深刻地影响了现代人格权法的发展，因此噶莱斯也被称为“现代人格权法之父”。③

受噶莱斯观点的影响，日耳曼法学派的代表人物科勒（Kohler）提出，人格权的权利客体是人的全部精神与肉体，一般性人格权是专属于人的权利，其利益包括身体完整、自由和尊严等。科勒还首次提出了现代法意义上的隐私权概念，并将其作为人格权的组成部分。他认为，人格利益具有不可侵害性，人的人格权只有通过其身体、尊严、隐私等才能受到侵害。④科勒论证了个人对其生命、健康、荣誉、姓名、肖像以及隐私等享有人格权。⑤其观点对人格权理论的形成起到了一定的推动作用。另一位日耳曼法学派的代表人物基尔克（Gierker）提出，人格权是一项重要的私权。他认为，一般人格权是一种基础性权利，来源于法律对于人这一概念的认定。从一般人格权中，又将发展出各类具体的人格权，而此种演变过程往往取决于历史发展的进程。⑥人格权益包括关于个人身体完整的权利、关于自由的权利、关于尊严的权利等⑦。基尔克列举了人格权不同于其他权

---

① Savigny, System des heutigen römischen Rechts, 1840, Bd Ⅰ, S. 334.

② Neethling, JM Potgieter & PJ Visser, Neethling's law of personality, LexisNexis South Africa, 2005, p. 7.

③ Leuze, Die Entwicklung des Persönlichkeitsrechts im 19. Jahrhundert, 1962, S. 93. Neethling, JM Potgieter & PJ Visser, Neethling's law of personality, LexisNexis South Africa, 2005, pp. 6 – 7.

④ Kohler, Urheberrecht an Schriftwerken und Verlagsrecht, 1907, S. 441ff.

⑤ Kohler, Buergerliches Recht, in Enzyklopdie der Rechtswissenschaft, Hrsg von Joslf Kohler, Zweiter Band, 7. Aufll; 1914, S. 1 (33) f.

⑥ Gierker, Deutsches Privatrecht, 1895, S. 704f.

⑦ S Strtimholm, Right of privacy and rights of the personality: a comparative survey (1967) at 29.

利的一些特征：人格权属于私权，具有不可继承性、很强的人身专属性，在权利人死亡后，人格权也消灭①。基尔克还区分了几类最为重要的人格权：身体完整、自由、尊严、身份、姓名、独特性标志（如商标或商号）、肖像以及在经济领域中的版权和专利权。② 在《德国民法典》制定过程中，虽然一些学者已提出了系统的人格权理论，但由于《德国民法典》的起草者温特沙伊德深受萨维尼否定人格权观点的影响，从而在法典中并没有明确认可人格权。③

在其他大陆法系国家，人格权的概念和理论也经历了一个产生、发展的过程。例如，1909 年，法国学者 Perreau 就认为，人格权在性质上属于新的权利类型，其客体并非外在于权利人，人格权在性质上属于非财产权利，人格权具有绝对性，具有人身专属性，不可转让、不可继承。④ 在此期间，法国学者 Malaurie 等人也提出了人格权（包括隐私权）的概念，其认为，人格权的独特之处在于没有主体本身之外的客体，它所针对的是主体人身的某些方面：姓名、身体、荣誉和名誉、私生活、肖像等。⑤ 再如，在瑞士，直至 19 世纪末，伯斯苔尔（Boistel）才在其 1899 年撰写的《法哲学》一书中提出了人格权理论，以基斯凯尔（Giesker）、斯派克（Specker）等人为代表的学者也提出了人格权的概念和理论，并对瑞士法产生了重大影响。⑥ 1970 年，来自洛桑地区的联邦法官 A. Lüchinger 主持成立了专家委员会（被称为 Lüchinger 委员会）。该委员会于 1974 年 12 月提交了一份报告，名称为“修订民法典和债法典关于保护人格的联邦法律草案”。该草案主要涉及媒体侵权时行为的不法性的定义、管辖法院、临时措施、回应权、数据库企业的义务、精神损害赔偿、返还不当得利、媒体和数据库企业的无过错责任等。该草案于 1983 年 12 月 16 日被联邦议会表决通过，自 1985 年 7 月 1 日起生效。当前，大陆法国家普遍认为，应当承认人格权的主观权

---

① D Leuze， Die Entwicklung des Persiinlicbkeitsrecbts im 19. Jahrhundert：zugleicb ein Beitrag zum Verbaltnis allgemeine Persiinlicbkeitsrecbt：Recbtsfdbigkeit（1962）at 114 – 115.

② Vgl. Otto von Gierke，Deutsches Privatrecht，Band I，Leipzig，1895，S. 702 ff.

③ Savigny，System des heutigen römischen Rechts Berlin ，1840，Band I，S. 355.

④ R. Nerson，Les droits extrapatrimoniaux，thèse de droit，Lyon，Edition Bosc et Riou，1939，pp. 356 – 363.

⑤ Philippe Malaurie，Droit civil，Les Personnes – Les Incapacités，Edition Cujas，1992，pp. 99 – 100.

⑥ See Giesker，Hans，Das Recht des Privaten an der eigenen Geheimsphäre，Ein Beitrag zu der Lehre von den Individualrechten，Zürich，1904；Karl Specker，Die Persönlichkeitsrechte mit besonderer Berücksichtigung des Rechts auf die Ehre im schweizerischen Privatrecht，Aarau ：Druck von H. R. Sauerlaänder，1910.

利属性，人格权与其他私权是可以进行区分的。① 人格权应成为一项独立的私权。②

总之，人格权的概念经历了一个产生与发展的过程。起初，人格权被认为是关于人自身的权利，常常与个人的主体资格相混淆，因而否定人格权的独立性。随着人格利益的特定化，人格权客体的确定，人们才逐渐认识到，人格权和主体资格是不同的。人格权的客体并非人自身，而是人格利益，必须在法律上类型化为权利，才能获得法律的有效保护。正是在此基础上，人格权概念得到认可，系统化的人格权理论也得以产生。自20世纪以来，尤其是自第二次世界大战以来，各国的民法学者大多认同人格权这一概念。随着人格利益范围的扩张，人格权的类型和体系也在不断丰富和深化，正是在这一过程中，人格权内容和体系也得到了发展。当前，从大陆法系各国的立法和司法实践来看，各国普遍区分了人格权和主体资格（即民事权利能力），并接受了人格权作为主观权利的地位。③

在我国，"人格权"一词究竟何时首次出现，已经无从考证。据章炳麟《诸子略说》记载："孔子平居教人，多修已治人之言，不求超出人格。"这里的"人格"是指"以人事为范围也"④。但中国传统语境中并没有现代法学意义上的人格概念，人格作为 personality 的意译，是我国近代法学家在宣扬大陆法系的法学理论过程中，从日文中引入的。⑤ 但该概念在法律上的出现始于1925年的《中华民国民律草案》。该草案在第一章第一节"人"之下设置人格权之规定，其中第18条人格权的一般性规定，沿用《大清民律草案》第51条的规定。⑥ 南京国民政府于1929年5月30日颁布民法典总则，有关人格权的规定继受了瑞士的制度，在"自然人"的标题下规定了自由权和姓名权两种人格权。⑦

新中国成立以后，曾几次制定民法典，但在这些草案中，并没有规定人格

---

① P. Kayser,《Les droits de la personnalité. Aspects théoriques et pratiques》, in Revue trimestrielle de droit civil, 1971, pp. 471 – 473.

② Neethling, JM Potgieter & PJ Visser, Neethling's law of personality, LexisNexis South Africa, 2005, p. 12.

③ Neethling, JM Potgieter & PJ Visser, Neethling's law of personality, LexisNexis South Africa, 2005, p. 12.

④ 转引自《辞海》，中华书局1936年版，第174页。

⑤ 参见曲炜：《人格之谜》，中国人民大学出版社1991年版，第8页。

⑥ 该条规定："人格关系受侵害者，得请求摒除其侵害。前项情形以法律特别规定者为限，请求损害赔偿或慰抚金。"

⑦ 张红：《人格权总论》，北京大学出版社2012年版，第116 – 188页。

权。1986 年 4 月 12 日第六届全国人民代表大会第四次会议正式通过了《民法通则》，在第五章第四节规定了人身权，其中主要规定了人格权，具体列举和规定了公民所享有的各项人格权，这是我国人权保障道路上具有里程碑意义的大事。《民法通则》将人格权与物权、债权等权利并列规定，正是因为《民法通则》对人格权的系统规定，使其获得了“民事权利宣言书”的美誉。2009 年《侵权责任法》明确列举了受保护的各类人格权，该法第 2 条第 2 款规定：“本法所称民事权益，包括生命权、健康权、姓名权、名誉权、荣誉权、肖像权、隐私权、婚姻自主权、监护权、所有权、用益物权、担保物权、著作权、专利权、商标专用权、发现权、股权、继承权等人身、财产权益。”该法同时规定了侵害人格权的责任承担方式以及精神损害赔偿，这都是对人格权法律制度的进一步完善。2017 年 3 月 15 日颁行的《民法总则》在中国民事立法史上具有里程碑式的意义，该法虽然仅用 4 个条款（第 109、110、111、185 条）规定了人格权保护，但其内容已经成为《民法总则》的最大亮点，并受到广泛好评。《民法典》单设人格权编，对民事主体所享有的各项人格权益作出规定，对于强化人格权保护具有重要意义。

（二）人格权的概念

要讨论人格权的概念，必须要从“人格”一词着手。“人格”在法律上是一个极为抽象的概念，其内涵较为丰富。正如马克思曾经指出的，“人格脱离了人，自然就是一个抽象”。[①] 它不仅可以用来解释除个人以外的其他主体，而且在法律上具有多重含义。具体来说，人格一词包含两种含义：

人格的第一种含义是一种抽象与平等的法律地位，它是权利取得的资格。或者说，人格就是作为民事主体必备条件的民事权利能力。例如，黑格尔指出：“人格一般包含着权利能力，并且构成抽象的从而是形成的法的概念。”[②] 只要具备民事权利能力，就可以成为民法上的人，因而民事权利能力、人格、民法上的人、主体等概念基本上可以表达相近的意思。[③] 我国《民法总则》关于权利能力的规定，实际上是对人格的规定。

人格的第二种含义是从人格权的客体角度来理解的。在此意义上，它是一种

---

① 《马克思恩格斯全集》（第 1 卷），人民出版社 2001 年版，第 277 页。
② ［德］黑格尔：《法哲学原理》，范扬等译，商务印书馆 1982 年版，第 46 页。
③ 我国《民法通则》第 10 条规定：“公民的民事权利能力一律平等。”

应受法律保护的利益。比较法上，各国民法均承认健康、自由、尊严等人格利益。人格利益具体包括自然人的人身自由，主体专有人格标志的保有（姓名、肖像等），主体获得的良好社会评价，自然人的人格尊严和婚姻家庭关系中的人身利益，自然人的私人生活秘密，以及其他各种人格利益等。自然人享有的各种人格利益乃是安全、活动自由的利益，而不是人的人身利益，所以人格权以人格利益为客体，并不是以人的人身利益为客体。① 一些欧洲学者将人格界定为“对人作为万物的灵长所应享有的精神、道德价值的承认”。② 因此，人格作为法律的客体，其可能受到多种形式的侵害，对人格利益的保护旨在维护主体作为人的存在，并且为主体从事财产活动提供前提条件。

但是，在人格权理论的发展过程中，这两种意义上的“人格”始终被混淆，并没有被明确区分。在19世纪，以萨维尼为代表的历史法学派之所以对人格权概念持批评态度，是因为其认为人格和人格权是无法区分的，否则将导致个人享有自杀的权利。人格要素也不能成为意思力的作用对象，无法满足主观权利以法律所赋予之意思力为核心的条件，这也导致人格要素不能通过权利被保护。③ 受这种观点的影响，《德国民法典》的主要起草人温特沙伊德认为，权利是人支配物的关系，而不是人支配人的关系，所以民法典无法规定人格权。生命、身体、自由等乃是个人与生俱来、自然享有的。虽然生命、自由等利益可由法律加以限制，但并非由法律确认后个人才可以享有这些权利。如果认为生命等为一种权利，则否定了生命等具有的自然属性，反而不能解释这些利益的产生及本质。④ 如果承认人格为权利，则必然要将生命、身体、自由等人格利益作为权利客体，这样必然造成人既是权利主体，又是权利客体的混乱现象。⑤ 然而，自19世纪末起，德国学者噶莱斯提出应当区分两种意义上的“人格”，人格权以人格利益为客体，而并非以“人格”为客体。此种观点的影响越来越大，目前被大陆法学者普遍接受和认可，而否认人格权的观点则日渐式微。近几十年来制定的民法典也大多规定了人格权，这表明人格权的概念已经被各国立法所普遍接受。

---

① 杨立新：《人身权法论》，人民法院出版社2002年版，第103－104页。

② Neethling, JM Potgieter & PJ Visser, Neethling's law of personality, LexisNexis South Africa, 2005, p. 27.

③ Savigny, System des römischen Rechts, zweiter Band, Berlin, 1840, S. 334.

④ 参见龙显铭：《私法上人格权之保护》，中华书局1948年版，第2页。

⑤ 参见陈民：《论人格权》，载台湾《法律评论》第28卷第8期。

从比较法上看，各国也都区分了人格权与人格，并未产生混淆，人格是指主体资格，一般与民事权利能力相对应，而人格权则是民事主体所享有的民事权利。我国自《民法通则》颁布以来，就严格区分了人格与人格权的概念，依据《民法通则》，与“人格”相对应的概念是民事权利能力，规定在主体制度中，而人格权则规定在“民事权利”一章中。《民法总则》沿袭了这一立法传统，在主体制度部分规定了民事权利能力，解决主体资格问题，而在“民事权利”一章中规定了人格权，将其作为一项基本的民事权利加以规定，这实际上也是严格区分了人格与人格权。

我国《民法典》人格权编单独规定人格权，而没有将其作为主体资格规定在民事主体部分，实际上也是严格区分了人格权与人格两个概念，这一做法符合我国自《民法通则》以来的民事立法传统，与《民法通则》《民法总则》的立法精神也是一脉相承的。《民法典》第 989 条规定：“本编调整因人格权的享有和保护产生的民事关系。”由此可知，《民法典》人格权编严格区分了人格权与人格的概念。

结合《民法典》第 990 条和第 110 条的规定，可以对人格权作出如下定义：人格权是指民事主体依法享有的，实现人格尊严和人格自由，并排斥他人侵害的权利。该定义强调了人格权的如下几个特点：一是人格权客体并非主体资格，而是人格利益。主体资格和人格利益应当区分开。二是人格利益与财产利益、身份利益是可以区分开的。人格利益主要是一种精神利益。如果说对财产利益的保护旨在为主体维持其自身生存与发展以及从事各种活动提供物质基础，那么，对人格利益的保护则旨在维护主体作为人的存在，并且为主体从事财产活动提供前提条件。人格利益也是个人作为社会成员存在所必不可少的。正是在这个意义上，哲学家理解的人格概念与法学中的人格概念具有较大的相似性。① 尽管各国立法和判例所保护的人格权范围不完全相同，但其共同指向的都是人格利益，而且随着社会的发展和司法保护的加强，人格利益的保护范围也在不断扩展。② 三是民事主体依

① 例如康德指出：“人格把我们本性的崇高性清楚地显示在我们的肉眼前。”转引自陈仲庚等：《人格心理学》，辽宁人民出版社 1986 年版，第 35 页。

② See Gert Brüggemeier, Aurelia ColombiCiacchi, Patrick O'Callaghan, Personality Rights in European Tort Law, Cambridge University Press, 2010, p. 567.

法享有其人格利益并排除他人侵害。因为人格权本质上是一种绝对权，权利人可以享有其人格利益，并排除第三人的侵害。四是人格权是以维护和实现人格尊严和人身自由为目的的权利。这就是说，从价值上看，人格权是以实现人格尊严和人身自由为其价值目标，从而促进个人的人格自由发展。

（三）人格权的特征

人格权是一种私权，也是一种法律关系，人格权主要具有如下特征：

1. 人格权在性质上属于私权。人格权在性质上属于私法上的权利。① 人格权可以大致分为两大类，即宪法上的人格权和私法上的人格权。宪法上的人格权制度是为了规范国家和人民之间的关系，而私法上的人格权制度是为了规范民事主体之间的关系。我国《民法典》第989条规定："本编调整因人格权的享有和保护产生的民事关系。"这就清晰地表明了《民法典》仅调整因人格权产生的民事关系，不包括公法上的关系。根据立法机关的解释，我国《民法典》分编草案人格权编所保护的人格权属于私权范畴，并不涉及公民政治、经济等方面的权利②。因为其是私权，所以它是民事主体所享有的权利，其效力主要及于地位平等的民事主体之间，并非直接为公权力机关设定义务，这与我国民法主流观点是相一致的。

2. 人格权具有非财产性。《民法典》第2条规定："民法调整平等主体的自然人、法人和非法人组织之间的人身关系和财产关系。"民事权利表现为人身权和财产权两种不同的形式。在民法上，权利可以大致区分为两大类：一类是财产权，另一类是人身权。所谓人身权，是指以人身所体现的利益为内容，与权利人的人身不可分的民事权利，包括人格权和身份权。人身权的主要特点在于：其内容体现为人格和身份等精神利益。人格权作为人身权的主要类型之一，不以财产的归属和利用为内容，具有非财产性，因而与财产权相区别，其并不直接以财产利益为内容，且原则上不得转让、放弃或继承。③

3. 人格权的主体包括自然人、法人和非法人组织。一是自然人。自然人不仅平等地享有各项人格权，而且自然人所享有的人格权的范围是十分宽泛的。依据

---

① W. A. Joubert Grondslae van die persoonlikbeidsreg (1953) at 121.

② 参见沈春耀：《关于提请审议民法典各分编草案议案的说明》，载中国人大网，http://www.npc.gov.cn/npc/cwhhy/13jcwh/2018-08/27/content_2059319.htm，2018年9月3日访问。

③ 参见马特、袁雪石：《人格权法教程》，中国人民大学出版社2007年版，第11页。

《民法典》第 110 条第 1 款的规定，自然人享有生命权、身体权、健康权、姓名权、肖像权、名誉权、荣誉权、隐私权、婚姻自主权等各项权利。依据《民法典》第 16 条的规定，胎儿也享有人格权益，当然，胎儿人格权益受法律保护的前提是其娩出时为活体。《民法典》第 990 条规定，自然人享有生命权、身体权、健康权、姓名权、肖像权、名誉权、荣誉权、隐私权等权利，该条第 2 款规定："除前款规定的人格权外，自然人享有基于人身自由、人格尊严产生的其他人格权益。"从该规定来看，只有自然人才能享有一般人格权，法人和非法人组织不享有一般人格权。此外，根据《民法典》人格权编第六章的规定，自然人的个人信息受到法律保护。

二是法人。依据《民法典》第 110 条第 2 款的规定，法人、非法人组织享有名称权、名誉权、荣誉权。该条确认了法人、非法人组织的各项具体人格权。《民法典》第 990 条也确认了法人享有名称权、名誉权、荣誉权，法律上承认法人享有人格权，主要是为了强化对法人权益的保护。事实上，在法人、非法人组织人格权遭受侵害的情况下，仅采取财产权保护的方法是不够的，承认法人、非法人组织享有人格权有利于强化对法人合法权益的保护：一方面，尽管法人的人格权有财产性，但是以人格权的形式来保护，会更加周密。因为人格权会产生人格权请求权，即权利人可以通过停止侵害请求权、排除妨碍请求权、消除危险请求权等来保护自己的人格权，对名誉权还可以适用恢复名誉、消除影响等方法予以救济，从而在源头上消除侵权行为所带来的损害。另一方面，如果不承认法人人格权，仅仅用财产法保护法人的名称、名誉等也是不充分的。例如，对机关法人、捐助法人、学校等社会团体法人而言，其名称并不具有财产性质，也无法进行交易，难以受到财产法的保护，只能通过人格权法予以保护。尤其应当看到，承认法人人格权，有助于对法人提供充分的救济。

当然，我国《民法典》承认的法人享有的人格权类型仅限于上述三项，法人无法享有以生理或者心理为基础的人格权。[①] 法人享有的人格权不具有开放性，法律上采取的是封闭列举的方式。且一般人格权只为自然人所享有，不能由法人

---

① 参见吴汉东：《试论人格利益和无形财产利益的权利构造——以法人人格权为研究对象》，载《法商研究》2012 年第 1 期。

享有。另外，虽然法人享有人格权，但其主要以财产利益为内容，法人人格权在遭受侵害后，法人也不会产生精神痛苦，因此，法人应当无法主张精神损害赔偿责任。《民法典》第 1183 条第 1 款规定：“侵害自然人人身权益造成严重精神损害的，被侵权人有权请求精神损害赔偿。”这就明确否定了法人的人格权遭受侵害后的精神损害赔偿责任。

三是非法人组织。《民法典》第 110 条确认了合伙企业、个人独资企业等非法人组织的人格权。所谓非法人组织，是指不具有法人资格，但是能够依法以自己的名义从事民事活动的组织。我国《民法典》第 990 条规定民事主体所享有的人格权中就包括了非法人组织所享有的人格权，如名称权、名誉权与荣誉权。也就是说，非法人组织所享有的人格权仅限于三项人格权。

4. 人格权的客体是人格利益。人格权的客体是指人格权所指向的具体人格利益。人格权主体支配的对象并非主体资格，而是人格利益。在法律中，人格既可以是主体意义上的人格，也可以是人格权客体意义上的人格。在主体意义上，人格是指成为民事主体、享有民事权利及承担民事义务的资格，人格作为民事主体的资格，不能被作为客体对待。而人格利益则不同于人格，可以成为人格权的客体。而在人格权客体意义上的人格是指主体受法律保护的具体利益。人格的两重法律意义密切相关，但绝不能等同。萨维尼反对人格权的关键理由在于，人不能既是权利的主体，又是权利的客体。这一见解显然混淆了作为人格权主体的人和作为人格权客体的人格利益。因为人格权的客体并非人自身，而是人格利益，这体现了人格权和主体资格的根本不同。

人格利益分为一般人格利益和具体人格利益，前者主要指自然人的人身自由和人格尊严；后者包括生命、健康、姓名、名誉、隐私、肖像等个别人格利益。在具体人格利益中又可以分为物质性人格利益（如生命、健康、身体）和精神性人格利益（如姓名、肖像、名誉、隐私等），尽管各国立法和判例所保护的人格权范围不完全相同，但共同指向的都是人格利益，人格利益本身具有确定性，而且随着社会的发展和司法保护的加强，人格利益的保护范围也在不断扩展。①

---

① See Gert Brüggemeier, Aurelia ColombiCiacchi, Patrick O’ Callaghan, Personality Rights in European Tort Law, Cambridge University Press, 2010, p. 567.

5. 人格权的内容包括积极权能和消极权能。人格权的内容也称为人格权的效力，主要是指民事法律所规定的有关人格权的权利和义务。从义务人的角度讲，人格权属于绝对权，人格权的义务人是不特定的，任何不特定的第三人都负有不得加以侵害的义务。从权利人的角度讲，人格权的内容可以从两方面来理解，即人格权的积极权能和消极权能。

一是人格权的积极权能。它主要是指法律赋予民事主体所具体享有的对其人格利益进行自主决定和利用的权能。就积极权能而言，民事主体享有自主决定或积极利用的权利，如对标表型人格权如姓名权、名称权、肖像权的积极利用等。在物质性人格权中，权利人依法进行人体组织、器官的捐献或对药品试验的受试进行自主决定等。当然，人格权的积极权能的行使都必须在法律规定和公序良俗的范围内进行。正是通过这些积极权能的行使，从而实现权利主体所享有的人格利益。

二是人格权的消极权能。它是指人格权主体所享有的禁止他人对自己的人格权进行非法干预或侵害的权利。人格权作为一种对世权，可以对抗任何不特定人的非法干预。当人格权受到非法干预或侵害时，人格权主体有权依法主张加害人承担停止侵害、排除妨碍、消除危险、消除影响、恢复名誉、赔礼道歉、赔偿损失等侵权责任。在侵害个人信息的情形下，权利人还有权采取积极的措施要求相关主体更正、删除个人信息等。从义务人的角度来说，人格权的消极权能对应权利人之外的不特定的第三人所负担的不得侵害权利人人格权的义务。权利人之外的任何组织或个人，都负有不得妨害权利人行使权利的义务。义务人因为违反义务而妨害权利人行使权利的，权利人有权请求法院排除妨害，并要求义务人承担责任。

6. 人格权具有绝对性。人格权的绝对性意味着权利人以外的其他任何人均负有不得侵害他人人格权的义务。在这一点上，人格权与相对权存有显著的区别。正是因为人格权具有绝对性，所以该权利可以受到《民法典》侵权责任编的保护，这就是说，在人格权遭受侵害的情形下，受害人不仅可以依据人格权编的规定主张人格权请求权，也可以依据侵权责任编的规定请求行为人承担侵权责任。

7. 人格权具有人身专属性。所谓人身专属性，是指它是与个人的人格始终伴随而不可分离的权利。此种权利一般不能转让、抛弃，也不能继承①。专属性是人格权与其他权利的重要区别。自然人一出生就应当享有人格权，这也是对个人进入社会的资格的确认。不论个人是否意识到有这些权利存在，人格权都是客观存在的。②《民法典》第992条规定："人格权不得放弃、转让或者继承。"该条实际上是对人格权专属性的确认。依据这一规定，人格权具有不可抛弃性、不可转让性、不可继承性，自然人自出生时起即享有人格权，自然人死亡后，人格权即终止。③ 正因如此，人格权与物权、债权等其他民事权利不同，这些权利在性质上一般不具有较强的人身专属性。④

8. 人格权的价值基础是人格尊严，人格权也是人格尊严价值的具体彰显，且是以维护和实现人格尊严为目的的权利。一方面，各项人格权都彰显了人格尊严的价值。如前所述，人格尊严是各种人格利益获得法律保护的依据。人格权以人格法益为客体，法律上赋予权利人能够支配、享有这些人格法益，立法目的和追求的价值是实现人格尊严。每一项人格利益之所以成其为人格利益，是因为它需要彰显人格尊严。例如，性骚扰最直接地侵害了人的身体，同时也侵害了人的尊严，但作为主体资格的人格不会遭受损害。又如，《民法典》第1002条在规定生命权时，明确规定生命权的内涵不仅包括生命安全，也包括生命尊严。生命尊严是人格尊严的重要组成部分，而"生命尊严"不仅适用于活着的人，还可以扩展适用于胚胎、胎儿、遗体等⑤。也就是说，对于这些特殊存在的"物"，仍然要以有利于维护人格尊严的方式去对待和处理。还可以从维护生命尊严的角度解释人格权编承认对患者的临终关怀。另一方面，人格尊严是认定新型人格利益的根本标准。人格利益是不断发展、变化的，随着社会的发展，科技的进步，必然会出现一些新的人格利益，这些利益能否得到人格权法的保护，缺乏必要的法律标准。而有了人格尊严这一价值指引，新的人格利益就能得到保护，并上升为人格

---

① 参见陈民：《论人格权》，载台湾《法律评论》第28卷第8期。

② 参见杨立新：《人身权法论》，人民法院出版社2002年版，第66页。

③ W. A. Joubert Grondslae van die persoonlikbeidsreg (1953) at 146－147.

④ Neethling, JM Potgieter & PJ Visser Neetbling's, law of personality, (2005) at 13.

⑤ 例如，经1994年7月29日的法律修订后，《法国民法典》第16条规定："法律确保人的优先性(primauté)，禁止对尊严的一切侵害，自其生命伊始（dès le commencement de sa vie）即确保对人的尊重。"该条源自1975年1月17日的法律，后者规定："自生命伊始确保对所有人的尊重。"

权，也就是说，只有充分体现人格尊严的权益，才是人格权。可以说，人格尊严是认定人格利益和人格权利的法律标准，正是通过它的补充作用，人格权的定义具有了功能弹性，能包容新型的人格利益和人格权。在笔者看来，新型人格利益能否受人格权法保护，应该看其是否涉及人格尊严。例如，实践中，商家对消费者搜身，基于性别、健康等原因在就业等方面的歧视，性骚扰，妨碍他人对其私人生活的自主决定等，都在一定程度上侵害了他人的人格尊严，可以纳入人格权的调整范围。

此外，人格尊严决定了人格权所具有的一些基本特征。例如，尊严本身具有专属性，人的尊严不得被放弃、转让和非法限制，这一特点也决定了人格权本身具有人身专属性、不可放弃性等特征。人格尊严要求个人在一定程度上对其人格利益具有自决权①，因此，人格权的内容在客观上具有自决权的特点，人格权的支配不同于物权的支配，它实质上是指对人格利益和私人生活的自主决定，依法自决并排除他人的干涉。当然，这种自决必须是在法律范围之内的自决，而不是不受任何限制的支配。

二、人格权编的调整范围

（一）人格权编与人格权法

人格权编是调整有关因人格权的确认和保障而产生的民事关系的规范，该编共计 51 条，其内容分为六章，即一般规定，生命权、身体权和健康权，姓名权和名称权，肖像权，名誉权和荣誉权，隐私权和个人信息保护。严格地说，调整人格权关系的法律规范不限于人格权编，还包括《民法典》其他各编以及其他单行法。例如，《民法典》总则编有四个条款确认了人格权，同时，总则编关于民事责任的规定，也适用于对人格权的保护。这就是说，《民法典》人格权编只是调整部分人格权关系，但人格权关系不仅受人格权编调整，还要受到《民法典》其他编以及有关特别法的调整。因此，有必要区分人格权编与人格权法的概念。

所谓人格权法，是指确认和保护各项人格权的法律规范的总称。人格权法有广义和狭义两种理解，广义上的人格权法不仅包括《民法典》人格权编的规范，也包括《民法典》其他各编关于人格权的规定。例如，《民法典》总则编、合同

---

① 参见石佳友：《民法典与社会转型》，中国人民大学出版社 2018 年版，第 166 页。

编、继承编等，均有关于人格权的规定，这些规定也属于广义上人格权法的范畴。除《民法典》的规定外，其他特别法关于人格权的规定，也属于广义的人格权法的范畴。狭义的人格权法则主要是指《民法典》人格权编的规定。

具体而言，人格权编与人格权法之间的关系表现在三个方面：

第一，人格权编是人格权法的重要组成部分。人格权法是确认和保护人格权的基本法。人格权编并不调整所有的人格权关系，只是从民事基本法的层面调整一些具体人格权的确认和保护问题。但因为人格权涉及的范围较为宽泛，《民法典》其他编和单行法也要对其进行调整，因此，人格权编只是人格权法的组成部分。

第二，人格权编是人格权法最基本的组成部分。《民法典》人格权编是最为基础的人格权法规范，在发生人格权纠纷后，法官应当首先且主要依据人格权编的规定处理。但《民法典》第 11 条规定，“其他法律对民事关系有特别规定的，依照其规定”，因此，如果人格权纠纷涉及法律特别规定的，可以依据单行法的规定予以处理。

第三，人格权编是解释人格权法的依据。这就是说，由于法典是基础性规范，因此，在解释《民法典》以外的有关人格权的单行法律规定时，应当以人格权编的规范为依据，有关人格权的单行法律规定不得与《民法典》人格权编相冲突。

（二）人格权编的调整范围

人格权编调整因人格权的享有和保护产生的民事关系，具体而言：

1. 人格权编调整的是平等民事主体之间的人格关系

我国《民法典》调整平等主体之间的人身关系和财产关系，财产关系受到物权编、合同编等调整，而人格权编主要调整人身关系，但人身关系并非均受人格权编调整，因为人格权编并不调整身份关系，而只是调整其中的人格关系。这就使人格权编与《民法典》其他分编在调整范围上区分开来。人格关系虽然与身份关系不同，但是密切相关，故此，根据《民法典》第 1001 条，在《民法典》总则编、婚姻家庭编和其他法律没有规定时，对于身份权利的保护可以适用人格权编中人格权保护的有关规定。

人格权编调整的人格关系是平等主体之间的社会关系。民法在调整平等主体之间财产关系和人身关系的过程中，形成了民事法律关系，并使原来的社会关系的内容表现为法律上的权利义务关系。民法调整平等主体之间的人身关系和财产关系，人格关系也属于平等主体之间的法律关系，而不是具有隶属关系的主体间的公法关系，因此，《民法典》人格权编并不规范政治权利。立法机关在草案的说明中也指出，"人格权编这一部分，主要是从民事法律规范的角度规定自然人和其他民事主体人格权的内容、边界和保护方式，不涉及公民政治、社会等方面权利"。① 尽管人格关系可能涉及国家机关和公权力的行使问题，如行政机关滥用权力侵犯公民的人格权，但在国家机关承担民事责任时，它是民事责任的主体而非公权力主体，从这个意义上说，国家机关是以平等的主体资格出现的，也属于平等主体。

2. 人格权编调整的是以人格利益为内容的社会关系

人格权编所调整的人格关系是以人格利益为对象的社会关系，而不是以财产为主要内容的关系，人格利益具体包括自然人的人身自由、主体专有人格标志的保有（姓名、肖像等）、主体获得的良好社会评价、自然人的隐私、个人信息以及其他各种人格利益等。人格利益不同于财产利益。财产利益是具有经济价值的物质利益，而人格利益虽然也涉及财产利益，但主要是一种精神利益，体现的是人格尊严；财产利益具有市场价值，一般可以转让，而人格利益具有人身专属性，不能转让和抛弃。因为这一区别，所以财产利益可以通过损害赔偿的方式予以救济，而人格利益主要是精神性权利，不能用金钱来计算其价值。②

3. 人格权编调整的是以人格权的享有、保护和行使为内容而形成的社会关系

从该条规定来看，因人格权而产生的民事关系主要包括因人格权的享有而产生的民事关系与因人格权的保护而产生的民事关系。例如，因名称权的归属发生的争议，就应当属于因人格权的享有而产生的民事关系；而因姓名权、名称权遭受侵害而产生的民事关系即因人格权的保护而产生的民事关系。

（1）因人格权的享有而产生的民事关系

所谓人格权的享有，是指民事主体因为法律的确认而享有各项人格权。人格

① 沈春耀：《关于提请审议民法典各分编草案议案的说明》，载中国人大网，http：//www. npc. gov. cn/npc/cwhhy/13jcwh/2018 - 08/27/content_ 2059319. htm，2018 年 9 月 3 日访问。

② 参见杨立新：《人身权法论》，人民法院出版社 2002 年版，第 88 - 90 页。

权法主要是权利法。这就是说，人格权编侧重于对人格权进行正面确权，人格权法以确认人格权的类型、人格利益的保护范围、各种人格权的内容和权能、人格权的行使与效力以及人格权与其他权利之间的冲突等为其主要内容。它与物权法、知识产权法等法律一样，都应当纳入权利法的范畴。确认人格权是人格权法特有的功能。在古代法中，人格权就已受到刑法的保护，但刑法并不确认人格权，因此，并不能形成人格权制度。只有在生命、健康、自由、名誉等人格利益受到民法的确认和保护以后，才开始产生民法中的人格权制度。

人格权编对人格权的确权使其不同于侵权责任编。人格权编具有确认人格权的功能，而侵权责任编对人格权和人格利益的保护虽然也能够在一定程度上起到人格权确权的作用，但其规范的重点在于规定侵害人格权益的救济规则，即对人格权进行消极保护。人格权法的确权功能主要体现在以下两个方面：一是从正面确认人格权的具体类型。即人格权法可以从正面对各项具体人格权和一般人格权作出规定，各项具体的人格权益包括生命权、健康权、身体权、姓名权、名称权、肖像权、名誉权、荣誉权、隐私权、个人信息权以及胎儿、死者人格利益等。二是规定各项人格权的基本权能。与侵权法对人格权的消极保护不同，人格权法可以从正面规定各项人格权的具体权能，从而为权利人行使人格权提供具体的指引。我国《侵权责任法》第 2 条曾将各项具体人格权纳入侵权法的保护范围，但其并没有从正面规定各项具体人格权的内涵和权能，各项人格权的内涵和权能应当由人格权法专门作出规定。《民法典》人格权编从正面确认自然人、法人和非法人组织享有的各项人格权及其内容，与侵权责任编相结合，共同保护民事主体的人格权。通过人格权法全面保障个人的人格权，有利于维护个人的尊严和价值，有助于使主体明确认识到自身所享有的人格权，使其能够主动地行使并捍卫自身的人格权，同时也能够充分尊重他人的人格权，为建立社会主义民主政治、形成和谐稳定的社会秩序奠定基础。

（2）因人格权的保护而产生的民事关系

虽然人格权受到各个法律部门的保护，但人格权的确认和民法保护需要通过《民法典》人格权编来完成。从世界范围来看，人格权属于民法中的新型权利，并且是一项具有广阔前景的民事法律制度。“现代民法的发展显然是以人格权法的发展而展开的。"① 加强和完善人格权法律制度，代表了现代民法的发展趋势。我国 1986 年《民法通则》就非常重视对人格权的保护，不仅将"人身权"独立作为一节，而且明确规定了公民、法人的姓名权、名称权、名誉权、肖像权等具体人格权。《民法总则》第 110 条也曾对自然人、法人、非法人组织所享有的各项具体人格权作出规定，这也为人格权法在民法典中独立成编提供了法律依据。

因人格权保护所产生的民事关系主要是指人格权遭受侵害而产生的权利义务关系。《民法典》人格权编为人格权提供了丰富的保护手段。我国《民法典》第 179 条规定的停止侵害、排除妨碍、消除危险、恢复名誉、赔礼道歉等责任方式，有助于及时制止侵害，预防损害的发生，消除侵害人格权的各种损害源。由于人格权侵害可能给权利人造成精神痛苦，因此有必要采取精神损害赔偿。此外，侵害人格权也可能会发生财产损害，有必要采用财产损害赔偿的责任方式对受害人予以救济。除侵权保护方式外，《民法典》人格权编在人格权保护方面还规定了人格权请求权，即在权利人对其人格利益的圆满支配状态受到不当影响时，权利人有权主张人格权请求权，以维持对其人格利益的圆满支配状态。

除了因人格权的享有和保护而产生的民事关系，人格权编还调整人格权因行使、人格利益的利用等产生的关系。严格地说，从广义上理解的保护，也包括了对人格权的利用和行使。人格权的行使涉及诸多法律问题，需要人格权编予以调整。一方面，人格权的行使应当符合法律和公序良俗，权利人不得滥用权利。在行使规则中，尤其需要规定人格权商业化利用的相关规则。随着社会的发展，人格权制度不再仅受到侵权法保护，而逐渐具有积极利用的权能，其集中体现就是人格利益的利用制度，需要人格权编予以规定（如《民法典》第 993 条）。另一方面，人格权的行使经常与言论自由、舆论监督等发生冲突，如实践中常见的人格权与财产权、隐私权与新闻自由、名誉权与舆论监督等权利的冲突。人格权在行使过程中也可能与公权力的行使发生冲突。② 还应看到，各项具体人格权之间也可能发生交叉和冲突，从而需要在人格权编中确立解决冲突的规则。例如，当生命权与财产权发生冲突时，应当优先保护生命权。在此情形下，为了平衡社会

---

① ［日］北川善太郎：《民法典体系的民法模式与比较法》，载中国人民大学法学院：《2008 年民法体系与侵权法国际研讨会材料》。

② See Richard C. Turkington& Anita L. Allen, *PrivacyLaw*, *CasesandMaterials*, West Group, 1999, p. 2.

公共利益和人格权保护之间的关系，人格权编有必要规定人格权的限制规则（如《民法典》第1020条、第1025条、第1036条）。

4. 人格权编调整的是人与人之间的关系，而不是人对自身的关系

人格关系的主体包括自然人、法人和非法人组织。法律关系是“人与人之间的法律纽带”①。尽管人格权是人对自身的权利，但人格关系作为一种法律关系，体现为人与人之间的关系，而不是人与物的关系或人与其自身的关系。人格权虽然表现为主体对自身人格利益的关系，但是，正是法律通过调整人与人之间的社会关系才使得人格利益转化为人格关系。人格关系作为一种对世性的法律关系，与物权关系一样，第三人主要负有不侵害的消极义务。当然，在特殊情形下，第三人也可能承担积极义务，如救助义务、行政机关的作为义务等（如《民法典》第1005条）。人格权法作为民法中独立的组成部分，对于完善民事权利体系和民事法律体系，充分保障民事权利，具有重要的理论意义和实践意义。

三、人格权编与主体制度、侵权责任编的关系

（一）人格权编与主体制度的关系

人格权法与民事主体制度的联系十分密切。一方面，人格权是维护主体的独立人格所必需的权利。人格权不同于权利能力，但又与权利能力关联密切。尤其是自然人的生命、身体、自由、健康等人格权是自然人与生俱来的，也是维持自然人主体资格所必备的权利，一旦这些人格权被剥夺，个人的主体资格也将不复存在。② 另一方面，人格权制度的根本目的是维护个人的人格尊严，实现个人的全面发展，这本身也是为了促进个人自主性人格的释放。承认人格权与作为主体资格的人格之间存在密切联系，并不能否认二者之间存在区别，这些区别主要表现在：

第一，二者的内涵不同。所谓主体资格，是指在民事法律关系中享有民事权利、承担民事义务的资格。人格权则是为了保证民事主体的独立人格所必须享有的权利。人格权是以人格利益作为其内容的，人格利益包括自然人依法享有的生命、健康、名誉、姓名、人身自由、隐私、婚姻自主等人格利益，法人和非法人组织依法享有名称、名誉、信用、荣誉等人格利益。虽然主体资格与主体所享有

---

① ［德］迪特尔·梅迪库斯：《德国民法总论》，邵建东译，法律出版社2000年版，第122页。

② 郑玉波：《民法总则》，1998年自版，第96页。

的具体权利之间关联密切，但人格权作为民事权利，与主体资格存在本质区别，不能相互混淆。无论是自然人还是法人、非法人组织，作为一个平等的主体进入市民社会，就会与他人形成财产和人格上的联系。这种人格关系显然不是主体制度所能够调整的，主体资格是产生人格关系的前提和基础，但产生具体的人格关系还要依据具体的法律事实，包括人的出生、法律行为等。人格（法律人格）作为一种主体性资格，是主体享有一切人身权利和财产权利的前提，从这个意义上说，作为主体资格的人格既不属于财产权，也不属于人身权，而是凌驾于二者之上的统摄性范畴，是人的资格和能力的确认，它理应纳入《民法典》总则。人格权属于具体的民事权利，不应规定在主体制度中，而应规定在《民法典》分则中。

第二，是否受侵权法保护不同。将人格权制度与主体制度等同，则无法实现对人格权的充分保护。例如，某人实施了侵权行为，对他人的人格利益造成侵害，进而产生了侵害人格权的责任，这些显然不是主体制度所能解决的问题。事实上，主体资格只是强调民事主体人格的平等和民事主体应当享有的能力，其本身并不涉及人格权被侵害后的救济问题。由于现代民法贯彻主体平等的基本原则，不存在人格减等等人格受限制的情况，故而行为人只能侵害他人的人格权，而不能侵害他人的主体资格，因此，要充分保护人格权，就必须将其与主体资格分离，如果人格利益不能成为独立的权利，而属于主体资格的一部分，则侵权法就难以对人格权进行充分的救济。① 因此，人格权受到保护的前提是其与人格相分离，这就需要在《民法典》分则中确认自然人、法人和非法人组织所享有的各项人格权，并通过人格权请求权等制度对各项侵害人格权的行为予以救济。

第三，是否包括利用制度不同。应当看到，对人格权保护，传统民法主要通过侵权法对人格权进行消极保护，但随着现代大众传媒业的发展，人格权商业化利用的现象日益普遍。例如，名人的姓名、肖像等常常被运用于各种商业广告中，从而促进其商品的销售。使用名人肖像可以达到一种公众对其商品质量的认可，也有助于吸引公众的注意力，提高产品的知名度。再如，在大数据时代，个人信息具有很大的利用价值，应当坚持利用与保护并举。这种发展趋势表明，随

---

① 参见李中原：《潘得克顿体系的解释、完善与中国民法典体系的构建》，载陈小君主编：《私法研究》第 2 辑，中国政法大学出版社 2002 年版。

着市场经济的发展，人格权已逐渐与主体制度发生分离，仅以生命权、健康权、自由权等传统的人格权来理解整个人格权制度，显然是不妥当的。主体资格是不可转让的，但某些人格权的部分权能可以转让。如果将人格权制度规定在主体制度中，将导致某些人格权的部分权能不能转让，也就无法实现人格权的商业化利用，这显然不符合人格权发展的现实状况，也不能针对人格权这种商业化发展趋势制定有效的人格权利用规则。

第四，能否受限制和克减不同。众所周知，权利能力具有总括性、不可限制性和不可克减性，在现代法中不存在罗马法中的人格减等。然而，人格权作为一种具体的权利，法律可以基于公共利益的维护等目的而对人格权进行一定程度的限制。以隐私权为例，法律需要从维护社会公共利益等方面考虑对个人隐私作出必要的限制①，隐私权的范围应当受到公共利益和公序良俗的限制。例如，一旦实行政府官员申报财产制度，则政府官员的财产信息隐私就受到了限制。所谓“公众人物无隐私”，意味着人格权具有可克减性。有关人权的国际或区域性条约或公约一般也承认隐私权的可克减性。例如，《公民和政治权利国际公约》第 4 条第 1 款就规定：“在社会紧急状态威胁到国家的生命并经正式宣布时，本公约缔约国得采取措施克减其在本公约下所承担的义务，但克减的程度以紧急情势所严格需要者为限，此等措施并不得与它根据国际法所负有的其他义务相矛盾，且不得包含纯粹基于种族、肤色、性别、语言、宗教或社会出身的理由的歧视。”还要看到，人格权受到某种限制或克减并不会影响权利人的主体资格，而只是影响其作为民事主体的具体人身利益。②

第五，能否规范死者人格权益的保护问题不同。从比较法上看，对死者人格权益的保护越发受到重视，死者的人格尊严应受法律保护，在对死者的人格权益进行保护方面，我国司法实践也积累了不少经验③，需要通过总结这些经验，形成制度化的规则，但如果通过主体制度规定死者人格利益的保护，显然是不妥当的，因为在自然人已经死亡的情况下，其主体资格已经不复存在，主体制度难以为其人格利益保护提供必要的支持。因此，也不宜在总则的主体制度中规定死者

---

① 参见张新宝：《隐私权的法律保护》（第二版），群众出版社 2004 年版，第 16 页。

② 参见曹险峰等：《人格权法与中国民法典的制定》，载《法制与社会发展》2002 年第 3 期。

③ 如著名的荷花女案、海灯法师案。

人格利益的保护问题。

（二）人格权编与侵权责任编的关系

从许多国家人格权制度发展的历史来看，人格权法与侵权法具有密切的联系，“无论是作为大陆法系代表的德国，还是美国的普通法，对人格权法律学说和制度的发展，都是在侵权法的框架下来展开的”。① 两者的联系主要表现在：一方面，在独立的人格权制度产生之前，对人格权的保护和救济主要是通过侵权法来实现的。例如，《德国民法典》在其总则部分仅对姓名权作出了一条规定，而在侵权行为法中对生命、身体、健康、自由以及信用、贞操等人格权益进行了保护（《德国民法典》第823－825条）。英美法系国家也没有独立的人格权制度，对这类权利，也是通过侵权法来保护的。另一方面，对人格权的侵害在性质上是一种侵权行为，受害人应主要通过侵权法获得补救。而人格权的确立又对侵权法产生了重大影响，它不仅扩大了侵权法保障的范围，而且因为精神损害赔偿的产生而丰富了侵权法中损害赔偿制度的内容。当然，人格权编与侵权责任编之间虽然关系密切，但二者仍然存在明显的区别，具体而言：

第一，规范内容不同。侵权法主要是调整侵权行为及其责任，从而对民事主体的人身或财产利益进行保护；而人格权法主要调整人格关系，其主要内容是确认主体所享有的各项人格权益，并明确其基本内容。正是因为这一原因，二者所保护的权益范围不同。侵权责任法主要解决合法权益受到侵害时的法律救济问题，除人格权之外，侵权责任法还保护物权、知识产权等绝对权，这些权利也同样可以借助侵权法对受害人予以救济，而人格权法则主要调整人格权法律关系。

第二，是否具有确权功能不同。侵权法主要是救济法，它要对受害人已经遭受的侵害进行救济，通过这种救济保护民事主体的合法权益，因而其主要功能是保护权利，而非从正面确认权利。而人格权法是权利法，其与物权法等法律一样，具有确权功能。只有通过人格权法规定各类人格权及其内容、效力等，才能为侵权法的救济提供基础。例如，侵权责任法虽然可以通过侵权责任保护隐私权，但无法从正面确认隐私权，也无法规定隐私权的具体内容。隐私权的内容可

---

① Giorgio Resta, The New Frontiers of Personality Rights and the Problem of Commodification, 26 Tulane Eur. Civ. L. Forum 33, 36 (2011).

以进一步类型化为独处的权利、个人生活秘密的权利、通信自由、私人生活安宁、住宅隐私等。就私人生活秘密而言，又可以进一步分为身体隐私、家庭隐私、个人信息隐私、健康隐私、基因隐私等。不同的隐私因为类型上的差异，在权利的内容以及侵权的构成要件上，都可能有所差异。对于如此纷繁复杂的权利类型，侵权责任法作为救济法的特点决定其不能对人格权的保护规则作出详细规定。正是因为人格权法具有确权的功能，所以，只有在人格权法具体规定人格权的内容和效力的基础上，侵权责任法才能对受害人所遭受侵害的人格权提供损害赔偿的保护方式。①

第三，是否可以确认每一项具体人格权的权能不同。侵权法虽然可以列举各项具体人格权，但其本身无法对各种人格权的具体权能作出规定。每一种人格权都具有其自身的作用或功能，这些权能不是单一的，不同权能的结合构成了不同的人格权。自然人和法人的人格权不管是一般人格权还是各项具体人格权，都具有较为丰富和复杂的权利内容且各不相同。例如，名誉权的内容不同于肖像权的内容，而自然人的姓名权与法人的名称权的内容也不完全相同（因为法人的名称权可以转让，而自然人的姓名权不能转让）。由此可见，自然人、法人、非法人组织所享有的各项人格权内容是不能通过侵权责任法加以确认的，必须在人格权法中具体规定。法律不仅要列举与表彰各种权能，也要具体规定各种权能的行使与表现效果。正是在这个意义上，只有制定人格权法，才能更充分地体现私权行使和保护的需求，侵权责任法显然不具备上述功能。

第四，能否规定人格权的利用、行使等规则不同。法律不仅要列举与表彰各种权能，也要具体规定各种权能的行使与表现效果。尽管人格权原则上不能转让，但权利人可以许可他人对其人格权进行利用。例如，肖像权的使用权能可以转让，法人的名称权可以转让。尤其是如果未来人格权法中规定个人信息权，也必须规定该权利的利用规则。法律也应当规定人格权的具体行使、利用规则，这些规则显然非侵权责任法所能包括。

第五，保护方法不同。侵权责任编主要以损害赔偿为中心，侧重于通过损害赔偿的方法对遭受损害的受害人提供救济，而人格权编既可以采用损害赔偿的方

① 参见马俊驹、张翔：《人格权的理论基础及其立法体制》，载《法学研究》2004 年第 6 期。

式，也可以采用人格权请求权的方法对受害人提供救济。同时，人格权编更加强化对损害的预防，兼顾损害的救济。

此外，侵权责任法也无法规定人格权与其他权利的冲突及其解决规则。人格权在行使过程中，常常会与其他权利发生冲突。如实践中常见的人格权与财产权、隐私权与新闻自由、名誉权与舆论监督等权利的冲突。人格权在行使过程中，也可能会与公权力的行使发生冲突。① 还应看到，各项具体人格权之间也可能发生交叉和冲突，从而需要在人格权法中确立解决冲突的规则。例如，当生命权与财产权发生冲突时，应当优先保护生命权。而侵权责任法不能解决权利行使和权利冲突的问题。此外，为了维护公共利益、社会秩序等，在法律上有必要对人格权作出一定的限制，这些限制规则不能在侵权责任法中规定，而只能由人格权法加以规定。例如，对公众人物人格权的限制、人格权不得滥用、人格权与言论自由的关系等。从这个意义上说，人格权法的独立成编，也可以起到和侵权责任法相互配合的作用。

（撰稿人：王利明）

第九百九十条 【人格权类型】

人格权是民事主体享有的生命权、身体权、健康权、姓名权、名称权、肖像权、名誉权、荣誉权、隐私权等权利。

除前款规定的人格权外，自然人享有基于人身自由、人格尊严产生的其他人格权益。

◆ 条文释义

一、具体人格权

（一）我国民法典中具体人格权的类型

所谓具体人格权，又称为个别人格权，是指由法律具体列举的由公民或法人

---

① See Richard C. Turkington & Anita L. Allen, *Privacy Law*, *Casesand Materials*, West Group, 1999, p. 2.

享有的各项人格权，如生命健康权、姓名权、肖像权、名誉权等。《民法典》第990条第1款确认了民事主体所享有的各项具体人格权，从而在此基础上构建了具体人格权体系。从《民法典》第990条第1款规定来看，具体人格权包括生命权、身体权、健康权、姓名权、名称权、肖像权、名誉权、荣誉权、隐私权等类型。具体而言，具体人格权的体系由如下权利构成：

1. 生命权、身体权、健康权

人格权编第二章规定了生命权、身体权、健康权。这三项权利都是物质性人格权，在人格权体系中居于优先的地位。人格权编首先列举了生命权、身体权、健康权这些物质性人格权。这就表明，生命权、身体权、健康权在各类具体人格权中不仅具有优先地位，而且具有基础性的地位，具体而言：

一是生命权。它是以自然人的生命安全利益和生命尊严为内容的人格权。《民法典》第1002条规定："自然人享有生命权。自然人的生命安全和生命尊严受法律保护。任何组织或者个人不得侵害他人的生命权。"生命是最高的法益，是自然人的人格载体以及其享有其他所有权利和利益的基础和前提。生命既是一种人格利益，也是自然人的主体资格或人格本身。①

二是身体权。它是自然人维护其身体组织器官的完整性并支配其肢体、器官和其他组织以及维护其行动自由的权利。②《民法典》第1003条规定："自然人享有身体权。自然人的身体完整和行动自由受法律保护。任何组织或者个人不得侵害他人的身体权。"

三是健康权。它是公民以其身体的生理机能的完整性和保持持续、稳定、良好的心理状态为内容的权利。③《民法典》第1004条规定："自然人享有健康权。自然人的身心健康受法律保护。任何组织或者个人不得侵害他人的健康权。"依据这一规定，健康权是自然人对自己的生理和心理所享有的健康利益，维持、保有并排斥他人侵害的权利。

上述物质性人格权是民法所保护的最高法益，是其他人格权乃至整个民事权利产生的基础和前提，是个人从事正常的生产、生活的基本条件。故此，应当将

---

① 参见翟滨：《生命权内容和地位之检讨》，载《法学》2003年第3期。

② 参见杨立新：《人身权法论》，人民法院出版社2002年版，第398页。

③ 参见王利明主编：《人格权法新论》，吉林人民出版社1994年版，第288页。

其作为第一种类型优先予以规定。

2. 姓名权、名称权

人格权编第三章规定了姓名权和名称权。自然人的姓名权和法人、非法人组织的名称权属于社会交往中对民事主体进行区分的外在标志，属于标表型人格权。

一是姓名权。它是自然人决定其姓名、使用其姓名、变更其姓名，并要求他人尊重自己姓名的一种权利。《民法典》第 1012 条规定："自然人享有姓名权，有权依法决定、使用、变更或者许可他人使用自己的姓名，但是不得违背公序良俗。"姓名是指自然人的姓氏和名字，是自然人在社会中区别于他人的标志和代号。姓名的基本功能是防止个人身份的混淆，表彰个人的人格特征。

二是名称权。它是法人以及其他非法人组织对其用以确定和代表自身并区别于他人的符号和标记所享有的权利。《民法典》第 1013 条规定："法人、非法人组织享有名称权，有权依法决定、使用、变更、转让或者许可他人使用自己的名称。"这就在法律上确认了法人和其他组织的名称权，并将其界定为具体人格权的类型。除《民法典》规定之外，我国《公司法》《合伙企业法》《个人独资企业法》《商标法》《反不正当竞争法》等都对名称权的保护作出了规定，而《民法典》则是从民事基本权利的角度对名称权进行确认和保护。

3. 肖像权

人格权编第四章规定了肖像权。肖像权是以肖像所体现的人格利益为内容的民事权利，它直接关系到自然人的人格尊严及其形象的社会评价，是自然人所享有的一项重要的具体人格权。肖像权也是个人所享有的一项标表型人格权。《民法典》第 1018 条第 1 款规定："自然人享有肖像权，有权依法制作、使用、公开或者许可他人使用自己的肖像。"依据该条规定，将肖像权保护的核心从面部特征扩大到可被识别的形象，进一步强化了对该权利的保护。在人格权编中，还规定了肖像权的合理使用、肖像许可使用合同等规则，并允许将肖像权合理使用的规则类推适用于其他人格权。《民法典》第 1023 条第 2 款规定："对自然人声音的保护，参照适用肖像权保护的有关规定。"这实际上是将肖像权的保护规则准用于自然人声音利益的保护，也进一步扩大了肖像权规则的适用范围。

4. 名誉权、荣誉权

人格权编第五章规定了名誉权和荣誉权。这两种权利属于对民事主体的社会评价，都属于精神性的人格权。

一是名誉权。所谓名誉权，是指公民和法人对其名誉所享有的不受他人侵害的权利。所谓名誉，是对民事主体的品德、声望、才能、信用等的社会评价。《民法典》第1024条第1款规定："民事主体享有名誉权。任何组织或者个人不得以侮辱、诽谤等方式侵害他人的名誉权。"《民法典》第五章规定了名誉权和荣誉权，主要是对于名誉的概念、名誉权与新闻报道舆论监督等的冲突解决规则、行为人的核实义务、侵害名誉权必须指向特定对象等规则。

二是荣誉权。所谓荣誉权，是指公民和法人对自己的荣誉称号所享有的不受他人非法侵害的权利。《民法典》第1031条第1款规定："民事主体享有荣誉权。任何组织或者个人不得非法剥夺他人的荣誉称号，不得诋毁、贬损他人的荣誉。"人格权编沿袭了《民法通则》规定荣誉权为人身权利的做法，并将其确定为法定人格权。尤其需要指出的是，该章在标题上虽然没有确认信用权为一项独立的人格权，但是该章第1029条和第1030条这两个条文对信用的保护作出了规定。由此可见，我国《民法典》人格权编将信用利益纳入了名誉权的保护范围。

5. 隐私权、个人信息

人格权编第六章规定了隐私权和个人信息保护。隐私权是自然人享有的私人生活安宁与私人信息依法受到保护，不被他人非法侵扰、知悉、收集、利用和公开等的一种人格权。①《民法典》第1032条第1款规定："自然人享有隐私权。任何组织或者个人不得以刺探、侵扰、泄露、公开等方式侵害他人的隐私权。"依据《民法典》第1032条第2款，"隐私是自然人的私人生活安宁和不愿为他人知晓的私密空间、私密活动、私密信息"。可见隐私包括四大类，即私人生活安宁、私密空间、私密活动、私密信息。随着现代社会的发展，以及互联网、高科技的进步，隐私的类型还会进一步增加。

个人信息是以电子或者其他方式记录的能够单独或者与其他信息结合识别特定自然人的各种信息，包括自然人的姓名、出生日期、身份证件号码、生物识别信息、住址、电话号码、电子邮箱地址、行踪信息等（《民法典》第1034条第2款）。《民法典》并没有将个人信息规定为一项权利，而仅规定为一种人格利益。

---

① 参见张新宝：《隐私权的法律保护》（第二版），群众出版社2004年版，第21页。

我国《民法典》人格权编规定了处理自然人的个人信息所应当遵循的原则和条件，规定了个人信息的权利人享有查询、异议、更正和删除等权利，也规定了处理个人信息的免责事由，并明确了信息处理者对于个人信息的安全保障义务。

（二）具体人格权的分类

1. 物质性人格权和精神性人格权

所谓物质性人格权，是指自然人对于其生命、身体、健康等物质性人格要素享有的权利，主要包括生命权、身体权、健康权。所谓精神性人格权，是指不以具体的物质性实体为标的，而是以抽象的精神价值为标的的不可转让的人格权，如名誉权、隐私权、肖像权等。这种分类方法也被大陆法系一些国家的学者所承认，如在法国，学者通常将人格权划分为物质层面的权利（droitsrelatifsàl' aspect-physique）和精神层面的权利（droitsrelatifsàl' aspectmoral）两大类别。① 此种分类实际上就是将人格权划分为物质性人格权和精神性人格权。二者的区别主要表现在：

（1）权利主体不同。物质性人格权的主体只能是自然人，因为其负载于自然人的人身之上，与人身的物质载体相依存。脱离自然人的人身，就无所谓物质性人格权。精神性人格权的主体则包括自然人和法人。

（2）二者在人格权体系中的地位不同，物质性人格权相对精神性人格权处于优越地位，在二者发生冲突时，要优先保护物质性人格权。在人格权体系中，生命、身体权、健康是最重要的人格利益，具有至高无上性，在整个人格权甚至在整个民事权利体系中具有最高地位。生命的享有是具有法律人格的基础，是取得人格权的前提。身体权、健康权也是个人所享有的重要的物质性人格权。物质性人格权相对于精神性人格权处于优越地位，这就意味着在二者发生冲突时，要优先保护物质性人格权。

（3）是否可以许可利用不同。就物质性人格权而言，不得由权利人进行商业化利用。而精神性人格权虽然具有一定的固有性，但不像物质性人格权的固有性

① 物质层面的权利是指一切人拥有的要求其身体受到尊重的权利，人体及其组成不得成为任何财产权利的标的。精神层面的权利，主要包括私生活受到尊重的权利、肖像权、获得无罪推定的权利、住宅不受侵犯的权利、其秘密得到保守的权利、名誉权、著作权中的精神权利等。Philippe Malinvaud, Introduction àl'étude du droit, 9e édition, Litec, 2002, p. 258.

那样强烈，一些精神性人格权如肖像等人格利益可以由权利人许可他人进行利用。

（4）物质性人格权是不得克减的基本人权。所谓克减（derogation），是指在特殊情况下对权利的限制和减少。一般而言，物质性人格权，特别是生命权，是不得克减的。根据许多学者的看法，精神性人格权例如隐私权，在出现危及国家安全的社会紧急状态时，有权机关可以对其作出适当的克减。

（5）侵害方式和损害后果不同。对物质性人格权的侵害大多采用物理性的人身伤害等方式，其损害后果主要是财产损失和生理上的疼痛等。侵害物质性人格权大多表现为这些权利的物质载体受到了损害，受到损害的人身利益最终都表现为财产上的损失和精神上的痛苦。而侵害精神性人格权的方式多种多样，其损害后果往往不涉及生理上的痛苦。①

（6）救济方式不同。根据《民法典》第998条，在认定人格权的民事责任时，需要进行利益衡量，但对物质性人格权而言，不需要进行衡量，应当予以优先保护。因为在物质性人格权遭受侵害的情形下，有明确的法定损害赔偿，即法律明确规定了侵害物质性人格权所应当承担的损害赔偿的范围、标准等。对物质性人格权的救济主要采取财产损害赔偿，如治疗费、丧葬费、误工费的赔偿。而在精神性人格权遭受侵害的情形下，通常并没有法定损害赔偿规则。对精神性人格权的救济主要是精神损害赔偿以及恢复名誉、消除影响等特殊的救济手段。侵犯权利主体的精神利益造成精神损害的，在法律上很难规定一个统一的赔偿标准。尤其是对恢复名誉、消除影响等特殊的救济手段而言，只能适用于对精神性人格权的侵害情形，而财产损害赔偿只是在侵害肖像权等具有财产利益的人格权情形中才适用。

2. 自由型精神人格权、尊严型精神人格权与标表型精神人格权

此种分类方式是对精神性人格权所做的进一步细分。所谓自由型精神人格权，是人身自由、私生活自由等以个人的人身自由与精神自由为内容的人格权。自由型精神人格权又分为人身自由权和精神自由权。尊严型人格权又被称为评价型人格权，是指以名誉、荣誉等对权利人的特定评价为内容的人格权，包括名誉

---

① 参见陈忠五：《法国侵权法上损害之概念》，载《台大法学论丛》（34—4）。

权、隐私权、荣誉权、贞操权等。[①] 所谓标表型精神人格权，是指以姓名、肖像、名称等主体的外在标志和表征为内容的人格权，包括姓名权、肖像权、名称权等。

自由型精神人格权与尊严型精神人格权的区别表现在：第一，权利客体不同。自由型精神人格权以人身自由和精神自由为标的，尊严型精神人格权以特定评价为保护客体。第二，侵害方式不同。对自由型精神人格权的侵害方式主要是非法拘禁、限制自由等，对尊严型精神人格权的侵害方式主要有侮辱、诽谤、虚假报道等。第三，责任方式不同。侵害尊严型精神人格权的责任方式主要有恢复名誉、消除影响，但这些责任不能适用于自由型精神人格权。[②]

标表型精神人格权与其他人格权的区别主要表现在：第一，标表型人格权是以标表人格特征的外在标志和表征为内容的权利。标表型人格权虽然也要反映人格尊严和人身自由的要求，但其主要还是为了表明自然人的人格特征和标志，使某一主体与其他主体相区别。第二，标表型人格权的重要内容之一就是对该类人格权的利用，标表型人格权具有商业利用价值，某些权能可许可他人使用。自由型和尊严型的精神人格权具有强烈的固有性，对于主体的生存条件的保护也是必不可少的，一般不能进行商业化利用。第三，标表型人格权的侵犯常常导致财产方面的损失，从而涉及对这些损失的损害赔偿问题。

3. 可商业化利用的人格权和不可商业化利用的人格权

所谓可商业化利用的人格权，是指其客体具有较强的商业利用价值且在法律上被允许商业化利用的人格权。与此相对应，不可商业化利用的人格权则是指依法不能进行商业开发和利用的人格权。按照传统观点，人格权在性质上属于消极防御性的权利，只有在受到侵害时才能受到侵权法的保护，并不能进行商业化利用。但随着市场经济，尤其是大众传媒业的发展，部分人格权逐渐具有积极利用的权能，如姓名权、肖像权等，可以成为商业利用的对象。

从比较法上看，各国一般禁止物质性人格权的商业化利用。例如，《法国民法典》第 16－5 条规定："任何赋予人体、人体之各部分以及人体所生之物以财

① 参见张俊浩主编：《民法学原理》，中国政法大学出版社 2000 年版，第 140 页。

② 参见杨立新等：《〈中国民法典·人格权编〉草案建议稿的说明》，载王利明主编：《中国民法典草案建议稿及说明》，第 325 页。

产价值的协议，均无效。”为保护个人的人格尊严和人格自由，应当将生命权、身体权、健康权等物质性人格权排除在商业化利用的范围之外。而对于精神性人格权，特别是标识性人格权如姓名权、肖像权等，一般是可以进行商业化利用的。可商业化利用的人格权不具有严格的专属性，且与财产权具有密切的联系；而不可商业化利用的人格权则具有很强的专属性特点。此外，从侵权后果来看，侵害物质性人格权与侵害精神性人格权的财产损害赔偿责任不同，因此，《侵权责任法》第 16 条和第 20 条对侵害物质性人格权和精神性人格权的财产损害赔偿责任分别作出了规定。

二、一般人格权

《民法典》第 990 条第 2 款确认了一般人格权，对此可以从如下方面理解。

（一）一般人格权的概念和特征

一般人格权（Das allgemeinePersönlichkeitsrecht），是相对于具体人格权而言的。所谓一般人格权，是法律采用高度概括的方式而赋予自然人享有的具有权利集合性特点的人格权，是适应新型人格利益保护而产生的兜底保护条款。① 《民法典》第 990 条第 2 款规定：“除前款规定的人格权外，自然人享有基于人身自由、人格尊严产生的其他人格权益。”一般人格权不仅可以发挥价值宣示作用，而且起到了对新型人格利益的兜底保护作用。

一般人格权概念产生于德国。在德国，哲学家康德在其哲学体系中提出了人格的理论，将人格视为自由展开的能力，已经类似于后世的一般人格权理论。② 1866 年民法学家诺依内尔（Neuner）提出了人格权的概念，他将一般人格权界定为人自身目的存在和人自我目的的宣示和发展的权利。③ 一般认为，诺依内尔是一般人格权概念的首倡者。④ 1895 年，德国学者基尔克曾在其《德国私法》一书中，强烈呼吁应当在法律上采纳一般人格权的概念，但 1900 年的《德国民法典》并没有采纳这一观点，也没有接受一般性的、广泛的人格权，而只是规定了生命、健康、姓名等个别的人格权。按照拉伦茨的看法，《德国民法典》之所以没

① 王泽鉴：《民法总则》，中国政法大学出版社 2001 年版，第 126 页。

② Kant, Kritik der praktischen Vernunft, 1788, Erster Teil, I, Buch, 3.

③ Neuner, Wessen und Arten der Privatrechtverhaeltniss, 1866, S. 15.

④ Stefan Gottwald, Das allgemeine Persönlichkeitsrecht : ein zeitgeschichtliches Erklärungsmodell, Berlin : Berlin – Verl. Spitz [u. a.], 1996, p. 12.

有采纳一般人格权的概念，是因为难以给这种权利划界，而划界则明显地取决于在具体财产或利益的相互冲突中，究竟哪一方有更大的利益。① 梅迪库斯认为，“民法典有意识地既未将一般人格权，也未将名誉纳入第 823 条第 1 款保护的法益范围”。② 直到第二次世界大战以后，德国民法才开始强化对人格权的保护。战后基本法对人类尊严的重视，促使了民法人格权理论的发展。依据基本法的规定，德国法院采纳了德国学者 Nipperdey、Nawiasky 等人的主张，认为宪法所确认的权利可以适用于私法关系，从而根据德国战后《基本法》第 2 条关于“人类尊严不得侵犯。尊重并保护人类尊严，系所有国家权力（机关）的义务”，“在不侵害他人权利及违反宪法秩序或公序良俗规定范围内，任何人均有自由发展其人格的权利”的规定，确定了“一般人格权”的概念。在 1954 年的 Schacht-Leserbrief 的案例（“读者来信”案）中，法院判决认为，被告的行为将原告置于一种错误的事实状态中，让读者误以为其同情纳粹，这侵害了原告的人格。法院根据德国《基本法》第 1 条关于人格尊严的规定，认为一般人格权应当被视为由宪法所保障的基本权利，并推导出一般人格权的概念③。此后，在 1957 年的一个案例中，法院明确地将一般人格权解释为《德国民法典》第 823 条第 1 款中的“其他权利”（即绝对性权利）。④ 德国法院采用一般人格权的概念，解释出一系列具体的人格权。例如，德国法院在司法实践中根据“一般人格权”而具体确定出对肖像的权利、对谈话的权利、秘密权、尊重私人领域的权利等，完备了对人格利益的司法保护。⑤

其他某些大陆法系国家的民法典中也明确承认了一般人格权。例如，《匈牙利民法典》第 85 条、《葡萄牙民法典》第 70 条第 1 款等，均规定了一般人格权。在荷兰，受《欧洲人权公约》的影响，荷兰最高法院已经确认要尊重每一个公民私生活的一般权利，与该权利相同的称谓为隐私权、保护隐私的权利、人格权、

---

① ［德］卡尔·拉伦茨：《德国民法通论》，王晓晔、邵建东等译，法律出版社 2003 年版，第 171 页。

② ［德］迪特尔·梅迪库斯：《德国民法总论》，邵建东译，法律出版社 2000 年版，第 805 页。

③ Schacht-Brief Decision, 13BGHZ 334 (1954). 有关本案的介绍，可参见［德］迪特尔·梅迪库斯：《德国民法总论》，邵建东译，法律出版社 2000 年版，第 805－806 页。

④ BGH, 02. 04. 1957, BGHZ 24, 72.

⑤ 参见施启扬：《从个别人格权到一般人格权》，载《台湾大学法学论丛》第 4 卷第 1 期。

一般人格权等①。尽管一般人格权的法律属性并不确定，但其被认为是其他一些权利（如隐私权）的基础。② 由此可见，从比较法上看，各国都在不断强化对人格权益的保护，即在具体人格权之外，逐步强化对人格利益的保护，许多国家都通过一般人格权实现对新型人格利益的保护，这也使得人格权益的保护体系更为完整，在保护范围上也更为周延。

我国《民法通则》没有规定一般人格权。司法实践中，《最高人民法院关于确定民事侵权精神损害赔偿责任若干问题的解释》（以下简称《精神损害赔偿司法解释》）第1条采用了“人格尊严权”的表述，按照起草人的解释，“人格尊严”在理论上被称为“一般人格权”，是人格权利一般价值的集中体现，具有补充法律规定的具体人格权类型不足的作用，在处理具体案件时，可以通过一般人格权保护个人的人格尊严，以补充具体人格权的不足。③ 此外，最高人民法院的《民事案件案由规定》还将一般人格权纠纷作为独立的案由。2017年颁行的《民法总则》第109条规定：“自然人的人身自由、人格尊严受法律保护。”这是我国法律首次确认一般人格权。在此基础上，《民法典》第990条第2款进一步确认了一般人格权制度，为充分而全面地保护公民所享有的各项人格利益提供了依据。

依据我国《民法典》第990条的规定，自然人享有的一般人格权具有如下特点：

1. 主体是自然人。一般人格权的主体仅限于自然人，法人、非法人组织不能成为一般人格权的主体。这主要是因为人身自由与人格尊严，都是针对自然人而言，其所保护的也是自然人的人格利益，法人因不享有人身自由与人格尊严，不能成为一般人格权的主体。

2. 一般人格权包括人身自由与人格尊严两方面的内容。

（1）人身自由

人身自由有广义和狭义之分。从广义上理解，人身自由不仅包括人身自由

① Supreme Court, 12 June 1992, NJ 1992, 589. Supreme Court, 6 January 1995, NJ 1995, 422, para 5. 10: right to be let alone derives from the general personality right.

② M Smits, Constitutionalisering vanhetvermogensrecht' in JM Smits et at (eds) Preadvtezenuitgebrachtvoor de NederlandseVerenigingvoorRectsvergelijking (2003) 124.

③ 参见陈现杰：《人格权司法保护的重大进步和发展——〈最高人民法院关于确定民事侵权精神损害赔偿责任若干问题的解释〉的理解与适用》，载《人民法院报》2001年3月28日，第3版；杨立新：《人格权法专论》，高等教育出版社2005年版，第125页。

权，还包括精神的自由、个人依法享有的自主决定的权利，从这一意义上说，人身自由在性质上又属于一般人格权的范畴。《民法典》第990条显然是从一般人格权的角度理解人身自由概念的。至于狭义的人身自由，仅指行动自由，我国《民法典》第1011条规定："以非法拘禁等方式剥夺、限制他人的行动自由，或者非法搜查他人身体的，受害人有权依法请求行为人承担民事责任。"由此可见，狭义的行动自由在我国《民法典》中被纳入身体权加以保护。

作为一般人格权的人身自由包括如下几个方面的内容：

一是身体活动的自由。《民法典》第1011条规定所说的"行动自由"是指身体活动自由，主要是肢体行为等物理活动上的自由。这就是说个人可以自由支配其身体组成部分，并且进行自由活动。身体活动自由是个人参与社会活动，享有各种权利的基本前提，也是个人应当享有的基本权利。

二是自主决定。所谓自主决定，是指权利人对自己的人格利益依法利用或者在法律规定的范围内的处置。从比较法上看，一些国家通过判例确立了自主决定权，例如美国"罗伊诉韦德堕胎案"（Roe v. Wade）中确认堕胎自由属于个人自主决定的范围。① 我国也有不少学者主张将自主决定权作为一项独立的具体人格权。笔者认为，自主决定不应作为一项独立的人格权，而应当成为具体人格权和一般人格权的内容。主要理由在于：一方面，自主决定是私法自治的延伸，如果将自主决定权作为一项独立的人格权，其范围将很难确定，而且有很多具体的人格权都会涉及自主决定，也就容易造成不必要的竞合。自主决定的范围比较模糊，如果将其认可为独立的人格权，则很难确定权利的边界，也容易导致此种权利与其他权利不易区分。另一方面，人格权法上的自主决定是与人格利益联系在一起的，这些自主决定权都是人格自由的内容，而不宜作为一项具体人格权。人格权法上的自主决定不是一般意义上的自主决定，而是指可以包含在一般人格权的人格自由之中的人格利益。自主决定可以作为人身自由的内容，从而弥补具体人格权规定的不足。

三是精神活动的自由。它是指自然人按照自己的意志和利益，在法律规定的

---

① See Roe v. Wade, 410 U. S. 113 (1973).

范围内自主思维的权利，是自然人自由支配自己内在思维活动的权利,① 是自然人进行意思表示或其他民事活动的意志决定自由。② 也有学者主张采用精神自由权的概念。③ 在我国台湾地区，有学者认为，在欺诈、胁迫等情形中，受害人有权请求侵害精神活动自由的赔偿。笔者认为，不宜将精神自由权规定为具体人格权，作为一种人格利益，其应当受到一般人格权的保护。

（2）人格尊严

“尊严”一词来源于拉丁文（dignitas），意指尊贵、威严。④ 人格尊严是指人作为法律主体应当得到承认和尊重。人格尊严是指每个人作为“人”所应有的社会地位，以及应受到的他人和社会的最基本尊重，是人作为社会关系主体的基本前提。人在社会中生存，不仅要维持生命，而且要有尊严地生活。人格尊严是人基于自己所处的社会环境、工作环境、地位、声望、家庭关系等各种客观要素，而对自己人格价值和社会价值的认识和尊重，是人的社会地位的组成部分。人格尊严是受到哲学、法学、社会学等学科关注的概念。⑤ 在民法中，人格尊严是人格权的基石。现代人格权法的构建应当以人格尊严的保护为中心而展开。

人格尊严是人作为社会关系主体的一项基本前提，意味着人作为人所应有的最基本的社会地位并且应当受到社会和他人最基本的尊重，是每一个人基于自己所处的社会环境、地位、声望、工作环境、家庭关系等各种客观条件，对自己和他人的人格价值和社会价值的认识和尊重。经过改革开放四十年来的发展，我国持续稳定地解决了十几亿人的温饱问题。中国已经成为世界第二大经济体，人民物质生活条件得到了极大的改善，总体上实现了小康，不久即将全面建成小康社会。在人民的物质生活水平提高以后，必然要求进一步尊重其人格尊严。正因如此，党的十九大报告在民生部分提出了要保障公民的合法权益，并且特别强调了

---

① 参见杨立新：《人格权法专论》，高等教育出版社 2005 年版，第 324 页。

② 参见冉克平：《论人格权法中的人身自由权》，载《法学》2012 年第 3 期。

③ 参见杨立新主编：《民商法理论争议问题——精神损害赔偿》，中国人民大学出版社 2004 年版，第 8 页。

④ 也有学者认为该词与人的尊严无关。See Robin Gotesky and Ervin Laszlo, ed. , Human Dignity——This Century and the Next：An Interdisciplinary Inquiry into Human Rights, Technology, War, and the Ideal, New York：Gorden and Breach, 1970, p. 42.

⑤ See, David A. Hyman, Does Technology Spell Trouble with a Capital “T”?：Human Dignity and Public Policy, 27 Harv. J. L. & Pub. Pol'y 3, 3 (2003) .

对人格权的保护。这实际上就是将人格权的保护作为保障人民美好幸福生活的重要内容，突出了人格权保护的重要价值。

保护人格尊严是我国《民法典》人格权编立法的根本目的，也是贯穿于人格权编的基本理念和精神，构成了整个人格权法的价值基础。康德认为，“人格”就意味着必须遵从这样的法则，即“不论是谁在任何时候都不应把自己和他人仅仅当作工具，而应该永远视为自身就是目的”。[①] 1982年的《宪法》确认了对人格尊严的严格保护。该法第38条规定：“中华人民共和国公民的人格尊严不受侵犯。禁止用任何方法对公民进行侮辱、诽谤和诬告陷害。”人格尊严虽然是一项宪法基本权利，但必须通过人格权制度将其具体化，并且只有转化为一项民事权利，才能获得民法的保护。任何人侵害他人的人格尊严，受害人将依据民法获得救济。如果说人格权独立成编是从形式体系上完成了人格权的体系化，那么人格权编的价值体系则是以维护人的尊严展开的。依据《民法典》第990条第2款，人格尊严既是一般人格权的内容，也是评价某种新型人格利益是否应当受到法律保护的重要标准。这也充分彰显了我国民法典的人文关怀精神。

（二）一般人格权的功能

一般人格权的功能就是指一般人格权所具有的作用。明确一般人格权的功能对建立一般人格权以及在司法实践中正确适用一般人格权，不无意义。

1. 权利创设基础功能

所谓权利创设基础功能，是指一般人格权制度为生成新的具体人格权，提供了价值基础或依据。《民法典》第990条第2款规定：“除前款规定的人格权外，自然人享有基于人身自由、人格尊严产生的其他人格权益。”因此，在未来产生某种新型民事利益以后，只要其内容包含了人身自由、人格尊严的价值，就应当受到人格权益的保护。人格权本身具有开放性，在法律上不可能穷尽列举，所以，除了法律明文规定的人格权外，有必要在法律上确认一般人格权，使法官可以从保护基本人权和维护公共利益的角度考虑，保护一般人格利益。一般人格权的重要功能在于采用一个抽象的、概括的规定，弥补列举具体人格权所遗留下的

---

① ［德］康德：《道德形而上学原理》，苗力田译，上海人民出版社2002年版，第52页。

缺陷。[①] 应当看到，具体列举人格权的方式确有其局限性，如果单纯采用这种方式，可能使对具体人格权的列举非常烦琐，而且许多列举的权利难以和其他权利划清边界，更何况这种列举也是难以穷尽的。而一般人格权产生之后，就解决了不适宜列举为具体人格权的人格利益的保护问题。只要符合人身自由、人格尊严的价值，就能够作为人格利益受到保护。

2. 价值指引功能

《民法典》第990条第2款采用概括性条款保护人身自由和人格尊严，具有宣示保护人格尊严和提供价值指引的功能。保护人身自由和人格尊严是人格权立法的根本目的，法律之所以保障各种人格权，在很大程度上就是为了维护个人的人格尊严。自然人的各项人格权体现了人格尊严不同的保护要求。保护人格尊严是我国《民法典》人格权编立法的根本目的，也是贯穿于全部规定的基本理念和精神，构成了整个人格权法的价值基础。如果说物质性人格权是为了维护自然人生理上的存在，那么精神性人格权就彰显了自然人的精神生活需要。美国学者惠特曼（Whitman）认为，整个欧洲的隐私概念都是奠基于人格尊严之上的，隐私既是人格尊严的具体展开，也是以维护人格尊严为目的的[②]。保护隐私就是保护个人的人格尊严，隐私体现了对“个人自决”“个性”和“个人人格”的尊重和保护。[③] 而就个人信息而言，其之所以日益获得强化保护，也与其体现了人格尊严和人格自由存在密切关系。个人信息常常被称为“信息自决权”（informational self-determination right），同样体现了对个人自决等人格利益的保护[④]。例如，在网上披露他人的裸照，不仅侵害了个人隐私，而且侵害了个人信息，该行为本质上也损害了他人的人格尊严。

3. 兜底保护功能

所谓兜底保护，是指在具体人格权和人格利益保护规范不足的情形下，可以

---

① 参见杨立新主编：《民商法理论争议问题——精神损害赔偿》，中国人民大学出版社2004年版，第187页。

② James Q. Whitman, The Two Western Cultures of Privacy: Dignity Versus Liberty, Yale Law Journal, April, 2004.

③ 参见［美］阿丽塔·L. 艾伦等：《美国隐私法：学说、判例与立法》，中国民主法制出版社2004年版，第17页。

④ See Margaret C. Jasper, Privacy and the Internet: Your Expectations and Rights under the Law, New York: Oxford University Press, 2009, p. 52.

借助一般人格权对相关人格权益提供兜底保护。在德国法上，一般人格权产生的最初原因就在于弥补《德国民法典》列举的有限性。为了适应人格权开放性和发展性的特点，有必要设立一般人格权，来补充民法典列举的局限。日本法学家星野英一先生指出，一般人格权的产生，使得对那些需得到保护而实体法条文未具体规定的人格利益，或伴随社会发展而出现的新型人格利益给予保护成为可能。① 一般人格权旨在保护具体人格权之外的一般人格法益，尤其是因为一般人格权具有高度的概括性和抽象性，所以，存在具体人格权时，必须首先适用具体人格权，不能直接适用一般人格权，这就需要排除一般人格权的滥用，限制法官的自由裁量，保证法律的确定性和安全性。

人格尊严在我国民法典中具有很强的扩展性，通过这种扩展性更好地适应了现代社会人格权益保护的需要，有利于维护广大人民群众的基本权益。例如，我国《民法典》第1002条在规定生命权时，明确规定生命权的内涵不仅包括生命安全，也包括生命尊严。生命尊严是人格尊严的重要组成部分，而“生命尊严”不仅适用于活着的人，还可以扩展适用于胚胎、胎儿、遗体等。也就是说，对于这些具有人格意义的“物”，仍然要以有利于维护人格尊严的方式去对待和处理。② 再如，人格尊严的保护也扩展到对于行动自由的保护，《民法典》第1011条关于保护行为自由的规定同样反映了对人格尊严的保护。例如，在“超市搜身案”中，某超市的保安怀疑消费者偷拿财物，对其进行搜身，虽然没有侵犯原告的名誉权，但实际上侵犯了原告的人格尊严。③ 故此，禁止非法搜身的立法目的主要是保护人格尊严。此外，《民法典》第1009条对于人体基因、人体胚胎医学科学研究的禁止，也是出于维护人格尊严的目的。

《民法典》第990条对一般人格权作出规定，有利于形成对人格权益的兜底保护。人格权具有法定性，也具有开放性。随着社会的发展，一些新型人格利益

---

① 参见［日］星野英一：《私法中的人》，王闯译，载梁慧星主编：《为权利而斗争》，中国法制出版社2000年版，第359页。

② 石佳友：《人格权立法的进步与局限——评〈民法典人格权编草案（三审稿）〉》，载《清华法学》2019年第5期。

③ 参见“钱某诉上海屈臣氏日用品有限公司搜身侵犯名誉权案”，（1998）虹民初字第2681号，（1998）沪二中民终字第2300号。

不断出现，很难通过已有的人格权类型加以保护，[①] 当某种新型人格利益产生之后，可以借助一般人格权予以弥补。例如，在某个案件中，被告于原告举行结婚仪式前，故意将垃圾撒在其家门口，法院判决被告应当赔偿原告精神损失。[②] 此案也是侵害原告的人格尊严。实践中，许多损害自然人人格尊严的行为（如就业歧视、代孕等），都很难通过现有类型化人格权给予保护，当出现这些新类型的案件时，首先要用是否侵害人格尊严作为评价标准，如果构成对个人人格尊严的侵害，则权利人即应当受到人格权法的救济，行为人应当承担精神损害赔偿责任。人格尊严的内涵具有开放性，可以为新型人格利益的保护提供法律依据，从而实现对人格权益的兜底保护。

4. 贯彻实施宪法的功能

《民法典》第 990 条第 2 款对一般人格权作出规定，也具有承接宪法基本价值取向的功能。宪法在我国法律体系中居于根本法和最高法的地位，《宪法》第 38 条确认的保护公民人格尊严的原则，应成为各个法律部门都必须予以保护的价值。也就是说，各部门法应当通过制度的建构，具体落实宪法保护人格尊严的精神。《民法典》第 990 条第 2 款规定人格尊严条款，实际上是对宪法“人格尊严”保护规则的一种具体化，具有承接宪法规则的意义。换句话说，宪法确认保护人格尊严的原则必须通过民法具体予以落实。宪法虽然规定了对人格尊严进行保护，但宪法作为根本大法，其规则往往是粗线条的，具有高度抽象性，许多规定尤其是关于公民基本权利的规定，还有待于各个部门法的具体落实。[③] 宪法中的人格尊严实际上仍然是一种价值表述和价值指引，无法保证裁判的相对确定性，难以实现“同等情况同等对待”的基本正义要求。因此，迫切需要对人格尊严的保护予以细化，确定各项具体人格权的内容和保护范围，将之具体化为能被裁判所适用的有效性规则。《民法典》对人格尊严保护作出规定，就可以满足这一需要。尤其应当看到，在我国，宪法不能直接作为裁判依据，最高人民法院的相关

---

① 参见唐德华主编：《最高人民法院〈关于确定民事侵权精神损害赔偿责任若干问题的解释〉的理解与适用》，人民法院出版社 2001 年版，第 30 页。

② 参见河南省济源市人民法院（2011）济民一初字第 238 号民事判决书。

③ Ernst-Wolfgang Böckenförde, Grundrechtstheorie und Grundrechtsinterpretation, NJW, 35, 1529 (1529).

司法解释已经明确规定，法官在裁判时并不能直接援引宪法裁判①，这就排除了法官在个案中直接通过宪法保护人格尊严的可能。民法典规定人格尊严保护条款，既具有价值宣示功能，也可作为裁判依据，这有利于更好地实现宪法保护人格尊严的立法目的。

此外，人格尊严的保护是处理人格权与财产权冲突的重要依据。按照民法人文关怀的理念，以人为本是一种基本的价值取向，它强调尊重个性价值，尊重人的独立人格、人的平等、创造个性和权利，尊重人性发展的需要。以人为本意味着任何个人都应享有作为人的权利，对任何个人的权利都应给予合理的尊重，给予人性化的思考和关怀。我国《民法典》人格权编的规则充分体现了以人为本的理念。例如，依据《民法典》第 1021 条的规定，对肖像许可使用合同而言，当双方当事人约定不明时，应当作有利于肖像权人的解释；同理，《民法典》第 1022 条第 2 款规定了肖像权人在有正当理由的情况下可以单方面解除肖像许可使用合同。这些规定都体现了人格尊严至上的理念，表明在人格权与他人财产权利发生冲突的情况下，法律原则上将优先保护人格尊严的立场。

三、人格权的法定性与开放性

《民法典》第 990 条第 1 款表明了人格权的法定性，而第 2 款则保持了人格权体系的开放性。

（一）人格权的法定性

无论是大陆法系还是普通法系，人格权都主要是采用侵权法的方法进行保护。在大陆法系国家或地区的民法典中，人格权也未被单独作为一编加以规定。随着实践的发展，仅仅通过侵权法对人格权提供救济的做法显然难以全面保护人格权。其最显著的弊端就是，此种消极保护的方式无法通过列举的方式有效地确定各项人格权的权利内容、规范权利行使，解决权利的冲突，从而不能做到对人格权益充分全面的保护。我国《民法典》之所以将人格权独立成编，很重要的一个原因就是，可以留出足够的空间来对各项具体的人格权和人格利益予以确认，明确其内容，规范其行使并给予科学合理的保护，进而与侵权责任编协力，实现

① 《最高人民法院关于裁判文书引用法律、法规等规范性法律文件的规定》第 4 条规定："民事裁判文书应当引用法律、法律解释或者司法解释。对于应当适用的行政法规、地方性法规或者自治条例和单行条例，可以直接引用。"

对人格权的确权与保护的双重功能。

从我国《民法典》人格权编的规定来看，通过人格权的法定化来确认人格权的内容主要体现在以下几方面：

一是人格权类型的法定化。《民法典》第110条和第990条第1款详细列举了自然人、法人以及非法人组织享有的人格权的类型。同时，人格权编还通过五章分别对各类人格权作出了详细规定。

二是人格权客体与内容的法定。人格权编第二章至第六章对各种人格权进行确认的同时，也将其权利的客体与内容进行了细化的规定。例如，《民法典》第1002条将自然人享有的生命权的客体确定为生命安全和生命尊严，同时明确规定任何组织或者个人不得侵害他人的生命权。再如，《民法典》第1013条规定："法人、非法人组织享有名称权，有权依法决定、使用、变更、转让或者许可他人使用自己的名称。"该条将法人、非法人组织的名称权与自然人的姓名权在内容上进行了区分，法人、非法人组织的名称权不像自然人的姓名权那样，包括名称的决定权；同时，该条明确承认了法人、非法人组织有权转让自己的名称。①

三是人格权限制的法定。人格权是民事主体的最重要、最基本的民事权利，因此，对于人格权的限制只能通过（狭义的）法律进行，而不能由行政法规、规章或者规范性文件加以限制。同时，人格权具有固有性与专属性，不得转让、放弃或者继承（《民法典》第992条）。再如，《民法典》第998条明确了生命权、健康权、身体权这三类人格权不具有克减性，只有认定侵害这三类人格权之外的人格权的侵权责任时才应当考虑行为人和受害人的职业、影响范围、过程错程度以及行为的目的、方式、后果等因素。

四是权利外的利益保护的法定。对于尚不构成权利的人格利益与人格权一样，其内容、行使也由法律加以规定。依据《民法典》第990条第2款的规定，除具体人格权外，自然人享有基于人身自由与人格尊严产生的其他人格权益，该条为人格利益的保护提供了法律依据。

五是人格权保护方式的法定。人格权请求权的内容以及人格权侵权的责任承

---

① 需要指出的是，该规定与《民法典》第992条关于"人格权不得放弃、转让、继承"的规定是矛盾的，在解释上可以基于"特别法优先于普通法"的规则，认为，该规定应当优先于《民法典》第992条规定而适用。

担同样由法律加以规定。《民法典》第 995 条对人格权请求权的类型进行了列举，并明确规定了人格权请求权不适用诉讼时效。

通过上述五个方面人格权的法定化，有利于全面确认并保护人格权。人格权的法定化就是要使个人明确其能够享有哪些人格权、权利的内容如何、义务人应承担何种相应的义务，并使权利人在其权利受侵害时有权请求侵权人承担法律责任以保护其权利。不仅如此，人格权法定化还有助于公民和法人培养其权利意识和法治精神。正是通过公开透明的对人格权的实定法确认和保护，才有利于明确各项人格权的边界，防止权利冲突。

人格权的类型复杂，各项人格权之间往往存在一定的交叉。例如，隐私权、个人信息权、名誉权之间就存在交叉重叠。这就有必要通过法定化明确权利的内涵和外延，防止人格权之间的冲突，保障人的行为自由。① 此外，通过人格权的法定化还可以有效地防止人格权的泛化，有利于保障人格权的正当行使，防止权利滥用，从而有助于人们形成稳定的行为预期，并在发生争议之后，有助于裁判者作出公开、透明的判决，提高裁判的权威性和可接受性。

（二）人格权的开放性

人格权法定化的目的在于明确权利的内容，并为权利提供有效全面的救济。故此，人格权的法定化并不会对人格权的发展构成限制。即便是法律没有明确规定为人格权的人格利益，也会受到法律保护。自然人的人格权是随着社会经济的发展和人们权利意识的提高而不断发展的，新的人格利益也会不断涌现，绝对的法定化将会限制人格权的发展，这也决定了人格权的保护需要兜底条款。同时，自然人的人格权不像物权那样具有可交易性，即便不严格依法限定人格权的类型，也不会损害交易安全。故此，无须像物权一样对自然人的人格权实行严格的法定主义。由此可见，人格权具有一定的开放性。我国《民法典》通过以下规定，在坚持人格权法定性的基础上，也充分体现了人格权开放性的特点。

一是在总则编第五章关于民事权利的确认方面，对人格权之外的其他民事权利的表述，都采用了“民事主体依法享有”的表述，例如，《民法典》第 114 条规定：“民事主体依法享有物权。”第 118 条规定：“民事主体依法享有债权。”但

① 参见马特、袁雪石：《人格权法教程》，中国人民大学出版社 2007 年版，第 16 页。

对于人格权的表述仅仅是，自然人享有生命权等权利，没有采用“依法”二字，这不是法律上的疏漏，而主要是考虑到了人格权的开放性。出现新型人格权益，即便法律没有明确承认，也应当受到法律保护。

二是规定一般人格权。《民法典》对人身自由和人格尊严这两项一般人格权的规定是人格权开放性的集中体现。依据《民法典》第990条第2款，除了同条第1款所列举的具体人格权之外，自然人享有的基于人身自由、人格尊严产生的其他人格利益也受到保护。在德国法上，一般人格权是与人格尊严和人格自由发展密切相关的概念，其在性质上属于框架性权利，可以为各项新型人格利益提供法律保护的依据，这就保持了人格权益类型体系的开放性。① 我国《民法典》确认一般人格权的目的就是要保持人格权保护的开放性，从而不断适应和满足社会发展对人格权保护提出的新要求和新需要。

三是对姓名权、名称权的扩张保护。《民法典》第1017条规定：“具有一定社会知名度，被他人使用足以造成公众混淆的笔名、艺名、网名、译名、字号、姓名和名称的简称等，参照适用姓名权和名称权保护的有关规定。”依据这一规定，如果笔名、艺名、网名等能够识别个人的身份，具有一定社会知名度、为相关公众所知悉的，则其也应当受到人格权法保护。这就在很大程度上扩张了姓名权和名称权的保护范围，满足了实践的需要。

四是隐私权内容的开放性。一方面，民法典在规定隐私权的客体时采用了兜底性的规定。关于隐私权的客体，《民法典》第1032条第2款规定：“隐私是自然人的私人生活安宁和不愿为他人知晓的私密空间、私密活动、私密信息。”该条列举了私人空间、私人活动和私人信息这三项隐私权客体。另一方面，《民法典》还从正反两个方面对隐私权的内涵进行界定，即除第1032条第2款对隐私权的客体作出正面规定外，还在第1033条规定：“除法律另有规定或者权利人明确同意外，任何组织或者个人不得实施下列行为：（一）以电话、短信、即时通讯工具、电子邮件、传单等方式侵扰他人的私人生活安宁；（二）进入、拍摄、窥视他人的住宅、宾馆房间等私密空间；（三）拍摄、窥视、窃听、公开他人的

---

① 参见杨芳：《德国一般人格权中的隐私保护——信息自由原则下对“自决”观念的限制》，载《东方法学》2016年第6期。

私密活动；（四）拍摄、窥视他人身体的私密部位；（五）处理他人的私密信息；（六）以其他方式侵害他人的隐私权。”该条对侵害隐私权的行为类型作出了规定，该条从反面对侵害私人生活安宁、私密空间、私密活动的行为作出了规定。

五是个人信息的开放性。《民法典》第1034条第2款规定：“个人信息是以电子或者其他方式记录的能够单独或者与其他信息结合识别特定自然人的各种信息，包括自然人的姓名、出生日期、身份证件号码、生物识别信息、住址、电话号码、电子邮箱、健康信息、行踪信息等。”该条并未简单沿袭《网络安全法》第76条关于个人信息的定义，其所保护的个人信息范围更加广泛，即不再限于网络环境下的个人信息保护。尤其是在列举个人信息的类型时采用了“等”字的兜底性表述，充分表明个人信息的类型不限于该条所列的类型，适应了网络信息社会个人信息类型发展变化的客观要求。

六是其他人格利益的保护。随着现代社会语音识别技术等的发展，声音等新型的人格利益将不断产生，人的声音是由人的声带震动发出，每个人的声音都具有独特性，因而可以成为标识个人身份的重要依据。尽管在现实生活中，人们往往难以识别个人的声音，但借助计算机、人工智能算法等技术，可以很好地识别个人的声音，因此，声音与个人身份的关联性将越来越紧密。从比较法上看，许多国家都对个人的声音利益予以保护。① 我国司法实践中也出现了一些有关个人声音的纠纷，随着声音利用方式和利用范围的扩展，法律有必要确认声音权的具体人格权地位。因此，《民法典》第1023条第2款规定“对自然人声音的保护，参照适用肖像权保护的有关规定”。这就承认了声音作为一种新型的人格利益，适应未来人格利益发展的需要。

需要指出的是，在我国《民法典》中，对自然人的人格权采取了开放式列举的方式，但对法人的人格权采取了封闭式列举的方式，这是符合两种人格权的性质的。

（三）人格权的法定性与开放性之间的关系

关于人格权的法定性与开放性之间的关系，可以从如下几方面理解：

---

① 例如，《秘鲁共和国新民法典》第15条第1款规定：“未取得本人明确授权的，不得利用其肖像和声音，或在本人已死亡时，只能按顺位经其配偶、卑血亲、尊血亲或兄弟姐妹同意，方可利用之。”

第一，人格权的法定性与人格权的开放性是相辅相成的，二者有机结合成为完整的人格权保护法律体系。人格权法定性是以人格权开放性为前提的，人格权开放性是以法定性为基础的，两者的结合恰恰是自然法理论和实证主义理论的结合。人格权的法定性有助于明确具体人格权的保护范围，而人格权的开放性则有助于扩大人格利益保护的范围，但这种扩大实际上还是要以法定性为基础和前提。也就是说，通过人格权法定性构建了完整的人格权体系后，为了实现人格权的开放性，而保持人格权及其权益的开放性。一方面，人格权体系本身要具有开放性，要不断适应社会的发展，承认新的人格权类型。另一方面，要使人格权益保持开放性，为人格权益在法律上提供足够的空间予以保护。并非所有的人格权益都可以通过立法对权利逐一固定化来实现，因为立法者在立法之时必须保持谦抑性，只能将理论上毫无争议的权利规定在民法典之中，对于相对新型的人格利益，仍有待于民法学理论与司法实践来进一步检验与发展，所以不宜直接固定下来，从而需要通过开放性的人格权体系来加以接纳。

第二，人格权的法定性和开放性都是实现全面保护人格权的机制和途径，二者的目的都是更全面地保障主体的人格权益，更充分地维护人格利益和人格尊严。一方面，人格权开放性体现为法定人格权的类型是不断丰富和发展的，例如，随着社会的发展，应当受到法律保护的人格利益类型会不断扩展，其中有些需要法律更强程度保护的人格利益可能会被立法确认为法定人格权（如我国法上的隐私权）；另一方面，开放性是指应当受到法律保护的人格利益处于不断扩张过程中，但人格权益通过法律的保护逐步上升为具有固定类型的权利。尤其是在这些人格利益已经具有明确的边界，且与其他权利能够加以区分的情况下，应该通过法定的权利予以保护。就两者保护的侧重点而言，人格权的开放性侧重于表达受到法律保护的人格权和人格利益的类型和范围是开放的，而人格权的法定性则侧重于表达人格权的类型应该由法律确认，与非法定化的人格利益相比，这些受到法律确认的人格权就会受到法律更强程度的保护。

第三，人格权的开放性必然会赋予司法裁判者相应的自由裁量权，这是司法实践中保护各种新型人格利益的重要条件。人格权的法定性则可以在各项法定化人格权的保护上确定一套完善的规则，从而为司法裁判者提供清晰具体的裁判依据。人格权的保护规则也可以为法官裁判人格利益纠纷提供依据和参考，法官可以通过类推解释等法解释的方法比照现有制度以及民法学基础理论来对新型的人格利益予以保护，并在条件成熟的时候将其类型化为法定权利。从这一意义上说，人格权的法定性有利于非法定化人格利益的保护，而人格权的开放性反过来也可以丰富法定人格权的类型，完善人格权的体系。

（撰稿人：王利明）

第九百九十一条　【人格权受法律保护】

民事主体的人格权受法律保护，任何组织或者个人不得侵害。

◆ 条文释义

本条是关于人格权保护的宣示性规则，也确立了人格权保护的基本原则。

一、宣示人格权受法律保护的原则

《民法典》第991条规定了人格权受法律保护的原则。此处所说的“法律”包括宪法、民法等法律。我国《宪法》规定，公民的人格尊严不受侵犯，禁止用任何方法对公民进行侮辱、诽谤和诬告陷害；公民的人身自由不受侵犯，禁止非法搜查公民的身体；公民的住宅不受侵犯，禁止非法搜查他人住宅或者非法侵入他人住宅；公民的通信自由和通信秘密受法律保护。从立法渊源层面来看，宪法的规定应该作为民法人格权制度的渊源。因为，一方面，宪法的上述规定是我国民法人格权制度立法的根据和遵循的原则。我国民法关于人格权的确认和保护的规定，也是宪法上述规定的具体化。所以，它和宪法的规定应视为不可分割的整体。另一方面，宪法关于保护公民人身自由和人格尊严的规定，是民法的人格权制度的立法基础。宪法作为一国的根本法，其规范的作用应当包含两个层面：一是为公民的基本权利构建一个完整的体系，为公民基本权利的确定提供价值基础。例如，宪法确认了公民的人格尊严、人格平等、人身自由受法律保护，这就为公民人格权的保护提供了基本的价值依据。二是宪法中的权利所确定的主要是国家或政府的义务，如果在宪法中规定公民享有人格尊严和人身自由，就在一定层面上确立了国家或政府采取措施保障公民人格权的积极义务。

依据宪法的规定，《民法典》全面保障人格权，也可以说，对人格权保护的法律首先是指《民法典》人格权编，该编就是集中地、全面地确认和保护人格权的法律。在《民法典》中，不仅是人格权编，其他部分也涉及对人格权的保护。具体而言：一是总则编。《民法典》总则编有四个条款确认了人格权，同时，总则编关于民事责任的规定，也适用于对人格权的保护。二是合同编。除人格权编的特别规定外，人格利益许可使用合同也适用合同编的规定。三是物权编。物权编中也有一些条款可用于对人格权的保护，例如，《民法典》第 294 条规定："不动产权利人不得违反国家规定弃置固体废物，排放大气污染物、水污染物、土壤污染物、噪声、光辐射、电磁辐射等有害物质。"该条规定即是为了保护相邻不动产权利人的生命权、健康权。四是侵权责任编。人格权作为绝对权，当然受到侵权责任编的保护。对此，《民法典》第 1167 条规定："侵权行为危及他人人身、财产安全的，被侵权人有权请求侵权人承担停止侵害、排除妨碍、消除危险等侵权责任。"该条所规定的侵权责任承担方式，也都可以适用于人格权的保护。

人格权不仅受到《民法典》保护，还受到民事特别法的保护，具体包括：

一是对未成年人、妇女、老年人、残疾人、消费者等社会弱势群体人格权的规定。在《未成年人保护法》①《妇女权益保障法》②《老年人权益保障法》③ 和《残疾人保障法》④ 等法律中，都对特殊群体的人格权保护作出了特别规定。

二是特殊行业或者特殊职业活动中的人格权制度。例如，《居民身份证法》第 6 条第 3 款规定："公安机关及其人民警察对因制作、发放、查验、扣押居民身份证而知悉的公民的个人信息，应当予以保密。"《义务教育法》第 29 条第 2

---

① 《未成年人保护法》第 5 条第 1 项规定："尊重未成年人的人格尊严。"第 21 条规定："学校、幼儿园、托儿所的教职员工应当尊重未成年人的人格尊严，不得对未成年人实施体罚、变相体罚或者其他侮辱人格尊严的行为。"第 55 条规定："公安机关、人民检察院、人民法院办理未成年人犯罪案件和涉及未成年人权益保护案件，应当照顾未成年人身心发展特点，尊重他们的人格尊严，保障他们的合法权益，并根据需要设立专门机构或者指定专人办理。"

② 《妇女权益保障法》第 37 条规定："妇女的人身自由不受侵犯。……"第 38 条规定："妇女的生命健康权不受侵犯。……"第 40 条规定："禁止对妇女实施性骚扰。……"第 42 条规定："妇女的名誉权、荣誉权、隐私权、肖像权等人格权受法律保护。禁止用侮辱、诽谤等方式损害妇女的人格尊严。禁止通过大众传播媒介或者其他方式贬低损害妇女人格。未经本人同意，不得以营利为目的，通过广告、商标、展览橱窗、报纸、期刊、图书、音像制品、电子出版物、网络等形式使用妇女肖像。"

③ 《老年人权益保障法》第 3 条第 3 款规定："禁止歧视、侮辱、虐待或者遗弃老年人。"

④ 《残疾人保障法》第 3 条第 2 款规定："残疾人的公民权利和人格尊严受法律保护。"

款规定："教师应当尊重学生的人格，不得歧视学生，不得对学生实施体罚、变相体罚或者其他侮辱人格尊严的行为，不得侵犯学生合法权益。"尤其是有关的法律中也涉及对个人隐私的规定，如《执业医师法》第22条第3项规定，医师在执业活动中履行的义务包括"关心、爱护、尊重患者，保护患者的隐私"，丰富了我国立法中关于人格权的规定。

三是涉及公权力行使中的人格权保护。例如，《治安管理处罚法》第5条第2款规定："实施治安管理处罚，应当公开、公正，尊重和保障人权，保护公民的人格尊严。"再如，《政府信息公开条例》第14条规定：依法确定为国家秘密的政府信息，法律、行政法规禁止公开的政府信息，以及公开后可能危及国家安全、公共安全、经济安全、社会稳定的政府信息，不予公开。第15条规定：涉及商业秘密、个人隐私等公开会对第三方合法权益造成损害的政府信息，行政机关不得公开。但是，第三方同意公开或者行政机关认为不公开会对公共利益造成重大影响的，予以公开。

四是对个人信息权和隐私权的保护。《全国人大常委会关于加强网络信息保护的决定》《网络安全法》等全面规定了对个人信息的保护，规定了收集、使用公民个人电子信息应当遵循的基本原则，同时对信息收集者的保密义务以及泄露、毁损、丢失公民电子信息的责任作出了规定。

此外，除了《宪法》《民法典》和民事特别法对人格权的确认和保护之外，我国《刑法》《刑事诉讼法》等法律也都有关于人格权保护的规定。例如，《刑法》第253条关于禁止非法转让个人信息等规定，《刑法》中有关杀人、伤害、强奸、非法拘禁、侮辱诽谤等犯罪及其刑罚的规定，《刑事诉讼法》中关于逮捕公民必须依法进行等方面的规定，可见，公法和私法的诸多部门共同协作形成对人格权的全面保护。全面保护人格权，是多个法律部门共同调整才能达成的目标。

二、人格权编保护人格权的特点

（一）保护人格权益的全面性

所谓人格权益保护的全面性，是指人格权编对人格权益的保护是十分全面、周延的，人格权独立成编的目的很大程度上就是要确认各项人格权的类型、内容及其行使方式，并在人格权受到侵害时为权利人提供保护。一方面，人格权编不仅保护《民法典》第990条第1款所列举的各项具体人格权，而且保护第990条第2款所规定的一般人格权。另一方面，人格权编不仅保护法律所规定的各项人格权益，而且保护那些没有上升为法定化权利的新型人格利益。例如，声音作为一种新型人格利益，并没有被法律确认为一项具体人格权，但我国《民法典》第1023条第2款也对其提供保护。不仅对受害人因人格权受到侵害而遭受的精神损害提供救济，还要对侵害人格权益所产生的财产损害进行救济，这样才符合对受害人全面救济的目的。

（二）保护方式的独特性

人格权独立成编的重要目的是通过规定人格权的独特保护方式对人格权提供保护。传统大陆法系民法对人格权的保护主要采取恢复原状或损害赔偿的救济方式，现代欧洲统一侵权法规则也只规定了损害赔偿和恢复原状两种[①]。我国《民法典》人格权编也规定了人格权的特殊保护方法，这些方法是侵权责任编不能完全包括的，这具体体现在以下几方面：

第一，确认了人格权请求权制度。《民法典》第995条规定：人格权受到侵害的，受害人有权依照本法和其他法律的规定请求行为人承担民事责任。受害人的停止侵害、排除妨碍、消除危险、消除影响、恢复名誉、赔礼道歉请求权，不适用诉讼时效的规定。该条就是对人格权请求权的规定。所谓人格权请求权，是指民事主体在其人格权受到侵害、妨害或者有妨害之虞时，有权向加害人或者人民法院请求加害人停止侵害、排除妨害、消除危险、恢复名誉、赔礼道歉，以恢复人格权的圆满状态。德国法学家拉伦茨指出，人格权请求权的内容具有特殊性，即在人格权有受到侵害之虞时，司法实践准许权利人请求消除危险；在继续受到侵害时，准许请求停止侵害。[②] 人格权请求权与侵权损害赔偿请求权在是否要求证明构成侵权、行为人是否有过错、是否造成损害后果、是否适用诉讼时效等方面，都存在明显的区别，因此，人格权请求权不能为侵权责任所替代[③]。从《民法典》第995条规定来看，在人格权遭受侵害的情形下，权利人既可以主张人格权请求权，也可以主张侵权请求权，这就明确了人格权请求权与侵权请求权

---

① 参见欧洲侵权法基本原则第六编救济方式，其中主要规定了损害赔偿和恢复原状两种。

② 参见［德］卡尔·拉伦茨：《德国民法通论》（上册），谢怀栻等译，法律出版社2004年版，第169－170页。

③ 参见王利明：《论人格权请求权与侵权损害赔偿请求权的分离》，载《中国法学》2019年第1期。

的适用关系；此外，该条还特别明确了人格权请求权不适用诉讼时效的规定，这就更加有利于权利人主张人格权请求权，更有利于人格权的保护。

第二，规定了侵害人格权的禁令制度。所谓侵害人格权的禁令，是指当侵害他人权益的行为已经发生或即将发生，如果不及时制止，将导致损害后果迅速扩大或难以弥补，在此情形下，受害人有权依法请求法院颁发禁止令，责令行为人停止相关侵权行为。《民法典》第997条规定："民事主体有证据证明行为人正在实施或者即将实施侵害其人格权的违法行为，不及时制止将使其合法权益受到难以弥补的损害的，有权依法向人民法院申请采取责令行为人停止有关行为的措施。"禁令的功能在于临时制止行为人的侵害行为，即人格权在遭受侵害或者有受侵害之虞时，通过颁发禁令的方式临时制止行为人的侵害行为①，其虽然并不能终局性地确定当事人之间的权利义务关系，但也能够有效保护受害人的人格权益。

第三，我国《民法典》人格权编多个条款规定了删除、更正等措施，并在特定情形下赋予受害人享有更正权、删除权等权利，这些方式也都是保护人格权的独特方式。因为受害人在行使该项权利时，并不需要证明行为人具有过错，甚至不需要证明行为构成侵权，从而可以及时制止不法行为的发生，维护其人格权益。

第四，细化了赔礼道歉的适用规则。我国《侵权责任法》虽然对赔礼道歉这一责任承担方式作出了规定，但如何适用这一责任形式，无论是《侵权责任法》还是《民法典》侵权责任编都没有细化规定。对此，《民法典》第1000条规定："行为人因侵害人格权承担消除影响、恢复名誉、赔礼道歉等民事责任的，应当与行为的具体方式和造成的影响范围相当。行为人拒不承担前款规定的民事责任的，人民法院可以采取在报刊、网络等媒体上发布公告或者公布生效裁判文书等方式执行，产生的费用由行为人负担。"该条对赔礼道歉这一责任形式的具体适用规则作出了规定。由于赔礼道歉规则主要适用于侵害名誉权等人格权遭受侵害的情形，因此，在《民法典》人格权编中对此种责任承担方式的具体适用作出细化规定是科学合理的。

（三）保护方式的多样性

我国《民法典》采用多种方式对人格权提供了保护，首先表现在有效地协调

---

① 参见江伟、肖建国：《民事诉讼法》，中国人民大学出版社2008年版，第244页。

了人格权编与侵权责任编的关系，从而实现对人格权的全面保护。保护方式的多样性主要表现在我国《民法典》人格权编不仅运用自身独特的方式保护人格权，而且运用侵权责任的方式对人格权提供保护。《民法典》第995条规定："人格权受到侵害的，受害人有权依照本法和其他法律的规定请求行为人承担民事责任。……"此处所说的"本法"，实际上就是指《民法典》的人格权编。依据该条规定，在人格权遭受侵害的情形下，受害人有权选择依据《民法典》人格权编的规定或者其他法律的规定主张权利。此处所说的"其他法律"，就包括了侵权责任编。由于侵权责任的主要形式是损害赔偿，在人格权遭受侵害之后，如果受害人遭受了精神损害或者财产损失，受害人可依据侵权责任编的规定主张损害赔偿。所以，该条实际上也是一个引致条款。在人格权遭受侵害的情形下，受害人之所以可以依据侵权责任编的规定主张权利，原因在于：一方面，人格权具有对世性，权利人之外的任何人都需要尊重权利人的权利，不得侵害。所谓对世性，是指人格权作为对世权，除权利人之外的其他人都负有不得侵害权利人的人格权的义务。权利人所享有的人格权依法可以向任何人主张。由于人格权可以禁止任何人实施侵害其权利的行为，所以人格权也被称为绝对权①，在人格权遭受侵害后，权利人有权请求加害人承担停止侵害、排除妨害、恢复名誉等民事责任。人格权的绝对性决定了人格权的排他性，这一点与物权、知识产权等绝对权无异，并受到侵权法的保护。另一方面，在人格权遭受侵害后，受害人遭受的是精神损害或财产损失，受害人在主张赔偿损失时，只能依据《民法典》侵权责任编的规定提出请求。

（四）有效协调各种价值的冲突

人格权的保护与其他权益的保护不同，常常需要平衡各种价值之间的冲突。财产权虽然也可能与其他利益发生冲突，如财产权的行使可能与公共利益、生态环境保护的利益相冲突，但是相较于人格权而言，其与其他利益发生冲突的可能性较小。即使发生冲突，也不如人格权复杂。我国《民法典》人格权编中有大量规定涉及对价值冲突的协调。例如，《民法典》第999条有效协调了人格权保护与新闻报道、舆论监督的关系，《民法典》第1027条第2款协调保护名誉权与鼓励创

---

① Otto von Gierke, Deutsches Privatrecht, Band I, Leipzig, 1895.

作自由的关系。《民法典》第1020条确定了肖像权保护和合理利用的平衡关系。这就决定了法官在考虑责任时，很难采纳构成要件确立责任，而必须要对各个因素进行综合考量。

（五）注重事前预防与事后救济的结合

21世纪是科技和信息爆炸的时代，科学技术的迅速发展是一把“双刃剑”，一方面，其给人类带来了巨大的福祉，极大地改变了人类的生产和生活方式，甚至改变了人类社会的组织方式。另一方面，科学技术一旦被滥用，反过来也可能损害个人的隐私、个人信息、生命健康等，从而损害人类的福祉。各种高科技的发明已经使得人类无处藏身，如何强化对隐私权等人格权益的保护，成为现代法律制度所面临的最严峻的挑战。① 在互联网时代，网络侵权的对象主要是人格权，应当更加重视对人格权侵权行为的预防，因为与传统社会的信息传播方式不同，网络信息的传播具有即时性，而且网络的无边界性以及受众的无限性，也使得网络环境对信息的传播具有一种无限放大效应，网络信息一经发布，可以瞬间实现全球范围的传播，损害后果将被无限放大。尤其是在网络环境下，侵害人格权的损害后果往往具有不可逆性，损害一旦发生，如覆水难收不可逆转，甚至造成难以估计的损害，因此，需要更加重视对侵害人格权侵权行为的预防。有鉴于此，我国《民法典》人格权编在人格权的保护方面，高度注重预防和救济的有机结合。

人格权法注重事前防范、事前预防，而侵权责任法则注重事后救济，发挥人格权法的预防功能，正是人格权独立成编价值的体现。人格权编注重兼顾侵害人格权的预防和救济，主要表现在：

第一，《民法典》第997条规定了侵害人格权的禁令制度。从比较法上来看，禁令的主要功能在于及时制止不法行为，防止损害的发生或者持续扩大，对权利人提供及时的救济。②《民法典》第997条对侵害人格权的禁令制度作出了规定，强化了对侵害人格权行为的事先预防功能，为人格权请求权的行使提供了切实的程序法上的保障。例如，“杨季康（笔名杨绛）诉中贸圣佳国际拍卖有限公司

---

① 徐明：《大数据时代的隐私危机及其侵权法应对》，载《中国法学》2017年第1期。

② David Price and Korieh Duodu, Defamation, Law , Procedure and Practice, London: Sweet & Maxwell, 2004, p. 231.

(简称中贸圣佳公司)、李国强侵害著作权及隐私权纠纷案”中，行为人的拍卖行为虽然尚未实施，但一旦实施，将侵害权利人的隐私权益，在此情形下，权利人可以申请法院颁发禁令，责令行为人停止相关行为，以防止侵害隐私权行为的发生。

第二，规定了有关主体的法定救助义务。我国有关的特别法都规定了有关机关的法定救助义务①，《民法典》第1005条规定：“自然人的生命权、身体权、健康权受到侵害或者处于其他危难情形的，负有法定救助义务的组织或者个人应当及时施救。”这就将法定救助义务概括为一般条款，依据该条规定，在自然人的生命权、身体权、健康权遭受现实的危险时，负有法定救助义务的主体应当及时施救，该条规定的目的在于强化对个人生命权、身体权、健康权的保护，该条既是为了预防损害的发生，也是为了防止损害的进一步扩大。

第三，明确了有关主体防止性骚扰的义务。《民法典》第1010条规定：“违背他人意愿，以言语、文字、图像、肢体行为等方式对他人实施性骚扰的，受害人有权依法请求行为人承担民事责任。机关、企业、学校等单位应当采取合理的预防、受理投诉、调查处置等措施，防止和制止利用职权、从属关系等实施性骚扰。”依据该条规定，机关、企业、学校等单位应当采取合理的措施，预防性骚扰行为的发生。人格权编对有关主体防止性骚扰的义务作出规定，有利于从根本上预防和减少性骚扰行为的发生，其根本上也是为了实现对侵害人格权行为的事先预防。

第四，规定了更正权与删除权。《民法典》第1028条规定：“民事主体有证据证明报刊、网络等媒体报道的内容失实，侵害其名誉权的，有权请求该媒体及时采取更正或者删除等必要措施。”依据该条规定，在报刊、网络等媒体报道的内容失实、侵害他人名誉权时，权利人有权请求及时更正，或者及时删除。在人格权编的多个条款中，都规定了更正权、删除权。② 权利人在请求更正和删除时，并不需要通过诉讼的方式行使，也不需要证明行为人具有过错、其行为是否造成损害后果，即不需要证明行为人的行为是否构成侵权，这就有利于强化对受害人的保护，预防损害后果的进一步扩大。

（撰稿人：王利明）

---

① 参见《人民警察法》第21条、《执业医师法》第24条。

② 参见《民法典》第1028条、第1029条。

第九百九十二条 【人格权不得放弃、转让、继承】
人格权不得放弃、转让或者继承。

◆ 条文释义

本条规定了人格权具有人身专属性的特征。

一、人格权的专属性及其表现

所谓人身专属性，是指人格权只能为特定的权利人所享有，与权利主体不可分离。人格权是专属权，这是人格权与财产权的重要区别。早在人格权概念形成过程中，一些学者就认识到人格权具有强烈的专属性。例如，1909 年，法国学者 Perreau 就认为，人格权在性质上属于新型的权利类型，其客体并非外在于权利人，人格权在性质上属于非财产权利，人格权具有绝对性，具有人身专属性，不可转让、不可继承。① 一般认为，人格权在性质上具有较强的人身专属性，不能独立于个人而存在。② 由于人格权具有高度的个人性、固有性，人格权具有不可转让性、不可继承性、不可抛弃性，这是人格权与物权、债权的民事权利相区别的重要特征。③

人格权之所以具有专属性，一方面是因为此种权利与主体始终相伴随，即人格权与自然人的主体资格须臾不可分离，只要个人的主体资格存在，就享有相应的人格权。法律虽然可以对自然人人格权的行使方式等作出限制，但不得限制人格权的存续期限。同时，权利人一旦死亡，其人格权也将消灭，其继承人也不得继承其人格权。正因如此，人格权也被称为原始权利。另一方面是因为此种权利不可剥夺，不得抛弃。一旦人格权被剥夺或抛弃，个人的主体资格也将受到影响。所以，任何人的人格权都不受他人的非法剥夺，也不允许当事人主动放弃，否则必然损害个人的主体资格，也违反了公序良俗原则。因此，禁止人格权抛弃

---

① R. Nerson, Les droits extrapatrimoniaux, thèse de droit, Lyon, Edition Bosc et Riou, 1939, pp. 356 – 363.

② W. A. Joubert Grondslae van die persoonlikbeidsreg（1953） at 121.

③ W. A. Joubert Grondslae van die persoonlikbeidsreg（1953） at 146 – 147.

是私权自由处分原则的例外。①

从《民法典》第 992 条规定来看，人格权的专属性具体表现为：

一是人格权不得放弃。作为专属于权利人享有的权利，人格权始终由主体享有，禁止主体随意加以放弃。许多国家的法律明确规定自由不得随意放弃，或者规定允许他人侵害生命权、健康权的约定无效等。任何人格权都不得被主体所放弃，如果人格权被放弃，人格尊严被放弃，则人格必然受到缺损，且放弃人格利益也是违反公序良俗的。禁止人格权放弃也是对私权自由处分权的限制。②

二是人格权具有不可转让性。与财产权可以与权利主体发生分离不同，人格权与权利主体是不可分离的。这就是说，人格权只有权利人本人才能享有，除非法律有明确规定，否则不能转让。通常情形下，人格权具有人身专属性，不可转让，但在法律有特别规定的情形下，人格权也可以依法转让。例如，《民法典》第 1016 条第 1 款规定："自然人决定、变更姓名，或者法人、非法人组织决定、变更、转让名称的，应当依法向有关机关办理登记手续，但是法律另有规定的除外。"依据该条规定，法人可以对其名称进行转让。我国法律历来承认名称权的可转让性，本条肯定的仅仅是法人名称权的转让。因此，从规范的性质上来看，该条是关于名称权的特别规定，《民法典》第 992 条关于人格权不得转让的规定则是针对人格权的一般规定。这两个条文是特别法与一般法的关系。根据特别法优先于一般法的原理，在名称权的问题上，应当遵循《民法典》第 1016 条这一特别规定，从而排除《民法典》第 992 条的一般规则适用，法人或非法人组织可以转让自己的名称。

三是人格权不得继承，即人格权作为专属于特定主体的权利，其通常与主体相伴随，自然人出生以后就享有生命、身体、健康、姓名等人格权，一旦死亡则其生前所享有的人格权也不复存在。也就是说，一旦个人死亡，其主体资格消灭，其人格权也随之消灭，无法成为继承的对象。③

人格权专属性规则不仅适用于人格权，而且适用于人格利益。例如，个人信

① 参见施启扬：《民法总则》，中国法制出版社 2010 年版，第 94 页；杨立新：《人身权法论》，人民法院出版社 2002 年版，第 85 页。

② 参见施启扬：《民法总则》，1996 年台北自版，第 94 页；杨立新：《人身权法论》，人民法院出版社 2002 年版，第 85 页。

③ 参见王泽鉴：《人格权保护的课题与展望》，载《人大法律评论》2009 年第 1 期。

息虽然可以许可他人利用，但并不是要将个人信息作为一项权利进行转让，即使个人许可他人对其个人信息进行利用，个人仍然对其个人信息享有权利。再如，声音也是个人所享有的一项重要人格利益，个人可以许可他人对其声音进行利用，但这并不意味着个人可以将其声音利益转让。需要指出的是，人格权所具有的专属性也是其与财产权的重要区别，财产权通常具有非专属性，可以与权利主体发生分离，而人格权与权利主体是不可分离的。当然，人格权本身不能转让并不意味着人格权在遭受侵害后请求他人损害赔偿的请求权也不能转让。在人格权受到侵害后，如果其已经转化为损害赔偿之债且赔偿数额已经确定，则该侵权损害赔偿请求权可以通过债权转让的方式予以转让。

二、人格权的专属性与人格利益许可利用的关系

人格权具有专属性并不意味着人格利益不得许可他人进行利用，二者并不矛盾。所谓许可使用，是指权利人通过合同的方式，许可他人在约定的期限和范围内使用其人格权。受许人应当按照约定的期限和方式使用他人人格权，否则可能构成侵权。例如，在“任达华与海南正大汇龙房地产开发有限公司肖像权纠纷上诉案”① 中，法院认为，被告仅与原告签订《演出协议书》，而没有签订肖像许可使用合同，其利用原告肖像的行为构成侵权，应当承担侵权责任。该案就提出了人格权许可使用合同的必要性。人格权的许可利用需要规定对可许可利用的人格权的授权许可使用机制。人格权的许可利用的实现方式往往需要通过合同来进行，比如，权利人授权许可他人商业化使用自己的特定人格利益，在人格权许可利用授权许可合同中就需要以不侵害权利人的人格尊严和人身自由等基本价值为前提。因此，对此种授权许可使用合同的内容需要进行法律上的规制。

在现代社会，随着经济社会的发展，尤其是现代大众传媒业的发展，个人姓名、肖像等精神性人格权益的利用方式越来越多样化。例如，光学技术的发展促进了摄像技术的发展，也提高了摄像图片的分辨率，使得夜拍图片具有与日拍图片同等的效果，这也使得对肖像权的获取与利用更为简便。同时，随着现代科学技术的发展，许多新型人格利益不断涌现。这些新型人格利益的利用也日益普遍，如个人特有的声音也可以成为经济利用的对象。尤其是我们已经进入了一个

---

① 海南省高级人民法院（2013）琼民三终字第59号民事判决书。

大数据时代和信息社会，大数据技术能够有效整合碎片化的个人信息，实现对海量信息的分析和处理，从而发挥其经济效用，这也使得个人信息所包含的经济价值日益凸显。① 从比较法上看，许多国家都在立法或者司法实践中积极回应了人格权的积极利用问题。例如，德国联邦宪法法院在“人口普查案”中对“个人信息自主权”即主体对自己信息的控制、知悉、查阅、修改和删除权的创设。② 美国 1974 年《隐私法案》（*Privacy Act*）也对个人信息的利用作出了规定，如该法第 552a 条就规定了个人信息的利用问题。美国加利福尼亚州通过了《2018 加州消费者隐私法案》，强化了消费者对其个人信息数据的处置权，堪称全美各州最严网络隐私保护法规。欧盟《一般数据保护法》（GDPR）也对个人信息的积极利用作出了规定，例如，该法第 6 条即对个人信息处理的合法性作出了规定，其中也包括了个人信息的积极利用。

人格权的许可利用以及人格权包含一定的财产价值，也是未来人格权发展的趋势，人格权的积极利用在立法层面主要体现为人格利益的许可使用，我国《民法典》人格权编顺应人格权积极利用的发展趋势，对人格利益的许可使用规则作出了规定。这些规定一方面有利于回应社会发展需求，另一方面有利于保护个人人格尊严。利用和保护并非截然对立的两个层面，人格尊严也包括对人格利益通过自己的意志自主利用，他人不得未经许可而利用，这本身就是保护人格尊严的重要方式。人格权的许可利用虽然属于商品化利用，但其并不会有损个人尊严。相反，允许人格权的许可利用恰恰尊重了个人自由，贯彻了私法自治的精神。只要这种许可利用本身不违反社会的善良风俗与公共道德，就是值得肯定的，是对尊严的最大尊重。

通常，当事人订立人格权许可使用合同后，受许人应当在合同约定的期间和范围内对他人的人格权进行利用，否则可能构成对他人人格权的侵害。当然，为保障个人的人格尊严，应当对人格权许可利用的方式进行一定的限定。就法人、非法人组织的人格权而言，其可以通过许可使用或者转让的方式加以利用，但对自然人的人格权益而言，为了保护个人的人格尊严，同时考虑人格权

① 程啸：《论大数据时代的个人数据权利》，载《中国社会科学》2018 年第 3 期。

② 参见《德国联邦宪法法院裁判选辑》（一），萧文生译，载《司法周刊》1995 年版，第 288－384 页。

的人身专属性，应当禁止权利人转让其人格权，因而，应当将其利用方式限定为许可使用。

（撰稿人：王利明）

第九百九十三条　【人格利益的许可使用】

民事主体可以将自己的姓名、名称、肖像等许可他人使用，但是依照法律规定或者根据其性质不得许可的除外。

◆ 条文释义

一、民事主体可以许可他人使用其人格利益

人格利益的许可使用也称为人格利益的经济利用，是指人格权的某些权能可以依法转让或者授权他人使用，以及在其遭受侵害以后可以通过财产损害赔偿的方式获得救济。如前所述，人格权具有专属性，但是这并不意味着人格利益不可由他人进行利用。

从比较法上来看，人格利益的许可使用模式主要有两种，一是大陆法系的保护模式，此种模式并不承认人格权许可使用产生独立的人格权，认为其仍然是人格权中财产利益的实现。二是以美国法为代表的公开权（the right of publicity）保护模式，此种模式认为，个人人格标志中的经济价值在性质上属于独立的公开权，公开权在性质上属于财产权，可以转让。我国长期以来继受的是大陆法系的人格权理论，在立法上实际也主要采用了大陆法系中的统一保护模式。例如，《民法通则》肯定肖像权、名称权可以进行利用，而没有在肖像权、名称权之外创设类似于公开权的独立的权利类型。公开权概念是美国法律体系中的一个特有的产物，完全照搬到中国是比较困难的。公开权将人格利益许可使用现象视为产生一种新的权利，在内容上很难界定，而且很难与隐私权等其他人格权相区别。事实上，人格利益的许可使用并非产生一种特殊的权利，仍包括在人格权之中，只能理解为某些人格权的权能，特别是利用的权能发生扩张，而不是生成了其他独立的权利，更不能说在人格权之外还存在另一项并立的许可利用权。当然，应

当看到，在许可利用中有一些现象，如虚拟人物的权利是人格权和知识产权所无法保护的，对这一类的财产利益可通过其他法律保护。例如，未经他人许可擅自使用他人所创作的虚拟角色，则可通过反不正当竞争法予以保护。

人格利益的许可使用是市场经济社会的必然产物，也是民法发展的重要趋势，应该引起民法学理论界的充分重视。在市场经济条件下，人格利益之所以可以进行许可使用，这首先是因为，某些人格利益本身具有一定的可利用价值。例如，名人的姓名、肖像、声音以及法人的名称等，具有一定的社会知名度，可以成为商业利用的对象，其价值也可以用金钱来加以衡量。在实践中，个人的肖像可以作为商标来使用（例如，肯德基就使用了创始人本人的肖像作为其企业的标志，同时也作为其产品的商标使用）。在大数据时代，个人信息的利用价值日益凸显。此外，一些特定的人格利益，如声音、特定的人体动作等，也都具有利用的可能性。

我国《民法典》规定人格利益许可使用规则主要具有如下意义：

第一，有利于回应社会发展需求。传统社会中，社会形态比较简单，人格权更为注重保护身体权、健康权等；随着社会的发展，肖像、声音、个人信息等的利用层面凸显出来，各种利用现象层出不穷，尤其是个人信息的利用十分普遍，我国民法典关于人格权许可利用的规定适应了人格权行使的发展趋势，有效地协调了个人信息保护与利用关系，有利于促进我国数据产业的发展和国家整体战略的推进。

第二，有利于保护个人人格尊严。利用和保护并非截然对立的两个层面，人格尊严也包括对人格利益通过自己的意志自主利用，他人不得未经许可而利用，这本身就是保护人格尊严的重要方式。同时该条也基于人格尊严保护的要求，规定了不得许可使用的情形，这为人格权的许可使用设置了界限，更有利于推进对人格尊严的保护，避免因利用而损害人格尊严。在利用中，对于涉及人格利益和财产利益的冲突，尤其在解释、解除等问题上，人格权编均作出了特殊规定，更有利于在人格利益和财产利益的冲突中，注重对于人格利益的保护，同时注意人格利益与财产利益的平衡。因此，该规定能够更好地实现保护人格尊严的宪法要求。

第三，进一步增强民法典的体系性。合同编的规定主要是财产权的流转与使用规则，不宜完全适用于人格权的许可使用，因此，有必要在人格权编中对人格权的许可使用规则作出规定，以体现该问题与人格尊严的价值关联性，这也有利于实现增强民法典的体系性。人格权许可利用问题并不是纯粹的合同问题，其本身也是人格权的行使问题，需要人格权编对此加以确认和调整，而不能仅仅通过合同法加以调整。尤其应当看到，在人格权擅自许可利用的情形下，能够考虑规定拟制许可使用费标准确定受害人的财产损失数额，或者考虑规定获利返还请求权等,① 都已经超出了合同法的范畴。有学者认为，人格权法之所以需要与侵权法分离，一个重要的原因在于人格利益的利用日益重要，而侵权法对此无法规范②。

第四，总结司法实践经验。从我国司法实践来看，人格权许可使用的纠纷频发，尤其是对姓名权、肖像权等标表型人格权而言，相关的许可使用合同纠纷在实践中时有发生。《民法典》在总结我国司法实践经验的基础上，对人格权许可使用规则作出规定，是对中国司法智慧的总结，也为法院处理有关人格权许可使用合同纠纷提供了法律依据。

此外，该规定也是对比较法上立法经验的借鉴。从人格权法发展来看，人格利益已经呈现出许可使用发展的趋向。在欧洲出现了所谓的“形象代言人权利”，甚至一个人的声音、笔迹、舞台的形象等都可以受到人格权的保护。③ 随着高科技以及互联网的发展，各种新的人格利益的许可使用会越来越宽泛，价值会越来越凸显，这必将成为人格权发展的重要趋势。从比较法上看，尽管对人格权许可使用的法律规范方式存在一定差别，但各国也大多承认了人格权许可利用制度。德国法在司法实践中通过扩张人格权内涵与效力的方式，承认人格权中包含经济价值，并具有积极利用的权能，从而实现对人格权许可使用制度的调整。美国法则在隐私权之外创设独立的公开权制度，调整个人姓名、肖像等人格标志的经济利用问题，相当于我国法上的人格权许可使用制度。从《民法典》第 993 条规定来看，其不仅承认了个人有权许可他人对其人格利益进行利用，而且该条还划定

① 朱岩：《“利润剥夺”的请求权基础——兼评〈中华人民共和国侵权责任法〉第 20 条》，载《法商研究》2011 年第 3 期。

② Giorgio Resta, The New Frontiers of Personality Rights and the Problem of Commodification, 26 Tulane Eur. Civ. L. Forum 33, 35 (2011).

③ See Gert Brüggemeier, Aurelia ColombiCiacchi, Patrick O'Callaghan ed., *Personality Rightsin European Tort Law*, Cambridge University Press, 2010, p. 572.

了可以许可使用的人格利益的范围，这就可以在允许个人积极利用其人格权的同时，防止过度利用，从而保护个人的人格尊严。

《民法典》第993条规定了人格利益许可使用的一般规则。在我国《民法典》编纂过程中，有观点认为，能够进行商业化利用的人格权要素基本上仅限于姓名、名称、肖像等有限的人格利益，不宜将该规定置于人格权编的一般规定之中，[①] 因为一方面，可以利用的人格利益范围有限，并非所有人格利益都可被商业化利用；另一方面，这种规定方式可能导致鼓励人格利益的商业化利用现象，将不利于对人格权的保护。因而，更理想的方法是将该条置于肖像权等规则中进行规定，并设置准用条款适用于其他人格利益。笔者认为该条还是应当置于一般规定中，理由在于：一方面，人格利益的许可使用的范围还是比较宽泛的。诸如肖像、姓名、信用、名称、隐私、个人信息等都多种人格利益均有许可使用的可能。将该条置于某项具体的人格权中进行规定将不得不面临其他人格利益许可使用法律规则适用问题。尤其是诸如个人信息的许可使用，由于个人信息并非一项权利，因而参照适用人格权的规定比较勉强，可能也未必准确。另一方面，人格权法处于不断的变革之中。可以预见的是，伴随着社会生活的发展，新类型的人格利益会不断涌现。对于这些新类型的人格利益而言，适用一般规定并不存在障碍。而一旦在某项具体人格利益中规定许可使用，则会给新类型人格利益的法律适用带来困难。因此，有必要在民法典中设置人格利益许可使用的一般规则。

二、可以进行许可使用的人格利益的范围

在现代社会，不仅应当关注人格权的保护，还应当更多地关注人格权的有效利用，人格权制度是由确认、利用和保护三类规范共同组成的。随着近几十年来人格权许可利用的发展，人格利益如姓名、肖像、声音、隐私等，在传统上被认为是财产之外的没有价格的利益，随着市场经济的发展，这些权利越来越具有财产属性，权利人有权许可他人使用。现代各国法律确定个人对其信息所享有的支配权，目的之一就是促进个人对信息的利用，对信息的保护和利用构成个人对信息所享有的权利的两个支柱。由此表明，现代社会中，对人格权的主动利用趋势日益突出和普遍，人格权的内涵在逐渐扩张，利用方式和适用范围也在不断丰

---

① 石佳友：《人格权立法完善的最后契机》，载《中国民商法律网》2020年1月14日。

富。但由于人格权自身的特殊属性，对于人格权的利用，应与物权、知识产权等财产权有所区分，因而，有必要构建一套以保护人格尊严为基础的人格权利用制度。从人格权法发展来看，已经呈现出了许可利用发展的趋向，而且随着经济社会的发展，新型人格利益不断产生，可进行许可利用的人格权益的类型也在不断扩张。从《民法典》第 993 条规定来看，可进行许可利用的人格权益主要有以下几种：

（一）姓名权

按照传统观点，姓名权在性质上属于精神性人格权，并不具有财产价值，其主要功能是防止个人身份的混淆。姓名权之所以作为标表型人格权的重要类型，是因为其对个人的身份具有一定的识别作用，将一些名人的姓名用于产品的宣传广告，可以对产品销售具有一定的推动作用。姓名也可以用作商标、企业名称。随着市场经济的发展，姓名权许可利用的实践也在不断发展。姓名权的许可利用是姓名权积极利用权能发展的重要体现。从我国的司法实践来看，法院都承认权利人有权许可他人对其姓名进行许可利用并从中获利。例如，在“姚明与武汉云鹤大鲨鱼体育用品有限公司侵犯人格权及不正当竞争纠纷上诉案”① 中，法院认为：“未经权利人授权或许可，任何企业或个人不得擅自将他人姓名、肖像、签名及其相关标识进行商业性使用。武汉云鹤公司未经权利人许可，多次使用姚明的姓名及肖像，将其生产和销售的运动型产品与姚明相联系，并进行引人误解的宣传，其行为违背了诚实信用原则，既侵害了姚明的姓名权及肖像权，也构成不正当竞争。”由此可以看出，法院在判决中也肯定了权利人有权许可他人对其姓名进行许可利用。

（二）名称权

法人和非法人组织享有名称权，名称权不仅具有标识法人及非法人组织身份的功能，而且具有一定的商业利用价值，权利人既可以许可他人对其名称进行利用，而且依据《民法典》第 1013 条的规定，权利人还可以通过转让的方式利用其名称。由此可以看出，名称权的利用方式比姓名权更为广泛，即权利人不仅可以许可他人使用其名称，而且可以依法转让其名称。在名称权中承认了名称的可

---

① 湖北省高级人民法院（2012）鄂民三终字第 137 号民事判决书。

转让性。名称的转让是指名称权人将其名称全部让与某一个受让人，受让人成为该名称权的主体，《民法典》第 1013 条允许名称的转让，这也是名称权不同于其他人格权的重要特点。名称的转让应由转让方与受让方签订书面转让协议，并办理相关的批准、登记手续。转让名称的协议生效后，受让人必须按照约定和登记的规定使用受让的名称。

（三）肖像权

随着肖像许可利用实践的开展，肖像权中的经济价值逐渐得到法律的肯定与保护，权利人既可以自己利用，也可以许可他人利用其肖像权。我国《民法通则》第 100 条规定承认了肖像可以经权利人同意许可他人利用，这实际上肯定了肖像可以成为许可利用的对象。但是根据《民法通则》第 100 条的规定，未经本人同意，以营利为目的使用他人肖像的行为，构成侵权行为，行为人应承担侵害肖像权的责任。《最高人民法院关于贯彻执行〈中华人民共和国民法通则〉若干问题的意见（试行）》（以下简称《民法通则意见》）第 139 条规定："以营利为目的，未经公民同意利用其肖像做广告、商标、装饰橱窗等，应当认定为侵犯公民肖像权的行为。"民法典人格权编删除了以营利为目的的构成要件，从而强化了对肖像权的保护。《民法典》第 1021 条对肖像许可使用合同的解释规则作出了规定，第 1022 条对肖像许可使用合同的解除规则作出了规定。人格权编总则关于人格利益许可使用规则的规定可以看作是对人格利益许可使用的一般规定，而在肖像权一章中关于肖像许可使用规则的规定则是关于人格利益许可使用合同的特殊规定，二者共同构成了完整的人格利益许可使用合同规则体系。

（四）个人信息

个人信息也可以成为许可利用的对象，从本质上讲，个人信息本身就兼具人身属性和财产属性，绝大多数个人信息都可以进行经济利用，如将个人信息汇聚成大数据由他人共享，或者用于商业分析和用于商业规划等。随着信息社会的发展，个人信息的利用价值越来越大，被称为 21 世纪的"数据金矿"。故此，《民法典》第 1035 条第 1 款第 1 项规定，处理自然人的个人信息应当征得自然人或者其监护人同意，即自然人可以许可他人处理其个人信息。

（五）其他人格利益

如前所述，《民法典》人格权编在第一章对人格利益许可使用规则作出了规定，从《民法典》第993条规定来看，其在划定可许可使用的人格利益的范围时使用了“等”这一兜底表述，这表明可许可使用的人格利益的范围并不限于姓名、名称、肖像等人格利益，其还可能包括其他的人格利益，而且可以许可使用的人格利益的范围也不限于作为人格权客体的人格利益，还包括声音、死者的人格利益等。例如，自然人死亡后，其人格要素如姓名、肖像等，仍具有商业利用的价值，也可以成为商业利用的对象。[①] 例如，在“周某诉黄某、贵州人民出版社肖像权纠纷案”中，被告将鲁迅的肖像编入《鲁迅像传》一书中，一共使用了114张鲁迅的肖像照片并配以文字解说。法院虽然认为被告的行为是对鲁迅肖像的合理使用，不构成侵权。但同时也肯定了死者的人格要素可以成为许可利用的对象。除死者人格利益外，其他人格利益，如个人特有的声音、肢体动作等，均可成为许可利用的对象。从该条规定来看，只要不是依照法律规定或者根据其性质不得许可的人格权益，均可以成为许可使用的对象。

三、依照法律规定或者根据其性质不得许可使用的人格权益

从该条规定来看，如果某种人格权益依照法律规定或者根据其性质不得成为许可使用的对象，则应当将其排除在可许可使用的人格权益的范围之外，不得进行许可利用。也就是说，为保护个人的人格尊严，维护公序良俗，应当对可进行许可利用的人格权益的范围进行一定的限制，以防止人格权的过度许可利用。

从比较法上来看，随着现代社会的发展，尤其是高科技的发展，器官移植、人体捐赠、生物实验、遗传检查和鉴别、代孕、机构监禁、精神评估等行为日益普遍，这也需要不断强化对身体权的保护，规范对物质性人格权的行使。各国一般禁止对物质性人格权进行许可利用，而主要将人格权许可利用的权利范围限于精神性人格权。[②] 例如，《法国民法典》第16－5条规定：“任何赋予人体、人体之各部分以及人体所生之物以财产价值的协议，均无效。”从我国《民法典》第993条规定来看，其在保持可许可利用的人格权益范围的开放性的同时，也对可许可利用的人格权益的范围进行了一定的限定，即如果法律规定某种人格权益不

① Jean-Christophe Saint-Pau, L’article 9, matrice des droits de la personnalité, in Recueil Dalloz, 1999, n° 37, p. 541.

② 参见［美］古奥乔·瑞斯塔：《人格利益商品化——比较法的考察》，载《2010年国际民法论坛论文集：人格权保护——历史基础、现代发展和挑战》，第135页。

宜成为许可使用的对象，或者按照其性质不宜成为许可使用的对象，则应当将其排除在可许可使用的人格权益的范围之外，这实际上也为特别法限定可许可使用的人格权益的范围预留了空间。我国《民法典》人格权编并未对哪些人格利益不得许可利用作出规定，但是，借鉴比较法上的一般做法，笔者认为，在具体划定不宜成为许可利用对象的人格权益的范围时，可以明确将物质性人格权如生命权、身体权、健康权等排除在外，禁止物质性人格权的许可利用理由主要在于：

一是维护人格尊严。从比较法上看，各国法律大多认为，当事人签订的代孕合同无效①，这表明不能对人的身体进行买卖，人的身体不能成为转让的客体。《人类辅助生殖技术管理办法》和《人类精子库管理办法》都明确禁止代孕和买卖精子等行为。所以，这一方式实际上已经被法律明文禁止。据此，法院在实践中都认定“借腹生子协议”无效。②

二是维护公序良俗。权利人行使身体权不得违反公序良俗原则。例如，依据《民法典》第 506 条，造成对方人身伤害的免责条款无效。这就是说，任何人与他人达成的以伤害人身为内容的协议，都因违反公序良俗而应认定为无效。一旦允许个人对其物质性人格权进行许可利用，可能导致人沦为权利客体，因为个人可能会基于经济方面的原因而放弃其物质性人格权。

三是保护权利人自身的利益。生命、身体、健康等物质性人格利益与个人的主体资格之间存在密切关联，也是个人最为重要的人格利益，如果允许此类人格利益的许可使用，则个人可能基于经济方面的需要而放弃生命、健康等最为重要的人格利益。例如，为了赚钱买房或买车而出卖自己的某个器官，会导致个人健康严重受损。

当然，除了物质性人格权外，并非所有的精神性人格权都可以被许可利用。其中最为典型的包括名誉权与荣誉权，这些权利具有明显的人身依附性，其背后的人格利益无法脱离于权利人而存在，因此，依据其性质，无法许可他人利用。也正是由于这一原因，可以被许可利用的主要包括姓名权、名称权、肖像权等

---

① TGI Paris 3 juin 1969, D. 1970, p. 136, note J. P.

② 例如，广东省佛山市顺德区人民法院对一起抚养权纠纷案件作出一审判决，判决双方签订的“借腹生子协议”无效，驳回原告刘某的诉讼请求，判决小涛由被告携带抚养至小涛年满 18 周岁时止，之后随父、随母由其自行选择。载广东法院网，2010 年 8 月 12 日。

“标表型人格权”。①

四、人格利益许可使用的两种方式

《民法典》第993条中的“许可”包括以下两种方式：

一是以单方意思表示所进行的许可。以单方意思表示进行许可是指权利人可以通过单方意思表示的方式，向不特定人作出意思表示，同意其在特定范围内利用自身的姓名、肖像、名称等人格利益。权利人的此种意思表示，只要不违背公序良俗，不进行不正当利用，均应认为可以构成许可。

二是以合同方式进行的许可。人格利益的许可使用往往需要通过合同来进行，比如，权利人授权许可他人利用其特定人格利益，人格利益许可使用合同的内容应当以不侵害权利人的人格尊严和人身自由等基本价值为前提。因此，对此种授权许可合同的内容需要进行法律上的规制。以合同的方式许可他人使用，是针对特定人的许可使用方式。在这种方式中，双方当事人需要就合同内容（如许可使用的期限、范围等）进行约定。

五、未经许可使用他人人格利益的损害赔偿责任

未经许可擅自使用他人的人格利益，将构成对他人人格利益的侵害，如果造成权利人精神损害或者财产损失，则权利人有权依法主张精神损害赔偿责任和财产损失赔偿责任。

（一）未经许可使用他人人格利益的精神损害赔偿

行为人未经许可对他人人格利益进行许可利用时，权利人可能遭受一定的精神损害，在此情形下，权利人应当有权依据《民法典》第1183条请求行为人承担精神损害赔偿责任。从我国的司法实践来看，在一些案件中，法院没有考虑受害人的财产损害，而主要通过精神损害赔偿对受害人进行救济。例如，在“崔永元诉北京华麟企业（集团）有限公司侵害肖像权、名誉权案”② 中，法院认为，由于原告未举出其他证据证明其遭受了经济损失，因而并未支持原告赔偿经济损失的请求，但法院肯定了原告的精神损害赔偿请求权，并根据侵害肖像权、名誉权的范围、侵权方式、过错程度等情况酌定精神损害赔偿数额。再如，在“昆明

① 参见温世扬：《论“标表型人格权”》，载《政治与法律》2014年第4期。
② 北京市朝阳区人民法院（1999）朝民初字第4247号民事判决书。

市园林索道管理处因肖像权纠纷上诉案”① 中，法院认为，肖像权主要是一种公民精神上的人格权利，原判关于由上诉人赔偿经济损失（律师费）的内容不当；又鉴于上诉人所印制和销售印有被上诉人肖像的索道票及简介数量较大，具有营利性，且使用门票、简介者的处理方式不同，加之乘坐索道缆车的游客来自四面八方，致使该肖像侵权的扩散面较宽，客观上给两被上诉人的身心造成一定程度的损害，故上诉人应负担因此给被上诉人造成的精神损害赔偿。

笔者认为，在人格权许可利用的情形下，在适用精神损害赔偿责任时，应当考虑权利人的财产损害，从而实现财产损害赔偿与精神损害赔偿的平衡。尤其是在受害人无法证明自身财产损失及其具体数额的情形下，受害人的财产损害赔偿请求往往难以获得支持，此时，可以考虑通过提高精神损害赔偿数额的方式，为受害人提供救济，因为精神损害赔偿本身具有调节功能，在财产损害不足的情况下，可以通过精神损害赔偿的方式予以调节。同时通过此种方式实现对行为人侵权获利的剥夺。当然，完全以精神损害赔偿来替代财产损害赔偿也是不妥当的，因为精神损害赔偿的目的主要是抚慰受害人，并不能达到剥夺侵权人收益的目的；而且精神损害赔偿的数额是有限的，无法达到制裁侵权人的目的，甚至在一定程度上鼓励了侵权行为，无法发挥侵权法的损害预防功能。

应当看到，在行为人未经许可对他人人格权进行许可利用的情形下，单纯的精神损害赔偿无法对人格权中的财产利益进行有效的保护，还必须借助财产损害赔偿方法。因为从实践来看，在人格权未经许可利用的情形下，权利人所遭受的损害主要是财产损害，只有在极少数案件中，受害人才会遭受精神损害。在许可利用趋势下，保护人格权中的财产利益是人格权保护的重要内容，在现实生活中，如果仅仅提供精神痛苦的抚慰，而不对财产损失进行补偿，尤其是在不法行为人侵害他人人格权取得非法的巨大经济利益的情况下，如果不予补偿将可能导致对受害人严重不公平的后果。因此，对人格权的侵害应当区分精神损害和财产损害，并进一步分别计算赔偿额。法官在衡量精神损害赔偿数额时，可以考虑行为人的获利情况，从而有效剥夺行为人的获利，充分发挥侵权责任的损害预防功能。但如果行为人已经赔偿了受害人的财产损害，则法院在衡量精神损害赔偿数

① 云南省昆明市中级人民法院（2000）昆民终字第684号民事判决书。

额时，不宜再过多考虑行为人的获利情况。

（二）未经许可使用他人人格权的财产损害赔偿

如前所述，在行为人未经许可对他人人格权进行许可利用的情形下，权利人也可能遭受一定的财产损害，为全面救济受害人，应当注重发挥财产损害赔偿的功能。《民法典》第 1182 条对侵害人身权益的财产损害赔偿责任作出了规定，其主要适用于人格权许可利用的情形，该条规定："侵害他人人身权益造成财产损失的，按照被侵权人因此受到的损失或者侵权人因此获得的利益赔偿；被侵权人因此受到的损失以及侵权人因此获得的利益难以确定，被侵权人和侵权人就赔偿数额协商不一致，向人民法院提起诉讼的，由人民法院根据实际情况确定赔偿数额。"依据该条规定，在行为人未经许可对他人人格权进行许可利用的情形下，权利人有权请求行为人承担财产损害赔偿责任，关于财产损害赔偿数额的确定，被侵权人可以以其遭受的实际损失要求赔偿，也可以主张按照行为人的侵权获利赔偿，受害人可以在这两种方式中作出选择。具体而言，受害人可以选择如下三种方式确定其财产损失数额。

1. 按照实际损失赔偿

在行为人未经许可对他人人格权进行许可利用的情形下，依据《民法典》第 1182 条的规定，如果权利人能够证明其实际财产损失数额，则其有权请求行为人按照该数额承担损害赔偿责任。尽管侵害的对象是人身权益，但是，造成了受害人财产损害，所以，也适用财产损害赔偿的原则。另外，从侵权责任法的一般原理来说，损害赔偿就是按照受害人的现实损害进行赔偿，所以，该条规定也符合一般原理。因此，在造成财产损失的情况下，受害人应当举证证明损害的存在和范围，据此确定赔偿的数额。

在权利人选择请求行为人按照实际损失赔偿时，按照损害确定性的要求，权利人应当证明其客观上遭受了确定的财产损害，也需要证明其财产损失的具体数额，否则将难以获得救济。

2. 按照获利数额赔偿

依据《民法典》第 1182 条的规定，权利人也有权请求行为人按照其获利承担财产损害赔偿责任，该条所确立的获利赔偿规则有利于剥夺行为人的非法获利，从而发挥侵权法的损害预防功能。早在罗马法中，就确立了"禁止非法获利”的原则，这是罗马法的法谚“任何人不得因他人不法行为获利”（neminem cum alteriusdetrimento et iniuria fierilocopletiorem）的基本要求。禁止非法获利也是矫正正义的具体体现，我国《民法典》第1182条规定：“侵害他人人身权益造成财产损失的，按照被侵权人因此受到的损失或者侵权人因此获得的利益赔偿；被侵权人因此受到的损失以及侵权人因此获得的利益难以确定，被侵权人和侵权人就赔偿数额协商不一致，向人民法院提起诉讼的，由人民法院根据实际情况确定赔偿数额。”该条规定了获利返还请求权，依据该条规定，因侵害人格权益造成财产损失的情形下，受害人可以请求行为人按照实际损失赔偿，也可以请求按照行为人的获利赔偿。获利标准也称为侵权获利标准，这就是说，在受害人的损失难以确定时，可以按照侵权人的获利进行赔偿，其也被称为将获利视为损害的规则。这一规则符合侵权责任法上的完全赔偿原则，即只要是与侵权行为有因果关系的损害，都应当予以赔偿，以使受害人恢复到如同损害没有发生的状态。通过这一规定，一方面，有利于缓解受害人证明其客观上遭受财产损害的困难；另一方面，将行为人的获利视为受害人的损害，也可以有效剥夺行为人的非法获利。

3. 法院酌定标准

依据《民法典》第1182条规定，法院酌定方式是在受害人无法证明其实际损失数额或者行为人的侵权获利数额的情形下，由法院依据职权确定行为人损害赔偿数额的一种方式。酌定的情形适用于受害人实际损失与行为人获利难以确定的情况，在此情况下，只能通过法院酌定的办法来确定赔偿额。法院在酌定赔偿数额时，虽然没有最高或最低额的限制，但是也应当谨慎确定，避免赔偿数额过高或过低。就侵害肖像权的案件来说，法院在酌定赔偿数额时，应结合侵权人的过错程度、具体侵权行为和方式、造成的损害后果和影响等因素综合考量确定。①在司法实践中，有的法院认为，“如果有一般许可使用费可以参照，法院可以结合侵权人过错、侵权的情节、该许可使用的范围、时间、受害人知名度等因素，参照许可使用费确定赔偿数额”。② 此种看法不无道理。事实上，在《侵权责任

---

① 参见全国人大常委会法制工作委员会民法室编：《侵权责任法条文说明、立法理由及相关规定》，北京大学出版社2010年版，第76页。

② “张柏芝诉梧州远东美容保健品有限公司肖像权案”，江苏省无锡市中级人民法院（2005）锡民初字第101号民事判决书，江苏省高级人民法院（2006）苏民终字第109号民事判决书，载《人民法院案例选》（2006年第4辑），人民法院出版社2006年版。

法》颁行前，有的法院在决定人格权许可利用财产损害赔偿数额时，已经开始参考拟制的许可使用费。例如，在“艾瑞比·鲍威尔·泰勒诉人像摄影杂志社侵犯著作权、肖像权纠纷案”① 中，法院认为，对于赔偿的具体数额，本院将参照模特行业肖像使用费的一般付费标准及被告侵权的情节等因素酌情予以确定。

针对利用网络侵害他人人身权益造成他人财产损失情形下财产损失赔偿数额的确定，《最高人民法院关于审理利用信息网络侵害人身权益民事纠纷案件适用法律若干问题的规定》第 18 条第 2 款规定：“被侵权人因人身权益受侵害造成的财产损失或者侵权人因此获得的利益无法确定的，人民法院可以根据具体案情在 50 万元以下的范围内确定赔偿数额。” 其也适用于未经许可在网络环境下对他人人格权益进行许可利用的行为。如果将该数额与精神损害赔偿数额相比较，从我国司法实践来看，法院所确定的精神损害赔偿数额一般在 10 万元以下②，由此可以看出，该司法解释所确定的财产损失赔偿数额明显高于精神损害赔偿数额，这也有利于剥夺行为人的获利，从而更好地发挥侵权法的损害预防功能。

在行为人未经许可对他人人格权进行许可利用的情形下，法院在酌定行为人的财产损害赔偿数额时，还应当考虑行为人的侵权方式。例如，在行为人未经许可对他人肖像权进行许可利用的情形下，法院在确定行为人的财产损害赔偿数额时，应当考虑肖像制作的背景、是否具有私人或公共属性、如何制作、是否公开制作、使用何种设备（如是否使用长聚焦镜头）、肖像的类型与特征是什么、制作了多长时间、肖像的尺寸大小如何、肖像以前是否可以获得、有无涉及隐私部位、肖像是否曾被复制、被告是否从中获利、肖像所要传递的信息是否具有娱乐价值、肖像权人的地位和特征如是否属于公众人物、本人是否愿意出版肖像、出版肖像对本人是否有实际的不利等情况。如果侵害肖像权造成了对其他人格利益的侵害，如散布他人裸体照片，导致他人的名誉、隐私等权利受到侵害，表明受害人的损害后果是综合性的，较为严重，在确定财产损害赔偿数额时也应当考虑此种情况。

（撰稿人：王利明）

---

① 北京市第一中级人民法院（2003）一中民初字第 10253 号民事判决书。

② 例如，在“范冰冰与毕某、贵州易赛德文化传媒有限公司侵犯名誉权纠纷案”中，法院判决毕某和易赛德公司应分别承担赔偿精神抚慰金 3 万元和 2 万元；再如，在“徐某与北京新浪互联信息服务有限公司侵犯名誉权纠纷案”中，法院判定新浪公司赔偿原告精神损害抚慰金人民币 2 万元。

第九百九十四条 【死者人格利益保护】

死者的姓名、肖像、名誉、荣誉、隐私、遗体等受到侵害的，其配偶、子女、父母有权依法请求行为人承担民事责任；死者没有配偶、子女且父母已经死亡的，其他近亲属有权依法请求行为人承担民事责任。

◆ 条文释义

一、保护死者人格利益的必要性

死者人格利益是指自然人死亡以后，其姓名、肖像、名誉、隐私等利益，这些人格利益应受法律保护。死者人格利益是人格权延伸保护的结果，在主体死亡之后，人格权因死亡而消灭，但法律为了强化和全面保护人格利益，充分体现维护人格尊严的宪法理念，对自然人死亡后的人格利益仍予以保护，形成了对自然人人格利益的全面保护。

从法律上看，死者人格利益本身是人格权益的组成部分。保护人格权益，就是要保护个人的人格尊严，这种人格尊严不仅要在自然人生前获得保护，在其死后也应当获得保护。古人说得好，“神龟虽寿，犹有尽时”“人固有一死”，但个人生前的荣耀不应随个人的死亡而丧失。亚里士多德认为，“死者也有善与恶（一个人活着的时候会碰到善与恶，但是对这些毫无意识），例如子孙后代们是享受荣誉或是屈辱，或是遭受好运和厄运”①。康德曾经说过：“一个人死了，在法律的角度看，他不再存在的时候，认为他还能够占有任何东西是荒谬的，如果这里所讲的东西是指有形物的话。但是，好名声却是天生的和外在的占有（虽然这仅仅是精神方面的占有），它不可分离地依附在这个人身上。”② 这就是说，人格尊严不仅在自然人活着的时候存在，而且延续到其死亡之后。法律保护其生前的人格尊严与保护其死后的人格尊严，二者乃是一个不可分割的整体。

---

① 参见［古希腊］亚里士多德：《尼各马可伦理学》，王旭凤、陈晓旭译，中国社会科学出版社 2007 年版，第 33 页。

② ［德］康德：《法的形而上学原理——权利的科学》，沈叔平译，商务印书馆 1991 年版，第 118 页。

从各国有关人格权保护的判例和学说来看，几乎无一例外地都赞成对死者人格利益进行保护，这也是人格权法律制度发展的一个趋势。早在2001年，最高人民法院就颁行了《精神损害赔偿司法解释》，该司法解释第7条就确认了对死者人格利益的保护。目前，对于死者人格利益应当受到法律保护，已经形成了基本共识。① 《民法典》人格权编在总结司法实践经验的基础上，规定了对死者人格利益的保护规则。从社会效果来看，保护死者人格利益的必要性在于：

第一，有助于促进社会的进步。社会的进步与个人追求良好的名声具有密切的关系。俗话说，“雁过留声，人过留名”，许多人生前为社会作出贡献，甚至为了民族、社会的利益而献身，也是为了青史留名，至少不希望受后人指责甚至唾弃。文天祥说，“人生自古谁无死，留取丹心照汗青”，这就典型地反映了人们希望通过自己生前的努力以获得一个死后的好名声。多少仁人志士修身养性、廉洁自律，追求事业功名，都是为了博取好的名声。正是因为人们对好名声的不懈追求，才推动了社会道德的进步和人类文明的提高。所以，任何社会都要鼓励人们获得符合社会要求的良好名誉。因此，保护死者人格利益尤其是死者的名誉，对于鼓励生者积极向上、奋发有为，从而促进社会的进步，具有重大的意义。②

第二，有助于维护良好的社会风尚。尊重死者既是对死者人格的尊重，也是对人们追求良好的道德、风尚、声誉等的尊重。而漠视死者人格，实际上就是蔑视生者对良好的道德的追求，所以对生者人格利益的保护，涉及社会的公共道德，尊重先人也是中华民族传统文化的组成部分。绝大多数的社会成员，都希望其死后不会受到他人的贬损和侮辱，这是一个社会得以延续下去的重要保障。曾子曰：“慎终追远，民德归厚矣。”（《论语·学而》）可见，尊重死者也是社会人伦的体现。如果对死者的人格利益不予保护，实际上就是不鼓励人们在生前从事正当的行为，这就会引发严重的道德风险，③ 也会导致人们的价值观、荣辱观、道德观遭到扭曲，社会利益将受到极大损害，同时也不利于社会秩序的稳定。

第三，有利于维护社会公共利益。许多名人的名誉、肖像等已经成为社会利益，甚至是国家利益的组成部分。尤其是领袖、伟人的肖像等涉及整个国家利益

---

① 参见《匈牙利民法典》第85条、《捷克民法典》第15条。

② 参见亓培冰：《死者肖像权的保护及其法律适用》，载《人民司法》2005年第1期。

③ 魏振瀛主编：《民法》，北京大学出版社、高等教育出版社2000年版，第54页。

和公共利益。对其的贬损，不仅是对历史的不尊重，甚至是对民族感情的伤害。所以，对于这些人，即使其近亲属不提起诉讼，有关机关也应当有权提起诉讼，请求停止侵害①。

第四，有助于安慰死者的近亲属。死者的人格利益与生者的感情、尊严、名誉等是不可分的，辱骂他人的长辈、祖先，在某种程度上，也是对生者的辱骂。侮辱先人实际上也是对后人的蔑视。所以，死者的名誉、隐私等常常和生者的名誉等联系在一起。侵害死者的人格利益往往也侵害了生者的人格利益。正如康德所说："他的后代和后继者——不管是他的亲属或不相识的人——都有资格去维护他的好名声，好像维护自己的权利一样。理由是，这些没有证实地谴责威胁到所有人，他们死后也会遭到同样地对待的危险。"② 另外，即使不涉及近亲属的名誉等，侵害死者人格，也会侵害近亲属的追思之情。

虽然对死者人格利益的侵害往往会伴随着对生者人格利益的侵害，但将死者人格利益等同于其遗属的利益或者家庭的利益，显然是不妥当的。一方面，如果将死者的人格利益等同于生者的利益，在法律上很难明确地确定行为人究竟侵害了生者的何种权利，行为人的行为和生者的权益受到侵害之间是否具有因果联系。因为生者要主张精神损害赔偿，应当证明其权利受到侵害③。另一方面，死者可能根本没有近亲属，但这并非意味着死者人格利益就不应当受到保护，因为即使没有近亲属，而毁谤已故名人，也可能侵害了公共利益，故也应当保护死者人格利益。④ 还要看到，将死者人格利益等同于其遗属的利益或者家庭的利益，实际上是否定了死者人格利益的存在⑤。当然，当自然人死亡后，死者的名誉好坏，有可能影响对其近亲属的评价，因此，侵害死者名誉、披露其隐私可能同时侵害其亲属的名誉。如果死者的近亲属可以证明其人格利益因此而受到侵害，他可以单独地以其自己的人格利益受到侵害为由提起诉讼，而并不一定要以死者人

---

① 参见亓培冰：《死者肖像权的保护及其法律适用》，载《人民司法》2005 年第 1 期。

② ［德］康德：《法的形而上学原理——权利的科学》，沈叔平译，商务印书馆 1991 年版，第 120 页。

③ 魏振瀛：《侵害名誉权的认定》，载《中外法学》1990 年第 1 期。

④ 参见王全弟、李挺：《论死者人格精神利益的民法保护》，载《法治研究》2011 年第 11 期。

⑤ 在德国，宪法法院不赞成德国联邦法院的观点，否定死者享有人格利益，其主要理由在于个人死亡以后，其遗属为保护死者的名誉、秘密，只能根据自己的权利，以自己人格利益受侵害为由主张权利。参见黄立：《民法总则》，中国政法大学出版社 2002 年版，第 112 页。

格利益受到侵害为由来主张权利。①

二、死者人格利益的性质

关于死者人格利益究竟是一种权利，还是一种利益，法律上一直存在争议。笔者认为，死者人格利益在法律上仍然是一种法益，法律出于维护社会道德和近亲属的感情以及维护社会公共利益的需要，有必要对死者的人格利益予以保护。但是对死者人格利益的保护必须与对其近亲属的人格保护区分开来，仅仅侵害了生者对逝者的感情，并不足以成立人格权侵害。② 自然人在死亡以后，就不再享有任何权利，我们无法想象死者具有部分的权利能力，也无法想象没有主体的权利。③ 尽管其不再享有任何权利，其名誉、肖像等人格权也不复存在，但其人格利益并不因死亡而消灭，死者的人格尊严仍然不受侵犯。④ 权利内容本身是个人利益和社会利益的产物。在利益中，不仅包括民事主体的个人利益，可能还包括社会公共利益。例如，对于死者的名誉、肖像而言，在死者死亡后其个人享有的利益已经不复存在，但由于这种利益在一定程度上体现了社会公共利益和公共道德，从公序良俗的要求出发，故有必要对该利益加以保护。⑤ 实际上，保护死者人格利益是社会公共道德和公序良俗原则的体现，本质上也是社会公共利益的一种具体表现形态。我国《民法典》第 120 条规定："民事权益受到侵害的，被侵权人有权请求侵权人承担侵权责任。"此处所说的民事权益，既包括权利，也包括利益，而死者人格利益就属于此处利益的范畴。

还需要指出的是，对死者的人格利益不能用一般人格权加以概括性的保护，只能明确规定应当受到保护的几种具体人格利益。其原因在于，一方面，一般人格权本身是一种权利，尤其是其中包含的人格自由和平等，只是生者所能享有的权利，死者无所谓自由、平等的问题。另一方面，一般人格权是一个兜底条款，对于死者人格利益而言，本身就是法律特别列举的保护，故不能适用人格权的兜底条款，扩张保护死者人格利益的范围。

---

① 魏振瀛：《侵害名誉权的认定》，载《中外法学》1990 年第 1 期。

② MünchKomm/Rixecker, Anhang zu § 12, Rn. 34.

③ MünchKomm/Rixecker, Anhang zu § 12, Rn. 35.

④ MünchKomm/Rixecker, Anhang zu § 12, Rn. 38.

⑤ 参见王全弟、李挺：《论死者人格精神利益的民法保护》，载《法治研究》2011 年第 11 期。

三、死者人格利益的范围

该条对死者人格利益保护的范围作出了规定，所谓死者人格利益保护的范围，是指死者的哪些人格利益应受法律保护。依据该条规定，死者人格利益的范围包括死者的姓名、肖像、名誉、荣誉、隐私、遗体等。显然，一个人生前所享有的人格权和其死后享有的人格利益是不可能同一的，不能认为生者的所有人格利益在死后都要受到保护。[①] 有学者认为，死者人格利益包括名誉、肖像、身体、隐私、姓名和名称、荣誉、亲属。[②] 生前所享有的物质性人格权不可能继续存在，而与身体相联系的人格权，如身体权等，死者也不可能享有。而与人身有密切联系的人格权，如人身自由权等也不可能继续存在。即使就精神性人格权而言，像贞操等人格利益在死后也是不能受到保护的。

关于死者人格利益的保护范围，在我国司法实践中存在一个不断发展的过程。它最初仅限于名誉利益，以后逐步扩及隐私等利益。《精神损害赔偿司法解释》第 3 条规定："自然人死亡后，其近亲属因下列侵权行为遭受精神痛苦，向人民法院起诉请求赔偿精神损害的，人民法院应当依法予以受理：（一）以侮辱、诽谤、贬损、丑化或者违反社会公共利益、社会公德的其他方式，侵害死者姓名、肖像、名誉、荣誉；（二）非法披露、利用死者隐私，或者以违反社会公共利益、社会公德的其他方式侵害死者隐私；（三）非法利用、损害遗体、遗骨，或者以违反社会公共利益、社会公德的其他方式侵害遗体、遗骨。"这一解释显然扩张了死者人格利益保护的范围，它不限于对死者名誉利益进行保护，还包括死者的姓名、肖像、名誉、荣誉、隐私以及遗体和遗骨等人格利益方面的保护。

依据《民法典》第 994 条的规定，死者人格利益的范围包括如下几种：

1. 死者的姓名。侵害死者的姓名应当承担法律责任。侵害死者姓名的主要表现形式是非法利用死者的姓名招摇撞骗，利用死者的姓名从事其他非法活动，导致对死者人格的贬损。

2. 死者的肖像。侵害死者肖像的行为时有发生。例如，擅自在网上披露死者

---

① 参见马丽、朱显国：《死者人格利益保护理论的反思与重构——基于法的规范功能的分析》，载《南京理工大学学报（社会科学版）》2009 年第 4 期。

② 参见杨立新：《人身权法论》，人民法院出版社 2002 年版，第 307 – 308 页。

的裸体照片，或者将死者的肖像丑化等。行为人侵害死者肖像的，死者近亲属也有权请求行为人承担民事责任。

3. 死者的名誉、荣誉。在审判实践中，对死者人格利益的侵害主要是指故意诋毁死者的名声、辱骂或者丑化死者等，从而侵害死者的名誉。例如，著名的“荷花女案”“海灯法师案”“徐大雯状告宋祖德和刘信达侵犯谢晋名誉权案”等就属于此类情形①。

4. 死者的隐私利益。死者的隐私也受法律保护。从实践来看，侵害死者隐私的方式主要有如下两种：一是非法披露。例如，在“甘维寿案”中，行为人将原告已经死亡的女儿的姓名、年龄、两性关系等隐私信息泄露，法院认为，该行为人侵害了死者的隐私，应当承担精神损害赔偿责任。② 二是非法利用。如未经死者近亲属同意，擅自将死者隐私改编成剧本，拍成电影、电视等节目。在行为人侵害死者隐私的情形下，死者近亲属也有权请求行为人承担民事责任。

5. 遗体等利益。严格地说，自然人死亡后，其物质性人格权已经不复存在，但其遗体、遗骨、骨灰等仍与其人格尊严存在密切关联，仍有保护的必要。从比较法上看，许多国家都有禁止侵害遗体完整性的规定，因为遗体不仅关系到死者的人格尊严，而且关系到生者对死者追思敬慕的感情。③ 中华民族的优良传统要求尊重自己的祖先或者长辈，其中就包括了对死者遗体和遗骨的尊重，中国传统文化也历来认为，掘墓毁尸是严重违反社会伦理的极端行为。可见，遗体寄托着生者对死者的感情和思念，在一定程度上也体现了对死者的尊重和对生者人格利益的保护，保护遗体并不是为了保护身体权，而是为了保护死者人格尊严和死者近亲属的人格利益。同时，对遗体的保护还涉及公共利益和公共道德的保护，因为如果允许人们随意侮辱死者的遗体，显然也是对公共道德的蔑视和侵犯。④ 从

---

① 在“徐大雯状告宋祖德和刘信达侵犯谢晋名誉权案”中，法院认定，被告宋祖德在博客里称谢晋因嫖妓致死及与他人有私生子均非事实，法院由此作出一审判决，要求被告宋祖德、刘信达立即停止对谢晋名誉的侵害；在判决生效之日起十日内连续十天在多家网站和报纸醒目位置刊登向原告徐大雯公开赔礼道歉的声明，致歉声明内容须经法院审核同意，消除影响，为谢晋恢复名誉；赔偿损失29万元。参见《谢晋遗孀告“大嘴”宋祖德名誉侵权案一审宣判　宋祖德被判赔29万登报道歉》，载《扬子晚报》2009年12月26日。

② 新疆维吾尔自治区奇台县人民法院（2006）奇民一初字第524号民事判决书。

③ 参见税兵：《超越民法的民法解释学》，北京大学出版社2018年版，第86页。

④ 参见徐国栋主编：《绿色民法典草案》，社会科学文献出版社2003年版，第84页。

实践来看，侵害遗体、遗骨的行为主要表现为：擅自盗取死者的器官①、抛撒死者的遗骨或骨灰②、丢失死者遗骨③等。

死者遗体、遗骨等是死者人格利益的重要载体，侵害死者遗体、遗骨的行为直接伤害了生者对死者的感情和尊严，也会给生者造成一定的精神痛苦。例如，在“周某与俞甲一般人格权纠纷上诉案”中，周某故意驾车冲撞俞甲父亲的出殡现场，撞倒骨灰盒、灵牌、花篮，法院认为构成以违反社会公共利益、社会公德的其他方式侵害遗体、遗骨。④ 除民事立法外，我国相关立法也对遗体、遗骨的保护作出了规定。例如，《刑法》第 302 条还专门规定了“盗窃、侮辱、故意毁坏尸体、尸骨、骨灰罪”，依据该条规定，“盗窃、侮辱、故意毁坏尸体、尸骨、骨灰的，处三年以下有期徒刑、拘役或者管制”。

四、侵害死者人格利益的请求权主体

依据《民法典》第 994 条，死者人格利益遭受侵害的，其配偶、子女、父母有权请求行为人承担民事责任。这就明确了侵害死者人格利益的请求权主体。关于请求权的主体，是指在人格利益遭受侵害以后，究竟由谁来主张对死者人格利益的保护。

从比较法上来看，在侵害死者人格利益的情形下，关于提起请求权的主体，存在不同观点。一种观点认为，在缺乏实体法依据的情形下，仍应当肯定死者近亲属对行为人的损害赔偿请求权；另一种观点则认为，自然人死亡后，其主体资格消灭，在法律上并未对死者人格利益保护作出特别规定的情形下，此时应当否定死者近亲属的请求权。⑤

我国司法实践历来明确限定了死者人格利益保护的请求权主体范围。1993 年 6 月 15 日《最高人民法院关于审理名誉权案件若干问题的解答》中，明确了死者名誉受到侵害，其近亲属可以作为原告提起民事诉讼，从而解决了死者名誉是否应当受法律保护的问题。但该解释仅仅涉及死者名誉侵害的问题，而没有对死者的其他

① 参见《杨某某等诉兰州军区乌鲁木齐总医院擅自解剖死者尸体留取脏器侵权纠纷案》，载《人民法院案例选》1994 年第 3 期（总第 9 期）。

② 参见《何美英等诉普觉寺墓园工作人员帮助安放骨灰盒时不慎跌落致使骨灰泼洒精神损害赔偿案》，载《人民法院案例选》2001 年第 2 辑（总第 36 辑）。

③ 参见“叶繁荣、叶凡庆等与梁仲有侵权责任纠纷一审民事判决书”，广东省信宜市人民法院（2015）茂信法民一初字第 291 号民事判决书。

④ 浙江省舟山市中级人民法院（2011）浙舟民终字第 86 号民事判决书。

⑤ 参见刘春堂：《民商法论集》（三），台北元照出版公司 2016 年版，第 17－19 页。

人格利益侵害作出规定。《精神损害赔偿司法解释》第 7 条规定：“自然人因侵权行为致死，或者自然人死亡后其人格或者遗体遭受侵害，死者的配偶、父母和子女向人民法院起诉请求赔偿精神损害的，列其配偶、父母和子女为原告；没有配偶、父母和子女的，可以由其他近亲属提起诉讼，列其他近亲属为原告。”作出这种解释是因为，“当前的中国社会，当代同堂、四代同堂的大家庭很多，除了父母、配偶、子女之外，祖父母与孙子女、外祖父母与外孙子女以及兄弟姐妹之间长期共同生活，建立了深厚的感情，他们之间也存在着法定的赡养、抚养和扶养关系”①。从该规定来看，将请求死者人格利益保护的主体限定为死者的“近亲属”，由近亲属作为请求权主体是有道理的。因为在一般情况下，人格利益不直接表现为公共利益，不能由国家机关来进行管理，仍然应由死者的近亲属来进行管理。死者的人格利益遭受侵害，当然也只能由他们来主张权利。《民法典》第 994 条明确了有权提出请求的主体范围与顺序，与继承法的顺位保持了一致。

依据《民法典》第 994 条的规定，死者人格利益遭受侵害的，其配偶、子女、父母有权请求行为人承担民事责任，死者没有配偶、子女且父母已经死亡的，其他近亲属有权依法请求行为人承担民事责任。从该条规定来看，在死者人格利益遭受侵害的情形下，死者近亲属在提出请求时应有一定的顺序限制，即首先应当由死者的配偶、子女、父母提出请求，只有在死者没有配偶、子女并且父母已经死亡的，死者其他近亲属才有权向行为人提出请求。

死者人格利益保护有可能涉及公益诉讼问题。许多学者认为，如果死者人格利益关系到公共利益，尤其是像历史名人、领袖等，其形象与名誉往往与历史传统、民族感情、国家形象紧密联系，损害其死后的人格，也必将会损害公共利益，也会危害公共道德。所以，在没有近亲属提起诉讼之时，法律上也可规定公益诉讼。笔者认为，从《民法典》第 994 条规定来看，在死者人格利益遭受侵害时，仅死者近亲属有权请求行为人承担民事责任，因此，该请求权仅能救济死者近亲属的私益损害问题，无法救济公共利益的损害。在侵害死者人格利益同时损害社会公共利益时，有关机关有权依据《民法典》第 185 条的规定提起公益诉讼。

---

① 唐德华主编：《最高人民法院〈关于确定民事侵权精神损害赔偿责任若干问题的解释〉的理解与适用》，人民法院出版社 2001 年版，第 56－57 页。

五、关于侵害死者人格利益的民事责任

侵害死者人格利益的情形下，究竟应当承担怎样的责任，该条采用“民事责任”的表述，“民事责任”的概念十分宽泛，其既包括赔偿损失，也包括停止侵害等预防性的责任形式，具体而言：

第一，停止侵害、排除妨碍。在侵害死者人格利益的情形下，死者的近亲属首先应当可以主张停止侵害、排除妨碍等人格权请求权。通过此种请求权的行使，可以及时制止对死者人格利益侵害行为，保护受害人。

第二，请求赔偿财产损害。死者人格利益中也可能包括财产因素，侵害死者人格利益，也可能导致财产损失。例如，在“黄人达等诉养天和集团姓名权纠纷案”中，湖南养天和大药房企业集团有限公司（以下简称养天和集团），未经黄氏后人允许，在企业宣传中长期使用黄菊翘及黄亮轩、黄耀轩、黄泽轩的姓名及创业历史为其进行广告宣传。湖南省长沙市中级人民法院审理认为，养天和集团明知使用黄菊翘父子的姓名可以带来经济效益，在企业宣传及经营中，仍在未征得黄氏后人的同意的情况下进行利用，给对方造成了经济损失，根据案情，认定为 10 万元。①

第三，请求赔偿精神损害。关于侵害死者人格利益能否适用精神损害赔偿，对此，学理上存在不同看法。德国判例一般不支持在侵害死者人格权情况下关于精神损害赔偿的请求。但是，如果能够认定侵害死者人格权同时也侵害了其亲属的人格权，二者之间存在法律的因果联系，则其亲属可以要求精神损害赔偿。②美国判例中对死者姓名、肖像等人格利益的保护，只承认财产损害赔偿，而不承认精神损害赔偿。③ 在我国，一般认为，只有因为侵害了死者人格利益而导致近亲属的人格利益受到侵害的情况下，其近亲属才可以主张精神损害赔偿。在侵害死者人格利益造成其近亲属精神损害的情形下，涉及死者人格利益保护的直接保护模式与间接保护模式问题。直接保护模式认为，死者享有人格权益，在侵害死者人格利益的情形下，法律规定行为人应当承担侵权责任，其直接保护死者本人；而间接保护模式则认为，在侵害死者人格利益的情形下，法律主要保护的是

---

① 参见湖南省长沙市中级人民法院（2013）长中民一终字第 02518 号民事判决书。

② Schricker/Gerstenberg, Urheberrecht, 1987, ss 22 and 60 ofthe Kunsturhebergesetz, para 24 withexamples.

③ See David Collins, “Age of the Living Dead: Personality Rights of Deceased Celebrities”, 39 *AlbertaL. Rev.* 924.

死者的近亲属，即通过保护死者近亲属利益的方式间接地达到保护死者人格利益的目的。两种保护模式各有利弊，正如王泽鉴先生所指出的，“此种间接保护方式的优点在于维持传统人格权专属性的理论，即人死亡时，其权利能力、人格权消灭。其主要缺点在于将死者保护转为对遗族的保护，此种主体的变更，理论上难作圆满说明。请求权人的范围、保护期间难以界定”①。

我国司法实践实际上经历了从直接保护模式向间接保护模式转变的过程。在1989年的“荷花女案”中，最高人民法院发布了《关于死亡人的名誉权应受法律保护的函》（〔1988〕民他字第52号），其中指出，“吉文贞死亡后，其名誉权应依法保护，其母陈秀琴亦有权向人民法院提起诉讼”。从该批复的规定来看，最高人民法院肯定了吉文贞（艺名荷花女）死亡后仍然享有名誉权，显然是采纳了直接保护模式。② 可见，我国早期的司法实践对死者人格利益采取了直接保护模式。但在随后的司法实践中，最高人民法院在死者人格利益保护方面的态度发生了一定的转变，最高人民法院在1993年发布了《关于审理名誉权案件若干问题的解答》（法发〔1993〕15号），其中规定：“死者名誉受到损害的，其近亲属有权向人民法院起诉。近亲属包括：配偶、父母、子女、兄弟姐妹、祖父母、外祖父母、孙子女、外孙子女。”《精神损害赔偿司法解释》第3条规定：“自然人死亡后，其近亲属因下列侵权行为遭受精神痛苦，向人民法院起诉请求赔偿精神损害的，人民法院应当依法予以受理……”从上述规定来看，最高人民法院实际上已否定了死者仍然享有人格权，在侵害死者名誉等人格利益的情形下，死者的近亲属有权提出请求，而且死者近亲属提出请求的主要目的是救济自身所遭受的精神损害，这实际上是采纳了间接保护模式。

笔者认为，采用间接保护模式更为合理。直接保护模式通过肯定死者具有部分权利能力，实现对死者的直接保护，虽然具有一定的合理性，但如果采用此种保护模式，可能需要对我国既有的法律制度进行较大的调整，尤其会对我国的民事主体制度、民事权利能力制度等产生较大冲击。而间接保护模式通过保护死者

---

① 王泽鉴：《人格权法》，三民书局2012年版，第64页。

② 再如，在“海灯法师案”中，最高人民法院也于1992年作出了《关于范应莲诉敬永祥侵害海灯名誉一案如何处理的复函》（〔1992〕民他字第23号），其中规定，“敬永祥的行为已侵害了海灯法师及范应莲的名誉权，应承担相应的民事责任”。该批复也肯定了死者享有名誉权，实际上是对死者人格利益采纳了直接保护模式。

近亲属的利益间接保护死者本人，则能够更好地契合我国既有的法律制度。在间接保护模式下，如果因为侵害而导致死者近亲属遭受了精神痛苦，应当给予抚慰。例如，行为人辱骂他人已去世的近亲属，并因此造成他人精神痛苦，此时，受害人有权以自己遭受精神痛苦为由主张精神损害赔偿。法律之所以设立精神损害赔偿，主要是为了对近亲属的精神损害予以安慰，如果近亲属并没有遭受任何精神损害，近亲属以死者人格利益受到侵害为由，主张精神损害赔偿，这和法律设定精神损害赔偿的目的是不符合的。所以，在侵害死者人格利益的情形下，只能以近亲属是否遭受精神痛苦给予补偿，也只能以近亲属人格利益是否遭受侵害提出请求。

需要指出的是，关于死者人格利益保护期限，有观点认为，应当设定死者人格利益的保护期限，例如可以参照《著作权法》关于著作权保护至作者死亡后50年的规则。笔者认为，这一观点并不妥当。一方面，著作权保护与死者人格利益保护内容并不完全相同。著作权所保护的内容既包括著作人身权也包括著作财产权，因而并不完全是人格利益。根据《著作权法》的规定，著作人身权中的署名权、修改权、保护作品完整权等本来就不受50年的限制。而死者人格利益的保护中，针对的仅仅是人格利益部分。因而，即便是作出类比，也应当比照著作权中的著作人身权部分，不应设置保护期的限制。另一方面，采取诸如50年的保护期限规则可能导致与《民法典》第994条规定的请求权人范围产生矛盾。死者人格利益侵害中的请求权人为死者的父母、子女、配偶或者特殊情况下的其他近亲属，如果采取50年的保护期限，则可能导致死者的孙子女、外孙子女等50年后并未死亡，但却不能主张死者人格利益保护，这将会导致作为该条重要立法目的之一的保护近亲属人格尊严和精神利益的目的无法实现。最后，《著作权法》之所以限定50年的保护期的重要原因在于，这一规则有利于促进保护期后的作品传播，从而促进文化、科学事业的发展与繁荣。[①] 而在死者人格利益的保护中，并不存在类似的立法目的，因而并无必要增设具体的保护期限条款。关于死者人格利益的保护期限，从我国的司法实践来看，也采纳了以近亲属为标准的期限限制。所谓近亲属，依据《民法典》第1045条第2款，是指“配偶、父母、子女、

---

① 参见胡康生主编：《中华人民共和国著作权法释义》，法律出版社2002年版，第91页。

兄弟姐妹、祖父母、外祖父母、孙子女、外孙子女”，即三代以内的亲属。只要这些亲属存在，即可提起诉讼，其他亲属不得起诉。这本身就构成对死者人格利益保护期间的限制。《民法典》第 994 条虽然没有作出明确规定，但从该条规定来看，在死者人格利益遭受侵害的情形下，仅死者近亲属有权提出请求，这实际上是将死者人格利益的保护期限限定为死者近亲属的生存期限。

（撰稿人：王利明）

第九百九十五条　【人格权保护的请求权】

人格权受到侵害的，受害人有权依照本法和其他法律的规定请求行为人承担民事责任。受害人的停止侵害、排除妨碍、消除危险、消除影响、恢复名誉、赔礼道歉请求权，不适用诉讼时效的规定。

◆ 条文释义

一、人格权受到侵害的，受害人有权依照本法和其他法律的规定请求行为人承担民事责任

《民法典》第 995 条第 1 句是关于人格权遭受侵害应受到法律保护的一般原则性规定。在人格权受到侵害的情况下，我国宪法、刑法、行政法、民法等部门法都从不同的角度、采取不同的方式对自然人、法人和非法人组织的人格权予以保护。由此可见，我国法律对人格权实行全方位的保护。

需要注意的是，《民法典》第 995 条第 1 句的规定为不完全法条，不完全法条的适用需要结合其他规范，才能确定法律效果，成为请求权基础。需要结合适用的法条既包括本编中的其他规定，也包括其他编的规定，甚至是其他法律的规定，因为在人格权遭受侵害的情形下，受害人可以获得多层次的救济。第 995 条第 1 句也从侧面体现了人格权编的主要功能是划定权利的边界和义务人的义务，但是并不能仅仅依靠人格权编完成对人格权的保护，而应与其他法律结合适用。但这并不等同于双重适用，双重适用是重复地适用，而结合适用则是根据不同的规范目的进行具体化的过程。

（一）受害人有权依照本法的规定请求行为人承担民事责任

所谓本法，就是指《民法典》的相关规定，具体而言：

第一，《民法典》的人格权编。《民法典》单设人格权编的目的在于强化对人格权的保护，因为对民事主体的各项人格权进行确认的最终目的是通过各种保护方式对人格权进行强化保护。确认人格权是前提，而保护人格权是目的。虽然侵权责任编也能够对人格权提供保护，但仅仅是侵权责任编并不能完全解决人格权保护的问题，因为侵权责任编无法确认人格权请求权，也无法对保护人格权的各种方式进行细化规定。因此，必须通过独立成人格权编对人格权进行全面保护。

第二，《民法典》其他各编的相关规定。事实上，《民法典》各编都涉及对人格权的保护。一是总则编。总则编在民事权利一章中具体规定了一般人格权和具体人格权、个人信息（《民法典》第109条、第110条、第111条）。在民事责任一章中不仅规定了各种承担民事责任的方式（第179条），这些方式也适用于人格权的保护。同时，还规定了侵害英雄烈士人格利益的规则（第185条）。二是物权编。物权编中也涉及有关人格权的保护问题。例如，《民法典》第286条侵害业主合法权益包括业主的人身权益，业主有权请求停止侵害等。在相邻关系中，对妨碍通风、采光和日照损害他人人格利益，权利人有权基于相邻关系的规定请求排除妨害。三是合同编。例如，《民法典》第506条规定，“造成对方人身损害的”免责条款无效。再如，《民法典》第731条规定：“租赁物危及承租人的安全或者健康的，即使承租人订立合同时明知该租赁物质量不合格，承租人仍然可以随时解除合同。”这就体现了对生命健康权优先保护的立法理念。四是婚姻家庭编。我国《民法典》婚姻家庭编确认婚姻自主权和对妇女、未成年人的特别保护，从婚姻自由的性质而言，婚姻自主权属于一种自由权。它实际上尊重当事人在婚姻领域的意志自由，它不是基于婚姻关系产生的，而是基于人的主体性所固有的。五是侵权责任编。由于侵权责任编可直接适用于人格权侵害，《民法典》第995条设置了引致条款，连接了人格权编与侵权责任编的关系。由于人格权是一项绝对权，应当受到侵权法的保护，在人格权遭受侵害的情形下，受害人有权请求行为人承担侵权责任。尤其是在行为人侵害他人人格权造成受害人财产损害或者精神损害的情形下，受害人有权依据侵权责任编的规定请求行为人承担侵权责任。

（二）受害人有权依照其他法律的规定请求行为人承担民事责任

从《民法典》第995条第1句的规定来看，在人格权遭受侵害的情形下，受害人还有权依据其他法律的规定请求行为人承担责任，其他法律的范围十分宽泛。事实上，我国宪法确认了人格权及其保护的一般原则，并为各部门法的立法提供了依据。刑法、行政法是通过追究人格权侵害人的刑事责任和行政责任的方式来保护受害人的人格权的。

我国《宪法》也规定了公民人格权的保护，例如，《宪法》第37条第3款规定："禁止非法拘禁和以其他方法非法剥夺或者限制公民的人身自由，禁止非法搜查公民的身体。"第38条规定："中华人民共和国公民的人格尊严不受侵犯。禁止用任何方法对公民进行侮辱、诽谤和诬告陷害。"但是，这并不意味着宪法上有关人格权的规定可以直接适用到民事案件的裁判中。2009年，《最高人民法院关于裁判文书引用法律、法规等规范性法律文件的规定》第4条规定："民事裁判文书应当引用法律、法律解释或者司法解释。对于应当适用的行政法规、地方性法规或者自治条例和单行条例，可以直接引用。"从该条规定来看，并没有将宪法列入民事裁判文书可以引用的范围之列，因为宪法并不是一般性的法律，而是根本法。在著名的"齐玉苓诉陈晓琪冒名顶替到录取其的中专学校就读侵犯姓名权、受教育的权利损害赔偿案"① 中，终审法院认为被告侵害了原告的受教育权，最高人民法院于2001年6月28日专门作出了法释〔2001〕25号批复。该批复明确规定，以侵犯姓名权的手段，侵犯他人依据宪法规定享有的受教育的基本权利，并造成了具体的损害后果的，应当承担相应的民事责任。但该批复后被废止，这也表明，最高人民法院认为宪法基本权利不能直接作为解决民事纠纷的裁判依据。当然，宪法规范可以作为裁判说理的依据。可见，宪法上规定的公民基本权利必须通过民事立法具体化为民事权利，方能作为解决民事纠纷的裁判规范。

此外，其他特别法如《未成年人保护法》《妇女权益保障法》《老年人权益保障法》《残疾人保障法》等，也对特殊主体的人格权保护作出了规定。

---

① 最高人民法院中国应用法学研究所编：《人民法院案例选》（总第33辑），人民法院出版社2002年版，第97页。

二、该条确认了人格权请求权

（一）人格权请求权的概念和特征

所谓人格权请求权，是指民事主体在其人格权受到侵害、妨害或者有妨害之虞时，有权向加害人或者人民法院请求加害人停止侵害、排除妨害、消除危险、恢复名誉、赔礼道歉，以恢复人格权的圆满状态。在民法中，基础性的民事权利都有相应的请求权，并因基础权利的功能差异而各自独立，物权请求权与债权请求权的区隔就是适例。人格权不同于其他民事权利，人格权请求权因此也具有独立性。人格权作为一项保护人格利益的绝对权，也需要成为一项独立的请求权。[①]在人格权关系中，一直未能形成独立的人格权请求权，这也反映了立法的不完备性，需要确立人格权请求权制度。《民法典》第995条第2句规定："受害人的停止侵害、排除妨碍、消除危险、消除影响、恢复名誉、赔礼道歉请求权，不适用诉讼时效的规定。"该句实际上已经对人格权请求权作出了规定。

人格权请求权主要具有如下特征：

第一，人格权请求权附随于人格权，是人格权效力的直接体现。人格权具有积极效力和消极效力两个方面。一是积极效力，它是指人格权所具有的支配、控制、依法利用等权能。人格权与其他的绝对权一样，有积极行使的功能。例如，肖像权人有权利用其肖像，并许可他人利用其肖像，如用于广告宣传等。二是消极效力。所谓消极效力，是指人格权受到侵害或可能受到侵害时，权利人享有的保护其权利的权能。例如，在名誉权遭受侵害的情况下，权利人有权要求恢复名誉。人格权请求权是基于人格权的效力而产生的，是基于人格权所具有的绝对性和排他性而产生的，其旨在人格权遭受侵害的情况下使其恢复到圆满状态。人格权请求权伴随着人格权的产生而产生，人格权被确认之后就当然产生此种效力，从而达到恢复权利人对人格利益的圆满支配状态、防患于未然的目的。

第二，人格权请求权旨在保护人格权，针对侵害人格权的行为采取预防与保护措施。一方面，对于财产权的侵害，大多可以通过金钱赔偿而恢复原状。而对于人格权的侵害，其往往具有不可逆转性（如隐私一旦公开就无法恢复原状），所以，应当更多地采用损害预防和停止侵害的方式。损害赔偿并不能够对受害人

---

① Vgl. MüKoBGB/ Rixecker BGB § 12 Anh. Rn. 58 ff.

所遭受的损害提供完全的救济，还需要通过停止侵害、恢复名誉、消除影响等方式为人格权提供救济。另一方面，人格权请求权是专门针对人格权的保护而设立的。例如，消除影响、恢复名誉就是专门针对人格权的侵害而设立的制度。再如，赔礼道歉也仅适用于人格权的侵害。正如拉伦茨所指出的，人格权请求权使人格权主体能够排除行为人的不法侵害行为，以恢复人格权的圆满状态。① 正是因为人格权具有特殊性，在其遭受侵害以后，要恢复其圆满状态，就必然要采取与救济财产权不同的方式。

第三，人格权请求权是基于人格权的支配性和排他性而产生的。人格权是绝对权，具有支配性和排他性，这一点与物权、知识产权等绝对权无异。所谓人格权的支配性，是指权利人对其人格利益的自主决定，而不能将其简单地视为对其人身的支配。基于人格权，权利人对其人格利益具有支配的权能，并能产生对抗第三人的效力，只要权利人对其人格利益的圆满支配状态受到了不法侵害，权利人就有权提出相关请求，以恢复此种圆满支配状态，而且权利人在提出此种请求时，不以行为人的行为构成侵权为前提。相反，债权属于相对权，而非支配权，因此，也就不能产生类似于“人格权请求权”的效力。所谓排他性，是指人格权作为对世权，任何人都负有不得非法侵害权利人的人格权的义务。人格权的绝对性决定了人格权的排他性，这一点与物权、知识产权等绝对权无异。权利人所享有的人格权依法可以向任何人主张。由于人格权可以禁止任何人实施侵害其权利的行为，所以人格权也被称为绝对权②。

第四，人格权请求权具有人身专属性。我们说人格权请求权具有独立性，是指它不同于其他请求权，就其与人格权之间的关系而言，它要附随于人格权，不能与人格权相分离而独立存在，只能由人格权主体享有，权利人不能将其单独转让，或者允许他人继承，权利人死亡时，人格权请求权也一并消灭，③ 具有强烈的人身专属性。从某种意义上说，人格权的专属性也可以理解为是人格权请求权的“附随性”的体现。因此，只要人格权确定存在，人格权请求权即随之产生，

① 参见［德］卡尔·拉伦茨：《德国民法通论》（上册），谢怀栻等译，法律出版社2004年版，第326－328页。

② Otto von Gierke, Deutsches Privatrecht, Band I, Leipzig, 1895.

③ Vgl. Jauernig/Teichmann BGB § 823 Rn. 64 ff.

一旦其行使受到或者可能受到妨碍，无论是否构成侵权，权利人都可以主张人格权请求权。而且权利人在主张人格权请求权时，并不以其提起侵权诉讼为前提。例如，在个人信息记载有误的情形下，信息权利人有权要求信息处理者采取更正等措施，这些也是行使人格权请求权的体现。

（二）人格权请求权与侵权损害赔偿请求权的关系

侵权损害赔偿请求权是侵权责任法的主要保护方法。人格权因侵权行为而受损害，受害人可以请求侵权损害赔偿，包括财产损害赔偿和精神损害赔偿①。从性质上看，侵权损害赔偿请求权适用于所有的侵权案件，侵权责任归责原则主要是损害赔偿的归责原则，而不是各种侵权责任形式的归责原则，侵权法所规定的过错责任，只是针对侵权损害赔偿请求权而言的。② 对损害赔偿之外的责任形式，如停止侵害、排除妨碍、消除危险等请求权而言，其并不当然适用过错归责原则，这也为区分侵权损害赔偿请求权与人格权请求权等其他请求权提供了依据。

1. 两者的联系

在人格权遭受侵害的情况下，如果受害人遭受损害，无论是财产损失，还是精神损害，受害人都可以依据《侵权责任法》主张要求侵权行为人承担赔偿责任。侵权损害赔偿请求权是对所有民事权益的救济方法，也就是说，任何民事权益因侵权而遭受损害，受害人都可以主张侵权损害赔偿请求权。

在人格权既受到妨害又受到侵害并导致损害的情形下，仅仅适用人格权请求权，并不能对损害提供救济，还必须要适用侵权损害赔偿请求权，因为侵权损害赔偿请求权旨在对受害人提供事后的救济，而人格权请求权则旨在对受害人提供事前的预防。此时，将发生人格权请求权和侵权损害赔偿请求权的聚合。这就是说，权利人既可以主张侵权损害赔偿请求权，又可以主张人格权请求权。例如，某人在网络上非法披露他人隐私，受害人既遭受了损害，又因为信息仍然存在于网络上而存在对人格权的妨害。虽然从表面上看，权利人既要主张人格权请求权，又要主张侵权请求权，似乎比较烦琐，不如所谓"吸收模式"简便，但这是法律科学性和法律准确适用的必然要求。在既有损害又有妨害的情形下，适用

---

① 王泽鉴：《人格权法》，北京大学出版社2013年版，第396页。

② 参见程啸：《侵权责任法》，法律出版社2015年版，第85页。

“吸收模式”可能产生一定的问题：如果对损害和妨害都不要求行为人具有过错，则可能不当妨害个人的行为自由；反之，如果都要求行为人具有过错，则可能不利于人格权益的保护。因此，在妨害和损害并存时，应当综合考虑责任形式的适用。例如，在“马华林诉沈立波模仿其字体制作铭牌并署其名侵犯姓名权纠纷案”中，被告模仿原告的字体为学校做铜字铭牌，并署了原告的姓名，法院认为，该行为构成对原告姓名权的侵害，被告应当承担赔礼道歉、消除影响的责任，并赔偿原告的财产损失。① 笔者认为，此种情形，对妨害应当适用人格权请求权，而对受害人所遭受的损害，则应当适用侵权损害赔偿请求权。

在人格权遭受侵害，受害人仅有损害而无妨害时，通过侵权损害赔偿请求权已经足以对权利人提供救济，此时，也就没有必要再行使人格权请求权。例如，被告驾驶机动车导致受害人受伤，就属于仅有损害而无妨害的情形，此时，侵权损害赔偿请求权已经足以对权利人提供救济，权利人无权再主张人格权请求权。例如，在“吴某、张某某生命权、健康权、身体权纠纷案”中，吴某侵害张某某的身体，致张某某的健康及精神遭受损害，法院判决被告应当赔偿原告的损失。②在该案中，权利人仅遭受损害而并未遭受妨害，此种情形下，侵权损害赔偿请求权已经足以对权利人提供充分救济，权利人无权再主张人格权请求权。

2. 两者的区别

人格权请求权是专门针对人格权的救济方法。在人格权遭受侵害后，人格权请求权的作用在于恢复人格权的圆满状态，而不是为了弥补权利人的实际损害。正是因为人格权具有特殊性，所以要恢复其圆满状态，就必然要采取与救济财产权不同的方式。

具体而言，人格权请求权与侵权损害赔偿请求权的区别主要体现为：

第一，是否考虑过错不同。侵权损害赔偿责任的成立需要行为人主观上存在一定的过错。侵权损害赔偿也是救济人格权的重要方法，但此种责任形式在构成要件上原则上要求满足过错要件，③ 以保障一般行为自由，实现行为的可预期性。

---

① 参见最高人民法院中国应用法学研究所编：《人民法院案例选》（民事卷6），人民法院出版社2017年版，第3152页。

② 参见河南省郑州市中级人民法院（2018）豫01民终6899号民事判决书。

③ 参见王泽鉴：《人格权法》，北京大学出版社2013年版，第394页。

而人格权请求权在性质上属于绝对权请求权，绝对权请求权的目的都在于恢复个人对其绝对权利益的圆满支配状态，人格权请求权也不例外，因此该请求权的行使并不要求行为人具有过错①。正如《瑞士民法典》起草人胡贝尔教授在解释该法所设立的人格权请求权制度时指出的，妨害排除诉讼的目的就在于排除妨害行为，而不考虑行为人是否存有过错。② 比较法上的经验可证明这一点。例如，根据法国最高法院的判例，对隐私权的侵害并不要求过错的存在③。我国《侵权责任法》第 6 条第 1 款规定了过错责任的归责原则，但事实上，这一归责原则很难适用于停止侵害、排除妨害等责任形式，其适用对象主要是侵权损害赔偿。由此可见，在人格权遭受侵害或者有遭受侵害的危险时，赋予权利人人格权请求权，并且不考虑行为人是否具有过错，有利于防止损害的发生或者扩大，更有利于人格权的保护。也就是说，只要行为人的行为影响到权利人对其人格利益的圆满支配状态，权利人即有权主张人格权请求权，以消除相关的危险或者不法侵害行为，而不需要证明行为人主观上具有过错，这显然更有利于减轻权利人的举证负担。

第二，是否具有对人格权侵害的预防功能不同。在瑞士法中，人格权请求权被纳入防御性诉讼（actions défensives），就是因为人格权请求权具有损害预防功能。侵权损害赔偿主要是一种事后的救济，是在各种绝对权遭受侵害的情况下对受害人的事后补救，而人格权请求权并不完全侧重于对损害的事后救济，而侧重于对损害的事先预防：一方面，在行为人妨害他人人格权但不构成侵权时，权利人虽无法主张侵权损害赔偿请求权，但其仍然可以主张人格权请求权。正因如此，其就可以发挥损害预防的功能。另一方面，人格权请求权所包含的各种责任形式，如就停止侵害、消除危险等预防性的侵权责任形式而言，其本身可以起到预防的作用。因为许多人格权一旦遭受侵害，损害后果具有不可逆转性，很难恢复到如同损害没有发生的状态（例如，某个名人的隐私照片被公布，就不能再恢复到受侵害以前的状态），所以，许多学者认为，人格权的保护要注重“防患于未然”④。此外，还应该看到，按照传统观点，人格权在性质上属于消极防御性的

---

① 参见王泽鉴：《人格权法》，北京大学出版社 2013 年版，第 387 页。

② 石佳友：《人格权立法的历史演进及其趋势》，载《中国政法大学学报》2018 年第 4 期。

③ *Cass. Civ.* 1*ère*, *le* 5 *novembre* 1996.

④ L. Enneccerus/H. Lehmann, Recht der Schuldverhältnisse, Tübingen, 15. Auflage 1958, S. 1008f.

权利，只有在遭受侵害时，权利人才能主张权利，① 而人格权请求权则具有积极主动的特点，尤其是随着个人信息和隐私保护等的发展，人格权请求权主动的特点更有利于有效地维护人格权的完整性。例如，在侵害隐私和个人信息权时，受害人有权要求采取更正、删除、封锁、补充等措施，以保护其权利。可见，侵权损害赔偿制度侧重于提供事后的救济，其一般以发生实际损害为前提，而人格权请求权制度则更注重事前的预防，因此，其不以损害的实际发生为前提，而仅需要人格权受到妨害或者有受到妨害的可能即可。

第三，是否要求证明实际损害不同。在法律上之所以确认人格权请求权，是因为一方面，在人格权遭受侵害的情形下，受害人往往面临损害举证的困难，或者难以确定损害的具体数额，必须寻求侵权损害赔偿责任之外的救济方式；另一方面，在妨害人格权行使的情形下，虽然没有发生实际损害，但通过允许权利人行使人格权请求权，有利于制止损害的发生，从而达到“防患于未然”的目的。正是因为上述原因，人格权请求权的行使并不要求损害已经实际发生，在人格权益有遭受损害之虞时，权利人即可以要求行为人消除危险；而在侵害行为正在进行时，即使侵害结果还没有发生，权利人也可以要求行为人排除妨害。由于侵权损害赔偿之债以弥补受害人实际损害为主要目的，因此，其适用需要受害人证明其遭受了实际损害。可见，人格权请求权与损害赔偿请求权在是否要求证明实际损害方面存在区别。

第四，是否以构成侵权为适用条件。对侵权损害赔偿请求权而言，其适用前提是行为人的行为已经构成侵权。而人格权请求权的功能在于维持权利人对其人格利益的圆满支配状态，其适用并不需要行为人的行为已经构成侵权。② 我国民法典之所以规定人格权请求权，是因为人格权请求权的适用不以行为人构成侵权为前提，在保护人格权方面具有独特的功能。例如，有关新闻媒体、网站所刊载的报道内容失实或者有明显错误，侵害他人人格权的，受害人有权要求新闻媒体、网站及时更正。上述情形中并不一定要求行为人的行为构成侵权，也不要求权利人必须证明行为人的行为符合侵权责任的构成要件。

---

① 参见王泽鉴：《人格权法》，北京大学出版社 2013 年版，第 252－253 页。

② 参见杨立新、袁雪石：《论人格权请求权》，载《法学研究》2003 年第 6 期。

正是因为人格权请求权和损害赔偿请求权存有如前所述的不同，所以，民法典人格权编设立专门条文对人格权请求权作出了明确规定。

（三）人格权请求权的具体内容

人格权请求权是指在侵害人格权和妨害人格权行使的具体行为出现以后，权利人有权行使停止侵害、消除危险、恢复名誉、赔礼道歉等请求权①。人格权请求权的目的在于预防和停止侵害以及弥补损害，人格权请求权是一种特殊的请求权，不能将侵权法中的请求权纳入其中。因此，在人格权遭受侵害之后，权利人虽然也有权请求财产损害赔偿，以使自己的损害得到补救，但损害赔偿在性质上应当属于侵权法上的请求权，而不能为人格权请求权所包含。

停止侵害、消除危险、恢复名誉、赔礼道歉等请求权既是侵害人格权的责任承担方式，也是人格权请求权的内容。同时，与其他权利的保护一样，对人格权的保护也应当体现民法的平等保护及充分救济的原则，在受到侵害之后，权利人也有权请求财产损害赔偿，以对自己的损害予以补救。损害赔偿请求权虽然是人格权的重要保护方法，但其应当属于侵权法请求权，而不属于人格权请求权。人格权请求权是一种特殊的请求权，不能将侵权法请求权纳入其中。

1. 停止侵害

所谓停止侵害，是指受害人在面临即将发生的损害或正在发生损害的情况下，有权请求加害人停止实施侵害行为。据此可见，停止侵害主要针对两种情形：一是正在发生的侵害行为，二是即将发生的侵害行为。我国《民法典》第179条将停止侵害作为承担民事责任的首要方式加以规定，因此，此种方式可适用于各类侵权案件，在侵害人格权的情况下，此种方式常常是对人格权最有效的补救方式。其原因在于：一方面，如果损害正在进行，采取停止侵害的方式能够及时制止侵害行为，防止损害后果的产生或蔓延。例如，某人在网上非法发布他人的个人信息，一旦扩散，就会给权利人带来重大的损害，对此，权利人有权要求停止侵害，以避免损害的扩大。另一方面，在侵害人格权行为发生之后，若受害人直接向行为人提出停止侵害的要求，而行为人停止了侵害，且造成的损害又较为轻微，则不一定通过诉讼的方式进行救济。此外，对于即将发生的损害也可

---

① 参见崔建远：《债法总则与中国民法典的制订》，载《清华大学学报》2003年第4期。

以采取这一方式，制止损害的发生。例如，甲在网上散布乙的裸体照片等涉及隐私的信息，这些信息一旦传播开来，其后果极为严重，在此情况下，就应当允许乙申请禁令，禁止甲上传发布此类信息。再如，某刊物所刊载的文章具有诽谤的言辞，权利人可以请求法院停止该刊物的发行①。

现代侵权法不仅注重对损害的弥补，也注重对损害后果的预防，尤其是在网络侵害人格权的情形下，损害后果一旦发生，往往具有不可逆转性，因此，更应当强调对损害后果的预防。停止侵害作为一种请求权，权利人既可以以此向法院提出诉讼，也可以直接向行为人提出请求。作为一种责任方式，停止侵害的请求权的适用应当符合如下条件：

第一，侵害行为正在进行过程中或即将发生。这意味着受害人正在面临人格权侵害持续以及现实损害将要发生的可能，在此情形下，采取其他的责任方式如损害赔偿都难以使受害人获得有效的保护。如果损害已经终了，就没必要采取停止侵害的责任方式，而可以采取损害赔偿的方式进行事后的救济。

第二，侵权行为必须是可以确定的。这就是说，对人格权的侵害必须是明显的、显而易见的。尽管判决尚未确认该侵权行为成立，但从一般的社会观念可以确认该侵权行为，则可以通过停止侵害的责任形式防止损害的进一步扩大。例如，行为人在互联网等媒体发表诽谤他人的言辞或者披露他人的隐私，受害人可以要求及时停止侵害。

第三，损害的发生具有可能性。在侵害行为发生的情况下，如果不及时制止，就有可能进一步造成实际的损害，并会给受害人带来难以完全挽回的损失。为了防止损害的进一步扩大，有必要及时制止损害。尤其是在通过大众传媒、网络散布诽谤言辞或披露他人的隐私的情况下，一旦不及时制止，传播后果将非常严重，因此，需要通过停止侵害的方式予以及时制止。例如，侵害隐私权的行为，一旦将他人秘密公开，则事实上不可能再恢复到原来的私密状态。

第四，停止侵害的适用，不以侵害人具有故意或者过失为要件。只要侵害行为正在继续，并持续对权利人构成侵害，受害人就有权请求停止侵害，而不论行

① 参见杨立新主编：《民商法理论争议问题——精神损害赔偿》，中国人民大学出版社2004年版，第159页。

为人主观上是否具有过错，这就有利于降低权利人的举证负担，更有利于人格权的救济与保护。在审判实践中，一些法院要求查明被告是否愿意停止侵害，以表明其愿意减轻损害①。笔者认为，停止侵害的运用不必考虑被告是否愿意，法院都可以作出此种裁判。

2. 排除妨碍、消除危险

所谓排除妨碍，是指受害人面临行为人正在实施的、妨害其人格利益的行为，其有权请求行为人排除此种妨碍。排除妨碍请求权针对的是正在进行的妨害人格利益的行为。例如，某征信机构关于某人的信用记录有误，给受害人造成了损害，则受害人有权请求该征信机构及时修改、补充相关的信用信息，以排除妨碍。针对行为人的妨碍行为，权利人可以请求行为人撤回、改正、补充相关的错误陈述，以及停止相关的侵害人格利益的行为。②

所谓消除危险，是指行为人实施的侵害行为或者其物件危及他人人身或财产安全，受害人有权要求侵害人采取有效措施消除已经形成的危险。就人格权的保护而言，消除危险主要适用于危害他人生命权、身体权、健康权等的情形。例如，某人在从事地面施工时，因未设置安全措施，可能对邻人的生命安全构成威胁，在此情形下，受害人有权请求行为人消除危险。在特殊情形下，精神性人格权也可能面临现实的危险，如某人已经刊印了包含诽谤言辞的宣传品，但尚未散发，一旦散发，就可能侵害他人的人格权。此时，权利人可以请求法院销毁该宣传品。消除危险实际上消除了损害的发生来源，从而防患于未然，如果侵害行为已经实际发生，则权利人只能请求行为人停止侵害，或者请求行为人承担损害赔偿责任。

3. 消除影响、恢复名誉

（1）消除影响

消除影响，是指行为人因其侵害了他人人格权而应承担的、在影响所及的范围内消除不良后果的一种责任方式。例如，某人在网上发布了诋毁他人名誉的言

---

① 参见龙云彬等：《关于人身权纠纷、医疗纠纷、劳动争议、物业管理纠纷、涉车纠纷案件审理情况及问题研究》，载《审判丛刊》2004 年第 2 期。

② Verena Fricke, Der Unterlassungsanspruch gegen Presseunternehmen zum Schutze des Persönlichkeitsrechts im IPR, Tübingen, 2003, S. 128.

论，并且该言论已经被不少网站转载，造成了不良影响，受害人要求网络发布者删除该言论，并刊载有关更正信息，以消除影响。

从比较法的发展来看，近几十年来，消除影响的方式也在不断适用于人格权的保护中。例如，德国司法实践在《德国民法典》第 1004 条所规定的物权请求权的基础上发展出了撤回请求权（Widerrufsanspruch），以保护权利人的名誉。①此种请求权也具有消除影响的功能。而法国等国家所承认的回应权也具有消除不法行为不良影响的作用。消除影响主要适用于侵害名誉权等精神性人格权的情形。

消除影响的主要功能在于消除已经给他人的社会声誉造成的不良影响，从而使受害人的名誉得到恢复。消除影响本身并没有固定的形式，行为人消除影响的方式可以根据侵权行为的具体情况予以确定，对于受害人的请求，只要有助于消除影响，都可以考虑予以采用。例如，通过网络侵犯他人的名誉权，可以通过通知网络运营商删除侵权言论的方式来消除影响；而通过口头方式侵害他人的名誉权，则可以通过向他人进行解释的方式来消除影响。

消除影响的适用要件包括：一是行为人的行为必须造成了人格权益的侵害。消除影响并不适用于财产权益的侵害，这里所说的影响是指对他人人格权益的不利影响。具体而言，消除影响主要针对精神性人格权尤其是名誉权遭受侵害的情形。二是必须造成了不良影响。不良影响本身就是一种损害后果。消除影响是以实际损害的发生为前提的，必须给受害人造成了不良影响，包括受害人的社会评价降低、给受害人的工作就业造成不利后果、给受害人的正常生活造成妨碍等。三是此种责任的承担不以行为人具有过错为适用条件。也就是说，只要行为人的不法行为造成了相应的不良影响，权利人即有权请求行为人消除影响，而不论行为人是否具有过错。

一般来说，在什么范围内造成损害，就应当在什么范围内消除影响。在适用消除影响、恢复名誉的责任方式时，应明确消除影响、恢复名誉的范围（如在某

---

① BeckOGK/Spohnheimer, 2017, BGB §1004 Rn. 14. 司法实践在适用该请求权时有时直接适用第 1004 条，有时类推适用第 1004 条，有时直接适用第 1004 条和第 823 条，有时又类推适用第 823 条和第 1004 条，虽然路径不一，但结果基本一致，即不要求行为人具有过错。BeckOGK/Spohnheimer, 2017, BGB §1004 Rn. 326.

地区、某学校等消除影响）、方式（采取口头或书面以及其他形式）。

（2）恢复名誉

所谓恢复名誉，是指行为人因其行为侵害了自然人、法人或非法人组织的名誉，而应在影响所及的范围内将受害人的名誉恢复至未受侵害时的状态的一种责任形式。严格地说，名誉是一种精神利益，已经遭受损害的名誉不可能像遭受损害的财产一样，可以完全恢复原状，但是仍然可以通过一些积极的行为如在一定范围内澄清事实，纠正毁谤的言论，并在特定的范围内消除公众对受害人的不良印象，尽可能使受害人的名誉得到恢复。也就是说，这一责任承担方式至少可以部分地使受害人的名誉得到恢复。在实践中，它主要表现为以更正、澄清等方式来实现。例如，某网站发布不实信息，侵害他人名誉，受害人应有权要求网站无偿刊载其回应的文章，澄清有关事实，恢复其名誉。恢复名誉的适用要件包括：

第一，必须侵害了权利人的名誉权。恢复名誉的责任是侵害名誉权所特有的形式，其针对的就是名誉权侵害。也就是说，此种责任形式只有在侵害名誉权的情况下才能采用，对侵害其他人格权的行为一般不采用这种方式。例如，侵害他人健康权，就与名誉损害无关。侵害名誉权的直接后果乃是造成受害人的名誉毁损。而只有使加害人承担恢复名誉的责任，才能彻底消除侵害名誉权的直接后果，消除造成受害人精神痛苦和财产损失的根源。仅仅采用精神损害赔偿的方式难以弥补受害人的损失，也难以消除不良后果①。

第二，必须导致了权利人名誉的损害。受害人请求恢复名誉，必须证明其名誉受到毁损。而要证明其名誉受到毁损，则要证明加害人对受害人实施的侮辱诽谤行为已为第三人所知悉，从而影响到受害人所受到的社会评价。如果受害人不能证明其社会评价降低，而只是表明其名誉感或尊严受到损害，或者仅表明其遭受到精神上的痛苦，则不能适用此种请求权。

第三，不考虑行为人是否具有过错。恢复名誉和停止侵害一样，不考虑行为人的过错。只要行为人造成了受害人名誉的贬损，其无论是否具有故意或过失的主观心态，都应当对受害人的损失进行弥补，恢复其名誉。

---

① 参见奚晓明主编：《〈中华人民共和国侵权责任法〉条文理解与适用》，人民法院出版社2010年版，第121页。

行为人必须采取合理的措施恢复受害人的名誉。恢复名誉的具体措施是否合理，通常要根据侵害行为及造成的名誉毁损的后果来决定。一般来说，恢复名誉的措施应该与毁损名誉行为所影响的范围一致。例如，在报纸杂志上发表的新闻报道或评论，有损他人的名誉权，则应当在曾刊载该有侵权内容文章之报纸杂志上刊登书面声明，对错误内容进行更正，并向被侵害人赔礼道歉。如果是在某个场所对一群人散布了诽谤的言辞，则应在适当的场合消除影响。总之，因侵害名誉权而造成的不良影响越大，加害人应采取越多的措施，以消除不良影响。但如果受害人要求恢复名誉的方式不适当，法院可以驳回其请求。例如，仅仅是发生在某一个地区的毁损名誉的案件却要求在全国性的报纸上更正和道歉，这显然是不适当的。

恢复名誉责任的适用应当及时，因为加害人侵害受害人的名誉权以后造成不良影响时间越长，则损害后果可能越严重，对受害人更为不利，同时也增加了消除影响的困难，所以，这种责任形式应当及时采用。

4. 赔礼道歉

《民法典》第 995 条增加了赔礼道歉请求权。所谓赔礼道歉，是指责令违法行为人通过一定方式在一定范围内向受害人认错并表示歉意。本条之所以增加赔礼道歉请求权，是因为一方面，不论经过多长时间，只要受害人所遭受的损害没有消失，就有必要对其提供救济，允许受害人主张赔礼道歉，对受害人而言也是一种安抚。另一方面，对行为人适用赔礼道歉的责任不会过分增加其负担，因为赔礼道歉责任并不会使行为人遭受财产损失或者其他损害。此外，将赔礼道歉纳入人格权请求权的范畴，也有利于构建和谐社会。因此，赔礼道歉请求权不应受到诉讼时效的限制。

（四）人格权请求权的适用

1. 人格权请求权与预防性侵权责任承担方式之间的关系

人格权请求权并不排斥预防性的侵权责任承担方式的适用。预防性的侵权责任承担方式主要包括停止侵害、排除妨碍、消除危险等责任方式。《民法典》第 1167 条规定：“侵权行为危及他人人身、财产安全的，被侵权人有权请求侵权人承担停止侵害、排除妨碍、消除危险等侵权责任。”从该条规定来看，《民法典》仍然保留了停止侵害等预防性的责任形式，这在一定程度上也延续了《侵权责任法》所确立的“大侵权模式”，之所以需要保留这一模式，是因为侵权法保护的范围极为宽泛，其不仅保护绝对权，而且保护各项民事利益，而且随着社会的发展，将来还有可能出现新型的绝对权益，在这些绝对权益遭受侵害的情形下，都需要借助多元化的责任方式予以救济。从这个意义上讲，即便人格权请求权与侵权损害赔偿请求权发生了分离，但侵权责任编中关于侵权责任的预防性承担方式的规定仍然具有兜底的功能。

2. 区分损害和妨害的不同情形，分别适用人格权请求权和侵权损害赔偿请求权

损害是已经现实发生的、客观存在的，受害人请求行为人承担损害赔偿责任时，其应当证明损害的具体程度和数额，否则可能难以获得救济。而妨害则是正在持续的侵害状态，其最终损害的具体程度和数额尚不确定，还没有形成最终的结果状态。妨害不一定造成实际的损害后果，它是一种持续性的不利影响，损害是已经结束的侵害状态，而妨害是正在进行、尚未结束的一种侵害状态。妨害行为常常无法用金钱价值予以衡量，其表现为对受害人绝对权的圆满支配状态构成持续性的干涉。通常，在造成损害的情形下，可以纳入侵权损害赔偿请求权予以救济，而在单纯构成妨害的情形下，由于并未造成实际的损害，只可以适用人格权请求权。在人格权受到侵害或者妨害的情形下，究竟应当适用人格权请求权还是侵权损害赔偿请求权，需要明确两个制度各自的适用范围。原则上来说，人格权受到妨害（或持续的侵害）或可能受到妨害时，应当适用人格权请求权；而人格权受到侵害并且造成了损害时，就应当适用侵权损害赔偿请求权。

在一般情况下，如果仅有损害而不存在妨害，或者妨害和损害并存，应当适用侵权损害赔偿请求权，或者同时适用侵权损害赔偿请求权与人格权请求权。但是，如果仅有妨害而无损害，在此种情况下，权利人的人格权只是受到一定的妨害，而没有遭受现实的损害，此时，通过人格权请求权已经足以对权利人提供救济。例如，行为人将他人的隐私非法制作成视频，即将在网上发布，受害人知道后要求立即停止。在此情形下，权利人的人格权只是受到一定的妨害，由于权利人并没有遭受现实的损害，因此，其无权主张侵权损害赔偿请求权。例如，在“文某诉张某隐私权纠纷案”中，被告作为小区业委会副主任，擅自在小区业主微信群中公告原告起诉小区业委会的信息，并在微信群内发布了原告起诉小区业

委会的起诉书，其中包括了原告的姓名、住址、身份证号、电话等隐私内容，法院认为，被告侵害了原告的隐私权，应当承担排除妨害、删除帖子、赔礼道歉等责任，但原告无法证明自身遭受了严重的精神损害后果，因此无权主张精神损害赔偿。[①] 笔者认为，本案中原告仅遭受了妨害，并未遭受现实的损害，在我国《民法典》规定人格权请求权之后，权利人主张人格权请求权已经足以救济其权利，而不能行使侵权损害赔偿请求权。

人格权请求权所对应的责任承担方式具有显著的多样性，[②] 重点救济对人格权益的妨害，但在行为人侵害他人人格权造成权利人损害的情形下，人格权请求权难以为权利人的损害提供有效救济，而应当交由侵权损害赔偿请求权提供救济；侵权损害赔偿请求权则主要聚焦于损害，侧重于救济现实的损害。即便侵权责任编对停止侵害等预防性的责任承担方式作出了规定，而且某些人格权请求权在形式上似乎是一些预防性的责任形式的具体化，也不宜将人格权请求权与此类预防性的责任承担方式的关系认定为特别法与一般法的关系。因为一方面，人格权请求权是绝对权的保护方式，在性质上不同于侵权责任承担方式；另一方面，某些人格权请求权是一些人格权所特有的保护方式，无法被预防性的侵权责任承担方式所涵盖。此外，人格权请求权的适用并不需要行为人的行为构成侵权，而对预防性的侵权责任承担方式而言，其适用以行为人构成侵权为前提。

在人格权请求权与侵权损害赔偿请求权分离之后，我国民事立法中就会形成完整的绝对权请求权体系，这就是由物权请求权、人格权请求权和知识产权请求权组成的体系。绝对权请求权与侵权损害赔偿请求权相分离，将使我国民法权利保障制度更加完善。

3. 人格权请求权的适用不以行为人的行为构成侵权为前提

人格权请求权的适用并不要求行为人的行为必须构成侵权。例如，受害人基于人格权请求权要求行为人停止侵害，其并不需要证明行为人具有过错或者造成了实际损害。从这一意义上说，人格权请求权的适用并不当然以行为人构成侵权为前提。人格权请求权之所以可适用于未构成侵权的情形，主要原因在于：

---

① 参见北京市昌平区人民法院（2017）京0114民初15482号民事判决书。

② Vgl. Jauernig/Teichmann BGB § 823 Rn. 64 ff.

第一，人格权请求权的效力作用决定了其可适用于未构成侵权的情形。如前所述，人格权具有积极效力和消极效力两个方面，积极效力是指人格权所具有的支配、控制、依法利用等权能。人格权与其他的绝对权一样，有积极行使的功能。消极效力是指人格权受到侵害或可能受到侵害时，权利人享有的保护其权利的权能，即所谓的排他效力。基于人格权请求权的效力，当人格权受到侵害或者有受侵害之虞时，权利人即有权主张人格权请求权。例如，权利人的姓名变更请求权被无理拒绝、征信机构记载的信用记录有误、行为人对他人实施轻微性骚扰等，在此情形下，虽然无法确定行为人是否构成侵权，但只要权利人的权利行使有障碍，就可以主动行使人格权请求权，以消除障碍。

第二，人格权请求权具有的维持人格权圆满支配状态的功能，决定了其可适用于未构成侵权的情形。侵害财产权大多可以通过金钱赔偿而恢复原状，侵权损害赔偿请求权的目的则是弥补损害。侵害人格权的损害后果往往具有不可逆转性（如隐私一旦公开就无法恢复原状），所以，需要更多地强调对损害的预防，即通过停止侵害、恢复名誉、消除影响等方式为人格权提供救济。人格权请求权的功能在于维持权利人对其人格权的圆满支配状态，只要行为人不当妨害了权利人对其人格利益的圆满支配状态，即便不构成侵权，权利人也可以主张人格权请求权。例如，信息处理者所收集、公开的个人信息不准确，权利人请求其及时更正时，并不需要权利人去证明信息处理者的行为构成侵权。

第三，人格权请求权预防功能的发挥也决定了其可适用于未构成侵权的情形。人格权请求权是直接针对侵害人格权的行为所采取的预防和保护措施，权利人在主张人格权请求权时，并不需要证明行为人具有过错，也不需要证明自己遭受了现实的损害，只要人格权的行使或权利人对其人格利益的圆满支配状态受到了不当影响，权利人就可以主张人格权请求权，以积极主动地保护人格权、预防侵害人格权的行为。由于人格权请求权可以适用于不构成侵权的情形，因此，并不需要通过法院确定行为人是否构成侵权，而可以直接向行为人提出请求，这就更有利于对人格权的救济。由于人格权请求权可适用于未构成侵权的情形，可以将损害预防的时间提前，更有利于及时制止侵害人格权的行为。

如前所述，人格权请求权的发展已呈现出多种形式，而我国有关现行立法也适应了人格权请求权的这一发展趋势，对相关的人格权请求权作出了规定。尤其应当看到，人格权请求权形式的多样化决定了其可以针对各种妨害人格权的行为行使，而不仅仅针对已构成侵权行为的侵害人格权的情形，即便行为人的行为不符合侵权责任的构成要件，但如果其不当妨害了权利人对其人格利益的圆满支配状态，则权利人即可主张人格权请求权，以恢复权利人对其人格利益的圆满支配状态。

4. 区分侵害行为是否持续且是否产生损害后果

如果侵害人格权的行为已经终结，并产生了实际的损害后果，应当适用侵权损害赔偿请求权为受害人提供救济。但如果侵害行为处于持续状态，尚未产生实际损害后果，或者损害后果难以判断，应当通过人格权请求权对权利人提供救济。需要指出的是，由于人格权请求权是一种概括性的权利，在适用时必须注意具体情形，根据不同情形来准确适用人格权请求权，只有这样，才能实现其充分有效保护人格权的功能。例如，针对可能发生的妨害，就要考虑不同情形而分别适用人格权请求权。正如王泽鉴教授所指出的，“第一次侵害后，其后有侵害之虞，得为推定。对生命、身体、健康、自由（如绑架）的侵害之虞应从宽认定。对名誉、隐私（包括姓名、肖像）等的侵害，多涉及言论自由，事先干预应更审慎”。①

5. 区分是否针对侵权诉讼而适用

区分损害和妨害的不同情形，有利于界分两种请求权的适用条件。侵权损害赔偿请求权以造成损害为前提，以行为人具有过错为要件。而人格权请求权则并不要求受害人证明自身损害，也不需要证明行为人具有过错，正是因为这一原因，该项请求权的行使并不需要行为人的行为构成侵权，也不需要权利人必须通过诉讼的方式行使权利。

虽然人格权请求权可以在诉讼外行使，但与侵权损害赔偿请求权类似，权利人在行使人格权请求权时，也应当负有容忍轻微妨害的义务。因为任何人都必须容忍来自他人的轻微妨害，以维护社会安定及人与人之间的和睦、团结。正如冯·巴尔教授所指出的，人格权保护必须基于侵害的非轻微性，否则不得行使人格权之排除妨害请求权，排斥他人的轻微妨害。此外，权利人在提出请求权以后，如果相对人具有正当的抗辩事由，如相对人是在正当地行使新闻自由等权利，那么这些行为都可以阻止权利人人格权请求权的行使。因此，人格权请求权的行使

① 王泽鉴：《人格权法》，北京大学出版社2013年版，第390页。

也应当遵循诚实信用原则和公平原则，对于轻微的妨害，权利人应当予以容忍。

6. 充分尊重当事人对请求权的选择

区分损害和妨害的不同情形而适用不同的请求权，但具体如何适用，则应当根据私法自治原则，尊重当事人对请求权的选择。在人格权请求权与停止侵害、排除妨碍等预防性的侵权责任承担方式并存的情形下，行为人侵害他人人格权时，权利人能否同时主张人格权请求权与侵权损害赔偿请求权？此时究竟发生请求权的竞合还是聚合？笔者认为，此种情形应当构成请求权的竞合而非聚合，权利人有权选择主张人格权请求权或者侵权请求权，按照私法自治原则，依据何种请求权提出请求，应当由权利人自由选择，法官也应当尊重当事人的选择。当然，在权利人选择依据侵权请求权提出请求时，其应当举证证明行为人构成侵权，而且权利人应当通过诉讼的方式主张权利，从这一意义上说，主张人格权请求权对权利人人格权的救济更为有利。

三、人格权请求权不受诉讼时效的限制

侵权损害赔偿之债作为一种债的关系，应当适用诉讼时效制度。也就是说，如果权利人没有在时效期间内主张权利，债务人将享有时效利益，可以基于此对权利人履行债务的请求提出抗辩。当然，除损害赔偿责任，许多责任形式也难以适用诉讼时效。例如，就停止侵害、排除妨害等责任形式而言，由于相关的侵害行为处于持续状态，因此难以适用诉讼时效制度。

从《民法典》第995条第2句规定来看，人格权请求权并不适用诉讼时效，主要理由在于：

第一，我国《民法典》第196条第1款也规定，“请求停止侵害、排除妨碍、消除危险”的请求权不适用诉讼时效，此处所说的“请求停止侵害、排除妨碍、消除危险”的请求权也包括了人格权请求权。

第二，人格权请求权作为一种绝对权请求权属性的权利，本身不应受到诉讼时效的限制。在人格权受到妨害或者可能受到妨害的情形下，权利人应当有权随时提出请求，以恢复权利人对其人格利益的圆满支配状态，因此该请求权不应当受到诉讼时效的限制①。人格权请求权的功能在于保护民事主体对其人格利益的圆

① 王泽鉴：《人格权法》，北京大学出版社2013年版，第387页。

满支配，只要该圆满支配的状态受到不当影响，权利人即有权主张人格权请求权。因此，人格权请求权原则上不应当适用诉讼时效。如果对人格权的侵害和妨碍仍处于持续状态，则权利人即应当享有人格权请求权，以消除相应的不利影响。而且从保护权利人的角度出发，只要其能举证证明其人格权处于受到妨害或者可能受到妨害的状态，则其就应当享有人格权请求权，该权利不应当受诉讼时效的限制。

第三，在人格权受到侵害或者妨害的情形下，由于行为人的行为一直处于持续状态，诉讼时效无法确定起算点，因此，不应当适用诉讼时效。以生命权、健康权为例，只要侵害或者妨碍生命权、健康权的行为一直持续，则权利人即应当有权主张人格权请求权。

第四，人格权请求权不受诉讼时效限制，一般不会给行为人造成重大损害，行为人所承担的是停止侵害、排除妨碍、消除危险、消除影响、恢复名誉、赔礼道歉等责任，这些责任的适用不会过分增加行为人的负担，而对受害人的救济是十分重要的，因此不论经过多长时间，只要相关的损害后果或者不利影响仍然存在，就有必要对受害人予以救济。

（撰稿人：王利明）

第九百九十六条　【人格权责任竞合下的精神损害赔偿】

因当事人一方的违约行为，损害对方人格权并造成严重精神损害，受损害方选择请求其承担违约责任的，不影响受损害方请求精神损害赔偿。

◆ 条文释义

一、违约责任中原则上不适用精神损害赔偿

所谓精神损害，是指自然人因遭受外界刺激所产生的精神痛苦和不良情绪，①

① 参见杨立新主编：《民商法理论争议问题——精神损害赔偿》，中国人民大学出版社2004年版，第18页。

精神损害赔偿则是针对自然人因人格权益遭受侵害而产生的精神损害所提供的补救，因而其主要适用于侵权的情形。从比较法上来看，精神损害赔偿是否可以基于违约而请求，历来存在不同的做法。绝大多数国家将精神损害赔偿限于侵权领域，但有些国家也允许在例外情况下基于违约请求。① 我国《民法典》颁行之前，精神损害赔偿属于侵权救济的范畴，被规定在《侵权责任法》第22条，其只能适用于侵权责任，而不适用于违约责任。

从比较法分析可见，各国关于违约赔偿的范围虽然规定不同，但基本上都认为违约原则上不对精神损害提供救济，而仅在特殊情形下承认违约中的精神损害赔偿。例如，1996年的《欧洲合同法原则》（*Principles of European Contract Law*）第9.501条规定，由于对方不履行，非违约方可获得的损害赔偿包括：（1）非金钱损害；（2）合理的将会发生的未来损害。由此可见该示范法实际上承认了违约中的精神损害赔偿。《欧洲示范民法典草案》第III－3：701条规定了违约的损害赔偿，其明确规定“损失”包括经济损失与非经济损失。“非经济损失”包括痛苦与创伤以及对生活品质的损害。从这些规定来看，精神损害赔偿原则上不适用于违约领域，但如果因违约造成他人人格权损害，并因此造成受害人精神痛苦的，则受害人应当有权主张精神损害赔偿责任。但是，由Koziol教授等起草的《欧洲侵权法原则》第4条规定：“合同不履行所引发的损害赔偿，仅得依据合同法有关的规则。”这就是说，原则上禁止责任竞合和当事人选择请求权。如果发生人身伤害和精神损害，原则上必须适用侵权法。② 当然，应当看到，示范法彼此之间仍然存在不协调的问题。2009年的《欧盟法原则》（*Acquis Principle*）第8：402条规定，“仅当债务承担的目的中包含了对非财产性利益的满足和保护”时，才有违约精神损害赔偿适用的余地。可见该原则实际上将精神损害赔偿限于责任竞合的情形。可以说，该条比较准确地概括了欧洲对于这一问题的态度，即原则上仍将精神损害赔偿适用于侵权，但在出现请求权竞合时或在以精神利益满足为内容的合同中，可以请求违约精神损害赔偿。

这一经验反映了违约和侵权界分的结果，但从现代合同法发展的趋势来看，

---

① 参见［德］U. 马格努斯：《侵权法的统一：损害与损害赔偿》，法律出版社2009年版，第281页。
② 参见石佳友：《民法典与社会转型》，中国人民大学出版社2018年版，第326页。

违约责任中的精神损害赔偿确实有不断扩张的趋势，从中可以看出，各国普遍承认的是两种情形下的违约精神损害赔偿：一是在违约与侵权责任竞合时的精神损害赔偿；二是在以精神利益满足为内容的合同中的违约精神损害赔偿。

在我国，早在1986年的《民法通则》第120条第1款中就明确规定："公民的姓名权、肖像权、名誉权、荣誉权受到侵害的，有权要求停止侵害，恢复名誉，消除影响，赔礼道歉，并可以要求赔偿损失。"该条所规定的"赔偿损失"实际上就是指精神损害赔偿。但从该规定来看，精神损害赔偿适用于侵权。自《民法通则》颁行后，最高人民法院于2001年颁布了《精神损害赔偿司法解释》，对精神损害赔偿责任作出了细化规定，该解释第1条第1款规定："自然人因下列人格权利遭受非法侵害，向人民法院起诉请求赔偿精神损害的，人民法院应当依法予以受理：（一）生命权、健康权、身体权；（二）姓名权、肖像权、名誉权、荣誉权；（三）人格尊严权、人身自由权。"从该条规定来看，精神损害赔偿仅适用于侵权责任，这实际上是排斥了精神损害赔偿在违约情况下的适用。我国《侵权责任法》第22条对精神损害赔偿责任作出规定："侵害他人人身权益，造成他人严重精神损害的，被侵权人可以请求精神损害赔偿。"该条采用"侵害他人人身权益"的表述，表明只有侵权法才能提供对精神损害的补救，而合同法对因违约行为而造成的精神损害，一般是不提供补救的。因此，从该规定来看，精神损害赔偿责任仅适用于侵权责任。可见，我国立法和司法实践历来认为，精神损害赔偿仅适用于侵权，而不适用于违约。我国立法和司法实践之所以作出此种规定，主要原因在于：

第一，从救济对象来看，违约责任主要救济合同债权，而侵权责任的救济对象主要是物权、人身权等绝对权。违约责任具有替代原合同履行的作用，即通过违约损害赔偿可以弥补非违约方因信赖合同有效履行而遭受的损害。在一般情况下，违约损害赔偿原则上应当限于财产损失，而不包括非财产损失，特别是精神损害。至于因瑕疵履行造成相对人人身伤害时，违约方也仅赔偿相对人因人身伤害所致的各种财产损失。① 而对于侵权损害赔偿来说，不仅应赔偿财产损失，而且在侵害人格权情形下，也应当赔偿非财产损失。对于受害人因侵权遭受的精神

① 梁慧星：《民法》，四川人民出版社1989年版，第420页。

损害，可通过侵权之诉获得救济。所以侵权损害赔偿所称的“损害”，作为对权利和利益的侵害后果，包括了财产损失和精神损害等非财产损失，而违约损害赔偿所称的损害限于财产损失，仅指财产的减少或丧失。精神损害赔偿是对人格利益进行直接保护的救济方式。对于财产权和合同权利的侵害，通常不会直接侵害个人的人格利益，由此引发的精神损害通常也不会得到赔偿。①

第二，在违约责任中，对精神损害提供补救有可能会破坏交易的基本法则。损害赔偿在本质上是交易的一种特殊形态，仍然反映交易的需要，而精神损害赔偿使得非违约方获得了交易之外的利益，这就违背了交易的基本原则，与等价交换的精神相违背。例如，甲乙之间订立了借款500万元的民间借贷合同，约定一年后偿还，但债务人乙到期后并未清偿债务，致使甲因急需钱用而寝食难安，十分焦虑，后来甲诉至法院起诉请求支付本息外，还额外请求50万元的精神损害赔偿。对于该精神损害赔偿能否予以支持？笔者认为不能，因为允许该笔费用的赔偿，实际上是在交易之外，额外增加了对方当事人的负担，并使非违约方获得了交易之外的利益。

第三，在违约责任中适用精神损害赔偿责任不符合可预见性规则。所谓可预见性规则，是指违约损害赔偿责任不得超过违约方在订立合同时已经预见或应当预见到的因违约造成的损失。在违约责任中，损害赔偿不得超过违反合同一方订立合同时应当预见到的因违反合同可能造成的损失。因此，可预见性规则是对违约方所承担的损害赔偿范围的限制，任何损害只要可以由合同法予以补救，就应当适用可预见性规则。如果将精神损害也纳入违约方赔偿的范围，当然应适用可预见性规则。但通常情形下，非违约方因违约而遭受精神损害，是违约方在缔约时无法预见的，其不应当对此承担责任。例如，一方在借款到期之后恶意多次拖欠还款，导致债权人遭受精神痛苦，因为借款不还是实践中经常发生的，对此，债务人可能无法预见债权人会因此遭受多大的精神痛苦，并应当承担多大的精神损害赔偿责任。如果对违约方订约时无法预见的精神损害，都要求其承担赔偿责任，则可能造成交易成本显著提升，甚至等价交易的规则遭到破坏，严重妨害交易和市场经济的发展。

---

① Neethling, Potgieter& Visser n 1 above at 63 –5; Karner & Koziol n 27 above at 110.

第四，如果允许合同责任中赔偿精神损害，则当事人应当可以就精神损害赔偿约定违约金，且数额较大，由于精神损害缺乏客观的认定标准，难以准确确定，允许当事人就精神损害赔偿约定此类违约金，则可能使违约金具有一定的赌博性质，也将会违反等价交换的法则。同时，允许当事人在违约责任中主张精神损害赔偿责任，也会赋予法官过大的自由裁量权，难以保障法官准确、公正地确定赔偿数额。此外，允许当事人在违约责任中主张精神损害赔偿责任，可能使违约责任与侵权责任在救济范围上存在重叠和交叉，这也会人为造成违约责任与侵权责任的竞合。

我国司法也一般否定违约责任中的精神损害赔偿责任。例如，在“郑雪峰、陈国青诉江苏省人民医院医疗服务合同纠纷案”中，原告夫妻二人在医院进行人工辅助生殖。人工辅助生殖有 IVF 和 ICSI 两种技术手段，原告按照 ICSI 技术进行缴费，但是医院却在后来的治疗中使用了 IVF 技术，且最后治疗未获成功。原告二人以医院违反医疗服务合同为由，请求医院赔偿精神损害。法院在审理中明确拒绝了原告的精神损害赔偿请求，法院认为，本案为违约之诉，依据《合同法》第 107 条、第 113 条第 1 款的规定，合同当事人未适当履行合同义务的，应当承担赔偿损失等违约责任。赔偿的数额应当相当于因违约所造成的损失，但不包括精神损害，因而对于原告的精神损害赔偿请求未予支持。①

二、在特殊情形下受害人在违约责任中请求精神损害赔偿

我国司法实践一直认为，在违约与侵权发生竞合的情形下，因当事人一方的违约行为损害对方的人格权并造成严重精神损害，或者合同的履行与人格利益的实现具有密切的联系，尤其是在订约即是为了实现某种人格利益时，因一方违约而导致另一方精神损害的，是可以适用精神损害赔偿责任的。《民法典》第 996 条在总结司法实践经验的基础上，规定：“因当事人一方的违约行为，损害对方人格权并造成严重精神损害，受损害方选择请求其承担违约责任的，不影响受损害方请求精神损害赔偿。”从该条规定来看，一方违约的，只有在符合本条所规定的条件的情形下，非违约方才能主张精神损害赔偿责任，从该条规定来看，非违约方主张精神损害赔偿的条件十分严格。可以说，该规则在一定程度上弥

① 《最高人民法院公报》2004 年第 8 期。

补了我国民法对人格权保护的缺陷，主要原因在于：一方面，《民法典》人格权编所确立的规则实际上确定了责任竞合情形下的违约精神损害赔偿的请求权基础。针对责任竞合下的违约精神损害赔偿，无论是侵权法还是合同法都未明确提供请求权基础。在立法上，当然可以通过选择修改合同法规则或侵权法规则的方式来完善相关规则，但是这种方案也存有一定困难。如果修改侵权法规则，则会将精神损害赔偿限定在侵权之内；而如果在合同法中进行修订，也面临着究竟在何种合同中可以适用精神损害赔偿的难题。因而在人格权编对该问题进行规定应当是更合理的方式。另一方面，在确立了责任竞合情况下，受害人选择违约请求权，可以就精神损害获得救济。有观点认为，既然允许违约责任与侵权责任的竞合，则意味着，当事人如果选择违约责任，就不得主张精神损害赔偿，而只有选择侵权责任才可以主张精神损害赔偿。应当看到，民事责任的根本目的主要在于充分救济受害人，在责任竞合的情形下，如果受害人选择主张违约责任就无法主张精神损害赔偿，则难以对受害人提供充分的救济。因此，《民法典》第996条在例外情况下允许受害人在违约责任中主张精神损害赔偿责任，更有利于救济受害人。此外，为法院提供以违约之诉请求精神损害赔偿的裁判依据，有利于规则的统一适用，从而保障裁判结果的公平合理。如前所述，由于在责任竞合的情形下，是否需要赔偿精神损害，在司法实践中存在不同做法，导致裁判的不统一，因而，《民法典》第996条有利于强化对受害人救济并统一裁判规则。

需要探讨的是，《民法典》第996条关于违约精神损害赔偿的规定与《民法典》侵权责任编第1183条之间的关系，依据《民法典》第1183条第1款，“侵害自然人人身权益造成严重精神损害的，被侵权人有权请求精神损害赔偿”，该条将精神损害赔偿责任限定于侵权纠纷，而且《民法典》是在侵权责任编中规定的精神损害赔偿责任，而没有在合同编中规定精神损害赔偿责任，显然，《民法典》将精神损害的适用范围限定于侵权的情形。但《民法典》第1183条是关于精神损害赔偿的一般规定，而《民法典》第996条相对于《民法典》第1183条属于特殊规定，也可以将其看作是《民法典》第1183条适用的例外情形。按照特别法优先于一般法的法律适用规则，如果符合《民法典》第996条的规定，则应当优先适用该条规定。

三、违约精神损害赔偿的适用条件

（一）主要适用于侵害人格权的情形

从比较法上来看，各国法律大多认为，在人格权遭受侵害时可以适用精神损害赔偿责任，例如，根据《日本民法典》第709条、第710条的规定，抚慰金的覆盖范围包括：人格利益、身份利益以及财产权因受到不法侵害时产生的精神损害。但德国法则对精神损害赔偿责任的适用进行了严格限制。根据《德国民法典》第253条第2款的规定，仅身体、健康、自由以及性自主受到侵害的，可请求非物质损害赔偿。① 精神损害赔偿之所以主要适用于侵害人格权的情形，主要是因为，侵害人格权虽然可能导致个人的损害，造成个人非金钱损失，但是此种损害很难通过市场价值进行精确的衡量，因而财产损害赔偿难以对受害人提供充分的救济。② 所以一般认为，精神损害赔偿是对人格利益进行直接保护的救济方式。对于财产权和合同权利的侵害，通常不会导致对个人人格利益的直接侵害，由此引发的精神损害通常也不会得到赔偿，除非此种损害严重侵害了人的尊严或人的身体完整性。③

（二）适用于违约责任与侵权责任竞合的情形

从《民法典》第996条规定来看，违约精神损害赔偿仅适用于违约责任与侵权责任竞合的情形。该条所规定的违约责任与侵权责任的竞合是指一种行为侵害了受害人的人格权和财产权，既符合违约责任的构成要件，也符合侵权责任的构成要件，受害人有权从中选择。从产生的基础来看，侵权损害赔偿的发生根据是侵权行为人因过错使受害人的人身、财产遭受损害。在侵权行为发生时，当事人之间常常没有合同关系存在，即使存在合同关系也不是损害赔偿发生的基础。但违约损害赔偿则是以当事人不履行合同为前提的。在违约发生时，当事人之间存在合同关系，正是因为一方违反了合同义务且造成了另一方的损害，才应当承担违约损害赔偿责任。当然，在特殊情形下，因侵权行为直接导致违约后果，从而产生责任竞合。从该条规定来看，仅在违约责任与侵权责任竞合的情形下，非违

---

① 但这种做法一直受到批评，经过债法现代化改革，精神损害赔偿的适用范围进一步扩大。

② E Karner & H Koziol Der Ersatz ideellen Scbadens im osterreicbischen Recht und seine Reform: Verhandlungen des FilnjzehntenOsterreicmscben Juristentages lnnsbruck 2003 volllil (2003) at 242.

③ Neethling, Potgieter & Visser n 1 above at 63 –5; Karner & Koziol n 27 above at 110.

约方才能在违约责任中主张精神损害赔偿责任，在其他情形下，即便非违约方遭受了严重的精神损害，其也无权在违约责任中主张精神损害赔偿责任。

（三）非违约方因对方的违约行为遭受严重精神损害

从该条规定来看，只有非违约方遭受严重精神损害的情形下，其才能在违约责任中主张精神损害赔偿。在比较法上，由于精神损害难以准确评估和确定，这也导致法官在衡量精神损害赔偿数额时享有较大的自由裁量权，为了限制法官的自由裁量权，一些国家对精神损害赔偿责任的适用作出了严格限制。例如，在法国，在作出精神损害赔偿的判决时，通常要有医学证据。当受害人的健康状况趋于稳定时，法院会传唤医学专家，不仅要求他们对受害人的损害进行描述，而且要求他们通过百分比的方式，对损害的程度进行量化。① 对于痛苦（pain and suffering）的衡量必须与相似情况下的一般反应相比，这种身体或者精神上的痛苦必须具有相当的严重性和持续很长时间，并且这种严重性和持续性必须获得医学上的认可②。法律上作出此种限制，一方面是为了限制法官的自由裁量权，另一方面是为了防止滥诉，将实践中一些轻微的精神损害排除在外，以有效防止诉讼的泛滥。

问题在于，如何判断某种精神损害是否构成严重精神损害？学界对此看法不一。所谓严重后果的严重性，可从如下几个方面进行判断：一是精神痛苦的严重性。也就是说，因侵害人格权所造成的痛苦已经超出社会一般人的容忍限度。③ 精神损害是否严重往往具有主观性，常常是因人而异的，但并非没有客观判断标准，如果这种痛苦按照一般人的标准已经超出了常人可以忍受的程度，则可以认定其是严重的。二是造成后果的严重性。也就是说，造成精神痛苦伴随着一定的后果，导致受害人无法正常工作，甚至精神抑郁等。如果是社会一般人在权利遭受侵害的情况下，都难以忍受和承受的精神痛苦和肉体痛苦，并会对受害人的正常生产、生活造成负面影响，可以认为已经构成了严重后果。所以，判断严重后

① W. V. Horton Rogers (ed): Damages for Non－Pecuniary Loss in a Comparative Perspective, Springer Wien New York, 2001, p. 90.

② W. V. Horton Rogers (ed): Damages for Non－Pecuniary Loss in a Comparative Perspective, Springer Wien New York, 2001, pp. 251－252.

③ 参见张礼洪：《意大利法中非财产性人身损害赔偿制度及其启示》，载《2009 年中日侵权责任法研讨会会议资料》，全国人大常委会法工委民法室和中国人民大学法学院 2009 年，第 43 页。

果，不仅要考虑受害人生理与心理上的反应，也要考虑是否影响其正常的生活、工作以及影响其正常交往的程度等。三是具有持续性。也就是说，损害所造成的痛苦不是立即消失的，而是持续了一段时间，如果受害人只是遭受了偶尔的精神痛苦或者心理情绪上的不愉悦，则不属于应予赔偿的精神损害①。

在此需要讨论的是，如果当事人已经在合同中约定了违约金，则在一方违约的情形下，非违约方在主张违约金的同时，能否同时主张精神损害赔偿？有观点认为，应当允许当事人同时主张精神损害的赔偿。② 笔者认为，在当事人已经约定违约金条款的情形下，原则上不宜承认非违约方关于同时支付违约金与精神损害赔偿的请求，因为双方约定的违约金已经是对合同中因违约行为所造成的所有可能的损害的预估，通过支付违约金已经使非违约方遭受的损失得到了补救，在此情形下，非违约方不能再要求违约方就其精神损害进行赔偿，否则可能使非违约方通过违约金和精神损害赔偿获得双倍赔偿，这与损害赔偿中的完全赔偿和禁止重复赔偿的价值相矛盾。除非在双方当事人约定的违约金明定为只是对财产损害的赔偿，且其精神损害的赔偿符合法律关于违约精神损害赔偿的要件时，才能例外地认可当事人同时请求精神损害赔偿与违约金。

四、违约精神损害赔偿仅适用于责任竞合情形

（一）在责任竞合的情形下，非违约方有权主张精神损害赔偿责任

在涉及违约和侵权竞合的情形中，我国司法实践大多否认了受害人可以依据违约请求精神损害赔偿。例如，在“郑雪峰、陈国青诉江苏省人民医院医疗服务合同纠纷案”中，在违约责任与侵权责任竞合的情形下，法院就否定了违约责任中的精神损害赔偿责任。但是在《民法通则》颁布之后，针对责任竞合的问题，由于法律并没有禁止法院在责任竞合的情形下适用精神损害赔偿责任，因而，法院也在一些竞合案件中承认了精神损害赔偿责任。最早承认竞合情形下精神损害赔偿责任的案件是 1995 年的“贾国宇案”，在该案中，受害人贾国宇在就餐时，餐馆煤气爆炸导致其容貌被毁，手指变形，留下残疾，后受害人向法院提起诉讼，请求饭店赔偿其精神损失。在审判中，法院依据《消费者权益保护法》，通

---

① 参见扈纪华、石宏：《侵权责任法立法情况介绍》，载《人民司法（应用）》2010 年第 3 期。
② 参见崔建远：《论违约的精神损害赔偿》，载《河南省政法管理干部学院学报》2008 年第 1 期。

过残疾人生活补助费的方式实际上赔偿了受害人的精神损害。[①] 这实际上是在责任竞合情形下允许受害人主张精神损害赔偿。

即使在《合同法》颁布之后，针对一些责任竞合的情形，有的法院判决也支持了原告的违约精神损害赔偿的请求。例如，在“吴文景、张恺逸、吴彩娟诉厦门市康健旅行社有限公司、福建省永春牛姆林旅游发展服务有限公司人身损害赔偿纠纷案”中，原告与被告旅行社订立了两日的自驾游旅行合同，前往牛姆林旅行。在进入景区后，天气突变，导游仍坚持带领原告进入森林，导致受害人被狂风暴雨中倾倒的大树砸中，医治无效身亡。原告以侵权起诉至法院。法院认为导游在天气预报报告有雨的情况下，坚持带游客冒险进入林区，其行为具有明显过错，原告请求在死亡赔偿金以外给付精神损害抚慰金合法，并判决被告支付精神损害抚慰金。[②] 再如，在“朱玉梅诉驻马店市汽车运输总公司等公路旅客运输合同纠纷案”中，原告乘坐被告公司的长途汽车途中，因客车过于颠簸，原告胸12椎体压缩性骨折，并入院进行手术治疗。原告诉至法院请求被告赔偿损失并支付精神损害抚慰金。法院认为：“世间最宝贵的莫过于人的生命与健康，原告朱玉梅因乘坐车辆身体受到伤害，且构成伤残，对其精神上的打击是长久和深远的，虽然健康不能用金钱来衡量，但至少能体现出和谐社会法律的温暖和人性的仁爱，给原告以后的生活带来一丝安慰。但鉴于被告杨方生车辆造成原告伤害无重大过失，据此，本院酌定精神损害赔偿金为3000元。”[③] 由此可见，法院对此处于一种矛盾的状态，这也在一定程度上表明对《合同法》第122条关于责任竞合的情况下能否适用精神损害赔偿责任，仍存在不同的理解和解释。但笔者认为，在责任竞合的情形下，违约方承担精神损害赔偿，也是其应承担的责任。

从《民法典》第996条规定来看，其与《民法典》第186条关于违约责任与侵权责任竞合的规则相似，《民法典》第186条规定：“因当事人一方的违约行为，损害对方人身权益、财产权益的，受损害方有权选择请求其承担违约责任或者侵权责任。”由此也可以看出，《民法典》第996条实际上是将违约精神损害赔偿请求权限定于违约责任与侵权责任竞合的情形。

---

① 马军：《“贾国宇案”，12年里的压力与欣喜》，载《法律生活》2009年第17期。

② 福建省厦门市中级人民法院（2005）厦民终字第2405号民事判决书。

③ 河南省汝南县人民法院（2009）汝民初字第834号民事判决书。

（二）导致责任竞合的主要原因：违反以精神利益实现为内容的合同

我国司法实践也承认以实现某种精神利益为订约目的的合同，但对于此类合同中一方违约是否可以赔偿精神损害确实存在两种不同的观点。一种观点认为，依据我国《侵权责任法》第22条规定，精神损害赔偿只限于侵权而不适用于违约。违约精神损害赔偿于法无据。例如，在“吴敏与章贡区伊轩女子专业美容美体会所服务合同纠纷上诉案”中，原告以储值的方式到被告美容美体会所进行消费，并与该美容美体会所订立了服务合同，原告在没有消费完余额时，诉至法院请求退还其已经支付的费用，并赔偿精神损害。法院认为，本案系服务合同纠纷，而精神损害赔偿是指权利主体在人身权或者法律规定的特定财产权利受到不法侵害而遭受精神痛苦或精神损害时要求侵害人给予赔偿的一种民事责任，故上诉人吴敏主张被上诉人赔偿其精神损失缺乏依据。① 再如，在“吕培果与上海途牛国际旅行社有限公司旅游合同纠纷上诉案”中，原告使用手机APP与被告公司签订了旅游合同，但是在姓名栏中将姓名写作“吕小姐”而并未使用其真实姓名。后被告公司在未与原告确认的情形下，使用“吕小姐”作为姓名向航空公司订票，导致订票失败，原告无法按照合同约定前往三亚旅游。原告诉至法院要求被告退还其所支付的费用并赔偿其精神损害。法院审理认为：“鉴于本案为合同之诉，故只能主张因合同违约产生的损失，精神损害抚慰金不属于合同违约产生的损失，双方签订的合同中亦无相关约定，故不予支持。”② 另一种观点认为，虽然法律上并未承认违约精神损害赔偿，但是对于旅游、医疗服务等以精神利益实现为目的的合同，在一方违约的情况下，可以对原告进行精神损害的赔偿。

在司法实践中，有的法院确实突破了现行法律关于精神损害赔偿仅适用于侵权的规则，在特殊情形下对违反以精神利益的实现为目的的合同也适用精神损害赔偿责任，具体而言，主要包括如下几种情形：

1. 违反旅游合同

旅游服务合同是指旅行社等旅游经营者提供一定的旅游服务、旅游者支付相应费用的合同，以及为实现旅游服务的目的而由旅行社与其他服务业经营者签订

① 江西省赣州市中级人民法院（2017）赣07民终3318号民事判决书。

② 上海市第二中级人民法院（2018）沪02民终3343号民事判决书。

的有关运送、住宿等服务合同。[1] 在旅游服务合同中，旅游者订立合同并不是为了获得物质上的回报，而是获取审美和愉悦等精神利益，使自身休闲娱乐、游览名胜、观赏风景，获得精神上的愉悦和享受。因此，在旅游服务提供者违反旅游服务合同的情形下，旅游者也会遭受一定的精神损害，应当获得救济。例如，在“焦建军与江苏省中山国际旅行社有限公司、第三人中国康辉南京国际旅行社有限责任公司旅游侵权纠纷案”中，原告与被告旅行社签订了旅游合同，约定由被告提供赴东南亚多国旅游的服务。但原告乘坐的旅游车在返回泰国曼谷途中发生交通事故车辆侧翻，致使原告等多人受伤，法院判决被告旅行社应当支付原告医药费和精神损害赔偿金。[2]

2. 违反婚礼服务合同

所谓婚礼服务合同，是指一方按照约定提供婚礼策划、婚礼现场布置、婚礼主持、婚礼过程摄影摄像并提供摄像资料等服务，另一方支付报酬的合同。提供婚礼服务的一方违反婚礼服务合同的，可能使对方遭受严重的精神损害，非违约方应当有权主张精神损害赔偿责任。例如，在“李晓峰等诉遵义市天赐良缘文化传媒有限公司服务合同纠纷案”中，原告与被告订立了婚庆服务合同，但被告将婚礼现场安排混乱，且后来提供的摄影和摄像资料中完全没有出现新娘和婚礼现场的画面。原告遂请求被告退还其支付的合同费用，并对其进行精神损害的赔偿。法院审理认为，婚礼录像记录的是人生重大活动，具有永久纪念意义，当时的场景、人物和神态具有时间性、珍贵性和不可再现性，是无法补救、不可替代的特定纪念物品，其承载的人格和精神利益要远大于其本身的价值。被告的违约行为导致二原告的婚礼视频缺少重要内容，丧失了原本应有的价值和意义，造成了无法弥补和挽回的损失，给原告造成了极大的精神损害，因此被告应适当赔偿原告精神抚慰金。[3]

3. 违反医疗服务合同

所谓医疗服务合同，是指医疗机构与患者之间订立的，一方提供诊疗服务，另一方支付医疗费用的合同。医疗机构违反医疗服务合同，不仅无法实现约定的

---

① 参见曾隆兴：《现代非典型契约论》，三民书局1988年版，第253页。

② 载《最高人民法院公报》2012年第11期。

③ 贵州省遵义市汇川区人民法院（2018）黔0303民初262号民事判决书。

诊疗目的，而且可能导致另一方额外的人身和精神损害。例如，在“邵坚与华美医学整形美容门诊部损害赔偿纠纷上诉案”中，原告听信被告的广告内容，在被告处进行了鼻局部整形和脸部光子美白祛斑等美容整形服务，但是由于被告在整形美容中操作不当，造成了原告脸部浅表层灼伤和色素沉积，造成原告心理上精神负担的加重。在判决中，法院认为被告没有履行告知义务，因而依据《民法通则》第106条第2款判决精神损害赔偿，支持了原告的诉讼请求。①

4. 违反骨灰等人格物的保管合同

人格物是指有形的实体但附着一定的精神利益的物，或者该物寄托了个人的特殊感情。② 例如，在“张海兰、魏超与某县殡葬管理所保管合同纠纷案”中，死者系原告的丈夫，原告与被告签订了火化服务和骨灰保管合同，约定由被告保管骨灰一年。但是在死者尸体火化过程中，原告前往他处冲洗死者照片。死者的父母前来被告处领取了死者的骨灰，原告冲洗照片后返回至被告处，发现骨灰已被取走。原告遂起诉至法院请求赔偿其精神损害。法院审理认为，被告的违约行为致使原告无法获得死者的骨灰进行寄托哀思和悼念，法院判决被告向原告支付精神抚慰金15000元。③

5. 违反其他合同所致的精神损害赔偿

在“朱某诉长阔出租汽车公司、付某赔偿纠纷案”中，被告付某在履行运输职责时，对突发癫痫病的原告朱某不仅不尽救助的法定义务，反而中途停车，将昏睡中的朱某弃于路旁，使朱某处于危险状态下。付某的行为虽未危及朱某的生命、健康，但对朱某的精神造成了一定刺激，侵犯了朱某作为旅客应当享有的合法权利。法院认为，原告应享有精神损害赔偿请求权。④

综上所述，在实践中，有的法院确实已经突破了《侵权责任法》第22条的界限，在一些案件中认可了违约中的精神损害赔偿。作出此种突破不无道理，从客观效果来看，确实有利于对受害人进行救济。因为在某些特殊情形下，受害人如果确实因违约遭受严重精神痛苦，基于侵权又难以提供充分的救济，此时，完

---

① 广州市中级人民法院（2004）穗中法民一终字第1743号民事判决书。

② 参见冷传莉：《民法上人格物的确立及其保护》，载《法学》2007年第7期。

③ 保定市中级人民法院（2010）保民四终字第00299号民事判决书，载http：//www.doc88.com/p-490333619760.html。

④ “朱某诉长阔出租汽车公司、付某赔偿纠纷案”，载《最高人民法院公报》2002年第3期。

全不考虑受害人的精神损害，并不合理，尤其是在旅游服务合同、医疗服务合同等合同纠纷中，一方违约会使对方遭受严重精神痛苦，是违约方在订约时可以合理预见的，此时，适用精神损害赔偿责任并不会不当加重其负担。但是，司法判例的承认也带来了法律上的问题，即司法裁判的不统一问题。从上述分析可见，对于违约中的精神损害赔偿，即使有的法院在例外情形下予以承认，也有法院以缺乏明确的法律依据为由拒绝，存在两种不同的观点。由此形成的不统一的司法实践状态，使得当事人缺乏合理的预期，而完全将此问题委诸法官，也会赋予法官过大的自由裁量权，造成司法极不统一。因此，《民法典》第996条对违约精神损害赔偿规则作出规定，既有利于对受害人的救济，也有利于保障司法裁判的统一。

（撰稿人：王利明）

第九百九十七条　【申请法院责令停止侵害】

民事主体有证据证明行为人正在实施或者即将实施侵害其人格权的违法行为，不及时制止将使其合法权益受到难以弥补的损害的，有权依法向人民法院申请采取责令行为人停止有关行为的措施。

◆ 条文释义

一、侵害人格权禁令的概念和特征

禁令（Injunction）是指申请人为及时制止正在实施或即将实施的侵权行为，或有侵害之虞的行为，在起诉前或诉讼中请求法院作出的禁止或限制被申请人从事某种行为的强制命令。① 禁令制度是各国法律普遍认可的一项制度，我国《民法典》在借鉴国外的经验，总结司法实践经验的基础上，对侵害人格权的禁令制度作出了规定。该条对侵害人格权的禁令制度作出规定，对于及时制止侵害人格权的行为、有效预防侵害人格权损害后果的发生，强化对人格权的保护具有

① 刘晴辉：《正当程序视野下的诉前禁令制度》，载《清华法学》2008年第4期。

重要意义。

禁令可以分为诉前禁令与诉中禁令。一是诉前禁令，它是指在提起诉讼前，当侵害他人权益的行为已经发生或即将发生，如果不及时制止，将导致损害后果迅速扩大或难以弥补，在此情形下，受害人有权依法请求法院颁发禁止令，责令行为人停止相关侵权行为。诉前禁令是近几十年来在民法尤其是知识产权法领域日益受到重视的一项制度①。二是诉中禁令，它是指在诉讼进行中，由于被申请人的行为，已经或有可能使申请人遭受损害，或者可能导致损害进一步扩大，申请人有权请求法院依法责令他人为或不为一定行为。例如，行为人在网上发布了毁损他人名誉或披露他人隐私的博客，原告提起诉讼后，该行为人将该博客在各大论坛进行转载，导致信息开始扩散，不及时制止将导致损害难以弥补，受害人有权请求法院颁布禁令，防止损害扩大。

诉前禁令与诉中禁令的区别在于：第一，申请禁令的时间不同。诉前禁令是在起诉前申请，而诉中禁令则是在案件受理后进行。第二，诉讼是否已经开始。诉前禁令发生于诉讼尚未开始时，而诉中禁令则发生于诉讼已经开始后。第三，申请诉前禁令，多是发生于损害没有实际发生的场合；但是诉中禁令，则往往针对损害可能已经发生的场合。第四，申请的条件不同。依据《民事诉讼法》第101条的规定，由于诉前禁令在案件受理前提出，法院并不了解事实和法律关系，因此要求申请人必须提供担保。而就诉中禁令而言，法院在案件受理后可能掌握了一定的事实，因此可以不要求申请人提供担保而颁发禁令。除此之外，在比较法上，诉前禁令的有效时间一般较诉中禁令更为短暂。诉前禁令的紧急性和临时性特征，决定了其只能是为避免损失扩大而采取的临时性措施，因而相较于诉中禁令，其有效时间普遍更短。

我国《民法典》第997条在规定侵害人格权的禁令制度时，并没有对其适用时间作出规定，这就意味着，其同时包括诉前禁令与诉中禁令。具体而言，我国《民法典》规定的侵害人格权的禁令制度具有如下特点：

第一，通常仅适用于情况紧急的侵害行为。一般认为，禁令适用于现实、紧

① Tilman Vossius, Current Trends in Interlocutory Injunction Proceedings Relating to Patent Cases in Europe, 2 Int'l Intell. Prop. L. &Pol'y (1998), p. 20 - 1.

迫的不法侵害行为，在此情形下，如果不及时采取禁令措施，侵权行为继续进行，就会造成损害的进一步扩大，甚至导致权利人遭受经济损害以外的其他损害（如其他人格利益的损害、商誉的减损等）。在人格权遭受现实紧迫侵害的情形下，仅通过停止侵害制度无法为权利人提供有效的救济。因为停止侵害作为一种侵权责任承担方式，必须是在责任确认之后才可以由法院作出，此时损害后果已经产生，并可能被无限扩大，从这个意义上说，停止侵害是一种事后救济措施，这就有必要在实体结果作出判决之前，通过禁令制度在程序法上给予当事人一种临时的救济措施，以防止损害后果的发生和扩大。

第二，适用于正在实施或具有侵害之虞的情形。禁令的适用要求必须存在侵害或者可能侵害人格权的情形，从而使得申请人在实体纠纷的审判中具有较高的胜诉概率。因此，《民法典》第997条强调禁令必须针对“行为人正在实施或者即将实施侵害其人格权的违法行为”，具体而言包括如下两种情形：一是行为人正在实施侵害他人人格权的非法行为。例如，行为人已经在网上发布他人的裸照，如果不及时制止，就可能使受害人的名誉、隐私遭受重大损害。二是行为人可能实施侵害他人人格权的非法行为，有侵害人格权之虞。所谓有侵害人格权之虞，是指未来有可能发生侵害人格权的危险，且发生的盖然性较高。这就是说，对此种侵害之虞通常需要用社会一般人的观点来判断，但针对不同的侵害行为，也应该有不同的判断标准。按照王泽鉴教授的观点，对于第一次侵害人格权的情形，权利人申请诉前禁令时需要提供充分的证据，而在第一次侵害之后，即可以推定行为人有侵害之虞；同时，在具体判断时也需要区分不同的人格权类型，对生命权、健康权而言，判断存在侵害之虞的标准应当从宽，而对侵害名誉、隐私等权利而言，需要与言论自由等法益的保护相平衡，因此，认定时应当更加审慎。① 此种看法值得赞同。

第三，禁令的适用不要求行为人具有过错。② 例如，行为人在网上散播严重毁损他人名誉的言论，受害人一经发现，即可以申请法院颁行禁令，要求网站予以删除、屏蔽，以防止该行为损害后果的扩大。虽然禁令与停止侵害的作用类

---

① 参见王泽鉴：《人格权法》，北京大学出版社2013年版，第390页。

② U Kerpen, Das internationale Privatrecht der Persoenlichkeitsrechtsverletzungen—Ein Untersuchungaufrechtsvergleichender Grundage, 2003, S. 26.

似，但是不能将禁令等同于停止侵害的人格权请求权。禁令的适用不需要证明损害已经发生，只需要证明禁令的要件即可请求，如行为有侵害之虞。此外，请求法院颁发禁令也不需要证明被申请人具有主观过错，因而，在这一点上禁令也与侵权请求权不同。在互联网和大数据时代，这一救济方式对人格权的保护具有重要意义。此外，禁令的适用可以发生在诉讼开始之前，也就是说，民事主体有证据证明他人正在实施或者即将实施侵害其人格权益的行为，如不及时制止将会使其合法权益受到难以弥补的损害的，可以依法向人民法院申请采取责令停止有关行为的措施。因此，禁令制度能够通过将法院强制性命令发出时间点提前而使损害预防更早实现。

第四，禁令的效力具有暂时性，在法院终局判决产生后，禁令就自动失效，而由终局判决决定当事人权利义务关系。禁令是一种临时性的措施，即针对侵权人实施的侵权行为，申请法院责令被申请人停止一定行为的紧急措施，其通常被认为是一种临时性的措施。所谓临时性措施，主要表现在以下几个方面：一是禁令是基于紧迫情况而发布的，其不同于法院的终局判决。禁令的程序保障程度较低，法院往往只是根据申请人的陈述即可颁行禁令，而且由于情况紧急，法院往往只是对当事人的申请进行书面审查，这就使得禁令缺乏审判中的质证等程序。二是禁令的功能在于临时制止行为人的侵害行为，即在人格权遭受侵害或者有受侵害之虞时，通过颁发禁令的方式临时制止行为人的侵害行为，其并不能终局性地确定当事人之间的权利义务关系。三是禁令的效力期间较短。与法院的终局判决不同，禁令的有效期一般较短，判决中停止侵权行为可以面向未来一直发生效力，而禁令的有效期间则往往较短。当然，在禁令的有效期间经过后，当事人可以重新申请禁令，使其效力更长。

人格权禁令是人格权编特有的制度，只能在人格权编中作出规定，而不能在侵权责任法中加以规定。一方面，侵权法是救济法，是在权利遭受侵害的情形下对受害人所遭受的损害进行救济，在通过侵权法对受害人提供救济的情形下，通常需要存在侵权行为，而且造成了实际的损害后果，即便对预防性的责任形式而言，其适用也需要行为人构成侵权。但是，在适用禁令的情况下，权利人并不需要证明行为人构成侵权。另一方面，侵权法虽然也有预防功能，但就人格权的保护而言，与人格权法相比，侵权法的损害预防功能相对较弱，其只能规定事后的救济，无法事先规定相对人的义务，以发挥其预防功能。这恰好是人格权编应当发挥的功能。由此可见，将侵害人格权的禁令制度规定在人格权编是十分恰当的。

二、侵害人格权禁令性质上属于实体法上的禁令

侵害人格权禁令，是人格权请求权发生作用的方式之一，性质上属于实体法上的禁令。也就是说，与程序法所规定的禁令制度不同，诉讼法所规定的诉前禁令制度在性质上是一种诉前保全制度，而侵害人格权的禁令制度则是人格权请求权的重要内容。故此，禁令的适用并不必然伴随着诉讼程序，也就是说，在一方申请禁令后，其只是请求通过颁发禁令，采取责令行为人实施有关行为的措施，以制止侵害行为，法院在颁发禁令后，该禁令即可生效，权利人在申请禁令后，并不负有在法院提起诉讼的义务。可见，禁令的适用与诉讼程序的适用之间并不存在直接关联。

（一）禁令不同于诉前保全制度

2017 年修改的《民事诉讼法》第 100`条第 1 款规定："人民法院对于可能因当事人一方的行为或者其他原因，使判决难以执行或者造成当事人其他损害的案件，根据对方当事人的申请，可以裁定对其财产进行保全、责令其作出一定行为或者禁止其作出一定行为；当事人没有提出申请的，人民法院在必要时也可以裁定采取保全措施。"这就从程序法的角度确立了诉前禁令（诉前行为保全）制度。依据这一制度，法院对于可能因当事人一方的行为或者其他原因，使判决难以执行或者造成当事人其他损害的案件，根据对方当事人的申请，可以裁定对其财产进行保全、责令其作出一定行为或者禁止其作出一定行为。

我国《民事诉讼法》虽然也规定了诉前禁令制度，但其在性质上是一种诉前保全制度，显然无法代替民法典草案禁令制度的功能。因为，一方面，在当事人人格权遭受侵害或有可能遭受侵害的紧急情况下，受害人在请求法院颁发诉前禁令时，只能以实体法为依据，而不能以程序法为依据。法院在判断是否具备颁发诉前禁令的条件时，尤其是申请人是否存在胜诉的可能性时，也应当以实体法为依据。另一方面，《民事诉讼法》所规定的诉前禁令制度在性质上是一项程序性规范，而人格权法所规定的诉前禁令制度是人格权效力的体现，这也进一步明确了程序法上诉前禁令的请求权基础。另外，法院在审理有关人格权侵权案件中，如果当事人针对行为人正在实施或者即将实施侵害其人格权的行为，向人民法院申请颁发禁令，阻止行为人实施有关行为，法院很难通过适用程序法规定颁发禁令，因此，必须由《民法典》作出规定。

（二）禁令不同于先予执行

禁令与先予执行有类似之处。① 所谓先予执行，是指法院在诉讼作出判决之前，申请人可以请求法院裁定债务人给付一定数额的金钱或其他财物，或者实施或停止某种行为。②《民事诉讼法》第106条规定："人民法院对下列案件，根据当事人的申请，可以裁定先予执行：（一）追索赡养费、扶养费、抚育费、抚恤金、医疗费用的；（二）追索劳动报酬的；（三）因情况紧急需要先予执行的。"该条对先予执行作出了规定，从该条规定来看，与禁令类似，先予执行也适用于情况紧急的情形，但禁令不同于先予执行。二者的区别主要体现为：一是适用范围不同。禁令适用于所有民商事案件，包括侵权案件，而先予执行仅适用于双方具有持续性关系或者有在先合同关系的案件中，在侵权纠纷中无法适用先予执行制度。二是适用条件不同。先予执行的适用要求双方当事人之间的权利义务关系明确、债务人有履行能力，不先予执行将会给债权人的生产生活造成严重损失的情形，而禁令制度则是为了制止紧迫的"不法"侵害行为。三是制度功能不同。先予执行是为了使权利人的权利在判决之前全部或部分地得到实现和满足，而禁令则是为了制止行为人的不法侵害行为。四是制度价值不同。禁令制度作为行为保全制度的一种，其侧重于保全，对案件的实质不产生影响，而先予执行虽然不是对案件实质的最终解决，但其往往预示着庭审的可能结局③。

三、侵害人格权禁令制度的主要功能

从比较法上来看，许多国家认可了禁令制度，其主要应用于知识产权等领域，但现在有逐渐扩大的趋势，在人格权的保护领域中得到了越来越多的重视④。

---

① 有观点认为，我国的行为保全制度与英国的禁制令在效力上、法院是否有必要采取强制执行措施等方面存在明显区别。参见周翠：《行为保全问题研究——对〈民事诉讼法〉第100－105条的解释》，载《法律科学》2015年第4期。

② 参见江伟、肖建国：《民事诉讼法》，中国人民大学出版社2008年版，第244页。

③ 参见江伟、肖建国：《民事诉讼中的行为保全初探》，载《政法论坛》1994年第3期。

④ E Guldix& A Wylleman, De positie en de handhaving van persoonlijkheidsrechten in hetBelgischprivaatrecht, (1999) 36 TPR 1589 at 1645 ff.

在我国《民事诉讼法》修改之前，我国知识产权法中就已经规定了停止侵权行为制度，[①] 即在知识产权权利人有证据证明他人正在或者即将实施侵权行为，如果不制止将使其合法权益遭受难以弥补的损害时，可以在起诉前向法院申请责令停止有关行为。《反家庭暴力法》首次确立了禁令对人身权的适用，该法第 23 条规定："当事人因遭受家庭暴力或者面临家庭暴力的现实危险，向人民法院申请人身安全保护令的，人民法院应当受理。当事人是无民事行为能力人、限制民事行为能力人，或者因受到强制、威吓等原因无法申请人身安全保护令的，其近亲属、公安机关、妇女联合会、居民委员会、村民委员会、救助管理机构可以代为申请。"人身安全保护令对于保护妇女、儿童的生命健康权，具有十分重要的意义。

如前所述，在《民法典》中规定独立成编的人格权编，将诉前禁令等制度纳入其中，有利于及时制止侵害人格权的行为、有效预防侵害人格权损害后果的发生，因此，禁令是保护所有人格权的重要措施，并不仅仅适用于对人身安全的保护。我国现行立法缺乏关于统一适用人格权保护的禁令制度，是一大缺漏。从实践来看，大量的网络侵权行为迫切需要禁令制度予以遏止，尤其是针对名誉、隐私等侵权行为，如不及时加以制止，损害后果可能会被无限扩大，因此禁令制度的适用必要且可行。在我国司法实践中，有的法院已经在侵害人格权的纠纷中采用了禁令的方式。例如，在"杨季康（笔名杨绛）诉中贸圣佳国际拍卖有限公司（简称中贸圣佳公司）、李国强侵害著作权及隐私权纠纷案"中，就涉及隐私权的保护，该案中，中贸圣佳公司于 2013 年 5 月间发布公告称，其将于 2013 年 6 月 21 日公开拍卖上述私人信件，并在拍卖前举行研讨会和预展活动。此后，杨季康提出诉前申请，请求法院发布禁令，北京市二中院审查后，依法于 6 月 3 日作出了禁止中贸圣佳公司实施侵害著作权行为的裁定，中贸圣佳公司随后宣布停拍。但由于我国立法尚未规定侵害人格权的诉前禁令制度，因此，该案是通过侵害著作权的行为保全裁定对权利人提供救济的。严格地说，通过著作权法的规则保护人格权是不周延的，也可能无法有效制止许多侵害人格权的行为。因此，《民法典》人格权编在总结司法实践经验的基础上，对侵害人格权的禁令制度作出了规定。

---

① 参见《著作权法》第 50 条、《专利法》第 66 条和《商标法》第 65 条。

禁令制度的主要功能在于：

第一，及时制止网络侵害行为。在互联网时代，网络侵权层出不穷，网络暴力不断产生，这些不仅对自然人造成重大损害，甚至会给企业带来灭顶之灾。例如，一些竞争对手恶意污蔑其他企业的声誉和其产品的质量，一条谣言可能使其产品滞销，甚至蒙受巨大损害。如果按照诉讼程序，权利救济的时间将旷日持久，甚至是马拉松式的诉讼，等到最后官司终结，企业可能已经宣告破产。在网络侵权发生之后，如果任由损害后果蔓延，将使受害人的权益遭受不可估量的损失，因此，对受害人而言，最有效的救济方式是及时制止、停止侵权信息的传播，这也是禁令制度救济功能的重要体现。在互联网、高科技时代，法律遇到的最严峻的挑战就是隐私、个人信息的保护问题，个人信息泄露已经成为一种“公害”。如何保护个人信息，如何强化信息处理者以及大数据开发者的信息安全保护义务等，预防信息泄露等损害的发生，是人格权编应当发挥的重要功能。在实践中，行为人在网上发布一条毁损某公司名誉的不实信息，如果不及时加以制止，可能导致整个公司破产。如果没有禁令制度，许多当事人被迫寻求有关行政管理机关删帖，但这种删帖的做法其实很不规范，有时难以对受害人提供及时救济；而且对于此种涉及平等主体之间的侵权纠纷，是否删除相关链接，完全交由行政机关进行判断，而不能对其进行司法审查，显然并不妥当。如何及时制止、遏制这种行为？禁令制度就是最好的办法。这就是说，原告可以依据禁令规则向法院申请颁发禁令，对该信息采取紧急措施，如采取删除、屏蔽、断开链接等，然后再进行正常的诉讼。因此，禁令制度也是实现依法治网的重要举措和有力手段。

第二，有效预防侵害人格权后果的发生。在《民法典》人格权编中对禁令作出规定，是发挥人格权法立法功能的重要体现。人格权法注重事前预防，而侵权法则注重事后救济。发挥人格权法的预防功能，正是人格权独立成编价值的体现。在美国法中，诉前禁令旨在于判决前制止侵权行为，其主要目的在于避免损害的发生或者继续扩大，而不是保障将来判决的顺利执行。① 我国人格权法采纳

① 参见郭小冬：《民事诉讼侵害阻断制度释义及其必要性分析》，载《法律科学（西北政法大学学报）》2009 年第 3 期。

该规定，正是为了发挥预防的功能。该规定对于及时制止侵害人格权的行为、有效预防侵害人格权损害后果的发生极为必要。在现代社会，互联网对损害后果具有一种无限放大效应，相关的侵权信息一旦在网上发布，即可在瞬间实现全球范围内传播，损害将如覆水难收，受害人的权利很难恢复原状。因而，在人格权侵权中，预防比救济更为重要。但我国现行立法关于损害预防的规定本来就不多，如果删除该条规定，将会极大地影响损害预防功能的发挥。所以，《民法典》第997条规定禁令制度，由法院对相关的行为进行司法审查，并及时决定是否发布禁令，可以有效预防侵害人格权后果的发生。

第三，对受害人提供及时救济。禁令不仅具有预防损害的功能，还有救济的功能。一方面，在损害有发生之虞的情形下，禁令制度可以预防损害的实际发生，使得受害人免于遭重大损害。例如，《反家庭暴力法》第四章专门规定了人身安全保护令，规定了在离婚诉讼之前，如果一方有实施家暴的可能，申请人可以请求人身安全保护令，这一人身安全保护令也属于诉前禁令，其功能就在于有效预防可能发生的家庭暴力或骚扰行为。另一方面，即使是在损害已经发生的情况下，颁发禁令也具有防止损害进一步扩大的作用，从而保护受害人免于遭受更大的损害。当权利受到侵害或者威胁时，为了制止损害的发生或者扩大，避免权利人遭受难以弥补的损害，这就有必要及时制止行为人的不法侵害行为。①

第四，规范禁令申请权的行使。《民法典》规定禁令制度，由法院对相关的行为进行司法审查，并及时决定是否发布禁令，有利于规范禁令的申请、发布行为，防止滥用禁令。法律规定详细的禁令适用条件，可以起到平衡当事人利益，便于法院作出是否颁发禁令的决定。因此，申请禁令同样要求申请人进行举证证明损害的发生或有发生之虞。但是申请禁令的证明标准与诉讼的证明标准并不相同，诉前禁令通常都是针对时间紧急、情况危急的情形，通常需要法院迅速作出判断，而无法像诉讼一样进行详细审查。因此，申请禁令只需要提出初步的证据证明即可。当然，禁令的适用问题比较复杂，《民法典》第997条的规定还比较原则，有关禁令制度的适用程序、期限、提供担保、申请错误的责任等，都需要

---

① 参见郭小冬：《民事诉讼侵害阻断制度释义及其必要性分析》，载《法律科学（西北政法大学学报）》2009年第3期。

通过今后修订《民事诉讼法》或制定相应司法解释时予以细化，从而防止当事人恶意申请，滥用禁令制度。

四、禁令不同于停止侵害

我国《民法典》总则编和侵权责任编都将停止侵害作为民事责任形式。应当看到，在人格权遭受现实紧迫侵害的情形下，仅通过停止侵害制度无法为权利人提供有效的救济，因为一方面，停止侵害在性质上属于侵权责任承担方式，只有在行为人的行为构成侵权、法院确认行为人应当承担侵权责任时，才能予以适用。而在法院通过诉讼程序确认行为人构成侵权后，受害人的损害后果可能已经被无限扩大。可见，停止侵害虽然也具有制止不法行为的功能，但更多的是一种事后救济措施，难以真正实现对损害的事先预防。而禁令制度则可以在实体结果作出判决之前，在程序法上给予当事人一种临时的救济措施，以防止损害后果的发生和扩大。与停止侵害制度相比，禁令制度可以使得损害预防的时间更加提前。另一方面，停止侵害必须提前诉讼，通过诉讼裁判决定，而禁令的适用不一定伴随诉讼，这种预防功能是停止侵害制度无法代替的。

五、侵害人格权禁令的适用条件

禁令作为一项独立的制度，具有其独特的构成要件，不能为其他制度所替代。由于禁令主要适用于时间紧迫、需要及时制止不法行为的情形，法院在颁发禁令时往往无法查明案件事实，这也有可能导致禁令制度的滥用。因此，为了防止禁令制度被不当使用，需要明确禁令的适用条件，并由法院对禁令的适用条件进行必要的审查。

依据《民法典》第997条的规定，人格权禁令的适用应当具备如下要件：

第一，行为人正在实施或者即将实施侵害人格权的行为。问题在于，正在实施或者即将实施侵害人格权的行为是否必须构成侵权？申请人是否必须对此进行举证？笔者认为，对正在实施的侵害人格权的行为，申请人尚有可能证明行为人构成侵权，而在行为人有侵害之虞的情形，申请人则很难证明行为人构成侵权，因为在此情形下，损害后果并未发生，因此是否造成损害以及造成多大的损害难以判断，此时不宜要求申请人证明行为人构成侵权。例如，在美国，法院在审查是否有必要针对侵害专利的行为颁发禁令时，要考虑如果没有禁令提供的保护，权利人将很可能在未来的市场竞争中损失产品销量以及利润，并很难如没有侵权产品存在时那样获得市场中的交易机会，同时，侵权产品的持续存在，还有可能损害专利人的声誉，而此种损害是很难用金钱量化的。[①] 因此，在适用禁令时，权利人并不需要证明行为人的行为将确定造成其损害。当然，对将要实施的侵害行为，法院在审查时应当确认是否有证据证明行为人将要实施侵害行为，并有可能造成受害人不可弥补的损害。

第二，如不及时制止将会使损害后果迅速扩大或难以弥补。禁令针对的是正在发生和将要发生的侵害行为，损害常常具有急迫性。也就是说，如果通过正常的诉讼程序维权，因为诉讼耗时等原因，可能导致损害后果的迅速扩大或难以弥补。笔者认为，在解释该条所规定的“不及时制止将使其合法权益受到难以弥补的损害的”这一条件时，应当将其与《民事诉讼法》第 101 条所规定的“情况紧急，不立即申请保全将会使其合法权益受到难以弥补的损害”作同种解释，也就是说，如果不立即采取禁令措施，将会对申请人造成难以用金钱来弥补的损害，非金钱损害的判断因素包括“侵犯人格权、身份权等人身权利，难以恢复圆满的情形”。[②] 侵犯人格权、身份权等人身权利通常具有不可恢复性或者难以弥补性，单纯的事后金钱赔偿救济方式难以起到保护权利和救济的作用。与金钱损害案件相比，人身权利一旦遭受侵害，损害后果通常难以弥补，无法使用金钱对损害进行完全的补偿。[③] 该条所规定的损害后果“难以弥补”，也是指这种对人格权益的侵害无法通过金钱弥补，或者说这种损失具有不可逆性，无法通过金钱赔偿予以恢复原状。事实上，对人格权侵害而言，一旦发生侵害行为，损害后果往往都难以恢复原状，特别是在互联网时代，侵害隐私、名誉等人格权益的损害后果一旦发生，即很难通过金钱赔偿的方式对受害人进行完全弥补。因此，应当适当放宽对该要件的认定。如果损害后果的发生不具有急迫性，或者即便发生，也可以通过其他方式弥补，则应当对此种情形进行严格审查。一般来说，如果损失能够通过金钱方式在事后进行充分赔偿，则不应认为该损失是不可弥补的。[④] 例如，在行为人未经权利人许可擅自利用其肖像，其主要损害了权利人的财产利益，可

---

① Rozek, Richard P. Economic Analysis of the Risks Associated with Seeking a Preliminary Injunction. European Journal of Risk Regulation Vol. 7, Iussue 1 (2016): 207.

② 江伟、肖建国主编：《民事诉讼法》（第八版），中国人民大学出版社 2018 年版，第 258 页。

③ 参见江伟、肖建国主编：《民事诉讼法》（第八版），中国人民大学出版社 2018 年版，第 258 页。

④ See Abbott Labs. v. Andrx Pharms., Inc., 452 F. 3d 1331, (Fed. Cir. 2006).

以通过赔偿财产损失的方式对其提供救济，此时，一般不宜通过禁令制度解决纠纷。但如果是将某人的裸照用于网上广告用途，一旦传播，则可能造成受害人严重精神损害，而且该损害难以通过金钱赔偿恢复原状，此时，就有必要通过禁令制度对权利人提供救济。

第三，申请人具有较大的胜诉可能性。这就是说，当权利人提出颁发禁令的请求之后，法院虽然不进行实质审查，但应当对胜诉的可能性进行初步判断，只有当权利人所申请禁止实施的行为确有可能构成侵权，而且将依法承担法律责任时，法院才有必要颁发禁令。如果被申请人的行为是否构成侵权存在较大不确定性，就匆忙颁布禁令，将可能损害正当的言论自由或行为自由，也可能使被申请人遭受难以弥补的损失。① 特别是当禁令与最终的判决不一致时，更可能损害司法的权威性。因此，在判断是否要颁发禁令时，法院要考虑正在发生或者将要发生的行为的性质、所可能导致的后果，以及该行为与他人合法权益以及公共利益的关系，以最终确定胜诉的可能性。当然，此种胜诉的可能只是一种盖然性的判断，即只有当申请人的胜诉可能性达到一定程度时，法院才能够颁发禁令。

第四，申请人有证据证明行为人正在实施或者即将实施相关侵害行为。从《民法典》第997条规定来看，禁令的适用要求“民事主体有证据证明行为人正在实施或者即将实施侵害其人格权的违法行为”，这就是说，禁令应当由权利人提出，但权利人提出发布禁令的请求时，必须提出相关的证据证明已经具备适用禁令的条件。通常来说，权利人必须证明侵害人格权的行为已经发生并将持续发生，而且此种情形具有急迫性。在此有必要区分侵害人格权的行为是否已经发生，对于已经发生的侵害行为，权利人的举证较为简单，而对侵害尚未发生的情形，则应当适当提高申请人的举证负担，以防止禁令制度的滥用。在这里需要讨论的是证明标准的问题，即申请人提供证据应当达到何种程度才能颁发禁令？笔者认为，应当采纳盖然性的证明标准，即只要当事人证明他人的行为可能造成损害或有损害之虞，则应当认定满足了相应的证明标准，而并不要求必须达到本案诉讼的证明标准，即《最高人民法院关于适用〈中华人民共和国民事诉讼法〉的

---

① Peter S. Menell, Patent Case Management Judicial Guide, Third Edition: Volume I: Pretrial Case Management, Clause 8 Publishing, pp. 3 – 8.

解释》第108条所规定的“高度可能性”标准。

需要注意的是，比较法上对禁令的适用条件还存在着司法审查制度。在英美法中，禁令被视为一种“不寻常的法律救济”,[①] 因此在决定是否适用禁令时，应该从多个维度对禁令可能带来的正负面影响进行综合考量，在适用上应保持谨慎态度。[②] 在我国，也要防止禁令中的自由裁量权过大而导致被滥用。所以，为了规范禁令，限制滥用自由裁量权，应对禁令适用中的考量因素进行必要的规范。例如，美国法上适用禁令时，法官在审查时主要考虑如下因素：一是根据事实判断原告胜诉的可能性；二是在颁布禁令之外是否有其他的法律救济手段；三是不颁布禁令是否会导致无法弥补的损害；四是不颁布禁令给原告造成的损失是否会超过被告因禁令可能遭受的损失；五是颁布禁令是否会危及公共安全。[③] 这一经验值得我们借鉴。在司法实践中，法官应综合考量上述因素，平等对待各方主体利益，最终得出最为公平合理的裁决结果。司法审查的关键是进行利益平衡。从申请人的角度看，临时禁令的发出将有利于保护申请人的权利，但从被申请人的角度看，临时禁令是对其行为自由的直接限制，对其造成的影响甚至并不小于申请人。[④] 因此，法官在决定是否发出临时禁令时，应对双方的利益进行综合考量，即法官需要权衡不颁发禁令可能给申请人造成的损害与颁发禁令可能给被申请人造成的损害之间哪一个损害更大。例如，如果申请人能够证明不颁发禁令可能给其造成难以弥补的损害，而颁发禁令给行为人造成的损害较小，则法院应当颁发禁令；反之，如果行为人能够证明颁发禁令可能给其造成的损害远大于不颁发禁令给申请人造成的损害，则可以阻止申请人获得禁令。[⑤]

此外，在某些情况下，对被申请人发出临时禁令还可能对社会公共利益造成影响。特别是在侵害人格权纠纷中，一旦对侵权人发出禁令，不仅会对其个人的行为自由造成限制，还可能在相当程度上对社会公众的行为取向产生影响。例

---

① 参见毕潇潇、房绍坤：《美国法上临时禁令的适用及借鉴》，载《苏州大学学报（哲学社会科学版）》2017年第2期。

② eBay Inc. and Half. com, v. Merc Exchange, L. L. C. 547 U. S. 388. (2006).

③ 参见王迁：《知识产权法教程》，中国人民大学出版社2016年版，第13页。

④ Peter S. Menell, Patent Case Management Judicial Guide, Third Edition: Volume I: Pretrial Case Management, Clause 8 Publishing, pp. 3 – 13.

⑤ 参见江伟、肖建国主编：《民事诉讼法》（第八版），中国人民大学出版社2018年版，第259页。

如，行为人在发布某则新闻报道时，因为时效性的要求而来不及对信息内容进行严格审查，就可能因消息不实而造成他人损害，此时，是否需要发出禁令制止该报道行为，就需要对申请人的个人利益以及对新闻报道自由可能产生的影响进行利益平衡。

法院在作出禁令裁定时需要对权利人的申请进行必要的审查，问题在于，此种审查究竟是形式审查还是实质审查？笔者认为，法院仅对权利人的申请进行形式审查，并不足以有效平衡各方主体利益，因为临时禁令一旦被滥用，不仅会使争讼双方的利益发生失衡，还可能造成法律规则适用的不确定性。因此，只有对原告胜诉的可能性、禁令签发的必要性以及各方主体利益的平衡关系进行综合考量，才能确保禁令真正发挥其制度效用，而这显然已经超出了形式审查的范围。同时，鉴于禁令裁定作出后，当事人常常能够达成和解而不再提起诉讼，这也使得禁令成为权利实现的途径和解决纠纷的手段，然而，禁令制度适用不当，将会严重损害当事人的合法权益。因此，法院在作出禁令时应慎之又慎，德国、日本学者认为，禁令的颁发程序很大程度上类似于本案审理程序，贯彻对席辩论原则，而不宜仅依当事人申请即予以颁发，其道理就在于此。①

六、侵害人格权禁令的效力

（一）人格权禁令的直接效力

禁令一旦颁布，在到达行为人时即发生效力，行为人应当按照禁令的要求立即停止相关侵权行为。例如，在前述“杨季康（笔名杨绛）诉中贸圣佳国际拍卖有限公司（简称中贸圣佳公司）、李国强侵害著作权及隐私权纠纷案”中，原告杨季康提出诉前申请，请求法院发布禁令，北京市二中院审查后，依法于6月3日作出了禁止中贸圣佳公司实施侵害著作权行为的裁定，中贸圣佳公司随后宣布停拍。禁令虽然不是法院的终审判决，但其也具有法律效力，在行为人违反禁令要求时，法院可以强制执行。需要指出的是，在该案中，法院禁止中贸圣佳公司实施侵害著作权行为的裁定只是暂时性的，一旦申请人未在法定期间内提起诉讼，或者被申请人对禁令不服，提起复议，而法院在审查过程中发现本案不具备颁发禁令的条件，则可以撤销禁令，禁令将因此失去效力，行为人仍可继续实施

① 参见江伟、肖建国主编：《民事诉讼法》（第八版），中国人民大学出版社2018年版，第260页。

其行为。当然，如果被申请人不提起诉讼，禁令就直接发生效力了。

（二）人格权禁令的失效

关于禁令效力的存续期间，存在不同的观点，一种观点认为，在诉讼活动开始或者作出新的禁令时，禁令的效力即归于消灭。① 另一种观点认为，在法院的终局判决生效时，禁令的效力归于消灭。笔者认为，在如下情况下，禁令将失去效力：

第一，法院撤销禁令。依据 2015 年《最高人民法院关于适用〈中华人民共和国民事诉讼法〉的解释》第 171 条，在禁令颁布后，被申请人对禁令裁定不服的，可以自收到裁决书之日起 5 日内向作出裁定的人民法院申请复议，人民法院应当在收到复议申请后的 10 日内审查，裁定正确的，驳回当事人的申请，裁定不当的，应当变更或撤销原裁定。也就是说，在被申请人提出复议后，法院在审查过程中发现本案不具备颁发禁令的条件，则可以撤销禁令，人格权禁令的功能在于制止不法侵害行为，其并不具有证明侵权行为成立的效力，因为法院在审查禁令申请时对证据的审查不同于诉讼中对相关证据的审查，因而禁令有可能发生错误，这就需要有一个复议程序，以防止禁令的错误。笔者认为，侵害人格权的禁令也可以适用《民事诉讼法》的相关规定。

第二，终局裁判生效后自动失效。如果在颁发禁令以后，当事人提起诉讼，则禁令应当一直有效，但在法院所作出的终局裁判生效后，人格权禁令应当失去效力。禁令本身并不具有终局裁判的效力，其效力延续到本案判决作出时，禁令与终局裁判的关系表现在如下两个方面：一方面，在终局判决生效之前，禁令所禁止的行为在法律上是否构成侵权，是否允许实施，是悬而未决的问题，只有通过终局判决，才能最终确定行为人所实施的行为是否构成侵权。② 终局裁判可以改变临时禁令的措施，权利人主张停止侵害，但判决驳回其请求，则临时禁令应当失效。如果禁令的内容与终局判决不一致，则应当以终局判决为准，因错误申请造成被申请人损失的，申请人应当承担赔偿责任。也就是说，终局裁判生效

① 参见毕潇潇、房绍坤：《美国法上临时禁令的适用及借鉴》，载《苏州大学学报（哲学社会科学版）》2017 年第 2 期。

② 参见毕潇潇、房绍坤：《美国法上临时禁令的适用及借鉴》，载《苏州大学学报（哲学社会科学版）》2017 年第 2 期。

后，应当以该终局裁判作为确定当事人权利义务关系的依据，禁令的效力也随即终止。如果行为人不履行该终局裁判，则应当依据该终局裁判追究其法律责任，而不再依据禁令追究其责任。另一方面，禁令的制度价值在于阻止侵权行为造成更大的损害后果，在终局判决生效之前，如果认定禁令失去效力，则被禁止的行为可能继续实施，这可能导致禁令颁发的目的落空。

（三）错误申请人格权禁令的法律后果

在临时禁令的有效期内，行为人违反禁令造成申请人损害的，则申请人有权请求行为人赔偿。此种损害赔偿纠纷通常与案件一并审理。错误申请人格权禁令的，申请人也应当承担相应的法律责任。毕竟申请禁令将使行为人停止实施某种行为，这可能给其造成一定的损失。例如，在前述“杨季康（笔名杨绛）诉中贸圣佳国际拍卖有限公司（简称中贸圣佳公司）、李国强侵害著作权及隐私权纠纷案”中，被告已经为拍卖做出了大量的准备，并支付了一定的费用，如果法院作出了撤销禁令的裁判，或者在审查中认为颁发禁令的条件不具备，则申请人应当对因此给行为人造成的损害承担责任。在终局裁判生效后，因为禁令所造成的损害，申请人应当承担相应的法律责任，受害人可以另诉请求申请人赔偿。依据我国《民事诉讼法》第100条的规定，申请人在提出禁令申请时，应当提供相应的担保，以防止因错误申请而给被申请人造成损失，该规定也应当可以适用于人格权禁令制度。

（撰稿人：王利明）

第九百九十八条　【认定行为人承担责任时的考量因素】

认定行为人承担侵害除生命权、身体权和健康权外的人格权的民事责任，应当考虑行为人和受害人的职业、影响范围、过错程度，以及行为的目的、方式、后果等因素。

◆ 条文释义

本条规定将动态系统论运用到侵害人格权的民事责任中，但在适用中，要区分物质性人格权与精神性人格权的保护。物质性人格权的保护不适用动态系统论，而适用最严格的保护标准。

一、对物质性人格权实行最严格的保护

物质性人格权是生命权、健康权、身体权等以生命、健康利益为客体的具有最强人身专属性的人格权。物质性人格权是人格权乃至所有民事权利中居于最重要位阶的权利，我国《民法典》关于人格权的规定首先列举生命、健康、身体等权利也表明其是具有基础性地位的权利。物质性人格权也可以说是所有民事权利享有的基础和前提，因为任何权利都无法离开生命与身体这一物质载体。生命不存在，各种权利的享有也将不复存在。同时，物质性人格权也是最基本的人权，所以，法律对于物质性人格权的保护应当被置于首要位置。

《民法典》第998条规定在认定对生命权、健康权等物质性人格权侵害的情形下，不需要考虑行为人和受害人的职业、影响范围、过错程度，以及行为的目的、方式、后果等因素。这主要是基于如下原因：

第一，由于生命健康权具有重要的特殊地位，因此，在生命权、健康权等物质性人格权与其他权利冲突时，基于其至高无上性，应当优先受到保护。即当物质性人格权与其他权利冲突时，法律优先保护物质性人格权。从权利位阶规则角度看，生命权、身体权、健康权、人身自由权等具体人格权与其他人格权相比较，其权利位阶较高，在实现上具有优先性，其根本的原因也正在于这些具体人格权是社会公共利益的体现①，理应优先予以实现。

第二，物质性人格权一般具有不可克减性，对其作出限制必须由法律作出规定，即遵循法律保留原则。一般认为，关系到人格核心领域的生命权、身体权、自由权等权利在价值排序中处于第一位阶；与此同时，如果认为肖像、隐私等精神性人格权在价值排序上优先于其他利益保护则是存在问题的，因为相对于生命健康权等权益而言，这些权利需要受到保护的力度理应相对较小，所以必然需要作出利益平衡。②

第三，对于侵害物质性人格权的，法律往往规定了特殊的救济方式，如侵害

---

① 参见王轶：《民法原理与民法学方法》，法律出版社2009年版，第31－59页。

② ［奥］考茨奥等：《针对大众媒体侵害人格权的保护：各种制度与实践》，中国法制出版社2012年版，第5页。

生命权的，依据《民法典》第1179条的规定，造成死亡的应当赔偿丧葬费与死亡赔偿金。这些损害赔偿被称为法定的损害赔偿。对于侵害生命权、健康权之所以要采取法定的损害赔偿是为了强化对物质性人格权侵害中受害人的充分救济。明确法定赔偿有利于限制法官的自由裁量权，也为受害人主张权利提供了明确的指引。正是因如此，所以在侵害物质性人格权情形下，一般不再考虑其他因素。

二、侵害物质性人格权以外的人格权益的利益衡量

（一）《民法典》第998条采纳动态系统论的原因

该条将动态系统论运用到侵害物质性人格权以外的人格权的民事责任中，有助于协调和平衡人格权与其他利益之间的冲突。动态系统论最早由奥地利学者威尔伯格（Walter Wilburg）于20世纪40年代提出，[①] 经日本学者山本敬三等人的介绍与传播，[②] 已经为我国法学界所熟知，并在全世界的范围内产生了重要的影响。《欧洲侵权法原则》（PETL）和《欧洲示范民法典草案》（DCFR）均对这一学说进行采纳，使得该学说的影响力进一步提升。在我国《民法典》的编纂中，人格权编第998条在总结这些经验的基础上，对动态系统论进行了大胆的吸收与借鉴。

威尔伯格动态系统论的基本观点是：调整特定领域法律关系的法律规范包含诸多构成因素，但在具体的法律关系中，相应规范所需因素的数量和因素的强度有所不同，也就是说，调整各个具体关系的规范因素是一个动态的系统。[③] 因此，应当在具体法律关系中通过对动态的因素考量认定责任。[④] "动态系统提供了一个替代方案：通过明确规定法官裁判时应当考量的各种重要因素，立法者可以达到非常具体化的规定目的，能够决定性地限制法官的自由裁量空间，并且也使得

① Walter Wilburg, Entwicklung Eines Beweglichen Systems Im Bügerlichen Recht, Verlag Jos. A. Kienrech/Graz, 1950.

② ［日］山本敬三：《民法中的动态系统论——有关法评价及方法的绪论性考察》，解亘译，载梁慧星主编：《民商法论丛》（第23卷），金桥文化出版（香港）有限公司2002年版，第213页。

③ 参见［日］山本敬三：《民法中的动态系统论——有关法评价及方法的绪论性考察》，解亘译，载梁慧星主编：《民商法论丛》（第23卷），法律出版社2002年版，第177页。

④ 参见［奥］海尔穆特·库奇奥：《损害赔偿法的重新构建：欧洲经验与欧洲趋势》，载《法学家》2009年第3期。

法官自由裁量具有可预见性，而同时又有所控制地兼顾了生活事实的多样性。”①

动态系统论与传统的构成要件论的最大区别在于，构成要件论秉持着“全有全无”的原则，认为构成要件是法律后果的必要且充分条件，当要件全部满足时，结论一定发生，当要件有一个不能满足时，结论就不会发生。就侵权责任构成要件而言，如果将其构成要件确定为过错、损害、行为的违法性、因果关系，只有在这些构成要件全部满足时，责任才能成立。而动态系统论则与此不同，表现在：一是动态系统论强调各因素的作用。动态系统论认为，在判断责任时，应当对所有的构成要件发挥的不同作用进行评价，针对影响因素的不同程度，来综合考量认定责任。这实际上是一种在量上分层的认定方法。二是动态系统论强调各因素排列上的位阶，引导法官考量这些因素是否满足，但在个案中，并不要求每一个因素满足到特定程度，甚至不要求一定具备全部因素；而是要求考量不同的因素，确定这些因素满足到什么程度，根据案件的具体情况对各个因素进行综合考量，② 因素与效果之间的关系不再是“全有全无”，而是“或多或少”。三是强调各因素之间的“互补”。动态体系论的“动态”特征，是指法律规范或者法律效果由“与因素的数量和强度相对应的协动作用”来确定。这里所说的“协动”是指因素之间具有互补性。③ 在威尔伯格看来，因素不再像要件一样处于固定的状态，而是作为变量处于动态的考量之中。如 A 因素获得了较高程度的满足，那么虽然 B 因素的满足程度较低，则在法官的综合考量下，可能发生因素间的互补。这些因素具有“相互比较”的个性。④ 正如威尔伯格所指出，“如果一个因素以一种特殊强烈的方式出现，就可充分满足认定存在责任的要求”。⑤ 由此可见，动态系统论试图通过抽取一些因素或因子，引导法官考虑该因素或因子的权重，在个案中通过判断不同变量的强弱效果，并结合因素之间的互补性，最终得出案件裁判的结论。相较于构成要件系统而言，动态系统论考虑的因素更为

---

① ［奥］海尔穆特·库奇奥：《损害赔偿法的重新构建：欧洲经验与欧洲趋势》，载《法学家》2009 年第 3 期。

② ［日］山本敬三：《民法中的动态系统论——有关法评价及方法的绪论性考察》，解亘译，载梁慧星主编：《民商法论丛》（第 23 卷），法律出版社 2002 年版，第 207－208 页。

③ 解亘、班天可：《被误解和被高估的动态体系论》，载《法学研究》2017 年第 2 期。

④ 解亘、班天可：《被误解和被高估的动态体系论》，载《法学研究》2017 年第 2 期。

⑤ 详细参见 B. A. Koch, “Wilburg's Flexible System in a Nutshell”, in: Koziol/B. C. Steininger, European Tort Law: Liber amicorum for GelmutKoziol, 2000, pp. 293 ff。

宽泛，更具有灵活性与开放性，从而可以适应复杂情况下的公正需要。

虽然理论界对于动态系统论的评价不一而足，但也有学者指出了动态系统论的作用不应被高估。[①] 且从比较法上来看，民法典中采纳该理论并不多见。但一些示范法则明确采纳了这一理论。例如，德国学者冯·巴尔（von Bar）教授主持起草的《欧洲私法共同参考框架》（DCFR）第2：101条第3款规定："在判断赋予损害赔偿或预防损害的权利是否公平且合理时，应参考归责基础、损害或有发生之虞的损害的性质和近因、已遭受或即将遭受损害之人的合理期待以及公共政策考虑。"在库奇奥（Koziol）教授主持起草的《欧洲侵权法原则》第2：102条中确立了利益保护所应考虑的多重因素，主要包括：利益的性质、利益的价值、利益的定义是否精确与明显、行为人与受害人的接近程度、责任性质、行为人的利益（尤其是该行为人行动与行使权利的自由）以及公共利益。[②] 受保护利益的范围取决于该利益的性质：利益价值越高，定义越精确，越显而易见，保护范围就越广泛。该条显然是受到了动态系统论的影响而确定的制度。在责任范围（第3：201条）的规范设计上，同样采取了动态体系化的模式。由此可见，这两个侵权法的草案都没有提出明确的区分标准，而实际上是采纳动态系统论，赋予法官一定的自由裁量权，综合考虑各种因素以确定是否保护利益。由此可见，动态系统论在立法中的采纳，是法律发展的重要趋势。其背后的原因在于，由于社会生活不断变迁，立法者不能预见到所有情形，因此，不得已需要给予法官自由裁量权。但是为了防止自由裁量权的滥用，有必要对其进行限制。而动态系统论恰恰可以完成对于法官行使自由裁量权的限制。动态系统论承认了司法者的裁量权，从而能够顾及不同案件的不同情况，并适应社会发展；但又通过立法者对考量因素的划定实现对司法者裁量的限制，司法者要在立法者所划定的考量因素范围内进行思考、论证和说明判决理由。这样，法秩序安定性由立法和司法携手，通过司法者在立法者所划定的考量因素基础上进行论证所取得的共识而予以实现。[③]

---

① 参见解亘、班天可：《被误解和被高估的动态体系论》，载《法学研究》2017年第2期。

② European Group on Tort Law, *Principles of European Tort Law: Text and Commentary*, Springer, 2005, p. 191.

③ 朱虎：《侵权法中的法益区分保护：思想与技术》，载《比较法研究》2015年第5期。

动态系统论介绍到我国的时间并不太久，但在司法实践中已经得到运用，最典型的是，《精神损害赔偿司法解释》第10条并没有采纳构成要件说，而是列举了诸多精神损害赔偿数额判断的因素①，引导法官通过考量这些因素，决定是否作出或者作出多少精神损害赔偿。《民法典》人格权编编纂中，通过总结司法实践经验，在多个条款采纳了动态系统论。

在《民法典》人格权编编纂中，多个条款采纳了动态系统论，主要有以下几个原因。

1. 人格权中各项权利的位阶存在差异

在持动态系统论观点者看来，不同的权利或利益的性质，在法律的保护上存有不同。但人格权与物权和债权不同，在物权和债权中，并没有此种位阶的区分，很难说用益物权与担保物权何者应当更优先受到保护。但人格权中各项权利的位阶存在差异。生命、身体或精神上的完整性、人格尊严、人身自由属于最优先的地位，财产权次之，纯粹经济损失和合同债权又处于财产权之后。② 在各项具体人格权中，各种权利或利益的价值不同，其利益价值越高，受到的保护就越广泛和有力。③ 具体到人格权中，生命、身体、健康等人格利益是处于最优越地位的，尤其是生命权应该被置于首位，而精神性人格利益，如肖像、隐私等相较于物质性人格权而言，位阶则相对较低。例如，在疫情的防控中，基于对生命安全保护的考量，在生命权与隐私权发生冲突时，应当优先保护生命权，生命、身体或精神上的完整性享受最广泛的保护。生命健康等物质性人格利益要优于精神性人格利益，因此，位阶低的利益在保护上要受到更大的限制。④ 这一点已经普遍达成共识。因此，人格权所具有的这一特征，就决定了对处于不同位阶的人格权，在判断其侵权是否成立、是否提供必要救济、提供何种救济等问题上，要依

---

① 该条规定："精神损害的赔偿数额根据以下因素确定：（一）侵权人的过错程度，法律另有规定的除外；（二）侵害的手段、场合、行为方式等具体情节；（三）侵权行为所造成的后果；（四）侵权人的获利情况；（五）侵权人承担责任的经济能力；（六）受诉法院所在地平均生活水平。"

② 参见张玉东：《动态系统论及其对PETL和〈奥地利损害赔偿法草案〉的影响》，载《国外社会科学前沿》（第20辑），上海人民出版社2017年版，第450页。

③ 参见［奥］海尔姆特·库奇奥：《侵权责任法的基本问题》，朱岩译，北京大学出版社2017年版，第179页。

④ 参见欧洲侵权法小组编著：《欧洲侵权法原则：文本与评注》，于敏等译，法律出版社2009年版，第63页。

据其所处的位阶进行综合考量。区分不同位阶进行保护，就是通过动态系统论中的因子或因素的考量实现的。

2. 人格权保护与其他利益冲突频发

人格权不同于财产权，与其他利益常常发生冲突。财产权虽然也可能与其他利益发生冲突，如财产权的行使可能与公共利益、生态环境保护的利益相冲突，但是相较于人格权而言，其可能性较小，即使发生冲突，也不如人格权复杂。例如，在判断隐私权是否应当受到保护时，常常要与言论自由、公共利益等权利或利益进行平衡；而在名誉权的保护中，也往往要考虑新闻自由与舆论监督的关系。因此，法律需要协调各种可能产生的利益冲突，确保每一种权利都受到相应的保护，而不能因为保护其中一种，就牺牲其他的权利或利益。正如库奇奥所指出的，从比较法上来看，各国都比较重视侵害人格权尤其是精神性人格权情形下的利益平衡。在言论表达自由、媒体自由与人格权发生冲突时，在某些情况下，需要优先保护言论自由，但不能当然认为应当优先保护表达自由和媒体自由，因为媒体自身也应当对社会和他人负有一定的义务和责任。当两种利益冲突时，法院在个案中应当进行全面的利益衡量，以确定应当优先保护哪一种权利。① 在协调二者之间的关系时，既要尊重个人的人格权，又要维护言论自由。② 每个人的权利都应当受到保护，但不能因为保护某人的利益，而过分牺牲或损害他人的利益。③《欧洲侵权法原则》第 2 条第 6 款规定，“决定利益保护范围时，应考虑行为人的利益，尤其是该行为人行动与行使权利的自由，以及公共利益”。④ 我国《民法典》人格权编中，大量涉及对价值冲突的协调。例如，《民法典》第 999 条有效协调了人格权保护与新闻报道、舆论监督的关系；《民法典》第 1027 条第 2 款协调了保护名誉权与鼓励创作自由的关系；《民法典》第 1020 条确定了肖像权保护和合理利用的平衡关系；《民法典》第 1036 条明确了在隐私保护中，个人隐

① ［奥］考茨奥等：《针对大众媒体侵害人格权的保护：各种制度与实践》，中国法制出版社 2012 年版，第 29 页。

② See App. *E of the Report of the Committeeon Privacy* (the Younger Report), Cmnd. 5012 (1972).

③ ［奥］库齐奥：《侵权责任法的基本问题（第一卷）：德语国家的视角》，朱岩译，北京大学出版社 2017 年版，第 16 页。

④ See European Group on Tort Law, Principles of European Tort Law: Text and ommentary, Springer, 2005, p. 193.

私保护与维护公共利益之间的冲突处理问题。在个人信息保护中，妥当平衡了个人信息的保护与合理利用的关系。因此决定了法官在考虑责任时，很难采纳构成要件确立责任，而必须对各个因素进行综合考量。

3. 人格权益的受保护程度不同

人格权编中不仅对人格权利进行了规定，同时也对个人信息等人格利益进行了规定。一方面，对于权利与利益，其受到保护的程度并不相同。例如，在对隐私信息的保护中，隐私权与个人信息保护部分均有规定，但是对于隐私信息的保护优先适用隐私权的保护，而非个人信息的保护。这就是考虑到通过隐私权进行保护，相较于个人信息保护而言更为有力。同样，对于肖像权与声音利益的保护也并不完全相同，人格权编虽然承认了声音利益，但其保护也与肖像权有所不同。由于人格权的开放性较为明显，不断涌现的新型人格利益可能并不一定会被上升为权利予以保护，这也就决定了其与财产权不同，需要考量这些权利与利益的受保护的程度；对于法律并未明确规定的利益通过一般人格权予以保护时，更是需要考虑多种价值之间的权衡关系。换言之，确定一般人格权的具体保护范围时，动态系统的运用空间更大。另一方面，就精神性人格权而言，因权利人的职业等原因（如是不是公众人物），对其人格权的限制也不同，这也成为动态系统论在人格权编被采纳的重要原因。

4. 人格权侵害的不同情形导致救济方式的差异

在财产权遭受侵害的情形下，一般都要采取损害赔偿的救济方式，而此种方式以及完全赔偿原则的采用，就是对财产权进行保护的最佳方法。但人格权遭受侵害的情形并不相同。一方面，在人格权遭受侵害的情形下，常常并没有发生财产损害，而只是发生了精神损害。但是精神损害赔偿很难像财产损害一样，运用清晰明确的标准进行判定或计算。在财产损害计算中可适用“差额说”，通过比较损害发生前后的财产差额，即可确定损害赔偿的数额；但是在精神损害赔偿中，却无法根据这一差额进行判断，而只能由法官综合考量各种因素进行判定。在瑞士法中，在侵害人格利益的情形下，如果没有抗辩理由，则将认定行为具有过错；在判断抗辩事由能否成立时，需要考虑将受害人的利益与相对应的私法和公法的利益相比较，如果相关人格利益的保护是不重要的，则行为人的过错就可能会被排除。①《精神损害赔偿司法解释》第 10 条就明确规定了精神损害赔偿计算中需要考量的各种因素。依据这一规定，精神损害赔偿计算要考虑到各种特殊的情形，给法官一定的自由裁量权，从而使法律系统更加富有弹性。而过错程度是一个重要的考虑因素。② 另一方面，人格权遭受侵害或有侵害之虞时，在确定是否应当适用消除影响、恢复名誉、赔礼道歉等责任形式时，应当考虑行为人的行为具体方式和造成的影响范围，综合考量受害人所受损害的情形，也有必要采用动态系统论。

社会生活是复杂的，侵权案件也是不断变化和发展的。"个案中通过被侵害利益保护力度、行为正当化程度、因果关系贡献度、过错程度等因素的综合平衡，来确定损害赔偿的范围。"③《民法典》人格权编采纳了动态系统论，既是对我国司法实践经验的总结，也是回应人格权救济方式的特殊性和内在要求，所作出的立法选择，对于正确认定侵害人格权的责任具有重要意义。

（二）认定行为人承担侵害物质性人格权以外的人格权的民事责任需考量的因素

首先，要区分物质性人格权与其他人格权（标表型人格权和精神性人格权）。物质性人格权是生命权、健康权、身体权等以生命、健康利益为客体的具有最强人身专属性的人格权。物质性人格权是人格权乃至所有民事权利中居于最重要位阶的权利，我国《民法典》关于人格权的规定首先列举生命、健康、身体等权利，也表明其是具有基础性地位的权利。物质性人格权也可以说是所有民事权利享有的基础和前提，因为任何权利都无法离开生命与身体这一物质载体。生命不存在，各种权利的享有也将不复存在。同时，物质性人格权也是最基本的人格权，所以，法律对于物质性人格权的保护应当被置于首要位置，以加强对物质性人格权的保护。对于物质性人格权的侵害，法律往往规定了特殊的救济方式，如侵害生命权的，依据《民法典》第 1179 条的规定，造成死亡的应当赔偿丧葬费与死亡赔偿金。这些损害赔偿被称为法定的损害赔偿。法官对侵害物质性人格权的情形，应当直接适用法定赔偿金，而一般不再考虑行为人和受害人的职业、影

---

① A Bucher, *Natuerliche Persoenen und Persoenlichkeitsschutz*, Helbing & Lichtenhahn, 1995, S. 162ff.

② 参见［奥］海尔穆特·库奇奥：《损害赔偿法的重新构建：欧洲经验与欧洲趋势》，载《法学家》2009 年第 3 期。

③ 叶金强：《论侵权损害赔偿范围的确定》，载《中外法学》2012 年第 1 期。

响范围、过错程度等因素。

其次，采纳动态系统论，关键是要确定法官要考量的“因素”。依据《民法典》第998条规定：认定行为人承担侵害除生命权、身体权和健康权外的人格权的民事责任，应当考虑如下因素：

1. 行为人和受害人的职业

就行为人而言，其自身职业与责任的认定、影响的范围等都有联系。例如，如果行为人从事的是新闻媒体的工作，因新闻媒体职业而做出新闻报道行为，在认定责任时，就应当协调人格权的保护与新闻报道和舆论监督的价值之间的关系，予以平衡。

就受害人而言，考虑职业因素的立法目的并不在于对某些不同职业的人提供有区别的特殊保护，而是旨在平衡职业背后的社会利益与个人利益。例如，出于对公众人物、公职人员的监督等，适度披露其收入、财产状况等，或对其行为进行适度的评论或批评，其目的在于实现更为广泛的社会利益，因而不应构成侵权。从司法实践来看，考虑受害人的职业主要是要解决公众人物（public figure）人格权保护问题，公众人物是指在社会生活中具有一定知名度的人，其因特殊才能、成就、经历或其他特殊原因而为公众熟知。公众人物大致包括政府公职人员，公益组织领导人，文艺界、娱乐界、体育界的“明星”，文学家，科学家，知名学者以及劳动模范等知名人士。公众人物的概念最早起源于美国，最初在1964年《纽约时报》诉萨利文一案中首先确立了“公共官员”的概念。我国现行立法并没有对公众人物的概念作出规定，但司法实践却发展了公众人物的规则。例如，在“范志毅诉文汇新民联合报业集团名誉权纠纷案”① 中，上海市静安区人民法院判决范志毅败诉，在判决中首次使用了“公众人物”一语：“即使原告认为争议的报道点名道姓称其涉嫌赌球有损其名誉，但作为公众人物的原告，对媒体在行使正当舆论监督的过程中，可能造成的轻微损害应当予以容忍与理解。”② 对公众人物的人格权，如隐私权、名誉权等，应当进行必要的限制，其意义主要在于：一方面，对于反腐倡廉是有意义的。阳光是最佳的防腐剂，由于

---

① 上海市静安区人民法院（2012）静民一（民）初字第1776号民事判决书。

② “范志毅诉文汇新民联合报业集团侵犯名誉权案”的一审判决。

公众人物的言行举止，以及他们从事的活动常常关系公共利益，理应受到社会舆论的监督。[①] 所谓“高官无隐私”就意味着，政府公职人员的某些隐私权、名誉权等可能要受限制，公众对于公众人物的公开活动及其公开表示的内容所涉及的全部事实都具有合法的知情权。[②] 另一方面，对于保障公民知情权、协调新闻报道、舆论监督与人格权保护的关系也十分必要。因为公众人物作为高官、商贾名流、文体明星等，其有关财产、婚姻、交友、嗜好等言行举止以及某些私生活领域关系到公共利益和公众兴趣，民众有权利知道其生活的部分内容。尤其是在舆论监督行使过程中，应当侧重保护舆论监督的权利，因为该权利毕竟关系到公共利益的维护。[③] 舆论监督中难免有误会、误伤、夸大其词的情况发生，只要不具有恶意，且情节轻微，一般不宜认定侵权。

此外，在职业的认定上，是否应当包括兼职在内？有观点认为，该条中的职业应当仅包括所从事的专门的全职性工作，而不应当包括兼职。笔者认为，这种观点有待商榷。如前所述，该条的立法目并不在于对行为人与受害人职业本身提供特别保护，而是对于职业背后的社会公共利益进行保护。因此，某一具有一定社会影响的当事人无论是因为全职还是兼职获得了该社会影响，均应适用该条的规定，而不应当在形式上对全职或兼职进行限制。例如，许多公众人物如网红等，都是有其他全职工作的，不能据此认定由于其全职工作不涉及公共事务领域，就否定其社会影响力。

2. 影响范围

就行为人而言，判断其承担人格权侵权责任重点在于确立影响范围，因为不同的侵权后果意味着侵权严重程度的不同，这就必然导致侵权责任也存在程度的差异。影响范围通常与行为人的行为方式联系在一起。例如，当着数人的面诽谤他人与在网上公开诽谤他人相比，显然，后者的影响范围更大，在确定行为人的民事责任时，要考虑行为人的行为所造成的是全国乃至更大范围的影响，还是仅仅局限在某地区、某学校、某单位等，这对于确定行为人应当承担或者如何承担

---

① 参见丁晓燕：《论对新闻名誉侵权案件中对公众人物的反向倾斜保护》，载《人民司法》2004 第 4 期。

② H De Page, Traite elementaire de droit civil beige, Tome Ⅱ, Les Personnes, volume Ⅰ, par J – P Masson, Brussels, Bruylant, 1990, p. 57.

③ 参见王军：《舆论监督与公众人物名誉权保护》，载《法学杂志》2005 年第 1 期。

消除影响、恢复名誉、赔礼道歉的责任至关重要。

3. 过错程度

在侵害人格权的场合，需要考量行为人主观过错。故意是指行为人预见自己行为的结果，仍然希望或放任结果的发生。故意为典型的一类过错，也是过错中最重的一种。过失是和故意相对应的一种过错形式。按照一般的理解，民事过失是指行为人对自己行为的结果应当预见或者能够预见而没有预见，或虽然预见了却轻信这种结果可以避免。罗马法实际上将过失仅区分为重过失和轻过失两种。① 现代大陆法国家基本上仿照罗马法将过错形式原则上区分为故意和过失两种。比较法上普遍注意考量过错程度。例如，在瑞士法中，在侵害人格权的情形下，如果没有抗辩理由，则将认定行为具有过错，在判断抗辩事由能否成立时，需要考虑将受害人的利益与相对应的私法和公法的利益相比较，如果相关人格利益的保护是不重要的，则行为人的过错就可能会被排除。② 再如，住宅和公共场所中虽然都存在隐私，但其保护程度是不同的；即使是在公共场所，公众人物的隐私保护和一般人的隐私保护也是有差异的，这都涉及对权利本身的确认和具体保护问题，而不是仅简单套用侵权责任的构成要件。也就是说，人格权在遭受侵害时，判断侵权责任是否成立所要进行的利益考量更为复杂，需要平衡各种冲突的利益。③

4. 行为的目的

行为人行为的目的也会对侵害人格权民事责任的认定产生一定的影响。例如，行为人利用他人的人格权是为了正当的舆论监督、新闻报道等公共利益，还是为了个人的娱乐、消遣，是为了反腐需要而正当地进行检举控告，还是为了泄私愤、图报复，是为了商业目的还是非商业目的，都是应当考虑的因素。

5. 行为的方式

行为人在实施某种行为时，采取口头或书面以及其他形式，所造成的损害后果不同。例如，在网上发表的新闻报道或评论，损害他人的名誉权，在某个微信群诽谤他人与在影响较大的网上诽谤他人，影响范围是不同的。一般而言，书面方式与口头方式所造成的影响后果是不同的。在侵害名誉权纠纷中，是进行新闻

---

① 参见陈朝壁：《罗马法原理》（上），商务印书馆 1937 年版，第 148 - 149 页。

② A Bucher, NatuerlichePersoenen und Persoenlichkeitsschutz, Helbing & Lichtenhahn, 1995, S. 162ff.

③ Larenz & Canaris, Lebrbuch des Schuldrechts, vol. II/2, 1994, S. 491.

报道，还是从事文学创作，是自己创作还是转载，是主动爆料还是被动采访，各种方式是不同的，这都会对侵害人格权民事责任的认定产生影响。

6. 行为的后果

不同的侵害他人人格权的行为，所造成的损害后果是不一样的。有的造成受害人的名誉受损，有的造成隐私披露，有的仅仅造成财产损失，有的造成严重精神损害。有的只是造成小范围的影响，有的可能造成全国范围乃至更大范围的影响。这些都是确定侵害人格权民事责任需要考虑的因素。

总之，《民法典》第998条只是针对精神性人格权予以适用，由于物质性人格利益处于较高的权利位阶，其受到较为绝对的保护，而相较于物质性人格权而言，精神性人格权保护则具有更多的例外，或受到更多的限制，这也正是仅在精神性人格权中使用动态系统论的思路判定侵权的重要原因。

（三）动态系统论要求综合考量各项因素、强化法官的裁判说理

《民法典》第998条引入动态系统论，要求法官在确定责任时对诸多因素存在的范围、程度以及它们在整体权重中的相互关系进行一种综合的、动态的评估，相对于决定的责任构成要件而言，更为科学合理。[①] 所谓综合考量，就是要考虑各种因素所实际产生的作用。在动态系统论下，各因素相互之间不再是孤立、割裂的关系，诸因素之间的互动，相互补充，呈现出动态的状态。以通过《民法典》第998条判断行为人的行为是否侵害名誉权为例，行为人的行为如果是出于舆论监督的目的，就可能降低其构成侵害的可能；而如果其方式和手段较为恶劣，则会显著增加其构成侵害的可能。法官只有在结合受害人的职业、影响范围、过错程度，以及行为的目的、方式、后果等因素进行综合的判断，才可以得出行为人是否应当承担侵害名誉权的责任的结论。在这些因素之中，多重因素之间还可能具有一定的关联关系，如受害人的职业关系到行为的影响范围，行为人的行为方式也与行为人的过错程度存在明显的联系。这些因素虽然可能存在正相关或负相关的关系，但并不意味着分别对其判断就没有价值。

首先，要考虑各个因素都有独立存在的价值。例如，行为手段虽然与过错程度紧密联系，但是行为手段本身也具有单独判断的价值，因为行为手段的背后还

---

① 李中原：《论侵权法上因果关系与过错的竞合及其解决路径》，载《法律科学》2013年第6期。

关系到公序良俗、公共利益等问题，是过错程度无法涵盖的。虽然这些因素之间通常可能存在关联关系，但是也可能出现其他可能。例如，受害人虽然为公众人物，但由于行为人并非在大众媒体上散播消息，因而影响较小。

其次，实现因素之间的互补。动态系统论中强调各种因素与因子的互补。但是，这些互补的关系在立法上无法直接规定，而只能交由司法实践进行操作。动态体系论之所以被称为“动态”，就在于因素之间的互补性。在威尔伯格看来，各种因素对责任影响的强度是不一样的，但法官在考量这些因素时，不是简单地考量是否满足某一因素，而是兼顾各种因素，有的因素虽然强度低，但如果其他因素强度高，则仍然可以导致责任的成立，也就是要综合考量。威尔伯格试图从诸因素的协动作用这种观点来构建评价的框架，由此为回应实际生活的必要打开了可能性大门；同时又确保了一定的原则性。①

最后，要注重比例原则的运用。此种方式也称为“个案衡量”（ad hoc balancing），也就是说，在个案中要运用比例性原则调和相冲突的权利和价值。② 例如，法律允许基于公共利益等目的对于一些精神性人格权合理使用，但此种使用应当限制在合理的范围内。也就是说，凡是能够最小化使用的，应当进行最小化使用。凡是能够在一定范围内使用的，就不必要扩大其使用范围。凡是能够使用后及时向权利人通知的，就应当及时通知权利人。如果在使用后能够及时删除或者有必要删除的，则应当在合理期限内及时删除。在使用他人的人格利益时，要尽量避免对他人造成过大的损害。如果行为人恶意过度使用他人人格权，即便是为了实施新闻报道、舆论监督等行为，也可能构成侵权。一个侵权行为在不同时间段实施，其后果也有可能是不一样的，责任自然也会存在差别。概言之，侵权责任的确定必须与侵权行为的程度相适应。

裁判说理义务是法官独立行使审判权的应有之义。在我国司法改革中，要突出法官的办案主体地位，让审理者裁判、由裁判者负责。但是，在依法保障法官独立行使审判权之后，就应当强化裁判文书的说理，法官应当将裁判文书说理作为其应尽的义务。也就是说，法官要依法独立行使审判权，其就应当充分尽到说

① 参见［日］山本敬三：《民法中的动态系统论——有关法评价及方法的绪论性考察》，解亘译，载梁慧星主编：《民商法论丛》（第23卷），法律出版社2002年版，第210页。

② 参见王泽鉴：《人格权法》，北京大学出版社2013年版，第316页。

理的义务，二者应当是不可分离的。因为只有强化裁判文书说理，才能有效规范法官独立审判权的行使，如果不科以法官进行裁判说理的义务，法官的独立审判权可能异化为法官的恣意，司法公正也难以实现。在人格权编采纳动态系统论以后，法官的论证说理义务被进一步强化。这就是说，整个动态系统论的运用，本身是一个法官的自由心证过程，更应当是一个说理论证过程，法官应当阐明其是如何考虑法定的因素，这些因素是否成立，对这些因素如何综合考量，是否采纳比例原则；对于特定责任形式的采取，是否考虑了受害人的职业、影响范围、过错程度，以及行为的目的、方式、后果等多种因素；等等。这些说理论证越充分，则责任及其责任范围的确定就越合理。动态系统论要求法官合理论证其判断产生的过程和影响其判断的因素，从而促进裁判的公正。法官通过考虑立法中划定的考量因素，结合具体个案案情予以论证说理，有助于避免法官过分的恣意，因为其要考虑立法中划定的因素，且法官可以结合具体个案予以更为灵活的判断。同时，法官的论证说理有助于在考虑因素的规范基础上，通过论证说理形成“重叠共识”，此种共识能够保障法律的确定性。换言之，动态系统并非仅考虑个案灵活性而不考虑法律的确定性，只不过其是通过共识的形成保障确定性，其中的关键就是法官要予以论证说理。

通过法官的论证说理，在形成共识时，要对这些共识进行整理，从而在动态系统的基础上形成不同的案例类型，这些类型化的整理有助于减轻法官的论证负担。因此，法官在立法动态系统确定的因素基础上进行论证，进而形成类型化整理，类型化整理又部分减轻了法官的论证负担。由此，动态系统以法官的论证义务作为中介，实现了确定性和灵活性之间的有机而非固化的平衡。

（撰稿人：王利明）

第九百九十九条　【人格利益的合理使用】

为公共利益实施新闻报道、舆论监督等行为的，可以合理使用民事主体的姓名、名称、肖像、个人信息等；使用不合理侵害民事主体人格权的，应当依法承担民事责任。

◆ 条文释义

一、为公共利益实施新闻报道、舆论监督等行为的，可以合理使用民事主体的有关人格利益

（一）为公共利益实施新闻报道、舆论监督等需要可以合理使用他人的人格利益

所谓合理使用，是指基于公共利益等目的的需要而在未得到权利人同意的情形下，对他人的人格利益的使用。[①] 在基于新闻报道和舆论监督等需要而合理使用他人人格利益的情形下，即便没有取得权利人同意，行为人的行为也不构成侵权。《民法典》第999条规定："为公共利益实施新闻报道、舆论监督等行为的，可以合理使用民事主体的姓名、名称、肖像、个人信息等；使用不合理侵害民事主体人格权的，应当依法承担民事责任。"该条对人格利益的合理使用规则作出了规定。依据该规定，对人格利益的合理使用，应当符合如下几个条件：

第一，必须出于公共利益的目的。公共利益是不特定多数人的利益，它也是公序良俗的重要组成部分。出于公共利益的需要而对人格权进行限制，是各国法律普遍认可的基本原则。通常，新闻报道和舆论监督主要涉及公共利益的保护，基于这种公共利益，诸如姓名权、名称权、肖像权和个人信息权益等，可以被合理使用。但即使是实施新闻报道、舆论监督等行为，也必须是出于公共利益的限制，才构成参考人格权的合理限制。例如，在自媒体时代，一些自媒体所作出的有关明星的花边新闻的报道可能出于娱乐等非公共利益的目的，实施此种行为，不应当对人格权构成合理的限制。

第二，必须实施了新闻报道、舆论监督等行为。所谓新闻报道，是指媒体组织稿件，对新闻文本进行加工、编辑，并以一定技术手段制作介质或安排播出的过程。[②] 所谓舆论监督，是指新闻工作者以及其他人依法通过新闻媒体发表意见或言论，对社会的政治生活、经济生活、文化生活等当面进行批评，实行监督的权利。[③]

---

① 参见张红：《肖像权保护中的利益平衡》，载《中国法学》2014年第1期。

② 参见刘建明：《新闻学概论》，中国传媒大学出版社2017年版，第87页。

③ 参见江必新等：《最高人民法院指导性案例裁判规则理解与适用》（侵权赔偿卷二），中国法制出版社2014年版，第125页。

新闻报道、舆论监督等与人格权保护之间存在一定的冲突，这尤其体现在新闻侵权中，法律若过分强调对个人人格权的保护，则必须适当限制新闻工作者在从事新闻活动中的工作；反之，如果法律对舆论监督活动实行优先保护，则必然要求受害人对新闻侵害人格权的行为特别是轻微的侵害人格权的行为予以容忍。因此，需要协调好两者之间的关系。

第三，必须符合人格权的性质。也就是说，生命、身体、健康等物质性人格权依其性质不能进行使用，不得成为本条限制的对象，同时，即使对一些精神性人格权，如名誉权，通常也很难进行合理限制。

合理限制规则实际上有效协调了人格权的保护与新闻报道、舆论监督等价值的冲突问题。从比较法上来看，对人格权的确认和保护常常涉及与新闻报道、舆论监督等的相互关系，在这些情况下，应对对立双方的利益进行谨慎和恰当的平衡。① 与欧洲的一些其他国家一样，人格权经常在与表达自由权的权衡中处于次位。② 在美国同样如此，在“沙利文诉《纽约时报》案”中，美国联邦最高法院的布伦南大法官首次提出了“公共官员”（public offcial）的概念，以及对公众人物隐私权的必要限制。③ 在此案之后，表达自由处于更高的价值位阶，此种宪法上的特权经常用来作为对诽谤的抗辩。我国司法实践中也出现了大量的人格权与舆论监督之间冲突的案件。例如，在“范志毅诉文汇新民联合报业集团侵犯名誉权案”中，法院认为，范志毅系中国著名球星，自然是社会公众人物，在此期间关于国足和范志毅的任何消息，都将引起社会公众和传媒的广泛兴趣和普遍关注。《东方体育日报》依据这一客观情况撰写报道，“其消息来源并非主观臆造，从文章的结构和内容上看，旨在连续调查赌球传闻的真实性。从表面上看，报道涉及的是范志毅个人的私事，但这一私事与社会公众关注世界杯、关心中国足球相联系时，就不是一般意义的私事，而属于社会公众利益的一部分，当然可以成为新闻报道的内容。新闻媒体对社会关注的焦点进行调查，行使报道与舆论监督的权利，以期给社会公众一个明确的说法，并无不当”④。

---

① von Bar, GemeineuropiiiscbesDeliktsrecbtvall (1996), at 588 – 589. Neethling, JM Potgieter & PJ Visser, Neetbling's law of personality (2005) at 129ff.

② von Bar, GemeineuropiiiscbesDeliktsrecbtvall (1996), at 589 – 590.

③ See New York T1mes Co. v. Sullivan, 376 U. S. 254 (1964).

④ 上海市静安区人民法院（2002）静民一（民）初字第1776号民事判决书。

应当看到，一方面，法律需要对民事主体的人格权予以充分保护。人格权既是民法所确认的民事权利，也是宪法所确认的公民的基本权利，并应受到法律的充分保护。自由止于权利，同样，新闻工作者行使舆论监督的权利时，也应当尊重自然人、法人以及非法人组织所享有的人格权，不得妨碍其正当行使权利。在现代社会，利用大众传播媒介侵害个人隐私等人格权的行为变得更为容易，所造成的影响也更为严重，因此，法律必须加强对人格权的保护，以限制滥用新闻自由权利的现象。我国《宪法》第 38 条、第 51 条规定，新闻工作者行使言论自由权、舆论监督权必须严格遵守国家的法律和法规，应当尊重他人人格尊严、不得侵害他人名誉和隐私等权利。另一方面，法律也应当妥当平衡人格权保护与新闻报道、舆论监督与人格权保护之间的关系。在现实生活中，舆论监督机制尚不够健全，舆论监督的作用没有得到充分的发挥。广大新闻工作者对各种丑陋、违法现象进行揭露和批评总会遇到各种阻力和困难，在此情况下，更应该鼓励新闻工作者大胆行使舆论监督的权利，并应对正当的监督实行特殊保护，因为“如果诽谤判得太多，记者和传媒动辄受罚，在我们这样一个舆论监督本来就不发达的国家，其后果就可想而知了”①。可见，新闻报道、舆论监督和人格权保护之间的关系并没有得到有效平衡。

我国《民法典》人格权编通过允许基于新闻报道和舆论监督等合理使用他人的人格权，以解决新闻报道、舆论监督与人格权保护之间的冲突，主要体现为言论自由与名誉权、肖像权、隐私权等权利保护之间的冲突。对大量的精神性权利的侵害，行为人是否有过错，判断是非常复杂的，它涉及和言论自由等其他价值的协调。

（二）合理使用是对人格权的一种法定限制

人格权并非天赋人权，而是一种法定的权利，因为此种权利可以受到法定的必要限制，而《民法典》第 999 条关于合理使用本质上就是法律对人格权进行的限制。之所以对人格权的限制要采取法定的方式，是因为一方面，人格权是一种基本的民事权利。依据《立法法》第 8 条的规定，“民事基本制度”应当由法律作出规定。人格权属于民事主体所享有的基本民事权利，对人格权的限制在性质

① 孙旭培：《新闻工作者与新闻纠纷》，载《新闻通讯》1991 年第 6 期。

上也是人格权制度的重要内容，属于民事基本制度的范畴，应当由法律作出规定。如果允许法律之外的规范性文件如行政法规、部门规章等对人格权进行限制，可能会对人格权的保护设置过多的限制，不利于充分保护民事主体的人格权。另一方面，对人格权的限制由法律作出规定，也有利于协调人格权与其他权利之间的关系，防止权利冲突。人格权的类型复杂，各项人格权之间可能存在一定的交叉。例如，隐私权、个人信息权、名誉权之间就可能存在交叉。这就有必要通过法定化明确权利的内涵和外延，防止各项人格权之间发生冲突。人格权法定有利于权利人行使其权利，捍卫其权利，通过人格权的法定，可以区分某一人格权与其他人格权，尤其是对人格权进行法定限制的规则，如隐私权，有利于保障人的行为自由。[①] 还应当看到，人格权的性质不同，人格权的限制也存在一些区别。就合理使用而言，其针对的是精神性人格权，而非物质性人格权，生命权、身体权、健康权等物质性人格权与个人的主体资格和人格尊严存在直接关联，不受合理使用规则的限制。通过合理使用规则对人格权作出限制，也是为了协调人格权与其他价值之间的冲突，兼顾人格权的保护与新闻报道、舆论监督等价值之间的关系。

在我国，权利都是法律赋予的，并都受到法律的限制。人格权的保护同样需要平衡权利人的利益与公共利益之间的关系，因为人格权作为私权，可能与社会公共利益发生冲突，在特殊情况下，出于维护公共利益的需要，法律可以对人格权的内容作出限制。因此，对人格权的合理使用必须是为了维护公共秩序和善良风俗的需要，必须出于维护公共利益的需要，否则难以构成合理使用。

二、人格利益的合理使用

尽管行为人为公共利益实施新闻报道、舆论监督等行为的，可以合理使用民事主体的有关人格权，但依据《民法典》第999条规定，行为人必须在必要范围内合理使用他人的人格利益。人格利益的合理使用在性质上属于对人格权的限制，该限制应当在合理范围内进行，避免对人格权构成不当妨碍，否则，人格权合理使用的正当性也将不复存在。例如，如果行为人恶意过度使用他人人格权，即便是为了实施新闻报道、舆论监督等行为，也难以成立合理使用。

---

① 参见马特、袁雪石：《人格权法教程》，中国人民大学出版社2007年版，第16页。

从本条列举的范围来看，人格权合理使用的对象为姓名、名称、肖像、隐私、个人信息等精神性的人格权。物质性人格权如生命权、身体权、健康权，是个人最为重要的人格权，事关个人的主体资格，与个人的人格尊严具有最为密切的关联，因此，需要强化对物质性人格权的保护；同时，物质性人格权一般不会与新闻报道、舆论监督等公共利益发生冲突，客观上也难以成为合理使用的对象。因此，虽然该条在规定合理使用的人格权益的范围时使用了兜底性的规定，但按照同类解释规则，应当将其限定为精神性人格权。

由于人格权的合理使用在性质上属于对人格权的限制，该限制应当在合理范围内进行，合理的判断标准应当通过比例原则来确定，这就是说，尽管基于新闻报道和舆论监督的需要，有必要对他人的姓名、肖像等进行使用，而无须征得其本人同意，但在使用过程中，必须按照比例原则，将使用限制在合理的范围内。也就是说，凡是能够最小化使用的，应当进行最小化使用。凡是能够在一定范围内使用的，就不必要扩大其使用范围。凡是能够使用后及时向权利人通知的，就应当及时通知权利人。如果在使用后能够及时删除或者有必要删除的，则应当在合理期限内及时删除。在使用他人的人格利益时，要尽量避免对他人造成过大的损害。如果行为人恶意过度使用他人人格权，即便是为了实施新闻报道、舆论监督等行为，也难以成立合理使用。

三、行为人使用不合理侵害民事主体人格权的，应当依法承担民事责任

《民法典》第999条规定，“使用不合理侵害民事主体人格权的，应当依法承担民事责任”，也就是说，行为人只是使用不合理，但如果没有侵害民事主体的人格权，则权利人无权请求行为人承担民事责任。因为在没有侵害民事主体人格权的情形下，权利人并没有遭受不利益，没有对其进行救济的必要性。当然，本条只是规定行为人侵害民事主体的人格权，而没有要求行为人的行为必须符合侵权责任的构成要件。

《民法典》第999条后半句规定，使用不合理而侵害他人人格权的，需要依法承担民事责任。此处所说的民事责任，既包括人格权人行使人格权请求权（如更正、删除等）所产生的责任，也包括侵害人应当承担侵害人格权的侵权责任，如侵权损害赔偿责任等。例如，在“莫少聪诉广东省中山市美多化妆品有限公司肖像权纠纷案”中，法院认为，“基于肖像权所具有的专属性、独占性，肖像权仅在法律规定的范围内可进行合理使用……包括为社会公共利益而使用肖像的行为、为公民本人利益而使用肖像的行为、为社会新闻报道而使用肖像的行为、为记载特定公众活动，使用参与者肖像如善意使用政治家及社会明星肖像的行为等。本案中，上诉人美多公司……行为属于从事与其经营相关的宣传活动，显然具有营利目的，不属于法律许可的合理使用肖像行为。上诉人美多公司在使用被上诉人莫少聪肖像时主观上存在着故意，侵犯了被上诉人莫少聪的肖像权，应承担相应的民事责任”。① 行为人不合理利用他人人格利益，将构成对他人人格权益的侵害，权利人有权请求行为人承担民事责任。

（撰稿人：王利明）

第一千条　【消除影响、恢复名誉、赔礼道歉责任方式】

行为人因侵害人格权承担消除影响、恢复名誉、赔礼道歉等民事责任的，应当与行为的具体方式和造成的影响范围相当。

行为人拒不承担前款规定的民事责任的，人民法院可以采取在报刊、网络等媒体上发布公告或者公布生效裁判文书等方式执行，产生的费用由行为人负担。

◆ 条文释义

一、行为人侵害他人人格权，应承担消除影响、恢复名誉、赔礼道歉等民事责任

在侵害人格权的情况下，除了损害赔偿的责任方式之外，还应当适用其他的责任方式。尤其是在侵害人格权导致受害人名誉受损等情形下，受害人有权请求行为人承担消除影响、恢复名誉或赔礼道歉的责任形式。

（一）消除影响

所谓消除影响，是指行为人因其侵害了自然人、法人和非法人组织的人格权而应承担的在影响所及的范围内消除不良后果的一种责任方式。例如，某人在网

① 福建省泉州市中级人民法院（2005）泉民终字第1178号民事判决书。

上发布了诋毁他人名誉的言论，且该言论已经被不少网站转载，造成了不良影响，受害人有权要求网络发布者删除该言论，并刊载有关更正信息，以消除影响。消除影响的主要功能在于消除已经给他人的社会声誉造成的不良影响，从而使受害人的名誉得到恢复。

（二）恢复名誉

所谓恢复名誉，是指行为人因其行为侵害了自然人、法人或非法人组织的名誉，而应在影响所及的范围内将受害人的名誉恢复至未受侵害时的状态的一种责任方式。严格地说，在名誉权遭受侵害的情况下，已经遭受损害的名誉不可能像遭受损害的财产一样，完全恢复原状。但是仍然可以通过一些积极的行为澄清事实，纠正毁谤的言论。在特定的范围内，消除公众对受害人的不良印象，尽可能使受害人的名誉得到恢复。恢复名誉至少可以部分地使受害人的名誉得到恢复。在实践中，它主要通过更正、澄清等方式来实现。

消除影响常常与恢复名誉的责任方式一起适用。《民法通则》《侵权责任法》以及《民法典》都将“消除影响、恢复名誉”一并规定，也就是将二者确定为同一种侵权责任承担方式。事实上，消除影响和恢复名誉都是为了去除侵权行为已经给他人的社会声誉造成的不良影响，但二者是从两个不同角度来描述此种责任承担方式的。消除影响是对不良的损害后果尽量予以消除，或减小影响的范围，从而维护受害人的名誉。而恢复名誉是从受害人所享有的社会声誉角度来描述的，其强调的是受害人享有的社会声誉恢复到了被侵害之前的状态。从这个意义上讲，消除影响与恢复名誉相互依存、关系密切。因此，有必要将两者在一种侵权责任方式中并列作出规定。

（三）赔礼道歉

所谓赔礼道歉，是指责令违法行为人通过一定方式，在一定范围内向受害人认错并表示歉意，赔礼道歉原则上应当限于侵权责任，而不应适用于合同责任，且此种方式主要适用于侵害人格权，尤其是精神性人格权，对其他民事权利的侵害，一般不采用此种责任方式。这主要是因为，一方面，侵害人格权常常会损害人格尊严、人身自由。赔礼道歉可以促使侵权行为人意识到其错误，促使其悔过，也有助于维护受害人的人格尊严。另一方面，赔礼道歉本身可以发挥一种抚慰的功能，使受害人在其人格利益遭受侵害之后获得一定的心理抚慰，也表达了对受害人人格尊严的尊重。还要看到，通过赔礼道歉可以及时纠正侵害行为，这也有利于化解纠纷，避免损害的进一步扩大。

关于赔礼道歉是否应当作为一种责任方式，对此一直存在争议。在《侵权责任法》的制定过程中，就有一些学者提出异议。有观点认为，赔礼道歉不仅违反了宪法上的良心自由原则，而且违反了道德相对主义。① 笔者认为，此种观点是值得商榷的。一方面，与一般道义上的赔礼道歉有所不同，作为民事责任的赔礼道歉是依靠国家的强制力保障实施的。在各种责任方式之中，赔礼道歉有自身特有的功能，是其他责任方式所不可替代的。由于很多受害人都期望行为人赔礼道歉，因此，它也是一种救济方式。另一方面，就赔礼道歉的执行来看，在实践中，赔礼道歉的方式多种多样，既可以采取口头方式也可以采取书面方式，既可以采取公开方式也可以采取非公开方式。即便在被告拒绝赔礼道歉的情形下，法院也可以将被告的败诉判决在一定范围内公开，尤其是在被告所在的社区公开，从而实现赔礼道歉的功能。② 总之，在司法实践中，通过多种方式已经使赔礼道歉具有可强制执行性。在赔礼道歉的适用中应当注意如下几个问题。

第一，赔礼道歉必须要由原告提出，并为被告所接受。赔礼道歉作为一种责任方式，并非在任何侵权行为中都必须采用，是否采用应该由原告决定。在原告提出以后，双方可以协商道歉的内容和方式，如果双方能够通过协商确定道歉的内容，法院可以通过判决对其加以认可。如果协商不能达成一致意见，则由法院对原告的诉讼请求进行审查，确立合理的道歉形式和内容。如果有多个侵害人，则这些侵害人都应该道歉。③

第二，承担赔礼道歉责任应当符合如下几个要件：一是被告已确实构成对人格权的侵害并应当承担侵权责任。赔礼道歉主要适用于人格权遭受侵害的情形。在财产权遭受侵害的情形下，通过损害赔偿等方式已经足以弥补受害人的损害，而没有必要适用赔礼道歉的方式。二是加害人对于给受害人造成的损害表示悔

---

① 参见杨彪：《论恢复原状独立性之否定——兼及我国民事责任体系之重构》，载《法学论坛》2009年第5期。

② 参见最高人民法院中国应用法学研究所编：《人民法院案例选》第4辑，人民法院出版社2011年版，第93页。

③ See David Price and Korieh Duodu, *Defamation, Law, Procedure and Practice*, London: Sweet & Maxwell, 2004, p. 241.

过，对于自己的违法行为表示后悔，并保证将来不再作出类似行为。① 三是赔礼道歉必须是无条件的，在涉及多个侵权行为时，不能仅对某个侵权行为道歉，而对另一行为不予道歉。

第三，赔礼道歉具有可强制执行性。如果行为人在判决前已经表示同意赔礼道歉的，此时就可以由其写出道歉书，法院可以判决赔礼道歉。一旦法院作出判决，即使其反悔，也可以通过刊载道歉书的方式实现赔礼道歉。司法实践中，如果加害人以赔礼道歉的方式承担了侵权责任，且为受害人接受，并为法院所认可的，法官应当在判决书中叙明。②

第四，赔礼道歉可以单独采用，也可以与其他责任形式结合适用。原告通常只要求赔礼道歉而不要求被告采取其他任何责任方式，则可以单独适用赔礼道歉方式。但是，实践中赔礼道歉的责任方式通常是作为一种辅助的形式而与损害赔偿、恢复名誉等责任方式并用的。③ 在我国实践中，一些法院采用了“道歉减责”的做法。例如，在“陈某诉新加坡航空公司等侵犯人格权益纠纷案”中，法院也将赔礼道歉作为减少精神损害赔偿数额的因素。④ 这种方式的优点在于，通过精神损害赔偿与赔礼道歉的结合适用，有助于督促被告积极履行其赔礼道歉的义务，也有利于化解矛盾，救济受害人。

二、消除影响等责任形式应当与行为的具体方式和造成的影响范围相当

早在2014年施行的《最高人民法院关于审理利用信息网络侵害人身权益民事纠纷案件适用法律若干问题的规定》第16条第1句就明确规定：“人民法院判决侵权人承担赔礼道歉、消除影响或者恢复名誉等责任形式的，应当与侵权的具体方式和所造成的影响范围相当。”本条规定要求消除影响等方式的适用应当与侵害后果相适应，是对我国司法实践经验的总结。之所以要求消除影响等责任形式的适用应当与行为方式和影响范围相适应，一方面有利于强化对人格权的保护，另一方面可以避免给行为人强加过重的负担。具体而言：

---

① 参见王立峰：《民事赔礼道歉的哲学分析》，载 www. civillaw. com. cn。

② 参见龙云彬等：《关于人身权纠纷、医疗纠纷、劳动争议、物业管理纠纷、涉车纠纷案件审理情况及问题研究》，载《审判丛刊》2004年第2期。

③ 有人认为，如果是公开的道歉，实际上和恢复名誉等没有区别。笔者认为，即使是公开道歉，其与恢复名誉也存在本质的区别。

④ 参见广东省高级人民法院（2005）粤高法民四中字第318号民事判决书。

第一，消除影响等责任形式应当与行为的具体方式相适应。在适用消除影响、恢复名誉的责任方式时，首先应明确消除影响、恢复名誉的范围（如在某地区、某学校等消除影响）、方式（采取口头或书面以及其他形式）。例如，在报纸杂志上发表的新闻报道或评论，有损他人的名誉权，则应当在曾刊载该侵权内容文章之报纸杂志上刊登书面声明，对错误内容进行更正，并向被侵害人赔礼道歉。如果是在某个场所对一群人散布了诽谤的言辞，则应在适当的场合为受害人恢复名誉。

第二，消除影响等责任形式应当与所造成的影响范围相当。消除影响等方式的主要功能在于已经给他人的社会声誉造成了不良影响，要减弱、清除直至消除这种不良影响，只有消除了这种不良影响，才能够使受害人的名誉得到恢复。因为正是这些不良影响的存在，才造成了受害人名誉评价的降低，所以只有消除这些不良影响，才能够恢复当事人的名誉。一般来说，在什么范围内造成损害，就应当在什么范围内采取消除影响等责任形式。例如，行为人在某微信圈内辱骂他人，就需要在该微信圈内赔礼道歉以消除影响，在某个群体之中散播谣言的则应当在该群体中进行辟谣。相反，行为人在一个小城的范围内散布谣言诋毁人格权人名誉的，不必在省级媒体或者国家级媒体上进行公开赔礼道歉。另外，消除影响等方式也应当根据侵权行为的具体情况予以确定。例如，通过网络侵犯他人的名誉权，则可以通过通知网络运营商采用删除侵权言论的方式来消除影响，而通过口头表述的方式在一定范围内侵害他人的名誉权，则可以通过向他人进行解释的方式来消除影响。

第三，消除影响等责任方式的适用应当及时。因为加害人侵害受害人的名誉权以后，造成不良影响的时间越长，则再公开的机会越多，对受害人越为不利，同时也增加了消除影响的困难，所以，这种责任方式应当及时采用。

三、消除影响、恢复名誉和赔礼道歉的强制执行

消除影响、恢复名誉和赔礼道歉等方式的执行在实践中常常遇到困难。例如，受害人要求行为人赔礼道歉时，行为人可能拒绝赔礼道歉，此时强制要求行为人赔礼道歉，就有可能损害行为人的人格尊严，也可能违背行为人的良心自由。由于存在执行上的困难，所以许多学者对赔礼道歉方式的正当性提出了质疑。①

---

① 参见吴小兵：《赔礼道歉的合理性研究》，载《清华法学》2010年第6期。

依据《民法典》1000 条第 2 款，“行为人拒不承担前款规定的民事责任的，人民法院可以采取在报刊、网络等媒体上发布公告或者公布生效裁判文书等方式执行，产生的费用由行为人负担”。因此，如果侵害人不承担消除影响、恢复名誉和赔礼道歉等责任，法院也可以通过强制登报或者公布生效裁判文书等方式执行，登报等费用则由侵害人承担，这实际上是借鉴了行政法上的代履行的责任方式，即在行为人拒绝履行消除影响、恢复名誉、赔礼道歉等义务时，可以由人民法院代其在报刊等相关媒体上发布相关的公告或者公布生效裁判文书，由此产生的费用则由行为人负担，这实际上是将赔礼道歉、消除影响等义务转化为金钱负担，更有利于此类义务的履行。这一做法也是我国司法实践经验的总结，《最高人民法院关于审理利用信息网络侵害人身权益民事纠纷案件适用法律若干问题的规定》第 16 条规定：“人民法院判决侵权人承担赔礼道歉、消除影响或者恢复名誉等责任形式的，应当与侵权的具体方式和所造成的影响范围相当。侵权人拒不履行的，人民法院可以采取在网络上发布公告或者公布裁判文书等合理的方式执行，由此产生的费用由侵权人承担。”这就认可了此种强制执行的形式。采用此种方式既有利于消除影响、恢复名誉和赔礼道歉等责任的执行，也有利于保护受害人的合法权益。

公告道歉首先由法院审核道歉内容，再指定特定媒体发布道歉公告；公告道歉次数可以一次或多次，由法院确定；公告费用由被执行人承担，被执行人不支付的，法院可以将其作为金钱债权强制执行。

（撰稿人：王利明）

第一千零一条　【自然人身份权利保护的参照】

对自然人因婚姻家庭关系等产生的身份权利的保护，适用本法第一编、第五编和其他法律的相关规定；没有规定的，可以根据其性质参照适用本编人格权保护的有关规定。

◆ 条文释义

一、自然人因婚姻家庭关系等产生的身份权利受法律保护

所谓身份权，是指基于权利人的特定身份产生的权利，包括监护权、配偶权、父母照顾权等。① 身份权是基于一定的身份关系而产生的权利，所以，只有具有某种身份才能取得某种相应的权利。例如，基于一定的血亲的身份而取得亲权。正如史尚宽先生所言："民法上身份云者，谓基于亲属法上之相对关系之身份，有一定身份后得享有之权利也。"② 由于个人的身份通常都是基于一定的血亲或姻亲所取得的，所以，身份权主要是婚姻家庭法中的权利。

从古至今，身份权的内涵经历了一个从权利、义务主体法律地位的不平等到平等的演变过程。传统民法上的身份权主要包括夫权、父权、亲权、家长权等，这些权利都在内容上体现了对他人的支配。不过，这些对他人支配权利的存在与人类社会文明的发展相悖，所以，20 世纪以来尤其是第二次世界大战之后，许多国家的法律为适应社会政治经济发展的需要，对身份权制度进行了重大改革。例如，逐渐废除了具有浓厚封建色彩的家长权制度③，废除了以男女不平等为基础的夫权的规定，并对亲权制度作出修改。④ 这些都导致了身份权的变化。特别是传统民法上的亲权在内容上表现为父母对子女的支配权，这一制度在现代已经被修改。例如，最初的《法国民法典》第 375、376 条规定，父对子女的行为有重大不满的原因时，可以拘留其子女。但法国于 1970 年 6 月 4 日颁布的法律对《法国民法典》有关亲权的规定作了重大修改，规定父母对子女负有照管、监督及教育的权利、义务，亲权由父母共同行使，并废除了父母得拘留子女的规定。

传统民法中身份权制度的改变是否意味着身份权已经逐渐受到限制，甚至走向消亡呢？笔者认为，传统民法的身份权确实受到了严格的限制并逐渐萎缩。随着现代社会的发展，个人不再作为权利的客体而成为法律关系的主体，并逐渐摆脱了封建身份关系的束缚和家族权的支配，从而具有了独立平等的人格。在人格

---

① 参见唐德华：《民事审判若干理论与实践问题》，吉林人民出版社 1991 年版，第 163 页。
② 史尚宽：《民法总论》，正大印书馆 1980 年版，第 16 页。
③ 例如，日本在 1947 年修改民法典时，废除了家的制度和家长权。
④ 参见梁慧星：《民法》，四川人民出版社 1989 年版，第 343－345 页。

独立和人格平等的基础上，产生了具有新的内涵的身份权，这一点在我国现行法中表现得尤为突出。我国现行法中的身份权和传统民法中以支配他人人身为内容的身份权的区别在于：我国现行法中的身份权并不是对他人支配的权利，而是以法律上人格独立和平等为前提和基础的。例如，我国《婚姻法》明确规定了男女平等的原则，《民法总则》也明确宣告公民的民事权利能力一律平等，因而在我国法律规定的身份关系中，其权利主体和义务主体都是平等的，权利人在享受权利的同时也要承担相应的义务。

笔者认为，可以将身份界定为民事主体在特定的社会关系中所具有的地位，而身份权则是基于该种地位所享有的权利。具体包括：一是基于在亲属关系中的地位而享有的身份权，如基于父母子女关系产生的亲权①、基于夫妻关系产生的配偶权、基于监护关系产生的监护权等。在审判实践中，曾经发生因抚养非亲生子而主张损害赔偿的案件，实际上构成对亲权的侵害②。例如，因医院的过错导致抱错子女，并抚养了他人的子女，而要求损害赔偿的案件，③ 就属于侵害亲权的案件。二是在其他社会关系中产生的身份权，如基于特定荣誉的享有而产生的荣誉权。④

人格权与身份权合称人身权，人身关系作为与人身相联系并以人身为内容的关系主要包括人格关系和身份关系，分别对应民法上的人格权和身份权。人格权与身份权的不同在于，“人格权是权利人对其本身主体性要素及其整体性结构的专属性支配权，而身份权则是基于身份而产生的伦理性并且与财产有关的权利”。⑤ 身份权上的请求权主要包括抚养请求权、赡养请求权等。人格权和身份权虽然都属于人身权的范畴，但它们毕竟是两类不同的权利，二者的主要区别是：

---

① 参见“宋慧英等诉徐州市第三人民医院因工作失误致其亲子被他人抱走要求找回亲子案”，载《人民法院案例选》1999 年第 4 辑，时事出版社 2000 年版。

② 参见“周德勇诉王俊等返还受欺骗抚养非亲生子费用和侵犯配偶权索赔案”，载《人民法院案例选》2001 年第 2 辑，人民法院出版社 2001 年版。

③ 参见“孙华东夫妇诉通化市人民医院错给所生孩子致使其抚养他人孩子达 20 余年要求找回亲生子和赔偿案”，载最高人民法院中国应用法学研究所编：《人民法院案例选》，人民法院出版社 2004 年版，第 93－106 页。

④ 参见“鞠瑛等诉郭晋荣以集体名义获得的荣誉应归全体成员享有荣誉权纠纷案”，载《人民法院案例选》1996 年第 1 辑，人民法院出版社 1996 年版。

⑤ 张俊浩主编：《民法学原理》，中国政法大学出版社 1997 年版，第 138 页。

第一，权利的固有性不同。从性质上看，人格权是民事主体所固有的、为维护主体的独立人格所必备的生命健康、人格尊严、人身自由以及姓名、肖像、名誉、隐私等各种权利。这种权利为民事主体所固有，并为法律所承认。任何个人都享有平等的人格权，没有这些权利便使个人丧失了作为人的权利。而对身份权来说，它是因人而异的，尽管个人不能脱离亲属关系而存在，但个人可以在取得某种身份的问题上作出选择。就身份权的享有而言，每个人并不一定完全相同，不具备某种身份权并不一定会丧失其作为民事主体的资格，也不会使其丧失作为人的权利。①

第二，权利的主体不同。从主体上来看，人格权不仅可以由自然人享有，亦可以由法人和非法人组织所享有。例如，根据我国法律的规定，法人可以享有名称权和名誉权。而身份权主要基于亲属法上的身份关系产生，因而只能由自然人享有。

第三，权利的客体不同。从客体上来看，人格权以人格利益为客体，人格利益包括维护自然人生理活动能力的利益、主体人身专有标志的利益、主体所获得的社会评价和自尊的利益等。而身份权的客体则是基于一定的身份所取得的利益，简称为身份利益。严格地说，现代身份权所支配的不是特定的人及其身份，而是因为身份关系体现的利益。②

第四，权利的取得方式不同。人格权因主体的出生或成立而取得，并不需要主体实施一定的行为就可以自然取得。身份权取得的原因则各不相同，行为人取得某些身份权不仅要有一定的行为能力，而且还要实施一定的法律行为，如因结婚取得配偶权、因收养而形成养父母子女关系等。

第五，权利的存续期限不同。人格权的存续期限与主体作为独立人格的地位是联系在一起的，它因权利人的出生或成立而取得，因权利人的死亡或终止而丧失，权利本身并没有特别的期限限制。而身份权则是以一定的身份的存在为前提，并以身份的存续为权利存续的前提，如夫妻关系解体、配偶关系丧失，则配偶权便消灭；养父母子女因收养解除而丧失父母子女的身份，亲权便消灭。③

---

① 参见杨立新：《人身权法论》，人民法院出版社2002年版，第105页。

② 参见杨立新：《人身权法论》，人民法院出版社2002年版，第107页。

③ 参见王利明主编：《人格权法新论》，吉林人民出版社1994年版，第209页。

需要指出的是，人格权虽然与身份权存在差异，但它们作为人身权，具有共同的属性。这些共性表现在：第一，它们都是专属权。这就是说，人格权和身份权都是与权利主体的人身密切联系在一起的，它们的客体都表现为与权利人的人身不可分离的利益。例如，生命、健康、姓名、名誉和身份等只有和特定人联系在一起，才有意义，一旦和人身相分离，也就失去了其存在的价值。由此决定了这两种权利都只能由权利人自己享有和行使，而不得转让或由他人继承。① 第二，它们都是对世权。这就是说，权利人无须他人的协助就可以实现其权利。这两种权利的义务主体都是不特定的人，权利主体以外的一切人均为义务主体，负有不作为（即不为侵害行为）的义务，因而这两种权利都属于能对抗一切人的绝对权，而非仅能对抗特定人的相对权。第三，它们都是非财产权。这就是说，人格权和身份权都是以非财产利益为客体的民事权利。② 人身不是财产，不能用金钱来衡量，尽管人身权的行使与财产权有一定的联系，并且会为权利人带来一定的财产利益，但是人身权的行使主要是为了实现权利人的内在价值，满足其内在需要，而主要不是为了谋取经济利益。第四，从救济方式来看，对两者的侵害都可采取精神损害赔偿的救济方式，我国有关司法解释已经对此明确予以承认。例如，《精神损害赔偿司法解释》第 2 条规定："非法使被监护人脱离监护，导致亲子关系或者近亲属间的亲属关系遭受严重损害，监护人向人民法院起诉请求赔偿精神损害的，人民法院应当依法予以受理。"正是因为两种权利存在共性，所以，人格权的规定可以准用于身份权。

二、人格权保护规则参照适用于人身权的意义

《民法典》第 1001 条采用了参照适用的规定这一立法技术。这一规定的目的体现在以下几个方面：

第一，弥补身份权立法规定的不足。《民法典》总则编和婚姻家庭编等有关身份权制度的规定主要集中在身份权人所享有的权利义务方面，而往往并没有就他人侵害身份权人权利的救济作出明确规定。例如，总则编规定了监护权人的权利义务等，但没有规定第三人侵害监护权的责任。此时，允许参照适用人格权编

---

① 参见王利明主编：《人格权法新论》，吉林人民出版社 1994 年版，第 207 页。

② 参见杨立新：《人身权法论》，人民法院出版社 2002 年版，第 103－104 页。

的规则是十分必要的。

第二，简化法律规定以避免重复。有关保护身份权的相关规则同样可以通过禁令、精神损害赔偿、赔礼道歉等方式实现。这些规则因此也常常可以适用到身份权的规定中。但是如果在婚姻家庭编等再次规定，就会导致法律规则的重复。因此，可以通过参照适用的方式，有效简化法律规定。

第三，保持法律的稳定性和连续性，避免过于频繁地修改法律。① 如果对于特定的需要不明确规定准用其他法律规范，就很容易导致法律适用中的困难，可能需要及时修改法律。而规定身份权的保护可以参照适用人格权保护的规则，则可以实现对身份权的有效保护，避免基于身份权保护的需要而频繁修改民法典。

三、身份权保护参照适用人格权保护规则的范围

依据《民法典》第1001条规定，对自然人因婚姻家庭关系等产生的身份权利的保护，适用本法第一编、第五编和其他的相关规定，只有在法律“没有规定”的情形下，身份权的保护才能适用人格权编的有关规定。具体来说，参照适用的情形如下：

一是《民法典》第一编（总则编）中规定的监护人和被监护人的权利。《民法典》总则编第34条第2款规定：“监护人依法履行监护职责产生的权利，受法律保护。”但是总则编并未对监护人依法履行监护职责产生的权利规定具体的保护方法。这些权利在性质上而言，也属于绝对权，而又与物权的财产权性质具有显著的不同。因此，对于监护人与被监护人因监护关系产生的权利，应当准用人格权保护的规则。在监护关系中的权利遭受侵害或有遭受侵害之虞时，应当准用《民法典》第995条的规定，允许权利人请求侵权人停止侵害、排除妨碍、消除危险、损害赔偿等。

二是《民法典》第五编（婚姻家庭编）中的身份权利。婚姻家庭编中包括了多种身份权利。基于婚姻关系可以产生配偶同居的权利、忠实的权利与义务、婚姻住所商定权等。而在家庭关系中，《民法典》第1068条规定：“父母有教育、保护未成年子女的权利和义务……”这是婚姻家庭编对于亲权的规定。亲权是指

---

① 刘德福：《法律准用问题分析》，载《江西公安专科学校学报》2007年第6期。

父母对未成年子女在人身和财产方面的管教和保护的权利义务，包含住所指定权、惩戒权、职业许可权等。[①] 上述这些权利均基于婚姻家庭关系而产生，在性质上均属于身份权。但是婚姻家庭编中，并未专门设置上述权利的保护规则。此时，同样应当参照适用人格权编的规定，尤其是关于人格权请求权和精神损害赔偿的规则。

（撰稿人：王利明）

① 参见马俊驹、余延满：《民法原论》，法律出版社2010年版，第867－869页。

第二章　生命权、身体权和健康权

第一千零二条　【生命权】

自然人享有生命权。自然人的生命安全和生命尊严受法律保护。任何组织或者个人不得侵害他人的生命权。

◆ 条文释义

一、生命权的概念与特征

生命权，是指自然人享有的以维护生命安全和生命尊严为内容的权利。[①]《民法通则》第98条规定，公民享有生命健康权。但是，因为生命权和健康权在权利内容上存在区别，并且生命的丧失不可逆转，因此《侵权责任法》第2条第2款已经将生命权和健康权区分为两种不同的民事权利予以规定。《民法典》延续了《侵权责任法》的规定，区分规定生命权和健康权。

本条明确，自然人享有生命权。自然人只有享有生命权，才能作为一个主体在社会中生存并与他人交往，追求自己存在的价值。生命权是自然人最为重要的人格权，是其他人格权和其他权利的前提，是从事民事活动和其他一切活动的前提和基本要求。

二、生命权的内容

本条规定，生命权的内容是生命安全和生命尊严受法律保护。生命安全受法律保护，包括自然人对生命利益享有的消极维护权以及在遭受侵害时享有的积极防御权，使自己的生命得以延续。因此，在自然人的生命权遭受侵害或者面临危险时，权利人可以依法采取相应的保护措施，以维护自己的生命安全。生命安全

① 宪法学者关于生命权的讨论，参见韩大元：《生命权的宪法逻辑》，译林出版社2012年版。

受法律保护，首先是指在自己的生命安全受到威胁的时候，自然人有权请求公权力机关予以救济，例如报警或者请求其他公权力机关保护。其次是指在符合法律规定的条件下进行自力救济，例如《民法典》第 181 条规定的正当防卫、第 182 条规定的紧急避险、第 1177 条规定的自助等。法律规定这些自力救济措施，不是要取代公力救济，而仅仅是为了弥补公力救济不足或者来不及的情况，法律对此予以明确规定，并详细规定了具体条件和法律后果等，是要将自力救济尽快纳入公力救济的渠道，恰恰是要避免自力救济的泛滥。这也与《民法典》第 131、132 条关于民事权利行使的一般规定相协调，即民事主体行使权利应当履行法律规定，不得损害国家利益、社会公共利益或者他人合法权益。

生命尊严受法律保护，是指自然人有权基于人格尊严，在消极意义上禁止他人侵害自己作为生命主体者的尊严，在积极意义上要求自己作为生命主体者的尊严获得应有的尊重，提升生命的尊严和品质。① 生命尊严使得生命权的保障在生命安全之外，扩展到生命过程中生命主体者的尊严获得应有的尊重。《法国民法典》第 16 条即规定，法律确保人的优先性，禁止对尊严的一切侵害；自人的生命伊始即确保对人的尊重。《基本医疗卫生与健康促进法》第 33 条也规定，公民接受医疗卫生服务，应当受到尊重。医疗卫生机构、医疗卫生人员应当关心爱护、平等对待患者，尊重患者人格尊严，保护患者隐私。有自我决定能力的自然人，可以积极地明确表达不同意采取某些特定的治疗手段的意思，这些治疗手段可能会通过非常规的高科技维生方式，人为地短暂延长不可治愈患者的濒死期，但却会给患者带来巨大的痛苦和身心折磨。②《魁北克民法典》第 13 条第 2 款就明确规定，如果进行非常规的治疗，或者治疗无用处，或者治疗的后果非常人所能承受，则治疗需征得本人同意。如果自然人基于自己真实无误的个人意愿明确表达了此种拒绝，则此时应当尊重自然人的意愿，仅可以而且应该采取缓和的基础医疗服务。同时，对体外受精胚胎这种未来有可能发展成为生命的特殊存在物的具体处置，都要考虑到生命尊严的价值。

---

① 关于人性尊严的讨论，参见李震山：《人性尊严与人权保障》，台北元照出版公司 2001 年版。

② 参见孙也龙：《违反生前预嘱的法律责任——美国法的考察与启示》，载《金陵法律评论》2016 年第 1 期；黄文煌：《植物人维生治疗决定中的法律与宗教问题——“特里·夏沃案”评析》，载《医学与法学》2012 年第 6 期。

应当注意的是，本条所规定的生命权，仅是一种民事权利，不涉及政治权利。同时，本条仅规定了生命安全和生命尊严受法律保护，但并未承认决定自己生命的权利，任意地决定自己的生命是违背公序良俗的。

三、任何组织或者个人不得侵害他人的生命权

本条从反面进一步规定了，任何组织或者个人不得侵害他人的生命权。任何人都不能把自然人的生命作为实现其他目的的手段，不得非法剥夺他人的生命。对生命予以剥夺，这属于《立法法》第 8 条所规定的只能制定法律的事项。只有在符合法律明确规定的条件、权限和程序等前提下，才可剥夺自然人的生命，此时就不构成对生命权的侵害。非法剥夺他人的生命，要依据法律规定承担包括民事责任在内的多种责任。

（撰稿人：朱虎）

第一千零三条　【身体权】

自然人享有身体权。自然人的身体完整和行动自由受法律保护。任何组织或者个人不得侵害他人的身体权。

◆ 条文释义

一、身体权的概念与特征

身体权，是指自然人享有的以身体完整和行动自由受法律保护为内容的权利。《民法典》总则编第 110 条第 1 款将身体权作为独立的人格权。身体权与生命权、健康权密切相关，侵害自然人的身体往往导致对自然人健康的损害，甚至剥夺自然人的生命。但生命权、健康权和身体权所保护的自然人的具体人格利益有区别，生命权以保护自然人生命的延续为内容之一，健康权以保护身体各组织及整体功能正常为内容之一，而身体权以保护身体组织的完整为内容之一。当他人侵害自然人的身体已经达到使自然人的组织和功能不正常的程度时，侵害的是自然人的健康权，而非身体权。当他人侵害自然人的身体，但未影响自然人的组织和功能正常时，侵害的仅是自然人的身体权，而非健康权。如甲未经乙同意突然将乙的长头发剪断，此时乙的身体组织和功能正常并未受到侵害，但甲侵害了乙对自己身体组织完整所享有的权利，侵害了乙的身体权。

自然人的身体权是自然人重要的人格权，也是作为民事主体存在并享有各项其他民事权利的基础和条件。[①] 作为生命的载体，自然人的身体受法律保护，任何人不得侵害。比较法也多有立法例对此予以规定。例如，《法国民法典》第16－1条规定，每个人的身体均有权受到尊重。人体不可侵犯。人体、组成要素和产品不得成为财产权的标的。第16－2条规定，法官得采取一切必要措施，防止或责令停止对人体的不法侵害或对人体的组成或产品的不法行为，包括在他人死亡之后。之后也有多个条款详细规定了人体完整权的具体内容。《魁北克民法典》第10条第1款规定，任何人都不受侵犯且有权维持身体完整，并在第11条至第31条进行了更为具体的规定。除此之外，《意大利民法典》第5条、《埃塞俄比亚民法典》第18条、《越南民法典》第33条和第35条、我国《澳门民法典》第71条第2项等都对此予以规定。

二、身体权的内容

依照本条规定，身体权的内容是身体完整和行动自由受法律保护。身体完整受法律保护，首先是指权利人在身体的完整受到他人侵害的情况下，有权采取保护措施排除他人的侵害，包括请求公权力机关救济和在符合法律规定的前提下进行自力救济。其次是指对自己身体组成部分在特定范围内的适当自主决定的权利，例如同意理发等，但这种自主决定不得违反法律规定，也不得违背公序良俗。例如，《民法典》第1219条第1款据此规定了患者的知情同意的权利，权利人有权为恢复身体健康而自愿放弃身体的某一组成部分，例如同意截肢手术；也有权对身体组成部分予以改变，例如同意整容。本章也据此规定了人体捐赠、人体试验等问题，其中第1007条第1款规定，禁止以任何形式买卖人体细胞、人体组织、人体器官、遗体。《人类辅助生殖技术管理办法》第3条第2款规定了医疗机构和医务人员不得实施任何形式的代孕技术。据此，代孕所涉及的人体器官的自主决定就是违反法律的。行动自由受法律保护，是指权利人的身体行动自由受到他人非法剥夺或者限制的情况下，有权采取保护措施排除他人的侵害，同时

① 梁慧星：《民法总论》，法律出版社1995年版，第106页。

有权基于自己的意思在特定范围和期限内适当限制自己的身体行动自由。

三、任何组织或者个人不得侵害他人的身体权

本条从反面进一步规定了，任何组织或者个人不得侵害他人的身体权。侵害身体权的行为是多样的。身体包括头颈、躯干、四肢、器官以及毛发、指甲等各种人体细胞、人体组织、人体器官等，例如剪掉头发或者眉毛，构成了对身体权的侵害。再如，在医疗、整容等活动中，因为不当手术致他人身体部位受损，构成对他人身体权的侵害。① 对于固定于身体成为身体组成部分，与其他组成部分结合在一起发挥功能，而不能自由卸取的人工附加部分，例如假肢、义齿、义眼、心脏起搏器等，或者脱离身体但之后仍然要与身体结合的身体组成部分，对这些部分的侵害，也可以被认为构成侵害身体权，造成严重精神损害的，可以依法请求精神损害赔偿。

应当注意的是，虽然自然人死亡之后就不再享有身体权，但是，自然人死亡后的遗体、遗骨和骨灰也应当受到尊重。《法国民法典》第 16 - 1 - 1 条就规定："对人体的尊重，不因死亡而终止。死者的遗体，包括火化后的骨灰，应以具有尊敬、尊严和体面的方式处置。"例如，对遗体的解剖必须符合现有规范的条件、权限和程序的规定，禁止对尚未成为物的遗体进行商业性利用的行为。死者近亲属也应当尊重自然人生前意愿，以不违反法律和不违背公序良俗的方式处置死者的遗体、遗骨和骨灰。

（撰稿人：朱虎）

第一千零四条　【健康权】

自然人享有健康权。自然人的身心健康受法律保护。任何组织或者个人不得侵害他人的健康权。

---

① 参见"马某涛诉鞍山铁东区服务公司梦真美容院损害赔偿纠纷案"，载最高人民法院中国应用法学研究所编：《人民法院案例选》1994 年第 1 辑（总第 7 辑），人民法院出版社 1994 年版，第 89 页。

◆ 条文释义

一、健康权的概念与特征

健康权是自然人享有的以身心健康受法律保护为内容的权利。健康是维持人体正常生命活动的基础，健康权是自然人重要的人格权。本条规定的健康权仅仅是民事权利，而非宪法权利。国家对于公民健康的保护义务是通过其他法律予以实现的。例如，《基本医疗卫生与健康促进法》第 4 条规定，国家和社会尊重、保护公民的健康权。国家实施健康中国战略，普及健康生活，优化健康服务，完善健康保障，建设健康环境，发展健康产业，提升公民全生命周期健康水平。国家建立健康教育制度，保障公民获得健康教育的权利，提高公民的健康素养。第 5 条规定，公民依法享有从国家和社会获得基本医疗卫生服务的权利。国家建立基本医疗卫生制度，建立健全医疗卫生服务体系，保护和实现公民获得基本医疗卫生服务的权利。

二、健康权的内容

本条首先明确健康权的内容是身心健康受法律保护。身心健康受法律保护，首先是指权利人有权采取合法的保护措施排除他人对自己身心健康的侵害。其次是指对自己身心健康在特定范围内的适当自主决定，但这种自主决定不得违反法律规定，也不得违背公序良俗。例如，《民法典》第 1219 条第 1 款据此规定了患者的知情同意的权利；本章也据此规定了人体捐赠、人体试验等问题。

值得注意的是，本条所说的健康包括身体健康和心理健康。健康，是指一个人在身体和心理等方面都处于良好的状态，相应地包括身体健康和心理健康，但不包括一个人在社会适应方面的良好状态以及道德健康等。作为身心统一体的人，身体和心理是紧密依存的两个方面，身体健康和心理健康具有密切的联系。①心理健康是身体健康的精神支柱，身体健康又是心理健康的物质基础。良好的情绪状态可以使生理功能处于最佳状态，反之则会降低或破坏某种功能而引起疾病。身体状况的改变可能带来相应的心理问题，生理上的缺陷、疾病，特别是痼

---

① 从我国司法实践来看，有关心理健康的纠纷越来越多，对心理健康的保护越来越重要。参见程啸：《侵权责任法》（第二版），法律出版社 2015 年版，第 131 页。

疾，往往会使人产生烦恼、焦躁、忧虑、抑郁等不良情绪，导致各种不正常的心理状态。①《基本医疗卫生与健康促进法》第 28 条也特别规定，国家发展精神卫生事业，建设完善精神卫生服务体系，维护和增进公民心理健康，预防、治疗精神障碍。《精神卫生法》对心理健康和精神障碍进行了详细的规定。据此，健康权的保护范围就不应当仅限于身体健康，也应当包括心理健康，导致受害人精神分裂、痴呆、狂想障碍、恐惧症、焦虑症、抑郁症等侵害心理健康的行为，也构成侵害健康权。同时，劳动能力的保持也属于健康的内容之一。

三、任何组织或者个人不得侵害他人的健康权

本条从反面进一步规定了，任何组织或者个人不得侵害他人的健康权。因此，任何组织或者个人不得以殴打、推搡、撞击、撕咬、肉体折磨、威吓、精神折磨或者不作为等方式侵害他人的健康权。

（撰稿人：朱虎）

第一千零五条　【法定救助义务】

自然人的生命权、身体权、健康权受到侵害或者处于其他危难情形的，负有法定救助义务的组织或者个人应当及时施救。

◆ 条文释义

一、规范目的

为了保护自然人的生命权、身体权和健康权，弘扬社会主义核心价值观，在自然人的生命权、身体权、健康权受到侵害或者处于其他危难情形时，法律应当鼓励和支持对自然人的适当救助。这种鼓励和支持体现在两个层面。第一，对不负有法定救助义务的救助人的保护。一方面，在救助人造成受助人损害的情形下，救助人责任应予以限制或者免除。《民法典》第 184 条规定，因自愿实施紧

---

① 参见尹飞：《人身损害赔偿概述》，载王利明主编：《人身损害赔偿疑难问题：最高人民法院人身损害赔偿司法解释之评论与展望》，中国社会科学出版社 2004 年版，第 10 页。

急救助行为造成受助人损害的，救助人不承担民事责任。另一方面，救助人因救助而自己受到损害时享有请求权。《民法典》第 183 条规定，因保护他人民事权益使自己受到损害的，由侵权人承担民事责任，受益人可以给予适当补偿。没有侵权人、侵权人逃逸或者无力承担民事责任，受害人请求补偿的，受益人应当给予适当补偿。同时，《民法典》第 979 条以下关于无因管理的条文也为救助者提供了一定的保护。第二，规定特定主体在特定情况下的积极的救助义务。本条即规定了在自然人的生命权、身体权、健康权受到侵害或者处于其他危难情形时特定主体的救助义务。

二、构成要件

本条适用的前提，首先是自然人的生命权、身体权、健康权受到侵害或者处于其他危难情形。只有在自然人的生命权、身体权、健康权处于非常紧急的需要救助的情形，不立即实施救助将会使得自然人的生命、身体或者健康遭受重大的损害时，才可能存在法定的救助义务，此时要考虑到急迫性、危险性、其他救助措施获得的难度等因素。

其次是特定的组织或者个人负有法定的救助义务。积极的救助义务，在比较法中规定的前提范围是不同的。美国有些州的“好撒玛利亚人法”规定，在特定情形下对身处危难之中的他人进行救助是公民的义务，除非救助者的介入会给其本人或者其他人带来危险，或者其他合法原因可以不进行救助。但同样有一些州没有规定积极的救助义务。《魁北克人权宪章》规定，任何人必须救助处于危险中的人，通过亲自救助或联系急救机构，为危险中的人提供必要的急救，认为救助过程会给自身或第三方身体造成伤害或有其他法律认可的理由除外。《法国刑法典》第 223－6 条规定，任何人在不给自己或第三方造成危险且其能够提供救助的情况下故意不救助处于危险中的受害者，可能会被判处 5 年的监禁刑和高达 75000 欧元的罚款。《德国刑法典》第 323c 条规定，在意外事故或公共危险的紧急时刻，有能力实施救助且不给自己带来潜在危险或者不违反其他重要职责的情况下不提供救助者，将被处以不超过一年的监禁刑或者罚款。范围最广的是《欧洲侵权法原则》第 4：103 条的规定，具有下列情形之一的，产生保护他人免受损害的积极作为义务：法律有规定；行为人制造或者控制了某种危险情势；当事人之间存在特殊关系；损害严重而避免损害容易。《越南民法典》第 33 条第 2 款对此也作出了规定。

经认真研究，为避免道德义务和法律义务的混淆而提出过高的行为要求，本条将负有救助义务限定在法律规定的前提下。法律对救助义务的规定，包括两种。第一种是条文中明确规定了救助义务。例如，《民法典》第822条规定，承运人在运输过程中，应当尽力救助患有急病、分娩、遇险的旅客。《基本医疗卫生与健康促进法》第27条第3款规定，急救中心（站）不得以未付费为由拒绝或者拖延为急危重症患者提供急救服务。①《执业医师法》第24条规定，对急危患者，医师应当采取紧急措施进行诊治；不得拒绝急救处置。《医疗机构管理条例》第31条据此规定，医疗机构对危重病人应当立即抢救。对限于设备或者技术条件不能诊治的病人，应当及时转诊。《海商法》第174条规定，船长在不严重危及本船和船上人员安全的情况下，有义务尽力救助海上人命。《道路交通安全法》第70条第1款规定，在道路上发生交通事故，车辆驾驶人应当立即停车，保护现场；造成人身伤亡的，车辆驾驶人应当立即抢救受伤人员，并迅速报告执勤的交通警察或者公安机关交通管理部门。因抢救受伤人员变动现场的，应当标明位置。乘车人、过往车辆驾驶人、过往行人应当予以协助。第二种是法律虽然没有明确规定救助义务，但规定中包含了救助义务。例如，《民法典》第942条第1款规定，物业服务人采取合理措施保护业主的人身、财产安全。《民法典》第1198条也规定了宾馆、商场、银行、车站、机场、体育场馆、娱乐场所等经营场所、公共场所的经营者、管理者或者群众性活动的组织者的安全保障义务。这些义务中也包括了在自然人的生命权、身体权、健康权受到侵害或者处于其他危难情形时，法律规定的主体应当负有采取合理措施予以救助的义务。对于实践中需要确定义务人应当负有的具体安全保障义务的内容，可以参考该安全保障义务人所在行业的普遍情况、所在地区的具体条件、所组织活动的规模等各种因素，从侵权行为的性质和力度、义务人的保安能力以及发生侵权行为前后所采取的防

---

① 在"罗霞、纪尧等与台河市120急救中心医疗服务合同纠纷案"中，法院认为，"被告七台河市120急救中心是紧急救助疾病的医疗服务机构，医务人员负有病情信息采集、指导自救和紧急医疗救助义务。2016年11月24日13时接到纪尧紧急求救电话，被告受理后立即派医务人员前往事发现场，即医疗服务合同关系成立，被告应当立即履行紧急救助义务"。参见七台河市桃山区人民法院（2018）黑0903民初5号民事判决书。在本案中，法院将医疗服务机构的紧急救助义务解释为合同义务，似非妥当。

范、制止侵权行为的状况、当事人之间特殊的关系和信赖等方面，根据实际情况综合判断。

三、法律效果

本条适用的法律效果是，负有法定救助义务的组织或者个人应当及时施救。首先，应当及时施救，不得以未付费等为由拒绝或者拖延救助。其次，施救的措施包括亲自救助或者通过联系国家机关、急救机构等方式。最后，施救的措施是合理的。施救措施的合理性可以考虑救助的急迫性、危难的严重性、救助人的专业性等因素在个案中予以具体判断。如果法定救助义务人未及时采取合理的施救措施，即违反了法定的救助义务，应当依据《民法典》侵权责任编的具体规定和其他具体规定承担民事责任，例如，就权利人因此发生或者扩大的损失承担损害赔偿责任。

（撰稿人：朱虎）

第一千零六条　【人体捐献】

完全民事行为能力人有权依法自主决定无偿捐献其人体细胞、人体组织、人体器官、遗体。任何组织或者个人不得强迫、欺骗、利诱其捐献。

完全民事行为能力人依据前款规定同意捐献的，应当采用书面形式，也可以订立遗嘱。

自然人生前未表示不同意捐献的，该自然人死亡后，其配偶、成年子女、父母可以共同决定捐献，决定捐献应当采用书面形式。

◆ 条文释义

一、人体捐献的概念和对象

人体捐献包括人体细胞的捐献、人体组织的捐献、人体器官的捐献、遗体的捐献等。人体由有机质和无机质构成细胞，由细胞与细胞间质组成组织，由组织构成器官。人体细胞是人体的结构和生理功能的基本单位。人体组织是结构相似和功能相关的人体细胞和细胞间质集合合同的组织，包括上皮组织、结缔组织、肌肉组织、神经组织。① 人体器官是由多种人体组织构成的能行使特定功能的结构单位。相对应地，人体细胞捐献，是指将身体内有活力的细胞群捐献出去，例如造血干细胞、精子、卵子等的捐献。人体组织捐献，是指将身体的部分组织捐献出去，包括皮肤、角膜、骨骼、肌腱、血管、骨髓、神经等的捐献。人体器官捐献，是指将身体的某个仍然保持活力的器官捐献出去，包括心脏、肺脏、肝脏、肾脏或者胰腺等的捐献。我国的《人体器官移植条例》第 2 条第 1 款就区分了人体细胞捐献、角膜和骨髓等人体组织的捐献以及人体器官的捐献。《世界卫生组织人体细胞、组织和器官移植指导原则》也作出了同样的区分。遗体的捐献是指将自然人的遗体捐献出去。

捐献的人体可以是用于移植，也可能是用于医学的研究。将捐献的人体细胞、人体组织、人体器官移植给病人或者生命垂危的患者，是在第二次世界大战以后开始发展起来的，目前已经成为全球的做法，延长了许多人的生命，并极大提高了其生活质量。医疗技术的不断改进，促使需求的增加，目前全世界各国的需求都是超过供给的，这导致了人体细胞、人体组织、人体器官商业买卖的不法行为，也促使了很多国家建立程序和体系提高供给。目前，我国对人体捐献已经有一些各个层级的法律规定，例如《刑法》《人体器官移植条例》《人体捐献器官获取与分配管理规定》《人体器官移植技术临床应用管理暂行规定》《非血缘造血干细胞移植技术管理规范》《非血缘造血干细胞采集技术管理规范》等，建立起了捐献体系、获取分配体系、临床服务体系、监管体系、打击违法犯罪体系五大体系。但是，整体而言，涉及人体捐献的规范效力层级较低。由于人体捐献涉及自然人最为重要的生命权、身体权和健康权，由规范层级较高的法律予以规定更为妥当。从比较法上来看，世界卫生组织专门发布了人体细胞、组织和器官移植的指导原则。《法国民法典》第 16 - 1 条第 3 款、第 16 - 5 条、第 16 - 6 条至第 16 - 8 条涉及人体捐献。《魁北克民法典》第 22 条至第 25 条、《罗马尼亚民法

---

① 参见刘长秋：《人体移植器官产品化法律调整论批判——兼论人体移植器官来源困境之立法应对》，载《政治与法律》2016 年第 7 期。

典》第 66 条和第 67 条、《越南民法典》第 35 条都规定了人体捐献。

二、规范目的

考虑到遗体捐献有利于医学研究和救治他人，应当予以鼓励，为了给人体捐献和移植提供一个有序的、符合伦理标准并且可接受的框架，规范人体捐献，保证医疗质量，保障人体健康，发扬人道主义精神，引导民众移风易俗，促进社会主义物质文明和精神文明建设，有利于移植临床救治和医学的发展，为目前的有关规定提供效力层级较高的规范基础，在综合考虑多方面意见的基础上，《民法典》吸收了国务院《人体器官移植条例》的相关内容，借鉴比较立法例，对人体捐献予以规定，并设定了严格的条件。考虑到获得同意是所有医学干预措施的伦理和法律基石，也是人体捐献必须具备的前提，体现了自然人对人体捐献的自决权。因此，《民法典》对人体捐献的规定，仅着眼于人体捐献应当获得的同意和对同意的限制，而不涉及其他更为细致的管理规定。例如，从事采集摘取或者移植的机构应具备的条件，是否需要经过伦理委员会的审查等具体的程序性规定，告知、查验、随访和保密义务等其他的具体管理性规定，违反规定的刑事责任和行政责任等，这些仍然留给特别法予以更具体的规定。例如，《刑法》第 234 条之一就规定了相关的刑事责任："组织他人出卖人体器官的，处五年以下有期徒刑，并处罚金；情节严重的，处五年以上有期徒刑，并处罚金或者没收财产。未经本人同意摘取其器官，或者摘取不满十八周岁的人的器官，或者强迫、欺骗他人捐献器官的，依照本法第二百三十四条、第二百三十二条的规定定罪处罚。违背本人生前意愿摘取其尸体器官，或者本人生前未表示同意，违反国家规定，违背其近亲属意愿摘取其尸体器官的，依照本法第三百零二条的规定定罪处罚。"

三、规范内容

本条规定的主要内容如下：

第一，自然人享有捐献或者不捐献人体细胞、人体组织、人体器官和遗体的自主决定权。人体捐献与自然人的人格尊严密切相关，获得人体捐赠者的同意是人体捐赠最为重要的前提。《人体器官移植条例》第 7 条规定："人体器官捐献应当遵循自愿、无偿的原则。""公民享有捐献或者不捐献其人体器官的权利；任何组织或者个人不得强迫、欺骗或者利诱他人捐献人体器官。"基于人格尊严保护的特殊要求，人体捐献者的自主决定权也包括有权随时撤销其同意捐献的意愿。世界卫生组织认为，在对接受人实施的医疗干预达到如果不进行移植将会使得接受人陷入紧急危险的时间点之前，捐献人都可收回捐献意愿。《人体器官移植条例》第8条即规定，公民对已经表示捐献其人体器官的意愿，有权予以撤销。《人体器官移植技术临床应用管理暂行规定》第27条第3款也规定，捐赠者有权在人体器官移植前拒绝捐赠器官。

第二，人体捐献的意愿必须真实合法，任何组织或者个人不得强迫、欺骗、利诱捐献。人体捐献意愿必须是捐献人的真实意愿，捐献意愿不是因为强迫、欺骗、利诱而产生的。《世界卫生组织人体细胞、组织和器官移植指导原则》原则3规定，捐献人应自愿行动，不受任何不正当的影响和强迫。指导原则7规定，如果用于移植的细胞、组织或器官是通过剥削或强迫，或向捐献人或死者近亲付款获得的，医生和其他卫生专业人员应不履行移植程序，健康保险者和其他支付者不应承担这一程序的费用。《人体器官移植条例》第18条也规定，人体器官移植技术临床应用与伦理委员会收到摘取人体器官审查申请后，应当审查人体器官捐献人的意愿是否真实。同时，为了保证捐献人的意愿是真实的，应当对捐献人履行告知说明程序，以使得捐献者知情并能够全面客观地自主决定。例如，《人体器官移植技术临床应用管理暂行规定》第30条第1款规定，医疗机构在摘取活体器官捐赠者所同意捐赠的器官前，应当充分告知捐赠者及其家属摘取器官手术风险、术后注意事项、可能发生的并发症及预防措施等，并签署知情同意书。《世界卫生组织人体细胞、组织和器官移植指导原则》原则3规定，应以完整和可理解的方式告知活体捐献人，其捐献可能存在的危险、捐献的益处和后果；捐献人应在法律上有资格和能力权衡这些信息；捐献人应自愿行动，不受任何不正当的影响和强迫。

同时，人体捐献的意愿也必须是合法的，不得违反法律规定和违背公序良俗。例如，基于医学伦理原则，捐献不得危及捐献人自身的生命或者严重损害捐献人自身的健康，以防止出现职业捐献者群体和变相的买卖，这是从维护捐献者的人格尊严和身体健康出发，对其捐献行为的限制。此时，可能要考虑捐献的是人体细胞、人体组织还是人体器官，不同人体组成的捐献对捐献者自身生命或者健康造成损害的可能性是不同的。例如，人体细胞可以活体捐献，人体组织的活体捐献对捐献者的损害不同，属于人体器官的肾脏、肝脏的活体捐献的损害可控，但心脏绝不能允许活体捐献。同时也要考虑区分活体捐献和死体捐献，活体捐献有可能会对捐献者自身生命或者健康造成损害，但死体捐献不会。因此，在捐献者表达其活体捐献意愿之后，实施手术的医疗机构应当对其身体健康状况进行检查，以核实其健康状况是否允许捐献器官。如果经检查后发现捐献可能对其自身健康带来严重危害，则不得协助其完成采集或者摘取。《献血法》第 9 条第 1 款即规定："血站对献血者必须免费进行必要的健康检查；身体状况不符合献血条件的，血站应当向其说明情况，不得采集血液……血站对献血者每次采集血液量一般为二百毫升，最多不得超过四百毫升，两次采集间隔期不少于六个月。严格禁止血站违反前款规定对献血者超量、频繁采集血液。"《人体器官移植条例》第 19 条第 1 款中规定，从事人体器官移植的医疗机构及其医务人员摘取活体器官前，应当确认除摘取器官产生的直接后果外不会损害活体器官捐献人其他正常的生理功能。《人体器官移植技术临床应用管理暂行规定》第 30 条第 3 款规定，活体器官移植不应当因捐献活体器官而损害捐赠者相应的正常生理功能。

第三，完全民事行为能力人才有权依法自主决定捐献。人体捐赠者必须对捐赠行为具有充分的判断和辨认能力，这要求捐赠者必须具备完全的民事行为能力。未成年人以及不能辨认或者完全辨认自己行为的成年人这些限制民事行为能力人和无民事行为能力人，不能作出人体捐献的有效同意。[①]《人体器官移植条例》第 8 条第 1 款中即规定，捐献人体器官的公民应当具有完全民事行为能力。

应当注意的是，关于不具有完全民事行为能力的人的人体捐献，受到了严格的控制。《世界卫生组织人体细胞、组织和器官移植指导原则》原则 4 规定："除了在国家法律允许范围内的少数例外情况，不可出于移植目的从未成年活人身上摘取任何细胞、组织或器官。应当具备保护未成年人的具体措施，在任何可能情况下都应在捐献前获得未成年人的同意。对未成年人适用的内容也同样适用于没有法定能力者。"按照该条的注解，其中能许可的主要例外是家庭成员间捐献可再生细胞（在不能找到相同治疗效果的成人捐献人情况下）和同卵双胞胎之间的

① 无民事行为能力人和限制民事行为能力人无法完全辨认细胞、组织、器官的捐献的后果，对于未成年人而言，由于其处于生长发育期，摘取其细胞、组织、器官对于其身心健康产生的影响难以估量。参见佟子林主编：《卫生法学》，中国中医药出版社 2011 年版，第 480 页。

肾脏移植（当避免免疫遏抑可对接受人有足够的好处，而且没有可在未来对捐献人产生不利的遗传病时，就可作为例外）。父母一方（双方）或者法定监护人允许摘取器官，在通常情况下就够了，但如果他们负责预期接受人的福利则可能产生利益冲突。在此类情况下，应要求获得独立方如法院或者其他主管当局的检查和许可。在任何情况下，未成年人对作出捐献的反对将压倒其他任何一方的许可。出于评估并在需要时解决捐献决定中的任何压力的目的，而为潜在的活体捐献人提供的专业咨询，对未成年人尤其重要。《人体器官移植条例》第 9 条规定，任何组织或者个人不得摘取未满 18 周岁公民的活体器官用于移植。据此，未成年人和其他不具有完全民事行为能力人的活体人体细胞、人体组织、人体器官一般不得被捐献用于移植。因此，在本条的适用中，应当注意的是，在作出活体捐献时，本条中的完全民事行为能力人不包括《民法典》第 18 条第 2 款规定的情形，即 16 周岁以上的未成年人，以自己的劳动收入为主要生活来源的，视为完全民事行为能力人。

第四，完全民事行为能力人依据前款规定同意捐献的，应当采用书面形式，也可以订立遗嘱。捐献可能对人体造成损害，涉及生命权、身体权、健康权等最基本的人格权利，同时要确定捐献的意愿是真实的，因此应当对同意捐献的形式作严格限制。《人体器官移植条例》第 8 条第 1 款规定，公民捐献其人体器官应当有书面形式的捐献意愿。第 19 条第 1 款也规定，从事人体器官移植的医疗机构及其医务人员摘取活体器官前，应当与活体器官捐献人签署知情同意书。非血缘造血干细胞采集技术管理规范中也要求在履行告知程序后由捐献者签署知情同意书。同时，考虑到人们通常在遗嘱中表达死体捐献的意愿，《民法典》继承编第 1134 条及以下条文对遗嘱的形式也进行了严格的限定，足以确保捐献意愿的真实，因此，本条规定，同意捐献除了采取书面形式外，也可以订立遗嘱来表达。

第五，自然人生前未表示不同意捐献的，该自然人死亡后，其配偶、成年子女、父母可以共同决定捐献，决定捐献应当采用书面形式。从世界范围来看，关于死体捐献有两种方式。一种方式是明确同意方式，即死者必须在生前依法表示了同意捐献的意愿。另一种方式是推测同意方式，即只要死者没有在生前表示不同意捐献的意愿，其配偶、成年子女、父母就可以捐献。[1] 世界卫生组织认为，这两种方式都是符合伦理指导原则的，采取哪一种方式，取决于每个国家的社会、医学和文化政策，包括通常情况下对卫生保健作出决定时家庭成员的参与方式。我国的《人体器官移植条例》采取了后一种方式，第8条第2款规定，公民生前表示不同意捐献其人体器官的，任何组织或者个人不得捐献、摘取该公民的人体器官；公民生前未表示不同意捐献其人体器官的，该公民死亡后，其配偶、成年子女、父母可以以书面形式共同表示同意捐献该公民人体器官的意愿。经研究，死体捐献不会对捐献者的生命或者健康造成严重损害，且能够发扬人道主义精神，引导民众移风易俗，促进社会主义物质文明和精神文明建设，有利于移植临床救治和医学的发展，本条延续现有的规定采取了推测同意方式。

据此，如果自然人生前表示了不同意捐献的意愿，应当尊重自然人的自主决定权，其他任何人，包括配偶、成年子女、父母，都不能在该自然人死亡后同意捐献。但是，如果自然人生前未表示不同意捐献，该自然人死亡后，其配偶、成年子女、父母可以共同决定捐献。此时应注意以下几点：（1）该自然人死亡后其他人才能决定捐献，在其死亡前，其仍有权决定是否捐献，其他人不能代为决定。（2）有权决定捐献的主体是死者的配偶、成年子女和父母。决定捐献者当然必须具备完全的行为能力。同时，死者没有配偶、成年子女或者父母也已经死亡的，其他近亲属等都不能决定捐献。（3）死者的配偶、成年子女和父母共同决定。如果其中任何一个人反对捐献，捐献也难以继续进行，在实践中，即使死者生前同意，摘取通常也要征得近亲属的同意，在死者生前未表示不同意捐献的情形中就更是如此，死者的配偶、成年子女和父母中的任何一个人不同意捐献的，都不能捐献。（4）决定捐献应当采用书面形式。

应当注意的是，死体捐献和活体捐献在很多问题上都是不同的。活体捐献要受到严格的限制，死体捐献受到的限制相比较而言要少一些。《世界卫生组织人体细胞、组织和器官移植指导原则》原则3中规定："死者的捐献应显现出其最大的治疗潜力，但成年活人可在国内法律允许的范围内捐献器官。活体捐献人一

---

① 参见李恩昌等：《中国医学伦理学与生命伦理学发展研究》，世界图书出版西安有限公司2014年版，第104页。

般应与接受人在基因、法律或情感上有关系。活体捐献在以下情况下才可接受：捐献人知情并获得其自愿同意，已保证对捐献人的专业照料和完善组织后续步骤，并已审慎执行和监督捐献人选择标准。应以完整和可理解的方式告知活体捐献人，其捐献可能存在的危险、捐献的益处和后果；捐献人应在法律上有资格和能力权衡这些信息；捐献人应自愿行动，不受任何不正当的影响和强迫。”我国《人体器官移植条例》第10条规定：“活体器官的接受人限于活体器官捐献人的配偶、直系血亲或者三代以内旁系血亲，或者有证据证明与活体器官捐献人存在因帮扶等形成亲情关系的人员。”第20条规定：“摘取尸体器官，应当在依法判定尸体器官捐献人死亡后进行。从事人体器官移植的医务人员不得参与捐献人的死亡判定。从事人体器官移植的医疗机构及其医务人员应当尊重死者的尊严；对摘取器官完毕的尸体，应当进行符合伦理原则的医学处理，除用于移植的器官以外，应当恢复尸体原貌。”《人体器官移植技术临床应用管理暂行规定》第28条也规定，医疗机构摘取尸体器官的，应当对尸体进行必要的、符合社会伦理道德的处理。《人体捐献器官获取与分配管理规定》则规定了死体捐献的获取与分配，捐献器官必须通过器官分配系统进行分配。这些问题都由其他法律予以更细致的规定。

（撰稿人：朱虎）

第一千零七条　【禁止买卖人体细胞、组织、器官和遗体】
禁止以任何形式买卖人体细胞、人体组织、人体器官、遗体。
违反前款规定的买卖行为无效。

◆ 条文释义

一、规范目的

基于人格尊严的理念，每一个自然人的身体应当受到尊重，避免仅仅将人体组成部分作为客体；同时，在实践中，人体的买卖很可能会不公平地利用最贫穷和最脆弱的群体，导致牟取暴利和贩卖人口。对此，世界上存在共识。《世界卫生组织人体细胞、组织和器官移植指导原则》原则5中规定：“细胞、组织和器官应仅可自由捐献，不得伴有任何金钱支付或其它货币价值的报酬。购买或提出购买供移植的细胞、组织或器官，或者由活人或死者近亲出售，都应予以禁止。”《法国民法典》第16－1条第3款规定：“人体、人体的组成部分及其所生之物，不得作为财产权利的标的。”第16－5条规定：“以赋予人体、人体之组成部分及其所生之物以财产价值为效果的任何协议均无效。”第16－6条规定：“不得对自愿就其人体进行医学实验、摘取器官或采取身体所生之物的人给予任何报酬。”《魁北克民法典》第25条、《罗马尼亚民法典》第66条也同样如此规定。我国的《人体器官移植条例》第3条规定：“任何组织或者个人不得以任何形式买卖人体器官，不得从事与买卖人体器官有关的活动。”《刑法》第234条之一第1款规定了相关的刑事责任：“组织他人出卖人体器官的，处五年以下有期徒刑，并处罚金；情节严重的，处五年以上有期徒刑，并处罚金或者没收财产。”《献血法》第11条规定：“无偿献血的血液必须用于临床，不得买卖。血站、医疗机构不得将无偿献血的血液出售给单采血浆站或者血液制品生产单位。”据此，本条也对禁止人体买卖作出规定。

二、禁止以任何形式买卖人体细胞、人体组织、人体器官、遗体

本条首先明确，人体捐赠只能是无偿的，禁止以任何形式买卖人体细胞、人体组织、人体器官、遗体。买卖人体的形式在实践中多种多样，任何形式只要构成实质上的买卖，都应当被禁止。在付款对象上，对自然人自己直接付款买卖，这当然构成买卖。如果是对死者的近亲属或者其他中间人付款，也同样构成买卖。对负责管理尸体的机构付款，仍然会发生买卖的危险。因此，对上述各方的金钱回报都应当予以禁止。在形式上，不仅是直接的买卖形式，其他实质上类似于买卖的有偿利用形式也应当被禁止。例如，将人体组成部分作为质押或者租赁的标的，这都是实质上类似于买卖的有偿利用形式，都违背了人格尊严。《法国民法典》第16－1条第3款即规定：“人体、人体的组成部分及其所生之物，不得作为财产权利的标的。”《世界卫生组织人体细胞、组织和器官移植指导原则》原则6进一步规定：“可依据国内法规，通过广告或公开呼吁的方法鼓励人体细胞、组织或器官的无私捐献。应禁止登广告征求细胞、组织或器官并企图为捐献细胞、组织或器官的个人提供或寻求付款，或在个人死亡情况下，为其近亲属提供或寻求付款。参与对此类个人或第三方付款的中间行为也应予以禁止。”

三、买卖人体细胞、人体组织、人体器官、遗体的行为无效

本条进一步明确，违反前款规定的买卖行为无效。《民法典》第 153 条规定，违反法律、行政法规的强制性规定或者违背公序良俗的民事法律行为无效。据此，本条进一步明确，上述买卖行为是无效的，违反第 1 款的规定必然导致民事法律行为无效，第 1 款规定不属于《民法典》第 153 条第 1 款中的“但是，该强制性规定不导致该民事法律行为无效的除外”。如果买卖行为无效，买方无权请求卖方承担违约责任。如果买卖的人体组成部分已经被移植，此时就属于《民法典》第 157 条中规定的不能返还的情形，但这并不影响行为人依据法律的规定承担行政责任和刑事责任。例如，在我国有些地方，有买卖死者遗体以配“阴婚”的情形，买卖死者遗体的合同就是无效的合同，可以考虑按照《民法典》第 157 条关于民事法律行为无效的法律后果的规定予以处理。

但是，应当注意的是，应将人体买卖和依据法律规定对捐赠人或者其近亲属的补偿或者救助、各种成本的补偿区分开。《世界卫生组织人体细胞、组织和器官移植指导原则》原则 5 中规定：“禁止出售或购买细胞、组织和器官不排除补偿捐献人产生的合理和可证实的费用，包括收入损失，或支付获取、处理、保存和提供用于移植的人体细胞、组织或器官的费用。”《献血法》第 14 条规定：“公民临床用血时只交付用于血液的采集、储存、分离、检验等费用；具体收费标准由国务院卫生行政部门会同国务院价格主管部门制定。无偿献血者临床需要用血时，免交前款规定的费用；无偿献血者的配偶和直系亲属临床需要用血时，可以按照省、自治区、直辖市人民政府的规定免交或者减交前款规定的费用。”《人体器官移植条例》第 21 条规定：“从事人体器官移植的医疗机构实施人体器官移植手术，除向接受人收取下列费用外，不得收取或者变相收取所移植人体器官的费用：（一）摘取和植入人体器官的手术费；（二）保存和运送人体器官的费用；（三）摘取、植入人体器官所发生的药费、检验费、医用耗材费。前款规定费用的收取标准，依照有关法律、行政法规的规定确定并予以公布。”为防止人体买卖的其他管理性规则，例如移植的程序性规则、分配的具体规则等，由其他特别法具体规定。

（撰稿人：朱虎）

第一千零八条 【人体临床试验】

为研制新药、医疗器械或者发展新的预防和治疗方法，需要进行临床试验的，应当依法经相关主管部门批准并经伦理委员会审查同意，向受试者或者受试者的监护人告知试验目的、用途和可能产生的风险等详细情况，并经其书面同意。

进行临床试验的，不得向受试者收取试验费用。

◆ 条文释义

一、人体临床试验的概念

人体临床试验，又称为人体试验，是指任何在病人或健康志愿者等受试者的人体上进行系统性研究，以了解疾病的原因、发展和结果，改进预防、诊断和治疗的干预措施，确定疗效与安全性的试验。为研制新药、医疗器械或者发展新的预防和治疗方法，在研发阶段，通常会先进行动物试验，动物试验通过之后进行人体试验。对于新药、医疗器械或者新的预防和治疗方法，人体试验是确保其有效性和安全性必不可少的环节，对促进医疗科研事业的发展意义重大，因此，允许开展人体试验活动是必要的。但是，人体试验关系到受试者的生命健康，涉及其人格尊严，要符合伦理要求，受试者的权益、安全和健康高于对科学和社会利益的考虑，有必要对此设定较为严格的条件。在世界范围内，1946 年的《纽伦堡法典》制定了人体试验的基本原则，作为国际上进行人体试验的行为规范。1964 年的世界医学大会《赫尔辛基宣言》，之后历经多次修订，是以人体作为受试对象的生物医学研究的伦理原则。《法国民法典》第 16 – 6 条规定："不得对自愿就其人体进行医学实验、摘取器官或采取身体所生之物的人给予任何报酬。"法国的公共卫生法典对此进行了更为细致的规定。《魁北克民法典》第 20、21、24、25 条对人体试验作出了细致的规定。《越南民法典》第 33 条第 2 款对此也作出了规定。[①] 我国目前也有相关的规范。例如，《基本医疗卫生与健康促进法》第 32

---

① 比较法上的整理，参见满洪杰：《人体试验法律问题研究》，中国法制出版社 2013 年版，第 41 页以下。

条第 3 款规定，开展药物、医疗器械临床试验和其他医学研究应当遵守医学伦理规范，依法通过伦理审查，取得知情同意。《疫苗管理法》第 16 条至第 18 条对疫苗的临床试验，《药品管理法》第 18 条至第 23 条对药物的临床试验都作出了规定。《医疗器械监督管理条例》《药物临床试验质量管理规范》《医疗器械临床试验质量管理规范》《干细胞临床研究管理办法（试行）》《涉及人的生物医学研究伦理审查办法》等也都对此进行了详细的规定。

二、规范目的

为了在人体试验中保护人的生命和健康，维护受试者的人格尊严，尊重和保护受试者的合法权益，促进人体临床试验的规范开展，为目前的有关规定提供规范基础，在综合考虑多方面意见的基础上，《民法典》吸收了目前的相关规范内容，对人体试验予以规定。人体试验的伦理原则是公正、尊重人格、力求使受试者最大程度受益和尽可能避免伤害，具体包括知情同意、控制风险、免费和补偿、保护隐私、依法赔偿、特殊保护等，而其中的基础和首要前提是受试者的知情同意，体现了受试者对人体试验的自决权。因此，《民法典》对人体试验的规定，主要着眼于受试者的知情同意，而不涉及其他伦理原则以及更为细致的管理规定。例如，人体临床试验应具备的前提条件、科学审查和伦理审查等具体程序、伦理委员会的组成和程序、研究者和申办者的资格和义务、其他法律责任等具体的规定，仍然留给特别法予以规定。

三、规范内容

本条规定的主要内容如下：

（一）人体临床试验应当依法经相关主管部门批准并经伦理委员会审查同意

开展临床试验，有的法律仅要求备案，此时无须经相关主管部门的批准，例如《医疗器械监督管理条例》第 18 条第 1 款中规定，开展医疗器械临床试验，原则上仅需向临床试验提出者所在地省、自治区、直辖市人民政府食品药品监督管理部门备案。但是，如果法律规定开展人体临床试验应当经过相关主管部门批准，应当依照法律规定经批准。例如，《疫苗管理法》第 16 条第 1 款规定：“开展疫苗临床试验，应当经国务院药品监督管理部门依法批准。”《药品管理法》第 19 条规定了开展药物临床试验，应当经国务院药品监督管理部门批准。《医疗器械监督管理条例》第 19 条中规定，第三类医疗器械进行临床试验对人体具有较高风险的，应当经国务院食品药品监督管理部门批准。

同时，伦理委员会的审查同意是保障受试者权益的主要措施之一。《赫尔辛基宣言》第 23 条中明确，在研究开始前，研究方案必须提交给相关的研究伦理委员会进行考量、评论、指导和批准。《基本医疗卫生与健康促进法》第 32 条第 3 款将通过伦理审查作为开展临床试验的必备程序。《疫苗管理法》《药品管理法》《药物临床试验质量管理规范》《医疗器械临床试验质量管理规范》《干细胞临床研究管理办法（试行）》等，也都对此进行了明确规定。关于伦理委员会的职责、组成，伦理审查的具体程序、监督管理等问题，由特别法予以规定。

（二）受试者享有是否参加试验的自主决定权

基于受试者的人格尊严，尊重和保护受试者的合法权益，应当尊重和保障受试者是否参加研究的自主决定权。《赫尔辛基宣言》第 25 条中明确："有给予知情同意行为能力的人作为受试者参加医学研究必须是自愿的。虽然征询家庭成员或社区领导人的意见可能是合适的，但除非有提供知情同意行为能力的受试者本人自由同意，否则他/她不可以被征召参加医学研究。"《基本医疗卫生与健康促进法》第 32 条第 3 款规定，开展药物、医疗器械临床试验和其他医学研究应当遵守医学伦理规范，依法通过伦理审查，取得知情同意。《药品管理法》第 21 条、《疫苗管理法》第 18 条都规定了受试者的知情同意权。《药物临床试验质量管理规范》《医疗器械临床试验质量管理规范》《干细胞临床研究管理办法（试行）》等也对此进行了明确的规定。《赫尔辛基宣言》第 30 条规定了知情同意的例外情形："受试者在身体或精神上无给予知情同意的行为能力，例如无意识的患者，那么仅当阻止其不能给出知情同意的身体或精神上的状况是该研究人群所必需的特征时，涉及这类受试者的研究才可以进行。在这种情况下，医生必须从合法授权代表那里征得知情同意。如果没有这样的代表且该研究不能被推迟，若在研究方案中已经阐明纳入因某种状况而无法给予知情同意的受试者的特殊理由，且该研究已经被研究伦理委员会批准，那么这项研究可以在没有知情同意的情况下进行。应尽快从受试者或其合法授权代表那里征得继续参与这项研究的同意。"《药物临床试验质量管理规范》第 15 条第 4 项也规定："在紧急情况下，无法取得本人及其合法代表人的知情同意书，如缺乏已被证实有效的治疗方法，而试验药物有望挽救生命，恢复健康，或减轻病痛，可考虑作为受试者，但需要在试验方案和有关文件中清楚说明接受这些受试者的方法，并事先取得伦理委员会同意。”

同时，应当允许受试者在任何阶段无条件退出研究。① 例如，《赫尔辛基宣言》第 26 条中明确，必须告知潜在的受试者，他们有权拒绝参加研究，或有权在任何时候撤回参与同意而不受报复。《药物临床试验质量管理规范》第 14 条第 1 项就规定，受试者有权在试验的任何阶段随时退出试验而不会遭到歧视或报复，其医疗待遇与权益不会受到影响。《医疗器械临床试验质量管理规范》第 25 条也规定，受试者有权在临床试验的任何阶段退出并不承担任何经济责任。

（三）受试者同意参加临床试验的意愿必须真实合法

这首先意味着，任何组织或者个人不得使用欺骗、利诱、胁迫等手段使受试者同意参加研究。《赫尔辛基宣言》第 27 条进一步明确：“在征得参与研究的知情同意时，如果潜在受试者与医生有依赖关系，或者可能在胁迫下同意，医生应该特别谨慎。在这些情形下，应该由一位完全独立于这种关系的具有合适资质的人员去征得知情同意。”《医疗器械临床试验质量管理规范》第 15、16 条同时规定：“申办者应当避免对受试者、临床试验机构和研究者等临床试验参与者或者相关方产生不当影响或者误导。临床试验机构和研究者应当避免对受试者、申办者等临床试验参与者或者相关方产生不当影响或者误导。”“申办者、临床试验机构和研究者不得夸大参与临床试验的补偿措施，误导受试者参与临床试验。”

其次意味着，应当依法告知试验目的、用途和可能产生的风险等详细情况，以使受试者充分了解后表达同意的意愿。《赫尔辛基宣言》第 26 条中明确：“在涉及有给予知情同意行为能力的人类受试者的医学研究中，每个潜在的受试者都必须被充分告知研究目的、方法、资金来源、任何可能的利益冲突、研究者所属单位、研究的预期受益和潜在风险、研究可能引起的不适，研究结束后保障以及任何其他研究相关方面内容。必须告知潜在的受试者，他们有权拒绝参加研究，或有权在任何时候撤回参与同意而不受报复。应该特别留意潜在个体受试者的特殊信息要求和传递该信息所用的方式。”《药品管理法》第 21 条中规定，实施药物临床试验，应当向受试者或者其监护人如实说明和解释临床试验的目的和风险等详细情况。《药物临床试验质量管理规范》第 14 条据此作出了更细致的规定。

① 比较法上的整理，参见满洪杰：《人体试验法律问题研究》，中国法制出版社 2013 年版，第 103 页。

《医疗器械临床试验质量管理规范》《干细胞临床研究管理办法（试行）》等也都有明确的规定。这要求必须告知受试者必要、完整的信息，并以受试者能够理解的语言文字表达。研究者应当给予受试者充分的时间理解知情同意书的内容。在心理学研究中，因知情同意可能影响受试者对问题的回答，从而影响研究结果的准确性的，研究者可以在研究完成后充分告知受试者并获得知情同意书。试验期间，受试者可随时了解与其有关的信息资料。当出现研究方案、范围、内容发生变化，或者研究过程中发生其他变化等情形时，研究者应当再次获取受试者签署的知情同意书，例如，《药物临床试验质量管理规范》第 15 条第 5 项规定，如发现涉及试验药物的重要新资料则必须将知情同意书作书面修改送伦理委员会批准后，再次取得受试者同意。

（四）知情同意权由受试者或者监护人依法行使

如果受试者是完全民事行为能力人，就能够单独有效地行使知情同意权。但是，在受试者不具备完全的民事行为能力时，情况比较复杂，《民法典》仅作出了原则性规定，具体由特别法进一步规定。《赫尔辛基宣言》第 29 条规定："当一个被认为无给予知情同意行为能力的潜在受试者同意并决定参与研究时，医生必须额外征得合法授权代表的同意。潜在受试者的异议应该得到尊重。"《疫苗管理法》第 18 条规定："开展疫苗临床试验，应当取得受试者的书面知情同意；受试者为无民事行为能力人的，应当取得其监护人的书面知情同意；受试者为限制民事行为能力人的，应当取得本人及其监护人的书面知情同意。"《药物临床试验质量管理规范》第 15 条中明确规定："对无行为能力的受试者，如果伦理委员会原则上同意、研究者认为受试者参加试验符合其本身利益时，则这些病人也可以进入试验，同时应经其法定监护人同意并签名及注明日期。""儿童作为受试者，必须征得其法定监护人的知情同意并签署知情同意书，当儿童能做出同意参加研究的决定时，还必须征得其本人同意。"《医疗器械临床试验质量管理规范》第 23 条也作出了类似规定。基本的共识是，受试者具有一定自主决定能力或者具有限制民事行为能力的，除了监护人的同意之外，还需要考虑受试者本人的意愿，需要取得受试者本人的同意。

应当注意的是，本条仅对知情同意作出规定，未涉及其他层面，由其他特别规范予以进一步规定。例如，《赫尔辛基宣言》第 28 条规定："对于一个无给予知情同意行为能力的潜在受试者，医生必须从合法授权的代表那里征得知情同意。不可将这些人纳入他们不可能受益的研究中，除非这项研究：意在促进这些潜在受试者所代表人群的健康，不能由有给予知情同意行为能力的人替代进行，而且仅有最低程度的风险和最低程度的负担。”这意味着无同意能力的受试者参加临床试验应当符合其本身利益。

（五）知情同意必须是书面形式

参加人体试验可能对受试者人体造成损害，涉及生命权、身体权、健康权等最基本的人格权利，同时要确定同意参加的意愿是真实的，因此应当对知情同意的形式严格限制为书面形式。这也是我国现行有关规范的共识。

（六）进行临床试验的，不得向受试者收取试验费用

这是总结了我国现行的相关规范而作出的规定。例如，《药物临床试验质量管理规范》第29条中规定，研究者在临床试验过程中，不得向受试者收取试验用药所需的费用。《医疗器械临床试验质量管理规范》第65条、《干细胞临床研究管理办法（试行）》第6条也作出了同样的规定。

（撰稿人：朱虎）

第一千零九条　【从事人体基因、胚胎等医学和科研活动的法定限制】

从事与人体基因、人体胚胎等有关的医学和科研活动，应当遵守法律、行政法规和国家有关规定，不得危害人体健康，不得违背伦理道德，不得损害公共利益。

◆ 条文释义

一、规范目的

与人体基因有关的医学和科研活动，包括基因鉴定、基因制药、基因诊断、基因治疗、基因编辑、基因克隆等。与人体胚胎有关的医学和科研活动，包括与人体胚胎干细胞等有关的治疗性研究和生殖性研究。与人体基因和胚胎等有关的

医学和科研活动是生命科学研究的重要组成部分，将极大地改变人类生命和生活的面貌，为改善个人和全人类的健康状况开辟了广阔的前景。但是，这些活动可能带来人体生命健康安全和伦理道德方面的风险，甚至对人类产生重大的潜在危险。联合国自 1997 年起陆续通过了《世界人类基因组与人权宣言》（1997）、《国际人类基因数据宣言》（2003）、《世界生物伦理和人权宣言》（2005）、《联合国关于人的克隆的宣言》（2005）等一系列国际公约，意在尊重基本人权和遵守伦理道德的基础上促进相关领域的科学进步。在我国，《科学技术进步法》第 29 条规定，国家禁止危害国家安全、损害社会公共利益、危害人体健康、违反伦理道德的科学技术研究开发活动。除此之外，还有其他一些法律规范作出了相关规定，例如《人类遗传资源管理条例》《人胚胎干细胞研究伦理指导原则》等。整体而言，我国在生命科学领域的研究水平也在迅速提升，亟须相应的法律规范及管理体系与之配套。为了使我国的与人体基因、人体胚胎等有关的医学和科研活动符合生命伦理规范，保证国际公认的生命伦理准则和我国的相关规定得到尊重和遵守，促进这些活动的规范有序发展，本条规定了从事与人体基因、人体胚胎等有关的医学和科研活动的法律底线。

二、规范内容

从事与人体基因、人体胚胎等有关的医学和科研活动的，应当遵守法律、行政法规和国家有关规定，不得危害人体健康，不得违背伦理道德，不得损害公共利益。本条主要包括以下内容：

（一）尊重人格尊严

从事与人体基因、人体胚胎等有关的医学和科研活动，必须建立在尊重人格尊严的基础上，具体包括：一是禁止基于个人遗传特征的歧视；二是禁止对自然状态下的人类基因组或者胚胎进行商业化利用；三是要求在使用人类基因数据等时，不得用于意在侵犯或造成侵犯某一个人的人权、基本自由或人类尊严的歧视的目的或导致对某一个人、家庭、群体或社区造成任何侮辱的目的；四是强调个人的利益和福祉应高于单纯的科学利益或者社会利益等。

这同时意味着，应当禁止违背人格尊严、生命保护的一切行为。从事与人体基因、人体胚胎等有关的医学和科研活动，应当以治疗疾病和提升人类福祉为目的，不得危及特定人员和全人类的健康利益。禁止生殖性克隆等违背人格尊严的遗传工程技术的研究和应用。禁止买卖人类遗传资源、配子、受精卵、胚胎或胎儿组织等行为。反对生殖性研究。禁止非医学需要的胎儿性别鉴定和选择性别的人工终止妊娠。例如，《人口与计划生育法》第35条规定："严禁利用超声技术和其他技术手段进行非医学需要的胎儿性别鉴定；严禁非医学需要的选择性别的人工终止妊娠。"又如，《人类遗传资源管理条例》第10条第1款，《人胚胎干细胞研究伦理指导原则》第4条、第6条、第7条的规定等。

（二）尊重知情同意权

从事与人体基因、人体胚胎等有关的医学和科研活动，应当尊重人们在负责并尊重他人自主权的前提下自己作出决定的自主权，事先征得有关人员自愿、知情和明确表示的同意，向其提供清楚、公正、充分和适当的信息。对没有能力行使自主权的人应采取特殊措施保护他们的权益。当事人可以在任何时候，以任何理由撤销其同意。例如，《人类遗传资源管理条例》第12条规定："采集我国人类遗传资源，应当事先告知人类遗传资源提供者采集目的、采集用途、对健康可能产生的影响、个人隐私保护措施及其享有的自愿参与和随时无条件退出的权利，征得人类遗传资源提供者书面同意。在告知人类遗传资源提供者前款规定的信息时，必须全面、完整、真实、准确，不得隐瞒、误导、欺骗。"《人胚胎干细胞研究伦理指导原则》第8条也对知情同意权作出了规定。

（三）尊重当事人的隐私，保护相关的个人信息

从事相关活动时，应尊重当事人的隐私，对与个人有关的遗传信息应加以保密。① 尽最大可能使这类信息只用于收集或者同意提供该信息的初始目的，不能为了其他目的而使用或披露这类信息，不应非法向他人披露或者允许他人查询。遵守切断可识别性原则，原则上不应保持与可识别的个人的关联。例如，《人类遗传资源管理条例》就对此作出了一些规定。

（四）正当程序等保障

正当程序包括研究活动的专业谨慎、诚实正直与决策的透明理性，伦理委员会的评估，利益共享，团结互助与国际合作。只有为了维护公众安全，对刑事犯

① 参见张宏：《基因隐私权的法学思考》，载《河北法学》2006年第9期。李文、王坤：《基因隐私及基因隐私权的民事法律保护》，载《武汉理工大学学报（社会科学版）》2002年第2期。

罪进行调查、侦查和提出起诉，以及为了保护公众健康或者保护其他人的权利和自由，在法律规定了特定权限和特定程序的情况下，才可对上述原则加以限制。

（撰稿人：朱虎）

第一千零一十条 【性骚扰】

违背他人意愿，以言语、文字、图像、肢体行为等方式对他人实施性骚扰的，受害人有权依法请求行为人承担民事责任。

机关、企业、学校等单位应当采取合理的预防、受理投诉、调查处置等措施，防止和制止利用职权、从属关系等实施性骚扰。

◆ 条文释义

一、规范目的

性骚扰行为会影响被骚扰者的学习、工作和生活，侵害人格尊严、自由，损害其形象和自尊，严重的性骚扰甚至会造成被骚扰者的恐惧、自闭和盲目依赖，还可能涉及社会中的性别歧视，引起社会的较大关注。各个国家和地区都对性骚扰予以规定。有些国家和地区制定了反性骚扰的特别立法，例如哥斯达黎加、法国、以色列、卢森堡、菲律宾、我国台湾地区等。有的针对工作场合的性骚扰予以特别规定，例如德国的工作场所性骚扰受雇人保护法，印度预防、禁止和矫正在工作场所对女性实施性骚扰的法案，法国劳动法典，加拿大的联邦劳动法，新西兰劳动法和我国台湾地区“两性工作平等法”也对性骚扰予以规定。有的在其他特别法中予以规定，例如瑞士男女平等法。在我国，《妇女权益保障法》第 40 条规定：“禁止对妇女实施性骚扰。受害妇女有权向单位和有关机关投诉。”《治安管理处罚法》第 42 条第 5 项和第 44 条中规定了，多次发送淫秽信息，干扰他人正常生活的，或者猥亵他人、在公共场所故意裸露身体情节恶劣的，应当受到治安管理处罚。《女职工劳动保护特别规定》第 11 条规定：“在劳动场所，用人单位应当预防和制止对女职工的性骚扰。”各地通过性别平等促进条例、妇女权益保障条例等不同形式和效力层级的规定反对性骚扰。最高人民法院也在 2018 年将"性骚扰责任纠纷"作为新增加的民事案件案由，在司法实践中提高受害人诉讼的可能性和力度。

对性骚扰行为，需要各个领域和各个层次的法律共同形成纵横结合、相互协调、相互补充的多层次综合治理机制，其中民法的方式必不可少，其能够为规制性骚扰奠定坚实的法律基础，为受害人提供民法上的救济。① 据此，《民法典》在总结既有立法和司法实践经验的基础上，对性骚扰问题予以回应，明确了性骚扰的认定标准，并规定了相应的行为义务。

二、规范内容

性骚扰行为可能采取触碰受害人身体私密部位的行为方式，这会涉及身体权；也可能采取言语、文字、图像等方式，影响受害人心理健康甚至身体健康，这会涉及健康权。立法过程中，对性骚扰行为侵害的是受害人的何种权利存在争论。有的认为，性骚扰行为的形式多种多样，不同的形式可能侵犯的是不同的人格权，涉及身体权、健康权、隐私权和名誉权甚至自由权等。有的认为，性骚扰行为侵害的是独立的性自主的权利，该权利具有人身自由和精神自由的双重因素，无法简单地被上述权利所涵盖，甚至上述权利的侵害仅仅是性骚扰的二次结果。很多国家和地区规定了性自主的权利，例如《德国民法典》第 253 条第 2 款规定了侵害性的自我决定，受害人可以请求精神损害赔偿。但是，不同观点的共识在于性骚扰等性的侵害行为侵害了他人的人格尊严，构成了人格权的侵害行为。因此，《民法典》是从性骚扰的行为角度予以规定的。

（一）性骚扰的一般性构成

本条第 1 款规定了性骚扰的一般性构成。考虑到《民法典》是民事基本法，且为了适应社会的发展变化，本款仅对性骚扰规定了一般性的构成要件，并未对何为性骚扰作细致的界定，这些可以留给特别法和司法实践处理。② 根据实践的情形，性骚扰一般包括以下条件：

---

① 参见张新宝、高燕竹：《性骚扰法律规制的主要问题》，载《法学家》2006 年第 4 期。王成：《性骚扰行为的司法及私法规制论纲》，载《政治与法律》2007 年第 4 期。

② 比较法上的观点，参见欧洲民法典研究组、欧盟现行私法研究组编著：《欧洲私法的原则、定义与示范规则：欧洲示范民法典草案》（第 5、6、7 卷），法律出版社 2014 年版，第 320 页。另参见李炳安：《欧盟与美国两性工作平等法制之比较》，载《武汉大学学报（哲学社会科学版）》2004 年第 3 期；靳文静：《性骚扰法律概念的比较探析》，载《比较法研究》2008 年第 1 期。

1. 性骚扰中受害人是所有的自然人。实践中，性骚扰的受害人多为女性，《妇女权益保障法》第40条也仅规定了禁止对妇女实施性骚扰。但是，本款所规定的性骚扰不区分性别、年龄，无论是男性还是女性、成年人还是未成年人都可能成为性骚扰的受害人，也不区分行为人与受害人是同性还是异性。①

2. 行为与性有关。行为人具有性意图，以获取性方面的生理或者心理满足为目的。一些国家和地区的性骚扰还涉及性别歧视。虽然很多性骚扰行为是基于性别歧视的观念做出的，但是，考虑到反对性别歧视属于《宪法》第48条所规定的男女平等以及《民法典》所规定的人格尊严保护的内容，因此，本款的适用强调性骚扰行为与性有关。在实践中，性骚扰具体的方式是多种多样的，包括言语、文字、图像、肢体行为等。例如，故意触摸碰撞他人的私密部位，强迫拥抱或者接吻，裸露自己身体的私密部位，用与性有关的肢体动作或下流语言挑逗，发送带有性内容或者与性有关的语音、文字、图片、声像、电子信息等。②

3. 性骚扰构成的核心是违背他人意愿。性骚扰与两厢情愿的调情、约会等区分，是因为此类行为违背了他人意愿。有观点认为，判断性骚扰的关键并非该行为是否违背了受害人的意愿，而在于该行为是否不受欢迎。此种观点是从行为角度界定，违背他人意愿是从受害人角度界定，迫于压力表现为自愿的行为，事实上是违背受害人意愿的。③ 受害人表示厌恶、反感、明确拒绝、警告或以反抗行为表示拒绝，都可以认定为违背他人意愿。曾经愿意进行与两性内容相关的交流

---

① 参见张新宝、高燕竹：《性骚扰法律规制的主要问题》，载《法学家》2006年第4期。王成：《性骚扰行为的司法及私法规制论纲》，载《政治与法律》2007年第4期。《全国首起同性性骚扰案判决骚扰者被判道歉赔偿》，载《法制日报》2004年9月15日。“杨某等诉刘某人身侵权案”，海南海口新华区法院（2001）新民初字第625号：2001年，杨某等3人因被领导刘某猥亵，委托张某交涉道歉及赔偿事宜，刘某承认有摸、亲行为，但认为是长辈对晚辈疼爱的一种方式。杨某等起诉索赔各1元。法院认为：张某证人证言明确指认受杨某等3人之托，与刘某协商时刘某对其当面承认有摸、亲杨某等人行为，但认为只是长辈对晚辈疼爱的一种方式，此证人证言与杨某等3人陈述相吻合，且刘某未到庭提供相反证据予以反驳，故刘某对杨某等人实施抚摸、亲吻行为确实存在，侵权事实应予认定。同性猥亵造成一定精神伤害，刘某应承担相应侵权责任。判决刘某赔礼道歉，并赔偿杨某等3人精神损失费各1元。

② 在“林某某与广东邦达实业有限公司劳动和社会保障行政管理案”中，法院认为：“林某某利用电脑软件在照片上添加对白文字和主题，该文字和主题以公司女同事为对象，带有明显的与性有关的文字故意对照片中的女同事实施上述行为，且从女同事向公司领导投诉和哭诉的事实能够确认林某某的行为造成行为对象的羞辱和不适，明显违背了女同事的意志，造成女同事精神上的压力，林某某的上述行为已构成性骚扰。”广东省高级人民法院（2015）粤高法民申字第2839号民事裁定书。

③ 参见王成：《性骚扰行为的司法及私法规制论纲》，载《政治与法律》2007年第4期。

或者接触，但后来一方表示不愿意延续的，如果另一方继续纠缠不休，也可以认定为违背他人意愿。针对对受害人有职权控制关系的领导、上司、老师等的行为，受害人迫于某种压力往往采取隐忍或者以委婉的方式拒绝，甚至是屈从而在行为上表现为“自愿”，但主观上对该行为是不欢迎或者反感的，此时也可以认定为违背他人意愿。

4. 行为一般应当达到一定的严重程度。如果过分宽泛地界定性骚扰行为，则可能会压缩他人的行为自由，妨碍到正常的社会生活，因此，行为要达到一定的严重程度。① 严重程度的判断涉及一定的文化传统，对判断标准存在不同观点。有的认为是主观标准，完全依赖受害人的感受。有的认为是客观标准，即以客观第三人的角度判断。还有的认为是以性别差别为基础的客观标准，例如受骚扰者是女性，应当从女性第三人的角度判断。对严重程度的判断，宜在个案中进行，从受害人的感受出发，结合行为的方式、持续时间、地点、造成的影响范围、与受害人同样性别或者类似年龄的人处于同等情况下的感受等角度来综合考量。② 性骚扰的行为不见得需要重复，一次性的行为也可以认定为性骚扰，例如在公共交通工具上，未经受害人同意，在他人面前暴露身体的私密部位。

5. 行为一般具有明确的针对性。性骚扰行为所针对的对象一般是具体的、明确的，此时行为人才可能会承担民事责任。无论是长时间还是短时间的性骚扰，均是针对某个具体的对象。行为是否具有明确的针对性，要在个案中结合具体情况加以判断。在办公室或其他公共场所，不具有明确针对性地讲与性有关的笑话等行为，一般不构成行为人承担民事责任的基础。但是，此种行为也可能对受害人造成心理创伤，并且，如果行为发生在工作环境中，可能会使得受害人处于敌意的工作环境中并受到不合理的影响，因此，用人单位也需要采取合理措施预防和制止，同时也需要其他法律和其他手段予以协调解决。

---

① 参见张新宝、高燕竹：《性骚扰法律规制的主要问题》，载《法学家》2006 年第 4 期。

② 在“杭某与马某、江某其他人格权纠纷案”中，原告杭某请托被告马某为其子女办理入学事宜，并应被告的要求支付了 4 万元好处费。在联络中，被告向原告发送了内容暧昧的信息，称原告“站在那里是亭亭玉立，坐在那里很工整的，走起路来飘飘然的。就是不知道睡觉是怎样的情况。”原告向法院提起诉讼，法院认为，原告与被告马某的网上聊天的内容表明，被告言语的确有失分寸，但尚未构成性骚扰，且杭某不能举证证明被告对其实施了侮辱、恐吓、诽谤等行为，驳回了原告的诉讼请求。参见上海市虹口区人民法院（2015）虹民一（民）初字第 3187 号民事判决书。

6. 行为人主观上一般是故意的。在公共汽车、地铁等场所因为紧急刹车、拥挤等原因过失地接触他人身体甚至敏感部位等行为，不构成性骚扰；因错写手机号码或者邮件地址，将包含两性内容的短信或邮件误发他人，也不构成性骚扰。

本条第1款同时规定，如果行为人实施性骚扰行为，受害人有权依法请求行为人承担民事责任。受害人有权依法请求行为人承担民事责任，这意味着，如果《民法典》和其他法律的规定对行为人承担民事责任，要求具备其他的责任构成要件，或者进一步对责任后果予以细致规定的，应当依照其规定。例如，如果受害人依据《民法典》第1165条第1款请求行为人承担侵权损害赔偿责任的，还应当具备该款要求的损害和因果关系等要件。受害人请求精神损害赔偿的，应当符合《民法典》第1183条第1款的规定，即“侵害自然人人身权益造成严重精神损害的，被侵权人有权请求精神损害赔偿”。

（二）机关、企业、学校等单位预防和制止性骚扰的义务

本条第1款是对性骚扰的一般性规定。但是，在实践中，利用职权、从属关系进行性骚扰的情形较多，此种性骚扰并非只发生于工作场所，也可能发生在工作场所之外，其行为方式也是多样的，比较典型的方式如利用职务、从属关系以明示或者暗示方式对他人施加压力，向他人索取性服务，或者以录用、晋升、奖励等利益作为交换条件，诱使他人提供性方面的回报。因此，本条第2款针对此种情形，特别规定了机关、企业、学校等单位的义务。当然，这并不排除这些单位之外的宾馆、商场、娱乐场所等经营场所、公共场所的经营者、管理者依据《民法典》第1198条所承担的安全保障义务，该安全保障义务也包括了预防和制止性骚扰。

依照本款规定，首先，这些单位负有为预防和制止利用职权、从属关系等实施性骚扰而采取措施的义务。这是因为这些单位对其工作人员具有一定的管理和控制能力，使得单位负有相应的义务，能够在一定程度上预防和制止性骚扰的发生和继续发生，也有助于减少讼累，建立多元化的性骚扰纠纷解决机制。

其次，这些单位应当采取合理的预防、受理投诉、调查处置等措施。这些措施涵盖了事前的预防、事中的受理投诉和事后的调查处置各个层面。例如，提供安全的工作环境；告知性骚扰的惩罚机制及救济程序机制；为调查提供必要的信息；为受害人提供相应的协助等。这些措施也必须是合理的。措施的合理性需要在个案中结合多个因素予以考量。例如，行为人是单位的工作人员还是外来人

员，行为的方式是施加压力型、条件交换型还是敌意工作环境型，行为的地点是在工作场所内还是工作场所外，行为的时间是上班时间还是休息时间，同时还要考虑措施的成本高低等。

应当注意的是，单位除了负有采取合理措施预防和制止利用职权、从属关系等实施性骚扰的义务外，还负有采取合理措施预防和制止其他性骚扰的义务。例如，单位的客户到单位对单位的工作人员实施性骚扰，单位也负有采取合理措施的义务。单位未尽到采取合理措施的义务的，受害人有权依照《民法典》和其他法律的规定请求单位承担民事责任。以《民法典》侵权责任编的规定为例，依据不同的情形，所适用的具体规定是不同的，单位承担责任的构成要件和责任后果也是不同的。例如，可能会涉及《民法典》第 1191 条关于用人单位责任的规定，也可能会涉及第 1198 条第 1 款的安全保障义务责任，还可能会涉及第 1198 条第 2 款针对第三人行为的安全保障义务责任，不同规定具体适用的前提和适用的法律后果都是不同的。此时，需要根据具体行为人、行为方式、地点、时间等具体情节，判断行为人是否是单位以外的第三人，行为的表现形式是否是执行工作任务、与执行工作任务有内在关联或者与职务便利有关，行为是否制造了敌意的工作环境，根据不同的情形适用不同的规定。

还应当指出的是，本条仅规定了性骚扰，按照举轻以明重的一般解释规则，其他更为严重的性侵害行为也同样构成了侵害人格权。实践中比较严重的其他性侵害行为包括：以暴力、胁迫或者利用职权、从属关系等违背公序良俗的方式违背自然人的真实意愿使其与自己或者他人发生性行为；与不满十四周岁的未成年人、不具有完全民事行为能力的成年人发生性行为，或者使其与他人发生性行为；强制猥亵他人等。对于这些更为严重的性侵害行为，《刑法》《治安管理处罚法》等法律规定了刑事责任、行政责任。例如，《刑法》第 236 条（强奸罪）规定："以暴力、胁迫或者其他手段强奸妇女的，处三年以上十年以下有期徒刑。奸淫不满十四周岁的幼女的，以强奸论，从重处罚。强奸妇女、奸淫幼女，有下列情形之一的，处十年以上有期徒刑、无期徒刑或者死刑：（一）强奸妇女、奸淫幼女情节恶劣的；（二）强奸妇女、奸淫幼女多人的；（三）在公共场所当众强奸妇女的；（四）二人以上轮奸的；（五）致使被害人重伤、死亡或者造成其他严重后果的。"第 237 条（强制猥亵、侮辱罪，猥亵儿童罪）规定："以暴力、胁迫或者其他方法强制猥亵他人或者侮辱妇女的，处五年以下有期徒刑或者拘役。聚众或者在公共场所当众犯前款罪的，或者有其他恶劣情节的，处五年以上有期徒刑。猥亵儿童的，依照前两款的规定从重处罚。”《治安管理处罚法》第 44 条规定：“猥亵他人的，或者在公共场所故意裸露身体，情节恶劣的，处五日以上十日以下拘留；猥亵智力残疾人、精神病人、不满十四周岁的人或者有其他严重情节的，处十日以上十五日以下拘留。”

但是，这些行为也构成了侵害人格权的行为，行为人应当依法承担民事责任。《民法典》第 187 条规定，民事主体因同一行为应当承担民事责任、行政责任和刑事责任的，承担行政责任或者刑事责任不影响承担民事责任；民事主体的财产不足以支付的，优先用于承担民事责任。关于对未成年人的性侵害行为，《民法典》第 191 条规定，未成年人遭受性侵害的损害赔偿请求权的诉讼时效期间，自受害人年满十八周岁之日起计算。

（撰稿人：朱虎）

第一千零一十一条　【非法剥夺、限制他人行动自由和非法搜查他人身体】

以非法拘禁等方式剥夺、限制他人的行动自由，或者非法搜查他人身体的，受害人有权依法请求行为人承担民事责任。

◆ 条文释义

一、规范目的

《宪法》第 37 条规定：“中华人民共和国公民的人身自由不受侵犯。任何公民，非经人民检察院批准或者决定或者人民法院决定，并由公安机关执行，不受逮捕。禁止非法拘禁和以其他方法非法剥夺或者限制公民的人身自由，禁止非法搜查公民的身体。”这是关于宪法上的人身自由的规定。据此，《刑法》《刑事诉讼法》《行政处罚法》《治安管理处罚法》《妇女权益保障法》等法律对保障人身自由也有相关规定。《民法典》第 109 条中也规定了自然人的人身自由受法律保护。为进一步落实宪法的规定和精神，加强对自然人人身自由的保护，协调与其他法律相关规定之间的关系，本条规定了非法剥夺、限制他人行动自由和非法搜查他人身体的法律后果。

二、构成要件

首先是非法剥夺、限制他人行动自由。本条所谓的行动自由，指的是身体行动的自由，不包括意志的自由或者精神活动的自由。非法剥夺、限制他人行动自由在实践中的方法多种多样，可能的方法之一是非法拘禁，但也有可能是其他方法，例如非法逮捕、拘留，非法绑架，非法强制住院治疗①或者隔离治疗，监护人伪造文件导致医疗机构对患者实施强制住院治疗，在他人洗浴时将他人衣服藏起使其无法离开，实施自助行为时不合法地限制他人行为自由，债权人讨债而限制债务人的行动自由等。英美法中，甚至在受害人因睡眠、醉酒等原因陷入无意识状态时将其监禁也构成侵害行动自由。

同时，剥夺、限制他人行动自由必须是非法的。例如，《刑事诉讼法》第84条规定："对于有下列情形的人，任何公民都可以立即扭送公安机关、人民检察院或者人民法院处理：（一）正在实行犯罪或者在犯罪后即时被发觉的；（二）通缉在案的；（三）越狱逃跑的；（四）正在被追捕的。"如果行为人据此依法扭送

---

① "任某诉某医院等侵权纠纷案"，河南南阳中院（2008）南民一终字第207号：房管中心接举报后，将行为过激的员工任某送到精神病医院，强制治疗16天。同年5月，任某将房管中心领导打伤致轻伤，经鉴定任某系精神分裂症。任某不服，申请重新鉴定，结论为"未见精神病，有民事行为能力和诉讼行为能力""出现情绪反应与其被送入医院治疗一事具有因果关系"。法院认为：已有鉴定结论只能证实任某在鉴定当时而不能证明在2003年3月其被送入医院强制治疗时的精神状况。任某所在单位联系医院收治任某，医院及单位均未能举证证明任某该日精神异常，应承担举证不能责任。房管中心与任某发生纠纷时，认为任某患有精神病，未经任某本人和亲属同意，强行将其送入精神病院，具有明显过错，应承担主要责任。医院作为精神病治疗专科医院，偏信一面之词，对非精神病人做出精神病人误诊，致使任某丧失人身自由，医院具有明显过错，应承担次要责任。判决医院和房管中心在单位全体职工会议上向任某赔礼道歉、消除影响，并连带赔偿任某15万余元。"张某与杨某名誉权纠纷案"，载《人民法院案例选》2002年第3辑（总第41辑），法院认为：张某发现杨某与汪某合影照片及汪某病历、检验报告单后，怀疑杨某有外遇，经常与杨某发生纠纷，并采取一些过激行为属实，杨某由此认为张某精神失常，缺乏充足事实依据。杨某以张某行为反常为由将张某送入精神病医院，理应告知张某亲属，并求得谅解，但杨某并未征得张某亲属同意，强行将张某送入精神病医院，在居住地居民中造成了不良影响，杨某行为侵害了张某人格尊严，造成张某较大精神痛苦，其行为主观上有过失，客观上造成了对张某名誉权侵害，应承担相应法律责任。张某要求杨某赔礼道歉、消除影响，应予支持。杨某行为造成张某精神痛苦，张某要求杨某赔偿精神抚慰金请求，亦应支持。判决杨某以不少于100字的书面形式在张某住所地居民区内向张某赔礼道歉、消除影响，杨某赔偿张某精神抚慰金5000元。

他人的，则不是非法剥夺、限制他人行动自由。① 实施合法的正当防卫、紧急避险或者自助行为而限制他人行动自由的，也不是非法的。

同样，如果国家机关依据法律规定的权限和程序限制或者剥夺人身自由的，也不构成非法剥夺或者限制他人行动自由。逮捕和其他限制人身自由的强制措施和处罚，只能由法律规定。《宪法》第 37 条第 2 款明确规定："任何公民，非经人民检察院批准或者决定或者人民法院决定，并由公安机关执行，不受逮捕。"依照《立法法》第 8 条第 5 项规定，限制人身自由的强制措施和处罚只能制定法律。《刑事诉讼法》第 80 条、《行政处罚法》第 9 条等也对此明确规定。据此，《刑法》《刑事诉讼法》《行政处罚法》《行政强制法》《精神卫生法》《传染病防治法》《禁毒法》等法律对剥夺和限制他人人身自由作出了相关规定。例如，《刑事诉讼法》第 302 条规定："实施暴力行为，危害公共安全或者严重危害公民人身安全，经法定程序鉴定依法不负刑事责任的精神病人，有继续危害社会可能的，可以予以强制医疗。"《行政强制法》第 20 条规定："依照法律规定实施限制公民人身自由的行政强制措施，除应当履行本法第十八条规定的程序外，还应当遵守下列规定：（一）当场告知或者实施行政强制措施后立即通知当事人家属实施行政强制措施的行政机关、地点和期限；（二）在紧急情况下当场实施行政强制措施的，在返回行政机关后，立即向行政机关负责人报告并补办批准手续；（三）法律规定的其他程序。实施限制人身自由的行政强制措施不得超过法定期限。实施行政强制措施的目的已经达到或者条件已经消失，应当立即解除。"又如，《传染病防治法》第 39 条第 1、2 款规定："医疗机构发现甲类传染病时，应当及时采取下列措施：（一）对病人、病原携带者，予以隔离治疗，隔离期限根据医学检查结果确定；（二）对疑似病人，确诊前在指定场所单独隔离治疗；（三）对医疗机构内的病人、病原携带者、疑似病人的密切接触者，在指定场所

---

① 如果行为人仅凭猜疑而进行扭送，则不属于合法扭送，应承担侵权责任。"张某诉杨某等自行捉拿违法犯罪嫌疑人造成侵权赔偿案"，载《人民法院案例选》2004 年民事专辑（总第 48 辑）。法院认为：公民依法可扭送对象除了法定的以外，其他即便是已犯罪，需追究刑事责任的人，亦须严格按《刑事诉讼法》规定程序，由司法机关对其采取相应强制措施，公民无权扭送。本案中，杨某等在无任何证据的情况下将张某误认为是小偷，对围观群众公开声称张某偷了其家中财物，并将张某扭送至派出所，致使张某身体和名誉均受侵害。张某作为一名中学生，无端遭此事件，身心受到很大伤害，且影响学习，故杨某等应赔偿张某经济损失、赔礼道歉、恢复名誉，同时判决杨某赔偿张某精神损害抚慰金 2000 元。

进行医学观察和采取其他必要的预防措施。”“拒绝隔离治疗或者隔离期未满擅自脱离隔离治疗的，可以由公安机关协助医疗机构采取强制隔离治疗措施。”《禁毒法》第38条第1、2款规定：“吸毒成瘾人员有下列情形之一的，由县级以上人民政府公安机关作出强制隔离戒毒的决定：（一）拒绝接受社区戒毒的；（二）在社区戒毒期间吸食、注射毒品的；（三）严重违反社区戒毒协议的；（四）经社区戒毒、强制隔离戒毒后再次吸食、注射毒品的。”“对于吸毒成瘾严重，通过社区戒毒难以戒除毒瘾的人员，公安机关可以直接作出强制隔离戒毒的决定。”

其次是非法搜查他人身体。实践中，发生了超市、商场等非法搜查他人身体的行为，这些行为往往以限制行动自由为前提，同时涉及自然人对自己身体的权利，侵害了自然人的人格尊严。① 非法搜查他人身体，必须是对他人身体的搜查。

---

① “钱某诉上海屈臣氏日用品有限公司等侵害名誉权案”，上海市第二中级人民法院（1998）沪二中民终字第2300号。本案中，1998年，青年女子钱某被超市店员搜身并被迫解扣脱裤接受检查2小时。法院认为：超市将钱某滞留店中做检查，不仅时间长达近2小时，其间还出现钱某解扣脱裤接受检查事实。超市行为违反了《宪法》和《民法通则》有关规定，侵犯了钱某人格权，对此，应向钱某赔礼道歉。钱某要求超市对其精神损害进行赔偿，理由正当，应予支持。关于精神损害赔偿数额，应依法根据侵权人过错程度，侵权行为具体情节，对受害人造成的精神损害后果和影响，以及我国司法实践等情况，由法院酌定。判决超市赔偿钱某1万元。“倪某、王某诉中国国际贸易中心侵害名誉权纠纷案”，载《最高人民法院公报》1993年第1期。法院认为：法律赋予公民名誉权是一种人格权利，它与公民名誉和人格尊严密切相关。超市工作人员怀疑王某偷拿市场货物，本应依法定程序提交法定机关调查处理，但却未这样做，而是在无确凿证据的情况下，在公众场合叫住王某，问其是否将未交费货物带出市场。问话虽婉转，但贬意显露。该问话不仅足以使王某感到其社会地位已遭贬低，且实际影响了对王某品德、声望、信用等方面应有的社会评价，故王某名誉受损。超市工作人员又根据市场无效公告，声称有权检查顾客物品，将王某带进市场内继续逼问。在此情况下，尽管形式上王某自行打开提包、解开衣扣、摘下帽子让市场工作人员查看，但其实质是市场工作人员对顾客的搜查。这种搜查只有法定机关才有权行使，故超市工作人员的行为，已严重侵害王某依法享有的名誉权。超市工作人员是在工作岗位上履行超市为其规定的职责时对王某实施的侵权行为，其侵权责任依法应由超市承担。该案由超市致歉并给付原告2000元经济损失和精神损害补偿后，原告撤诉。

此外，有法院判决认为，超市要求顾客购物前存包作为一种普遍经营措施，不因顾客在主观上认为人格尊严受侵犯而认定超市侵犯人格权。在“陈某诉某超市侵犯人格权案”（江苏省徐州市中级人民法院（2004）徐民一终字第1933号）中，法院认为：人格尊严具有主观因素，又具有客观因素，判断人格尊严是否受侵犯，应综合判断，如社会和他人并未认为某行为不尊重相对人，相对人的人格尊严并未因此受损，即使主观上相对人感知人格尊严受侵犯，亦不能作为侵权之准据。本案中，超市要求陈某存包方能购物，该制度性规定构成强制。在当今经济发展状况和社会文明程度下，要求消费者存包是超市采取的一种较为普遍的经营措施。陈某主观上虽认为尊严受损，但并不因此丧失社会地位和社会尊重。在社会条件尚不具备的情况下，如因个别消费者认为超市强制存包侵犯其人格尊严而取消存包制度，认为超市店员巡视、电子监控侵犯尊严而取消，那么将危及整个超市业正常发展，最终损害的是包括陈某在内的所有消费者的利益，故超市要求存包的做法不构成侵权，判决驳回陈某诉请。

如果是非法搜查他人住宅等，不适用本条，可以适用《民法典》关于隐私权的规定。此外，搜查身体的行为必须是非法的。如果是依照《刑事诉讼法》等法律的规定对他人身体进行搜查，不构成非法搜查他人身体。

三、法律后果

本条进一步规定，以非法拘禁等方式剥夺、限制他人的行动自由，或者非法搜查他人身体的，受害人有权依法请求行为人承担民事责任。受害人有权依法请求行为人承担民事责任，这意味着，如果《民法典》和其他法律的规定对行为人承担民事责任要求具备其他的责任构成要件，或者进一步对责任后果予以细致规定的，应当依照其规定。例如，如果受害人依据《民法典》第 1165 条第 1 款请求行为人承担侵权损害赔偿责任的，还应当具备该款要求的损害和因果关系等要件。受害人请求精神损害赔偿的，应当符合《民法典》第 1183 条第 1 款的规定，即“侵害自然人人身权益造成严重精神损害的，被侵权人有权请求精神损害赔偿”。

（撰稿人：朱虎）

第三章　姓名权和名称权

第一千零一十二条　【姓名权】

自然人享有姓名权，有权依法决定、使用、变更或者许可他人使用自己的姓名，但是不得违背公序良俗。

◆ 条文释义

本条确认了姓名权的概念与权能，具体可以从如下几个方面来理解：

一、姓名权的概念和特征

所谓姓名权，是指自然人依法决定、使用、变更或者许可他人使用自己姓名的权利。简言之，姓名权是自然人对其姓名利益在法律上所享有的权利。姓名是指自然人的姓氏和名字，是自然人在社会中区别于他人的标志和代号。正如歌德所言："姓名就如人之皮肤般密切。"① 姓名的基本功能是防止个人身份的混淆，表彰个人的人格特征。

严格地说，姓和名是有区别的。姓最初代表了血缘和家族的归属，通常由一群人共用。姓字由"女"与"生"组合而成，许慎《说文解字》解释道："姓，人所生也。古之神圣母，感天而生子，故称天子，从女，从生，生亦声。"在现代社会，姓仍然是特定群体在社会中的标志。名，则是个人的代表符号，或者说是一种个人的标志。②《说文解字》称："名，自命也，从口夕，夕者冥也，冥不相见，故以口自名。"其意为因天黑而看不清楚对方，需要用口报名，使对方知道。③ 姓和名的组合，表现了个人对社会团体或血缘家族或某一类人的归属，也

---

① ［德］歌德：《歌德自传——诗与真实》，赵震译，志文出版社 1997 年版，第 203－204 页。

② 参见何晓明：《姓名与中国文化》，人民出版社 2001 年版，第 9 页。

③ 参见陈伟雄：《姓名工具书》，江西教育出版社 2010 年版，第 20 页。

表现了从个体到群体的关系。社会成员因为有了姓氏，而在群体符号和类符号的系统中具有特定位置，产生符号意义上的归属与认同，而姓的拥有者毕竟要落实到个人，人们彼此之间也要通过符号来区分地位、身份和义务。[①] 所以，每个自然人都有姓名，姓是一个血缘遗传关系的记号，名是“为使有个性之个体易于记忆之符号也”[②]。姓名是人的生理属性、社会属性的代号和标志，是每一个人用以表现自己的人格特征并区别于他人的符号，也是权利义务主体的标识，是标志权利义务主体的符号，因而，姓名也成为个人人格的独特标志。人作为社会中的人，需要与他人发生各种联系，并使自己与其他人区别开来，就有必要使用姓名[③]，因此，姓名不仅与个人人格有特殊的联系，而且其本身也体现了人格利益。

姓名权具有如下法律特征：

1. 主体是自然人。姓名权的主体仅限于自然人，法人及非法人组织虽然也有名称，但其并非姓名权的主体。如果自然人将其姓名作为法人的名称使用时，姓名已经转化为名称，受到名称权的保护。例如，在法国 1985 年著名的 Bordas 案判决中，其最高法院就曾认定，一个人的姓名，如果成为一个实体组织的名称，该姓名“就脱离了其原来指称的那个自然人，而适用于那个被冠名的法人，并因此而变成了一项无形财产”[④]。在我国，合伙、独资等类型的企业也常常使用个人的姓名作为其名称，在此情况下，个人的姓名也可以受到名称权的保护。

自然人生前对其姓名享有权利自不待言，自然人死亡后，是否还享有姓名权，值得探讨。在审判实践中，对于假冒已故画家之名作画、擅自以已故名人的姓名做广告等纠纷，是否应作为侵害死者的姓名权处理，存在不同做法。笔者认为，虽然姓名权具有极强的专属性，但自然人死亡之后，其姓名及与姓名联系在一起的利益并不会马上消失，死者虽不可以自己行使姓名权，但其死后，姓名可能被他人所非法使用，尤其对名人而言，利用其姓名可以获取一定的经济利益，[⑤] 这时就有必要对死者的姓名利益进行保护。

---

① 参见纳日碧力戈：《姓名论》，社会科学文献出版社 2002 年版，第 24－25 页。
② 龙显铭：《私法上人格权之保护》，中华书局 1948 年版，第 87 页。
③ 参见董炳和：《死者姓名的民法保护》，载《法学》1997 年第 12 期。
④ Cass. com. , 12 mars 1985, Bull. civ. Ⅳ, n°95.
⑤ 参见董炳和：《死者姓名的民法保护》，载《法学》1997 年第 12 期。

2. 客体是姓名利益。姓名作为自然人表彰自己、区别他人的符号，必须以文字形式表现出来，不能仅仅是一个符号。在我国，除某些少数民族的人名比较特殊以外，汉族和多数少数民族的姓名主要有四种形式，即单姓单名（如李白、杜甫）、单姓双名（如曹雪芹、白居易）、复姓单名（如司马迁、诸葛亮）、复姓双名（如司马相如、上官云珠）。[①]

姓名权的客体主要是指本名，本名需要登记，在个人身份证上记载的和正式的法律文件中签署的都应当是本名，更改本名需要遵守严格的法律程序。除本名之外的其他名称是否受到保护，需要作具体分析。姓名作为表现自己、区别他人的符号，总是与某个特定的个人联系在一起，可以说，它是个人人格的基本特征，在法律上只有本名才是个人在法律上受到承认的符号。那些个人使用的笔名、艺名等，虽然具有一定的社会知名度，能够代表某人、表现某人的特征，但只能参照姓名权的相关规定予以保护，其本身不是姓名权的客体。

3. 属于标表型的人格权。姓名权既可以单独标明个人人格特征，也可以与肖像权等权利相结合以实现标表的功能。正因为姓名权是一种标表型的人格权，所以权利人既可以自己使用，也可以许可他人使用。例如，“杂交水稻之父”袁隆平有权允许“袁隆平农业高科技股份有限公司”有偿使用其姓名，并从中获取一定的经济利益。[②] 同时，姓名权的标表型权利性质也决定了姓名权的内容应包括决定、使用和改变姓名的权利。

4. 包含了精神利益和财产利益。姓名权具有强烈的人身专属性，但姓名权并不仅仅包含精神利益，随着姓名权许可利用实践的开展，姓名权中的经济价值日益凸显。姓名作为个人人格个性的表达，体现了权利人的精神利益，但同时，姓名尤其是名人的姓名，往往和一定的声誉、名望等联系在一起，对商品和服务的宣传或者销售具有一定的促进作用，因而具有一定的经济价值。非法利用他人姓名，可能获得一定的不当利益。因此，依据《民法典》第 1012 条的规定，姓名权是自然人依法自己使用，并可以许可他人使用自己姓名的权利，可见，姓名权中同时包含精神利益和经济价值。

---

① 参见何晓明：《姓名与中国文化》，人民出版社 2001 年版，第 9 页。

② 参见韩命军等：《“杂交水稻之父”缘何“卖名”》，载《北京晚报》2000 年 9 月 3 日，第 3 版。

二、姓名权的内容

依据《民法典》第1012条，姓名权是自然人依法决定、使用、变更或者许可他人使用自己姓名的权利，可见，姓名权的内容包括姓名的决定权、使用权、许可使用权、变更权四个方面。

（一）姓名决定权

姓名决定权亦称命名权，它是指自然人决定自己的姓名的权利。为自己命名是自然人享有的基本权利。自然人不仅有权决定自己的姓名，而且有权决定自己的艺名、笔名、化名、别名。自然人取得正式姓名，应依法办理有关手续。虽然自然人自出生时起就应有代表自己的专有符号，但自然人在出生后、没有意思能力之前，是不可能实际行使其命名权的。所以，对无民事行为能力的自然人，应由其监护人为其命名，限制民事行为能力的自然人决定自己的姓名也应征得其监护人同意。自然人成年并取得完全民事行为能力之后，有权依据自己的意志决定自己的姓名，其监护人应尊重其命名权，不应妨碍本人行使命名权。当然，自然人在命名时应当依法办理登记手续。从司法实践来看，姓名权虽然是私权，但有的法院也肯定公安户籍部门的管理与批准权能。例如，在“高小妹诉上海市公安局浦东分局其他（公安）案”中，上海市高级人民法院就认为，“根据《户口登记条例》《上海市常住户口管理规定》的规定，自然人的姓名属户口登记项目，被上诉人公安浦东分局作为负责本辖区内户口管理工作的户口管理机关，具有批准居民姓名变更登记的行政职权”。①

姓名决定权还包括要求他人尊重自己姓名的权利。姓名是对一个人的标识，因此在一定范围之内，姓名往往与特定的个人联系在一起，对于姓名的尊重就是对姓名权人人格的尊重，以侮辱性方式恶意利用他人的姓名（如因与某人素有怨仇，而将自己的狗取名为某人的名字），这也侵害了他人的人格尊严，构成对他人姓名权的侵害。

（二）姓名使用权

姓名使用权是指自然人使用自己的姓名以明确自己身份，从事各种社会活动，满足自己物质和精神方面需要的权利。自然人设立姓名的目的是表现其个人

---

① 上海市高级人民法院（2010）沪一中行终字第8号行政判决书。

特征，并与社会其他成员相区别，同时，只有以自己的姓名从事各种社会活动，才能为自己取得权利和设定义务，因此，自然人使用自己的姓名是其姓名权的基本内容。依据法律的规定，在某些情况下，自然人必须使用正式的姓名，比如在有关书面文件和证件上签字。在此情况下，使用自己的姓名既是自然人的权利，也是自然人的义务。但是，在某些情况下，自然人可以使用自己的姓名，也可以不使用自己的姓名。自然人有权保有自己的姓名，免于他人非法使用。

（三）姓名许可使用权

姓名许可使用权，即姓名权人有权依法许可他人使用自己的姓名，如利用其姓名作商标、广告等。姓名权具有强烈的专属性，即使在重名的情况下，姓名也代表了不同的人格特征。所以姓名始终与个人人格联系在一起，不可在整体上作为财产加以转让。但是，姓名具有利用的价值，尤其是就一些公众人物的姓名而言，其对有关产品或者服务的宣传能够起到一定的促进作用。因此，我国《民法典》第993条明确承认，民事主体可以许可他人使用自己的姓名。这就是说，自然人可以依法允许他人使用自己的姓名从事民事活动，如允许他人以自己的名字为某个企业命名，或以某人的名义从事项目研究、做广告宣传等。这就是说，姓名权也可以进行许可使用，权利人通过许可他人使用自己的姓名可以获得一定的物质利益，此种权利亦受法律保护。在市场经济社会，自然人的姓名，特别是名人的姓名，体现了一定的财产利益，可能对产品和服务产生一定的广告或促销作用，或者姓名本身就体现了一定的商业价值，所以姓名权在内容上也包括姓名的利用权。

（四）姓名变更权

姓名变更权亦称姓名改动权，它是指自然人依照规定改变自己姓名的权利。这是自然人姓名决定权的自然延伸。自然人在确定姓名以后，可能会出于各种原因而要求改变自己的姓名，如当初取名时考虑不够周密，或姓名带有极强的时代特点等。随着年龄的增长和时代的变化，自然人可能会不满意自己的姓名，而要求更改。自然人无论出于何种原因改名，只要符合法律规定，都应当允许。例如，某中学生征得其父亲的同意，要求变更自己的姓名，民警要求其必须提供与他人重名的事实才能更改。[①] 笔者认为，对姓名权的更改进行一定的限制是必要的，由于自然人已参与各种法律关系，其姓名的改变必然会涉及他人和社会的利益，因此自然人改名必须按有关规定办理，并且需要在户籍登记机关办理更名手续。

需要指出的是，对姓名的更改也必须符合法律法规的相关规定，具体来说：

一是权利人自己主张变更姓名的，其应当具备完全民事行为能力。因为姓名权是个人基本的人格权，不仅体现了婚姻、血缘关系，而且体现了一定的身份关系，尤其是姓名权的变更还涉及他人利益和社会公共利益，所以，为了防止姓名的变更对权利人本人和他人产生不利影响，权利人自己主张变更姓名时，其应当具有完全民事行为能力。未成年人姓名的变更应当取得其父母的同意。

二是姓名的变更应当符合命名的一般规则，依据《居民身份证法》第 4 条的规定，自然人的姓名应当使用规范汉字和符合国家标准的数字符号，变更后的姓名应当符合该条规定的要求。如在“赵 C 姓名权案”中，某人使用“赵 C”命名，公安机关拒绝进行变更登记，因此发生争议。二审法院认定，根据《居民身份证法》及《国家通用语言文字法》规定精神，居民身份证姓名登记项目应当使用规范汉字填写，据此，赵 C 须更改名字。[②]

三是不得损害他人的在先权利。姓名的变更也不得损害他人的在先权利，不得恶意与他人姓名混淆。例如，在“湖南王跃文诉河北王跃文等侵犯著作权、不正当竞争纠纷案”中，原告湖南王跃文曾因创作过系列官场题材小说而知名，《国画》是其创作的又一畅销书籍，这些作品均以“王跃文”署名，该署名对读者（消费者）具有一定的吸引力，被告将其姓名改为王跃文，后出版《国风》一书，并在其作者简介中作出对消费者具有误导性的描述，以达到推销自己作品的目的。法院认为该行为构成不正当竞争，责令其停止侵害行为，并承担损害赔偿责任。[③] 在该案中，行为人变更姓名的行为就损害了他人的在先权利。

四是必须符合法律规定和公序良俗。姓名的变更应当符合法律规定的条件和法定程序。《民法典》第 1112 条规定：“养子女可以随养父或者养母的姓氏，经当事人协商一致，也可以保留原姓氏。”被收养人可以改成收养者的姓氏，亦可

---

① 《少女逢考必败威胁父亲三天内给其改名不然就退学》，载《重庆晨报》2012 年 3 月 30 日。

② 参见《“赵 C 姓名权”案尘埃落定》，载《江淮晨报》2009 年 2 月 27 日。

③ 参见《最高人民法院公报》2005 年第 10 期。

维持原有姓氏，亦可改成收养人直系长辈血亲的姓氏。自然人更改艺名、笔名、化名，并不需要办理法定的改名手续，但如果自然人更改自己的正式姓名，则应当办理相关的变更登记手续。依据《户口登记条例》第 18 条的规定，未满 18 周岁的自然人变更姓名时，由本人或者其父母、收养人向户口登记机关申请变更登记；18 周岁以上的自然人变更姓名时，则由本人向户口登记机关申请变更登记。自然人申请变更姓名时，应当符合该条规定。此外，自然人变更姓名时，也不得违背公序良俗。例如，某人因超生被罚款 3 万元，将其孩子改名为“三万一郎”，该姓名虽然使用的是规范的汉字，但该姓名的变更不符合社会公德。

三、姓名权的行使

姓名权是一项重要的人格权，但权利人行使姓名权必须遵守法律规定的必要条件，《全国人民代表大会常务委员会关于〈中华人民共和国民法通则〉第九十九条第一款、〈中华人民共和国婚姻法〉第二十二条的解释》规定，自然人依法享有姓名权。自然人行使姓名权，还应当尊重社会公德，不得损害社会公共利益。该规定对自然人的姓名权的行使作出了必要的限制。作出此种限制的主要目的是保护自然人更好地行使其姓名权，并维护社会利益和社会公德。对姓名权的法律限制主要体现在如下几点：

第一，自然人从事重要的法律行为时，负有使用其在户籍本和身份证上记载的正式姓名的义务。如前所述，自然人除了可以使用正式姓名以外，还可以使用别号、笔名、艺名、堂名等。但是由于自然人的正式姓名是经过登记并记载于户口簿上的符号，且每个自然人只能有一个正式姓名，所以它最能直接表明自然人的人格。与本名相比，其他姓名并不一定具有社会公开性，他人也不一定能够准确识别，在发生纠纷后，也不利于纠纷的有效解决。因此，当个人实施重要的法律行为时，应当使用其本名，尤其是与身份证上记载的本名相一致。如果允许自然人在这些场合使用笔名、化名、别号等，必然会导致法律关系的混乱，使权利义务主体不明确，从而影响社会经济秩序和自然人的个人利益。例如，在取得、设立、移转或变更财产权，或者在具有法律意义的证书、合同及其他文件上签字等情形下，个人应当使用自己的正式姓名。此外，自然人向司法机关作证、接受司法机关的合法调查等，亦必须使用正式姓名。对自然人出于某种非法目的（如企图偷税漏税等）而不使用其正式姓名的行为，应追究其法律责任。

第二，不得滥用姓名权。自然人的姓名权依法受法律保护，但权利人必须正当地、合法地行使其姓名权，不得滥用姓名权损害他人利益和社会利益。滥用姓名权的范围非常广泛，诸如随意更改姓名造成权利义务关系混乱，以违背公共道德和善良风俗的方式而允许他人使用自己的姓名，甚至非法转让自己的姓名等，都可构成滥用姓名权。严格地说，基于不正当目的而改名换姓也是一种滥用更名权的行为。一般来说，滥用姓名权的行为人主观上具有过错，在许多情况下表现为恶意（如为了重婚、偷税而更改姓名），在客观上均造成了危害他人和社会利益的后果，所以，对滥用姓名权的行为人应依法追究法律责任。个人虽然有权决定和变更自己的姓名，但不得滥用该权利。例如，张三因与李四发生纠纷，将自己的姓名变更为李四父亲的姓名，该行为即构成滥用姓名变更权的行为。

第三，个人使用自己姓名不得损害他人的在先权利，也不得恶意与他人的姓名或者名称混淆。此种行为主要发生在姓名权商业化利用的情形，例如，个人在商业广告宣传中使用自己的姓名，故意与他人的姓名或者名称混淆，此种行为也属于不当使用自己姓名权的行为。例如，在“宝钢集团、宝钢股份与舞钢市宝钢金属材料有限公司侵犯商标专用权及不正当竞争纠纷案”中，宝钢集团是在同行业和普通消费者中具有较高知名度及良好商业信誉的大型国有企业，其品牌价值已为公众所认同，舞钢市宝钢金属材料公司称因其法定代表人名字中包含“宝钢”字样，因此，其在企业宣传中使用“宝钢”名称，后宝钢集团在法院提起诉讼，二审法院认为，舞钢市宝钢金属材料公司不得在其企业名称中使用“宝钢”字号。① 该案虽然属于名称权纠纷，但也构成个人滥用其姓名权损害他人的在先权利。

第四，姓名权的行使不得违反法律法规，不得违背公序良俗。姓名权作为一种民事权利，其行使应当遵循民事权利行使的一般规则，不得违反法律法规，不得违背公序良俗。例如，在欧洲，一些国家如比利时等对父母为子女命名设有严格的限制，认为对孩子的命名不仅涉及其人格利益，也涉及公共利益，如果政府有关机构认为父母对孩子所取的名字不适当，可以拒绝登记。② 因此，在对姓名

---

① 参见河南省高级人民法院（2013）豫法知民终字第39号民事判决书。

② See James Q. Whitman, “The Two Western Cultures of Privacy: Dignity Versus Liberty”, Yale Law Journal, April, 2004.

权的相关内涵进行解释，尤其是在赋予个人对其姓名的命名权时，应当考虑我国特定的文化传统和道德伦理背景。因此，《全国人民代表大会常务委员会关于〈中华人民共和国民法通则〉第九十九条第一款、〈中华人民共和国婚姻法〉第二十二条的解释》规定，自然人行使姓名权，还应当尊重社会公德，不得损害社会公共利益。

需要指出的是，上述情形只是对姓名权行使的几种限制，按照"法不禁止即自由"的私法基本原则，除上述情形外，个人应当有权自由行使其姓名权，他人不得非法干涉。

（撰稿人：王利明）

第一千零一十三条　【名称权】

法人、非法人组织享有名称权，有权依法决定、使用、变更、转让或者许可他人使用自己的名称。

◆ 条文释义

一、名称权的概念和特征

本条确认了名称权的概念与内容。名称权是法人、非法人组织对其名称依法享有的使用、变更、转让或者许可他人使用的权利。换言之，是法人、非法人组织对其用以确定和代表自身并区别于他人的符号和标记所享有的权利。除《民法典》人格权编之外，我国《公司法》《合伙企业法》《个人独资企业法》《商标法》《反不正当竞争法》等都对名称权的保护作出了规定，而《民法典》主要从名称权作为权利人人格权的角度对其进行确认和保护。

名称权具有如下法律特征：

第一，名称权的主体是法人、非法人组织。名称是法人、非法人组织所享有的称呼。名称权与姓名权不同，姓名权的主体是自然人，因为姓名是自然人的人格标志，是专属于自然人的人格利益，法人和非法人组织无法享有姓名权；而名称权的主体则是法人和其他组织，自然人无法享有名称权。《民法典》第110条第2款对法人和非法人组织的名称权作出了规定，法人名称权为法人所依法享有，无论是企业法人，还是机关、事业单位法人，都应当具有自己的名称，对其名称享有名称权。具有自己的名称是社会组织成为法人的一个重要条件，也是某一法人区别于其他法人的重要标志。所谓非法人组织名称权，是指法人之外的合伙企业、社会团体等组织对其名称所享有的权利。法人名称权和非法人组织名称权的区别主要表现在主体上，即名称权的主体是否为法人。另外，两者适用的法律规则不同，法人名称权的保护除适用《民法典》外，还要适用《公司法》等法律，而非法人组织名称权的保护则主要适用《民法典》等法律。

第二，名称权的客体是名称利益。名称是社会组织表征自己主体资格的字号，是某个组织区别于其他组织的外在标志。而且名称并不受团体成员变动的影响，从这一意义上说，名称权也具有一定的“专属性”。① 有观点认为，法律之所以要保护法人的人格权，主要是为了保护“自然人以团体的形式而存在的人格利益”。② 笔者认为，此种观点并不妥当，因为法人和非法人组织作为法律上的实体，本身有自己独立的人格，应当有自身的标识，使其与其他主体能够相区分。所以，非经权利人同意，其他主体不得使用，对名称的非法利用，也会造成他人人格利益的损害。因此，保护法人和非法人组织的名称权，主要是为了保护其与其他法人、非法人组织相区分而产生的人格利益。

虽然法人、非法人组织的简称也是法人、非法人组织的称谓，但简称不同于名称，关于简称能否受到名称权的保护，值得探讨。许多法人、非法人组织的简称具有一定的社会知名度，能够为相关公众所知悉，应当受到法律保护。例如，“腾讯”“阿里”“清华”等，都是相关主体的简称，并为社会公众广泛了解，应当受到法律保护。在“山东起重机有限公司与山东山起重工有限公司侵犯企业名称权纠纷案”③ 中，最高人民法院认为，对于具有一定市场知名度，为相关公众所熟知并已实际具有商号作用的企业或者企业名称的简称，可以视为企业名称。如果经过使用和公众认同，企业的特定简称已经为特定地域内的相关公众所认可，具有相应的市场知名度，与该企业建立起了稳定联系，已产生识别经营主体

① 参见房绍坤、曹相见：《法人人格权的立法论分析》，载《山东社会科学》2016年第12期。
② 参见薛军：《法人人格权理论的展开》，载《上海财经大学学报》2011年第6期。
③ 最高人民法院（2008）民申字第758号民事裁定书，载《最高人民法院公报》2010年第3期。

的商业标识意义，他人在后擅自使用该知名企业简称，足以使特定地域内的相关公众对在后使用者和在先企业之间发生市场主体上的混淆，进而将在后使用者提供的商品或服务误认为在先企业提供的商品或服务，造成市场混淆，在后使用者就会不恰当地利用在先企业的商誉，侵害在先企业的名称权，也属于不正当竞争行为。在他人盗用、冒用法人、非法人组织的简称时，权利人应当有权请求行为人承担侵权责任。因此，《民法典》第1017条规定："具有一定社会知名度，被他人使用足以造成公众混淆的笔名、艺名、网名、译名、字号、姓名和名称的简称等，参照适用姓名权和名称权保护的有关规定。"当然，从该条规定来看，并不是所有的简称都应当受到法律的保护，只有那些具有一定的社会知名度，为相关公众所知悉的简称，才能受到法律保护。除简称外，法人、非法人组织名称中的字号、徽标等，如果具有一定的知名度，他人使用足以导致公众混淆的，也应受到法律保护。

第三，名称权的取得、变更、转让必须符合法定的程序。自然人的人格权大多是随主体的产生而自然产生的，不需要通过一定的程序而取得。但是，名称权作为法人或非法人组织的人格标志，其取得具有特殊性。也就是说，在设立法人或非法人组织的过程中，应当依法对其名称进行审批或核准，法人或非法人组织不能擅自命名。而且，法律对名称的选定、使用等也进行了明确的规定。尤其是企业对其依法选取的名称必须进行登记才能成为法律所保护的名称权。名称的取得一般要求经过登记，名称权原则上需要经过有关机关核准登记才能产生，我国《企业法人登记管理条例》第10条第1款规定："企业法人只准使用一个名称，企业法人申请登记注册的名称由登记主管机关核定，经核准登记注册后在规定的范围内享有专用权。"依据该规定，企业名称只有经过登记才能取得名称权，法律上对企业名称也有特殊的要求，个人独资企业对其名称享有名称权。《个人独资企业法》第8条第1项规定，设立个人独资企业应当有合法的企业名称。第11条规定："个人独资企业的名称应当与其责任形式及从事的营业相符合。"

当然，按照《最高人民法院关于审理不正当竞争民事案件应用法律若干问题的解释》第6条第1款的规定，"企业登记主管机关依法登记注册的企业名称，以及在中国境内进行商业使用的外国（地区）企业名称，应当认定为反不正当竞争法第五条第（三）项规定的'企业名称'。具有一定的市场知名度、为相关公众所知悉的企业名称中的字号，可以认定为反不正当竞争法第五条第（三）项规定的‘企业名称’”。因此，在特殊情形下，即便企业名称没有登记注册，但如果其已经具有一定的社会知名度，为社会公众所知悉，也可视为企业名称，受名称权法律制度的保护。

第四，名称权具有专有性。名称权属于法人等社会组织专有，非经转让等合法移转方式，其他经营单位不得使用。对于自然人的姓名权来说，在同一地区内，法律不禁止自然人取与他人相同的姓名，但在同一地区，法律却不允许社会组织取相同的名称。如《企业名称登记管理规定》第6条规定，企业只准使用一个名称，在登记主管机关辖区内不得与已登记注册的同行业企业名称相同或者近似。确有特殊需要的，经省级以上登记主管机关核准，企业可以在规定的范围内使用一个从属名称。由此可见，社会组织，尤其是企业的名称具有独占性和排他性，任何人都不得以各种方式盗用、冒用法人等社会组织的名称，损害其财产利益和对外信誉。《反不正当竞争法》第6条第2项规定，在市场交易中，经营者擅自使用他人有一定影响的企业名称、社会组织名称或者姓名，引人误认为是他人的商品或者与他人存在特定联系，就会构成不正当竞争行为。

第五，名称权具有标表型。名称是一个法人或者非法人组织表彰自己的主体身份的重要外在标志，也是其区别于其他法人或者非法人组织的重要特征。从人格权的分类角度讲，名称权和自然人的姓名权都可以归为标表型人格权。对某些特殊形态的企业来说，法律上要求其在名称中表明其所采取的组织形态。例如，《公司法》要求有限责任公司和股份有限公司在其名称中都必须表明其所采取的公司形态。《合伙企业法》第62条规定，有限合伙企业名称中应当标明“有限合伙”字样。有限合伙的名称中应当标明“有限合伙”的字样，这主要是因为在有限合伙中，有限合伙人要承担有限责任，为了使第三人能够知悉某企业为有限合伙，法律特别要求注明该字样，以便与其他合伙区别开来。

第六，名称权具有财产属性和人格属性。名称权不同于姓名权，虽然姓名权中也同时包含精神利益和经济价值，但其主要是一种精神性的人格权，在侵害姓名权的情形下，权利人有权请求行为人承担精神损害赔偿责任和财产损害赔偿责任。而名称权则具有较为突出的财产属性，其经济价值可以用货币进行评估，并且可以依法转让。名称权又称为商事人格权，与人格尊严保护并不相关，也正是因为这一原因，在名称权遭受侵害的情形下，行为人侵害的主要是法人、非法人组织的人格标识利益，权利人遭受的通常是财产损失，而不包括精神损害。[①] 同时，姓名权具有很强的人身专属性，权利人虽然可以许可他人使用其姓名权，但不得转让其姓名权，而名称权的人身专属性较弱，权利人既可以许可他人使用其名称，也可以将其名称权转让。

需要指出的是，营利性法人以及合伙企业的名称权在遭受侵害后，还可以受到《反不正当竞争法》的保护。除此之外，还有大量的非营利性法人，其本身并不从事经营活动，对此类主体名称权的侵害，则无法通过《反不正当竞争法》予以保护，只能借助名称权的保护规则对其进行保护。在非营利性法人的名称权遭受侵害后，权利人虽然也可能遭受一定的财产损失，但多数情形下，权利人并不遭受财产损失，此时可以通过其他侵权责任承担方式对权利人进行救济。例如，在"浙江大学与浙江大学科慧软件有限公司侵犯名称权纠纷案"中，被告在其名称中使用了原告的名称，法院认为，"被告的行为客观上给原告的名称权造成了侵害，主观上存在过错，应依法承担相应的侵权责任。原告有权排除被告使用'浙江大学'名称，其要求被告立即停止名称侵权并办理工商变更登记手续的诉讼请求应予支持"。[②] 在该案中，原告浙江大学并不是营利性法人，在其名称权遭受侵害的情形下，法院就采取了赔偿损失之外的责任方式对其进行救济。

二、商号与名称

商号又称字号，它是商业主体依法申请登记，用以表示自己营业的名称，亦即商业主体在营业上所使用的名称。[③]《企业名称登记管理规定》第 7 条将商号等同于字号。例如，一些企业以"兴旺""鸿发"为名，这些都属于企业名称中的商号部分，尤其是一些老字号企业（如瑞蚨祥、全聚德等）甚至直接以其商号对外进行日常经营活动。商号具有如下几个特征：第一，商号只能由以营利为目的的商业组织享有，非商业组织不具有商号。第二，商号是经营者的外部标记。商号就是个体工商户为其商店、工厂等所起的名称，它是经营者的一个外部标记。如"×××酒店""×××理发店"等，但户主的姓名代表的是酒店、理发

---

① 参见樊涛：《我国民法典的制定与商事规范的构建》，载《法学杂志》2016 年第 11 期。

② 参见杭州市西湖区人民法院（2010）杭西知初字第 174 号民事判决书。

③ 参见刘清波：《商事法》，台湾商务印书馆 1986 年版，第 31 页。

店，而不是自然人个人，所以，个体工商户的字号与自然人的姓名是不同的。无论个体工商户的经营规模、经营范围如何，都可以起商号，也可以根据具体情况不起商号。拥有商号的个体工商户以商号的名义与他人形成民事法律关系，由此形成的一切权利义务通常由个体工商户承担。第三，商号通常是企业名称的核心组成部分。《企业名称登记管理规定》第 7 条第 1 款规定："企业名称应当由以下部分依次组成：字号（或者商号，下同）、行业或者经营特点、组织形式。"

应当看到，企业名称与商号有密切联系，依据《企业名称登记管理规定》第 7 条第 1 款和《企业名称登记管理实施办法》第 9 条的规定，企业名称一般应当由行政区划、字号、行业、组织形式依次组成。从上述规定来看，商号本身是企业名称的重要组成部分，同时，对同一行政区划内的企业而言，其行业、组织形式等可能具有很大的相似性，难以成为区分不同企业的标志，因此，商号是某一企业区别于其他企业的核心标志，可以说是企业名称的核心组成部分。但并不能将商号与企业名称等同，主要原因在于：

第一，二者的主体不同。商号通常用于指营利性的法人或者非法人组织的名称，即以营利为目的的法人和非法人组织，当然，依据《民法典》的规定，个体工商户也可以取商号①。而名称权的主体除此之外还包括公法人、财团法人、非营利社团法人等非商事主体。换言之，公法人、非营利法人都享有名称权，但并没有商号权②。可见，并非所有有名称的主体都有商号，而有商号的企业都必然有名称。

第二，二者的表现形式不同。《企业名称登记管理规定》第 7 条第 1 款规定："企业名称应当由以下部分依次组成：字号（或者商号，下同）、行业或者经营特点、组织形式。"可见，就营利性法人而言，商号是指其企业名称中的核心字段，而依据上述规定，名称除了包括商号外，还应当包括行业或者经营特点、组织形式等内容。例如，从事商业经营的企业通常要用"商贸集团"的名称，而从事房地产开发的企业名称中通常要体现"地产"这一行业特点。但对商号而言，通常

---

① 《民法典》第 54 条规定："自然人从事工商业经营，经依法登记，为个体工商户。个体工商户可以起字号。"

② 杨立新等：《〈中国民法典·人格权编〉草案建议稿的说明》，载王利明主编：《中国民法典草案建议稿及说明》，中国法制出版社 2004 年版，第 334 页。

并无此种要求。依据《企业名称登记管理规定》第 10 条的规定，私营企业甚至可以使用投资人姓名作为商号，例如，“王麻子剪刀”这一名称中就使用了“王麻子”为商号。

第三，是否需要登记不同。企业名称应当登记，非经登记不能取得，且法律上对名称的使用有明确的要求和规范，而商号则并不要求必须登记，① 而且法律也未对个体工商户的商号使用规则作出细化规定。

第四，是否构成不正当竞争不同。依据《反不正当竞争法》第 6 条第 2 项的规定，“擅自使用他人有一定影响的企业名称（包括简称、字号等）、社会组织名称（包括简称等）、姓名（包括笔名、艺名、译名等）”，“引人误认为是他人商品或者与他人存在特定联系”的，构成不正当竞争。依据该条规定，擅自使用他人的名称，引起混淆的，构成不正当竞争，但擅自使用他人名称中的商号是否构成不正当竞争，存在一定的争议，因为从本条规定来看，其只是规定了名称的擅自利用行为构成不正当竞争，而没有规定商号的擅自利用构成不正当竞争。② 从司法实践来看，擅自使用他人商号是否构成不正当竞争，有的法院持否定立场。例如，在“蜜雪儿服饰（北京）有限公司诉上海蜜雪儿服饰有限公司不正当竞争纠纷案”中，法院认为，“字号显然是企业名称中最具区别特征的组成部分，但按照《企业名称登记管理规定》，字号也仅仅是企业名称的一个组成部分，并不等同于企业名称本身”。③ 在该案中，法院认为，字号并不等同于名称，对企业字号的使用也不能产生与使用企业名称相同的法律后果。

三、名称权的内容

依据《民法典》第 1013 条规定，“法人、非法人组织享有名称权，有权依法决定、使用、变更、转让或者许可他人使用自己的名称”。具体而言，名称权的内容包括名称决定权、名称使用权、名称变更权、名称转让权以及名称许可使用权等权利。

（一）名称决定权

名称决定权是指法人、非法人组织决定自己名称的权利。自然人申请设立法

---

① 参见杨立新：《人身权法论》，中国检察出版社 1996 年版，第 442 - 443 页。

② 参见李友根：《论企业名称的竞争法保护——最高人民法院第 29 号指导案例研究》，载《中国法学》2015 年第 4 期。

③ 北京市第一中级人民法院（1997）一中知初字第 71 号民事判决书。

人、非法人组织成立之时必须确定名称，所以事实上在法人、非法人组织一开始成立之时，其名称权由投资人具体行使；法人、非法人组织的名称应当与其性质相适应。例如，有限责任公司与股份公司、合伙企业与独资企业等在名称的决定上有不同的要求，应当标明其性质，以免使公众发生混淆。再如，《合伙企业法》第56条规定："特殊的普通合伙企业名称中应当标明'特殊普通合伙'字样。"该法第62条规定："有限合伙企业名称中应当标明'有限合伙'字样。"在法律上，名称的选择应当符合法律的规定，例如，《企业名称登记管理规定》第9条规定："企业名称不得含有下列内容和文字：（一）有损于国家、社会公共利益的；（二）可能对公众造成欺骗或者误解的；（三）外国国家（地区）名称、国际组织名称；（四）政党名称、党政军机关名称、群众组织名称、社会团体名称及部队番号；（五）汉语拼音字母（外文名称中使用的除外）、数字；（六）其他法律、行政法规规定禁止的。"企业违反上述规定使用名称的，有关机关有权予以撤销，并追究其相应的法律责任。企业名称是否合规、是否存在同名等情况，均需要由工商行政管理部门加以审核，企业未经批准擅自使用相关名称的，则不应受名称权规则的保护，行为人也可能需要承担相应的法律责任。

（二）名称使用权

所谓名称使用权，是指名称权人有权对其名称在一定范围内享有独占使用的权利。名称权人有权自己使用也有权许可他人使用自己的名称。例如，企业法人和合伙组织对其字号享有专有使用权，可以以字号的名义注册登记、拥有动产和不动产、开立银行账户、申请商标登记、与第三人产生债权债务关系等；同时，也可以依法许可他人使用自己的名称，例如，通过设立分支机构或者连锁店等方式许可他人使用。企业取得名称权以后，其专用权的范围在法律上并没有明确的规定。在比较法上，许多国家将企业名称权的专用权限定在一定的行政区划和行业领域，超出了该区划和行业领域，企业就不享有专用权，其他企业可以使用相同或类似的企业名称。在我国，也有学者认为，企业名称具有地域性的特点。① 一般认为，企业名称经依法登记公示后，即产生名称权主体的独占

---

① 参见杨煜：《商标权与企业名称权冲突的分析》，载《上海市中级人民法院第二中院审判研究》第6期。

排他效力。在登记的地区内，他人不得再登记营业性质相同的名称；未经登记而使用的，构成侵害名称权。① 笔者认为，过去我国市场经济尚不发达，企业经营活动的地域性较强，加上受信息公开的技术条件的限制，名称权确实具有一定的区域性。但是，随着社会主义市场经济体制的逐渐完善、企业经营空间的扩张，尤其是互联网技术的发展促使信息便于公开，因而不应再将名称权限于登记的区域范围内享有，而应尽可能使企业的名称在超过特定登记的范围时也受到保护。

（三）名称变更权

所谓名称变更权，是指法人和非法人组织有权要求将其名称予以变更。与名称的决定类似，名称的变更也应当符合法定的程序，对名称决定的限制同样应当适用于名称的变更。例如，前述《企业名称登记管理规定》第7条的规定也当然适用于名称变更的情形。《民法典》第1016条规定，民事主体决定、变更自己的姓名、名称，或者转让自己的名称的，应当依法向有关机关办理登记手续，但是法律另有规定的除外。据此，民事主体变更自己的名称，应当办理登记手续，法律之所以作出名称变更登记的规定，是因为企业名称变更频繁会导致企业主体混乱，影响消费者的合理信赖，并且会危害交易安全。企业可能会因为合并、分立等发生相应的变动，此时，原有的名称已经不足以表达这些真实的信息，基于企业名称真实的原则，也需要对其名称作相应的变更，但应当将名称变更的信息对外公布，因此，民事主体变更名称也必须依法办理变更登记，否则，擅自改变企业名称的，将会受到限期办理变更登记等其他行政处罚。②

为了维护交易安全和秩序，保护民事主体的合法权益，企业名称的变更应当受到一定的限制。例如，《企业名称登记管理规定》第22条规定："企业名称经核准登记注册后，无特殊原因在1年内不得申请变更。"第26条第2项规定："擅自变更企业名称的，予以警告或者处以1000元以上、1万元以下罚款，并限期办理变更登记。"这些规定都对企业名称的变更作出了限制。

---

① 参见杨立新等：《〈中国民法典·人格权编〉草案建议稿的说明》，载王利明主编：《中国民法典草案建议稿及说明》，中国法制出版社2004年版，第334页。

② 参见杨立新：《人格权法》，法律出版社2011年版，第429页。

（四）名称转让权

名称权人有权转让其名称。名称权的转让是指名称权人将其名称全部让与某一个受让人，受让人成为该名称权的主体，这也是企业名称权不同其他人格权的重要特点。《民法典》第1016条规定，民事主体决定、变更自己的姓名、名称，或者转让自己的名称的，应当依法向有关机关办理登记手续，但是法律另有规定的除外。该条规定民事主体可以转让自己的名称，在转让名称时，应由转让方与受让方签订书面转让协议，并依法办理批准和登记手续。转让名称的协议生效后，受让人必须按照约定和登记的规定使用受让的名称，超出约定而使用的，仍可构成对名称权的侵害。根据《企业名称登记管理规定》第23条的规定，企业名称可以随企业或者企业的一部分一并转让。名称转让权主要具有如下特征：

第一，名称权转让的整体性。这就是说，名称权只能作为一个整体的权利让与某一个受让人。但是公司名称的转让通常只能转让商号和字号，至于行政区划名称等是不能转让的。① 关于名称权的转让，有两种不同的立法例。一是绝对转让主义。此种观点认为，名称权转让应当随同营业一并转让，或者在营业终止时转让。《德国商法》第23条规定："商号用于营业者，非随同营业，不得转让。"《日本商法》第24条第1项也规定，"商号只能与营业同时或营业废止时，方能让与"。该法第20条规定，"让与商号，除经登记、公告或直接通知该第三人外，受让人应负担让与人因营业所生债务"。二是相对转让主义，又称自由转让主义，是指无须和营业一并进行转让，可以单独转让企业名称。从我国实际情况来看，企业名称可随业务一起转让，也可以单独转让。② 笔者认为，允许企业名称单独转让，使原企业在转让名称后继续营业，必然会造成与该企业发生经济联系的第三人产生误解，同时也会使转让方通过单独转让方式逃避债务，获取非法所得。

第二，与营业转让的同时性。这就是说，名称应当与营业同时转让。所谓同时，是指基于对企业单独转让名称作严格限制，名称权应当与营业或营业的一部

① 参见陈书高等：《公司名称权法律问题研究》，载《当代法学》2001年第5期。
② 杨明仑：《论企业名称权（续）》，载《北京律师》1992年第2期。

分一并转让，从转让生效之日起，原权利人丧失名称权，受让人取得名称权。

第三，受让主体的唯一性。由于企业名称的唯一性和真实性，因此，《企业名称登记管理规定》第 23 条规定，企业名称只能转让给一户企业。这一规定实际上也是对名称转让权的限制，也就是说名称权人不能将自己的名称转让给多个主体，以免造成新的混淆。

名称权转让之后，原权利人丧失权利。如果原权利人继续使用该名称，则构成侵权。权利人也不得在该名称登记的地区再次登记该名称。问题在于，如果某企业转让名称后，继续使用名称，而第三人对此形成了信赖，由此产生的责任由谁承担？笔者认为，在此情况下，转让人和受让人都应当承担责任，从而维护第三人的信赖利益，保护交易安全。

需要指出的是，《民法典》第 1016 条规定了名称权的转让，但是《民法典》第 992 条规定："人格权不得放弃、转让或者继承。"且这一规则并未设置但书，这是否意味着二者之间存有矛盾呢？笔者认为，《民法典》第 11 条规定："其他法律对民事关系有特别规定的，依照其规定。"可以将此处的"其他法律"进行扩大解释，将其解释为不只限于特别法，而且包括特别规范，第 1016 条作为名称权的特别规范，应当优先于人格权的一般规定适用。

（五）名称许可使用权

法人或非法人组织还享有许可他人使用其名称的权利。所谓名称权的许可使用，是指名称权人与受让人达成协议，允许他人使用该名称。一旦达成协议，即对当事人发生法律拘束力。名称许可使用的典型形态就是特许经营。所谓特许经营，是指拥有注册商标、企业标志、专利、专有技术等经营资源的企业，以合同形式将其拥有的经营资源许可其他经营者使用，被特许人按照合同约定在统一的经营模式下开展经营，并向特许人支付特许经营费用的经营活动①。例如，麦当劳等连锁店通过特许经营合同允许多家受让人使用其名称标志。许可使用是指权利人允许他人在一定期限、一定范围内使用其名称。在外国商法上也称为商号的出借或借贷，即名称权本身也可以成为借贷的标的，权利人可以准许他人使用自己的名称。在许可使用的情况下，权利人本身不丧失名称权，只是允许他人在合

① 参见《商业特许经营管理条例》第 3 条。

同约定的时间、地域范围内予以使用，在性质上类似于商标、专利等工业产权的许可使用。权利人通过许可他人使用自己的名称，可以更好地发挥名称的价值，使许可人和被许可人都从中获得利益。

（撰稿人：王利明）

第一千零一十四条　【禁止侵害他人的姓名或名称】

任何组织或者个人不得以干涉、盗用、假冒等方式侵害他人的姓名权或者名称权。

◆ 条文释义

一、侵害姓名权的行为及其责任

（一）侵害姓名权的行为

侵害姓名权的行为属于侵权行为，和其他侵权行为一样，行为人是否应负民事责任，应以其行为是否符合侵害姓名权的责任构成要件为前提。由于侵害姓名权本身就是对他人人格的侵害，无论此种侵害是否为他人知悉，或者是否造成受害人的精神痛苦等，均不影响行为人应承担的责任。

《民法通则》第99条规定，自然人享有姓名权，禁止他人干涉、盗用、假冒。《民法典》第1014条规定："任何组织或者个人不得以干涉、盗用、假冒等方式侵害他人的姓名权或者名称权。"由此可见，与《民法通则》的规定相比，《民法典》在规定侵害姓名权的行为方式中增加了"等"字，作出此种规定是对我国司法实践经验的总结。因为实际中确实出现了不少上述三种行为之外的侵害姓名权的行为，必须将其纳入法律规定的范围内。具体而言，侵害姓名权的行为主要表现为如下几种：

1. 干涉他人决定、使用和变更姓名

干涉他人行使姓名权是指行为人干涉他人行使姓名权，如干涉他人使用自己的姓名，或者干涉他人改变自己的姓名。干涉行为既包括干涉他人使用真名，也包括干涉他人使用笔名、艺名等。此类侵害行为，实际上是侵害了自然人对于其姓名所享有的自主决定权。从审判实践来看，干涉行为主要有如下几种：

第一，干涉养子女决定、使用和变更姓名。自然人被他人收养以后，从收养方的姓氏是符合法律规定的，但养子女一旦成人，即为完全民事行为能力人，应有权决定自己的姓名。如果养子女在成年以后要求改变自己的姓名，只要符合户籍管理的规定，应予准许，任何人包括养父母均不得干涉。对于未成年的养子女应从养父母还是生父母的姓氏，在实践中经常发生纠纷。根据我国《民法典》第1112条规定，“养子女可以随养父或者养母的姓氏，经当事人协商一致，也可以保留原姓氏”。如果当事人之间无协议，是否可保留原姓？笔者认为，从《民法典》第1112条规定来看，当事人之间的协商应为特殊规定，若当事人之间无特别协议，则应从养父母姓氏，而不应从原姓。这一立法精神也是符合我国民间习惯的。所以，对已被他人收养的未成年子女，生父母不得以任何借口强行要求该子女从其姓氏。

第二，干涉被监护人决定和使用其姓名。如前所述，无民事行为能力的自然人的姓名应由其监护人决定，限制民事行为能力的自然人决定自己的姓名应征得其监护人同意。如果未成年人的监护人与未成年人在命名上发生争执，应该尊重监护人的意见，因为在此情况下，未成年人的自我命名权是受限制的。在未成年人成年以后，其自然取得自我命名权，如果原监护人对该成年自然人行使姓名权加以干涉的，可构成侵害姓名权。

应当指出，夫妻离婚以后，未成年子女由父母一方监护，该未成年子女的姓名权应由监护一方代为行使或征得监护一方同意，没有实际监护权的一方无权干涉。但监护一方是否有权在不征得对方及子女本人同意的情况下，擅自更改未成年子女的姓名，值得研究。一种观点认为，姓名只是一种符号，抚养子女的一方更改未成年子女的姓名（如把未成年子女的姓氏改为再婚后的丈夫或妻子的姓氏）是合法的，不构成侵权。另一种观点认为，抚养子女的一方擅自更改未成年子女的姓名是不合法的。笔者认为，离婚之后，虽然未成年子女由父母一方抚养，但在父母双方均健在的情况下，抚养一方不能单方面决定未成年子女的姓名，应当与未成年子女的生父或生母协商决定姓名的更改，擅自将未成年子女的姓氏改为生父母以外的他人的姓氏，也可能侵害亲生父母的命名权。

第三，干涉他人使用与自己相同的姓名。在我国，只要自然人不是出于某种不正当目的而取与他人相同的姓名，故意造成姓名权冲突，则任何人无权干涉自然人如何选择姓名。例如，被告人王某强迫同村的两个与其姓名相同的人更改姓名，表面上是为了避免姓名权冲突，实际上已构成对他人姓名权的侵害。有学者认为，故意重名的，应认定为侵害名誉权。① 笔者认为，虽然重名可能会侵害他人的名誉权，但主要还是侵害了他人姓名权。

需要特别指出的是，自然人享有选择自己姓氏的权利。在自然人未成年时，自然人的法定监护人享有为其选择姓氏的权利。例如，在某个案件中，林某用的是母姓，但他希望自己的儿子能够沿袭祖姓，随其祖父姓郭。但是，在林某办理自己儿子的户口登记时被警方告知，孩子只能随父姓或母姓，不能姓其他姓氏。公安机关的理由是，按照婚姻法的规定，自然人可以随父姓或者随母姓，所以，林某的儿子必须随父姓或者随母姓②。但依据《民法典》第1015条规定，自然人的姓氏应当随父姓或者母姓，但是符合法定情形的（如选取其他直系长辈血亲的姓氏），可以在父姓和母姓之外选取姓氏。因此，婚姻法的规定只是原则性的规定，而非必须随父姓或者母姓，如果选取其他直系长辈血亲的姓氏，法律并不禁止，自然人就享有选择该姓氏的权利。

2. 盗用他人姓名

盗用他人姓名是指未经他人同意或授权，擅自以他人名义实施有害于他人和社会的行为。例如，盗用他人的姓名领取不合法的收入，在罚款通知单上签上他人的姓名，以某电影演员的名义向某运动员写求爱信以欺骗和愚弄对方，盗用他人姓名作为企业负责人，等等。③ 但盗用他人姓名，也可能并没有造成对原告重大损害。例如，在“李某与被上诉人建昌县农村信用合作联社姓名权纠纷案”中，法院认为，本案中上诉人的姓名被他人非法使用，因贷款没有及时偿还，被银行系统记有不良贷款记录，因此，已构成对姓名权的侵害。④ 盗用他人姓名也可能被不法行为人作为诈骗的手段，如私刻他人印章从事诈骗活动，以某人的名义向其家属发电报要求汇款以诈骗他人钱财等，此种盗用他人姓名的行为已构成犯

---

① 参见张新宝：《中国侵权行为法》（第2版），中国社会科学出版社1998年版，第290页。

② 《新生儿为姓名权状告公安局》，载《北京晚报》2004年8月25日。

③ 参见“陈永彝诉湛江经济技术开发区耀华建筑装饰工程公司侵害姓名权纠纷案”，广东省湛江经济技术开发区人民法院（2001）湛开法民初字第13号民事判决书。

④ 参见辽宁省葫芦岛市中级人民法院（2011）葫民一终字第00021号民事判决书。

罪。盗用他人姓名的，行为人通常出于某种不正当目的（如欺诈、报复、获取非法所得），行为的结果直接损害了他人的利益或社会公共利益。由于在盗用他人姓名的情况下，行为人以他人的名义从事不法行为，因此也常常构成对他人名誉权的侵害。

3. 假冒他人姓名

假冒是指冒名顶替，换言之，是指冒充他人进行活动。假冒行为破坏了姓名与主体的同一性，其目的通常是获取非法利益。例如，未经他人同意，在自己作品的“序”中署上他人的姓名，擅自在招生广告中使用某个知名教授的姓名，擅自在自己的美术作品上标上他人的姓名等。在著名的“齐玉苓案”中，就涉及假冒他人姓名入学。① 在冒充他人姓名的情形中，侵权人常常利用他人对知名人士的崇敬、羡慕、信任，使用某知名人士的姓名从事各种活动。在实践中，利用与他人同姓名的条件冒充他人实施行为，利用与他人姓名容易相混的条件冒充他人，以及利用他人的身份和名义从事某种行为，也应认为属于假冒行为。但是，如果行为人不是利用某个特定人的身份或名义，而是以一群人、不特定的多数人的名义从事某种行为，则不能视为假冒姓名权的行为。

假冒他人姓名与盗用他人姓名一样，都是非法利用他人姓名并侵害权利人的姓名权，但两者之间存在一定的区别。盗用的结果常常直接损害了被盗用者的利益，而假冒则是使用他人的姓名从事某种民事、经济及其他活动，假冒者的目的常常并不是直接损害被假冒者的利益，而只是为了牟取个人的非法所得。例如，在“韩某诉韩某姓名权纠纷案”中，法院认为，被告因赌博在被公安机关查获处理过程中冒用原告的姓名，侵犯了原告的姓名权，应承担相应的民事责任。② 此案被告的行为应被认定为盗用行为而非冒用行为。当然，假冒的结果也可能损害被假冒者的利益。但是如果假冒他人姓名旨在侵害他人著作权，则应当认定为侵害他人著作权的行为，而不宜作为侵害姓名权处理。③

假冒他人姓名也可能是为了愚弄他人或者恶意侵害他人，但行为人可能并未从中获取利益，此种行为也构成对他人姓名权的侵害。例如，在“薛某诉张某国

---

① 参见最高人民法院中国应用法学研究所编：《人民法院案例选》（总第 33 辑），人民法院出版社 2002 年版，第 97 页。

② 参见杭州市萧山区人民法院（2014）杭萧民初字第 227 号民事判决书。

③ 参见《最高人民法院关于范曾诉盛林虎姓名权纠纷案的复函》[（1989）民他字第 55 号]。

际互联网络侵犯姓名权案”中，薛某收到美国密歇根大学教育学院通过国际互联网络发来的为其提供1.8万美元奖学金的电子邮件。张某假冒薛某姓名，利用国际互联网络向密歇根大学发出一封电子邮件，谎称薛某已接受其他学校邀请，拒绝了密歇根大学，导致薛某失去了赴美国深造的机会，造成其经济、精神损失，构成侵害姓名权。①

假冒他人笔名、艺名、别号、乳名等是否构成侵权，则应视这些名称是否可以代表他人而定。由于这些名称毕竟不同于自然人在户口簿、身份证上所记载的真实姓名，只有在这些名称为周围的人所熟知，并被人们认为是特指某个特定的人的情况下，才可认为是假冒该人的姓名。至于剽窃、抄袭他人的作品，擅自在他人作品上署名，未经合作者许可而将与他人合作创作的作品当作自己单独创作的作品发表等行为，应认为构成对他人著作权（包括署名权、发表权等）的侵害，而不应视为侵害姓名权。

4. 侵害姓名权的其他行为

《民法典》第1014条采用“等方式”的表述，实际上规定了兜底条款，保持了开放性。在实践中，除上述侵害姓名权的行为之外，还存在其他一些侵害他人姓名权的行为。比较典型的行为是未经他人同意，超出权利人许可的范围，将某人的姓名用于各种商业活动。此类行为与假冒、盗用他人姓名不完全相同。行为人也获得了权利人的同意，但在使用他人姓名时，超出了授权许可的范围。例如，在“姚明诉武汉云鹤大鲨鱼体育用品有限公司侵害姓名权案”中②，法院认为，被告利用姚明的姓名作为体育用品的名称，由于姚明是为公众所知悉的著名运动员，其姓名具有极强的人身标识性，虽然不具有排他性，别人也可以重名，但是任何与体育有关，尤其是与体育运动有关的公司使用姚明的姓名，则明显具有侵权的过错，足以造成对一般人的混淆和误导，一般的消费者看到该公司特定商品之后，会误以为该公司获得了姚明的授权而使用其姓名，从而对该公司的产品产生一定的预期，这显然是利用姚明在为公司的体育产品做广告。

司法实践中，经常出现许多因为侵犯他人姓名权而有损他人名誉的行为，对

---

① 参见北大法宝［法宝引证码］CLI. C. 26853。

② 《姚明状告“姚明一代”侵权成功索赔千万只赔了30万》，载《大连日报》2011年12月28日。

此种行为，在实践中，有法院认为由侵犯姓名权引发的对他人名誉侵犯的行为，应当同时认定为对姓名权和名誉权的侵犯，比如新疆维吾尔自治区乌鲁木齐市中级人民法院在“中国工商银行股份有限公司新疆维吾尔自治区分行营业部与黄燕等姓名权纠纷上诉案”中就持该立场。① 笔者认为，在擅自利用他人姓名导致他人社会评价降低的情形下，应当同时构成对他人姓名权和名誉权的侵害，权利人可以选择依据姓名权或者名誉权提出请求。

（二）侵害姓名权的责任

在侵害姓名权的情况下，德国学者大都认为，因姓名权属于《德国民法典》第 823 条规定的“其他权利”，所以侵害姓名权而获得利益的，可以根据《德国民法典》第 812 条的规定请求不当得利返还。② 但笔者认为，姓名权是一种人格权，绝大多数侵害姓名权的行为并不一定造成经济损失，而主要是一种精神上的损害，对此不能完全用不当得利制度来解决。当然，行为人侵害他人姓名权造成受害人财产损失的，受害人亦可要求赔偿财产损失。例如，在“赵江诉赵江（刘联合）、赵芳姓名权纠纷案”中，被告冒用原告的姓名及身份信息，领取集体经济组织分配的各种收益，这就是侵害姓名权涉及财产损失的情形，法院认为应当予以支持。③

确定侵害姓名权的损害赔偿责任，要兼顾到姓名权商业利益的实现。姓名权具有一定的财产价值，也能够被商业化利用，因此，侵害姓名权应当考虑受害人的财产损失。例如，在“姚明诉武汉云鹤大鲨鱼体育用品有限公司侵害姓名权案”中，一审法院认为被告在未经姚明授权的情况下，在其生产的服装、鞋等商品上使用包含姚明姓名的“姚明一代”作为商业标识，并在全国范围内以专卖店的方式销售这些商品，已经构成对原告姚明姓名权的侵害，法院判决被告赔偿人民币 30 万元④。该赔偿数额的确定，实际上就考虑到姚明姓名权的商业价值。在侵害姓名权的赔偿责任中，不仅应该考虑到权利人所遭受的精神损害，还应当在

---

① 参见新疆维吾尔自治区乌鲁木齐市中级人民法院（2010）乌中民一终字第 453 号民事判决书。

② 参见［德］卡尔·拉伦茨：《德国民法通论（上册）》，王晓晔等译，法律出版社 2003 年版，第 169 页。

③ 参见“赵江诉赵江（刘联合）、赵芳姓名权纠纷案”，载最高人民法院中国应用法学研究所编：《人民法院案例选》2011 年第 4 辑，人民法院出版社 2011 年版，第 93 页。

④ 《姚明状告“姚明一代”侵权成功索赔千万只赔了 30 万》，载《大连日报》2011 年 12 月 28 日。

财产损害赔偿数额上考虑到姓名权的商业利用价值。

二、侵害名称权的行为及其责任

（一）侵害名称权的行为

侵害名称权构成侵权行为，此种行为的主要表现是干涉、盗用、假冒他人名称，但又不限于干涉、盗用、假冒，具体来说，主要有如下几种行为：

1. 干涉。干涉是指非法干涉他人对名称的使用。干涉内容包括对名称的设定、专有使用、依法变更和依法转让的干预等，干涉行为大多出于故意。例如，行为人非法宣布撤销他人的名称①，行为人在转让其名称权后，不正当地限制新权利人对名称的使用等，均构成非法干涉他人对名称的使用。干涉行为通常侵害了权利人对于其名称权的自主决定权。

2. 盗用。盗用是指擅自使用他人名称从事违法行为。例如，在“泉州市服装总校诉陈某等侵害名称权案”② 中，法院认为，被告在没有取得“泉州服装总校”授权的情况下，以“泉州服装总校”之名刊登招生广告，被告的行为构成侵权。盗用他人名称的动机和目的是多样的，行为人盗用他人名称主要是从事违法行为。在盗用的情况下，通常不仅可能侵害企业的名称权，还可能侵害其名誉权；盗用行为还可能构成诈骗等犯罪。又如，在“上海奇能服饰发展有限公司与上海新世界股份有限公司、昆山圣罗兰制衣实业有限公司擅自使用他人企业名称纠纷案”中，法院认为，根据当事人之间的约定，原告授权圣罗兰公司的产品范围仅限于男装，从未包括女装，圣罗兰公司未经许可在女装上使用奇能公司的企业名称，引人误认为是女装吊牌所标示的中国总代理及产地的奇能公司所为，且将作为男装品牌定位的 SATCHI 品牌使用于女装，有损整个品牌的形象，造成市场混淆，影响正常的市场秩序，构成不正当竞争行为。③

3. 假冒。假冒是指未经他人许可擅自使用他人名称进行民事行为。如在自己生产的商品、服务、信函等上面标上其他企业的名称以欺骗公众，使公众误认为是被假冒企业的商品、服务或经营。或将他人的企业名称作为商标或服务标记注册，严重违背诚实信用和公平竞争原则，并致他人损害。例如，在“北京市正义

---

① 参见杨立新等：《论名称权及其民法保护》，载《江苏社会科学》1995 年第 1 期。

② 福建省泉州市鲤城区人民法院（1994）鲤民初字第 80 号民事裁定书。

③ 参见上海市第二中级人民法院（2012）沪二中民五（知）终字第 77 号民事判决书。

律师事务所诉朱某晖侵犯企业名称权纠纷案”中，法院认定，被告未经原告许可，擅自使用原告的名称发布网络信息、招揽法律服务业务，侵犯了原告依法享有的名称权，应依法承担相应的法律责任。① 盗用和假冒都是未经名称权人许可而使用他人名称，但是盗用人的目的通常在于利用他人名称进行招摇撞骗，情节严重的可能构成诈骗等犯罪，而假冒人利用他人名称通常是进行一般的民事活动，其情节较之于盗用为轻微。

4. 其他行为。除上述行为外，侵害名称权的行为还包括其他类型的行为，这实际上设定了兜底条款。因为在实践中，一些侵害名称权的行为很难概括在前三类行为中。例如，在“中国人民解放军警卫某师仪仗大队与深圳市信禾工艺品有限公司名称权、肖像权、名誉权侵权纠纷上诉案”② 中，一审法院认为，民事主体有权禁止他人干涉、盗用、假冒其名称权，但信禾公司的行为既不构成对专有名称的干涉、盗用、假冒，也未使用“三军仪仗队”的名称直接为其产品进行文字宣传，故不构成侵犯三军仪仗队的名称权。在该案中，法院依据《民法通则》第 99 条的规定，将侵害他人名称权的行为理解为仅包括干涉、盗用、假冒三种，即忽略了该法律规则的目的。实际上，侵害名称权的行为不应当局限于干涉、盗用、假冒三种。鉴于《民法通则》的表述确有缺陷，《民法典》第 1014 条规定：“任何组织或者个人不得以干涉、盗用、假冒等方式侵害他人的姓名权或者名称权。”此处采用了“等方式”的表述，表明侵害名称权的行为不限于干涉、盗用、假冒行为，还包括其他侵害行为。

其他侵害名称权的行为类型也较多，具体如下：一是仿冒。它是指以与他人名称相类似或易混淆的文字作为自己的名称或注册商标以及用作其他非法用途。例如，在“上海罗芙仙妮化妆品有限公司诉上海市工商行政管理局金山分局工商行政处罚决定案”③ 中，法院认为：“罗芙仙妮公司生产、销售的‘罗芙仙妮’系列化妆品上标有‘法国’‘欧莱雅’字样，而‘欧莱雅’是原审第三人欧莱雅

① 参见北京市东城区人民法院（2011）东民初字第 3537 号民事判决书。

② 北京市第一中级人民法院（2006）一中民终字第 3240 号民事判决书。该案的案情为：2005 年上半年，三军仪仗大队官兵在北京市场上发现了一个出售“红色八一步枪”和“将军佩剑”的商家宣传册，宣传册当中随意使用了三军仪仗大队的名称和形象。2005 年 4 月，仪仗大队在法院提起诉讼，认为信禾公司蓄意侵犯仪仗队的名称权、肖像权、名誉权，请求法院判令信禾公司赔偿 248 万元。

③ 《最高人民法院公报》2009 年第 11 期。

公司企业名称中的字号，同时作为国际品牌的商标也已成为我国重点保护的商标和驰名商标；上诉人生产、销售的‘碧优泉’系列化妆品上有容易与欧莱雅公司代理的‘碧欧泉’化妆品发生混淆和误认的品牌、商标标识。”因此，判定罗芙仙妮化妆品有限公司败诉。此种行为侵害了他人的在先权利。二是超出许可范围的利用行为，即行为人虽然取得他人许可，但超出许可范围利用他人的名称，也构成侵害名称权。三是转让后继续使用。企业名称在转让后，转让方不得继续使用已转让的企业名称，否则也构成对受让企业方的名称权的侵害。

在司法实践中，判断某一行为是否侵害名称权的主要标准是公众是否认为行为人所使用的名称与权利人的名称有直接的关联，如果公众认为行为人所使用的名称与权利人的名称具有直接的关联，则该行为就构成对权利人名称权的侵害，否则不构成侵害名称权的行为。例如，在“南昌扬子集团赣州橡胶有限公司诉台州奋飞橡塑制品有限公司赣州分公司名称权纠纷案”中，法院认为，认定某一行为是否构成对企业法人名称权的侵犯，其基本要件之一就是该行为与企业法人名称要素的契合度是否能够使公众明确意识到行为的指向。如果公众不认为被告所使用的名称与原告有直接的关联，那么被告不构成对原告名称权的侵犯。①

（二）侵害名称权的责任

在名称权遭受侵害的情况下，受害人可以其名称权受到侵害为由提起诉讼。在名称权遭受侵害的情况下，权利人可以请求行为人承担以下侵权责任：

一是请求停止侵害。在司法实践中，对人民法院认定构成侵犯注册商标权或者不正当竞争行为的企业名称中的字号的使用，权利人有权请求行为人变更或停止使用其企业名称。

二是赔偿损失。根据《民法典》第1182条的规定，在名称权受到侵害时，受害人有权请求行为人赔偿损失。由于名称权主体为法人和非法人团体，故侵害名称权不产生精神损害问题，受害人只能向行为人要求赔偿财产损失而不能要求赔偿精神损害。在确定损害赔偿的数额时，如果权利人无法证明其实际损失数额，而可以证明行为人的获利数额，则权利人有权依据《民法典》第1182条请

---

① 参见江西省赣州市章贡区人民法院（2003）章民一（3）初字第1125号民事判决书。

求行为人承担获利返还责任，依据该条规定，侵害人身权益的获利返还是指在人身权益遭受侵害的情形下，权利人有权请求行为人返还因侵权所获得的利益。

（撰稿人：王利明）

第一千零一十五条　【自然人姓氏的选取】

自然人应当随父姓或者母姓，但是有下列情形之一的，可以在父姓和母姓之外选取姓氏：

（一）选取其他直系长辈血亲的姓氏；

（二）因由法定扶养人以外的人扶养而选取扶养人姓氏；

（三）有不违背公序良俗的其他正当理由。

少数民族自然人的姓氏可以遵从本民族的文化传统和风俗习惯。

◆ 条文释义

一、自然人的姓氏应当随父姓或者母姓

本条明确了姓氏选择的基本规则，即自然人的姓氏应当随父姓或者母姓，这一规定来自2014年11月1日发布的《全国人民代表大会常务委员会关于〈中华人民共和国民法通则〉第九十九条第一款、〈中华人民共和国婚姻法〉第二十二条的解释》。该解释指出，“在中华传统文化中，‘姓名’中的‘姓’，即姓氏，体现着血缘传承、伦理秩序和文化传统，公民选取姓氏涉及公序良俗。公民原则上随父姓或者母姓符合中华传统文化和伦理观念，符合绝大多数公民的意愿和实际做法。同时，考虑到社会实际情况，公民有正当理由的也可以选取其他姓氏”。自然人在选取姓名时，原则上应当随父姓或者母姓。法律之所以作出此种规定，理由在于，一方面，这是由血缘关系决定的。因为姓名本身具有一种身份定位功能，其不仅是个人的人格标志，而且具有一定的伦理因素。“姓”和“名”不同，“姓”具有很强的伦理性，具有浓厚的身份属性，是家族血脉传承的标识，也是

区分自然人与其他群体自然人的一种身份标志，按照我国传统文化和伦理秩序，子女随父姓或者母姓被认为是天经地义的事，这也反映了个人“姓”的身份属性。另一方面，符合中华民族的传统。自然人出生取得姓氏，随父母姓符合我国社会对姓氏取得的传统认识，符合中华传统文化和伦理观念，符合绝大多数公民的意愿和实际做法，体现着血缘传承、伦理秩序和文化传统。

由此可见，姓与名并不完全相同，由于姓受到血缘、文化传统、生活习惯等多种因素的制约，因此，法律上对姓氏的选择相对于名而言，更加严格。但是，子女随父姓或者随母姓，并不意味着只能随父姓或者母姓，权利人可以选择自己的姓氏，当然，从《民法典》第 1015 条规定来看，权利人决定其姓氏的自由也受到一定的限制，即权利人决定自己的姓氏时，原则上应当随父姓或者母姓，但可以在随父姓或者母姓之间选择。

二、在出现法定情形时可以在父姓和母姓之外选取姓氏

《民法典》第 1015 条第 1 款虽然明确了姓氏选择的基本规则，但仍然无法有效解决实践中出现的子女姓氏选择问题，如因父母婚姻关系变化、亲子关系变化所引发的姓氏选择问题①，尤其是无民事行为能力人与限制民事行为能力人的姓氏选择问题。笔者认为，无民事行为能力人或者限制民事行为能力人的姓名应当由其监护人决定。监护人在变更被监护人的姓名时，应当根据被监护人的年龄和智力、精神健康状况，尊重被监护人的真实意愿，但鉴于被监护人的年龄较小、精神健康状况不佳等情形，不宜一概要求监护人变更被监护人的姓名时需要被监护人同意。在各监护人就被监护人姓名变更意见不一致时，应当由人民法院根据一方监护人的申请，按照最有利于被监护人的原则确定。

从原则上说，自然人的姓氏应当随父姓或者母姓，但是鉴于实践中情况较为复杂，简单采用一个原则，无法解决大量的姓氏选取问题。因此，依据本条规定，自然人的姓氏应当随父姓或者母姓，但是有下列情形之一的，可以在父姓和母姓之外选取姓氏：

第一，选取其他直系长辈血亲的姓氏。父母之外的直系长辈血亲包括祖父母、外祖父母、曾祖父母、外曾祖父母等直系长辈。例如，我国一些地方存在

---

① 参见王歌雅：《子女姓名权：内涵检审与制度建构》，载《求是学刊》2016 年第 4 期。

“三代还宗”的习俗，即因入赘等原因，子女随女方的姓，到第三代时，孩子要改为其祖父的姓，这是我国许多地方长期存在的民间习俗，在法律上应当予以尊重。因此，本条允许自然人决定自己的姓名时选择其他直系长辈血亲的姓氏。

第二，因由法定扶养人以外的人扶养而选取扶养人姓氏。依据我国法律的规定，法定扶养义务主要是指子女对父母的赡养义务，父母对子女的抚养义务。此种扶养义务是法律明确规定的义务。但在法定扶养义务之外，其他近亲属也可能负担相应的扶养义务，如对父母死亡或无力抚养的未成年人，有负担能力的祖父母、外祖父母即有抚养义务。依据本条的规定，如果被法定扶养人以外的人扶养，则自然人可以选择扶养人的姓氏作为自己的姓氏，这在客观上也有利于鼓励法定扶养义务人之外的近亲属对自然人履行扶养义务。

第三，有不违背公序良俗的其他正当理由。按照这一规定，如果有不违背公序良俗的其他正当理由，则自然人也可以选择父姓和母姓以外的姓氏，该条对自然人在父姓和母姓之外选择姓氏作出了兜底性的规定。因为社会生活纷繁复杂，除前述两种情形外，还存在其他允许自然人选择姓氏的正当理由。例如，依据《民法典》第1112条的规定，子女在被他人收养之后，可以随养父或者养母的姓。该条规定也应当是自然人选择父姓和母姓以外其他姓氏的正当理由，因此，本条对自然人选择姓氏的自由作出了兜底性的规定。当然，该条使用了“有不违背公序良俗的其他正当理由”的表述，自然人在父姓和母姓外选择姓氏的行为是否存在正当理由，还应当由法官根据个案进行认定。

值得探讨的是，如何判断父母自行创设的姓氏是否违背公序良俗？例如，在“‘北雁云依’诉济南市公安局历下区分局燕山派出所公安行政登记案”中，法院认为：“自然人选取姓氏涉及公序良俗……自然人对姓氏传承的重视和尊崇，不仅体现了血缘关系、亲属关系，更承载着丰富的文化传统、伦理观念、人文情怀，符合主流价值观念，是中华民族向心力、凝聚力的载体和镜像。自然人原则上随父姓或者母姓，符合中华传统文化和伦理观念，符合绝大多数自然人的意愿和实际做法。反之，如果任由自然人仅凭个人意愿喜好，随意选取姓氏甚至自创姓氏，则会造成对文化传统和伦理观念的冲击，违背社会善良风俗和一般道德要求。”①

① 山东省济南市历下区人民法院（2010）历行初字第4号行政判决书。

因此，最终认定公安机关不准许随意取名的行为是合法的。笔者认为，从立法解释来看，只要姓氏的选取有不违背公序良俗的其他正当理由，即应当允许，但如果对该正当理由的认定过于宽松，则可能导致法律关于姓氏选取原则上随父姓或者母姓规则的目的落空，因此，应当进一步对此处的“正当理由”进行明确限定。

三、少数民族自然人的姓氏可以遵从本民族的文化传统和风俗习惯

依据本条规定，“少数民族自然人的姓氏可以遵从本民族的文化传统和风俗习惯”，少数民族公民在选择姓氏时，可以不受原则上随父姓或者母姓的限制，而可以按照本民族的文化传统和风俗习惯来选择姓氏。该规定也是尊重少数民族文化传统和风俗习惯的体现，一些少数民族的姓氏具有特殊的血缘传承的功能，对于维护本民族的文化传统和伦理秩序具有重要意义，姓氏的选择也应当尊重其文化传统和风俗习惯。例如，布朗族人一般无姓，其名字是按婴儿的性别和出生先后排列的。墨江县布朗族男性一般排行为“艾、尼、桑、垒、苛、拉”“艾、尼、桑、赛、老乌”等。女性一般排行为“月、仔、也、垒、姨、拉”“叶、依、阿、姆、爱、蛾”等。[①] 对于少数民族在姓氏选取方面的习惯应当予以尊重。

（撰稿人：王利明）

第一千零一十六条　【决定、变更姓名、名称及转让名称的规定】

自然人决定、变更姓名，或者法人、非法人组织决定、变更、转让名称的，应当依法向有关机关办理登记手续，但是法律另有规定的除外。

民事主体变更姓名、名称的，变更前实施的民事法律行为对其具有法律约束力。

---

① 《少数民族姓名》，载 https：//m. iask. sina. com. cn/b/4257582. html。

◆ 条文释义

一、自然人决定、变更自己的姓名应当依法向有关机关办理登记手续

（一）姓名命名的登记

根据我国《户口登记条例》第 7 条的规定，婴儿出生后一个月内，由户主、亲属、抚养人或者邻居向婴儿常住地户口登记机关申报出生登记。弃婴应由收养人或者育婴机关向户口登记机关申报出生登记。自然人的姓名一经登记，就成为自然人的正式姓名，受到法律的保护。姓名登记只能登记一个正式的称谓，登记时应当使用规范的汉字和少数民族文字。姓名不得含有损害国家或者民族尊严的、违背公序良俗的内容。

（二）姓名变更的登记

自然人在选择其姓名以后，因各种原因会变更姓名。例如，因收养关系成立，变更为养父姓氏或者养母姓氏的；或者因收养关系终止，恢复收养前姓氏的；或者婚姻关系成立，变更为冠以夫姓或者妻姓的；或者因婚姻关系终止，恢复婚前姓氏的；或者因夫妻一方死亡或者被宣告死亡，生存配偶恢复婚前姓氏的；或者因父母再婚，未成年子女变更为继父姓氏或者继母姓氏或者再婚父母双方姓氏的；等等。但是，由于自然人已参与各种法律关系，其姓名的改变必然会涉及他人和社会的利益，因而自然人变更姓名必须按有关规定办理，具有一定的正当理由，并且需要在户籍登记机关办理更名手续。例如，正在接受刑事案件或者治安案件调查的，或者民事案件尚未审结或者尚未执行完结的，为逃避债务而要求变更姓名，在这些情况下，就不得变更。

姓名的变更应当符合法律规定。例如，《民法典》第 1112 条规定："养子女可以随养父或者养母的姓氏，经当事人协商一致，也可以保留原姓氏。"依据该条规定，在不违背公序良俗的情形下，被收养人可以姓收养者的姓氏，亦可维持原有姓氏。自然人的艺名、笔名、化名，并不需要办理法定的改名手续，但如果自然人变更自己的姓名，则应当办理相关的变更登记手续。

二、法人、非法人组织变更、转让自己的名称应当依法向有关机关办理登记手续

法人、非法人组织的设立人在设立法人和非法人组织时，应当办理有关的批

准和登记手续。依据《企业名称登记管理规定》第 3 条，企业名称在企业申请登记时，由企业名称的登记主管机关核定。企业名称经核准登记注册后方可使用，在规定的范围内享有专用权。依据该规定第 4 条，企业名称的登记主管机关是国家工商行政管理局和地方各级工商行政管理局。登记主管机关核准或者驳回企业名称登记申请，监督管理企业名称的使用，保护企业名称专用权。该规定第 11 条规定，企业应当根据其主营业务，依照国家行业分类标准划分的类别，在企业名称中标明所属行业或者经营特点。该规定第 12 条规定，企业应当根据其组织结构或者责任形式，在企业名称中标明组织形式。我国《公司法》《合伙企业法》也要求公司、合伙企业的名称要反映其组织形式。从这些规定来看，我国现行法律要求企业的名称反映企业的相关真实信息。

（一）名称决定的登记

目前，我国现行法律并没有要求所有的名称都必须登记，但依据《企业名称登记管理规定》，企业名称必须登记，这对于维护市场交易的安全，保障市场经济的秩序是十分必要的。根据该规定第 5 条，对已登记注册的不适宜的企业名称，任何单位和个人可以要求登记主管机关予以纠正。该规定第 6 条规定，企业只准使用一个名称，在登记主管机关辖区内不得与已登记注册的同行业企业名称相同或者近似。该规定确认企业可以采取名称的预先登记方法，即在开业登记前预先单独申请企业名称登记注册（第 16 条）。企业名称一旦登记，即具有合法性，其享有的名称权受法律保护。

（二）名称变更的登记

所谓名称变更权，是指权利人依法改变自己的名称、选取新的名称的权利。既然企业享有名称的设定权，其也应该相应享有企业名称的变更权。需要指出的是，企业名称的变更权依法受到相应的限制。《企业名称登记管理规定》第 22 条规定：“企业名称经核准登记注册后，无特殊原因在 1 年内不得申请变更。”法律之所以作出此种规定，是因为企业名称变更频繁会导致企业主体混乱，影响消费者的合理信赖，并且会危害交易安全。但是法律也不可能严格禁止企业变更名称，企业也可能会因为合并、分立等发生相应的变动，此时，原有的名称已经不足以表达这些真实的信息，基于企业名称真实的原则，也需要对其名称作相应的变动。企业在变更名称时，法律对企业名称所作的相应的限制仍然适用。另外，企业变更名称也必须依法办理变更登记，否则，擅自改变企业名称的，将会受到限期办理变更登记等其他行政处罚。① 严格限制企业名称变更，除了行政管理需要外，也是为了维护交易秩序和交易安全，保护善意第三人。

（三）名称转让的登记

转让名称的协议生效后，受让人必须按照约定和登记的规定使用受让的名称，超出约定而使用的，仍可构成对名称权的侵害。根据《企业名称登记管理规定》第 23 条的规定，企业名称可以随企业或者企业的一部分一并转让。企业名称只能转让给一户企业。企业名称的转让方与受让方应当签订书面合同或者协议，报原登记主管机关核准。企业名称转让后，转让方不得继续使用已转让的企业名称。

三、民事主体变更前实施的民事法律行为对其具有法律约束力

依据本条第 2 款规定，“民事主体变更姓名、名称的，变更前实施的民事法律行为对其具有法律约束力”。所谓姓名、名称变更，也就是通常所说的“改名”或者“更名”。法人、其他组织更名，应当按照有关法律规定经有关部门批准、登记，才能发生名称变更的法律后果。严格地说，“改名”或者“更名”并不是合同主体的变更，虽然民事主体对其姓名或名称进行了变更，但是其主体资格并未发生变化，姓名和名称变更前后的主体仍然具有统一性。基于这一原因，民事主体在姓名或名称变更前实施的民事法律行为应当仍然继续对其产生法律约束力。

法律之所以作出此种规定，首先是为了维护合同的效力，保障交易的安全和秩序。《民法典》第 532 条规定：“合同生效后，当事人不得因姓名、名称的变更或者法定代表人、负责人、承办人的变动而不履行合同义务。”依据该条规定，当事人在姓名、名称变更以前所签订的合同，以及其他法律文件，不得因为自然人姓名、法人名称的变更而失效。当然，法律行为的相对人也不能因民事主体变更其姓名或名称而主张法律行为不再对变更人发生效力。除合同以外的其他法律行为，如决议行为等同样也受到该条规定的约束。另外，这也是诚信原则的基本

---

① 参见杨立新：《人格权法》，法律出版社 2011 年版，第 429 页。

要求。诚信是社会主义核心价值观的重要内容，要求民事主体变更姓名、名称前实施的民事法律行为对其具有法律约束力，就是要强化诚实守信。

（撰稿人：王利明）

第一千零一十七条　【姓名与名称的扩展保护】

具有一定社会知名度，被他人使用足以造成公众混淆的笔名、艺名、网名、译名、字号、姓名和名称的简称等，参照适用姓名权和名称权保护的有关规定。

◆ 条文释义

一、具有一定社会知名度的笔名、艺名、网名等应当受到法律保护

在现实生活中，除本名之外，自然人的笔名、艺名、网名等，可能比本名更为人们所熟知，因此，也应当受人格权法的保护，具体如下：

一是笔名。笔名是作者发表作品时所署的别名。例如，“鲁迅”是周树人的笔名，“老舍”是舒舍予的笔名。个人的笔名等个人称号的使用要使社会公众产生混淆，并不要求该个人称号必须像公众人物的个人称号那样具有广泛的社会知名度，也不要求使大多数社会公众产生混淆，而只要求使该个人称号知名度范围内的公众产生混淆，即可以认定该个人称号应当受到法律保护。

二是艺名。艺名是指演员、模特等从事艺术活动时所使用的代替自己真实姓名的名称。例如，梅兰芳是演员梅澜的艺名，再如，Angelababy 是演员杨颖的艺名。艺名也可能是团体的名称，如“小虎队”“Beyond”“TFBOYS”等，都是由多人组成的演出团队。

三是网名。网名是个人在网上所使用的名称或代号。随着互联网的发展，网名的使用也越来越普遍。网名在特定的虚拟空间为其他人所了解，且网名的使用也不需要登记，因而网名受姓名权的保护确有一定的困难，但那些具有一定的社会知名度，并为相关公众所知悉的网名，同样是与特定的个人联系在一起的，从而能够成为个人的独特标志，并形成一定的人格利益。据此，该网名也可以受到

姓名权规则的保护。例如，在“张某诉俞某网络环境中侵犯名誉权纠纷案”中，法院认为，本案原告张某、被告俞某虽然各自以虚拟的网名登录网站并参与网站的活动，但在现实生活中通过聚会已经相互认识并且相互知道网名所对应的人，且张某的“红颜静”网名及其真实身份还被其他网友所知悉，“红颜静”不再仅仅是网络上的虚拟身份。被告在网上多次使用侮辱性语言贬低“红颜静”即张某的人格，已经构成侵权，应当承担侵权的民事责任。① 尤其随着网络技术的发展，如果网名能够具体表征特定的民事主体，公众能够通过该网名而具体地联系到特定的个人，那么该网名也应当受到姓名权规则的保护。

四是译名。译名是翻译过来的名称，例如，“Jordan”翻译成中文为乔丹，《反不正当竞争法》第6条规定：“经营者不得实施下列混淆行为，引人误认为是他人商品或者与他人存在特定联系：……（二）擅自使用他人有一定影响的企业名称（包括简称、字号等）、社会组织名称（包括简称等）、姓名（包括笔名、艺名、译名等）……”在实践中，已经产生了因为译名而引发的纠纷，因此，人格权编有必要对译名进行保护。

五是字号。字号也称为别名，我国传统上还有人于姓名之外另起“字”“号”，例如，诸葛亮又号孔明，李白字太白，杜甫字子美。此种习惯在现在仍被一部分人保留。

六是姓名的简称。例如，美国NBA巨星迈克尔·杰弗里·乔丹曾分别主张“乔丹”与“QIAODAN”均属于其姓名权保护的范围，请求认定他人将“乔丹”与“QIAODAN”注册成商标的行为侵犯了其姓名权这一在先权利。根据最高人民法院的裁判立场，自然人所主张的特定名称与该自然人已经建立稳定的对应关系时，即使该对应关系达不到“唯一”的程度，该自然人也可以依法获得姓名权的保护。② 自然人童年时所用乳名等是否应作为姓名权的客体加以保护，亦不可一概而论，而应看这些姓名是否可能代表该自然人，从而决定是否应保护这些姓名。若自然人使用假名，因其不能真实地表现某人的人格，故不应受到保护。

七是名称的简称。所谓名称的简称，是指法人和非法人名称的简要称呼，也

---

① 参见《最高人民法院公报》2001年第5期。
② 参见最高人民法院（2016）最高法行再31号行政判决书。

可以说是法人和非法人组织名称的缩减。例如，中央电视台简称“央视”，阿里巴巴简称“阿里”。许多法人、非法人组织的简称具有一定的社会知名度，能够为相关公众所知悉，应当受到法律保护。例如，“腾讯”“阿里”“清华”等，都是相关主体的简称，但为社会公众广泛了解，应当受到法律保护。我国也发生了一些法人简称纠纷。例如，泸州医学院改名为四川医科大学后，即与四川大学就“川医”的简称发生了争议，因为四川大学认为，“四川医科大学”的简称易与华西医科大学（2000 年 9 月已并入四川大学）历史曾用名“四川医学院”的简称“川医”混淆。① 名称简称的主体是法人和非法人组织。自然人姓名的简单称呼，例如，某人的姓名为“李徐舟夫”，其简称为“李徐”，在此情形下，“李徐”应当被界定为别名，而不是简称。简称的主体只能限于法人和非法人组织。因此，本条关于简称保护的规定并不适用于自然人，而仅适用于法人和非法人组织。

简称可能由多个主体享有。如“南大”是南京大学的简称，但同时也是南开大学、南昌大学的简称；“海大”可以是海南大学、广东海洋大学、中国海洋大学、大连海事大学等学校的简称。虽然同一简称可以为多个主体享有，但各个主体不得恶意使用简称，使用简称时也不得故意与其他主体的名称或者简称发生混淆、进行不正当竞争。因此，依据《民法典》第 1017 条的规定，具有一定社会知名度的简称，被他人使用足以造成公众混淆的，参照适用姓名权和名称权保护的有关规定。

依据本条规定，具有一定社会知名度的笔名、艺名、网名等能够识别个人的身份，则其也应当受到人格权法保护，主要原因在于：一方面，这些符号与特定个人的身份、人格尊严具有内在的联系。在使用笔名、艺名、网名、译名、字号或简称的情况下，它们虽然并非主体的姓名或名称，但仍然可以与主体产生对应关系，因此，也应当受到法律的保护。对笔名、艺名、网名等的冒用，会对特定个人的公众形象与声誉等带来损害，在公众中引起不必要的误会、混淆。例如，鲁迅、梅兰芳、成龙等，具有一定的社会知名度，往往与个人的身份联系在一起，个人对其享有一定的人格利益。如果他人冒用某一用户的网名，以其名义发布信息，足以使得他人产生混淆，此类行为也应当受到法律制裁。正如王泽鉴先

① 《川大致函反对泸州医学院更名　教育部：正处理更名争议》，载《中国青年报》2015 年 6 月 18 日。

生所指出的，“凡在社会交易及生活上具有识别性功能的标志，均应纳入受‘姓名权’保护的范围”。① 另一方面，笔名、艺名、网名等有时候还具有一定的商业价值，对这些特定符号的保护，有利于防止不诚实的商业行为和不正当竞争行为，有利于维护社会经济秩序。

二、具有一定社会知名度的笔名、艺名、网名等受到法律保护的条件

依据《民法典》第1017条规定，笔名、艺名、网名等要受到法律保护，应当具备如下条件：

一是具有一定的社会知名度，为相关公众所知悉。笔名、艺名等之所以受到法律保护，就是因为其与姓名一样，能够标识个人的身份，户籍姓名与特定自然人之间存在确定的对应关系，笔名、艺名、译名等与特定自然人之间也可以存在确定的对应关系。② 而确立这样一种对应关系，需要笔名等能够为人们所知道，有一定的社会影响。正是因为笔名等称号与个人身份之间的对应关系，个人才能对此类称号享有人格利益，其也才能受到法律保护。具备这种社会知名度并不当然需要个人长期、连续使用，只要其具有一定的社会知名度，不论其使用时间长短、是否连续使用，均应当受到法律保护。

有一种观点认为，对于笔名等受法律保护的条件，应当采纳“广为人知”的标准。此种观点认为，个人的笔名等称号只有在“广为人知”的情形下，才能与真名一样获得法律的保护。③ 对于笔名、艺名等非登记姓名而言，只有“大家都知道这一笔名或者艺名是指什么人”时，其才能受到法律保护。④ 笔者认为，以“广为人知”作为笔名、艺名等称号受到法律保护的条件并不妥当，因为一方面，“广为人知”的内涵并不确定，难以为别名等称号的保护提供明确、客观的判断标准。例如，某个别名在某一特定的行业、地域等范围享有一定知名度，但在社会上则并不为一般人所知晓，这是否构成所谓“广为人知”，显然难以判断。另一方面，“广为人知”的标准可能不利于别名等的保护，对许多个人而言，其笔名、艺名等称号可能并不具有很强的社会知名度，但在一定范围内仍然能够与其

① 王泽鉴：《人格权法》，2012年自版，第139页。
② 参见崔建远：《姓名与商标：路径及方法论之检讨》，载《中外法学》2017年第2期。
③ 参见［日］五十岚清：《人格权法》，［日］铃木贤、葛敏译，北京大学出版社2009年版，第118页。
④ 参见李永军：《论姓名权的性质与法律保护》，载《比较法研究》2012年第1期。

身份产生直接的关联，能够在一定范围内识别个人的身份，此时，它们仍然应当受到法律保护。但这些别名等可能并不能达到“广为人知”的程度，按照“广为人知”的标准，该别名可能难以受到法律保护。当然，由于一般人与知名人士在知名度方面的差异，二者的艺名、笔名所具有的影响力不同，因此，其保护程度和范围等也必然存在一定的差异。

二是与民事主体身份具有稳定的对应性。换言之，笔名、艺名、网名、简称、字号等应当能够识别个人的身份，只有那些具有一定的社会知名度，能够代表某个主体、表现某个主体的笔名、艺名等，才能受到姓名权和名称权的保护。例如，在“罗林诉广东飞乐影视制品有限公司案”中，法院认为：“罗林以‘刀郎’为艺名，在专辑中收录多首民族风格歌曲，突出表现了西北民族的曲风特点，其歌曲一经推出在民间广为传唱，‘刀郎’作为罗林的署名已经具有相当的认知度。尽管‘刀郎’一词具有新疆少数民族文化等含义，但因罗林以艺名方式推出其歌曲作品为公众所认知，‘刀郎’一词不仅带有原有含义而且兼具‘演唱者罗林’的特定署名含义。”① 最高人民法院也持此种立场，例如，在“迈克尔·乔丹与国家工商行政管理总局商标评审委员会争议案”中，最高人民法院认为，姓名权保护的对象虽然不要求与特定个人具有唯一的对应性，但是这种身份的识别与对应必须是稳定的，② 也就是说人们必须能够通过称呼识别出特定个人，甚至可以说这种称呼与特定人之间存在一种“可替代性”。

三是他人的使用行为足以使社会公众产生混淆。如果个人笔名、艺名等的使用不会使社会公众产生混淆，就表明该个人称号不足以标识个人的身份，其也难以受到法律保护。笔名、艺名受法律保护的原因在于，其与姓名的功能相同，能够起到标识个人身份、防止个人身份混淆的作用，当然，也不是所有的笔名、艺名等都受法律保护，从《民法典》第1017条的规定来看，只有足以造成公众混淆时，才能受到法律保护。此处所说的“社会公众”并不当然泛泛指称一般的社会公众，而应当是相关领域的社会公众。例如，在“泥人张案”中，判断该称呼

---

① 北京市第一中级人民法院（2006）一中民终字第6252号民事判决书。

② 关于“乔丹”是否属于迈克尔·杰弗里·乔丹姓名权的保护范围，参见最高人民法院（2016）最高法行再27号行政判决书；关于“QIAODAN”是否属于迈克尔·杰弗里·乔丹姓名权的保护范围，参见最高人民法院（2016）最高法行再31号行政判决书。

是否为社会公众所知悉，就应当将此处的社会公众限于陶艺领域的相关人群。又如，判断“刻刀张”这一称呼是否为社会公众所知悉时，此处的社会公众就应当限于从事雕刻艺术领域的特定人群。正是由于这些称呼能够为社会公众所知悉，所以，行为人在使用这些称呼时容易产生混淆，从而构成侵权。

三、姓名权、名称权规则对笔名、艺名等的扩张保护

依据《民法典》第1017条规定，具有一定社会知名度，被他人使用足以造成公众混淆的笔名、艺名、网名、译名、字号、姓名和名称的简称等，参照适用姓名权和名称权保护的有关规定。如何理解此处所说的“参照适用姓名权和名称权保护的有关规定”？笔者认为，参照适用实际上是扩张适用姓名权规则，以保护笔名、艺名等权益，具体而言，包含如下含义：

第一，笔名、艺名、简称等不能等同于本名和名称。扩张保护并不意味着具有一定社会知名度的笔名、艺名、网名、字号、姓名等，被他人使用足以造成公众混淆的，与本名或名称完全等同。一方面，本名和名称只能有一个，与个人身份具有唯一对应性，而笔名、简称等可以有多个。例如，在正式的法律文书中只能使用本名和名称，而不能使用笔名、艺名、简称等。即便是具有一定社会知名度的笔名、艺名、网名、字号、姓名和名称的简称等，要受到姓名权规则的保护，也必须符合一定的条件。另一方面，笔名、艺名、简称等与姓名、名称受到法律保护的条件不同。姓名和名称受到法律保护，而不需要其具有相应的社会知名度，而从《民法典》第1017条规定来看，笔名、艺名、简称等受到法律保护的前提是具有一定的社会知名度。二者之所以存在此种差别，就是因为姓名和名称与特定主体的身份具有唯一对应性，而笔名、艺名、简称等并不当然能够识别特定主体的身份，只有其具有一定的社会知名度，才能具有身份识别功能，才有受到法律保护的必要。

第二，在笔名、艺名、简称等受到侵害时，权利人可以依据姓名权和名称权的规则向行为人提出请求，要求其承担法律责任。

第三，姓名权、名称权的部分规则可以参照适用于笔名、艺名、简称等的保护。例如，《民法典》第1014条规定：“任何组织或者个人不得以干涉、盗用、假冒等方式侵害他人的姓名权或者名称权。”该规则也可以参照适用于笔名、艺名、简称等的保护，即任何人不得以干涉、盗用、假冒等方式侵害他人的笔名、艺名、简称等。

从《民法典》第1017条规定来看，笔名、艺名、网名等虽然可以受到法律保护，但与本名是有区别的，其并不是姓名权的客体，不能等同于本名，其区别主要表现在：一方面，从构成上看，姓名是指自然人的姓氏和名字，是自然人在社会中区别于他人的标志和代号，因此，姓名在内容上应当是包含姓氏和名字，而个人的笔名、艺名、网名等虽然也能起到与姓名类似的标识个人身份的作用，但其并不包含个人的姓氏和名字，因此不应当属于姓名。通常，个人的姓名的命名需要遵循一定的规则，姓氏本身往往从家族传承下来，而父母赋予子女的名字往往也遵循一定的规则。这些规则限制对于笔名、艺名、网名等并不适用。另一方面，姓名需要登记，而别名等称呼并不需要登记。与笔名、艺名、网名等相比，姓名的命名和变更也受到更为严格的限制。关于姓名的命名，依据《居民身份证法》及《国家通用语言文字法》规定精神，居民身份证姓名登记项目应当使用规范汉字填写；同时，《全国人民代表大会常务委员会关于〈中华人民共和国民法通则〉第九十九条第一款、〈中华人民共和国婚姻法〉第二十二条的解释》也对姓名的命名进行了严格限制，其目的在于维持相关的伦理关系。而笔名、艺名、网名的设定和变更则没有严格的限制，个人可以根据自己的意愿设定和变更此类称号。另外，两者受到法律保护的条件不同。姓名一旦登记，都应当受到法律的保护，而别名等称呼并不当然受到法律的保护，只有具有一定的知名度，能够为相关公众所知悉的别名，才具有识别个人身份的功能，也才可能受到法律保护。从实践来看，一个业余作家也会有笔名，一个爱好戏剧的票友也可能有艺名，互联网空间中，普通用户大量使用网名，但如果这些称号不具备上述条件，便难以受到法律保护。

（撰稿人：王利明）

第四章　肖 像 权

第一千零一十八条　【肖像权及肖像】

自然人享有肖像权，有权依法制作、使用、公开或者许可他人使用自己的肖像。

肖像是通过影像、雕塑、绘画等方式在一定载体上所反映的特定自然人可以被识别的外部形象。

◆ 条文释义

一、肖像的概念和特征

关于肖像的内涵，学理传统上将其限于以面部特征为中心的外部形象，即肖像应当限于个人的面部特征，自然人的其他身体特征即便能够反映个人的外在形象，也不应当属于肖像。[①] 但是，随着造型艺术的发展，雕塑、素描、剪影等展现人物肖像的方式大量产生。尤其是电脑合成技术的发展，将他人面部以外的身体部位与其他人的其他身体部位予以组合，合成全新的形象，在技术上已变得极为简单。某个名人的姿态、动作、声音都有可能通过电脑处理而和他人的头像、身体嫁接，用于木偶剧或广告中。因而，对面部特征以外的身体部位的人格利益保护变得越来越重要。肖像并不限于个人的面部特征，个人的其他身体部分特征（如个人的肢体动作等）如果能够反映个人的外在形象，即便其识别度低，也应当将其认定为肖像。[②] 因此，肖像的保护范围也应当扩大。正是基于这一原因，本条第 2 款在规定肖像的概念时，放弃了“以面部为中心”说，而转向“可被识别性”说。

---

① 参见郭明瑞、张玉东：《肖像权三题》，载《浙江工商大学学报》2014 年第 1 期。

② 参见隋彭生：《论肖像权的客体》，载《中国法学》2005 年第 1 期。

依据这一规定，肖像是指通过摄影、雕塑、录像、电影等方式在一定载体上所反映的特定自然人可被识别的外部形象。通过可被识别性的标准界定肖像内涵的意义主要在于：一方面，从“以面部为中心”到“可被识别性”的转化，旨在扩大肖像的保护范围。这一转化实际上扩大了肖像权的保护范围，将面部以外的具有可识别性的其他身体特征纳入肖像权的保护范围，符合肖像权制度设立的初衷。例如，某人特有的肢体动作、背影等，如果为相关公众所知悉，能够对外展现个人的形象，则应当受到法律保护，而如果将肖像的内涵限于面部特征，则面部以外的具有可识别性的身体特征将难以受到法律保护。另一方面，符合现代社会造型艺术、电脑合成技术等的发展需要，符合互联网、大数据时代的要求。此外，此种规定也与我国司法实践的经验相契合。在我国司法实践中，已有一些法院在裁判中扩张了肖像的内涵，而没有将其限于面部特征，例如，在“深圳市松吉电动自行车有限公司与赵某肖像权纠纷上诉案”中，法院认为，“对肖像权的保护范围应当进行适当的扩张解释，将与肖像有密切联系的形象解释为涵盖在肖像权之中。当某一角色形象能够反映出饰演者的体貌特征并对饰演者具有可识别性的条件下，应当将该形象作为自然人的肖像予以保护”。①

根据《民法典》第1018条规定，肖像具有如下特征：

第一，个体性，即肖像必须是单个个体的肖像，并为个人所特有。肖像反映自然人身体的外部形象，是某个人与其他人相区别的重要标志。换言之，肖像以形象标记着自然人的特征。肖像是自然人享有的重要人格利益，并且只能由自然人享有。在例外情况下，数个自然人的肖像组合在一起也可以形成集体肖像，此种肖像既具有个体性，又具有集体性。此外，对于法人来说，因其只是一个社会组织而并没有具体的形象，因而不可能具有肖像。即使是反映某个企业形象的摄影、照片等，也不是肖像。当然，个人肖像应当是真实的个人形象的再现，至于虚构的人物形象，如孙悟空、米老鼠、唐老鸭等，均不属于法律意义上的肖像。②

第二，载体性。这就是说，肖像必须是个体形象在一定影像、雕塑等载体上

---

① 广东省深圳市中级人民法院（2016）粤03民终17303号民事判决书。

② 参见马卉等：《对民法意义上的“肖像”之认识》，载《建材高教理论与实践》2001年第2期。

的反映，法律上的肖像是指个人的外部形象所形成的区别于他人的要素，并可以通过绘画、照相、雕刻、录像、电影等艺术形式使个人外貌在物质载体上再现的视觉现象。也就是说，肖像作为个人的外部形象，应当可以通过再现和再创造等方式予以一定程度的体现，这也要求肖像必须要脱离肖像权人且固定在一定的物质载体上，才能够为人力所支配，可以由肖像权人独立地使用或许可他人使用，并体现出一定的财产价值。肖像必须是对一个特定的、可辨认的人的视觉表现，仅对个人面部特征的文字描述不是肖像。① 如果某人的外貌形象不能固定下来，则既不能使用，也不存在肖像权的问题。② 肖像的载体既可以是物理载体，如雕塑、照片等，也可以是电子载体，如在电脑等电子产品中再现个人的形象。随着科技的发展和艺术创作手段的日益丰富，肖像的表现形式也越来越多样化，现在通过电脑制作、扫描甚至舞台表演等各种方式都可以再现个人的肖像。电脑所采用的“六维空间”技术，甚至可以将画像、人体雕塑通过复制再现出活生生的形象。如果个人的肖像没有在载体上反映出来，而仅仅是个人面部的形象，则很难受到肖像权的保护。例如，在某人脸上打叉，应当构成对他人人格尊严的侵害，而不构成对他人肖像权的侵害。也就是说，个人的形象只有通过一定的载体表现时，才有可能构成对肖像权的侵害，如偷录、偷拍他人形象等。肖像能够而且必须固定在一定的物质载体上，这也是肖像与名誉、隐私等人格利益的重要区别。

但肖像本身不能等同于物质载体。有学者认为，载体性是肖像概念的本质属性③。笔者认为，此种看法是值得商榷的，尽管肖像可以物质载体表现出来，但肖像本身并不等同于物质载体，二者不能混淆。如果照相馆丢失其为顾客拍摄的照片，或者某人将他人照片撕毁，不能认定为侵害肖像权，而只能视为违约或侵害一般的财产权。

第三，客观再现性。一方面，客观再现性是指以艺术手段创造出来的肖像必须是现实生活中实际存在的人的肖像的反映，即肖像的主体须为实在的个人而非虚拟的人，因而客观性与前述的个体性是密切联系的。肖像是一种外在形象，必须能够为人们所认识，艺术作品中虚拟的人物形象，如根据鲁迅《阿 Q 正传》而

---

① Michael Henry, International Privacy, Publicity and Personality Laws, London: Butterworth, 2001, p. 61.
② 杨立新：《人身权法论》，人民法院出版社 2002 年版，第 462 页。
③ 参见马卉等：《对民法意义上的“肖像”之认识》，载《建材高教理论与实践》2001 年第 2 期。

绘制出来的阿Q形象，虽具有一定的形象性，但因为不具客观性，所以不应作为肖像权客体的肖像，此种形象应当通过《著作权法》等法律规则加以保护。另一方面，客观再现性是指肖像必须客观上展现了人物的外部形象。同时，个人的肖像应当具有再现性，此种再现既可以是客观再现，也可以是通过艺术加工的方式，如通过漫画、雕塑等艺术手法再现，只要再现的形象具有可识别性，都可以受肖像权规则的保护。

第四，外部形象性。肖像权所保护的个人外部形象不限于个人的面部形象，其保护个人的所有外部形象，如乔丹上篮的动作，杨丽萍跳舞的舞姿等，而不仅仅限于个人的面部特征。也就是说，相关的外部形象，只要具有可识别性，都可以为肖像权所保护。需要指出的是，肖像权保护的是个人的外部形象，个人的身体隐私部位等不受肖像权的保护，而应当是隐私权保护的对象。

第五，可识别性。所谓可识别性，是指通过某种技术手段再现的个人肖像必须能被人们辨认为具体的某个人，可识别性是肖像的核心特点，因为肖像的本质在于指向特定人的可识别性。个人可再现的外部形象要受到法律的保护，相关主体可以通过一定的载体识别出个人的身份。反之，如果相关主体不能从肖像载体中识别出个人的身份，则该个人的外部形象就不具有可识别性，其也就不属于肖像权意义上的“肖像”。从我国司法实践来看，多数法院采用了社会一般人的识别标准，也就是说，如果社会一般人能够从相关的肖像载体中识别出特定的个人，则应当认定该肖像具有可识别性。例如，在“徐熙媛与广州雅升化妆品有限公司肖像权纠纷案”中，被告认为自己只是采用了一个女性的形象而并非本案原告的肖像，一审法院认为，“自然人的肖像权是指自然人对于自己的照片、画像、录像、塑像等具有物质载体的视感影像依法享有的不受侵犯的权利。即肖像权对身体的部位并无具体指定，只要能够让人从视觉形象上感知此为具体的某个人即为肖像权含义”。二审法院则直接以“一般人的认知标准”作为可识别性的具体判断标准。[①] 笔者赞同此种观点，即在判断肖像是否具有可识别性时，应当以社会一般人能否识别作为判断标准。实践中，判断某座雕塑、某幅漫画等是否反映了某个自然人的肖像，关键要看这些作品的内容是否具有可识别性。这就意味

① 参见广东省广州市中级人民法院（2016）粤01民终12021号民事判决书。

着，肖像不仅应当反映人的外在形象，而且所反映的个人外在形象应当清晰、真实，使一般人能够明确地辨认出该肖像为何人的形象。

第六，人格性。一般认为，肖像可从美术上的意义和法律上的意义两个层面来理解。美术意义上的肖像是通过绘画、照相或者其他技术性手段模仿人物外形而塑造形象、以描绘人物形象为内容进行的艺术创造，它是以再现和复制人物外形为中心和基点的再创造。法律意义上的肖像是自然人的人格利益，它是个人因为其外部特征而所享有的利益。① 但肖像作为一种人格标识，不仅可以使肖像权人与其他人相区别，而且也体现了肖像权人的人格尊严和人身利益。肖像常常与个人的隐私、名誉发生紧密联系。所以肖像不仅具有美术上的意义，而且具有法律上的意义，它是法律所保护的重要法益。

二、肖像权的特征

《民法典》第1018条第1款规定，“自然人享有肖像权”，肖像权是自然人以自己的肖像所体现的利益为内容，依法制作、使用、公开或者许可他人使用自己的肖像的权利。肖像权是以肖像所体现的人格利益及财产利益为内容的民事权利，它直接关系到自然人的人格尊严及其形象的社会评价，是自然人所享有的一项重要的标表型人格权。从比较法上看，对肖像权的保护主要有如下两种模式：一是通过侵权责任的一般条款来保护个人的肖像权（如法国），或通过侵权法保护肖像利益；二是通过特别立法的方式保护肖像权（如德国颁布了《艺术与著作权法》）。② 我国《民法典》第110条则从正面确权的角度对肖像权作出了规定。人格权编专章规定了肖像权。肖像权主要具有如下特点：

1. 肖像权是专属于自然人的权利。肖像权的专属性是由肖像的专属性决定的。肖像作为人的形象的再现，是个人与生俱来的人格利益，是个人特定化的标志，由此决定了某人的肖像只能是该自然人所享有的肖像权的客体。肖像权作为一种标识性的权利，只能为自然人所享有，它既不能被抛弃，也不能被转让，更不能被继承。有一种观点认为，自然人许可他人使用自己的肖像（如允许他人以自己的肖像做广告、制作挂历等）是转让自然人的肖像权。笔者认为，肖像权相

---

① 杨立新：《人身权法论》，人民法院出版社2002年版，第459－460页。

② See Gert Brüggemeier, Aurelia ColombiCiacchi, Patrick O Callaghan, Personality Rights in European Tort Law, Cambridge University Press, 2010, pp. 570－571.

对于其他人格权而言，专属性较弱，因为肖像权人既可以自己对肖像进行商业利用，也可以许可他人进行商业使用，但肖像权并不具有可转让性，从这个意义上说，肖像权也具有专属性。

2. 肖像权以肖像利益为客体。肖像权人所享有的各项权利，如依法制作、使用、公开或者许可他人使用自己的肖像，都是以自己的肖像利益为客体，是在肖像利益上展开的。随着造型艺术等的发展，肖像的利用方式越来越多，肖像权的客体也出现了扩张趋势，由于肖像不再以面部特征为中心，肖像权的保护范围也将进一步扩大。另外，在肖像权人死亡后，其肖像所具有的财产价值能够成为继承的客体。例如在“王金荣等诉松堂关怀医院等擅自使用其已故母亲的肖像做广告侵犯肖像使用权案”① 中，法院认为，被告擅自使用原告母亲的肖像，构成侵权，因而应当承担损害赔偿责任。在本案中，原告所继承的是死者肖像所具有的财产利益，而不是人格利益。

3. 肖像权是标表型的精神性人格权。一方面，肖像权不同于名誉权等人格权之处在于，它是一种标表型人格权。所谓标表型人格权，是指以主体的外在标志为特征的人格权。由于肖像是人的外部特征，而人的外部特征通常具有唯一性，能够将主体与其他人相区分，直接体现个人的基本特征，因而肖像权是一种标表型的人格权。另一方面，肖像权主要是一种精神性的人格权。肖像权体现的是自然人的人格利益，法律对自然人肖像权的保护主要是为了维护自然人的人格尊严和精神利益的完整。

4. 肖像权是具有商业利用价值的排他性权利。肖像权中包含一定的财产价值，可以成为许可利用的对象，肖像权人可以通过对其肖像进行商业利用，并获得一定的经济利益。② 例如，将名人的肖像用于挂历、商业广告、产品包装、宣传画、海报、书籍封面及其插图等。实践中，侵害肖像权的行为大多表现为未经权利人许可利用名人的肖像从事商业活动，有学者将未经许可对他人人格权进行许可利用的行为称为“人格权的强制商业化”③。我国司法实践中也出现了一些未经许可对他人肖像权进行利用的纠纷，如“崔永元与北京华麟企业有限公司侵

---

① 北京市崇文区人民法院（1999）崇民初字第1189号。

② 王泽鉴：《人格权法》，三民书局2012年版，第331页。

③ 王泽鉴：《人格权法》，三民书局2012年版，第331页。

害肖像权、名誉权案"①"王军霞诉云南昆明卷烟厂侵害肖像权"②"刘翔诉《精品购物指南》侵害肖像权案"③等。鉴于肖像权可以成为许可利用的对象，有学者认为，肖像权本身具有财产属性，甚至认为，肖像权本身就是财产权。笔者认为，尽管随着人格权许可利用实践的发展，肖像尤其是名人的肖像具有一定的财产权属性，肖像权也因此具有积极利用的权能，但肖像权仍然是典型的人格权，它与自然人的人格相伴始终，是个人人格的外在标志。所以，肖像权中的财产利益是从属于人格利益的，肖像权可以成为许可利用的对象，并不影响其人格权的权利属性。④与其他人格权相比，肖像权的许可利用现象虽然更为普遍，但其本质上仍应当属于人格权而非财产权。

5. 救济方式的特殊性。由于肖像权具有一定的财产属性，侵害肖像权不仅可能导致权利人的精神损害，而且可能导致其财产损害。尤其是公众人物的肖像，其具有较大的经济价值。因此，在未经许可对他人肖像权进行利用的情形下，权利人既有权主张精神损害赔偿，也有权主张财产损害赔偿，我国《民法典》第1182条专门就侵害人格权的财产损害赔偿责任作出了规定。

三、肖像权的内容

所谓肖像权的内容，是指肖像权所包含的各项权能。《民法典》第1018条第1款规定，肖像权人"有权依法制作、使用、公开或者许可他人使用自己的肖像"。据此可见，肖像权作为一种标表型的人格权，具有不同于其他人格权的内容。肖像权在内容上应包括以下四项权能：

第一，肖像制作权。肖像制作权又称为形象再现权。此种权利是指自然人根据自己的合法需要，有权由自己或许可他人通过造型艺术及其他形式再现自己的

---

① 参见"崔永元与北京华麟企业有限公司侵害肖像权、名誉权案"判决，北京市朝阳区人民法院（1999）朝民初字第4247号民事判决书。

② 1996年8月6日，香港大公报广告版登载一整版红山茶香烟广告，该版面右侧是王军霞在1996年亚特兰大奥运会上夺得5000米长跑金牌后，站在领奖台上手举鲜花的照片，左侧是红山茶香烟，上方写有"热烈祝贺中国奥运代表团高奏凯歌"字样，右上侧写有"国际名烟，时尚味道"字样，下侧写明中国昆明卷烟厂出品。王军霞以该广告侵害其名誉权、肖像权为由起诉至法院，法院终审判决一审败诉的王军霞胜诉，昆明卷烟厂登报向王军霞公开道歉，并给付王军霞赔偿金80万元。参见《辽宁高法负责人讲述王军霞告昆烟案判决几大依据》，载《辽沈晚报》2001年5月28日。

③ 参见北京市第一中级人民法院（2005）一中民中字第8144号民事判决书。

④ See Eric H. Reiter, "Personality and Patrimony: Comparative Perspectives on the Right to One's Image", 76 *Tul. L. Rev.* 673.

形象。自然人的形象只有通过制作转化为肖像，才能脱离人体而为人们传播和利用。① 但是否再现自己的形象以及如何再现自己的形象，是肖像权人所享有的权利。未经本人同意不得为他人摄影、作画、写生以及从事其他肖像制作活动。在制作他人肖像时应征得肖像权人的同意。如未经同意擅自制作他人肖像，即使未予公布，亦构成对肖像制作权的侵害。② 肖像制作权专属于肖像权人，当然，肖像权人也可以将该权利授予他人行使。③

第二，肖像使用权。虽然肖像权是一项重要的人格权，但其中包括的肖像使用权却体现了一定的财产利益，从而可以在一定程度上与权利人相分离。因肖像可固定在一定的物质载体上，为肖像权人所支配和利用，因而肖像权包含了使用权能。肖像使用权包括如下两个方面：一是肖像权人自己使用。因为肖像权也体现了一定的财产利益，所以，权利人可以通过使用自己的肖像获取一定的利益。二是权利人通过许可他人使用自己的肖像而获得一定的利益。肖像权人有权同意他人使用自己的肖像以获取适当的经济利益。但他人使用肖像权人的肖像，也应当符合法律、法规和公序良俗。例如，不得将其肖像用于制作淫秽图片并加以传播。④ 非法利用他人肖像属典型的侵害肖像权行为。美国学者布劳斯登曾经认为，以营利为目的使用他人的姓名和肖像是侵害他人人格尊严的，因为将某人的肖像应用在某种产品上，就表明该人对该产品的质量作出保证，尤其在该产品质量低劣的情况下，更是违背肖像人意愿的。⑤ 此种观点较为准确地解释了肖像使用权存在的合理性。

第三，肖像公开权。肖像公开权是指权利人有权决定是否公开肖像，以及以何种方式公开的权利⑥。行为人擅自公开他人肖像的，既构成对他人肖像权的侵害，也可能侵害他人名誉权、隐私权等权利。《民法典》第 1019 条第 2 款规定："未经肖像权人同意，肖像作品权利人不得以发表、复制、发行、出租、展览等方式使用或者公开肖像权人的肖像。"该规定实际上是对肖像公开权的进一步展

---

① 参见杨立新等：《〈中国民法典·人格权编〉草案建议稿的说明》，载王利明主编：《中国民法典草案建议稿及说明》，中国法制出版社 2004 年版，第 336 页。

② 参见王泽鉴：《侵权行为法》，北京大学出版社 2001 年版，第 137 – 138 页。

③ 参见张红：《人格权各论》，高等教育出版社 2016 年版，第 174 页。

④ 参见张新宝：《中国侵权行为法》（第 2 版），中国社会科学出版社 1998 年版，第 302 页。

⑤ See Bloustein, "Privacy as an Aspect oof Human Dignity: An Answer to Dean Prosser", 39 *N. Y. U. L. Rev.* 962, 988 – 989 (1964).

⑥ 参见张红：《人格权各论》，高等教育出版社 2016 年版，第 175 页。

开，从反面规定了对肖像公开权的保护。

第四，肖像许可使用权。这就是说，权利人对其肖像享有专有权，也同时享有许可他人利用自己肖像的权利。虽然肖像权是一项重要的人格权，但其中包括的肖像使用权却体现了一定的财产利益，从而可以与权利人相分离。从比较法上看，各国普遍承认了肖像权保护的基本原则，即制作和传播个人的肖像必须经过个人的同意。这实际上是肖像许可使用权的具体体现。①

在现代社会，肖像权的利用权能不断扩张，利用方式越来越广泛。这就是说，权利人对肖像权的享有不仅在于消极地防御他人的不法侵害，而且在于积极地利用肖像权获取一定的经济利益。肖像权使用的方式和程度日益多样化和复杂化。由于肖像权的许可利用，利用权能在肖像权内容体系中的地位日益凸显。肖像权之所以可以许可利用，主要原因在于：一方面，肖像权具有可复制性，在一定程度上能够与主体相分离，并且能够用于一些商业活动，权利人自己能够加以利用，也能够授权他人加以使用。众所周知，人格权通常不能够与主体相分离，无法转让，如名誉权、生命健康权等，但是也有相当数量的人格权可以在一定程度上与权利人本身相分离，权利人可以通过合同授权他人加以利用，如肖像权，甚至在权利人本身死亡以后，授权人还可以在合同所约定的范围内继续对这些权益加以使用。另一方面，肖像权具有一定的财产性。由于肖像权本身具有一定的利用价值，能够体现一定的商业价值，不论是名人还是普通人，其肖像都具有一定的财产价值，只是在程度上存在一定的区别。例如，在“崔永元与北京华麟企业有限公司侵害肖像权、名誉权案”中，法院认为：“《实话实说》是全国知名的栏目，原告是著名的节目主持人。原告主持的《该不该减肥》节目，虽然未提及相关企业名称和产品，但使用由原告主持的该节目做广告，势必会提高广告收视率。因此，被告使用名牌栏目和知名主持人的名人效应，提高产品知名度，创造销售利润的主观目的是明确的。且该行为未经原告同意，已经构成了对原告肖像权的侵害。”② 可见，肖像权中包含一定的财产利益。由于这些原因，导致了肖像

---

① See Gert Brüggemeier, Aurelia ColombiCiacchi, Patrick O Callaghan, *Personality Rights in European Tort Law*, Cambridge University Press, 2010, p. 571.

② “崔永元与北京华麟企业有限公司侵害肖像权、名誉权案”，北京市朝阳区人民法院（1999）朝民初字第4247号民事判决书。

权可以被许可利用。我国《民法典》人格权编专门规定了肖像许可使用合同，并对合同内容约定不明确的解释规则、肖像许可使用合同的解除规则等作出了明确规定。《民法典》第1023条第1款规定："对姓名等的许可使用，参照适用肖像许可使用的有关规定。"这表明许可使用合同不仅适用于肖像权，而且还适用于姓名、名称等的许可使用。

此外，肖像权是一种绝对权，具有排他效力，除权利人以外，任何其他人都负有不得侵害权利人肖像权的义务。肖像权人有权禁止他人非法毁损、玷污、丑化自己的肖像，未经本人同意，任何人不得非法使用其肖像。在他人侵害肖像权时，权利人有权请求他人停止侵害、排除妨害、赔偿损失。

四、肖像权与其他权利

（一）肖像权与名誉权

肖像权与名誉权密切联系，侵害他人肖像权可能同时侵害他人名誉权，实践中，此种情况主要有以下几种：

一是未经他人同意，以违背公序良俗的方法恶意使用他人肖像。以违背公序良俗的方式恶意使用他人肖像，可能导致他人社会评价的降低，从而同时侵害他人的肖像权和名誉权。例如，原告李某与被告赵某在谈恋爱期间曾合影留念，后来两人关系破裂。被告赵某为发泄怨恨，将该合影照片的底片送至某照相馆放大，并请该照相馆职工将放大的照片摆在橱窗内。照片放在橱窗展览后，原告受到他人非议，感到其名誉严重受损，遂到法院起诉，请求被告赵某和照相馆撤下照片，赔偿其精神损害。在该案中，行为人不当利用他人肖像，导致他人社会评价的降低，同时侵害了他人的肖像权和名誉权。

二是恶意丑化、玷污、毁损他人的肖像。例如，在他人肖像上打叉或添画胡须、瘢、痣、疖、眼镜等，或焚烧、撕扯、倒挂他人的肖像，从而损害了肖像权人在公众中的良好形象，影响了公众对其良好的社会评价，该行为即同时侵害了他人的肖像权和名誉权。

三是未经他人同意公开他人的裸照或将他人的肖像用于有损其形象的广告，或者将他人的形象拼接于色情图片中等。该行为也可能导致他人社会评价的降低，并同时侵害他人的肖像权和名誉权。例如，某杂志刊登某影星的照片，但该照片所配文字竟是一则皮肤病药品广告，这可能使社会公众认为该影星为该药品做广告代言，导致其社会评价降低，该行为也同时侵害了他人的肖像权和名誉权。

在上述情况下，行为人的行为既侵害了肖像人的肖像权，又侵害了其名誉权①，可能构成聚合，但也可能构成请求权竞合。受害人可以在侵害肖像权请求权和侵害名誉权请求权中选择一种对其较为有利的请求权。例如，肖像权与名誉权相比较，在举证责任上更为简单，肖像权人只需证明侵害人未经其同意使用其肖像即可，而不必证明其社会评价是否降低、侵害人主观上是否具有故意和过失。因此，原告主张被告侵害其肖像权，在举证上更为简便。当然，如果原告希望恢复名誉，则只能通过主张名誉权受侵害获得救济。

尽管名誉权和肖像权存在密切关联，但二者也存在明显区别，主要表现在：

1. 主体不同。名誉权的主体既包括自然人，也包括法人，可以说，任何民事主体都享有名誉权。但由于肖像权的客体是自然人所具有的客观的外在形态，是自然人的人格标志，法人等社会组织并不具有外貌形象，因而无法享有肖像权。实践中经常提到的某个单位的形象、某个厂家的形象，不是法律上所说的肖像。反映法人某一方面面貌的艺术作品，如关于厂容厂貌的相片、法人成员的集体照等，并不是法人的肖像。

2. 客体不同。名誉权的客体是名誉，是社会对权利人的一种评价，其内容相对主观，而肖像权的客体则是反映个人外部形象的肖像，较为客观。尽管肖像与名誉会有一定的联系，如良好的肖像会使人获得良好的社会评价，而丑化他人的肖像会毁损他人名誉，但二者的客体并不相同，不可混淆。

3. 内容不同。肖像权与名誉权的内容不同，由于肖像可以固定在物质载体上并为人力所支配②，因而肖像可以使用，肖像使用权是肖像权的重要内容。权利人可以通过自己行使肖像权或授权他人使用肖像而获取一定的经济利益。但名誉本身只是一种社会评价，不能像肖像那样可固定在物质载体上，因此，不能像肖像那样可以被实际使用，所以，名誉权的内容不包括对名誉的使用权。

（二）肖像权与身体权

肖像本来具有两种含义，一是附着于身体的肖像，二是再现后的形象。人的

---

① 参见张新宝：《中国侵权行为法》（第2版），中国社会科学出版社1998年版，第300页。
② 参见杨立新：《人身权法论》，人民法院出版社2002年版，第462页。

面部是人的身体的组成部分，也是人的肖像的集中体现，从这个意义上说，肖像利益和身体利益是密切联系的。肖像权保护的是再现的肖像，人的身体本身应当受身体权的保护。例如，殴打致人脸部受伤或整容不当致受害人形象受损，受害人只能以身体权受侵害为由提起诉讼，而不能认为肖像权受到了侵害。当然，如果受侵害的是再现后的形象，即使不是脸部的再现，而是对身体其他部位的再现，也可能受到肖像权的保护，当然，此时仅涉及肖像权保护问题，而不涉及身体权问题。

（撰稿人：王利明）

第一千零一十九条　【肖像权的保护】

任何组织或者个人不得以丑化、污损，或者利用信息技术手段伪造等方式侵害他人的肖像权。未经肖像权人同意，不得制作、使用、公开肖像权人的肖像，但是法律另有规定的除外。

未经肖像权人同意，肖像作品权利人不得以发表、复制、发行、出租、展览等方式使用或者公开肖像权人的肖像。

◆ 条文释义

一、本条不再将行为人具有营利目的作为肖像权侵权的构成要件

本条规定具体列举了侵害肖像权的各种行为。在《民法典》颁行前，认定侵害肖像权要以行为人具有营利目的为构成要件。根据《民法通则》第100条的规定，未经本人同意，以营利为目的使用他人肖像的行为，构成侵权行为，行为人应承担侵害肖像权的责任。《最高人民法院关于贯彻执行〈中华人民共和国民法通则〉若干问题的意见（试行）》第139条规定："以营利为目的，未经公民同意利用其肖像做广告、商标、装饰橱窗等，应当认定为侵犯公民肖像权的行为。"上述规定以行为人具有营利目的作为肖像权侵权的构成要件，但何为"以营利为目的"，实践中常常发生争议。例如，在"深圳市松吉电动自行车有限公司与赵某肖像权纠纷上诉案"中，法院认为，"所谓'以营利为目的使用肖像'，是指对

他人肖像进行具有商业性质的使用，以谋取经济利益，进而给其人格带来商业化的负面影响。因此，就本案而言，上诉人在其企业微信公众号的两篇配图文章中，使被上诉人肖像与上诉人经营产品产生一定的广告性质的关联性，从而使社会公众产生有合理根据的误解，进而使被上诉人人格受到上诉人广告的商业化侵害”。在该案中，法院要求必须“给其人格带来商业化的负面影响”，但在其他案件中，法院并没有作出此种要求，只要是未经权利人的同意的利用，即可能构成侵权。例如，在“董某诉南阳市虹光摄影图片社未经同意向他人提供其照片侵犯肖像权纠纷案”中，法院认为，《南阳邮电》所载文章在未征得肖像权人同意的情况下，使用原告肖像，在文章中，介绍了虹光摄影图片社引进彩扩设备的先进性能、摄影技术，具有明显的广告内容和作用，因此可认定被告具有营利目的。①

实践证明，将行为人具有营利目的作为侵权责任构成要件显然是不妥当的，因为一方面，将营利目的作为侵害肖像权的构成要件，旨在禁止通过非法利用行为获取不当利益，主要目的在于维护肖像权人的财产利益，但事实上，肖像权作为一种人格权，主要体现的是肖像权人的人格利益和人格尊严。尽管肖像权中包含了财产因素，但财产内容只是附属的、派生的，不是肖像权的主要内容。法律保护肖像权的主要目的在于维护肖像权人的人格利益和人格尊严，而不是维护肖像权人的财产利益。如果坚持以营利目的作为判断侵害肖像权的责任构成要件，则会偏离法律保护肖像权的目的，也不利于保护肖像权人的人格尊严。② 另一方面，以营利目的作为构成要件将不当限缩肖像权的保护范围，使得许多非法使用他人肖像但并不是追求营利的行为不能作为侵害肖像权处理，从而不利于保护肖像权人的利益。③ 从实践来看，某些侵害肖像权的行为是以营利为目的④，但毕竟侵害肖像权的行为类型十分复杂，除以营利为目的使用他人肖像的情形之外，还有一些其他的侵害肖像权的类型，如以歪曲、污辱等方式侵害他人的肖像权，

① 最高人民法院中国应用法学研究所编：《人民法院案例选（1992－1999年合订本）》，中国法制出版社2000年版，第728页。

② 参见杨立新：《肖像权》，载王利明等主编：《人格权与新闻侵权》，中国方正出版社1995年版，第284－285页。

③ 在美国，新闻传播和娱乐可能不被认为是商业活动。P. L. Kunath, “Lights, Camera, Animate! The Right of Publicity's Effect on Computer Animated Celebrities” (1996) 29 Loy. L. A. L. Rev. 863 at 896. at 882 and 887.

④ 参见张红：《人格权各论》，高等教育出版社2016年版，第184页。

行为人并非以营利为目的，因此，以此为标准不利于对肖像权人的保护。出于上述原因，我国《民法典》第1019条在规定肖像权侵权规则时，放弃了行为人具有营利目的这一构成要件。

二、侵害肖像权的形态

（一）丑化、污损他人肖像

丑化、污损他人肖像是指通过各种方式恶意丑化、污损他人的肖像。例如，以女电影演员的画像作为酒店女洗手间的标志。[①] 不管行为人主观上是否具有营利的动机和目的，这些行为都造成了对肖像权人的人格利益和人格尊严的侵害，构成对肖像权的侵害。例如，在“赵刚与林肯电梯（中国）有限公司、李清平等隐私权纠纷、肖像权纠纷案”中，法院认为，“林肯公司将包含有赵刚肖像的证据提交劳动仲裁部门时，并没有污损、丑化、歪曲其肖像权的行为。因此，林肯公司的行为并未侵犯赵刚的肖像权”。按照法院的观点，如果行为人污损、丑化他人的肖像，则构成对他人肖像权的侵害。[②]

（二）利用信息技术手段伪造等方式侵害他人的肖像权

利用信息技术手段伪造方式侵害他人的肖像权，主要是指利用信息技术手段深度伪造他人肖像的行为。它是指通过一定的信息技术手段，将某人的肖像换成他人的肖像，并在此基础上形成高度逼真且难以甄别的图像、声音、视频。深度伪造以换脸技术为典型。[③] 深度伪造技术出现后，出现了大量利用这一技术伪造他人形象用于色情影片、广告宣传等的案例，给受害人造成严重损害。例如，在“葛优与无锡施尔美医疗美容医院有限公司肖像权纠纷案”中，行为人对权利人的多张照片经过加工修改，PS并附上文字用于广告宣传。法院认为，“施尔美公司未经葛优许可，在其官方微信公众号中使用葛优饰演电视剧的剧照并进行修改，借‘葛优躺’的网络热度吸引相关公众关注、阅读，推介被告微信公众号及美容服务，具有商业性使用性质，该使用行为侵害了葛优的肖像权，行为人应当承担停止侵害、赔礼道歉、赔偿损失的侵权责任”。[④]“AI换脸”可以随意替换视

---

① 参见朱国光：《肖像权及其法律保护制度探析》，载《法学论坛》1997年第4期。

② 参见浙江省嘉兴市中级人民法院（2016）浙04民终155号民事判决书。

③ 参见曹建峰：《深度伪造技术的法律挑战及应对》，载《信息安全与通信保密》2019年第10期。

④ 参见北京市海淀区人民法院（2018）京0108民初5972号民事判决书。

频角色面部，形成“只需一张照片，出演天下好戏”的状况。2019 年 6 月 12 日，美国国会提出《深度伪造责任法案》（Deep Fakes Accountability Act），依据该法案，深度伪造内容的提供者应当在伪造作品中进行提示，使得公众知晓该内容系属伪造，否则构成侵权。此外，该法案还规定了受害主体享有私人诉权，即受害的自然人可以直接向法院申请禁令或提起损害赔偿之诉，如果内容涉及隐私，也可要求不公开审理。[①] 在我国实践中，已经出现了将某人的肖像与某黄色影片中的角色肖像互换的现象，严重侵害了他人的肖像权。如果行为人采用深度伪造技术侵害他人的肖像权，平台明知，但仍然提供帮助，或者未采取措施予以删除，则平台也应当承担连带责任。

从《民法典》第 1019 条规定来看，其在规定侵害肖像权的方式时，除规定丑化、污损，以及利用信息技术手段伪造他人肖像外，还使用了“等”这一兜底性表述，表明侵害肖像权的方式并不限于上述形态。因为随着科学技术的发展，对肖像的利用方式会不断多样化，从而对肖像的侵害也会多样，因此，该条采用了一个兜底条款，有利于适应未来发展的需要。

（三）擅自使用和公开他人肖像

依据《民法典》第 1019 条第 1 款，“未经肖像权人同意，不得制作、使用、公开肖像权人的肖像，但是法律另有规定的除外”。此类行为主要包括如下几种形态：

第一，擅自制作他人肖像。也就是说，未经他人同意制作他人肖像。一般来说，擅自偷拍他人肖像后制作他人肖像，除行为人善意收藏、鉴赏他人的相片之外，即使未将所制作的肖像传播流通，也可能构成侵权。

第二，擅自使用他人肖像。所谓擅自使用，是指未取得他人同意而非法再现他人肖像的行为，包括商业性的利用和非商业性的利用。例如，非法制作他人肖像作品、非法复制和传播他人肖像作品等。具体来说，非法使用包括以营利为目的而将他人肖像制成画像、照片、图片、塑像、雕像等出售给第三人，或用在广告、商标、产品说明书中等，例如，在“卓某诉孙某、重庆市乳品公司侵犯肖像

---

① 参见曹建峰：《深度伪造技术的法律挑战及应对》，载《信息安全与通信保密》2019 年第 10 期。

权纠纷案"① 中，法院认为，孙某与重庆市乳品公司未经卓某本人同意，以营利为目的，擅自出售、印刷他人肖像作商标，是侵犯他人肖像权的行为，应当承担侵权的民事责任。非法使用也包括非以营利为目的而将制作的肖像予以公布、陈列、复制等使用行为。例如，在网络上未经肖像权人同意而粘贴、修改、下载传播他人肖像。当然，一般的善意鉴赏和收藏肖像作品的行为不构成侵权。此外，恶意毁损、丑化他人肖像也构成侵害肖像权。例如，在网络上通过修改他人的肖像，将他人丑化，也构成非法利用。值得注意的是，未经许可利用他人肖像的行为并不限于直接利用，转发等也能构成肖像权侵权。在“深圳众生元网络技术有限公司与杨颖肖像权纠纷上诉案”中，该案两级法院均认为，“虽然涉案文章转载自其他网站，被告没有对文章内容进行实质性修改，但涉案文章不仅直接提及原告的英文名称，而且还配有多幅原告的相片，被告以营利为目的转载涉案文章同样侵犯了原告的肖像权，不能因为涉案文章并非被告原创而免于承担侵权责任”。②

第三，擅自公开他人的肖像。在互联网上，未经他人同意，擅自公布他人照片，甚至广泛传播，即便侵权人没有营利目的，但客观上也造成了对他人肖像权，特别是肖像权中精神利益的侵害。通过互联网或其他媒体，擅自传播他人的裸照，例如，将某演员的裸照在网络上广泛传播，这种行为可能同时构成对他人隐私权和肖像权的侵害。

行为人未经他人的同意而制作、使用或公开他人的肖像，且所使用的肖像具有可识别性，即可以通过该肖像识别出特定的主体，构成侵害肖像权。可识别性在肖像权保护中的意义表现在：一是通过各种技术手段（如影像、雕塑、绘画、素描、剪影等）非法再现他人的肖像，只有在具有可辨认性的条件下才构成侵害肖像权。肖像是通过各种艺术表现形式反映出来的某人的外部形象，个人的形象并不一定要原封不动地再现才属于肖像，绘画、雕塑等作品在再现某人的形象时，只要达到了清晰、可以识别为某人的程度，便可以认为反映了某人的肖像。二是随着肖像权的发展，需要扩展肖像权的保护范围，如侧影、形体动作、身体

---

① 载《最高人民法院公报》1987 年第 1 期。

② 广东省深圳市中级人民法院（2016）粤 03 民终 9542 号民事判决书。

某个部位等也可以受到肖像权的保护，但此种保护的前提是须具有可识别性。我国《民法典》第1018条采用可识别性标准，扩大了对肖像权的保护范围，但何谓可识别性？所谓可识别性，就是指社会一般人可以将通过一定的艺术手段再现的个人的外部形象识别为某人。在判断是否可识别时，应当按照一般人的标准进行判断。这就是说，在识别过程中，应当采用合理的一般人标准，而不能仅以某个熟人是否能够辨认为标准。因为熟人熟悉某人的面部特征，从某一个特征就足以辨认出某人，但其他不熟悉的人则未必能根据某一个特征识别出某人。也就是说，被告必须利用了原告的面部形象，且能够为一般人所识别。此种观点在其他案例中也被采纳。例如，在“谢某诉北京概念久芭模特责任有限公司侵犯肖像权案”中，被告在宁波举行的某模特大赛中国选拔赛的宣传材料中使用了一张胡兵等名模的一男四女模特合影。原告发现，其中一个人的身体是自己的，而头部却通过电脑手段被换成了别人的，因此到法院起诉。一审法院判决认为，目前我国《民法通则》所保护的肖像权是指以自然人面部为中心的形态和神态的客观表现，因此，仅包括了谢某的四肢和躯干、没有其面部形象的照片不具有谢某的肖像特征。① 笔者认为，此种观点不无道理，本案中，行为人利用的并非原告的面部形象，不能为社会公众所识别，因此，不应当受肖像权的保护。当然，即使没有面部形象，但如果能够使社会公众从该形象中识别特定的主体（例如，杨丽萍的孔雀舞，其手势极具个性），也应受到肖像权的保护。

在通常情况下，应当以社会公众能否识别作为判断可识别性的标准，但由于每个人的社会知名度不同，完全按照社会公众的标准判断可识别性，确有一定的困难。因而在特殊情形下，可以考虑按照与权利人熟悉的人的标准判断可识别性。

需要指出的是，从本条规定来看，“任何组织或者个人不得以丑化、污损，或者利用信息技术手段伪造等方式侵害他人的肖像权。未经肖像权人同意，不得制作、使用、公开肖像权人的肖像，但是法律另有规定的除外”，如何理解本条所规定的“但是法律另有规定的除外”？笔者认为，“法律另有规定的除外”就是

---

① 参见北京市高级人民法院编：《审判前沿——新类型案件审判实务》，法律出版社2003年版，第139页。

指《民法典》第1020条所规定的肖像合理使用的各类情况，在符合法律规定的合理使用的情况下，行为人使用他人的肖像不构成侵权，但合理使用也必须在合理范围内，或者在不可避免的范围内使用，超出这一范围，也构成侵权。

三、肖像作品的著作权与肖像权的关系

《民法典》第1019条第2款规定："未经肖像权人同意，肖像作品权利人不得以发表、复制、发行、出租、展览等方式使用或者公开肖像权人的肖像。"这涉及肖像权与著作权之间的关系协调问题。肖像权和著作权关联密切，肖像权在立法上的确立，最初就是以限制作品传播的方式出现的。尽管肖像权和著作权在历史渊源上存在密切关联，但笔者认为，肖像权和著作权存在明显区别，主要表现在：第一，两种权利的性质不同。肖像权属于人格权的范畴，而著作权属于知识产权的范畴。第二，二者保护的基点不同。著作权所保护的是经过创作活动而形成的智力成果，即作品。任何著作权都必须附着于一定的作品之上。肖像权保护的是肖像利益。著作权与个人的人身肖像并不一定有必然的关联。人的肖像如果不经再现，不可能产生著作权，因为个人不能对自己的肖像享有著作权。第三，人身专属性程度不同。著作权的人身专属性较弱，当事人可以通过约定确定著作权人，如委托作品可以通过约定而由委托人享有著作权。而肖像权具有很强的人身专属性，权利人虽然可以许可他人对其肖像权进行利用，但肖像权本身不得转让。第四，二者的保护方式不同。肖像权作为人格权遭受侵害时，肖像权人往往可以请求精神损害赔偿，而对著作权的侵害，通常不产生精神损害赔偿问题。

肖像权和著作权也可能会发生冲突，从实践来看，经常发生这样的情况：一方为另一方拍摄了剧照、写真集、裸照，或者为某人绘制了画像后，肖像权人要求取得作品的所有权，而拍摄人、绘制人等要求取得肖像作品著作权，并通过发表、复制、发行、出租、展览等方式使用其著作权，这就产生了肖像权和著作权的冲突。从法律上说，既然拍摄人、绘制人等是著作权人，其有权保留作品，并在不损害肖像权人利益的情况下予以发表，拍摄人应当享有署名权。但是，著作权人不能未经肖像权人的许可而将裸体照片等予以公开，更不能擅自复制予以销售，否则将造成对他人肖像、隐私等权利的侵害。例如，某画家请模特拍照创作油画，该画家未经模特同意，用该油画参加人体油画展览，后模特委托律师对该

画家起诉，其依据是被告的行为已侵害了其肖像权①。

关于肖像权与著作权的冲突问题。从比较法来看，在德国法中，肖像权是在摄影作品著作权法中规定的。② 德国1907年《艺术与著作权法》规定："人之肖像，限于肖像人同意得公布或公然展览。"我国《民法典》第1019条第2款规定借鉴了国外的经验，规定了肖像权优先于著作权的规则。这就是说，如果拍摄人、绘制人等在拍摄了剧照、写真集、绘画时，已经与肖像权人之间作出明确的约定，只要该约定不违反法律法规的强制性规定和公序良俗，则该约定就是合法有效的，当事人应当依据约定确定当事人之间的权利义务关系。如果当事人之间没有约定，则依据《民法典》第1019条第2款规定，未经肖像权人同意，肖像作品权利人不得以发表、复制、发行、出租、展览等方式使用或者公开肖像权人的肖像。例如，画家在创作人体作品时，可以与模特协商订约，确定画家是否有权将其作品陈列、展览、复制。如果未经模特的同意或双方未达成协议，则画家虽有权制作、收藏其作品，但无权将其作品展览、陈列、复制，否则将构成对模特权利的侵害。法律作出此种规定的主要原因在于，一方面，肖像权的内容体现为个人对其肖像所享有的利益，其虽然包含经济价值，但主要是精神性利益。而著作权虽然也包括部分著作人身权，但其主要是一种财产权。按照人格权一般应当优先于财产权的规则，著作权人行使著作权应当取得肖像权人同意。如此规定也有利于维护人格尊严。另一方面，这也可能涉及对隐私权人的保护。例如，裸体油画涉及模特的隐私问题。人体部位属于隐私的范畴，模特自愿受聘让画家作画，表明其同意向画家公开其身体的隐私，但并不意味着模特同意将该油画公开展出，使其身体的各个部位暴露于公众面前。未经同意即公开展出无疑是非法披露了模特的身体隐私，构成对其隐私权的侵害。

（撰稿人：王利明）

---

① 参见《画家请模特拍照创作油画展出遭裸模起诉赔30万》，载《新京报》2012年3月25日。

② 程啸、杨明宇：《肖像权与肖像作品著作权冲突的研究》，载《四川大学学报（哲学社会科学版）》2000年第3期。

第一千零二十条 【肖像权的合理使用】

合理实施下列行为的，可以不经肖像权人同意：

（一）为个人学习、艺术欣赏、课堂教学或者科学研究，在必要范围内使用肖像权人已经公开的肖像；

（二）为实施新闻报道，不可避免地制作、使用、公开肖像权人的肖像；

（三）为依法履行职责，国家机关在必要范围内制作、使用、公开肖像权人的肖像；

（四）为展示特定公共环境，不可避免地制作、使用、公开肖像权人的肖像；

（五）为维护公共利益或者肖像权人合法权益，制作、使用、公开肖像权人的肖像的其他行为。

◆ 条文释义

一、肖像权合理使用的概念

所谓肖像权合理使用，是指行为人利用他人肖像虽然未经权利人同意，但基于公共利益等目的的需要，可以无偿对他人肖像加以利用的行为。[①] 在某些情形下，法律出于特定目的的考量，允许行为人不经肖像权人的同意在一定范围之内使用肖像权人的肖像，即使使用他人的肖像，也可以免除使用人的侵权责任。此种情形，从行为人的角度而言，是一种对他人肖像权的合理使用，从肖像权人的角度而言，是对肖像权的合理限制。因为肖像权作为一种绝对权，表现为肖像权人对其肖像享有支配并排除他人非法使用的权利。但法律为了维护公共利益和社会秩序以及其他原因，可以对肖像权的内容及其行使作出限制，对肖像权的限制主要体现在肖像权的合理使用上。

人格权编之所以设置肖像权的合理使用制度，主要是基于以下原因：一方

---

① 参见张红：《肖像权保护中的利益平衡》，载《中国法学》2014 年第 1 期。

面，肖像权作为一项民事权利，可能与其他合法存在的权利产生冲突。肖像权的行使常常与其他的利益或价值发生冲突，如公共利益、新闻报道、国家职权的行使等，法律需要平衡肖像与其他价值之间的关系，不能为了保护肖像权人的利益而完全牺牲其他价值。因此，在必要的情形下，为了平衡其他利益、价值之间的关系，有必要规定肖像合理使用规则。从某种意义上说，肖像权合理使用规则可以看作是对肖像权的一种限制，也就是说，在符合法律规定的条件下，即便行为人未经权利人许可而利用其肖像，也不构成对其肖像权的侵害。因此，法律有必要设置相应的规则，设定权利冲突时的解决方案。肖像权合理使用规则就是法律有效衡平肖像权与其他权利冲突的规则①。我国法律也规定了著作权、专利权的合理使用规则，其与肖像权合理使用规则在功能上具有相似性。

另一方面，肖像权合理使用制度是出于维护公共利益等目的。例如，为依法履行职责，国家机关在必要范围内制作、使用、公开肖像权人的肖像。在我国司法实践中，有的法院也承认了在一定条件下，相关主体可以合理使用他人肖像。例如，在“刘翔与《精品购物指南》报社、北京精品卓越科技发展有限公司、北京中友百货有限责任公司肖像权纠纷案”中，一审法院认为，“刘翔代表国家参加奥运会比赛，进入公共领域的奥运会赛场，其肖像属于与特定意义公共事件相结合的肖像，刘翔作为公众人物，肖像权应当受到限制，正当的拍照摄影以及相关的媒体报道使用其肖像均属于合理使用，不构成侵权”。② 在该案中，一审法院认为，被告的行为构成对原告肖像的合理使用。此外，肖像权合理使用制度也是社会运行效率的必然要求。为个人学习、艺术欣赏、课堂教学或者科学研究，在必要范围内使用肖像权人已经公开的肖像，如果对此类行为一概禁止，则正常的科研活动都难以进行。在所有的社会环境中自然人的外部形象都是普遍存在的，因此，在从事特定活动时往往很难避免对他人肖像的使用，如果全部要求获得肖像权人的许可，必将大幅降低社会效率。

需要指出的是，合理使用的范围较广，无论是从比较法上来看，还是考虑我国司法实践的传统，对于合理使用范围的规定事实上都是比例原则的反映，即便

---

① Neethling, JM Potgieter & PJ Visser, Neethling's law of personality, LexisNexis South Africa, 2005, pp. 243 - 244.

② 北京市海淀区人民法院（2005）海民初字第2938号民事判决书。

行为人有权合理使用他人的肖像，也必须在合理范围内使用，不得过度使用。从比较法上来看，对肖像权等人格权的限制的方式和程度要符合“合理必要”（reasonably necessary）原则①，否则，也可能构成侵权。

二、肖像合理使用的具体情形

（一）为个人学习、艺术欣赏、课堂教学或者科学研究，在必要范围内使用肖像权人已经公开的肖像

为个人学习、艺术欣赏、课堂教学或者科学研究而使用他人肖像构成合理使用的，必须满足以下几个要件：

一是使用的目的限于个人学习、艺术欣赏、课堂教学或者科学研究，一般而言，从事个人学习、艺术欣赏、课堂教学或者科学研究活动使用他人的肖像，必须是自用，且不能以营利为目的。而一旦该使用中含有商业目的，就不应当适用合理使用的规则。例如，在课堂教学中，为了讲述某个历史事件，必须要使用某个名人的肖像，或者在发表的论文中引用含有肖像的图片，或为了医学教学展示含有病人肖像的图片等。为了科学研究和文化教育的目的而在一定范围内使用他人肖像。科学文化教育活动有时需要利用个人肖像，所以，许多国家法律规定，基于科学文化教育发展的需要可以合理使用他人肖像②。例如，2001 年制定的《加利福尼亚民法典》第 3344 条规定：“任何人采用任何方式或者在任何产品上或商品上使用已故者的姓名、声音、签名、肖像或照片，或者从事商业广告、销售、推销，将对因此而造成的损害承担责任。但在下列情况下的使用除外：在剧本、书籍、杂志等非从事商业广告或促销广告中使用已故的人的姓名、声音、签名、肖像或照片等；在具有政治和新闻价值的信息中使用”。《民法典》颁行前，我国司法实践中也承认了肖像权合理使用规则。最高人民法院〔1990〕民他字第 28 号复函中指出：“经研究认为：上海科技报社、陈贯一未经朱虹同意，在上海科技报社载文介绍陈贯一对‘重症肌无力症’的治疗经验时，使用了朱虹患病时和治愈后的两幅照片，其目的是为了宣传医疗经验，对社会是有益的，且该行为

① Neethling, JM Potgieter & PJ Visser, Neethling's law of personality, LexisNexis South Africa, 2005, pp. 243 – 244.

② 参见赵徽：《浅谈我国肖像权保护中的“合理使用”问题》，载《天津市政法管理干部学院学报》1999 年第 4 期。

并未造成严重不良后果，尚不构成侵害肖像权。因此，同意你院审判委员会的意见，即该案由二审人民法院撤销一审人民法院原审判决，驳回朱虹的诉讼请求。”可见，按照最高人民法院的观点，如果某人未经他人同意而使用他人肖像，“其目的是为了宣传医疗经验，对社会是有益的”，则不构成对肖像权的侵害，这就意味着为了科学研究和文化教育的目的而在一定范围内使用他人肖像可成为阻却违法的事由。

二是必须在特定的范围内使用他人肖像。此处的特定范围应当结合特定的使用目的进行判断。对于个人学习而言，适用范围就应当仅仅局限于该个人；课堂教学的适用范围应当局限于课堂教学的参与者，即教师与学生；科学研究的范围应当局限于参与科学研究的必要人员。对于超出这些范围的使用，则不再属于肖像的合理使用。

三是此处的肖像必须限定于肖像权人已经公开的肖像，对于未经肖像权人公开的肖像，则不适用本款的规定。因此，采用偷拍、偷摄等方式获取他人肖像进行个人学习、艺术欣赏、课堂教学或者科学研究并不满足该款的要件，因而不构成合理使用。此处之所以要求是肖像权人已经公开的肖像，主要目的仍是在于保证肖像权人自决的权利。由于肖像权人已经将其肖像进行公开，这就意味着肖像权人已经行使了公开权，并愿意接受肖像公开的后果。而对于偷拍、偷摄的肖像而言，权利人并未行使公开权，因此，出于特定目的的使用因该肖像没有公开而丧失正当性。在这种情况下，即便偷拍、偷摄的肖像是用于个人学习、艺术欣赏、课堂教学或者科学研究，但仍然可能构成对他人肖像权的侵害。

四是合理使用的方式仅仅局限于“使用”，而不包括“制作”和“公开”。肖像权有多种利用方式，根据《民法典》第1018条的规定，肖像权具有制作、使用、公开、许可他人使用等不同的利用方式。本项中构成合理使用的方式仅包括使用，对于制作和公开他人肖像，即使满足其他要件，也不构成合理使用。

（二）为实施新闻报道，不可避免地制作、使用、公开肖像权人的肖像

新闻报道关系到社会公共利益和人民的福祉，即使是文化娱乐类的新闻报道，也能够满足人们的精神文化生活需要，新闻报道自由关系到公众知情权的实现，一方面，新闻报道经常需要使用与报道相关的当事人的肖像，许多事件本身是通过现场拍摄来报道的，如果不能利用肖像，则新闻报道将无法进行。尤其是

在个人的肖像已经融入公共事件之中的情形下，对该公共事件进行报道等行为，即便涉及个人的肖像，也不应当构成对个人肖像权的侵害。例如，对大型比赛进行实况报道，即便未经运动员的许可而使其出镜，也不应当构成侵权。从某种程度上说，为实施新闻报道而使用他人肖像也是基于公益目的而使用他人的肖像。另一方面，合理使用肖像也是为了舆论监督的需要。也就是说，在媒体上刊载了某人的相片，只要使用人是出于舆论监督的正当目的而使用他人肖像，作品反映的人和事具有较强的新闻性，这种新闻价值是与公共利益、社会利益相关的，①且报道的事实属实，评论正当，就不应当认定使用人对他人的肖像权构成侵害。例如，某个记者拍摄街头打架、斗殴、翻越栏杆、横穿马路等各种不良现象，并予以披露，不能认为该记者构成对他人肖像权的侵害，否则就会纵容各种不法行为，损害社会公共利益。法律为鼓励舆论监督行为，维护公共利益，应当允许个人在特定情况下出于正当舆论监督需要而使用他人肖像。因此，比较法上普遍承认了新闻媒体在新闻报道中对肖像权的合理使用。② 所以，在此情况下，对于所涉人物的肖像权应当予以合理限制，即便新闻报道未经许可使用了他人的肖像，一般也不构成对他人肖像权的侵害。③ 本款在借鉴比较法的经验，并总结我国司法实践经验的基础上，规定了为实施新闻报道，不可避免地制作、使用、公开肖像权人的肖像，不构成侵权。

需要指出的是，此处所说的新闻报道，应该是指为了公共利益所作的报道。本款事实上是对新闻报道自由这一公共利益和自然人肖像权冲突的规定，也划定了肖像权与新闻报道公共利益的保护边界。本款要求新闻报道所制作、使用、公开的肖像必须是“不可避免”的，才能够构成合理使用。此处所说的“不可避免”，应当以保持新闻报道的真实性和完整性所必需为标准进行判断。④ 所谓不可避免，是指不使用他人肖像就无法达成新闻报道的目的。例如，报道庆典活动现场，为表现和反映观众的情绪，就不可避免地拍摄现场参与者的肖像。将新闻

---

① 参见赵徽：《浅谈我国肖像权保护中的“合理使用”问题》，载《天津市政法管理干部学院学报》1999 年第 4 期。

② 陈静编：《大众传播中的肖像权利研究》，中国传媒大学出版社 2012 年版，第 53－54 页。

③ 参见张红：《人格权各论》，高等教育出版社 2016 年版，第 206 页。

④ 参见刘士国：《中华人民共和国人格权法律条文建议附理由》，中国法制出版社 2017 年版，第 160 页。

报道中利用他人肖像局限于“不可避免”的情形，就要求在某些情况下，即使不出现报道对象的肖像也可以达成报道的目的。例如，在消费者维权的报道中，完全可以对消费者的面部情况采取模糊处理，或对声音采取变声处理等，这些方式均不影响报道的完整性。因此，对于在新闻报道中使用他人肖像的，应当以“不可避免”为限。

在实施新闻报道过程中，如果不使用他人肖像同样可以完成新闻报道，但将影响新闻的真实性和完整性，那么就应当认为该肖像的使用是不可避免的。例如，在关于体育赛事的新闻报道中，为展现球迷的兴奋或悲伤情绪，如果不对球迷的面目表情进行拍摄，就难以传达完整的新闻信息，此时就应当认为构成了肖像权的合理使用。但即便行为人的肖像已经融入公共事件之中，如果在该公共事件范围之外未经他人许可而利用其肖像，则应当构成对他人肖像权的侵害。例如，截取运动员在比赛中的肖像，并将其运用于商业广告中，即应当构成对他人肖像权的侵害。所以，判断某一行为是否构成对肖像权的侵害时，重点应当对合理使用进行准确界定。

（三）为依法履行职责，国家机关在必要范围内制作、使用、公开肖像权人的肖像

国家机关在执行公务的过程中也有可能要制作、使用、公开自然人的肖像。公权力机关为履行职责而利用他人肖像的方式包括制作、使用、公开。所谓制作是指拍摄、录像、绘画他人的肖像，如在通缉令上印上犯罪嫌疑人的照片。使用是指不需要征得肖像权人同意而利用其肖像。例如，公安机关拍摄正在超速行驶的驾车人，司法机关在诉讼活动中使用当事人的肖像作为证据等。公开是指将他人肖像在全社会或者在一定范围内进行公开，无论是通过网络形式还是其他形式均构成公开，如将逃犯肖像在网络上公开。本款规定公权力机关为履行职责而制作、使用、公开他人肖像，构成合理使用，不构成对肖像权的侵犯。例如，通缉犯罪嫌疑人是公权力机关行使职权的行为，也是及时依法打击犯罪的必要方式，对于维护社会公共利益具有重要作用。此时，就应当允许公安机关制作、使用、公开犯罪嫌疑人的肖像并向全社会公开。但是依据本款，构成合理使用应当符合两个要求：

一是必须是依法履行职责的行为。国家机关从事这些活动时必须是为了执行职务的需要。如果非国家机关从事维护自身利益的行为，则不能构成免责事由。例

如，某企业将小偷的形象拍摄下来挂在橱窗上并制作成录像，以作禁止他人再行盗窃的宣传，笔者认为，企业本身无权从事此种行为，应认定构成侵害肖像权。

二是必须是在必要范围内制作、使用、公开他人肖像。所谓必要范围，是指在能够实现依法履行职责目的的情况下，要在最小范围内和最轻程度上制作、使用、公开他人肖像。例如，能够只在内部使用就不应向社会公开，能在小范围内公开就不应向全社会公开，能在系统内部公开就不应在网络上公布。本款规定要在必要范围内进行，这实际上反映了比例原则的要求。国家机关行使公权力关系到公共利益的实现，有可能要制作、使用、公开自然人的肖像，但这并不意味着要对个人权利进行完全的限制。应当仅仅在符合比例原则的要求内，限制自然人肖像权的行使。对于超出比例原则要求的行为，因为不满足“必要范围”这一要件，应当承担肖像权的侵权责任。

（四）为展示特定公共环境，不可避免地制作、使用、公开肖像权人的肖像

此种情形是指拍摄特定公共环境不可避免地制作、使用、公开他人肖像。例如，为了拍摄某一庆典活动现场，难免对参与庆典活动的观众进行拍摄，就构成对肖像权的合理使用。此处所说的公共环境包括私人场所之外的场景、地点、建筑物外观等。如果某人出现在公共场所，参加集会、游行、庆典、观看体育比赛等，他人未经本人同意而拍摄公共场所的场景，涉及某人的肖像，但该人物的肖像在场景中并不突出，也构成合理使用。正如有学者所指出的：“基于人群共处相互容忍的必要，及社会之利益，肖像权的保护应受限制。阻却违法，如拍摄公众人物、参与游行集会、仪式或意外灾变重大事故之人的照片，或拍摄风景、建筑、街道，而以人物为其点缀。”① 为展示特定公共环境而对肖像权进行限制应当具备以下几个条件：

一是肖像权人必须出现在公共场所，参加集会、游行等活动。如果没有出现在公共场所，而是在私人空间内，他人拍摄则构成对肖像权的侵害。本条仅限于展示特定“公共”环境，即必须发生在公共场合。因为在公共场合，肖像权人已经可以预期到其形象可以为他人所看见，对于自己并不希望被公众所看见的一面，权利人往往也不会在公共场合中展现。因此，在公共场合中，权利人的肖像

① 王泽鉴：《侵权行为法》（第1册），北京大学出版社2001年版，第137－138页。

权需要受到一定的限制。① 适用本款需要注意，本款所规定的公共环境的展示应当以公共环境为中心，而不是以个人为中心进行。如果利用他人的肖像只是为了展示该自然人的特征或状态，则不属于本款的范畴。

二是拍摄他人肖像，不是为了单纯拍摄他人肖像，而是为了拍摄事件，人物仅仅是点缀。在照片中的人物必须是不特定的人，人物只是背景或者点缀。拍摄者并不是为了表明某人，而是为了报道某个事件。例如，在“叶龙江诉云南长基房地产开发有限公司等肖像权案”中，法院认定单纯为了新闻报道而对原告进行拍摄，并不构成对肖像权的侵害②。

三是符合比例原则。这就是说，在使用和公开他人肖像时，应当尽可能避免对他人肖像权的侵害。除非是“不可避免”地要使用或公开他人肖像，才具有正当性。不可避免是指不利用他人肖像就不可能达成展示特定公共环境的目的。例如，为展现某公园或广场的全民健身环境，就必须拍摄在该公园或广场运动的人群。

（五）为维护公共利益或者肖像权人合法权益，制作、使用、公开肖像权人的肖像的其他行为

本款属于兜底条款。肖像权在行使中，因各种原因都会发生与公共利益等的冲突，而合理使用的情形也不胜枚举，因此，有必要设置兜底条款，使合理使用的情形保持开放性，以适应未来发展的需要。此类开放的情况主要有两种情形：

一是为维护公共利益而制作、使用、公开肖像权人的肖像的其他行为。如前所述，肖像权与公共利益保护时常发生冲突，此时，对于公共利益的保护应当优先于肖像权。公共利益是一个范围非常宽泛的概念，如果制作、使用、公开他人肖像是为了公共利益，则可以合理使用。公众人物肖像权的限制应当以其肖像与社会公共利益相联系为前提，如果其肖像仅仅涉及权利人的私人生活，则不得限制其肖像权。例如，偷拍名人的家庭生活照片，如果该照片与社会公共利益没有联系，则也可能构成侵害肖像权。但即使为了公共利益而制作、使用、公开肖像，如果不是“不可避免”或“必要”时，事实上并未产生两种权利的冲突，此时并不构成肖像的合理使用。因此，虽然该款并未加入“不可避免”或“必要范

---

① 参见［美］吉尔摩等：《美国大众传播法：判例评析》，梁宁等译，清华大学出版社2002年版，第237页。

② 云南省昆明市人民法院（2008）昆民三终字第941号民事判决书。

围”的要件，但关系到公共利益保护与个人人格权保护的冲突问题，过分扩大公共利益的概念将导致个人人格权遭受不当侵害，因此，在解释上，应当遵循同类解释的规则，将维护公共利益的行为限定为与前述四点具有相当性的行为。

二是为维护肖像权人合法权益而制作、使用、公开肖像权人的肖像的其他行为。肖像权与肖像权人的其他合法权益冲突时有发生，例如，个人离家不归、杳无音信，家属和有关组织在报纸和公共场所刊登载有其肖像的寻人启事等。又如，在诉讼过程中，当事人为主张自己的权利、证明案件的事实，而在举证中涉及有关个人的肖像。因此，对于肖像权人失踪可能威胁生命、健康权时，张贴寻人启事以找寻肖像权人不应构成肖像权侵权。由于为维护肖像权人合法权益而制作、使用、公开肖像权人的肖像的其他行为难以全部列举，需要规定兜底条款。

（撰稿人：王利明）

第一千零二十一条　【肖像许可使用合同的解释】

当事人对肖像许可使用合同中关于肖像使用条款的理解有争议的，应当作出有利于肖像权人的解释。

◆ 条文释义

一、肖像许可使用合同的概念和特征

本条是对肖像许可使用合同的解释规则的规定。所谓肖像许可使用，是指权利人通过合同的方式，许可他人在约定的期限和范围内使用其肖像。肖像的许可使用往往需要通过合同来进行，比如，权利人授权许可他人商业化使用自己的肖像，在肖像许可利用授权许可合同中就需要约定以不侵害权利人的肖像权为前提。就肖像许可使用合同而言，被许可人应当按照约定的期限和方式使用他人肖像，否则不仅构成违约，还构成对他人肖像权的侵害。例如，在“任达华与海南正大汇龙房地产开发有限公司肖像权纠纷上诉案”① 中，法院认为，被告仅与原

① 海南省高级人民法院（2013）琼民三终字第59号民事判决书。

告签订《演出协议书》，而没有签订肖像权许可使用合同，其利用原告肖像的行为已经超出许可使用的范围，故构成侵权，应当承担侵权责任。

从本质上而言，肖像许可使用合同也是一种典型的合同类型，但是这并不意味着人格权法不能对其作出规定，因为肖像许可使用是肖像权的具体行使方式，正如建设用地使用权是物权法的调整对象一样，肖像许可使用合同也理应受到人格权法的调整。相反，正是因为肖像许可使用合同本质上属于合同，所以有关肖像许可使用合同的成立、生效等规则理应适用合同法总则的有关规定，但是肖像许可使用合同不同于财产权交易合同，故无法简单适用合同法的规则，应当由人格权法对肖像权等人格权许可使用合同的特殊规则作出规定。换言之，肖像许可使用合同事关人格利益的利用，这就需要在涉及合同解释、合同解除以及限制可许可利用的人格权益范围等方面构建诸多特殊的规则，因而不能完全适用合同法的规则。从法律适用角度而言，在人格权编对肖像许可使用合同作出特别规定的情形下，肖像许可使用合同的规则可视为合同法的特别规则，按照"特别规范优于一般规范"的法理，理应优先适用人格权编的相关规定。

一般认为，肖像许可使用合同主要具有如下特征：

第一，当事人是许可人与被许可人，许可人是肖像权人。有观点认为，只有所谓"名人"才能对其肖像进行许可利用，一般人难以对其肖像进行许可利用。笔者认为，此种观点并不妥当。因为一方面，随着自媒体的发展，所谓"名人"与普通人往往难以区分，将肖像许可利用的主体范围限于"名人"并不妥当。另一方面，与所谓"名人"肖像相比，普通人肖像所包含的经济价值虽然相对较低，但其仍然可以成为商业利用的对象。从实践来看，不仅是"名人"的肖像，普通人的肖像也可以成为许可利用的对象，例如，将他人的私人活动直播到网上，可以成为商业利用的对象；又如，未经许可抓拍某人在公共场所的形象，用于制作相关的作品、广告等，显然也是对他人肖像的一种利用。

第二，许可利用的客体具有特殊性。肖像许可使用合同的客体是肖像利益，这就是说，一方面，权利人是针对其人格利益而不是财产的利用作出许可，所以肖像许可使用合同不同于一般的财产转让合同。另一方面，肖像许可使用合同的客体是肖像利益，而不是整个肖像权，因为虽然肖像权具有很强的人身专属性，不能整体转让，但肖像利益是可以许可他人进行利用的。

第三，许可期限应当进行一定限制。人格权许可使用一般都有一定的期限限制，当事人应当在合同中对人格权许可使用的期限作出约定。被许可人仅可在许可使用的期限内利用权利人的人格权。如果当事人未在合同中明确约定人格权的许可使用期限，则双方当事人应当有权随时解除合同，当然，当事人解除合同时应当在合理的期限之前通知对方。诚如前述，肖像权只能许可使用而不能转让，这就决定了肖像许可使用合同必须有一定的期限限制，否则将可能导致肖像许可使用异化为肖像权的转让，并最终有损肖像权人的合法权益。

第四，许可使用的方式。人格权许可使用合同的当事人对于人格权的许可使用通常都要明确约定使用的具体方式，例如，许可在他人的特定商品包装上、在特定商品或服务的广告中使用肖像等。当事人还可以在合同中对人格权许可使用的具体方式作出约定，即被许可人究竟是独占性许可使用还是非独占性许可使用。例如，被许可人是饮料的生产商，当事人可以约定，人格权人不得许可其他饮料的生产商使用其人格权。如果当事人明确约定被许可人对人格权享有独占性使用权，则人格权人即不得再次许可他人利用其人格权，否则将构成违约。从保护人格权人的利益出发，如果合同条款就许可使用的范围约定不明确，则应当对该条款作有利于人格权人一方的解释。

第五，许可合同不具有可转让性。肖像许可使用合同的被许可人应当在许可使用的范围内利用他人肖像，而不能将该使用权予以转让；在肖像权人同意转让的情况下，宜将此解释为肖像权人与他人达成了新的肖像许可使用合同。有观点认为，人格权许可使用仅能使被许可人享有债权，并不符合现代社会对人格要素使用的要求，也与人格权的积极使用、收益权能不相符合，因此，我国立法应当承认具有物权性质的人格权使用权。① 对此，笔者认为，此种主张虽然有利于保护受许可人的利益，但其也可能使相关人格标志的利用脱离权利人的控制，从而不利于保护个人的人格尊严。因此，被许可人应当在合同约定的期限内，按照合同约定的方式对肖像加以利用，否则将构成对他人肖像权的侵害。

第六，许可合同是不要式的。这就是说，肖像许可使用合同可以采取口头形式、书面形式以及其他形式。

---

① 参见黄芬：《商品化人格权的定限转让》，载《河北法学》2017 年第 1 期。

《民法典》人格权编第一章关于人格利益许可使用规则的规定可以看作是对人格利益许可使用的一般规定，而在肖像权一章中关于肖像许可使用规则的规定则是关于人格利益许可使用合同的特殊规定，二者共同构成了完整的人格利益许可使用合同规则体系。

二、肖像许可使用合同的解释

《民法典》第1021条规定，“当事人对肖像许可使用合同中关于肖像使用条款的理解有争议的，应当作出有利于肖像权人的解释”，这就确认了肖像许可合同的解释规则。所谓合同解释，是指对合同及其相关资料的含义所作出的分析和说明。[①] 即法官和仲裁员依据一定的事实，遵循有关的规则，对合同的内容和含义作出准确的说明。合同是当事人通过合意对未来事务的安排，然而，由于当事人在订立合同时，即使具有丰富的交易经验和法律知识，也不可能对未来发生的各种情况事先都作出充分的预见，并在合同中将其未来的各种事务安排得十分周全，所以合同中出现条款不明确、不具体，甚至出现漏洞，都是在所难免的。肖像许可使用合同也可能出现用语不明、含混不清，合同的内容有遗漏，理解产生分歧等问题，因此有必要进行解释。

《民法典》第1021条首先借鉴了《著作权法》第27条的规则。《著作权法》第27条规定：“许可使用合同和转让合同中著作权人未明确许可、转让的权利，未经著作权人同意，另一方当事人不得行使。”制定本条的基本价值理念是对人格权的特殊保护。在《著作权法》中，双方签订了著作权许可使用或转让合同后，受许可人或受让人仅能行使合同中明确约定的著作权利。这事实上就是规定了著作权许可使用或转让合同在有关许可或转让内容条款的解释上，有利于著作权人的规则。本条款扩大了《著作权法》仅限于转让权利内容的规定，规定“关于肖像使用条款的理解有争议的”，均应当作出有利于肖像权人的解释，从而确立了争议的解释规则。本条作出此规定的原因在于：

第一，进一步强化对权利人人格利益的保护，体现了人格权优于财产权保护的立场。在肖像许可使用合同发生争议的情形下，对被许可人而言，其取得的是合同债权，属于一项财产权。而肖像权人受到限制的则是作为人格权的肖像权的

① 崔建远主编：《合同法（修订本）》，法律出版社2000年版，第324页。

行使，与人格尊严密切相关。由于人格权相较于财产权处于较高位阶，因此在人格权与财产权发生争议时，应当优先保护人格权。因此，在当事人就肖像使用条款的理解有争议时，应当作出有利于肖像权人的解释。需要指出的是，人格权的优位并不损害当事人地位的平等，当事人的法律地位仍然是平等的，只不过因为权利效力的不同，即基于利益衡量的考虑对人格权和财产权进行区别对待。

第二，维护个人人格尊严。人格尊严是指人作为法律主体应当得到承认和尊重。人在社会中生存，不仅要维持生命，而且要有尊严地生活。故此，人格尊严是人之为人的基本条件，是人作为社会关系主体的基本前提。由于肖像权直接关涉个人的人格尊严，如果当事人对肖像许可使用合同中关于肖像使用条款的理解有争议，作出有利于肖像权人的解释更有利于维护个人的人格尊严。

第三，肖像许可使用合同中当事人双方可能存在谈判能力的不同。在肖像许可使用合同中，肖像权人作为自然人，合同对方当事人大多为法人。因此，双方虽然是平等的民事主体，但是在谈判过程中具有明显不平等的经验、能力等。因此，为平衡当事人双方的利益，在当事人就肖像使用条款的理解有争议时，应当作出对肖像权人有利的解释。

当然，在作出有利于肖像权人的解释时，也要遵循合同解释的一般规则。对合同没有约定或约定不完备的事项，不得采用类推或扩张某些条文的适用范围的方法作出对肖像权人不利解释。例如，肖像许可使用合同中约定了使用人的免责条款，对于免责范围的解释，应当尽可能严格。如果该免责条款并未指明是免除合同责任还是侵权责任时，因侵权责任具有一定的强制性，常常涉及公共秩序，所以应尽可能地不使当事人通过协议而免责。此外，在格式条款中，有时将具体事项一一加以列举，最后用“其他”或“等等”等字样加以概括规定，对于“其他”“等等”所包含的内容，应解释为与先前所列举的具体事项属于同一种类。如果合同条款的内涵是明确的，即按照社会一般人的理解只能作某种解释时，肖像权人不能在该解释方案之外故意曲解合同条款并主张有利于自己的解释。

（撰稿人：王利明）

第一千零二十二条　【肖像许可使用合同期限】

当事人对肖像许可使用期限没有约定或者约定不明确的，任何一方当事人可以随时解除肖像许可使用合同，但是应当在合理期限之前通知对方。

当事人对肖像许可使用期限有明确约定，肖像权人有正当理由的，可以解除肖像许可使用合同，但是应当在合理期限之前通知对方。因解除合同造成对方损失的，除不可归责于肖像权人的事由外，应当赔偿损失。

◆ 条文释义

一、肖像许可使用合同未规定许可使用期限的可随时解除

依据本条规定，如果当事人在肖像许可使用合同中明确约定了期限，在合同有效期限内，合同对当事人具有拘束力，任何一方当事人均不得擅自解除合同。例如，在“广州艺讯演出经纪有限公司诉周樵委托合同纠纷案”中，被告许可原告在报纸杂志之上使用其照片进行广告宣传，许可期限为一年。但是在未到一年时被告认为原告存在违约使用肖像的行为，但是不能举证证明。被告主张解除合同，原告诉至法院。法院审理认为，虽然被告不能证明原告存有违约行为，仍然可以主张解除合同，但是应当对给原告造成的损失进行损害赔偿。① 只有在当事人没有就许可使用期限作出约定，或者约定不明的情况下，当事人才享有随时解除合同的权利。

关于人格利益许可使用合同的解除，从比较法上看，有的立法规定了权利人一方享有任意解除权。例如，欧盟《一般数据保护条例》第 7 条第 3 款规定：“数据主体有权随时撤回其同意。同意的撤回不应影响在撤回前基于同意做出的合法数据处理。在作出同意前，数据主体应被告知上述权利。撤回同意应与作出同意拥有同样的难易度。”依据该条规定，在个人允许他人利用其个人信息的情

---

① 参见广东省广州市天河区人民法院（2008）天法民二初字第 199 号民事判决书。

形下，个人有权随时撤回其同意，由于个人在同意他人利用其个人信息时，其意思表示并不存在瑕疵，因此，该条所规定的“撤回”并非合同的撤销，而应当将其解释为合同的解除。这也意味着，在个人信息利用的情形下，不论当事人是否约定了许可使用期限，权利人一方均有权任意解除合同。此种规定有利于保护个人的人格尊严，即在人格权益许可使用合同履行过程中，个人的价值观等可能发生变化，其可能不愿意继续履行许可使用合同，此时，有必要允许其解除合同，当然，权利人在解除合同后，应当赔偿对方的损失。但从我国《民法典》第1022条规定来看，其仅规定了在当事人没有约定许可使用期限或者约定不明确的情形下，当事人有权解除合同，这也意味着，在当事人明确约定了肖像许可使用期限时，当事人仍应当按照合同严守原则的要求，严格履行合同，不得擅自解除合同，这就对当事人单方解除合同的权利作出了限制。

《民法典》第1022条之所以规定当事人未约定许可使用期限或约定不明确的可随时解除合同，主要是基于如下理由：

一方面，在当事人没有约定肖像许可使用期限或者期限约定不明确时，该合同在性质上属于不定期合同，对不定期合同而言，当事人对合同的存续期限并没有长远的预期，因此，即便允许当事人解除合同，也不会对其合理信赖造成损害。而且从本条规定来看，当事人在行使合同解除权时，应当在合理期限之前通知对方，其目的也在于减少当事人因合同解除而遭受的损失。

另一方面，肖像许可使用合同在性质上属于继续性合同，在未约定期限或约定不明的情形下，如果不赋予当事人解除合同的权利，可能使继续性的给付不断延续，对肖像权人而言，合同的长期延续可能损害其个人自由，允许此类合同无限延续，也会增大当事人的履约风险。① 因此，如果合同未规定许可使用期限的，应当允许当事人随时解除合同。

还应当看到，此种规定有利于强化对个人人格尊严的保护。当事人没有在合同中明确约定肖像许可使用的期限，或者期限约定不明的，从保护个人人格尊严出发，不宜使个人长期受合同关系的拘束。有观点认为，对人格权许可使用合同而言，虽然也需要坚持鼓励交易的价值目标，但人格权的许可使用更应当注重保

① 参见王文军：《论继续性合同的解除》，载《法商研究》2019年第2期。

障个人的人格尊严，而且在鼓励交易的价值与保障个人人格尊严的价值发生冲突时，要优先保障个人的人格尊严。[①] 此种观点值得赞同。人格权不同于财产权，对财产权交易合同而言，出于鼓励交易的目的，应当对合同的法定解除事由进行严格限制，但是对于人格权而言，与鼓励交易相比，更应当注重对个人人格权的保护，解除权是当事人以单方的意思使合同效力终止的权利，人格权与个人的人格尊严具有密切关联，如果继续许可使用有损个人人格尊严，为了维护尊严，就应当允许解除合同。因此，不应当仅以鼓励交易为由而严格限制人格权许可使用合同的法定解除条件。相反，从强化人格权的保护出发，应当尽量放宽人格权许可使用合同中人格权人依法享有解除权的法定条件。

依据该条规定，当事人行使解除权应当符合如下条件：

第一，当事人未在合同中约定肖像许可使用期限，或者约定的期限不明确。例如，当事人虽然在合同中约定了肖像许可使用的具体事项，但并没有约定肖像许可使用的具体期限。从实践来看，当事人在订立肖像许可使用合同时，通常会明确约定肖像许可使用的起止日期，该起止日期之间的期限即为肖像许可使用的期限。在此需要讨论的是，如果当事人没有在合同中明确约定肖像许可使用的期限，但约定需要完成某特定事项，完成特定事项的时间也应当属于当事人约定的肖像许可使用期限。例如，在“王某某与德清县新闻传媒发展中心、浙江德清农村合作银行肖像权纠纷案”中，德清县新闻传媒发展中心与浙江德清农村合作银行联合举办“2010 德清年画宝宝”大赛，并通过网络、报纸等宣传形式发布了活动介绍，明确告知本次大赛共选拔“封面宝宝”一名，“月份宝宝”十二名，并将使用该十三名入选宝宝的照片制作“2010 德清年画宝宝”挂历，入选宝宝将免费拍摄照片，并获得挂历十本及若干奖金。王某某报名参加本次大赛，并被评选为第二名，后王某某要求退出比赛。[②] 在该案中，按照当事人的约定，王某某应当接受拍摄，并允许他人在挂历中使用其照片，当事人虽然没有明确约定肖像许可使用的期限，但按照约定，其应当完成接受拍摄等事项，这实际上也确定了肖像许可使用的期限，该期限即为相关事项完成之时，此种情形并不构成肖像

---

① 参见廖焕国：《论人格权许可使用合同的法定解除——兼评民法典各分编草案第八百零二、八百零三条》，载《暨南学报（哲学社会科学版）》2019 年第 8 期。

② 参见浙江省湖州市中级人民法院（2010）浙湖民终字第 458 号民事判决书。

许可使用期限没有约定或者约定不明的情形。

第二，一方当事人行使了任意解除权。在当事人没有约定肖像许可使用期限或者约定不明的情形下，要产生合同解除的效果，还要求当事人必须行使了合同解除权。任意解除权是一种形成权，所谓形成权，是指基于行为人单方的意思表示就可以发生某种法律效果的权利。也就是说，在该条所规定的情形下，只要当事人单方面作出了解除合同的意思表示，在当事人所发出的解除合同的通知到达对方当事人时，即可产生合同解除的法律效果。当然，如果接收通知的一方对对方当事人解除合同有异议的，其有权在合理期限内提出解除异议，由法院最终确定合同能否解除。从《民法典》第 1022 条规定来看，在肖像许可使用合同中，该条并没有将合同解除权仅赋予人格权人，任何一方当事人均可解除合同。

第三，必须在合理期限之前通知对方。从《民法典》第 1022 条规定来看，在肖像许可使用合同中，当事人在行使任意解除权解除合同时，应当在合理期限之前通知对方。法律作出此种规定主要是为了给接收解除通知的一方一定的准备期限，如寻找新的订约对象，或者预留作出合同解除安排的时间等，以尽量减少其因合同解除而遭受的损失。

关于行使解除权的一方当事人应当在何种期限内通知对方当事人，该条并没有作出明确规定，这就需要根据合同履行的具体情况予以判断。一般而言，当事人的通知期限应当使对方当事人有充足的时间作出合同解除后的各种安排，以尽可能减少其因合同解除而遭受的损失。

至于当事人行使任意解除权的法律后果，该条并没有作出具体规定，但从该条规定来看，在当事人没有约定肖像许可使用期限，或者期限约定不明的情形下，如果当事人在解除合同之前的合理期限内通知了对方当事人，则即便造成对方损害，行使解除权的一方也不应负赔偿责任。同时，鉴于肖像许可使用合同属于继续性合同，因此，合同解除原则上不具有溯及既往的效力，其仅向将来发生效力。因此，合同解除后，当事人双方并不负有恢复原状的义务。

二、合同虽然明确规定了许可使用期限，但有正当理由也可解除

依据本条第 2 款规定，“当事人对肖像许可使用期限有明确约定，肖像权人有正当理由的，可以解除肖像许可使用合同，但是应当在合理期限之前通知对方。因解除合同造成对方损失的，除不可归责于肖像权人的事由外，应当赔偿损失”。这就对有正当理由解除肖像许可使用合同的规则作出了规定，即合同虽然明确规定了许可使用期限，但肖像权人在有正当理由的情形下，可以单方面解除肖像许可使用合同。

（一）肖像权人基于正当理由解除许可合同的理由

从比较法来看，不少国家的判例和学说确认了肖像权人基于正当理由解除许可合同。按照德国司法实践的立场，许可使用合同（Lizenzvertrag）是继续性合同。[①] 因此，学界有观点认为，就姓名权的许可使用合同而言，即使合同双方当事人没有约定解除权、终止权，该许可使用合同仍然可以依据《德国民法典》第314条基于重大事由而终止。[②] 如何认定存在一项可以终止许可使用合同的重大事由，需要在个案中结合各种情况来进行利益衡量，从而判断维持合同关系不再具有期待可能性。[③] 不过，由于《德国民法典》第314条本身没有对什么是重大事由作进一步的界定，因此，重大事由的具体化通常需要结合具体的合同类型来判断。一般来说，重大事由的判断，不以一方当事人具有过错为要件，一方当事人具有过错也不足以构成重大事由。[④] 如果不可期待一方当事人继续受领或享有对方提出的给付，造成这一后果的事由也不属于该一方当事人的责任范围，即一方当事人并不能影响或阻止这一后果的发生，那么，这就构成终止合同的重大事由。[⑤]

依据本条规定，如果合同明确规定了许可使用期限的，仅肖像权人享有合同解除权，这与第1款所规定的任意解除权不同。当事人对肖像许可使用期限没有约定或者约定不明确的，双方当事人均享有解除合同的权利，而第2款所规定的合同解除权仅肖像权人享有，受许可人一方无权解除合同，表明当人格权与他人财产权发生冲突的情况下，法律原则上将优先保护人格权的立场。单方解除权本质上是为了强化对人格权的保护，体现了人格权较之于财产权处于更优越的地位。有学者认为，如果被许可人的行为影响权利人人格发展的需要，则为了满足

① BeckOK BGB/Lorenz, 52. Ed. 1. 11. 2019, BGB § 314 Rn. 5; MüKoBGB/Gaier, 8. Aufl. 2019, BGB § 314 Rn. 8.

② MüKoBGB/Säcker, 8. Aufl. 2018, BGB § 12 Rn. 89.

③ BT - Drs. 14/6040, 178.

④ BeckOK BGB/Lorenz, 52. Ed. 1. 11. 2019, BGB § 314 Rn. 8.

⑤ MüKoBGB/Gaier, 8. Aufl. 2019, BGB § 314 Rn. 17.

人格权人人格利益自治的需要，应当允许其解除合同。[①] 在具备重大正当事由的情形下，人格权人应有权解除合同，此种重大事由主要是指人格权人价值观的变化，或者是被许可人的行为侵害了权利人的一般人格权。[②] 也就是说，即便当事人在合同中明确约定了肖像许可使用的期限，但如果行为人对权利人肖像的利用“影响权利人人格发展的需要”，或者侵害了其人格尊严，或者人格权人的宗教信仰或者政治观念发生了变化，使得继续履行合同将有损其人格尊严，则应当允许其依法解除合同。[③] 例如，肖像权人为了改变自身的形象，重新树立自己健康、阳光的形象，而不再希望自己的肖像被用于药品广告的宣传，则应当认为构成符合本条的规定，可以行使解除权。本条第2款是出于对人格权特殊保护的目的。

本条赋予权利人单方解除权，是为了保障个人的人格尊严，维护其对人格利益的控制，体现了权利人对其人格利益的支配。与此同时，以“正当理由”对人格权人这一权利进行限制，则更好地平衡了合同各方当事人的权益。

（二）肖像权人基于正当理由解除许可合同的条件

肖像权人基于正当理由解除许可合同应当符合如下条件：

1. 当事人对肖像许可使用期限有明确约定。从该款规定来看，肖像权人有正当理由解除合同适用于当事人对肖像许可使用期限有明确约定的情形，如果当事人没有在合同中约定肖像许可使用期限，或者所约定的许可使用期限不明确，则依据本条第1款的规定，双方当事人均有权随时解除合同，肖像权人解除合同时并不需要有正当理由。因此，本条第2款对有正当理由解除合同的条件进行了进一步限定，即仅在当事人明确约定肖像许可使用期限的情形下，才适用肖像权人有正当理由解除合同的规则。

2. 肖像权人有正当理由。依据该款规定，在当事人明确约定了肖像许可使用期限的情形下，肖像权人仅在有正当理由的情形下才能解除合同，从立法目的来判断，此处的正当理由即对人格权人单方解除权的限制，是为了防止权利的滥用，是诚信原则的延伸。问题在于，如何理解该款所规定的“正当理由”？该款

---

① 参见姚辉：《人格权法论》，中国人民大学出版社2011年版，第395页。

② 参见刘召成：《人格商业化利用权的教义学构造》，载《清华法学》2014年第3期。

③ See Huw Beverley-Smith, Ansgar Ohly & Agnes Lucas-Schloetter, Privacy, Property and Personality: Civil Law Perspectives on Commercial Appropriation, Cambridge University Press, 2005, p. 137.

并没有作出规定，笔者认为，肖像权人的正当理由包括以下几个方面：一是受许可人对肖像权的使用达到不合理的程度，已经构成了对肖像的丑化、侮辱。例如，按照约定肖像应当用于药品广告，但受许可人将其用于性病治疗广告，严重影响了肖像权人的良好形象。二是受许可人对肖像权的使用，可能给肖像权人带来严重的损失，如商家与明星订立肖像权许可使用合同，但是商家的广告有违《反不正当竞争法》，明星继续代言会给自己带来严重经济损失。三是肖像权人个人的价值观念转变。个人价值观念的转变也属于该条所规定的“正当理由”，也就是说，在肖像许可使用合同履行过程中，如果权利人的价值观念发生变化，例如，权利人在订立肖像许可使用合同时愿意将其肖像用于商业广告，但随后其价值观发生变化，不愿意其肖像出现在商业广告中，此时，应当允许其解除合同，以维护其人格自由。

在考虑肖像权人的正当理由时，还需要考虑受许可人的违约行为，受许可人的违约可以有两种情形，即轻微违约与根本违约。在受许可人未按时支付许可使用费达到根本违约的程度时，权利人可以基于合同法定解除的一般规则解除合同，而没有必要援引该条规定解除合同。如果仅仅是轻微违约，就不应当解除合同。

从该条文整体上来分析，可知赋予肖像权人单方解除权，有利于充分保护肖像权，解除权是当事人以单方的意思使合同效力终止的权利，人格权与个人的人格尊严具有密切关联，如果继续利用有损害个人人格尊严，为了维护尊严，就应当允许解除合同。笔者认为，该条所规定的“正当理由”既包含前述学者所言的“影响权利人人格发展的需要”，也应当包含其他一切导致人格尊严受损的情形。肖像权人有正当理由解除合同的规定，明确了肖像权优位于财产权的价值取向，强化了优先保护人格权的精神。

3. 在合理期限之前通知对方。依据民法的一般规则，对于未定期限的继续性合同，通常赋予当事人通知解除权。① 因此合同编第 563 条第 2 款专门规定，以持续履行的债务为内容的不定期合同，当事人在合理期限之前通知对方后可以随时解除。本条即是对这一规则在人格权许可使用合同中适用的确认。从该款规定

---

① 参见王文军：《论继续性合同的解除》，载《法商研究》2019 年第 2 期。

来看，即便肖像权人有正当理由解除合同，其也应当在合理期限之前通知对方，这主要是为了给对方必要的准备时间，尽量减少对方因合同被解除而遭受的损失。

问题在于，如果肖像权人没有在合理期限之前通知对方其将要解除合同，则在其发出解除合同的通知后，能否产生合同解除的效力？对此有两种不同观点，一种观点认为，即便肖像权人没有在合理期限之前通知对方，其也有权解除合同，但因此造成对方当事人损失的，肖像权人应当赔偿该损失。另一种观点认为，如果肖像权人没有在合理期限之前通知对方当事人，则其解除合同的条件并不具备，其发出的解除合同的通知也不应当产生合同解除的效力。笔者赞同后一种观点，即肖像权人在合理期限之前通知对方当事人是其行使解除权的条件，因为从该款规定的文义来看，应当将该款第一句解释为关于合同解除条件的规定，第二句是关于肖像权人解除合同不当造成对方损失赔偿责任的规定，按照此种理解，肖像权人“在合理期限之前通知对方”是其行使合同解除权的基本条件之一。据此，如果肖像权人没有在合理期限之前通知对方其将要解除合同，则其所发出的解除通知将无法产生合同解除的效力。

合同解除后，对当事人将失去拘束力，但鉴于肖像许可使用合同属于继续性合同，因此，合同解除原则上向将来发生效力。同时，依据该条规定，如果因解除合同造成对方损失的，除不可归责于肖像权人的事由外，应当赔偿损失。法律之所以作出此种规定，是因为虽然肖像权人是依法行使解除权，且有正当理由，但其毕竟是在合同履行期届满前解除合同，提前解除将给对方造成一定的损失，这些损失主要包括：一是为继续履行合同已经投入的费用；二是为准备合同履行而支出的费用。

但依据上述规定，如果是因为可归责于对方的原因导致肖像权人解除合同，则肖像权人解除合同时，即便造成对方当事人损失，其也不负担损害赔偿责任。例如，在受许可人一方对肖像权人的肖像进行不当利用时，肖像权人有权解除合同，即便因合同解除造成对方当事人损失，其也无须赔偿。当然，如果受许可人因合同解除而遭受的损失是可归责于肖像权人的原因造成的，则肖像权人应当予以赔偿。

（撰稿人：王利明）

第一千零二十三条 【姓名、声音等的许可使用参照肖像许可使用】

对姓名等的许可使用，参照适用肖像许可使用的有关规定。

对自然人声音的保护，参照适用肖像权保护的有关规定。

◆ 条文释义

一、对姓名等的许可使用参照适用肖像许可使用的规定

（一）参照适用肖像许可使用的规定的原因

从本条第 1 款规定来看，肖像许可使用规则可以准用于姓名等人格利益的许可使用，将肖像许可使用规则扩张适用于其他人格利益，这就意味着关于肖像权许可使用的规则不仅适用于肖像，而实际上为人格权的许可使用确定了一般性的规则，从而弥补了我国现行立法在这方面规定的不足。该条使许可使用制度可以适用于肖像以外的其他人格利益，具有重要意义。该条之所以规定对姓名等的许可使用参照适用肖像许可使用，主要原因在于：

第一，有利于回应社会发展需求。传统社会中，社会形态比较简单，人格权更为注重保护身体权、健康权等；随着社会的发展，肖像、姓名、声音、个人信息等的利用层面凸显出来，各种利用现象层出不穷，尤其是个人信息的利用十分普遍，人格权编中关于人格利益许可利用的规定协调了个人信息保护与利用关系，有利于我国数据产业的发展和国家整体战略的推进。党的十九届四中全会决定指出，建立健全运用互联网、大数据、人工智能等技术手段进行行政管理的制度规则。推进数字政府建设，加强数据有序共享，依法保护个人信息。本条对姓名等的许可使用参照适用肖像许可使用的规定，为个人信息等人格利益的利用提供了法律依据。

第二，有利于保护个人人格尊严。人格利益的利用和人格尊严保护并非截然对立的两个层面，人格尊严也包括对人格利益通过自己的意志自主利用，他人不得未经许可而利用，这本身就是保护人格尊严的重要方式。同时人格权编也基于人格尊严保护的要求，规定了对肖像权人等人格权人的特殊保护规则，更有利于

强化对人格尊严的保护，避免因利用而损害人格尊严。在利用中，涉及人格利益和财产利益的冲突，尤其在解释、解除等问题上，人格权编对此作出特殊规定，更有利于在人格利益和财产利益的冲突中，注重对人格利益的保护。因此，该规定能够更好地实现保护人格尊严的宪法要求。换言之，人格的许可利用虽然属于商品化利用，但其并不会有损个人尊严，相反，这恰恰是对个人自由的尊重，是对私法自治的尊重，只要这种许可利用本身不违背社会的善良风俗与公共道德，就是值得肯定的，是对个人人格尊严的最大尊重。

第三，有利于协调对个人信息的保护与利用的关系。由于个人信息等人格利益具有极高的利用价值，所以法律有必要鼓励对个人信息的利用。但在大数据时代，数据开发和利用也会给个人信息保护带来巨大威胁，尤其是在数据开发、数据流通、数据共享过程中，个人信息泄露的现象频频发生。因此，各国都普遍地寻求数据流通和人格权保护之间的平衡。美国传统上更注重个人信息利用，以促进数据产业的发展，而欧盟更注重个人信息保护。但现在出现了共同的趋势，即在数据的开发、共享中，普遍重视对个人信息的保护。因此，人格权编既要重视对个人信息等人格利益的保护，同时也要注重对个人信息的利用，两者应当实现有效的平衡，无论强调哪一个方面，都是不妥当的。因此，在规定个人信息等人格权益保护的同时，应当通过许可利用制度，来鼓励对个人信息等人格利益的利用，从而有效实现保护与利用之间的平衡。

第四，构建人格利益许可利用的制度体系。依据该条规定，对姓名等的许可使用，参照适用肖像许可使用的有关规定。人格权编关于肖像许可使用合同的相关规定，不仅可适用于肖像，还可以适用于姓名等的许可使用，《民法典》第993条规定："民事主体可以将自己的姓名、名称、肖像等许可他人使用，但是依照法律规定或者根据其性质不得许可的除外。"该条规定了许可的一般条款，其中就规定了姓名，两条可结合起来理解，第1023条可以说是第993条的具体化，两者共同构建了许可制度的体系。

（二）参照适用肖像许可使用的有关规定的范围

《民法典》第1023条第1款规定："对姓名等的许可使用，参照适用肖像许可使用的有关规定。"依据该规定，肖像许可使用合同相关规则不仅适用于肖像，还适用于其他的人格权益，具体包括：

一是姓名。姓名是个人的标志，代表了某个特定人，姓名权具有强烈的专属性，姓名始终与个人人格联系在一起，不可在整体上作为财产加以转让，但在市场经济社会，自然人的姓名，特别是名人的姓名，体现了一定的财产利益，具有一定的商业价值，姓名的使用可以对产品和服务产生一定的广告或促销作用。例如，将某人的姓名作为商标、为某个企业命名，或以某人的名义从事项目研究、做广告宣传等。因此，姓名权人有权许可他人对其姓名进行利用。

二是隐私。隐私权虽然主要是一种消极防御性的权利，但在特殊情形下，其也具有积极利用的权能，如权利人允许他人公开其隐私，或者允许他人将其隐私编写成个人传记等进行销售，此种情形既属于隐私的公开，也应当属于隐私的积极利用。

三是个人信息。在互联网、大数据时代，个人信息的许可使用是个人信息利用的主要方式，也是大数据产业发展的基础，个人允许他人收集、利用其个人信息，本质上就是许可他人对其个人信息进行利用。个人信息的共享实际上也是个人信息的再次许可使用。

四是个人的声音、形体动作等。随着市场经济的发展，个人的声音、形体动作等，如果具有可识别性，具有利用的价值，也可以成为许可使用的对象。例如，个人可以许可他人在其商品的包装或者服务的广告宣传中使用其特有的形体动作。

五是死者的姓名、肖像等人格利益。自然人死亡后，其民事主体资格虽然消灭，但其姓名、肖像等人格特征仍然具有经济利用的价值，仍然可以成为许可使用的对象。从《民法典》第 994 条规定来看，在死者的姓名、肖像等遭受侵害的情形下，其近亲属有权请求行为人承担民事责任，其中就包括了赔偿损失的责任形式，这也意味着，行为人利用死者姓名、肖像等，通常应当取得死者近亲属的同意，这实际上也承认了死者人格利益可以成为许可使用的对象。从我国实践中发生的死者人格利益纠纷来看，一些纠纷也涉及死者人格利益的许可使用。例如，“李小龙公司诉真功夫”一案中，李小龙公司认为真功夫未经李小龙继承人同意而使用李小龙形象构成侵权，其向法院提起诉讼，请求真功夫立即停止使用李小龙形象、在媒体版面上连续 90 日澄清其与李小龙无关，并请求法院判令真功夫赔偿其经济损失 2.1 亿元，以及维权合理开支 8.8 万元。①

需要指出的是，肖像许可使用规则中对肖像权人进行倾斜保护的规则，原则上无法准用于名称的许可使用。所谓名称的许可使用，是指名称权人与受让人达成协议，允许他人使用该名称。协议一旦达成，即对当事人发生法律拘束力。名称许可使用的典型形态就是特许经营，即被特许人按照合同约定在统一的经营模式下开展经营，并向特许人支付特许经营费用的经营活动。②。名称许可使用通常发生在商事主体之间，通常并不需要对某一方当事人进行倾斜保护，而且与肖像权的保护不同，名称权的保护也不涉及个人人格尊严的保护，因此，肖像许可使用规则中对肖像权人进行倾斜保护的规则，无法准用于名称的许可使用。

（三）参照适用肖像许可使用的具体规定

其他人格利益许可使用具体可以参照适用肖像权的如下规则：

一是《民法典》第 1021 条关于合同内容有争议时应当作有利于肖像权人的解释的规则。也就是说，如果当事人对肖像许可使用合同中关于肖像使用条款的理解有争议的，应当作出有利于肖像权人的解释。该条可以适用于姓名等人格利益的许可使用。

二是合同虽然明确规定了许可使用期限，但有正当理由的也可解除。《民法典》第 1022 条第 2 款规定："当事人对肖像许可使用期限有明确约定，肖像权人有正当理由的，可以解除肖像许可使用合同，但是应当在合理期限之前通知对方。因解除合同造成对方损失的，除不可归责于肖像权人的事由外，应当赔偿损失。"该条可以适用于姓名等人格利益的许可使用。

二、对自然人声音的保护

（一）声音是一种人格利益

声音是通过物体震动产生的声波，人的声音是由人的声带震动发出的，每个人的声音都具有独特性，因而可以成为标识个人身份的重要依据。尽管在现实生活中，人们往往难以识别个人的声音，但借助计算机、人工智能算法等技术，可以很好地识别个人的声音，声音反映了一个人的人格特征，并且可以被复制、传

---

① 参见"李小龙女儿起诉真功夫餐饮形象侵权索赔 2 亿余元，法院已立案"，载 https://baijiahao.baidu.com/s?id=1653954027916245783&wfr=spider&for=pc，2020 年 1 月 15 日访问。

② 参见《商业特许经营管理条例》第 3 条。

播，因此，随着现代科学技术的发展，声音与个人身份的关联性将越来越紧密。随着人工智能和语音合成技术的新发展，声音保护的重要性日益凸显。这也决定了对声音这一人格利益的保护日益重要。从比较法上看，许多国家都对个人的声音利益予以保护，具体而言，有如下几种保护模式：

一是将声音作为一种人格利益保护。例如，《秘鲁共和国新民法典》第15条第1款规定："未取得本人明确授权的，不得利用其肖像和声音，或在本人已死亡时，只能按顺位经其配偶、卑血亲、尊血亲或兄弟姐妹同意，方可利用之。"第15条第3款规定："在利用其肖像和声音时侵犯其本人荣誉、尊严或声誉的，上述例外不予适用。"从上述规定来看，该法实际上是将声音作为一种人格利益加以保护的。又如，法国巴黎上诉法院在1970年5月15日作出的判决中，认定下述问题"必须得到特别保护，以免受到侵害：对个人姓名、肖像、声音、隐私、名誉以及荣誉所享有的权利，被忘却的权利以及对个人自身经历所享有的权利"①。

二是通过公开权对声音予以保护。公开权（publicity rights）又称形象权，是指个人对其姓名、肖像、角色、声音、姿态以及图像、卡通人物形象等人格标识所享有的进行商业利用和保护的权利。② 公开权本身属于财产权，而不属于人身权。作为财产权，它与物权和知识产权一样，可以转让、继承。随着市场经济的发展，个人人格标志的利用方式也日益多样化，个人的声音也受到公开权的保护。如果行为人未经个人许可而出于商业目的模仿他人的声音，则将构成对他人公开权的侵害。例如，在著名的 Midler v. Ford Motor Co. 一案中，被告福特汽车公司在其电视商业广告中使用了与原告 Midler 声音相似的歌曲。法院指出，肖像一词应当指本人的形象，而不包括模仿。被告福特汽车公司使用的是另外一个人的声音，而不是原告 Midler 的声音，因此，不构成对权利人公开权的侵害，但美国联邦第九巡回上诉法院推翻了地区法院的判决，法官认定声音如同面孔一样，具有可区别性与个性，人类的声音是表明身份的最易感受的方式，判定模仿著名

① Recueil Dalloz, Sirey, 1970, JPN, p. 466.

② See Michael Henry ed., International Privacy, Publicity and Personality Laws, Reed Elsevier (UK), 2001, p. 88.

歌手的声音构成侵权①。美国各个州也明确规定了对声音的保护。例如，纽约州规定保护姓名、照片、肖像和声音；肯塔基州规定保护声音和肖像；加利福尼亚州规定保护姓名、声音、签名、照片和肖像；而印第安纳州则规定保护姓名、声音、签名、图画、形象、照片以及姿态动作等人身的财产利益②。

三是将声音作为其他具体人格权的内容加以保护。一些大陆法系国家的判例将声音作为一般人格权加以保护，有的将其作为隐私权或者肖像权加以保护。例如，《加拿大魁北克省民法典》第36条从隐私权的角度对声音利益进行了保护。③

四是通过一般人格权对声音加以保护。由于德国规定的人格权类型较少，大量的人格利益均通过一般人格权进行保护。因此，在实践中声音被认为是私人生活领域和私人生活秘密，受到一般人格权的保护，他人不得窃听和记录个人的声音。④ 同时，个人声音中所包含的经济价值也受到一般人格权的保护。⑤ 例如，在德国的海因茨·艾哈特（Heinz Erhardt）案中，原告的父亲海因茨·艾哈特是著名的影星，但已经去世，被告未经原告同意而在其声音模仿秀节目中模仿了海因茨·艾哈特的声音，法院认为，声音中所包含的经济价值应受一般人格权的保护。⑥

从今后的发展趋势来看，声音利益的重要性将日益凸显。这种重要性表现在：一方面，现代科技对声音的收集利用能力有了显著提升。现代科学技术的发展，尤其是声控技术和声纹识别技术的发展，给声音的保护带来了现实挑战。随着影视技术、声控技术、网络技术等高科技的发展，声音的利用方式越来越多样化。例如，声音可以直接发出指令，打开房门，开启电子设备，开启电脑、手机，启动汽车等，声音的独特性具有替代指纹等其他个人特有标志的功能，但声

① Midler v. Ford Motor Co. 549 F. 2d 460 (9th Cir. 1988).

② Thomas McCarthy , The Right of Publicity and Privacy at § 5. 5 (B) (4), 1995.

③ 该条规定："特别是有下列行为之一的，为侵犯他人隐私：(1) 进入或者占领他人的住宅。(2) 故意截取或者使用他人的私人通信工具。(3) 盗用或者使用他人的肖像或者声音，尽管在私人寓所内。(4) 尽一切可能持续将他人的私生活公开。(5) 使用他人的姓名、肖像、形象或者声音，但向大众合理公开信息的除外。(6) 使用他人的信件、手稿或者其他的私人文件。"该条实际上是通过隐私权对声音加以保护的。

④ Münchener Kommentar zum BGB, Rixecker, § 12, Rn. 90 - 93.

⑤ Michael Hartl, Persönlichkeitsrechte als verkehrsfähige Vermögensgüter, Aufl. , 2005, S. 50.

⑥ OLG Hamburg GRUR 1989, 666.

音一旦被仿冒，就可能侵害个人的人格利益，也可能造成其他财产损害。另一方面，随着人工智能的发展，机器人通过输入、存储大量的个人语音，借助于大数据建立了机器人的神经网络，形成语音识别能力。据统计，2016 年，机器在语音识别上的表现已经超过了人类的平均水平。① 人工智能领域对声音的开发和利用使对声音的保护显得更加重要。与此同时，复制、传播、模仿个人声音的方式方法越来越多，声音利益受到侵害的问题也越来越突出。近年来，声音克隆技术也迅速发展，克隆后的声音将会和真人嫁接，与真人声音、形象完全相同的虚拟人物将会出现在银幕上。这种深度的开发利用可能导致对他人声音利益的侵害。此外，随着市场经济的发展，声音利益的经济价值也随之凸显。出于商业利益而模仿他人声音，除可能造成他人财产损失外，还可能构成不正当竞争，这就有必要强化对声音利益的保护。②

在我国《民法典》颁行前，相关法律也有涉及声音的法律问题的规定。例如，《商标法》第 8 条规定："任何能够将自然人、法人或者其他组织的商品与他人的商品区别开的标志，包括文字、图形、字母、数字、三维标志、颜色组合和声音等，以及上述要素的组合，均可以作为商标申请注册。"依据该条规定，个人将其声音申请为商标，这实际上也是对其声音的积极利用。《民法典》第 1023 条对声音的保护作出了规定，该条虽然没有明确承认声音是一种具体人格权，但认可声音是一种人格利益，应当受到法律保护，有关声音保护的规则参照适用肖像权保护的有关规定，这就适应了声音利益发展的需要，强化了对个人人格利益的保护。

从我国司法实践来看，有的法院对声音利益提供了保护，并明确使用了"声音权"这一表述。例如，在"上海大承网络技术有限公司与北京天浩盛世娱乐文化有限公司合同纠纷案"中，法院认为，"×××授权天浩盛世公司代表其本人就其肖像和声音用于游戏《超××》的相关事宜对外授权，且在大承网络公司将×××肖像权与声音权用于《超××》手机游戏营销传播期间，并没有证据证明×××本人提出异议。××公司与×××之间的合同争议抑或侵权争议，涉及独

① 参见杨澜：《人工智能真的来了》，江苏凤凰文艺出版社 2017 年版，第 17 页。

② 参见李林启：《论发展着的人格权》，载《湖南科技大学学报（社会科学版）》2012 年第 3 期；马俊驹等：《论法律人格内涵的变迁和人格权的发展》，载《法学评论》2002 年第 1 期。

家经纪权的法律认定问题，不足以证明天浩盛世公司没有获得×××的相关授权，故对于大承网络公司主张的天浩盛世公司无权代表×××签署《合作协议》且《合作协议》效力待定的意见，该院不予采信。”① 从上述裁判中可以看出，个人特有的声音能够识别个人的身份，并对外展示个人的形象，在性质上属于人格利益，应当受到法律保护。权利人有权对其声音进行积极利用，同时，在行为人恶意模仿他人声音，造成他人损害时，权利人有权请求行为人承担侵权责任。

（二）声音利益的特征

声音作为一项人格权益，也应当受到人格权法的保护，任何人未经他人许可，侵害他人具有人格特征的声音利益可以构成侵权。据此，可以通过人格利益的保护方式对声音进行保护。声音利益主要具有如下特点：

1. 声音利益的主体是自然人。《商标法》所规定的声音商标不限于自然人的声音，各种独特的声音，即使是自然界的声音，只要具有显著性，都能注册成商标。但人格权法所保护的声音利益则仅限于自然人的声音。

2. 声音利益的客体是声音。在现代社会，自然人的声音之所以能够成为一种人格权的客体，主要是基于如下几方面原因：

第一，具有身份识别性。每个人的声音都具有一定的特殊性，声音也因此具有一定的身份识别功能，对于有特质的声音而言，其更有利于相关信息的传播。② 虽然每个人声音的可识别性可能存在一定的差异，但都具有一定的可识别性，通过声纹识别技术可以从声音中识别出具体的个人。自然人的声音具有独特性，据此可识别彼此，这也使得个人的声音可以对外展示其个人行为和身份，声音也因此具有一定的人格属性。③ 因此，恶意模仿他人声音，可能会向社会公众不当展示个人的形象，从而构成对个人人格权的侵害。例如，行为人模仿他人声音给假冒伪劣产品做广告代言，可能会降低社会公众对受害人的评价，这也构成对受害人名誉权的侵害。又如，行为人将某人演讲的声音改编，并改变相应的演讲内容，则不仅侵害个人的声音权，还可能侵害著作权。保护个人的声音利益，并不

---

① 北京市第一中级人民法院（2017）京01民终5532号民事判决书。

② 参见王国忠、赵淑华：《论声音的人格标识特性和声音人格利益保护》，载《黑龙江省政法管理干部学院学报》2015年第1期。

③ 参见韩强：《人格权确认与构造的法律依据》，载《中国法学》2015年第3期。

是为了保护特定的某种声音，而是为了保护能够识别出个人身份的声音。即使随着时间的推移，个人的声带可能发生变化，个人的声音也会随之发生变化，但声音仍然可以识别个人的身份，仍然应当受到声音利益的保护。

第二，具有可模仿性。每个人的声音虽然是独特的，但又是可以被他人模仿的，而一般人对这种模仿的声音难以区分，这就可能造成对他人人格利益的侵害。实践中，许多娱乐节目中都出现了声音模仿秀，甚至可以达到以假乱真的地步。就模仿的声音而言，其本质上是模仿者声带所发出的声音，并不当然构成对被模仿者声音利益的侵害。当然，如果行为人恶意模仿他人声音，故意造成身份的混淆，则应当构成对被模仿者声音利益的侵害。例如，行为人恶意模仿他人声音，恶意造成身份混淆，并将模仿的声音用于商业广告，该行为应当构成对他人声音利益的侵害。

第三，具有可记载性和传播性。声音虽然通过声带的震动而产生，但其也可以通过一定的载体加以记载，并且可以重复播放，广泛传播，这也给声音的利用创造了条件。当然，法律保护声音利益，并不是为了保护特定的声音载体，而是为了保护该载体中的个人声音。因此，毁坏相关的声音载体通常并不会构成对他人声音利益的侵害，但擅自利用或者恶意模仿相关载体中的声音，则可能构成对他人声音利益的侵害。

3. 声音利益是具有财产价值的人格权益。声音利益不仅承载精神利益，而且包含一定的经济价值，能够成为商业利用的对象。例如，授权他人将自己的声音应用于网络游戏、电视广告或智能产品之中，以此获取许可使用的费用。在视听科技不断发展的过程中，这种商业价值也相应地不断增加。

4. 声音的侵害往往伴随其他具体人格权的侵害。当然，声音利益无法被其他人格权益所涵盖，应当受到法律的保护。尽管在实践中，声音常常与姓名、肖像等人格标志一起利用，而且由于肖像、姓名等人格标志比声音的身份识别性更强，因此，声音识别个人身份的作用往往被忽视和弱化了。[①] 但事实上，声音本身应当属于独立的人格标志，声音利益的客体是个人独特的声音，个人的声音具

① 王国忠、赵淑华：《论声音的人格标识特性和声音人格利益保护》，载《黑龙江省政法管理干部学院学报》2015 年第 1 期。

有独特性，能够单独识别个人的身份，而并不当然需要依赖于肖像、姓名等人格标志，也正是因为这一原因，声音具有独立的利用价值。还应当看到，对此种人格利益的支配可以与其他人格利益（如隐私、肖像等）区分开，无法被其他人格利益所涵盖。

三、对声音利益的保护可参照肖像权的规定

声音利益作为一项人格权益，应当也可以受到人格权法的保护，任何人未经他人许可，侵害他人具有人格特征的声音利益可以构成侵权。据此，可以通过人格利益的保护方式对声音进行保护。

声音利益与肖像权关联密切，都具有识别个人身份的特征，人们听到一种声音之后想到的就是特定的人，每个人都有声纹，声纹和人的指纹、掌纹等身体特征一样，都具有唯一性、稳定性的特征，① 这些特征能够标明个人的身份。因此，在比较法上，有的立法例如《秘鲁共和国新民法典》，将声音利益和肖像权并列作出规定，确实应当看到，这一比较法的立法经验具有一定合理性。而且，从实践来看，二者也存在一定的交叉。例如，行为人在商业广告中利用他人模糊的肖像或者漫画、素描形象，同时配上个人所特有的声音，将更会使人们据此联想到特定的个人。正是因为声音与肖像具有相似性，尤其是在现行立法没有规定声音利益保护规则的情况下，在许多情形下，可以考虑类推适用肖像权的规则对声音利益提供保护。据此，有学者认为，为了便于对声音提供法律保护，我国立法可将肖像权与声音利益进行合并，从而创设肖像声音利益这一概念。② 也有观点认为，可将声音纳入肖像权的保护范围。③ 就此，笔者认为，虽然声音利益和肖像权存在密切关联，但二者仍存在明显区别，故不宜直接混同为同一个权利，具体而言：

第一，二者的客体不同。虽然声音与肖像都具有唯一性和稳定性的特点，都能标明个人的身份，但二者标明个人身份的方式不同，肖像是可识别个人身份的外部形象，主要是指个人的面部形象，而且一般是个人有形的外部形象。而声音

① 杨立新、袁雪石：《论声音权的独立及其民法保护》，载《法商研究》2005 年第 4 期。

② 徐国栋主编：《绿色民法典草案》，社会科学文献出版社 2004 年版，第 151 页。

③ 杨立新等：《〈中国民法典·人格权编〉草案建议稿的说明》，载王利明主编：《中国民法典草案建议稿及说明》，中国法制出版社 2004 年版，第 337 页。

虽然也能识别出主体的身份，但其与肖像的有形性不同，声音是个人无形的身体特征。例如，行为人在商业广告中可以仅利用他人特有的声音，而不需要出现个人的肖像，声音的利用方式具有独立性。

第二，二者的侵害方式不同。肖像需要存在于一定的载体之上，对肖像权的侵害既可以表现为未经许可的制作、使用，也可以表现为污损、恶意毁坏他人肖像。而对声音的侵害则很难通过污损、毁坏的方式进行，如果对已经录制的光盘、影碟中的声音进行加工、改变，导致声音变形，这只是对著作权的侵害，而不应当构成对声音利益的侵害。当然，如果通过模仿他人声音恶意侮辱、诽谤他人，并因此导致声音利益主体的社会评价降低的，则应当构成对受害人名誉权的侵害。所以，侵害声音利益只能通过模仿、盗用等方式予以实现。

第三，二者是否有实定法上的规定不同。肖像权在性质上是一项具体人格权，而声音利益在实定法中并没有被作为独立的人格权类型明确加以承认，在法律适用上，往往也只能通过准用肖像权的保护规则实现对声音利益的保护。

具体而言，肖像权的如下规则可以参照适用于声音的保护：一是《民法典》第 1020 条所规定的肖像合理使用规则，可以参照适用于声音利益的合理使用。所谓声音利益的合理使用，是指在特定情形下，法律允许行为人使用他人的声音，该行为不必征得权利人的许可，也不构成侵权。声音利益的合理使用行为是一种合法行为。例如，在新闻报道中需要现场采访他人，录制和播放他人的声音。在录制广播电视节目时需要播放、储存他人的声音。由于这些行为是为了实现社会公共利益，构成声音利益的合理使用，而不构成侵权。① 二是《民法典》第 1021 条、第 1022 条关于肖像许可使用合同的规定，可以参照适用于声音的许可使用。三是《民法典》第 1019 条关于禁止他人擅自制作、使用、公开肖像权人的肖像的规定，也可参照适用于声音利益的保护。

（撰稿人：王利明）

---

① 李丽峰、李岩：《人格权——从传统走向现代：理论与实务双重视角》，中国法制出版社 2007 年版，第 271 页。

第五章 名誉权和荣誉权

第一千零二十四条 【名誉权及名誉】

民事主体享有名誉权。任何组织或者个人不得以侮辱、诽谤等方式侵害他人的名誉权。

名誉是对民事主体的品德、声望、才能、信用等的社会评价。

◆ 条文释义

一、名誉的概念和特征

一般认为，名誉是对个人客观的、良好的、综合的社会评价。《辞海》解释为："名为命名，誉为美誉，有令名始获美誉，谓令名曰名誉。"《民法典》第1024条第2款规定："名誉是对民事主体的品德、声望、才能、信用等的社会评价。"该条将信用包括在名誉内，这实际上采取了较为宽泛的名誉概念。名誉具有如下特点：

第一，社会性。名誉是一种客观的社会评价，它是名誉权人通过实际的社会活动来获取公众对其声望与地位的评价。名誉是社会对个人的评价，如果只是个人的自我感觉，则不属于名誉。《布莱克法律词典》认为，名誉是"关于一个人人格或其他特点的共同的或一般的评价（Common or general estimate of a person with respect to character or other qualities）"①。正是由于名誉是一种客观的社会评价，因而要求侵害名誉权的事实必须为第三人所知悉并且形成公示方能构成。

第二，美誉性。名誉是一种良好的社会评价。"名誉"，顾名思义，其包含"誉"，是一种良好的名声和美誉。如果是民事主体的负面社会评价，很难将其解

① *Black's law Dictionary*, West publishing Co. 1979 at 1171 - 1172.

释为一种权利。名誉是一种积极的、良好的社会评价，而不是指对坏名声的评价。所以说，侵害名誉权必须导致个人社会评价的降低。例如，如果行为人宣扬他人私密信息，不仅没有导致他人社会评价降低，反而提高了其社会评价，则不应当构成对其名誉权的侵害，而可能构成对其隐私权的侵害。也正是因为名誉是个人良好的社会评价，所以，其有利于人们的对外交往，并使个人获取一定的利益，有观点认为，名誉是个人最大的品牌，此种观点不无道理。

第三，客观评价性。名誉的客观评价性是由名誉的社会性所决定的。虽然对特定人的评价总是存在于社会公众的观念之中，但并不意味着名誉是一种主观概念，相反，名誉是一种客观的社会评价。一方面，名誉是客观存在的，是主体通过自身的努力和表现而应当获得的，它在客观上直接关系到主体在社会上的地位、社会成员对其信赖的程度，关系到主体的权利与义务的取得问题。另一方面，这种客观性表现为名誉不是主体个人主观的自我评价，所以名誉不是内部名誉（名誉感），而是外部的客观名誉。如果某人自信自己有某种能力，而实际上并无此能力，此时，就不能以个人的评价来决定其名誉的内容，也不能以个人的情感受到伤害为理由代替社会评价降低而认定他人的行为构成对其名誉权的侵害。

第四，综合性。名誉是对民事主体的一种综合评价。依据本条第 2 款规定，名誉是对民事主体的品德、声望、才能、信用等的社会评价。可见，名誉既可能是对主体某一方面的评价，也可能是对民事主体的综合评价。从该规定来看，将信用包括其中，把信用作为名誉的重要内容加以规定。当然，虽然名誉具有综合性，但是对自然人、法人名誉的某一方面进行毁损，都可能造成整体评价的降低，因此都可能构成对其名誉权的侵害。所以，名誉应是一种综合的评价。①

第五，特定性。名誉是对特定人的社会评价，也就是说，它是对某个具体的自然人、法人或非法人组织的评价，而不是对社会一般人的评价。正是因为名誉是对特定人的评价，所以，对名誉权的侵害只有在指向特定人的情况下才能确定是否构成对某人名誉的毁损并应当承担侵权责任。

第六，时代性。名誉具有时代性，在不同时期、不同社会制度中，人们的名

---

① 唐德华：《谈谈审理损害名誉权案件中的几个问题》，载《人民司法》1989 年第 2 期。

誉观念和意识是不同的。例如，在古罗马法中，名誉是完全的权利能力的外观形象，但在日耳曼法中，名誉乃是指特定人不受非难，能够受到来自他人的尊敬。但应该看到，名誉作为名誉权的客体，体现为一种主体的人格价值，无论何人，也无论其属于何种社会阶层，及其在经济上、政治上的地位如何，都应享有自身的名誉。每个人的名誉都理应受到法律的保护，对名誉的保护是人格权制度的重要内容。

名誉本身不限于对自然人的社会评价，还包括对法人、非法人组织的评价，所以，名誉权的主体具有宽泛性。应当指出，名誉作为一种社会评价，因主体性质的不同而略有区别。由于自然人与法人的性质各不相同，所以，探讨名誉的概念，应当能概括出自然人名誉与法人名誉的共性。总之，名誉是指对特定人的人格价值的一种社会评价。此处所说的“特定人”，既包括自然人，也包括法人和非法人组织。

二、名誉权的概念和特征

所谓名誉权，是指自然人、法人和非法人组织对其名誉所享有的不受他人侵害的权利。名誉权是个人的基本人权，也是个人人格尊严最直接的体现。人生于天地之间，名誉是个人与他人正常交往的基础。名誉一旦受到损害，个人就无法在社会中立足，所以在很多情况下，名誉甚至与生命同等重要。因此，名誉权作为一种重要的人格权，应当受到法律的保护。我国法律历来重视保护民事主体的名誉权。《民法通则》第 101 条规定，公民和法人享有名誉权，公民的人格尊严受法律保护，禁止用侮辱、诽谤等方式损害公民、法人的名誉。《侵权责任法》第 2 条第 2 款也明确列举了受侵权法保护的权益范围中包含“名誉权”。依据法律的规定，最高人民法院的一系列司法解释都确认了关于名誉权的问题。例如，《最高人民法院关于贯彻执行〈中华人民共和国民法通则〉若干问题的意见（试行）》《最高人民法院关于审理名誉权案件若干问题的解答》《最高人民法院关于确定民事侵权精神损害赔偿责任若干问题的解释》等都专门对名誉权作出了规定。此外，最高人民法院的许多批复也涉及名誉权的保护问题。《民法总则》第 110 条也对自然人、法人、非法人组织的名誉权作出了规定。《民法典》人格权编也专门规定了名誉权。

名誉权主要具有如下特征：

1. 取得的法定性和社会性。名誉权是法律赋予民事主体的一项权利，受国家法律的保护，所以，名誉权作为一种人格权，不是与生俱来的自然权利，而是法定的权利。名誉权的法定性还表现在名誉权的客体范围、权利限制等问题通常亦由法律作出规定，此种规定对于正确认定名誉权的侵害问题具有重要意义。名誉权作为一种人格权，并非自然人一旦出生即可获得。名誉权必须在自然人从事一定的社会活动过程中经公众的相关评价才会实际取得，这也就体现了名誉权的社会性。

2. 主体是自然人和法人、非法人组织。应该看到，尽管名誉权可以为自然人和法人、非法人组织享有，但法人、非法人组织的名誉权与自然人的名誉权之间仍存在一定的区别，这表现在：一方面，名誉的内容不同。自然人的名誉主要是对个人的能力、品行、作风、思想、才干等方面的社会评价，自然人的名誉本质上是其人格尊严和人格自由的体现，而以法人为例，法人的名誉则是对其商业信用、生产经营活动、经营业绩等方面的评价。对法人的评价并不会影响其人格尊严与人格自由。另一方面，侵害名誉权的方式不同。对自然人名誉权的侵害主要采用侮辱、诽谤等方式，其中侮辱既包括以暴力的方式贬低他人人格，也包括以语言文字的方式贬低他人。而对法人名誉权的侵害一般不会出现暴力侮辱等通常作用于自然人的侵害方式。对法人名誉权的侵害通常采用的方式是捏造、散布虚假事实，损害竞争对手的商业信誉、商品声誉，或者在大众公开媒介上发表的作品因内容不实或评论失当而损害法人的名誉等。侵害法人名誉权的行为有可能因违反《反不正当竞争法》的规定而构成不正当竞争行为。还要看到，两者与财产权的联系程度不同。法人的名誉权与自然人的名誉权相比，与财产权的联系更为密切，权利本身的财产性也更为明显。对法人来说，好的名誉能够为其产品带来销路，为其带来更多的交易伙伴，从而使其具有更强的竞争力。所以，侵害法人名誉权往往会使其遭受财产损失。因此，在欧洲，一些学者认为，名誉应当被视为财产的组成部分。此种观点存在一定的问题，名誉权虽然包含一定的财产价值，但其作为法人、非法人组织所享有的一项人格权，与财产权存在本质区别。

3. 客体是名誉利益。名誉权的客体是指名誉权本身所保护的对象，具体来说，是通过名誉所体现出的人格利益。名誉权的客体并非名誉本身，而是名誉所体现出的人格利益。名誉作为一种社会评价，因主体性质的不同而略有区别。就公民来说，名誉是指社会对某公民的品行、思想、道德、生活、作用、才干等方面的社会评价。而对于法人来说，因其作为一个组织体不像自然人那样享有对品行、才干、思想作风等专属于自然人的名誉，所以，法人的名誉是指对其经济活动、生产经营成果等方面的社会评价。它是在法人的整个活动中逐渐形成的，是社会对法人的信用、生产经营能力、生产水平、资产状况、活动成果、贡献等因素的综合评价。可见名誉是指对特定人的人格价值的一种社会评价。

4. 内容具有综合性。与其他具体人格权相比较，名誉权的内容较为复杂，这尤其体现在其具有综合性的特点。一方面，名誉是一种综合性的社会评价，评价涉及的内容较为宽泛。另一方面，名誉权不仅包括自然人的名誉权，而且包括法人、非法人组织的名誉权，二者的内涵大致相同，但也存在一定的差异，如自然人名誉权更注重精神利益的维护，而法人、非法人组织的名誉权则更注重对财产利益的维护。此外，还应当看到，名誉权在内容上也具有综合性，它包括了名誉的享有和维护、排斥侵害等权利，还包括利用的权能，虽然我国现行立法没有明确规定名誉的利用，但在实践中，名誉的利用是十分常见的，如利用良好的名誉为他人提供担保。

需要指出的是，法人名誉权是否属于财产权？有学者认为，法人的名誉权可以评估、继承与转让，其权利行使与流转遵循财产权的规则，因此，其应当属于财产权。① 如前所述，法人名誉权与自然人名誉权不同，其与财产权的关联更为密切，但并不能据此认为法人名誉权在性质上属于财产权。法人名誉权在性质上属于法人作为独立的民事主体所应当享有的权利，其是对法人总体社会活动进行综合评价而产生的一项人格权，而不只是对法人经营活动社会评价所享有的权利。尤其是对非营利法人而言，其往往并不追求经济利益，对其名誉权的侵害也主要不是导致其财产损失，将法人名誉权界定为财产权，显然难以对法人提供全面的保护。

5. 主要具有非财产性。名誉是一种重要的人格利益，名誉本身不是财产，其主要体现了主体的精神利益，因此，其主要具有非财产性。当然，名誉也与个人

① 钟瑞栋：《“法人人格权”之否认》，载《厦门大学法律评论》（第7辑），厦门大学出版社2004年版，第218页。

的财产利益存在关联，名誉权常常是主体从事正常经济活动，并与他人广泛发生经济联系的前提。一个有良好信誉的人才能取信于人，一个没有信誉或信誉受到损害的人，是很难从事广泛的民事活动的。例如，侵害他人名誉权造成受害人社会评价的降低，会极大地妨害受害人与他人的交往，从而使其遭受财产损失。

6. 具有专属性。也就是说，名誉权是主体所固有的、与其人身不可分离的权利。它既不能转让，也不受他人的剥夺，也不能由主体随意抛弃。名誉权的专属性还表现在它随着自然人的出生或法人、非法人组织的成立而产生，并随着自然人的死亡或法人、非法人组织的终止而消灭。权利主体在生存和存在的期限内始终享有名誉权。尤其是法人的名誉权不像法人的名称权那样可以转让，因为法人的名誉权始终与法人组织不可分离。法人可以不享有某种荣誉，但不能没有自己的名誉。

三、侵害名誉权的主要方式

从《民法典》第 1024 条第 1 款规定来看，侵害名誉权的方式主要包括侮辱、诽谤以及其他方式。

（一）侮辱行为

侮辱是指故意以暴力或其他方式贬低他人人格，毁损他人名誉。在侮辱他人的情况下，行为人主观上具有毁损他人名誉的目的和故意。实践中，侮辱主要有如下几种方式：

1. 暴力行为。此处的暴力行为是指对受害人施以暴力或以暴力相威胁，使他人人格、名誉受到侵害。例如，往他人脸上吐唾沫、往他人身上泼粪便等，暴力侮辱通常可能伴随对他人身体权、健康权的侵害。

2. 语言侮辱。此处的语言侮辱是指用语言对他人进行嘲笑、辱骂，如以猥亵的语言辱骂妇女，用下流、肮脏的语言谩骂他人等。语言侮辱与暴力侮辱的区别在于，行为人并没有实施暴力直接作用于受害人的人身，而只是通过一定的话语和动作来侮辱他人。语言侮辱构成侵权通常需要情节严重并明显造成了受害人的精神痛苦。① 例如，在“贾某诉王某名誉权案”中，法院认为，就作品发表不同

---

① 参见杨立新主编：《民商法理论争议问题——精神损害赔偿》，中国人民大学出版社 2004 年版，第 286 页。

观点属于正常的学术争鸣与舆论监督，但行为人应当善意地表达自己的观点，而不能故意贬损他人人格，被告多次使用“欺世盗名”“编史造假”“信口雌黄”“随意编造”“无耻之徒”等刻薄词句，已超出正当的学术争鸣与批评的范畴，构成了对原告人格的贬损，应当承担停止侵害、消除影响、赔礼道歉、赔偿损失的民事责任。①

3. 文字侮辱。文字侮辱是指通过书写文字、图形对他人进行侮辱，侵害他人名誉，如书写和张贴丑化他人、侮辱他人人格的标语、漫画等。例如，在“余某诉傅某等侵犯名誉权案”中，被告在原告店旁竖立黑板并写上暗示其售假的内容，法院认定，被告的行为构成一种传播（暗示）虚假事实的行为，同时又是一种发表不利于他人名誉的不当评论等行为，已构成了对原告名誉权的侵害。

4. 其他方式的侮辱。除上述方式外，行为人以其他方式侮辱他人的，也构成对他人名誉权的侵害。例如，学理上还存在一种以作出某种姿态侮辱他人的行为，称为态度侮辱。② 实践中，态度侮辱主要表现为行为人作出一定的姿态、表演有辱他人，如扮鬼脸、恶行、恶状以及当众焚毁他人相片、标志等。

《最高人民法院关于贯彻执行〈中华人民共和国民法通则〉若干问题的意见（试行）》第 140 条第 2 款规定：“以书面、口头等形式诋毁、诽谤法人名誉，给法人造成损害的，应当认定为侵害法人名誉权的行为。”因此，侮辱行为也会针对法人实施，如公开指责某法人生产伪劣产品，书写和张贴丑化法人形象、败坏法人名声的大字报、小字报、漫画等。但由于法人毕竟不同于自然人，行为人不可能对法人实施暴力侮辱。

按照最高人民法院的解释，只有在侮辱行为造成了一定影响的情况下，才能认定为侵害公民名誉权的行为。③ 此处所说的造成一定的影响，主要是指影响了受害人的社会评价。一般来说，如果侮辱行为是公然进行的，不管受害人是否在场，自然可以认定已造成了一定的影响。但如果行为人实施侮辱行为时没有第三人在场，能否认定已造成一定影响并构成对他人名誉权的侵害，则要依具体情况

---

① 参见北京市第一中级人民法院（2007）一中民终字第 4112 号民事判决书。

② 参见龙显铭：《私法上人格权之保护》，中华书局 1948 年版，第 71 页。

③ 参见《最高人民法院关于贯彻执行〈中华人民共和国民法通则〉若干问题的意见（试行）》第 149 条。

而定。如果行为人针对受害人实施一定的行为时并无第三人在场，而行为人亦未将该行为向第三人公开，第三人并不知行为人实施了侮辱行为，则仅仅是侵害了受害人的名誉感，并未构成对名誉权的侵害。如果这种行为已经侵害了公民的人格尊严，则可以按侵害公民人格尊严的行为处理。如果行为人针对受害人实施一定的行为时，虽没有第三人在场，但行为人事后将此行为向第三人公开，可以认为该行为已使受害人的社会评价降低，并可认定构成对他人名誉权的侵害。

（二）诽谤行为

诽谤是指因过错捏造并散布某些虚假的事实，损害他人名誉的行为。[①] 诽谤不同于侮辱：一方面，侮辱既可以语言的方式进行，也可以行为的方式进行。但是诽谤行为只能通过语言的方式进行，表现为捏造事实、无中生有。例如，在“郭某诉刘某等名誉权纠纷案”[②] 中，被告刘某带人手持白布黑字条幅到原告郭某工作的单位门口展示。条幅上书写有原告郭某勾结黑社会等内容。法院认为，被告捏造原告勾结黑社会的事实，在原告郭某单位门口拉横幅，已构成诽谤，应承担侵权赔偿责任。另一方面，侮辱主要针对受害人，第三人可能并不知晓；而诽谤虽然也针对受害人，但是，它不可能直接针对受害人实施，而是将有损受害人名誉的言论向第三人传播，所以诽谤通常涉及第三人。此外，侮辱行为一般是故意的，但诽谤有可能出于过失。例如，某出版社对某部具有诽谤内容的作品审查不严，具有过失。

诽谤行为主要具有如下特点：第一，行为人陈述的事实是虚假的。任何行为构成诽谤都必须是作出了虚假的陈述。问题在于，如果散布的事实是真实的，是否构成对名誉权的侵害？依据《最高人民法院关于审理名誉权案件若干问题的解答》第8问，即使行为人言论所指出的主要事实是真实的，行为人也不得在其言论中使用侮辱、诽谤性的词语，否则仍可构成对他人名誉权的侵害。第二，诽谤通常以语言、文字、漫画或其他方式进行。诽谤行为的表现形式是多样的，一般可以分为两类，即口头诽谤和书面诽谤。前者即通过语言将捏造的虚假事实加以散布，使他人名誉受到侵害；后者则是指通过书写文字把捏造的虚假事实进行散

---

① 《牛津法律大辞典》对诽谤一词的解释是，它是指向第三人公开虚伪事实而致他人（申诉者）声名狼藉。参见《牛津法律大辞典》，光明日报出版社1988年版，第249页。

② 河南省郑州市中级人民法院（2014）郑民二终字第1779号民事判决书。

布，败坏他人名声。这种分类的意义在于，二者在构成要件及责任范围上是不同的。语言诽谤属于一般的侵害名誉权的行为，实施此种行为的行为人主观上一般具有故意，行为的方式也较为简单。而文字诽谤，特别是通过大众传播媒介刊登新闻、报告文学等作品来诽谤他人，属于新闻侵权行为。通常，对新闻侵权，法律要作出专门的规定。第三，诽谤行为必须导致受害人社会评价的降低。如果行为人的诽谤行为并未导致受害人社会评价的降低，则不构成对其名誉权的侵害。

诽谤行为作为一种民事侵权行为，与刑法中的诽谤罪不同。其一，诽谤罪的主观方面仅限于故意，即主观上具有使他人人格及名誉受到贬损的目的；而诽谤的民事侵权行为主观上并不一定出于故意，过失也可能构成对他人名誉权的侵害，而且行为人的故意或过失对认定是否侵害他人名誉权并不十分重要。其二，情节不同。构成诽谤罪需要行为人的行为情节严重，也就是说加害行为的性质、手段、方式、结果等均达到了十分严重的程度；而侵害名誉权的行为并不要求加害行为情节严重，只要求造成他人名誉的毁损即可构成侵害名誉权。

在许多情况下，行为人的言辞是否具有诽谤性，往往因言辞本身较为含糊或有歧义等而难以确定。笔者认为，言辞是否具有诽谤性应由原告举证，按照一个合理的、普通的、一般人的理解来确定相关的言辞是否具有诽谤性，而不宜采用特定人的标准来认定。名誉本身是社会公众对某个人的价值的评价，而言辞具有诽谤性意味着这些言辞在公众看来是不恰当、与事实不符的，并有损他人人格。因此，应当以一般人的观点来确定言辞是否具有诽谤性。为了使一般人的标准顾及具体的情况，在实践中，也要兼顾受害人的职业、年龄等方面的特点，考虑“同职业、同社会交易团体分子一般所应具有之智识能力”①。而如果采用特定人的标准，就意味着要根据受害人自我评价而不是社会评价来认定行为人的行为是否具有诽谤性，其结果是使侵害名誉权的认定完全以受害人的主观思考而非公众的判定为标准，这显然不利于正确认定侵害名誉权的行为。

当然，根据一般人的观点来确定诽谤言辞时，也应当看到，一般人的观点也不是一成不变的，不应以过去的公众的观点作为判断依据。② 在确定言辞的内容

---

① 王泽鉴：《民法学说与判例研究》（第5册），中国政法大学出版社1998年版，第286页。

② 加拿大法官Herrier在Heberty v. Acksn一案中指出：“诽谤言辞须以一个合理人的观点来衡量，但此种观点在不同的时期会发生一定的变化。”

是否具有诽谤性时，还必须对该言辞作全面、整体的分析和理解。例如，对某篇文章中的某句话是否具有诽谤性存有争议，则应分析整个文章的内容，然后确定该句话是否具有诽谤性，绝不能断章取义，肢解言辞的全部内容。一般来说，言辞是否具有诽谤性，应由原告举证证明，此外，要考虑到行为人实施一定行为时的具体环境。如行为人指称他人“不忠实”“不诚实”“不讲信用”“有生理缺陷”“对人刻薄和残忍”“行为不轨”“品行不端”等，在不同的场合公开将对接受公开者产生不同的影响。在某些场合，听者认为该言辞属于善意的玩笑或无伤大雅；而在另一些场合，则认为该言辞有损他人人格，具有诽谤性。

诽谤行为既可以是积极的作为，又可以是消极的不作为。在某些情况下，法律对某些具有特殊身份的主体赋予了积极的作为义务，以防止诽谤行为的产生，如果主体未尽到此种作为义务，也可能构成消极的诽谤。例如，报刊社发表稿件，负有审查稿件的真实性，防止侵害他人名誉权的义务。法律上要求其“应负责审查核实”就是报刊所负有的积极作为义务，如果报刊社未经审查或审查不严而使具有诽谤内容的稿件发表，未尽到审查义务，属于不作为，所以，不作为也可以成为诽谤行为的方式。

（三）其他毁损名誉的行为

侵害名誉权行为的种类较多，除侮辱、诽谤行为外，还应当包括其他毁损名誉的行为。例如，《最高人民法院关于审理名誉权案件若干问题的解答》第9问指出：“编辑出版单位在作品已被认定为侵害他人名誉权或被告知明显属于侵害他人名誉权后，应刊登声明消除影响或采取其他补救措施；拒不刊登声明，不采取其他补救措施，或者继续刊登、出版侵权作品的，应认定为侵权。”该条对通过新闻媒体侵害他人名誉权的行为作出了规定。

四、毁损名誉的行为必须指向特定人并为他人所知悉

（一）毁损名誉的行为必须指向特定人

无论是侮辱、诽谤，还是其他行为，要构成对名誉权的侵害，必须具有特定的侵害对象，也就是说，毁损名誉的行为必须指向特定的人。从名誉权的特点来看，任何名誉权都具有特定性，即只能为特定的人所享有，因而，侵害名誉权只有针对特定的人实施，才能造成对该人的社会评价的降低，从而构成对名誉权的侵害。如果行为人的行为未指向特定的对象，仅泛指包括原告在内的一般人，不能具体认定指向谁，则不能认定侵害名誉权，如妄称今日的商人多为奸商，今日的律师皆为讼棍等。在此情况下，此类行为并未指向特定人①，特定人的社会评价也未因此降低，不能认为构成诽谤。

行为人通过一定的动作和方式，使社会一般人能认定指向某人或者某些人，描述某人的相貌特征、语言特征、行为特征及生活和工作环境等能够使社会一般人认定指向某人或某几个人，也可认为已指向特定人。在文学作品中，作者所描绘的人物的相貌特征、生活经历、工作环境等，足以使他人认定为某人，则作者的行为应视为指向特定的人。例如，在“胡骥超、周孔昭、石述成诉刘守忠、《遵义晚报》社侵害名誉权纠纷案”② 中，被告与三位原告不和，被告为图报复，遂在其撰写的长篇历史纪实小说《周西成演义》中，描写了贩毒者胡冀昭、妓院老板周孔超、地痞石述庭三个人物，这三个人物不但与三个原告同姓，而且名字中的两个字或相似或为谐音字。三个人物形象的许多特征描写分别与三个原告相同或相似。被告将这三个人物描写得十分丑恶。该文发表以后，熟悉三原告的读者一看便知道作者是在侮辱、丑化三原告，导致原告社会评价降低，被告的行为使社会一般人可认为指向某个特定人，尽管被告并未指名道姓诽谤原告，亦可认为指向原告。

（二）行为人的行为为第三人所知悉

行为人实施的侵害名誉权的行为所造成的直接后果通常是使受害人的名誉遭受损害。在某些情况下，受害人的名誉受到毁损，具有一定的外在表现形态，如受到他人指责、嘲笑、轻视、怨恨、议论，亲朋好友对受害人产生不信任感，甚至与受害人断绝关系等。③ 有时，毁损名誉虽不具有外在表现形式，却可以通过民意测试、舆论调查等方式显现。但是，在许多情况下，名誉受到毁损的事实表现得并不明显，对受害人来说，要证明其名誉受到毁损往往是很困难的。

认定名誉遭受毁损应当从名誉和名誉权概念本身出发来确定。既然名誉是社会公众对主体的一种客观的、良好的社会评价，名誉权是主体所享有的、应受社

① See Eastwood v. Homes (1858), I F. RF. 347.

② 载《最高人民法院公报》1992 年第 2 期。

③ 英国学者佛罗斯特（Fraster）曾指出，妨害名誉是指“陷某人于憎恨、嘲笑、蔑视或使他人对之逃避或对其事务、职业、商业有危害之境地”。Frank Thayer, *Legal Control of the Press*, the Foundation Press, 3th ed, 1956, p. 202.

会公众公正评价的权利，那么，只有在行为人所实施的侮辱、诽谤等行为影响到社会公众对受害人的评价时，才能构成对名誉权的侵害。所以，在认定名誉权是否受到侵害时，既不能以受害人的感觉为标准，也不能以行为人的观念为依据。应当看到，社会评价是存在于公众内心之中的，在行为人实施了侮辱、诽谤等行为以后，如何确定公众对受害人的社会评价已经降低，这是十分困难的。笔者认为，只要行为人所实施的诽谤行为为第三人所知悉，就可以认定该诽谤行为已经对第三人产生了影响，从而造成了受害人社会评价的降低。

第三人知悉是指第三人知道行为人的行为，已产生了社会影响，因此可以认定侵害行为已经造成了名誉毁损的后果。在我国司法实践中，常常要求名誉权侵害必须造成一定的社会影响。例如，依据《民法通则意见》第 140 条的规定，“以书面、口头等形式宣扬他人的隐私，或者捏造事实公然丑化他人人格，以及以侮辱、诽谤等方式损害他人名誉，造成一定影响的，应当认定为侵害公民名誉权的行为”，而“造成一定影响”显然是以第三人知悉为前提，如果第三人对此并不知悉，显然不可能产生相关的社会影响。然而，造成一定影响并不一定必须在大庭广众之下实施侵权行为，或使不特定的多数人知道并使他们对受害人的评价降低，只要有一个外人知悉，就可以认定受害人的名誉在其心目中已受影响。

行为人所实施的侮辱、诽谤等行为因被告的原因而为第三人所知悉。如果某人在其日记或笔记中写下诽谤他人的言辞，但被他人偷看，自己并未公开，则不构成公示。要构成公示，其公开行为必须是由被告或因被告作出的，而原告对此无过错。① 如果侮辱、诽谤行为是仅针对受害人实施的，由受害人自己加以公开并为他人所知，则不能认定行为人的行为构成对他人名誉权的侵害。例如，甲寄一封信给乙，信中诽谤乙具有生活作风问题，乙将该信件交给他人阅读，造成诽谤言辞向他人公开，对此公开行为应由原告自己负责。问题在于，行为人所实施的侮辱、诽谤等为受害人的近亲属和其他与之有特殊关系的人所知悉，是否构成为第三人所知悉？有学者认为，行为人的言论使受害人的配偶或其他家庭成员知悉，考虑到他们之间特殊的、亲密的关系，故不应认为是第三人知悉。笔者认

---

① 在美国一案例中，原告为一盲人，在收到寄来的侮辱信后，被迫将信给他人看，此时不能认定原告有过失。See Allen v. Wortham 89Ky，485 133W. 73（1890）.

为，受害人的近亲属知悉，亦会影响他们对受害人的评价，故亦应认为已毁损受害人的名誉，但受害人的近亲属知悉后未向他人公开的，可以认为情节轻微，而应依具体情况处理。另外，如果行为人将其诽谤的言辞以书面形式作出，原告应证明这些书面言辞已经流传。原告不必证明第三人是否已收到或阅读该出版物，就可认定已构成公示。在英美法中，若将言辞公开出版，则出版物本身就成为一种公开的表面证据（prima facie evidence）。如果诽谤的言辞是以通知、标语、告示等形式出现的，原告能够证明这些书面言辞张贴在公共场所或者引人注目的地方，则不必证明是否为第三人所知就可以构成公示。

在以文学、新闻作品侵权的情况下，转载、销售、传阅等再公开行为人是否也应当承担侵害名誉权的责任，关键在于确定其是否具有审查义务。如果其负有审查的义务和职责而未尽到此种职责，则原则上应当承担责任。例如，杂志社转载其他杂志发表之作品，应负有审查的义务，若其未尽此种义务或在审查后明知其内容具有诽谤性却予以发表，应对其再公开行为负责。

总之，在名誉权纠纷中，应以“因被告的过失而使第三人知悉”作为确定原告社会评价是否降低的重要标准。因此，受害人要主张行为人构成对其名誉权的侵害，必须证明行为人所实施的侮辱、诽谤等行为因行为人的过错而为第三人所知悉。

五、侵害名誉权的责任

在名誉权遭受侵害的情况下，受害人既可以依据《民法典》人格权编的规定，请求行为人承担停止侵害、恢复名誉、消除影响、赔礼道歉等责任；如果造成损害，受害人还可以同时依据侵权损害赔偿请求权，要求行为人承担损害赔偿的责任。这就表明，我国法律对受害人提供的补救措施相当完备。具体而言，侵害名誉权的侵权责任承担方式主要有以下几种：

（一）停止侵害

当行为人侵害他人名誉权的行为正在进行时，受害人有权要求法院采取强制手段，制止侵权行为的进行。例如，具有诽谤他人内容的书刊正在发行，受害人有权要求停止发行或予以销毁。停止侵害是及时防止损害后果进一步扩大的措施。对于通过互联网等即时通信工具侵害他人名誉权的行为，权利人有权请求网络服务提供者对相关信息采取删除、屏蔽、断开链接等措施。

（二）消除影响

消除影响，是指行为人因其侵害了公民或法人的人格权而应承担的在影响所及的范围内消除不良后果的一种责任方式。消除影响主要适用于侵害名誉权的情形。例如，某人在网上发布了诋毁他人名誉的言论，并且该言论已经被不少网站转载，造成了不良影响，受害人要求网络发布者删除该言论，并刊载有关更正信息，以消除影响。消除影响的主要功能在于消除已经给他人的社会声誉造成的不良影响，从而使受害人的名誉得到恢复。此种方式与停止侵害不同，停止侵害要求行为人本身不再从事侵权行为，而消除影响主要是为了使已经产生的影响得以消除。

依据《民法典》第1000条，在适用消除影响这一责任方式时，应当与行为的具体方式和造成的影响范围相当。一般来说，在什么范围内造成损害，就应当在什么范围内消除影响。行为人消除影响的方式，可以根据侵权行为的具体情况而加以决定。这主要是因为，消除影响本身并没有限定具体的行为方式，而是侧重于从后果去考虑。例如，通过网络侵犯他人的名誉权的，则可以通过通知网络运营商采用删除侵权言论的方式来消除影响。而通过口头表述的方式在一定范围内侵害他人的名誉权的，则可以通过向他人进行解释的方式来消除影响。

（三）恢复名誉

恢复名誉是指在行为人造成他人名誉毁损的情况下，受害人有权要求行为人采取各种合理的措施消除影响，使已经遭受损害的名誉尽可能得到恢复。恢复名誉的责任形式是侵害名誉权所特有的，也就是说，此种责任形式只有在侵害名誉权的情况下才能采用，侵害其他人格权一般不采用此种侵权责任承担方式。由于侵害名誉权的直接后果是造成权利人的名誉毁损，因而，恢复名誉应当是在侵害名誉权的情况下加害人首先应当承担的责任。恢复名誉也有利于彻底消除侵害名誉权的直接后果，消除造成受害人精神痛苦和财产损失的根源。

在适用恢复名誉的责任形式时，应当注意如下几种情况：

第一，受害人请求恢复名誉时，必须证明其名誉受到毁损。而要证明其名誉受到毁损，则要证明加害人对受害人实施的侮辱诽谤行为已为第三人所知悉，从而影响到受害人所受到的社会评价。

第二，行为人必须采取合理的措施恢复受害人的名誉。依据《民法典》第

1000 条，在适用恢复名誉这一责任方式时，应当与行为的具体方式和造成的影响范围相当。例如，在报刊上发表的新闻报道或评论，有损他人的名誉权，则应当在曾刊载该有侵权内容文章之报刊上刊登书面声明，对错误内容进行更正，并向受害人赔礼道歉。如果是在某网站上发表的不当言辞，则行为人应当在该网站上刊登相关赔礼道歉声明，或者发表撤回相关诽谤言论的声明。总之，因侵害名誉权而造成的不良影响越大，加害人应采取的措施越多，以消除不良影响。

第三，恢复名誉责任的适用应当及时。因为加害人侵害受害人的名誉权以后造成不良影响的时间越长，则再公开的机会越多，对受害人更为不利，同时也增加了消除影响的困难。所以，为防止损害后果的扩大，应当及时采取恢复名誉的措施。

《民法典》第 1000 条第 2 款规定："行为人拒不承担前款规定的民事责任的，人民法院可以采取在报刊、网络等媒体上发布公告或者公布生效裁判文书等方式执行，产生的费用由行为人负担。"例如，行为人在报纸上发表诽谤他人的文章，法院判决其撤回该诽谤言论，行为人拒绝撤回的，则法院可以在该报纸上发布公告，发布公告的费用应当由行为人承担。

（四）赔礼道歉

赔礼道歉是指责令违法行为人在侵害他人名誉权后，采取一定方式向受害人认错并表示歉意。此种方式有利于安慰受害人，消除因名誉侵害而造成的不良后果，因此也经常适用于名誉侵害中。

（五）财产损害赔偿和精神损害赔偿

1. 财产损害赔偿

在侵害名誉权的情况下，也会使受害人遭受财产的损害。例如，受害人因遭受名誉的毁损而丧失某种工作机会，法人因名誉毁损而遭受财产的重大损失。尤其是就法人名誉权侵害而言，由于法人并不存在精神损害的问题，侵害法人名誉权主要是造成法人的财产损失。例如，在"康达医疗保健用品公司诉西北工商报社、陕西省医疗器械公司侵害法人名誉权纠纷案"中，法院认为，被告工商报社对记者赵平方撰写的批评稿件，未经核实便在报纸上点名批评被上诉人康达公司，致使报道内容失实，给康达公司名誉造成损害，其行为侵犯了康达公司的名誉权，应当赔偿康达公司的经济损失。[①] 在侵害他人名誉权造成财产损失的情形下，权利人有权依据《民法典》第 1182 条请求行为人承担财产损害赔偿责任，即在权利人能够证明自身实际财产损失的情形下，有权请求行为人赔偿该财产损失或者按照侵权人的侵权获利进行赔偿；同时，权利人也可以同行为人协商，或者请求人民法院酌定具体的财产损失赔偿数额。

2. 精神损害赔偿

精神损害主要是指受害人因名誉权遭受损害而遭受精神上的痛苦或其他不良情绪。对精神损害予以赔偿，一方面可以对受害人起到有效的抚慰作用，另一方面也可以制裁不法行为人。精神损害的赔偿主要限于对受害人本身所遭受的精神损害的赔偿，受害人近亲属因受害人的名誉受侵害而遭受精神痛苦的，无权请求行为人赔偿。

在考虑精神损害赔偿范围时，应当综合行为人的过错程度、诽谤的形式、影响的后果、社会影响、行为人是否已经道歉等因素加以确定，依据《民法典》第 1183 条第 1 款，只有在造成受害人严重精神损害的情形下，才能适用精神损害赔偿责任。当然，精神损害赔偿主要适用于侵害自然人名誉权的情形，侵害法人名誉权，并不适用精神损害赔偿。

损害赔偿和恢复名誉两种责任形式既可以分别采用，也可以并用。当然，如果行为人的行为仅造成受害人名誉受损而并未造成其精神痛苦和财产损失，则权利人仅能请求行为人承担恢复名誉的侵权责任，而无权请求行为人赔偿损失。

（六）其他救济方式

除上述责任方式外，受害人还可以通过其他方式救济其名誉权。例如，如果民事主体有证据证明行为人正在实施或者即将实施侵害其人格权的行为，不及时制止将使其合法权益受到难以弥补的损害的，其有权依法向人民法院申请采取禁令，责令行为人停止有关行为，也可以请求更正、删除相关信息，以保护其名誉权。

（撰稿人：王利明）

---

① 参见《最高人民法院公报》1990 年第 2 期。

第一千零二十五条 【新闻报道、舆论监督与保护名誉权关系问题】

行为人为公共利益实施新闻报道、舆论监督等行为，影响他人名誉的，不承担民事责任，但是有下列情形之一的除外：

（一）捏造、歪曲事实；

（二）对他人提供的严重失实内容未尽到合理核实义务；

（三）使用侮辱性言辞等贬损他人名誉。

◆ 条文释义

一、为公共利益实施新闻报道、舆论监督等行为不承担民事责任

依据本条规定，为公共利益而实施的新闻报道、舆论监督等行为，即使影响他人名誉，也应被免责。所谓新闻报道，是指对新近发生的事实的报道。在各种传播方式中，新闻传播工具在反映舆论和形成、引导舆论过程中具有决定性作用。新闻报道具有一定的准确性、真实性、简明性与及时性的特点。舆论监督是舆论界（主要是指新闻界）利用各种传播媒介发表各种意见或言论，对社会的政治、经济和文化生活等各方面问题进行批评、实行监督的权利。舆论是新闻报道的重要内容，新闻报道是舆论传播的主要方式，[①] 新闻报道、舆论监督等是党和人民群众通过新闻媒介对社会进行监督的一种方式，是国家治理体系中的主要环节，也是维护社会正常有序的运转，纠正社会治理中的偏差，满足广大人民群众的知情权的重要手段。因此，与其他侵害名誉权的方式相比，此种方式具有一定的特殊性。当然，即使实施新闻报道、舆论监督等行为，必须是基于公共利益的目的，而非商业等目的，才构成对名誉权的合理限制。例如，在自媒体时代，一些自媒体所作出的新闻报道可能出于娱乐等非公共利益的目的，如果实施此种行为，侵害他人名誉的，仍然应当承担责任。

保护正当的新闻报道和舆论监督是我国《宪法》规定的公民的言论、出版自

① 《中国大百科全书·新闻出版》，中国大百科全书出版社 1990 年版，第 457 页。

由在新闻活动中的体现。① 现行《宪法》第35条明确规定："中华人民共和国公民有言论、出版、集会、结社、游行、示威的自由。"依据《民法典》第1025条的规定，除非符合法律特别规定的情形，行为人为公共利益实施新闻报道、舆论监督等行为，影响他人名誉的，不承担民事责任。法律之所以作出此种规定，原因在于：

第一，保护为公共利益而实施的新闻报道和舆论监督，是发挥舆论监督作用的重要手段。人民群众通过大众媒体等舆论工具对掌握公权力的国家机关及其工作人员进行监督，对于提高国家机关决策科学性和办事效率、有效遏制腐败、纠正社会治理中的偏差具有重要的意义。同时，使人民群众广泛了解各种新闻和信息，也可以有效监督政府及其工作人员的工作。在"罗某诉央视侵害名誉权案"中，法院认为，央视在遵循报道真实、客观，评论合理、妥当的前提下，将违法行为披露在新闻活动中，新闻工作者行使舆论监督的权利，大胆揭露和批评一些违法和不良现象，总会涉及对被批评者的指责，而由于新闻活动过程环节多、时间短促、专业性强，不可能绝对准确地把握事实和意见，也不可能完全避免过失。② 因此，如果将任何失实的，哪怕是轻微失实的新闻都作为新闻侵权处理，将不当影响新闻媒体舆论监督功能的发挥。③

第二，有利于保障新闻媒体舆论监督和正面宣传功能的发挥，有助于良好社会风气的形成。面对社会生活中出现的各种丑陋和违法现象，人们如果不能借助大众传播工具予以大胆披露和批评，就会纵容一些侵害公民权利包括侵害公民人格权的行为，而且会使个人的人格权沦为一种与社会利益不协调的绝对化的极端的个人权利。新闻工作者为维护社会公共利益，需要披露社会阴暗面，揭露、批评一些违背人民利益的错误言行和不良现象，如果这些批评属于正当的舆论监督，批评的事实是真实的，则被批评者不能以其名誉受到损害、个人秘密受到披露为由而要求他人承担侵害人格权的责任。

第三，这是保障信息公开透明、满足广大人民群众的知情权的重要方式。通过新闻媒体的关注和报道，真实、客观、及时反映和记录社会现实，让更多的人

① 《中国大百科全书·新闻出版》，中国大百科全书出版社1990年版，第421页。

② 王晋闽：《试论新闻侵权》，载《国际新闻界》1991年第Z1期。

③ 《"霸座"的新闻上了央视，男子起诉侵犯名誉权，法院：驳回》，载《法制日报》2020年1月9日。

民群众了解事件始末和发展，引发社会关注和重视，确保群众及时了解与切身利益密切相关的信息，促进社会和谐有序发展。

新闻工作者以及其他人依法通过新闻媒介发表评论，对社会的政治生活、经济生活、文化生活等方面进行批评，实行监督，应受到法律保护。因此，在新闻媒体上发表报道和评论，只要主要内容属实，即使在个别细节上有失真实或遣词造句不当，也不能认为构成侵权。例如，在“广州侨房公司诉中国经济体制改革杂志社侵犯名誉权纠纷案”① 中，法院认为，对正当的舆论监督而言，即使细节瑕疵也不构成侵权。毕竟舆论监督在本质上符合社会公共利益，且因为新闻报道的时效性、实时性等原因，难免发生报道存在瑕疵的情况，在此情形下，应当侧重于保障新闻媒体发挥其舆论监督功能。

二、新闻报道、舆论监督等行为侵害名誉权的三种形态

在任何社会中，权利、自由都是相对的，都要受到反映统治阶级意志的法律的限制，这就像孟德斯鸠所说的“自由是做法律所许可的一切事情的权利，如果一个公民能够做法律所禁止的事情，他就不再自由了，因为其他人也同样会有这个权利”。② 因此，新闻报道、舆论监督也要在法律规定的限度内行使，即使是在把新闻自由视为“天赋人权”的西方社会，新闻自由也有严格限制，这些限制的一个重要表现是，行使新闻自由权不得侵害公民的人格权。随着互联网、高科技的发展，各种新的传播方式大量产生，高科技在大众传播中广泛运用，大众传播手段日益先进，对社会影响更为深刻，在此情况下，利用大众传播媒介对个人隐私等人格权进行侵害也变得更为容易，侵害人格权以后造成的影响也更为严重。所以，法律必须加强对人格权的保护。

我国《民法典》人格权编为协调新闻报道、舆论监督等行为与人格权保护的关系，一方面明确规定正当的新闻报道、舆论监督等行为不承担民事责任；另一方面规定在符合法律规定的情形下，将构成侵害名誉权。本条规定了新闻报道、舆论监督侵害名誉权的三种形态，前两种形态都是涉及内容失实，是客观的判断，第三种形态中的侮辱性言辞是意见的表达，涉及主观的判断。

---

① 广东省广州市天河区人民法院（2003）天法民一初字第1832号民事判决书。

② ［法］孟德斯鸠：《论法的精神（上册）》，商务印书馆1978年版，第154页。

（一）捏造、歪曲事实

新闻报道和舆论监督是以反映社会现实为前提的，符合这种前提的标志就是真实，新闻内容失实是与新闻的本质要求相违背的。在新闻报道中，有关时间、地点、人物、事件、原因、情节报道等都必须真实，新闻的背景材料的介绍也必须真实，不得虚构、夸张。因此，即使行为人主观上具有舆论监督的目的，但客观上实施了捏造、歪曲事实的行为，也不应当属于正当的舆论监督。例如，在“方是民等名誉权纠纷案”中，法院认为，“方是民恶意歪曲事实、断章取义，使用‘一笔德艺双馨的好交易’‘忽然对崔永元的正常收入很感兴趣’的表述，实际是在误导公众得出崔永元存在利益交换、谋取私利的判断，其言论本身已经偏离了质疑批评性言论的轨道，构成侵权”。① 但是，如果相关表述未歪曲事实，则不应构成侵权。例如，在“胡觉照与立德共识（北京）网络传媒科技有限公司名誉权纠纷案”中，法院认为，“立德共识公司刊载的《胡觉照：岂能翻‘剽窃’的案》一文，其内容主要是对诸葛亮历史评价问题的学术成果是否存在抄袭争议进行分析评论，属于学术批判类以及社会现象批判性文章；从文字用语看，该文章个别地方稍有偏激或不当，但并没有明显以侮辱、诽谤等方式故意贬损胡觉照的个人名誉及人格，亦未达到故意捏造歪曲事实，或者刻意侮辱诽谤的程度”，因此，不构成侵害名誉权。②

当然，由于新闻活动过程环节多、时间短促、专业性强，新闻内容失实并不一定必然构成新闻侵权，由于轻微的失实并不一定产生较为严重的后果，因此，只要基本事实是真实的，就不应当认定构成侵权。

（二）对他人提供的严重失实内容未尽到合理核实义务

《民法典》第1025条规定了行为人“对他人提供的严重失实内容未尽到合理核实义务”的，应当承担民事责任。该项包括两个要件：

第一，他人提供的内容严重失实。在实施新闻报道、舆论监督等行为时，不能要求其内容不出现任何错误，如果只是报道的细节失实，如将某人的年龄由19岁错误写成了20岁，但报道的基本内容没有错误，此时，不应当要求行为人承

① 北京市第一中级人民法院（2015）一中民终字第07485号民事判决书。
② 陕西省高级人民法院（2017）陕民申1914号民事裁定书。

担责任。在司法实践中，判断报道的内容是否严重失实一般以报道的基本事实是否符合客观事实作为判断标准，而不在于报道的细枝末节。

第二，行为人未尽到合理核实义务。即要考虑消息来源等因素，具体认定行为人是否尽到了合理的核实义务，除消息具有足够的权威来源外，行为人对其他渠道所了解的消息应当具有审查义务，对道听途说的事实，不能未尽核实义务而加以传播，否则可能构成侵权。例如，在“南方报业传媒集团与世奢会（北京）国际商业管理有限公司名誉权纠纷案”中，法院认为，“新闻媒体只有违背了真实性审核义务，故意歪曲事实进行不实报道，或者因过失未尽合理审查义务导致不实报道的，才构成侵权。反之，新闻媒体没有歪曲事实、缺乏不实报道的主观故意或过失，且有合理可信赖的消息来源为依据，则不应承担侵权责任”。①

如果对他人提供的严重失实内容未尽到合理核实义务，则应当承担责任。例如，在“北京秀水街市场有限公司与北京法制晚报社名誉权纠纷案”中，法院认为：“新闻媒体作为面向大众的传媒机构，在对某一对象进行批评揭露式报道时，应当有更强的审慎意识，不得使用未经核实来源的消息，要进行符合常理的善意推理。新闻媒体违背了真实性审核义务，故意歪曲事实进行不实报道，或者因未尽到合理审查义务导致不实报道的，构成名誉权侵权。”因此，被告北京法制晚报社构成侵权。② 关于行为人是否尽到了本条第 2 项所规定的合理核实义务，应当结合《民法典》第 1026 条关于行为人核实义务的规则予以判断。

从实践来看，“合理核实义务”主要发生在如下几种场合：一是新闻工作者在从事新闻报道创作时，应当对消息来源尽到合理的核实义务。二是出版社、杂志社、报社、网站等在发表相关的新闻报道、文章、评论等内容时，应当对其中披露的具有明显可能引发争议甚至构成侵权的内容尽到合理的核实义务。三是在转载的场合中，转载人也应当对转载内容尽到合理核实义务，未尽到该义务的转载行为同样可能构成侵权。因此，合理核实义务并不仅仅局限于新闻创作的新闻工作者，也包括对新闻进行发表、转载的个人或机构。

（三）使用侮辱性言辞等贬损他人名誉

在比较法上，有的国家针对新闻报道等采用了“真相例外”的规则。即如果

---

① 北京市第三中级人民法院（2014）三中民终字第 07694 号民事判决书。
② 北京市朝阳区人民法院（2015）朝民初字第 57355 号民事判决书。

基本事实是准确的，即使使用侮辱性言辞贬损名誉也不应当承担责任。但我国司法实践历来将侮辱与诽谤作为两种不同的侵害名誉类型加以对待。依据《最高人民法院关于审理名誉权案件若干问题的解答》第 8 问，认定是否构成侵害他人名誉权，除了认定该言辞的内容是否基本属实外，还要考虑该言辞是否具有诽谤性。例如，在“周某某与杨某某名誉权纠纷上诉案”中，法院认为，即使原告的言辞内容属实，但在“帖中使用了‘道德败坏’‘贪官’‘作恶多端必自毙’等带有侮辱性的字眼并辱及杨某某家人。上述网帖发布后，部分网友点击阅读并进行了跟帖回复，以上言论足以使人相信杨某某品德低下、为人不端，造成社会公众对杨某某的评价降低”，因此，构成侵害名誉权。①

就侮辱而言，使用辱骂、贬损、恶毒的侮辱性言辞本身，导致他人名誉受到损害的，就已经满足侵权成立的要件，并不需要满足该言辞本身为编造或不真实的要件。也就是说，即使行为人表达的内容是真实的，但如果采用辱骂、贬损的语言等也会造成个人社会评价的降低，应该单独成立侵权。基本事实是否准确，可以作为是否构成侵权的考量因素，但不能完全因为基本事实准确就排除侵权责任。据此，要成为名誉权侵权的抗辩事由，一方面，要求相关言论必须主要内容真实，即该言论的主要内容必须符合客观情况，另一方面，该言论必须不存在侮辱、诽谤的内容。即便相关言论的内容真实，但如果其包含侮辱、诽谤的内容，则仍可能侵害他人的名誉权。例如，某人发表的文章中尽管陈述的事实是真实的，但辱骂他人是泼妇、娼妓等，也构成对他人名誉权的侵害。

关于《民法典》第 1025 条第 3 项中的“使用侮辱性言辞”并非涉及事实陈述，而主要是意见表达，笔者认为，这一内容包括了两个要件：

1. 行为人使用了具有侮辱性的言辞。所谓言辞，既包括口头形式也包括书面形式，同时言辞必须具有侮辱性。对于言辞是否具有侮辱性，应当结合社会一般观念进行判断，即通过社会一般人的标准判断言辞是否具有侮辱性，是否会导致他人人格遭受贬损。如果仅仅是过激的言辞不当然构成侮辱。例如，指责他人为狗，是否构成侮辱性言辞，也要根据社会的一般观念和当时的具体场景进行判断。如果行为人只是作出一种善意的戏谑行为，则不能将其认定为侮辱性言辞，

① 浙江省杭州市中级人民法院（2017）浙 01 民终 191 号民事判决书。

但如果行为明显具有恶意辱骂他人的意思，则可以将其认定为侮辱行为。

2. 必须造成他人名誉的贬损。本条作为侵害名誉权的特殊规则，同样应当适用《民法典》第 1024 条所确立的侵害名誉权的一般规则，即侮辱只是一种行为方式，其应当具有造成名誉受损的结果，只有客观上造成了某人的社会评价降低，才构成侵害名誉权，且此种名誉贬损不以严重为必要。如果评论内容基本属实，仅是个别评论的词句表达不当且无侮辱他人人格的内容和用语，不能认为侵权。例如，某厂的生产车间确有少量苍蝇，违反《食品安全法》的规定，记者在报道这一事件时，使用了“飞蝇聚车间”一语，虽然“聚”字表达不确切，但因为内容基本属实，不能认为构成对该厂名誉权的侵害。

（撰稿人：王利明）

第一千零二十六条　【认定是否尽到合理核实义务的考虑因素】

认定行为人是否尽到前条第二项规定的合理核实义务，应当考虑下列因素：

（一）内容来源的可信度；

（二）对明显可能引发争议的内容是否进行了必要的调查；

（三）内容的时限性；

（四）内容与公序良俗的关联性；

（五）受害人名誉受贬损的可能性；

（六）核实能力和核实成本。

◆ 条文释义

一、合理核实义务的概念

所谓合理核实义务，是指在从事新闻报道和舆论监督时，行为人依法应当负有必要的合理核实义务，违反此种义务，行为人应当承担法律责任。立法上之所以要确立合理核实义务，其目的在于有效协调新闻自由、舆论监督与人格权保护之间的关系，一方面，法律对人格权的保护要求相关的新闻媒体和其他行为人在从事新闻报道和舆论监督等过程中，应当尽到合理的核实义务，防止新闻报道和舆论监督的内容对他人人格权造成侵害。另一方面，实施新闻报道和舆论监督的主体所负有的核实义务必须在合理的范围内，而不能强加给新闻媒体过重的核实义务，从而导致严重妨碍新闻自由和舆论监督。这一原则在比较法上也得到了普遍的承认。例如，在美国 1964 年的"《纽约时报》有限公司诉沙利文案（New York Times Co. v. Sullivan）"中，法院就确立了媒体侵权的真实恶意（Actual malice）原则。依据这一原则，只要并非恶意，就应保证媒体报道的自由喘息空间（breathing space），以防止法律对媒体报道过度介入而形成"寒蝉效应"（chilling effect），使得媒体报道丧失舆论监督的功能。① 本项中规定的核实义务是"合理"的义务，之所以要求"合理"就是因为既要防止该义务过重，导致妨碍舆论监督和公民知情权的实现，也要防止核实义务过轻，导致人格权保护力度不足。

合理核实义务本身主要适用于名誉侵权领域，且主要适用于在实施新闻报道、舆论监督中，对他人提供的内容的真实性，是否尽到核实义务。当然，确定是否尽到合理核实义务，也涉及对行为人过错的判断。也就是说，如果行为人在转载、转发相关信息时，已经尽到了合理的核实义务，则应当认定行为人没有过错，如果行为人没有尽到合理核实义务，则行为人具有过错，应当构成侵权。

二、合理核实义务的确定

合理核实义务的标准并不是一成不变的，实施新闻报道、舆论监督的行为人，在不同情况下，负有的核实义务不尽相同，需要因时制宜、因地制宜，结合所处的不同环境进行判断。因此，法律上不宜泛泛地对该义务进行一般规定，正因如此，《民法典》第 1026 条确立了判定是否尽到合理核实义务的标准，这一立法方式也是对我国司法实践经验的系统总结。例如，依据《最高人民法院关于审理利用信息网络侵害人身权益民事纠纷案件适用法律若干问题的规定》第 13 条的规定，网络用户或者网络服务提供者，根据国家机关依职权制作的文书和公开实施的职权行为等信息来源所发布的信息，在一般情形下不承担侵权责任，仅在

① New York Times Co. v. Sullivan, 376 U. S. 254 (1964).

特定四种情形下才承担侵权责任。该条作出此种规定的主要原因在于，国家机关依职权制作的文书和公开实施的职权行为等信息来源一般情况下具有更高的公信力，可以降低发布人的核实义务。因此，核实义务的标准应当是结合具体案情中的多种因素进行综合判断的，而不宜采用“一刀切”的标准。《民法典》第1026条实际上是根据动态系统论的观点，确定当事人在各种不同情形下的核实义务，对于引导法官正确裁判侵害名誉权的案件，有效协调人格权保护与言论自由、舆论监督的关系是非常必要的。

（一）内容来源的可信度

内容来源主要是指消息源，新闻工作人员在从事新闻报道的时候是依据不同的消息源来获得事实资料并进行报道的，如果其依据的是官方权威机构发布的信息、资料、档案或者新闻发布会上的材料所描述的事实，即便此后证明是失实的，那么也不应因此认定构成侵权。具体而言：

第一，考虑信息、资料发布的机构。一般而言，机构主体的可信度要高于个人主体，公权力机构、权威学术机构发布的内容的可信度可能高于商业机构发布的内容。越是权威性机构，其发布的消息越具有权威性。例如，在“罗某诉央视侵害名誉权案”中，法院认为，“央视报道‘罗某列车被拘’一事，是源于罗某在列车上扰乱社会公共秩序并被行政处罚的真实事件，具体依据有武汉铁路公安处作出的处罚决定书，内容真实。综合运输合同、执法记录仪呈现画面及罗某个人陈述，法院认定央视报道内容客观、属实”。① 当然，机构主体发布的信息不一定都具有可信度，这种可信度的判断只是盖然性的，还需要结合其他因素进行判断。

第二，消息内容来源的途径。相比较而言，官方报道的可信度要高于道听途说的信息的可信度，因此，如果行为人所获得的消息是来源于权威的官方报道，则其在传播该消息时的核实义务就相对较轻，此时，即便因行为人过失而没有发现官方报道的内容有误，通常也不宜认定其构成侵权。反之，如果行为人获得的消息来源于权威报道之外的其他领域，甚至是行为人道听途说的结果，此时，其

① 《“霸座”的新闻上了央视，男子起诉侵犯名誉权，法院：驳回》，载《法制日报》2020年1月9日。

再次传播该消息时对该消息的真实性即应当尽到更高的核实义务，否则，行为人就可能需要承担侵权责任①。例如，在“南方报业传媒集团与世奢会（北京）国际商业管理有限公司名誉权纠纷案”中，法院认为，“新闻媒体只有违背了真实性审核义务，故意歪曲事实进行不实报道，或者因过失未尽合理审查义务导致不实报道的，才构成侵权。反之，新闻媒体没有歪曲事实、不实报道的主观故意或过失，且有合理可信赖的消息来源为依据，则不应承担侵权责任”。② 又如，在“北京秀水街市场有限公司与北京法制晚报社名誉权纠纷案”中，法院认为，“新闻媒体作为面向大众的传媒机构，在对某一对象进行批评揭露式报道时，应当有更强的审慎意识，不得使用未经核实的消息来源，要进行符合常理的善意推理。新闻媒体违背了真实性审核义务，故意歪曲事实进行不实报道，或者因未尽到合理审查义务导致不实报道的，构成名誉权侵权”，因此，被告北京法制晚报社构成侵权。③

依据《最高人民法院关于审理利用信息网络侵害人身权益民事纠纷案件适用法律若干问题的规定》第 13 条的规定，网络用户或者网络服务提供者根据国家机关依职权制作的文书和公开实施的职权行为等信息来源所发布的信息，在一般情形下不承担侵权责任，仅在特定四种情形下才承担侵权责任，这四种情况具体包括：一是网络用户或者网络服务提供者发布的信息与前述信息来源内容不符；二是网络用户或者网络服务提供者以添加侮辱性内容、诽谤性信息、不当标题或者通过增删信息、调整结构、改变内容等方式致人误解；三是信息来源已被公开更正，但网络用户拒绝更正或者网络服务提供者不予更正；四是信息来源已被公开更正，网络用户或者网络服务提供者仍然发布更正之前的信息。由此可见，即便是根据国家机关依职权制作的文书和公开实施的职权行为等信息来源所发布的信息，也应当正确使用，不得采取调整结构、改变内容等方式侵害他人名誉权。

第三，根据发布的依据进行判断，即发布的消息中是否含有一定的数据、事实的引用，是否进行了合理的逻辑推理等。

---

① 参见周敏：《新闻侵权民事责任的抗辩事由》，载《法学》1999 年第 1 期。
② 北京市第三中级人民法院（2014）三中民终字第 07694 号民事判决书。
③ 北京市朝阳区人民法院（2015）朝民初字第 57355 号民事判决书。

第四，考虑发布的方式，其中既包括发布的渠道，如是传统纸质媒体还是数字媒体，也包括发布的范围，如是以公告的方式发布，还是以内部传阅的方式发布等，这些都会对行为人的审核义务产生一定影响。

（二）对明显可能引发争议的内容是否进行了必要的调查

如果按照社会一般人的看法，新闻报道的内容极有可能引发争议，则报道人应当对其进行必要的调查，以确定报道内容的真伪状况。按照这一规则，如果相关信息的内容符合社会公众的普遍认知，符合公众的心理预期，则行为人在传播该消息时所负担的调查与核实义务就相对较轻。反之，如果相关的消息可能引发广泛争议，则表明该消息的真实性与可信度存疑，此时，行为人在传播该消息时即应当尽到更高的调查与核实义务。例如，某人在网上披露某明星涉嫌偷税漏税等违法犯罪行为，该消息一旦披露，就可能引发极大的争议，此时，行为人在披露该事实时，不能仅凭某人私下爆料，在无足够的证据证明的情形下就予以公开报道，而应当尽到更高的调查与核实义务。

（三）内容的时限性

由于新闻报道具有及时性的特点，很难要求新闻工作者进行详尽的、全面的调查了解，特别是如果新闻报道的内容与社会公共利益关联密切，需要及时报道的，因此，应当适当降低新闻报道者对信息真实性的审查义务，不宜要求新闻媒体对消息的真实性进行过于烦冗的调查。例如，在“北京三维天然数码科技有限公司与中国工商报社名誉权纠纷上诉案”中，① 法院认为：“工商报社所发表的文章实际是一篇新闻报道，故而本案争议焦点是工商报社是否在发表新闻报道前对刊登的内容尽了审核义务……从工商报社的该篇新闻报道的总体内容看，并未达到法律界定的‘严重失实’的状态，虽然文中有一些用语有欠妥当，但新闻报道具有时效性，要求在一定期限内快速向社会通报真实情况，故不应过于要求新闻报道单位在报道过程中对事件的每个细节均要做到审查核实。故工商报社的整篇报道内容基本客观地反映了事件的原本状况，对三维公司不构成名誉侵权。”但是，如果新闻报道所涉及的事实不是新闻而是旧闻，则通常不再有时效性的要求，新闻媒体对消息的真实性应当进行更深入的了解。

① 北京市第一中级人民法院（2006）一中民终字第328号民事判决书。

（四）内容与公序良俗的关联性

公序良俗是由“公共秩序”和“善良风俗”两个概念构成的。公共秩序体现的是公共利益，善良风俗是社会所普遍承认的伦理道德，体现了社会主义核心价值观。因此，新闻报道和舆论监督都应当符合公序良俗。为了维护公序良俗，如果言论的目的在于保护社会公共利益、维护社会公德，则应当倾斜保护言论表达自由，从而降低行为人的核实义务。需要考虑相关言辞与公共利益的关联程度，如果新闻报道的内容与社会公共利益关联密切，需要及时报道，则也不应当科以报道人过重的审核义务①。例如，为了保护食品安全，新闻媒体对某企业产品的质量报道不实，导致该企业的名誉权受损，在认定新闻媒体是否构成侵权时，即应当考虑其保障食品安全的目的。

（五）受害人名誉受贬损的可能性

也就是说，如果新闻报道将严重损害受害人的名誉，则报道人即应当对其内容进行更为严格的核实，也就是说，如果相关言辞所涉及主体名誉权的损害程度越高，则其核实义务也越高；反之，则行为人的核实义务也应当随之降低。在判断受害人名誉受贬损的可能性时，不应当按照专家的标准来认定，只需按照社会一般人的认识，在行为人实施该行为时，受害人名誉受贬损的可能性较大，行为人就应当负有一定的核实义务。

（六）核实能力和核实成本

确定核实义务标准时，还应当考虑能力与成本问题。如果核实的能力大，则义务高，反之就低；如果付出极小的成本即可对报道内容的真实性进行核实，则行为人应当尽到相应的核实义务；反之，若成本较高，则核实义务相应降低。例如，对于某条在网络上公布的有关某名人的负面信息，平台很容易核实，则其应当负有核实义务。

（撰稿人：王利明）

① 参见刘文杰：《论新闻侵权的归责原则》，载《环球法律评论》2010年第4期。

第一千零二十七条　【文学、艺术作品侵害名誉权的认定与例外】

行为人发表的文学、艺术作品以真人真事或者特定人为描述对象，含有侮辱、诽谤内容，侵害他人名誉权的，受害人有权依法请求该行为人承担民事责任。

行为人发表的文学、艺术作品不以特定人为描述对象，仅其中的情节与该特定人的情况相似的，不承担民事责任。

◆ 条文释义

本条两款区分了“以真人真事或者特定人为描述对象”和“不以特定人为描述对象”的文学作品，前者一般为纪实作品，后者可以称为虚构作品。对于两种不同的作品而言，在认定侵犯名誉权时应当适用不同的规则。

一、以真人真事或者特定人为描述对象的文学、艺术作品侵害他人名誉权，应承担民事责任

依据本条第1款规定，“行为人发表的文学、艺术作品以真人真事或者特定人为描述对象，含有侮辱、诽谤内容，侵害他人名誉权的，受害人有权依法请求该行为人承担民事责任”。该条规定来自《最高人民法院关于审理名誉权案件若干问题的解答》，应区分两种情况：

一是描写真人真事的文学作品，对特定人进行侮辱、诽谤或者披露隐私损害其名誉的。纪实文学、报告文学的特点就在于其是描写真人真事的文学作品，不是纯粹的学术虚构和艺术创造，而要真实记录特定的人物和实践。例如，著名作家徐迟的报告文学《哥德巴赫猜想》，描写陈景润探索数学奥秘的历程，影响了一代人，这就是以真人真事为描写对象。纪实文学属于文学作品范畴，需要将真人真事等素材进行加工和艺术创作加以删减，并利用文学的手法表述出来，因此，纪实文学兼具真实性和艺术性。但是这种写作方式也不是随心所欲的，不能虚构事实，或者随意侮辱、诽谤攻击他人，或者披露他人的隐私。依据本条第1款的规定，纪实文学、艺术作品，即使以真人真事或者特定人为描述对象，但是如果其中含有侮辱、诽谤的内容，也可能构成名誉权的侵权。我国司法实践中也出现了不少文学艺术作品创作侵害他人名誉权的案例。例如，在“尕桑才旦、化智二人诉金光中《战火绕开这里》和《雪山作证》侵害名誉权案”中，法院就认定被告创作的小说是以真人真事改编，且由于作者对素材处理不当，导致被告遭受名誉权的侵害，因而判决作者承担了名誉权的侵权责任。①

二是虽未写明真实姓名，但是以特定人或者特定人的特定事实为描写对象，文中具有侮辱、诽谤或者披露隐私的内容，致其名誉受到损害的，也构成侵权。此类文学作品不同于纪实文学，其并未写明真实姓名，但确以特定人为描述对象，以该人的事迹为原型进行描写，在描写过程中，具有侮辱、诽谤情节。在文学作品中，虚构作品中的情节与特定人或特定人群相似的，创作者不承担名誉权侵害的责任，但如果作者以特定人或者特定人的特定事实为描写对象，采取影射的方式侮辱、诽谤他人，所描绘的人物的相貌特征、生活经历、工作环境等，足以使他人认定为某人，也构成侵权。例如，在“胡骥超、周孔昭、石述成诉刘守忠、《遵义晚报》社侵害名誉权纠纷案”中②，法院认为，“被告在创作《周西成演义》中，采用姓相同名相近、体型外貌等突出特征相似的方法把作品中的三个人物与三原告联系起来加以丑化，使熟悉三原告的读者一看便知这三个反面人物是影射三原告的，在当地给三原告的人格尊严造成不良影响，使三原告的名誉受到损害。《周西成演义》公开发表后，被告还公开对人说过把三原告写进演义中是有原因的。因此，被告侵害三原告名誉权的故意是明显的，依法应当承担侵权的民事责任”。因此，尽管行为人并未指名道姓诽谤原告，但其行为使社会一般人可认为指向某个特定人，亦可认为是侵害名誉权的行为。

《民法典》第 1027 条第 1 款以“发表”作为侵害他人名誉权的构成要件，这就意味着能够构成侵害他人名誉权的作品必须是已经“发表”的作品。但应当对“发表”进行广义的理解，其不仅包括出版等发表形式，而应当认为凡是已经具有公开性的作品均符合“发表”这一要件。③ 作品侵权的行为方式主要体现为文

① 参见云南省高级人民法院（2000）云高民终字第 115 号民事判决书。

② 参见《最高人民法院公报》1992 年第 2 期。

③ 参见张红：《文学作品中的名誉权侵权责任》，载《中南民族大学学报（人文社会科学版）》2012 年第 6 期。

学、艺术作品的发表。发表可以多种方式进行，既包括口头地公开宣读、演唱、表演，也包括将图书、音像制品等公开出版。这些发表方式的共同特征在于将作品向公众进行传播，因而可能导致受害人社会评价的降低，无论采用上述何种发表方式，均可能构成对受害人名誉的侵害。但如果仅仅是创作文学、艺术作品，而不将作品进行发表，社会公众并不会知晓该作品的存在，因而也不会导致受害人社会评价的降低，不构成名誉权的侵害。无论如何，上述形态不一的侵权方式均需要以作品为载体而进行，《民法典》第1027条的适用范围也局限于文学、艺术作品的侵权。而一般的名誉权侵权的方式较为多样，也不一定需要作品作为载体。其行为方式可能是辱骂，发表侮辱性的言论，对他人进行不实评价等，这些行为导致主体的社会评价不当降低的，均可能构成名誉权的侵害。

在认定上述两类文学、艺术作品侵权时，都涉及名誉权与创作自由的协调问题，允许作者选取题材创作文学、艺术作品是创作自由的具体体现，基于保护创作自由的需要，原则上不应当对作者的创作内容进行干涉，除非该创作损害了他人的合法权益或有损公共利益①。对于上述两类文学、艺术作品侵害他人名誉权的认定，事实上是划定了创作自由与人格权保护的边界：

一方面，要保护他人人格权，不能因为追求作品的文学性而歪曲事实，肆意侮辱、诽谤他人。例如，在“李某诉《新生界》杂志社、何某侵害名誉权纠纷案”中，何某在其主编的《新生界》杂志上发表了自己撰写的长篇报告文学《科学大师的名利场》一文，该文描述了李四光在中国地质计划指导委员会会议上大骂地质界前辈丁文江的情节后，推测这是他为了保住地质部部长的位置所为，并暗示李四光运用政治斗争手段来了结个人恩怨。法院审理认为，报告文学中叙述我国当代科学史上的重大事件时，理应尊重事实；在对著名历史人物的经历和人品作出评价时，应当持客观、慎重的态度。但是该文却从政治、学术、人品等方面对李四光进行了不恰当的描写，许多情节缺乏客观事实根据，客观上影响了公众对李四光的公正评价，损害了李四光的名誉，同时也给李四光之女、被上诉人李某造成了一定的精神痛苦，何某应当依法承担侵权的民事责任。②

---

① 参见杨立新：《人身权法论》，人民法院出版社2002年版，第340页。

② 参见《最高人民法院公报》1998年第1期。

另一方面，要尊重创作自由，重视文学创作的客观规律，不能为过度保障人格权而牺牲创作自由，使作品丧失文学性。例如，在“李某与作家出版社名誉权纠纷上诉案”中，作家出版社出版的报告文学作品《上访》一书的第八章，描写了上诉人李某的上访经历，李某认为该书将其多年的控告行为扭曲为上访，侵犯了其名誉权。审理法院认为，《上访》属于报告文学类作品，是在真人真事的基础上经过文学加工所形成的作品。书中所涉及的内容均是有据可查的。涉案作品中也没有对李某进行侮辱、诽谤，致使李某名誉受到损害的内容。作家出版社出版该作品已经尽到了相应的审查义务，且无侵犯李某名誉权的故意，不构成侵权。①

在判断上述两类文学、艺术作品是否侵害他人名誉权时，应当依据不同的作品内容作出判断。就纪实文学而言，作品虽然以真人真事为描写对象，但虚构事实和情节对他人进行侮辱、诽谤，或者揭露他人隐私等，均构成侵权。就纪实作品而言，其往往以真实生活为原型进行艺术创作，因此具有明显的指向性。对于以特定人为描述对象而没有写明真实姓名的文学作品，如果行为人的作品对于特定人或特定人群的描写会导致大众与被描写对象发生直接的认识联系，从而导致被描写对象社会评价的降低，则应当由行为人承担侵权责任。

二、不以特定人为描述对象，通常不构成对他人名誉权的侵害

《民法典》第1027条第2款规定：“行为人发表的文学、艺术作品不以特定人为描述对象，仅其中的情节与该特定人的情况相似的，不承担民事责任。”该款实际上针对的就是文学艺术作品中时常出现的“如有雷同，纯属巧合”的情形。该规则来自《最高人民法院关于审理名誉权案件若干问题的解答》。作出此种规定的原因在于，人格权编既要保护权利人的人格权，也要保护作者的创作自由，鼓励作者大胆创作文学、艺术作品。文学、艺术作品源于生活又高于生活。作品的艺术性就表现在作品中的人物往往并非现实生活中某个特定人的简单再现，而常常是作者经过加工、处理的虚构人物。作者必须对生活中的素材进行加工、整理、提炼，通过艺术虚构等方式，展现真善美，法律要鼓励作者大胆进行文学、艺术创造，就要有效协调人格权的保护与鼓励文学、创作之间的关

① 北京市第三中级人民法院（2017）京03民终98号民事判决书。

系。所以，在处理撰写、发表文学作品引起的名誉权纠纷案件时，要禁止自行“对号入座”。

《民法典》第1027条第2款规定与第1款的区别在于：第1款实际以特定人为描述对象，而第2款则是行为人发表的文学、艺术作品不以特定人为描述对象，在判断是否属于以特定人为描写对象时，必须确定原告与被告之间的相互关系。如果作者与某人完全不认识、不熟悉，没有共同生活的经历等，则没有以该人为描述对象的可能性。此时，即便作品的基本事实与该人之间存在一定的相同或相似，也不宜认定侵害名誉权。任何人提出对号入座，行为人对于其发表的文学、艺术作品不承担责任。

在判定文学、艺术作品侵犯名誉权的过程中，要区分不同的行为人适用不同的规则。如果受害人请求作品的作者承担责任，作者构成《民法典》第1027条中的“行为人”，只能适用《民法典》第1027条的规定承担责任，但如果受害人请求出版社承担责任，则也可以适用《民法典》第1028条的相关规定，通过对“等媒体”的解释，将出版社作为《民法典》第1028条中的责任人，从而请求采用更正、删除等必要措施，而不只限于承担赔偿责任。

（撰稿人：王利明）

第一千零二十八条　【名誉权人的更正权】

民事主体有证据证明报刊、网络等媒体报道的内容失实，侵害其名誉权的，有权请求该媒体及时采取更正或者删除等必要措施。

◆ 条文释义

一、因报道的内容失实侵害他人名誉权，应承担民事责任

该条规定仅在内容失实时，媒体才承担相应的责任，之所以将失实作为请求采取必要措施的要件，主要目的是鼓励新闻报道和舆论监督。报刊、网络等媒体报道满足该条构成侵权的，应当具备两个要件，即报道内容失实和报道内容构成

对名誉权的侵害。本条中受害人可以请求采取的必要措施，包括更正、删除和其他必要措施。

二、受害人有权请求该媒体及时采取更正或者删除等必要措施

在互联网和大数据时代，权利人享有的名誉、隐私、肖像、姓名等精神性人格权，很容易遭到他人的侵犯，且损害后果具有易扩散性和不可逆性，如果将人格权界定为纯粹消极防御性的权利，则只有在遭受侵害后，权利人才能主张救济，这显然不利于保护人格权，因为在许多情形下，即便相关行为尚不构成侵权，个人的人格权的实现也可能受到不当影响，此时，应当允许权利人积极行使人格权，以消除影响其人格权圆满实现状态的原因，防止损害的发生和扩大。从比较法上看，许多国家都在保护人格权中承认了回应权、更正权等权利。随着个人信息的收集、“黑名单”设置、信用记录的收集等现象的出现，信息失真、记载错误等情况，也给相关当事人的社会生活和经济交往活动带来了不良影响，出现此种情形后，应当允许权利人请求就相关失真和错误的信息进行删除、修改和补充。① 在行使该权利的情形下，即便行为人没有构成侵权，也应当强化对个人信息权利的保护，赋予受害人请求相关主体对信息进行删除、修改和补充等积极权能，而不能仅在构成侵权时才对受害人进行救济。上述这些对人格权予以保护的措施本身就是人格权积极权能的体现，人格权的所有这些多元化的保护方式已经大大突破了对人格权的简单消极防御方式，而施加给特殊行为主体以更为积极的行为义务，使得人格权主体对其人格权的保护更为主动、有效和全面。

在网络时代，应当更加重视对人格权的侵权行为的预防，因为与传统社会的信息传播方式不同，网络信息的传播具有即时性，而且网络的无边界性以及受众的无限性，也使得网络环境对信息的传播具有一种无限放大效应，网络信息一经发布，即可瞬间实现全球范围的传播，损害后果将被无限放大。尤其是在网络环境下，侵害人格权的损害后果往往具有不可逆性，损害一旦发生，即难以恢复原状，犹如覆水难收。这就需要更加重视对侵害人格权侵权行为的预防。为此，许多国家都采用了禁令、删除、屏蔽、断开链接等各种方式来保护网络侵权的受害人，以防止损害进一步扩大。

---

① 参见张钱：《个人征信侵权责任认定中存在的问题分析》，载《法律适用》2014 年第 3 期。

（一）更正权

所谓更正权，是指报刊、网络等媒体刊载的报道内容失实或有明显错误，侵害他人人格权益的，则受害人有权请求该媒体及时更正。从比较法上看，许多国家的新闻法，如法国、丹麦、芬兰、泰国以及塞内加尔等，都对更正与答辩权作出了规定。① 在德国法中，在人格权保护（尤其是名誉权的保护）的司法实践中，即大量采用了更正请求权（Berichtigungsanspruch）和撤回请求权（Widerrufsanspruch）。更正请求权和撤回请求权的请求权基础既可以是侵权损害赔偿意义上的恢复原状，也可以是类推适用《德国民法典》第1004条。② 与不作为请求权相同，更正请求权系非财产性请求权；与不作为请求权指向未来的不法行为不同，更正请求权指向的是在过去已经出现且还在持续的妨害。③

在我国，《出版管理条例》第27条规定："出版物的内容不真实或者不公正，致使公民、法人或者其他组织的合法权益受到侵害的，其出版单位应当公开更正，消除影响，并依法承担其他民事责任。报纸、期刊发表的作品内容不真实或者不公正，致使公民、法人或者其他组织的合法权益受到侵害的，当事人有权要求有关出版单位更正或者答辩，有关出版单位应当在其近期出版的报纸、期刊上予以发表；拒绝发表的，当事人可以向人民法院提起诉讼。"该条对更正与答辩权作出了规定。我国《民法典》人格权编对更正权作出规定，一方面可以为媒体报道提供行为指引，另一方面也可以为权利人主张权利提供更为具体的法律依据，更有利于权利人主张权利。此外，在规定更正权的情形下，权利人只需要证明相关报道不实即可，并不需要证明其已经遭受现实的损害，因此，与消除影响相比，更正权的确立能够将损害预防的时间提前，这也更有利于对损害的事先预防。

更正权的行使应当符合如下几个要件：

第一，有关报刊、网络等媒体刊载的报道内容失实或有明显错误。更正请求

---

① 参见《法国新闻自由法》第二章第二节，《丹麦新闻法》第9、10条，《芬兰新闻自由法》第25条，《泰国新闻法》第40-43条，《塞内加尔新闻刊物和记者职业法》第一篇第三章第三节。

② MüKoBGB/Rixecker, 7. Aufl. 2015, BGB § 12 Anh. Das Allgemeine Persönlichkeitsrecht, Rn. 255; Staudinger/Hager (2017), BGB § 823, Rn. C 271; Götting/Schertz/Seitz, Handbuch Persönlichkeitsrecht, C. H. Beck, 2008, § 49, Rn. 2.

③ Götting/Schertz/Seitz, Handbuch Persönlichkeitsrecht, C. H. Beck, 2008, § 49, Rn. 4 f.

权不仅适用于部分不实的事实陈述，也适用于误导他人引起他人对权利人错误印象的陈述。[①] 如果有关报刊、网络等媒体刊载的报道内容并未失实，没有发生明显错误，则即便对权利人不利，权利人也无权请求更正。例如，媒体报道某人的违法事实，则即便该报道对被报道人不利，被报道人也无权请求更正。再如，在媒体擅自披露他人隐私时，如果披露的内容是事实，则权利人无权主张媒体进行更正，[②] 而只能请求媒体承担侵害隐私权的侵权责任。因此，只有媒体报道内容失实或者明显错误，权利人才享有更正权，当然，更正权的行使并不要求权利人必须遭受了现实的损害，只要权利人能够证明报道内容失实或者存在明显错误，其就应当享有更正权。

更正请求权主要适用于事实陈述（Tatsachenbehauptungen），而不适用于价值判断或意见表达，也就是说，其适用于加害人作出了不实事实陈述的情形；权利人在行使更正权时，其应当举证证明行为人报道的内容失实或者存在明显错误。[③] 同时，在报道内容不全面的情形下，权利人甚至可以要求加害人（媒体）予以补充，从而发挥与更正相同的作用；如果媒体只是传播第三人的言论且并未亲自对言论进行审查，权利人可以要求媒体注明。[④]

第二，必须是因报道内容失实或有明显错误，侵害他人人格权益的。也就是说，权利人在主张更正时，其不仅要证明相关报道的内容失实，还要证明其因此遭受了名誉受损、隐私泄露等损害，或者有可能遭受损害。权利人行使更正请求权和撤回请求权必须符合比例原则，也就是说，行使更正请求权适合（geeignet）排除妨害，对于消除报道不实的不利影响而言，行使更正请求权应当是必要的（erforderlich）且是最适度的措施，而且，在权衡加害人和受害人的利益关系后，行使更正请求权和撤回请求权是可以期待的（zumutbar）。[⑤]

第三，更正必须是针对事实进行，而不是针对有关的评论进行。评论本身是

---

① Götting/Schertz/Seitz, Handbuch Persönlichkeitsrecht, C. H. Beck, 2008, § 49, Rn. 55.

② Staudinger/Hager (2017), BGB § 823, Rn. C 273.

③ Götting/Schertz/Seitz, Handbuch Persönlichkeitsrecht, C. H. Beck, 2008, § 49, Rn. 10 – 12; Rn. 81.

④ MüKoBGB/Rixecker, 7. Aufl. 2015, BGB § 12 Anh. Das Allgemeine Persönlichkeitsrecht, Rn. 264; Götting/Schertz/Seitz, Handbuch Persönlichkeitsrecht, C. H. Beck, 2008, § 49, Rn. 62, Rn. 65 f.

⑤ MüKoBGB/Rixecker, 7. Aufl. 2015, BGB § 12 Anh. Das Allgemeine Persönlichkeitsrecht, Rn. 259; Staudinger/Hager (2017), BGB § 823, Rn. C 277; Götting/Schertz/Seitz, Handbuch Persönlichkeitsrecht, C. H. Beck, 2008, § 49, Rn. 33 ff.

一种主观的评价，并不存在更正的问题，因此，更正权行使的对象应当是事实陈述，而非评价。当然，如果评论不当造成权利人社会评价降低的，则权利人有权以其名誉权遭受侵害为由向行为人提出请求。

第四，必须是请求刊载相关言论的报刊、网络等媒体予以更正①。对于未刊载相关不实报道的媒体，权利人无权请求其更正。当然，刊载相关不实信息的媒体既包括直接发布不实信息的媒体，也应当包括转载不实信息的媒体。

当然，在行使更正权的情形下，原则上不要求权利人证明其遭受了实际损害，或者即便要求其证明损害，也应当尽量减轻其损害的证明负担，其权利人只需要证明相关不实报道可能造成其损害即可，此种损害可能只是一种推定的损害。此外，权利人在行使更正权时，并不需要证明行为人具有过错。

在权利人提出更正请求后，相关媒体应当及时予以更正，如果相关媒体不予更正，则必须向权利人说明不予更正的理由，如果相关媒体没有正当理由拒绝更正，则权利人有权请求人民法院予以强制更正。同时，与回应权不同，更正权的行使不应当有时效限制，因为在不实报道的情形下，行为人侵害权利人人格权的侵害状态一直持续，② 权利人的更正权不应受到时效限制。也就是说，只要被报道人发现相关媒体刊载的信息不实，其就应当有权请求该媒体予以更正，以消除相关不利影响，该权利不应当受时效的限制。

（二）删除权

所谓删除权，是指行为人发布相关的侵权文字或信息具有侮辱、诽谤的内容的，受害人有权请求行为人删除相关的文字或信息。如果在网络上发表的，受害人有权请求通过删除使侵权信息的文字、图片、音频、视频等内容不再在网页上出现。比较法中，一些国家也确认了受害人所享有的删除权。例如，德国法中出现了补充和更正请求权（Der Anspruch auf Ergänzung und Richtigstellung），③ 补充、更正和删除旨在消除原有文义给大众带来的不良印象，或者请求加害人自己更正其信息。在有些情况下，即使言论并非直接针对受害人本人，而是采用影射等方

① 参见陈力丹：《更正与答辩——一个被忽视的国际公认的新闻职业规范》，载《国际新闻界》2003年第5期。

② Götting/Schertz/Seitz, Handbuch Persönlichkeitsrecht, C. H. Beck, 2008, § 49, Rn. 17.

③ MuekoBGB/ Rixecker, 7. Aufl. 2015, BGB § 12 Anh. Das Allgemeine Persönlichkeitsrecht Rn. 264.

式，受害人也可以请求加害人进行补充性的更正，以使言论更加客观真实。在言论传播到第三人的情况下，如果表意人本身没有足够明确地表达且未加以核实即加以传播，则权利人可以主张隔离相关言论（Anspruch auf Distanzierung），以停止该言论的传播。①《侵权责任法》第36条规定："网络用户利用网络服务实施侵权行为的，被侵权人有权通知网络服务提供者采取删除、屏蔽、断开链接等必要措施。"《最高人民法院关于审理利用信息网络侵害人身权益民事纠纷案件适用法律若干问题的规定》第6条规定："人民法院适用侵权责任法第三十六条第二款的规定，认定网络服务提供者采取的删除、屏蔽、断开链接等必要措施是否及时，应当根据网络服务的性质、有效通知的形式和准确程度，网络信息侵害权益的类型和程度等因素综合判断。"权利人更正权、删除权的行使并不需要证明行为人的行为构成侵权，也不要求权利人必须通过诉讼的方式向网络运营者提出更正、删除的请求。

《民法典》人格权编赋予受害人删除权，对于预防损害的发生，及时保护受害人的人格权不受侵害，十分必要。因为互联网上的侵权行为一旦发生，就是向全世界发布，可以无数次地下载，损害后果具有无限放大性，且任其蔓延，后果难以估量，因此，允许受害人及时请求删除，能够防止损害的进一步扩大。例如，在网上发布他人的裸照，如果不及时屏蔽或者删除，则可能瞬间实现全球范围的传播。如果涉及侮辱、诽谤言论，受害人可以要求网络发布者立即删除该言论，并可以请求行为人刊载有关更正信息，以消除影响。消除影响的主要功能在于消除已经给他人的社会声誉造成的不良影响，从而使受害人的名誉得到恢复。例如，通过网络侵犯他人的名誉权，可以通过通知网络运营商删除侵权言论的方式来消除影响；而通过口头方式侵害他人的名誉权，则可以通过向他人进行解释的方式来消除影响。

删除权的行使与更正权的行使一样，并不要求受害人已经遭受现实的损害，也不要求证明行为人是否具有过错，甚至受害人不需要证明行为人的行为是否已经构成侵权。例如，在"覃广豪诉桂平市郊区农村信用合作社名誉权侵权案"中，原告经查询，发现在中国人民银行征信中心系统中，被告提供给征信

① MuekoBGB/ Rixecker, 7. Aufl. 2015, BGB § 12 Anh. Das Allgemeine Persönlichkeitsrecht Rn. 265.

服务中心的个人信用数据库中信息不准确，导致其借款受阻。为此，原告要求被告将上述信息予以删除未果，遂向法院提起诉讼，法院认为，被告的行为已经侵害名誉权，并责令被告予以更正。① 由此可见，此种请求权在性质上应当属于人格权请求权的范畴，与侵权损害赔偿请求权相比较，对于受害人而言，举证负担更轻。

（三）其他必要措施

《民法典》第 1028 条使用了“等必要措施”的表述，这就意味着除了更正、删除措施外，还可以包括其他措施，具体包括哪些措施，将来可以通过司法解释予以进一步澄清。笔者认为，有必要将回应权包括其中。所谓回应权（right to reply）是指有关报刊、网络等媒体披露报道直接涉及他人名誉和其他人格权益，权利人认为其中的事实存在错误，可以请求该媒体及时免费刊载其澄清相关事实的回应。例如，某人在网上披露某明星通过签订“阴阳合同”的方式偷税漏税，该明星如果认为披露的事实有误，则其有权请求该网站刊载其回应的文章，以澄清事实。回应权最早源自法国，由法国 1881 年 7 月 29 日颁布的法律所规定，它一开始就被认为是一项人格权。《瑞士民法典》1983 年修改，在第 28g 条到第 28i 条专门规定了回应权。我国新闻出版署 1999 年颁布的《报刊刊载虚假、失实报道处理办法》规定：“报纸、期刊刊载虚假、失实报道和纪实作品，致使公民、法人或者其他组织的合法权益受到侵害的，当事人有权要求更正或者答辩，有关出版单位应当在其出版的报纸、期刊上予以发表；拒绝发表的，当事人可以向人民法院提起诉讼。”此处所说的“答辩”，就是指回应权。法律承认该权利的必要性在于，赋予受害人回应的权利就能够使其在发现相关事实失实后，能够迅速针对不实事实作出澄清，消除相关报道可能产生的不良后果。② 因此，回应权也可被视为消除影响的一种具体方式。在更正和回应的情况下，根本不需要确定有侵权的发生。也就是说，即使在没有确定发生侵权的情况下，如果出现了需要更正或者回应的情形，权利人也有权行使这些权利。这是为了维护名誉的完整性，防止不法侵害的发生和扩大等多重功能。《民法典》第 1028 条虽然没有明确规定回

① 广西壮族自治区贵港市中级人民法院（2008）贵民一终字第 37 号民事判决书。

② *Kerpen*, Das internationale Privatrecht der Persoenlichkeitsrechtsverletzungen, 2003, S. 134.

应权，但从该条规定来看，受害人“有权请求该媒体及时采取更正或者删除等必要措施”，笔者认为，回应权可以包括在“等”之中。

（撰稿人：王利明）

第一千零二十九条　【信用评价】

民事主体可以依法查询自己的信用评价；发现信用评价不当的，有权提出异议并请求采取更正、删除等必要措施。信用评价人应当及时核查，经核查属实的，应当及时采取必要措施。

◆ 条文释义

一、侵害涉及信用的名誉权的特殊性

所谓涉及信用的名誉权，是指民事主体享受并支配其信用及其利益的人格权，或者说是自然人、法人或者非法人组织对其所具有的经济活动及其能力的良好评价所享有的权利。《民法典》第 1024 条第 2 款规定：“名誉是对民事主体的品德、声望、才能、信用等的社会评价。”我国《民法典》人格权编将信用置于名誉之中，将信用利益作为名誉权予以保护，因此，并没有承认独立的涉及信用的名誉权。但《民法典》采用了两条（第 1029 条、第 1030 条）专门规定了信用利益的保护，也反映出信用利益具有一定的独立性。

应当看到，涉及信用的名誉权确实和名誉权有相似之处。一方面，信用本身可以表现为一种良好的名誉，它和名誉一样都是一种社会评价。损害他人信用也会损害对主体的社会评价，反过来说，损害名誉也必然会降低信用。布劳指出，“社区中的好名声是一种很高的信用，可以帮助一个人得到其他人得不到的利益”。好名声可帮助一个经济人减少交易成本，克服信息不足。[①] 另一方面，从保护的方式来看，侵害信用确实也可以适用恢复信用的方式，而恢复信用和恢复名

① ［美］彼德·布劳：《社会生活中的交换与权力》，孙非、张黎勤译，华夏出版社 1988 年版，第 299 页。

誉是十分类似的。尤其应当看到，虽然从司法实践来看，有的法院在判决中明确使用了“信用权”这一概念，但由于我国立法并未规定独立的信用权，因此，法院大多通过名誉权对信用利益进行保护。例如，在“覃广豪诉桂平市郊区农村信用合作社名誉权侵权案”中，原告经查询，发现在中国人民银行征信中心系统中，被告提供给征信服务中心的个人信用数据库中信息不准确，导致其借款受阻。为此，原告要求被告将上述信息予以删除未果，遂向法院提起诉讼，法院认为，被告的行为已经侵害名誉权，并责令被告予以更正。① 再如，在“徐金祥与江苏淮安农村商业银行股份有限公司等名誉权纠纷上诉案”中，江苏省高级人民法院就曾明确指出，“信用权属于名誉权范围，是民事主体就其所具有的经济能力在社会上获得相应依赖与评价所享有其保有和维护的人格权”。② 正是因为上述原因，我国人格权编并没有规定独立的信用权，而将其包括在名誉权中，也不无道理。

但是，应当看到，涉及信用的名誉权与名誉权确实存在一定的区别，主要表现在：

第一，两种权利的客体不完全相同。名誉权主要是社会公众对权利人人格的道德评价，涉及信用的名誉权则主要是对权利人经济能力的评价。王泽鉴教授指出，信用权和名誉权的区别在于前者系经济上的评价，后者为社会上的评价。③ 名誉是对民事主体的品格、才干、能力等的综合素质的社会评价，名誉权过于宽泛，包括权利人在道德、经济等各方面的社会评价，信用则是对民事主体的经济能力的社会评价，信用仅仅是指社会对于权利人履行交易的经济能力的评价。侵害信用，有时并不表现为对名誉利益的侵害，而只表现为公众对于权利人经济能力信赖的降低，④ 例如，指责某人支付能力较差，或经济上遇到严重困难，甚至散布某人贫穷的事实，尽管与事实不符，此时可能并不损害其名誉，但侵害了其涉及信用的名誉权。

第二，侵害涉及信用的名誉权与侵害名誉权的主体不同。由于信用是信用评

---

① 广西壮族自治区贵港市中级人民法院（2008）贵民一终字第37号民事判决书。

② 江苏省高级人民法院（2015）淮中民终字第01990号民事判决书。

③ 王泽鉴：《侵权行为法》（第1册），中国政法大学出版社2001年版，第125页。

④ 杨立新主编：《民商法理论争议问题——精神损害赔偿》，中国人民大学出版社2004年版，第384页。

价主体基于一定的规则给予权利人的信用评价，因此并非所有的主体都能够造成对于他人的信用评价失实。可见，侵害涉及信用的名誉权最为常见的主体是信用评价机构，即由于信用评价机构对于权利人的履约记录等信用信息不全面、不真实或者已经过时，在此基础上，对于信息主体的信用记录进行了错误的评价，均构成对权利人涉及信用的名誉权的侵害。另外，向他人提供错误信用信息的主体也可能承担侵害信用的侵权责任。例如，某商业银行基于过失错误地向人民银行上报了贷款客户的逾期还款记录，导致该客户的信用评价降低，此时，该商业银行虽然并未对该客户的信用进行评价，但是由于人民银行征信系统是依据其上报的还款记录进行的信用评价，对于因此导致的该客户涉及信用的名誉权遭受侵害，该商业银行同样应当承担侵权责任。可见，对于涉及信用的名誉权的侵害主要体现于信用评价人和提供信用信息的主体，而其他不能进入信用评价系统的主体，通常并无侵害他人涉及信用的名誉权的可能。但在侵害名誉权的情形下，任何主体都可能构成对于他人的名誉权的侵害。

第三，两者的侵害方式不同。侵害名誉权主要采取诽谤和侮辱方式，且要为第三人知道，并造成对受害人的社会评价的降低。而侵害涉及信用的名誉权的方式则主要体现为虚假陈述或者错误记载。此种错误，很可能给被记录者产生各种资格上的限制，如不能获得银行的贷款，无法预订高铁票、卧铺票和飞机票，无法报名参加旅游团等。在对名誉权的保护中，内容真实是不构成对名誉权的损害的，但在涉及信用的名誉权的保护中，有时非法披露他人的信用信息，导致他人信用评价降低，也可能构成侵权。恶意散布真实的消息可能侵犯涉及信用的名誉权，但未必侵犯名誉权。此外，侵害涉及信用的名誉权可能并没有为第三人所知道。例如，在“周某诉中国银行股份有限公司上海市分行名誉权纠纷案”① 中，被告某银行征信系统中的不良信用记录有误，该银行在多次向原告发出催款通知后，向人民法院提起诉讼，要求原告偿还信用卡欠款，为此发生争议。法院认定，被告在审核信用卡申请信息中确实存在一定的过错导致原告的信用报告存在不真实的记载。但是，被告所报送的欠款信息是源于原告名下信用卡的真实欠款记录，并非捏造，故不构成侵害原告名誉权的行为。同时，名誉权受损害的后果

---

① 《最高人民法院公报》2012 年第 9 期。

应当是造成原告的社会评价降低，但是，中国人民银行的征信系统是一个相对封闭的系统，原告的信用记录并未在不特定的人群中进行传播，不会造成其社会评价的降低。故法院未支持原告的主张。其实在该案中，原告的名誉可能并没有受到影响，但其涉及信用的名誉权确实受到了侵害。

第四，两者的救济方式不同。侵害自然人的名誉权往往导致精神损害，而侵害自然人涉及信用的名誉权，虽然也可能导致精神损害，但通常主要导致财产损失。涉及信用的名誉权本身不能用金钱衡量，信用评价机构对于涉及信用的名誉权主体的信用评价虽然有优劣之分，却不能通过一定的方法直接换算成一定的金钱价值。① 但是，一旦侵害涉及信用的名誉权，受害人遭受的损害往往体现为失去了从事交易或者获得贷款的机会等，这些均属于财产损害，在这一点上，侵害涉及信用的名誉权产生的损害结果与侵害名誉权等其他人格权具有明显的不同。另外，侵害涉及信用的名誉权与名誉权虽然都可以采用修复信用或者恢复名誉的方式予以救济，但两者的救济方式存在一定的区别，对名誉权的恢复主要采用消除影响、恢复名誉的方式予以修复，而对涉及信用的名誉权的修复则主要通过更正相关的信用信息记录的方式予以修复。除损害赔偿的责任方式外，涉及信用的名誉权人对于信用信息记载错误导致信用评价错误的，也可以行使更正、删除等人格权请求权。但在侵害名誉权的情形下，极少采用更正等救济方式。

此外，信用评价处于不断的变化之中，对涉及信用的名誉权侵权的判定必须依据特定的时间点进行。信用评价是评价人对于特定权利主体在特定时间内的信用信息进行的评价。据以进行信用评价的信用信息处于不断的变化之中，因此基于这些信息的信用评价也势必反映这些变化而作出相应的变更。伴随着权利人不断从事交易、履约或违约，其信用评价不断发生变化。对于既往的履约或违约记录等，根据信用评价机构的评价规则，也可能在到达一定的期限后，不再纳入评价体系。例如，《征信业管理条例》第 16 条第 1 款规定："征信机构对个人不良信息的保存期限，自不良行为或者事件终止之日起为 5 年；超过 5 年的，应当予以删除。"因此，为了应对信用信息和信用评价的不断变化，对于侵害涉及信用

---

① 参见李新天、朱琼娟：《论"个人信用权"——兼谈我国个人信用法制的构建》，载《中国法学》2003 年第 5 期。

的名誉权的判定首先必须明确判定的时间点，即判断造成损害的发生时间是否存在信用评价错误。没有造成损害的，应当通过更正、删除等手段进行救济。

二、民事主体可以依法查询自己的信用评价

《民法典》第1029条首先确认了民事主体享有对自己信用评价的查询权。所谓查询，是指信息主体有权查看其个人信用信息被收集后的状态以及被处理的情况，以了解信息处理者对信用信息的控制状态，确定其信用信息是否真实、准确、全面。民事主体可以依法查询自己的信用评价，这是涉及信用的名誉权的重要内容，自由保障该项权利的行使，才能全面保障涉及信用的名誉权的实现。目前相关征信服务机构已经建立了个人征信信息库，当事人有权查阅自己的信用信息，有关机构应当予以配合。《征信业管理条例》第17条规定："信息主体可以向征信机构查询自身信息。个人信息主体有权每年两次免费获取本人的信用报告。"这也是保护涉及信用的名誉权所必需的。

此处所说的民事主体既包括自然人，又包括了法人，自然人的信用评价主要是指基于自然人的信用信息收集而对其信用作出的评价，如中国人民银行征信系统中的个人征信记录。法人的信用评价则主要是一些机构通过对法人履约记录、资产状况等对法人的信用作出的信用评价，如一些单位对法人进行的评级等。上述信用评价均适用本条的规定。依据本条规定，只要信用评价发生不当，既可以请求采取更正、删除等手段，也可以直接向法院起诉要求承担民事责任。

《民法典》第1029条中的"依法查询"是指依据法律规定的程序进行的查询。不同的信用评价体系，受到不同的规范约束。例如，对中国人民银行征信系统的相关查询程序应该按照《征信业管理条例》的规则查询。《征信业管理条例》第18条第1款规定："向征信机构查询个人信息的，应当取得信息主体本人的书面同意并约定用途。但是，法律规定可以不经同意查询的除外。"该规则就是对查询规则的规定。

本条中使用了"信用评价不当"的表述。信用评价本身只是一种意见的表达，因而与事实不同，其往往不涉及正确与错误，而主要是存在不当的情形。信用评价不当主要包括以下几种类型：一是收集的信息没有及时更新，导致评价不准确；二是遗漏重要信息导致评价不当；三是缺乏事实根据的评价不当；四是算法歧视。由于算法往往建立于大量来自社会现实的数据材料分析的基础之上，这就导致算法并非一种完全价值中立的活动，算法总是隐含了价值判断，此时算法中的价值判断如果显著失去公平就造成了算法歧视。① 由于算法歧视的存在，根据这一算法进行的信用评价结果就是不当的。

三、发现信用评价不当的，有权提出异议并请求采取更正、删除等必要措施

信用评价是征信机构对信用状况的客观描述，所以信用评价很难说正确与错误之分，但有可能存在妥当与不当之分。如果评价的相关信用信息有误，有可能导致评价不当。在市场经济社会，征信制度、黑名单制度的建立都给个人信息的保护带来了挑战。各种名目繁多的评级、企业内部建立的黑名单制度，因信息失真导致评价不准确，不仅会导致对他人名誉、信用等的损害，也会影响他人正常的经营活动。因此，发现信用评价不当的，在法律上可以对其提供一定的救济。依据《民法典》第 1029 条，权利人有提出异议并请求采取更正、删除等必要措施的权利，以维护其信用利益。具体而言：

（一）提出异议权

如果权利人发现相关主体对其信用评价不实，或者虽然信用评价正确，但可能侵害其合法权益的，权利人即有权提出异议。《征信业管理条例》第 25 条第 1 款、第 2 款规定："信息主体认为征信机构采集、保存、提供的信息存在错误、遗漏的，有权向征信机构或者信息提供者提出异议，要求更正。征信机构或者信息提供者收到异议，应当按照国务院征信业监督管理部门的规定对相关信息作出存在异议的标注，自收到异议之日起 20 日内进行核查和处理，并将结果书面答复异议人。"

（二）请求更正权

民事主体发现信用评价不当或者侵害自己合法权益的，有权请求更正，《征信业管理条例》第 25 条第 3 款规定："经核查，确认相关信息确有错误、遗漏的，信息提供者、征信机构应当予以更正；确认不存在错误、遗漏的，应当取消异议标注；经核查仍不能确认的，对核查情况和异议内容应当予以记载。"信用

① 丁晓东：《算法与歧视——从美国教育平权案看算法伦理与法律解释》，载《中外法学》2017 年第 6 期。

记录实际上是大数据时代的产物，其通过互联网所支持的强大信息收集、传播和查阅功能，让那些背负不良信用记录的人随时随地都面临资格上的限制。即使是征信机构，在征信过程中发生征信错误，导致信息失真，权利人也有权要求更正、补充或修改，使其信用信息处于良好的状态。对于不正确、不完整的信用信息，当事人有权要求有关机构予以删除和更正。如果某人被列入“黑名单”后，已经改过自新，纠正了其失信的行为，则可请求相关机构将其从“黑名单”中移除，以维护其良好的信用状态。① 例如，在一则案例中，原告在深圳鹏元个人征信系统和中国人民银行个人征信系统中，被记录有 8 次逾期还贷的记录。该记录有误，导致原告向银行借款遭到拒绝，因此原告向法院起诉，请求消除该不良信用记录。② 由此可见，对信用信息的不真实记载或歪曲，不论该信息是否已经公开，都将构成对他人涉及信用的名誉权的侵害。

（三）请求删除权

对不当信用信息拒绝更正，以致对受害人造成不良影响。在个人信用信息记载不当的情形下，权利人有权请求行为人删除或者更正该信用信息，请求删除的原因主要在于：一是信息有误，如收集的信用信息不全面、不准确或者已经过时。二是信用评价有误，信用评价机构根据错误的信息，会作出不当的评价，对此应当予以删除。三是依据法律、法规所规定的原因删除。《征信业管理条例》第 16 条规定，征信机构对个人的不良信息的保存期限，自不良行为或者事件终止之日起为 5 年，超过 5 年的，应当予以删除。例如，在“马某诉中国农业银行股份有限公司郑州中原支行名誉权纠纷案”③ 中，原告马某于 2000 年向农业银行贷款 16 万元，2002 年其与农业银行间的债权债务纠纷经人民法院裁判，后在该案的执行过程中双方和解，马某已经清偿了全部债务，但农业银行在时隔 9 年之后，仍拒不协助马某删除因该债务所产生、形成的银行不良信息记录，导致原告难以借款。法院认为，依据《征信业管理条例》第 16 条的规定，农业银行对马某的该不良信息记录应当予以删除。被告的行为已经构成对原告名誉权的侵害，应当及时删除该信息。

---

① 参见张国栋：《信用修复让黑名单管理更有效》，载《北京晨报》2017 年 11 月 20 日，第 A23 版。

② 参见《深圳首宗个人信用权案开庭》，载《南方都市报》2007 年 4 月 10 日。

③ 河南省郑州市中级人民法院（2014）郑民二终字第 595 号民事判决书。

如果行为人拒绝更正，也构成对他人涉及信用的名誉权的侵害。例如，在“朱某与尉氏县农村信用合作联社名誉权纠纷案”中，原告因被告的过错在银行信用系统出现不良信用记录，在原告多次要求下，被告不予更正，给原告的生活和精神造成了严重影响，法院认为被告应承担相应的责任，被告应删除原告在银行系统中的不良信用记录。①

（四）其他措施

除上述救济方式外，权利人还可以采取其他如屏蔽、封锁等救济措施，只要相关措施有利于保护其信用利益，权利人即应当有权提出请求。在对信用信息进行错误记载或记载不全面、不客观的情形下，权利人有权要求征信机构予以删除、更正、补充。在收到权利人的通知以后，行为人应当在合理期限内采取措施，如果义务人不愿意进行相应的更正、删除、补充，法院就可以采取一定的措施予以强制执行，因此造成权利人损害的，权利人也有权请求行为人赔偿损失。

四、信用评价人应当及时核查和及时采取必要措施

信用评价人在收到权利人的请求权后，应及时核查，经核查属实的，应当及时采取必要措施。这就是说，针对特定的信用评价人所传播的不实的信用信息，权利人有权要求对这些不实信息进行删除、更正。在一定程度上，各种资格限制同样是向当事人施加的一种“不利后果”，这些不良信息的记载和公示，很可能给被记录者产生各种资格上的限制，如不能获得银行的贷款，无法预订高铁票、卧铺票和飞机票，无法报名参加旅游团等。由于征信信息是个人信用状况的集中体现，对信用记录进行错误记载或者擅自篡改、歪曲、隐瞒社会主体的信用信息，必将对社会主体的信用产生不良的影响。而且此类错误信息一旦公开，也将直接影响到对当事人经济能力，即信用状况的正确评价。②

信用评价人在征信过程中，如果发生征信错误，导致信息失真，权利人有权要求更正、补充或修改，使其信用信息处于良好的状态。对于不正确、不完整的信用信息，当事人有权要求有关机构予以删除和更正。中国人民银行发布的《个人信用信息基础数据库管理暂行办法》第 8 条规定：“征信服务中心应当建立完

① 参见河南省尉氏县人民法院（2013）尉民初字第 2649 号民事判决书。

② 参见王锐等：《完善我国个人信用征信体系的法学思考》，载《中国法学》2002 年第 4 期。

善的规章制度和采取先进的技术手段确保个人信用信息安全。”征信服务机构应该根据商业银行报送的信用数据进行整理、保存乃至更改，不得擅自改动原始数据和其他个人信用信息，对商业银行报送的个人信用信息进行客观整理、保存，商业银行发现其所报送的个人信用信息不准确时，应当及时报告征信服务中心，征信服务中心收到纠错报告应当立即进行更正。个人如果发现其信用信息记录有误，一旦提请更正，征信服务机构应当及时予以核实、更正。如果某人被列入“黑名单”后，已经改过自新，纠正了其失信的行为，则可请求相关机构将其从“黑名单”中移除，以维护其良好的信用状态。①

由于信用是社会经济评价与信赖，直接具有经济利益因素，因而侵害信用利益，一般会带来财产利益的损失，尤其对经营者而言，常常在其涉及信用的名誉权遭受侵害之后，会直接遭受财产损害。② 所以，在侵害涉及信用的名誉权的情况下，要注重运用财产损害赔偿的方式对受害人进行救济。例如，因为权利人的信用受损，导致银行拒绝贷款，使其蒙受财产损失，或者使其产品滞销。对此种财产损失应当予以赔偿。此外，赔偿受害人为调查其信用受损害的行为所支付的合理费用也应当纳入受害人财产损失的范围予以赔偿。当然，侵害自然人涉及信用的名誉权，也会对受害人造成精神痛苦，此时也就需要通过精神损害赔偿的方法加以救济。精神损害赔偿也应该作为侵害自然人涉及信用的名誉权的侵权责任方式。

（撰稿人：王利明）

第一千零三十条　【处理信用信息的法律适用】

民事主体与征信机构等信用信息处理者之间的关系，适用本编有关个人信息保护的规定和其他法律、行政法规的有关规定。

① 参见张国栋：《信用修复让黑名单管理更有效》，载《北京晨报》2017 年 11 月 20 日，第 A23 版。
② 参见杨立新主编：《民商法理论争议问题——精神损害赔偿》，中国人民大学出版社 2004 年版，第 385 页。

◆ 条文释义

一、区分信用信息处理关系与信用评价关系

信用虽然具有财产因素，体现了一定的经济利益，但整体上仍属于一种人格利益。它与名誉一样，与主体的人格有着不可分割的关系，因为，一方面，信用作为一种评价，反映了社会对某个主体的价值认同，并成为主体享有的一定的精神利益，对许多自然人而言，其以追求很高的社会评价为行为目标，自然人取得良好信用的目的有时不是纯粹基于经济利益的考虑，很多情况下是基于一种精神上的需要。另一方面，信用本身就是对主体人格的某一方面的评价，信用与人格不可分离。“人而无信，不知其可也。”信用与主体的人格的社会认同具有很大的关联性，信用有助于个人人格的发展和培育。所以，其本质上仍然属于精神利益的范畴。

征信行为本身实际涉及两种法律关系：

第一，信用信息处理关系。本条旨在将民事主体与处理个人信息的征信机构之间的关系与评价关系区别开来。在本条的适用中，首先要区分收集的信息是个人信息还是单位信息，对于单位信息的处理不适用本条的规定，其原因在于，单位信息不适用个人信息保护规则。其次要区分信用信息的处理方式，本条中的处理并不包括对信息的评价，而只是加工、保管等，如果针对基于收集的信息作出评价行为，则应当适用涉及信用的名誉权的规则，而不适用个人信息保护的规则。

第二，信用评价关系。在此需要区分基础信用信息与基于基础信息进行的评价，基础信息的错误应当适用个人信息保护的规则，但是基于基础信息进行的评价，应当属于信用权的范畴，适用信用评价规则。基础信息错误导致的评价错误，受害人既可以请求基础信息的更正，也可以以其信用利益遭受侵害为由向行为人提出请求。信用信息是信用评价的基础，通过算法将收集到的信息形成信用评价。信用信息主要是通过征信机构的处理后形成信用评价。但是信用信息不同于信用评价。信用信息仍属于个人信息，而信用评价则不再是个人信息，而属于涉及信用的名誉权的范畴。信用评价不仅限于征信评价，还包括了诸如淘宝网店的卖家信用评价等。收集的信用信息本身有错误的，可以适用个人信息的更正删除进行保护。而如果是信用评价的错误，则应适用涉及信用的名誉权进

行保护。

信用是一种客观的社会评价，即信用不是主体自身的、内在的评价和感觉，而是外部的社会评价。它是民事主体所具有的经济能力在社会上获得的相应信誉评价，也就是对特定主体的经济信赖的客观评价。① 正是因为对信用的评价是客观的，因而在确认是否侵害信用权时，必须考虑到社会对其信用能力的客观评价，不能仅仅依据权利人自身的估计来确定。信用的内容由多方面内容组成，信用一般不涉及对自然人政治态度、道德、技能、职业水平等方面的评价，而主要涉及对经济活动及其能力的良好评价。信用不仅仅是指对清偿能力的评价，还包括偿债能力、履约态度、诚实守信等方面。但在信用中，其核心内容是偿债能力、意愿以及所获得的信赖程度的社会评价，也就是说，不仅仅涉及其偿债能力的客观评价，还涉及对其是否愿意偿债的主观意愿的良好评价。

《民法典》第1030条区分了信用信息收集与信用信息评价，区分的主要原因在于：第一，二者是不同层面的问题。信用信息的收集是事实问题，主要关系到信用信息的真实性与全面性的问题；信用信息的评价是意见表达问题，其并不涉及真实与否，而只有妥当与否的问题。第二，信息收集主体与信用评价的主体不相同。信用评价主要是由信用评价机构作出的，而信用信息的收集主体则较为广泛，商业银行等金融机构均可能成为信用信息的收集者。目前我国的征信机构主要包括四类，一是政府部门所属的征信机构，如中国人民银行征信中心；二是中资征信公司，主要从事信用调查和风险管理等业务；三是外资征信公司；四是正在试点的个人征信机构。随着征信事业的发展，还可能出现其他征信机构，这些征信机构都应当受到本条规定的约束。第三，所适用的法律规定不同。信用信息的收集、处理与一般个人信息的收集、处理并无本质的区别，应当适用一般个人信息的保护的规定。征信机构作为信用收集者，在收集过程中如果违反法律规定，未经同意或违法收集了如宗教信仰、基因信息等敏感信息和生物识别信息等，应当适用《民法典》第1037条等的规定，请求信息处理者及时删除。但有关信用的评价实际涉及对民事主体的信用权的保护问题，应当置于信用权中规定。在评价结果不当是因为信息收集有误造成的时，就可能会产生竞合，此时既

① 参见吴汉东：《论信用权》，载《法学》2001年第3期。

可以适用《民法典》第1029条，请求评价人采取更正、删除等必要措施，又可以适用《民法典》第1037条，向信息处理者提出异议并要求更正。正是基于以上原因，立法者将信用信息的收集与评价进行了区分。

《民法典》第1029条实际上确认和保护民事主体的信用利益，其规定的是民事主体的信用维护权，即权利人有权维护自身的信用信息客观、完整、真实。与其他具体人格权不同的是，此种维护不是指受到侵害时的救济，而是涉及权利人对自己信用信息的积极维护。权利人有权依法查询自己的信用记录，如果发现相关主体关于自己信用记录的记载有误，则权利人有权提出异议，并有权请求相关主体采取更正、删除等措施。在权利人提出上述请求后，相关主体应当及时予以核查，发现信用记录记载不实的，应当及时予以更正。严格地说，恢复信用和恢复名誉具有很多相似性，但恢复信用主要是指恢复对其经济方面积极评价的状态，而恢复名誉则是指恢复社会公众对权利人的一般评价。从性质上说，信用维护权还是由个人对其信用信息的自主决定性所决定的。

二、民事主体与征信机构等信用信息处理者之间的关系，适用有关个人信息保护的规定

如前所述，征信机构依据其收集的信用信息进行评价，由于信用信息的收集、处理与一般个人信息的收集、处理并无本质的区别，应当适用一般个人信息保护的规定。具体而言：

一是个人信息的处理应当遵守“知情同意”规则。《网络安全法》第41条规定：“网络运营者收集、使用个人信息，应当遵循合法、正当、必要的原则，公开收集、使用规则，明示收集、使用信息的目的、方式和范围，并经被收集者同意。网络运营者不得收集与其提供的服务无关的个人信息，不得违反法律、行政法规的规定和双方的约定收集、使用个人信息，并应当依照法律、行政法规的规定和与用户的约定，处理其保存的个人信息。”《民法典》第1035条第1款规定：“处理自然人个人信息的，应当遵循合法、正当、必要原则，不得过度处理，并符合下列条件：（一）征得该自然人或者其监护人同意，但是法律、行政法规另有规定的除外；（二）公开处理信息的规则；（三）明示处理信息的目的、方式和范围；（四）不违反法律、行政法规的规定和双方的约定。”

二是将个人信息与他人共享必须取得信息权利人的同意。《民法典》第1038

条第 1 款规定："信息处理者不得泄露或者篡改其收集、存储的个人信息；未经自然人同意，不得向他人非法提供其个人信息，但是经过加工无法识别特定个人且不能复原的除外。"

三是法律禁止收集的个人信息，不得收集。《民法典》第 111 条规定："自然人的个人信息受法律保护。任何组织或者个人需要获取他人个人信息的，应当依法取得并确保信息安全，不得非法收集、使用、加工、传输他人个人信息，不得非法买卖、提供或者公开他人个人信息。"《征信业管理条例》第 14 条第 1 款规定："禁止征信机构采集个人的宗教信仰、基因、指纹、血型、疾病和病史信息以及法律、行政法规规定禁止采集的其他个人信息。"

四是不良消息的保管应当符合相关规定。《征信业管理条例》第 16 条规定："征信机构对个人不良信息的保存期限，自不良行为或者事件终止之日起为 5 年；超过 5 年的，应当予以删除。在不良信息保存期限内，信息主体可以对不良信息作出说明，征信机构应当予以记载。"

（撰稿人：王利明）

第一千零三十一条　【荣誉权】

民事主体享有荣誉权。任何组织或者个人不得非法剥夺他人的荣誉称号，不得诋毁、贬损他人的荣誉。

获得的荣誉称号应当记载而没有记载的，民事主体可以请求记载；获得的荣誉称号记载错误的，民事主体可以请求更正。

◆ 条文释义

一、荣誉权的概念和特征

所谓荣誉权，是指自然人、法人和非法人组织对自己所获得的以及可能获得的荣誉称号依法享有的不受他人非法侵害的权利。例如，在"刘某光与张某福等荣誉权纠纷上诉案"中，原告认为，被告在相应荣誉事实的记录文本中，并没有将原告的贡献及时反映在排名中，构成侵害其荣誉权，法院认为，对原告的排名顺位并不涉及损害原告荣誉。[①] 在实践中，非法剥夺他人的荣誉称号，非法阻止他人获得某项荣誉称号，或通过诽谤、虚假举报的方式使他人所能获得的荣誉最终被取消，都应当构成对他人荣誉权的侵害。

荣誉权主要具有如下特征：

第一，主体包括自然人、法人和非法人组织。从本条规定来看，其在规定荣誉权的主体时使用了“民事主体”这一表述，这表明，荣誉权的主体并不限于自然人，法人和非法人组织也可以享有荣誉权。例如，法人和非法人组织因对社会有特殊贡献，也可能被有关机关授予特定的荣誉，其也可以对该荣誉享有荣誉权。

第二，客体是荣誉。所谓荣誉，是指民事主体根据一定的程序或标准而由有关机关作出的一种积极、肯定的评价。荣誉通常具有如下几个特征：一是荣誉是一种积极的、肯定的评价。也就是说，荣誉本身带有一种褒奖的特点[②]，在这一点上，荣誉不同于隐私，隐私可能是积极的个人私密信息，也可能是消极的个人私密信息，而荣誉都是个人积极的、肯定的评价。二是荣誉的获得需要民事主体实施一定的行为，而不是与生俱来的。三是荣誉是依据一定的程序、标准所作出的评价。荣誉本质上是一种评价，即荣誉和名誉一样，都是社会对特定主体的一种评价，但与名誉不同，荣誉一般是有关组织和机构依据一定的程序给予特定人的评价。[③] 例如，每年一度评选“感动中国年度人物”时，就具有严格的评选程序。再如，“国家科学技术进步奖”，也都是按照一定的标准评选出来的。

第三，荣誉权是民事主体以自己的行为获得相关荣誉，荣誉是国家和社会组织等给予自然人或法人的一种特殊的美名或称号，荣誉的获得以主体实施了相关的行为为前提。例如，国家为了表彰自然人对保卫祖国和社会主义建设作出的突出贡献，授予其“战斗英雄”“劳动模范”称号，社会组织根据自然人某一方面的卓越成就，授予其“百花奖”等。荣誉的获得需要主体实施相关的行为，也正是因为这一原因，荣誉权并不是主体与生俱来的一项权利，其并不具有固有性，而且荣誉不是社会给予所有民事主体的评价，而是社会授予在各项社会活动中成绩卓越和有特殊贡献的民事主体的称号。

---

① 新疆生产建设兵团第一师中级人民法院（2015）兵一民终字第00041号民事判决书。

② 参见杨立新：《人格权法》，法律出版社2011年版，第566页。

③ 佟柔主编：《中国民法》，法律出版社1990年版，第489页。

第四，荣誉权本质上是民事主体对其良好评价所享有的权利。荣誉权是个人对其荣誉称号所享有的权利，需要个人积极地实施一定的行为才能获得。此外，荣誉包含“评价”与“奖励”的内涵，即通过奖励的方式对个人的一种评价。① 当然，荣誉虽然也表现为有关机关对相关主体的奖励，但奖励只是一种形式和手段，其本质上是有关机关对相关主体行为的一种积极、良好的评价。

二、荣誉权的性质

关于荣誉权的性质，有名誉权说、身份权说、特殊人格权说、非独立权利说等不同的观点。从比较法上看，有的国家立法也承认荣誉权为一项独立的民事权利。例如，《蒙古国民法典》第7条、《意大利刑法典》第585条至第595条、《加拿大魁北克省人权与自由宪章》第四节等，都将荣誉权规定为一项独立的民事权利。② 根据法国相关的判例，侵害他人的荣誉构成侵权，受害人有权请求损害赔偿，甚至可能提起刑事诉讼。③ 意大利区分了荣誉（onore）、礼节（decoro）和名誉（reputazione）。荣誉与一个人的总体的道德素质有关，礼节与其他素质有关，名誉与其在社会中的评价有关，三者都受侵权法的保护。④ 西班牙曾颁布了《西班牙对荣誉权、私生活权及个人肖像权的民事保护法》，其中专门对荣誉权作出了规定。由此可见，在比较法中，荣誉权已经成为一项独立的人格权。

笔者认为，由于荣誉权不是与生俱来的，而是以一定的社会关系为存在前提，因此，荣誉权具有一定的身份权的特点。但是，从我国立法来看，1986年《民法通则》就已经规定了独立的荣誉权，该法第102条规定：“公民、法人享有荣誉权，禁止非法剥夺公民、法人的荣誉称号。”该法对公民、法人的荣誉权作出了规定，实际上肯定了荣誉权属于独立的人格权。《民法总则》也继受了《民法通则》的立法经验，该法第110条再次确认了自然人、法人、非法人组织享有荣誉权。2017年，我国又颁行了《国家功勋荣誉表彰条例》等规范性文件，强化了对荣誉权的保护。因此，从立法层面看，荣誉权应当属于独立的人格权类型。

---

① 段先义：《关于集体荣誉权的法律思考》，载徐继敏主编：《法学探索》（第1卷），西南师范大学出版社2005年版，第324页。

② 马特、袁雪石：《人格权法教程》，中国人民大学出版社2007年版，第272页。

③ CA Paris 8 October 1985, D. 1986 I. R. 190, note Lindon.

④ ［德］冯·巴尔、［英］克莱夫主编：《欧洲私法的原则、定义与示范规则：欧洲示范民法典草案》（第5-7卷），法律出版社2014年版，第334页。

正是在总结我国立法和司法实践经验的基础上，我国《民法典》人格权编专门规定了荣誉权。荣誉权在性质上应当属于独立的人格权，主要理由在于：

第一，荣誉权形式上是个人对其荣誉称号所享有的权利，但实质上是个人对其积极的、肯定的社会评价所享有的权利。在这一点上，荣誉和名誉比较类似，都是主体对其积极社会评价所享有的权利，即使认为荣誉属于一种特殊的名誉，也并不影响荣誉权作为一项独立的人格权。

第二，侵害荣誉权可能造成权利人人格利益的损害，权利人有权主张精神损害赔偿。荣誉权是民事主体所享有的、任何人都不得非法侵害的一项人格利益，与名誉权类似，荣誉权也是个人对其积极、良好的社会评价所享有的人格权。在自然人荣誉权遭受侵害之后，权利人也应当有权请求行为人承担精神损害赔偿责任。

第三，与身份权不同，荣誉权具有对世性的特点。身份权是民事主体基于一定的伦理关系而享有的权利，具有相对性的特点，而荣誉权则是特定民事主体所享有的、任何人都不得非法侵害的权利，具有对世性的特点，显然不同于身份权。[①]

第四，荣誉权也具有一定程度的专属性，也就是说，自然人所享有的荣誉是不可转让给他人的，荣誉只能授予特定的主体，所以它是不能转让的。在这一点上，荣誉权也具有人格权的特点。

三、荣誉权不同于名誉权

荣誉权与名誉权具有密切联系，这主要表现在对荣誉权的侵害将会直接导致主体的名誉毁损。例如，无正当理由非法剥夺自然人的“劳动模范”和“先进工作者”等称号，或非法剥夺法人的“先进企业”称号等，将会影响到社会公众对该自然人和法人的社会评价。此种情况表明，行为人的行为直接侵害的仍然是荣誉权，只是因为对荣誉权的侵害附带产生了对名誉权侵害的后果，一般仍然应当按侵害荣誉权处理。在实践中，侵害名誉权也会导致对荣誉权的侵害，例如，对某种荣誉称号的授予正处于酝酿、评审和审批阶段，某人极有可能获得该项荣誉时，由于他人的诋毁、中伤影响了评审人员的正确判断，致使其未获得该项荣誉。此种情况是否构成对荣誉权的侵害呢？笔者认为，从现行法律来看，侵害荣

① 李丽峰、李岩：《人格权从传统走向现代：理论与实务双重视角》，中国法制出版社2007年版，第188页。

誉权仅限于非法剥夺自然人已经取得的荣誉称号，而不包括从事一定的行为影响荣誉称号的取得。故意诋毁、中伤他人以影响他人获取一定的荣誉称号，属于典型的侵害名誉权的行为，行为人应当承担侵害名誉权的责任。但荣誉权不同于名誉权，荣誉的获得、荣誉的保有、侵害荣誉权的方式以及荣誉权的救济方式等，均具有一定的特殊性，无法被名誉权所涵盖。二者的区别主要表现在：

第一，权利主体不同。名誉权是典型的人格权，民事主体均对其良好的社会评价享有名誉权。同时，名誉权是与生俱来的，具有强烈的固有性。而荣誉不是社会给予每个自然人或法人的评价，而是授予个人和组织在各项社会活动中成绩卓越和有特殊贡献的荣誉称号。荣誉权只能由那些在某一方面取得突出成绩和作出贡献并获得荣誉称号的主体所享有。因此，荣誉权不是主体所固有的、始终享有的，其需要主体实施一定的行为而获得。

第二，客体不同。荣誉权是对国家或社会组织授予某个主体的荣誉称号所享有的权利，是对主体在特定事件中的特定行为所作出的评价；而名誉权则是主体对其品行、能力等方面的良好社会评价所享有的权利。名誉是对人格价值的全面评价，是社会公众的评价，而不是某个行政机关和社会组织作出的评价；荣誉则是因国家机关或社会组织对某一主体在某方面的成绩或贡献作出评价，并授予该主体一定的荣誉称号之后所产生的。主体在某一方面作出一定的成绩和贡献，即使未取得一定的荣誉称号，也仍然可以获得良好的社会评价并享有良好的名誉。可见，荣誉不同于名誉，难以为名誉所涵盖。① 当然，名誉与荣誉称号也存在一定的联系，如获得某种荣誉称号，意味着主体在某一方面获得了良好的社会评价，而丧失某种荣誉称号，也会在一定程度上使其社会评价降低。从这个意义上讲，荣誉是一种特殊的名誉。②

第三，取得的方式不同。荣誉权是主体依据法律的规定，作出自己的劳动和贡献，并经国家机关或社会组织授予以后才能取得。例如，《人民调解法》第6条规定："国家鼓励和支持人民调解工作。县级以上地方人民政府对人民调解工作所需经费应当给予必要的支持和保障，对有突出贡献的人民调解委员会和人民

---

① 参见张新宝：《名誉权的法律保护》，中国政法大学出版社1997年版，第43页。

② 参见柯昌信：《审理荣誉权初探》，载《法学》1991年第2期。

调解员按照国家规定给予表彰奖励。”当调解委员会或调解员在工作中做出一定的成绩，各级人民政府可以根据一定的程序授予其荣誉称号。荣誉权必须是主体做出一定的行为和贡献以后，依规定的程序被授予荣誉称号方可取得。而名誉权则是法律规定每个主体所享有的权利，它是主体产生或成立时就享有的，不需要主体做出一定的行为即可取得的权利。

第四，就评价主体来说，荣誉权的评价主体是特定的机构，不包括个人。荣誉权是因国家机关或社会组织对某一主体在某方面的成绩或贡献作出评价，并授予该主体一定的荣誉称号之后所产生的。而名誉权的评价主体是社会一般人，而不是某个行政机关和社会组织作出的评价。

第五，消灭方式不同。名誉权是维护主体人格所必备的权利，一旦丧失，主体的独立人格也难以继续存在。荣誉权则不同，主体不享有荣誉权并不影响其主体资格的存在与否。法律规定禁止非法剥夺自然人和法人的荣誉称号，但如果主体的行为表明，其不应当继续享有某种荣誉称号，或在违背了有关授予其荣誉称号的规定时，有关行政机关和社会组织可以依法剥夺其荣誉称号。此种剥夺尽管导致主体对该项荣誉权的丧失，但并不否定该主体独立人格的存在。

正是因为荣誉权与名誉权之间存在区别，因此，立法上应当将荣誉权规定为独立的人格权，并设置相应的保护规则，而不宜简单适用名誉权的一般规则。

四、侵害荣誉权的行为及法律救济

从本条规定来看，侵害荣誉权的行为主要包括如下两种：

第一，非法剥夺他人荣誉称号。非法剥夺主要是指已经授予荣誉称号后，没有正当理由或未经正当程序就剥夺某人的荣誉称号的。例如，公示某人获得某荣誉称号后，没有正当理由，就剥夺该称号，或在荣誉称号公示后，没有合理原因，拒绝授予荣誉称号。但是，应该获评荣誉称号而未获评，则并不属于这一范围，因为这往往涉及某人是否应当获得某一荣誉称号的问题，很难适用名誉权的规则。

第二，诋毁、贬损他人荣誉。这主要是针对他人享有的荣誉进行诋毁、贬损。侵害名誉权和荣誉权，造成的后果实际上是名誉的毁损。正是由于这一原因，二者很难被截然分开，所以都被规定于第五章之中。在出现诋毁、贬损他人荣誉时，可能构成竞合，受害人既可以选择根据名誉权的保护规则进行救济，也可以选择使用荣誉权的保护规则进行救济。

本条第 2 款是关于人格权请求权的规定，荣誉权的请求权主要包括两方面内容：一是补充权，即对于应予记载而未予记载的荣誉，权利人有权请求补充记载。二是更正权，即对于记载错误的，例如荣誉内容的错误，荣誉等级、获得时间的错误等，权利人有权请求更正。在这两种情形下，并不要求行为构成侵权，也不考虑行为是否具有过错或造成了损害，因此应注意人格权请求权与侵权请求权的不同。

（撰稿人：王利明）

第六章 隐私权和个人信息保护

第一千零三十二条 【隐私权及隐私】

自然人享有隐私权。任何组织或者个人不得以刺探、侵扰、泄露、公开等方式侵害他人的隐私权。

隐私是自然人的私人生活安宁和不愿为他人知晓的私密空间、私密活动、私密信息。

◆ 条文释义

一、隐私权的概念与意义

隐私权（the right to privacy）是自然人享有的隐私不受侵害的权利。所谓隐私（Privacy），其内涵从这个词语本身就可以看出，所谓“隐”就是指不愿为他人所知悉或打扰的状态，而“私”就是指私人的事情，与他人权益、公共利益等无关。故此，简单地说，隐私就是自然人不愿意为他人知悉或侵扰的，仅与其私人相关而不涉及他人权益或公共利益的事情。从我国《民法典》第1032条第2款对隐私的界定——“自然人的私人生活安宁和不愿为他人知晓的私密空间、私密活动、私密信息”，即可看出其中的“安宁”和“不愿为他人知晓”体现了隐私中“隐”的特点，而“私人生活”“私密”的表述说明了与他人权益和公共利益无关。

法律对自然人的隐私权的保障体现了对自然人的个体性存在的尊重，因为“任何人都不仅有权以物质、精神和法律的形式存在，而且还有权利得到对其特殊的、个人的本性、外形、名誉和声誉的尊重”。① 所谓“文明，就是向拥有隐私权的社会不断迈进的进程。野蛮社会的一切都是公共的，靠部落的法则来治

① ［奥］曼弗雷德·诺瓦克：《〈公民权利和政治权利国际公约〉评注》（第二版），孙世彦、毕小青译，生活·读书·新知三联书店2008年版，第396页。

理。文明是将一个人从一群人中解放出来的过程”。[1] 最早系统论述隐私权价值并提出法律应当保护隐私权的是美国的两位律师——沃伦（Samuel D. Warren）与布兰代斯（Louis D. Brandeis）。二人在 1890 年 12 月 15 日出版的《哈佛法律评论》上发表了一篇名为《隐私权》（*the right to privacy*）的文章。在该文中，他们认为：“文明的前行使人们的生活日渐紧张且复杂，适时地远离世事纷扰，极有必要。随着文化修养的提高，人们对公共场合更为敏感，独处隐私之于人更是必不可少。但如今的新闻报刊和各类发明，侵害个人隐私，使人遭受精神上的痛苦与困扰，较之纯粹身体上的伤害，有过之而无不及。”[2] 在作者看来，任何情况下，每一个人都被赋予了决定自己所有的事情不公之于众的权利，都有不受他人干涉和打扰的权利，这就是隐私权。该权利的产生不是基于个人的财产权，而是基于不受侵犯的人格权。

显然，沃伦与布兰代斯是将隐私的价值建立在维护人性的尊严和促进个人人格的发展之上的，事实上，即便从社会或国家的角度来说，保护隐私也具有重要的意义。因为人们生活在一个需要对自己和对他人尽职尽责的社会中，在这个忙忙碌碌、纷纷扰扰的世界中，如果没有私人生活的安宁而无法安心地休息，没有私密的空间进行私密的活动，缺少那一块只保留给自己的内心世界，个人将很难履行他（她）的职责。无论是为了促进自决与自主的个人发展，还是促进有责任感的家庭成员和更为广泛的社区的发展，对隐私的保护都是非常重要的。[3]

正是由于隐私权的重要价值，世界各国的法律中对于自然人的隐私都加以保护。有些国家如美国、中国是通过创设隐私权来保护，而有些国家如德国是通过一般人格权加以保护。一些人权领域的重要国际公约也将隐私作为人权的一种类型加以保护，联合国的《世界人权宣言》第 12 条规定：“任何人的私生活、家庭、住宅和通信不得任意干涉，他的荣誉和名誉不得加以攻击。人人有权享受法律保护，以免受这种干涉或攻击。”联合国的《公民权利及政治权利国际公约》第 17 条规定：“任何人的私生活、家庭、住宅或通信不得加以任意或非法干涉，

① Ayn Rand, The Fountainhead, 1943. 转引自涂子沛：《大数据》，广西师范大学出版社 2013 年版，第 157 页。

② ［美］路易斯·D. 布兰代斯等：《隐私权》，宦盛奎译，北京大学出版社 2014 年版，第 6 页。

③ ［美］阿丽塔·L. 艾伦、理查德·C. 托克音顿：《美国隐私法：学说、判例与立法》，冯建妹、石宏等译，中国民主法制出版社 2019 年版，第 11 页。

他的名誉和声誉不得加以非法攻击。”《欧洲人权公约》第 8 条规定：“人人有权享有使自己的私人和家庭生活、家庭和通信得到尊重的权利。公共机构不得干预上述权利的行使，但是，依照法律规定的干预以及基于在民主社会中为了国家安全、公共安全或者国家的经济福利的利益考虑，为了防止混乱或者犯罪，为了保护健康或者道德，为了保护他人的权利与自由而有必要进行干预的，不受此限。”

如果说在 20 世纪，侵害隐私权的行为还只是偶然的、零散的，常见的只是针对某些受社会关注的知名人士的隐私进行侵害，如狗仔队对明星的跟踪偷拍、报纸报道对知名人士的隐私的披露等。然而，进入 21 世纪，情况就发生了巨大的改变。21 世纪是一个信息时代、大数据时代，高度发达的信息网络技术使得人们的一言一行都被这个大数据时代的信息记录系统记录下来，“这些系统，就单个而言，它们可能无关痛痒，甚至是很有用的、完全合理的。但一旦把它们通过自动化的技术整合连接起来，它们就会逐渐蚕食我们的个人自由”。[①] 比如，通过身份证信息这个主键，可以把人们的房地产信息、银行存款信息、股票基金账户信息、纳税信息、医疗信息、出行信息、住宿信息、社保信息等，全部连接起来，把一个人的生活全方位地展现出来，这对于隐私权的侵害将是前所未有的。因此，为了应对现代网络信息技术的发展而对隐私保护带来的更多的挑战，一方面，针对私密信息的保护，隐私权的内容不断充实，形成了所谓的“信息隐私权”的概念；另一方面，为应对自动化的大规模收集和处理个人信息的问题，有必要对自然人的个人信息加以保护。

二、我国法上的隐私保护

在我国法上，隐私的保护经历了三个阶段。第一个阶段是将隐私纳入名誉权中加以保护。这主要是当时的人们对于隐私并不了解，甚至将隐私混同于阴私，故此，认为披露隐私必然导致自然人的社会评价的下降，使其名誉受损。例如，《最高人民法院关于贯彻执行〈中华人民共和国民法通则〉若干问题的意见（试行）》第 140 条第 1 款规定：“以书面、口头等形式宣扬他人的隐私，或者捏造事实公然丑化他人人格，以及用侮辱、诽谤等方式损害他人名誉，造成一定影响的，应当认定为侵害公民名誉权的行为。”《最高人民法院关于审理名誉权案件若

---

① 美国隐私研究会，1977 年。转引自，涂子沛：《大数据》，广西师范大学出版社 2013 年版，第 159 页。

干问题的解释》规定：“对未经他人同意，擅自公布他人的隐私材料或以书面、口头形式宣扬他人隐私，致他人名誉受到损害的，按照侵害他人名誉权处理。”“描写真人真事的文学作品，对特定人进行侮辱、诽谤或者披露隐私损害其名誉的；或者虽未写明真实姓名和住址，但事实是以特定人或者特定人的特定事实为描写对象，文中有侮辱、诽谤或者披露隐私的内容，致其名誉受到损害的，应认定为侵害他人名誉权。”《最高人民法院关于审理名誉权案件若干问题的解答》规定：“医疗卫生单位的工作人员擅自公开患者患有淋病、梅毒、麻风病、爱滋病等病情，致使患者名誉受到损害的，应当认定为侵害患者名誉权。”

第二个阶段是将隐私作为一项独立的人格利益加以保护。随着法学研究的发展，人们逐渐认识到隐私不同于阴私，披露隐私并不必然会损害名誉，隐私是一种需要单独给予保护的人格利益。《最高人民法院关于确定民事侵权精神损害赔偿责任若干问题的解释》第 1 条第 2 款规定：“违反社会公共利益、社会公德侵害他人隐私或者其他人格利益，受害人以侵权为由向人民法院起诉请求赔偿精神损害的，人民法院应当依法予以受理。”

第三个阶段就是立法明确规定隐私权，将之作为一项独立的人格权。在民法典编纂之前，有三部法律明确规定了“隐私权”的概念，分别是：（1）《妇女权益保障法》第 42 条第 1 款规定：“妇女的名誉权、荣誉权、隐私权、肖像权等人格权受法律保护。”（2）《侵权责任法》第 2 条第 2 款规定：“本法所称民事权益，包括生命权、健康权、姓名权、名誉权、荣誉权、肖像权、隐私权、婚姻自主权、监护权、所有权、用益物权、担保物权、著作权、专利权、商标专用权、发现权、股权、继承权等人身、财产权益。”（3）《涉外民事关系法律适用法》第 46 条规定：“通过网络或者采用其他方式侵害姓名权、肖像权、名誉权、隐私权等人格权的，适用被侵权人经常居所地法律。”

我国民法典编纂时，不仅将隐私权明确规定为一种独立的人格权，而且还在人格权编中专章对隐私权的保护作出了规定。

三、隐私权的内容

（一）隐私的涵义与类型

隐私权保护的隐私究竟是指什么，在比较法上各有不同。在我国，理论界和实务界对于何为隐私，观点上基本一致，都认为隐私至少包括私生活安宁和私生活秘密。私生活安宁是指私人生活不受他人非法干扰，而私生活秘密是指私人信息不受他人非法的收集、刺探和公开。存在争议的只是，对于私生活空间，是否要有必要与私生活安宁和私生活秘密并列为隐私的一种类型。①

我国民法典编纂中，对于隐私的界定经历了一个变化过程。《民法典》人格权编草案第一次和第二次审议稿的第811条都将隐私界定为“本法所称隐私是具有私密性的私人空间、私人活动和私人信息等”。对此，学者认为不妥，因为隐私权所保护的隐私中，最重要的一类就是私人生活的安宁，而一审稿与二审稿对隐私的界定仅限于“私生活秘密”——私人空间、私人活动和私人信息都可以被私生活的秘密所涵盖，而遗漏了私生活的安宁。《民法典》第三次审议稿虽然有所修改，将隐私界定为“自然人不愿为他人知晓的私密空间、私密活动和私密信息等”，仍遗漏了私生活的安宁。在对《民法典》人格权编第三次审议稿进行审议和征求意见的过程中，有的常委委员、单位和专家学者提出，维护私人生活安宁、排除他人非法侵扰是隐私权的一项重要内容，建议在隐私的定义中增加这一内容。② 全国人大宪法和法律委员会经研究，建议采纳这一意见，故此，最终的《民法典》将隐私的定义修改为：隐私是自然人的私人生活安宁和不愿为他人知晓的私密空间、私密活动、私密信息。

综上所述，我国《民法典》中的隐私依然是遵循学说上的主流观点，即分为私人生活安宁和私生活秘密，无非将私生活秘密细化为了三类，即私密空间、私密活动以及私密信息。不仅如此，《民法典》第1033条在界定侵害隐私的行为类型时，也有意对应这四类隐私而作出了规定。

（二）隐私权主要内容就是排除他人的侵害

隐私权只是自然人享有的一种人格权，其保护的是自然人的隐私不受他人侵害的利益。因此，隐私权的主要权能就是排除他人侵害的权能，即消极权能。尽管隐私权人可以自行披露或公开自己的隐私，但是不存在将隐私许可他人使用或

---

① 王利明：《人格权法研究》（第三版），中国人民大学出版社2018年版，第550页；张新宝：《隐私权的法律保护》（第二版），群众出版社2014年版，第7页。

② 《全国人民代表大会宪法和法律委员会关于〈民法典各分编（草案）〉修改情况和〈中华人民共和国民法典（草案）〉编纂情况的汇报》。

公开的可能性，隐私权不能被商业化利用。① 故此，我国《民法典》没有如同姓名权、名称权、肖像权那样去界定隐私权的积极权能，而主要是对其消极权能作出了规定，即《民法典》第 1032 条第 1 款第 2 句规定："任何组织或者个人不得以刺探、侵扰、泄露、公开等方式侵害他人的隐私权"。由此可见，隐私权的内容就是指权利人有权排除任何组织或个人对隐私权的侵害，无论该侵害是采取何种方式（刺探、侵扰、泄露、公开等），也无论侵害的隐私是私人生活的安宁、私密信息、私密空间抑或其他隐私。

四、隐私权与其他权利

（一）隐私权与名誉权

如前所述，我国以往的司法实践中是通过名誉权来保护隐私的，这一点也说明了隐私权和名誉权既有联系也有区别。二者的相同与联系在于：首先，无论是名誉权还是隐私权，都不存在商业化利用的可能，因此也就不存在对名誉或隐私的合理使用而免责的可能。正因如此，《民法典》第 999 条在规定为实施新闻报道、舆论监督等行为可以合理使用的人格权客体时只列举了"姓名、名称、肖像、个人信息等"，不包括名誉和隐私。其次，公开他人的隐私，可能在既侵害他人隐私权的同时，又侵害他人的名誉权。例如，在"王某诉北京凌云互动信息技术有限公司名誉权、隐私权纠纷案"中，被告网站刊登的《从 24 楼跳下自杀的 MM 最后的日记》专题中披露了原告王某的婚姻不忠行为及姓名、工作单位等信息，由此引发了众多网民的批评性言论和不满情绪的蔓延和爆发。网民利用被披露的信息，开始在其他网站上使用"人肉搜索"的网络搜索方式，主动搜寻更多的关于王某的个人信息，甚至出现了众多网民到王某家上门骚扰的严重后果，使王某正常工作和生活秩序受到严重影响。法院认为，公民个人感情生活问题，包括男女关系问题，均属于其个人隐私范畴的一部分。被告网站披露王某婚姻不忠行为以及披露王某的姓名、工作单位名称、家庭住址等信息的行为，侵犯了王某的隐私权。同时，在被告披露王某的上述隐私内容后，引发了大量网民在众多互联网网站上持续发布大量信息，对王某的行为进行批评和谴责。当网民从发表

① 有观点认为，隐私权人也具有积极的权能，如隐私隐瞒权、隐私处分权和信息自主权。其中隐私处分权包括隐私公开权和隐私许可权。隐私许可权意味着隐私权人可以授权他人使用自己的隐私。参见张红：《人格权各论》，高等教育出版社 2015 年版，第 522 页。

谴责性言论逐渐发展到对王某进行密集的、长时间的、指名道姓的谩骂，甚至发生了上门张贴、刷写侮辱性标语等行为，故此可以认定对王某的影响已经从互联网上发展到了现实生活中，严重影响了王某的正常生活、使王某社会评价降低。被告披露王某隐私的行为也致使王某的名誉权受到侵害。[①] 正是由于隐私权与名誉权具有上述的密切联系，因此在司法实践很多案件中，原告往往同时起诉被告侵害了名誉权和隐私权。

但是，隐私权与名誉权作为两种类型的人格权，也存在非常明显的区别：

第一，权利主体不同。名誉权的权利主体既可以是自然人，也可以是法人、非法人组织。然而，隐私权人只是自然人，法人或非法人组织不享有隐私权。当然，法人或非法人组织也有某些不为公众所知悉的技术信息、经营信息，不过，这些信息在构成商业秘密时，可以通过《反不正当竞争法》给予保护。

第二，权利客体不同。名誉权保护的是名誉，是对权利主体的品德、声望、才能、信用等的社会评价。而隐私权保护的是隐私，即自然人的私人生活安宁和不愿为他人知晓的私密空间、私密活动、私密信息。法律保护隐私权的目的是“赋予权利主体对他人在何种程度上可以介入自己私生活的控制权，以及对自己是否向他人公开隐私以及公开范围的决定权”。[②] 故此，侵害他人隐私权并不必定会导致名誉权受损。有些甚至会使得隐私权人的社会评价提高，如未经许可就披露他人多年来资助失学儿童的信息，这种行为属于对他人私密信息的公开，构成侵害隐私权，却并未因此导致受害人的社会评价降低，反而有可能使其社会评价得以提高。

第三，权利内容不同。名誉权和隐私权的权能都属于消极权能，即排除他人侵害的权能。然而，名誉权要排除的是他人通过侮辱、诽谤等方式贬损名誉的侵害行为，侮辱、诽谤所宣扬或散布的内容要么是虚构、捏造的事实，要么是侮辱性言辞，并且这些侮辱、诽谤等行为必须是向第三人进行散布的，即为第三人所知悉，否则不构成侵害名誉权。但是，隐私权要排除的是他人以刺探、侵扰、泄露、公开等方式对隐私权进行的侵害。侵害隐私权的行为可能将所获得的他人的

---

① 北京市朝阳区人民法院（2008）朝民初字第29276号民事判决书。

② “孙伟国诉中国联合网络通信有限公司上海市分公司侵犯其隐私权案”，最高人民法院中国应用法学研究所编：《人民法院案例选》2010年第2辑，第5页。

隐私予以披露或公开宣扬，也可能只是为了满足自己的猎奇或其他心理而侵扰他人私生活安宁，或者窥视、拍摄他人的私密空间或私密活动。因此，侵害隐私权并不需要向第三人散布或公开。例如，司法实践中最常见的侵害隐私权的一类行为就是，安装摄像机拍摄他人的私密空间或私密活动。

第四，法律上的限制不同。在保护名誉权时，为了能够有效地维护言论自由，法律上通过区分新闻报道、舆论监督而影响他人名誉的行为与其他影响他人名誉的行为、公众人物与非公众人物、事实陈述与意见表达，来实现保护名誉权和维护言论自由的平衡。例如，在舆论监督的时候，尽管被告的相关新闻报道客观上确实影响了原告的名誉，但是，只要内容属实且没有侮辱性言辞，就不能认定侵害了名誉权。但是，对于隐私权而言，由于隐私本身就是自然人私生活或私密信息，与公众利益、舆论监督并无多大的关联，因此即便是新闻报道和舆论监督，也不能侵害他人的隐私权。也就是说，对隐私的保护要强于对名誉的保护。不仅民事主体不能以新闻报道、舆论监督为由披露他人的隐私，即便是国家公权力机关在从事行政行为、审判活动以及提供其他公共服务时也都必须严格保护隐私。对此，我国很多法律法规都有明确的规定。例如，《行政许可法》第 5 条第 2 款第 2 句规定："行政许可的实施和结果，除涉及国家秘密、商业秘密或者个人隐私的外，应当公开。"《刑事诉讼法》第 188 条第 1 款规定："人民法院审判第一审案件应当公开进行。但是有关国家秘密或者个人隐私的案件，不公开审理；涉及商业秘密的案件，当事人申请不公开审理的，可以不公开审理。"《反恐怖主义法》第 48 条第 1 款规定："反恐怖主义工作领导机构、有关部门和单位、个人应当对履行反恐怖主义工作职责、义务过程中知悉的国家秘密、商业秘密和个人隐私予以保密。"

第五，抗辩事由不同。侵害名誉权诉讼中，被告可以以内容真实作为抗辩事由。但是，在侵害隐私权的案件中，"被公开的事件的真实性不能成为抗辩事由"，法律"要救济或预防的并不是个人名誉上所受的伤害，而是对隐私权的侵犯"。① 侵害隐私权和侵害名誉权的一个重要区别就在于，侵害隐私权的行为中

① ［美］塞缪尔·D. 沃伦、路易斯·D. 布兰代斯：《论隐私权》，载徐爱国组织编译：《哈佛法律评论·侵权法学精粹》，法律出版社 2005 年版，第 28 页。

披露或宣扬的他人的隐私信息是真实的，如果是虚假的，就只是构成侵害名誉权。

第六，侵权责任承担方式不同。无论是侵害隐私权还是名誉权，如果给被侵权人造成损害，侵权人均应承担侵权赔偿责任。此外，侵害名誉权的民事责任承担方式，还包括停止侵害、排除妨碍、恢复名誉、消除影响以及赔礼道歉。这些侵权责任承担方式中，恢复名誉、消除影响不适用于侵害隐私权。因为隐私信息一旦被公开，就无法加以恢复。而且，对于侵害隐私权倘若适用消除影响、恢复名誉还会对受害人造成二次伤害。需要注意的是，“公民的隐私不因曾被公开过而当然认定他人可再向社会传播”，即便是已经为他人公开的被侵权人的隐私，如果行为人再次进行传播，也会构成侵害隐私权。①

（二）隐私权与著作权、作品载体所有权

隐私权与著作权、作品载体所有权属于三种不同类型的民事权利，隐私权属于人格权，著作权属于知识产权，而作品载体所有权属于物权。应当说，区分这三者是比较容易的。而它们最可能发生冲突的情形就是实践中发生的公开拍卖私人书信的案件。首先，私人书信显然不是公开的，信件的内容除了写信人知道，就只是给收信人看的。私人信件中的信息往往是写信人除允许收信人知悉外，不愿意公之于众的信息，是私密信息。未经写信人的同意，即便是收信人也不得将这些信息公之于众，否则就侵害了写信人的隐私权。其次，信件的内容本身也很可能是一件文学作品甚至是美术作品，因此创作该作品的写信人享有作品的著作权。最后，如果写信人是在信纸上写信的话，那么信件本身是物（信封与信纸），即动产，也有一个所有权的归属问题。通常情况下，如无特别约定或法律特别规定，应当认为信件这个载体的所有权归于收信人。因为写信人在给收信人写信时就将包括信封、信纸在内的这些有体物的所有权转移给了收件人，至少是赠予给了收信人。除非信中有“阅后退回”等明确的意思表示，例如国家领导人写的一些信件原件要收回存档，这时所有权就不归收件人了。上述三种权利的主体很可能不是同一人，因此就会发生权利的冲突问题。例如，在“中贸圣佳与杨季康等

① 参见“刘甲等诉江苏教育电视台转播含有隐私内容的新闻侵犯名誉权案”，最高人民法院中国应用法学研究所编：《人民法院案例选》（总第58辑），第103页以下。

著作权权属、侵权纠纷案”中，钱钟书与季康（笔名杨绛）的私人信件上就存在三种不同的民事权利，分别是隐私权、著作权与所有权。因钱先生已经去世，故此隐私权属于杨先生，而钱先生针对作品的著作权由杨先生继承，而钱先生的信件写给了被告李国强，李国强享有这批私人信件的所有权。现在李国强要行使所有权，委托中贸圣佳拍卖公司拍卖这些信件，而杨先生要求禁止拍卖这些信件，以免隐私权和著作权遭受侵害。①

笔者认为，在所有权、著作权与隐私权发生冲突时，必须确定权利位阶的高低。处于最优先保护地位和最高位阶的是隐私权，其次是著作权，最后才是所有权。这是因为，隐私权属于一项重要的人格权，是维护人的个性存在和人格尊严所必需的，应受到最优先的保护。而著作权中既有精神性权利也有财产性权利，精神性权利如发表权、署名权、保护作品完整权等旨在保护作者的人格利益，也应受到较为优先的保护，最后给予保护的是作为纯粹财产权而不涉及人格利益的所有权。此外，我国《民法典》第 132 条规定：“民事主体不得滥用民事权利损害国家利益、社会公共利益或者他人合法权益。”因此，私人信件的所有权人在行使其所有权时，不能侵害他人处于更高位阶的隐私权、著作权，否则就构成侵权行为，应当承担侵权责任。

五、隐私权的限制

隐私权属于人格权，应当受到保护。但是，隐私权的内容和行使依然要受到法律的规定和公序良俗的限制。也就是说，隐私权的权利内容和权利行使，不得违反法律、行政法规的强制性规定，不得违背公序良俗。最早提出隐私权概念的美国律师沃伦与布兰代斯认为，隐私权有四项限制性规则：其一，公共利益，即隐私权不能禁止公开涉及公共利益或普遍利益的事项。申言之，因受限制不宜公开的事务可以描述如下：它们关涉私人生活、习惯、行为以及个人关系，并且与他是否适合担任所寻求或被推荐担当的官职无法定联系，与他是否适合担任所寻求或被建议担当的任何公职或准公职无法定联系，与他在公职或准公职职责范围内的所作所为无法定联系或没有联系。其二，某些事项虽然具有私密性，但根据

---

① “中贸圣佳国际拍卖有限公司与杨季康等著作权权属、侵权纠纷案”，北京市高级人民法院（2014）高民终字第 1152 号民事判决书。

诽谤法，当一些条件使得公开传播的言论具有可免责性时，隐私权并不禁止其公开发表，如法院、立法机构及其委员会、市议会及其委员会等任何地方的公开发表行为都没有侵犯隐私权。其三，对口头传述的不足以引起特别损害的侵犯隐私权行为，法律也不会提供任何救济。其四，一个人将事实公开发表或同意发表。① 日本民法学者五十岚清教授认为，以下几种情形属于允许侵害隐私的情形，即本人的承诺，名人或公众人物的隐私范围应当受到相应的限制，基于公共事由如犯罪搜查等可以侵害隐私，基于艺术创作的自由可以限制隐私权等。②

我国《民法典》没有对隐私权的限制作出具体规定，学说上普遍认为隐私权应当受到法律和公序良俗的限制。学者认为，限制隐私权的具体事由包括：国家机关合法行使职权、公共利益和公共安全、公民行使知情权、正当行使舆论监督权、当事人的同意、公众人物等。③ 实践中，最高人民法院的司法解释也明确了一些隐私权的限制事由。依据《最高人民法院关于审理利用信息网络侵害人身权益民事纠纷案件适用法律若干问题的规定》第 12 条第 1 款，网络用户或者网络服务提供者利用网络公开自然人基因信息、病历资料、健康检查资料、犯罪记录、家庭住址、私人活动等个人隐私和其他个人信息，造成他人损害，被侵权人请求其承担侵权责任的，人民法院应予支持。但下列情形除外：（1）经自然人书面同意且在约定范围内公开；（2）为促进社会公共利益且在必要范围内；（3）学校、科研机构等基于公共利益为学术研究或者统计的目的，经自然人书面同意，且公开的方式不足以识别特定自然人；（4）自然人自行在网络上公开的信息或者其他已合法公开的个人信息；（5）以合法渠道获取的个人信息；（6）法律或者行政法规另有规定。该条第 2、3 款还规定，“网络用户或者网络服务提供者以违反社会公共利益、社会公德的方式公开前款第四项、第五项规定的个人信息，或者公开该信息侵害权利人值得保护的重大利益，权利人请求网络用户或者网络服务提供者承担侵权责任的，人民法院应予支持。国家机关行使职权公开个人信息的，不适用本条规定。”由于《最高人民法院关于审理利用信息网络侵害人身权

---

① ［美］路易斯·D. 布兰代斯等：《隐私权》，宦盛奎译，北京大学出版社 2014 年版，第 28－33 页。

② ［日］五十岚清：《人格权法》，［日］铃木贤、葛敏译，北京大学出版社 2009 年版，第 174 页以下。

③ 王利明：《人格权法研究》（第三版），中国人民大学出版社 2018 年版，第 603 页以下。

益民事纠纷案件适用法律若干问题的规定》第12条是对隐私和个人信息一并加以规定的，因此，有些免责事由并不适用于隐私，例如“以合法渠道获取的个人信息”。显然，即便是以合法渠道获取的隐私信息，没有经过隐私权人的同意，也不得在网络上加以公开。此外，取得隐私权人或监护人的同意，属于侵害隐私权的免责事由，不属于对隐私权的限制。故此，笔者认为，限制隐私权的情形主要就是两类：一是依据法律、行政法规的规定而对隐私权进行的限制；二是基于公共利益而对隐私权进行的限制。

（一）法律、行政法规的限制

所谓法律、行政法规的限制，是指依据法律、行政法规的明确规定，有关机关在依法履行职责时可以实施的客观上侵害自然人的隐私的情形。例如，依据《刑事诉讼法》第54条、《监察法》第18条，人民法院、人民检察院、公安机关、监察机关有权向有关单位和个人收集、调取证据。有关单位和个人应当如实提供证据。对涉及国家秘密、商业秘密、个人隐私的证据，应当保密。据此，法院、检察院、公安机关和监察机关在依法行使职权时，即便是那些涉及个人隐私的证据，如银行账户信息、不动产登记信息、病历资料信息、交易记录等，可以收集、调取。《刑事诉讼法》第136条规定，为了收集犯罪证据、查获犯罪人，侦查人员可以对犯罪嫌疑人以及可能隐藏罪犯或者犯罪证据的人的身体、物品、住处和其他有关的地方进行搜查。故此，公安机关的侦查人员依法搜查住宅、宾馆房间等私密空间，并不构成对隐私权的侵害。再如，依据《国家情报法》第15条和《反间谍法》第12条，国家情报工作机构根据工作需要，国家安全机关因侦察间谍行为的需要，按照国家有关规定，经过严格的批准手续，可以采取技术侦察措施。例如，国家安全机关采取窃听、偷录等技术侦察措施，也不构成侵害隐私权。

（二）基于公共利益的限制

所谓基于公共利益的限制，是指为了维护公共利益、公共安全而对自然人的隐私权进行的各种限制。《最高人民法院关于审理利用信息网络侵害人身权益民事纠纷案件适用法律若干问题的规定》第12条第1款第2项也明确规定，为促进社会公共利益且在必要范围内，网络用户或者网络服务提供者利用网络公开自然人的隐私，即便造成他人损害的，也不承担侵权责任。具体来说，基于公共利益而对隐私权的限制主要有以下几种情形：

1. 为了维护公共安全而对公共场所进行监控。这主要是指，目前依据我国的一些地方性法规关于公共安全视频图像信息系统的规定，在车站、码头、机场、学校、医院、商场等涉及公共安全、公共服务和管理的场所或者区域的重要出入口、主要通道或者要害部位，依法安装公共安全视频图像信息系统的情形。此种情形下，公共安全视频图像信息系统对自然人的活动进行了拍摄、录制，但不构成对隐私权的侵害。这并不是说，人们一旦出现在公共场所，就彻底失去了隐私权，① 可以随意被跟踪、拍摄、录制，而是因为：在公共场所安装设置视频图像信息系统并非为了对某个特定的自然人进行跟踪、录制、拍摄，而是出于维护公共安全，预防、制止和追查犯罪的必要，对人们在公共场所的整体性活动进行监控，虽然也涉及一个个自然人的隐私权，但出于更大的公共利益的考虑有必要对此作出限制。此种视频图像安全系统的设置、运行、维护和使用，都应当有严格的规范，例如，只能由有权机关依法在涉及公共安全的场所和部位安装设置，且对于通过公共安全视频图像信息系统采集的个人隐私不得泄露。至于那些涉及个人隐私的场所和部位，禁止安装公共安全视频图像信息系统，如旅馆客房、集体宿舍的房间内；公共浴室、更衣室、试衣间、哺乳室、卫生间；金融机构内可能泄露客户个人信息的操作部位；选举箱、投票点、举报箱附近可能观察到个人意愿表达的部位以及其他涉及个人隐私的场所和部位。②

2. 新闻报道与舆论监督。我国《民法典》第 1025 条在名誉权的保护中对新闻报道、舆论监督影响他人名誉作出了原则上不承担民事责任的规定，但是没有对于新闻报道、舆论监督侵害他人隐私作出此类规定。这主要是因为，立法机关考虑到，既然隐私是私人生活安宁和自然人不愿为他人知悉的私密空间、私密活动、私密信息，原则上就不涉及公共利益，即便涉及，也可以通过依法向有关部

---

① 美国著名侵权法学者 Prosser 教授曾认为：“在公共街道或其他公共场所，原告就没有独处权（right to be alone），别人仅仅只是跟随他，并不构成对其隐私的侵入。在这样的场所对其进行拍照也不构成对其隐私的侵害，因为拍照只是进行了一种记录，这种记录与对某人可能被他人自由地见到的在公共场所的形象的全面描写没有本质区别。” Willams L. Prosser, Privacy, 48 Cal. L. Rev. 383 (1960). 转引自张新宝：《隐私权的法律保护》（第二版），群众出版社 2004 年版，第 268 页。

② 参见《安徽省公共安全视频图像信息系统管理办法》第 8 条、《云南省公共安全视频图像信息系统管理规定》第 11 条。

门进行举报，而不应当直接予以公开或披露。实践中经常发生的将腐败官员不雅照或不雅视频在网络上加以公开的事件。这种事情虽然客观上确实起到了舆论监督作用，导致腐败官员被纪检监察部门依法查处，但也在一定程度上侵害事件中的其他人的隐私。例如，2012 年发生的原重庆市北培区区委书记雷政富不雅照和视频在网上被公开，该事件除了披露了雷政富的隐私，还涉及一位赵姓女子的隐私。故此，《民法典》没有在隐私权中规定新闻报道、舆论监督侵害他人隐私的，不承担民事责任。但是，这并不意味着也不存在需要进行新闻报道或舆论监督的必要，更不意味着在侵害隐私权的案件中，不需要考虑隐私权人是否属于公众人物以及所涉及的是否为公共事件的因素。因为，《民法典》第 998 条规定："认定行为人承担侵害除生命权、身体权和健康权外的人格权的民事责任，应当考虑行为人和受害人的职业、影响范围、过错程度，以及行为的目的、方式、后果等因素。"受害人的职业、行为的目的和方式等因素中就包含了公众人物、舆论监督等在内。从我国司法实践来看，有一些法院在侵害隐私权的案件中，考虑了受害人为公众人物及涉案报道公众关心的事件这些因素而认定相关新闻报道不构成侵害隐私权。例如，在 2007 年广州市中级人民法院判决的"杨丽娟案"中，《南方周末》发表的题为《你不会懂得我伤悲——杨丽娟事件观察》的文章，详细报道了当时社会关注的"杨丽娟追星事件"，其中披露了杨丽娟及父母杨勤冀、陶菊英各自的家庭背景；杨丽娟及母亲陶菊英的出生地、父亲杨勤冀工作地阿干镇的人文社会环境；杨丽娟父母的婚恋及杨丽娟与父母的关系；杨勤冀的弟弟杀母的精神病史；杨丽娟辍学的可能原因等诸多私生活秘密，杨丽娟以侵害其父杨勤冀的隐私权、名誉权为由提起诉讼。① 法院认为："杨丽娟追星事件被众多媒体争相报道，成为公众广泛关注的社会事件。杨丽娟及其父母多次主动联系、接受众多媒体采访，均属自愿型的公众人物，自然派生出公众知情权。南方周末报社发表涉讼文章的目的是揭示追星事件的成因，引导公众对追星事件有真实的了解和客观认识，自然涉及杨丽娟及其父母的社会背景、社会关系、成长经历，相关隐私是揭示追星事件悲剧性和反常态的关联要素。涉讼文章表面看确实涉及了杨勤冀的个人隐私，但这一隐私与社会公众关注的社会事件相联系时，自然成为公众

---

① 杨丽娟的父亲杨勤冀因女儿没能单独见上明星刘德华，于 2007 年 3 月 26 日跳海自尽。

利益的一部分。南方周末报社作为新闻媒体对这一社会关注的焦点进行调查，行使报道与舆论监督的权利，并未违反法律规定。因此，涉讼文章即使披露了杨勤冀的个人隐私，对于可能的轻微损害，杨丽娟应当予以容忍。”①

3. 社会公众的知情权。知情权，简单地说就是知道应当知道的事情的权利。广义的知情权包括公法上的知情权和私法上的知情权。公法上的知情权，是指人民有权知悉政府等公权力机关相关信息的权利。例如，依据《政府信息公开条例》第 27 条，公民、法人或者其他组织可以向地方各级人民政府、对外以自己名义履行行政管理职能的县级以上人民政府部门申请获取相关政府信息。《人民法院组织法》第 11 条规定：“人民法院应当接受人民群众监督，保障人民群众对人民法院工作依法享有知情权、参与权和监督权。”这些都是公法上的知情权。私法上的知情权，是指权利人依法针对特定的义务享有了解或知悉相应情况的权利。例如，《电子商务法》第 17 条规定：“电子商务经营者应当全面、真实、准确、及时地披露商品或者服务信息，保障消费者的知情权和选择权。电子商务经营者不得以虚构交易、编造用户评价等方式进行虚假或者引人误解的商业宣传，欺骗、误导消费者。”再如，《慈善法》第 31 条规定：“开展募捐活动，应当尊重和维护募捐对象的合法权益，保障募捐对象的知情权，不得通过虚构事实等方式欺骗、诱导募捐对象实施捐赠。”

由于私法上的知情权的内容本身需要知悉的也是与权利人相关的事项，故此，不存在隐私权与知情权的冲突问题。有的学者认为，夫妻之间基于忠诚义务而使得一方对另一方的信息享有知情权。② 笔者认为，夫妻之间并不存在这样的知情权。即便是夫妻，也各有其私生活的安宁和私生活的秘密，丈夫也好妻子也罢，均无权侵害对方的隐私。实践中一些地方曾出台规定，丈夫或妻子基于知情权，可以不经对方同意而查询对方的财产状况。例如，《广州市妇女权益保障规定》第 23 条第 1 款规定：“夫妻一方持身份证、户口本和结婚证等证明夫妻关系的有效证件，可以向工商行政管理部门、房地产行政管理部门、车辆管理部门等机构申请查询另一方的财产状况，有关行政管理部门或者单位应当受理，并且为

① 广东省广州市中级人民法院（2008）穗中法民一终字第 3871 号民事判决书。

② 张红：《人格权各论》，高等教育出版社 2015 年版，第 528 页以下。

其出具相应的书面材料。”笔者认为，这种规定不妥。除非是夫妻共有财产，否则丈夫或妻子在未经对方同意的情形下无权查询对方的财产状况，否则构成对对方隐私权的侵害。

实践中，对于隐私权的限制主要来自公法上的知情权，即社会公众依法要求相关公权力机关公开特定信息时，如何判断哪些属于自然人的隐私而不能公开，哪些不属于隐私而应当公开。而这种确定是否属于个人隐私的过程，实际上就是知情权与隐私权之间的一些边界的划定过程。《政府信息公开条例》第 15 条规定：“涉及商业秘密、个人隐私等公开会对第三方合法权益造成损害的政府信息，行政机关不得公开。但是，第三方同意公开或者行政机关认为不公开会对公共利益造成重大影响的，予以公开。”司法实践中，法院认为，政府信息公开中的个人隐私，应当根据公开后是否会对权利人的生产、生活造成不当影响加以判断，而不能将所有涉及个人的资料都纳入个人隐私的范畴。① 而且，依据《政府信息公开条例》第 15 条第 2 句的规定，即便是涉及个人隐私，但是如果不公开会对公共利益造成重大影响的，也应当予以公开。这实际上就是基于公共利益的考虑而对隐私权的限制。依据《最高人民法院关于审理政府信息公开行政案件若干问题的规定》第 5 条第 2 款的规定，因公共利益决定公开涉及商业秘密、个人隐私政府信息的，被告应当对认定公共利益以及不公开可能对公共利益造成重大影响的理由进行举证和说明。在一起案件中，原告依据《政府信息公开条例》要求被告房管局公开经济适用房、廉租房的分配信息并公开所有享受该住房住户的审查资料信息（包括户籍、家庭人均收入和家庭人均居住面积等），被告以这些信息涉及他人隐私为由拒绝公开。一审法院支持被告的观点，认为原告要求公开的政府信息包含享受保障性住房人的户籍、家庭人均收入、家庭人均住房面积等内容，此类信息涉及公民的个人隐私，不应予以公开，判决驳回原告的诉讼请求。二审法院则认为，虽然申请人申报的户籍、家庭人均收入、家庭人均住房面积等情况属于个人隐私，但这些信息属于申请人能否享受保障性住房的基本条件。只要申请经济适用房就必须向主管部门提供符合相应条件的个人信息，以接受审

---

① “俞霞金等诉宁波市鄞州区人民政府政府信息公开行政诉讼案”，浙江省宁波市中级人民法院（2009）浙甬行终字第 44 号行政判决书。

核。“当涉及公众利益的知情权和监督权与保障性住房申请人一定范围内的个人隐私相冲突时，应首先考量保障性住房的公共属性，使获得这一公共资源的公民让渡部分个人信息，既符合比例原则，又利于社会的监督和住房保障制度的良性发展。”因此，被告房管局以涉及个人隐私为由拒绝公开是违法的，二审判决被告自判决生效之日起15个工作日内对申请人的信息公开申请重新作出书面答复。①

（撰稿人：程啸）

第一千零三十三条 【侵害隐私权的行为】

除法律另有规定或者权利人明确同意外，任何组织或者个人不得实施下列行为：

（一）以电话、短信、即时通讯工具、电子邮件、传单等方式侵扰他人的私人生活安宁；

（二）进入、拍摄、窥视他人的住宅、宾馆房间等私密空间；

（三）拍摄、窥视、窃听、公开他人的私密活动；

（四）拍摄、窥视他人身体的私密部位；

（五）处理他人的私密信息；

（六）以其他方式侵害他人的隐私权。

◆ 条文释义

一、侵害隐私权的行为类型

要了解如何保护隐私权，就需要清楚侵害隐私权的行为有哪些类型。一般来说，理论上都是根据隐私的类型来对各种侵害隐私权的行为进行分类的。例如，美国著名侵权法学家 William Prosser 教授将侵害隐私权的行为分为四类：（1）侵

① 详见“杨政权诉山东省肥城市房产管理局案”，2014年9月13日最高人民法院公布全国法院政府信息公开十大案例之一。

入原告隐居或独处之处或侵入其私人事务（Intrusion upon the plaintiff's seclusion or solitude, or into his private affairs）；（2）公开披露原告的令人难堪的私密信息（Public disclosure of embarrassing private facts about the plaintiff）；（3）进行使原告被公众误解的宣传（Publicity which places the plaintiff in a false light in the public eye）；（4）为被告之利益而盗用原告的姓名或肖像（Appropriation, for the defendant's advantage, of the plaintiff's name or likeness）。[①] 日本学者五十岚清教授梳理日本的侵害隐私权的判例后，将侵害隐私权的形态也分为四类：（1）对私生活的侵入，包括窥视居所、侵入住宅以及私生活安宁受到侵害；（2）窃听、秘密录音；（3）公开私事，包括日记、信件的公开；犯罪信息尤其是前科的公开；夫妻生活的公开以及异性关系、性隐私的公开；医疗信息的公开；（4）个人信息的保护。[②] 我国学者王利明教授将侵害隐私权的行为分为：非法披露个人信息、侵害他人私生活安宁、非法侵入他人私人空间、对私人活动的非法干涉以及非法暴露或接触他人身体敏感部位五类。[③] 我国台湾地区著名法学家王泽鉴教授则将侵害隐私权的行为分为两类，即侵入类型与公开类型。侵入类型的侵害隐私权的行为主要是对他人私生活领域的侵害，如侵入他人住宅；录音、窃听、偷拍和监视；跟踪；以电话骚扰他人私生活以及强使他人接受资讯等。而公开类型的侵害隐私权的行为包括公开他人情书、日记、病历、薪资、自拍的性爱录像带等；公开窃听或偷录的他人电话等。[④]

我国《民法典》将侵害隐私权的行为进行了类型化列举，依据《民法典》第1033 条，侵害隐私权的行为被分为以下六类：（1）以电话、短信、即时通讯工具、电子邮件、传单等方式侵扰他人的私人生活安宁；（2）进入、拍摄、窥视他人的住宅、宾馆房间等私密空间；（3）拍摄、窥视、窃听、公开他人的私密活动；（4）拍摄、窥视他人身体的私密部位；（5）处理他人的私密信息；（6）以其他方式侵害他人的隐私权。从《民法典》第 1032 条第 2 款对隐私的界定来看，除了第六类侵害隐私权行为的规定属于兜底性规定外，其余五类都对应着不同类

---

① See William L. Prosser, Privacy, 48 Cal. L. Rev. 383 1960.

② ［日］五十岚清：《人格权法》，［日］铃木贤、葛敏译，北京大学出版社 2009 年版，第 161 页以下。

③ 王利明：《人格权法研究》（第三版），中国人民大学出版社 2018 年版，第 608 页以下。

④ 王泽鉴：《人格权法：法释义学、比较法、案例研究》，台北：作者印行 2012 年版，第 271 页以下。

型隐私实施的侵害行为。第一类行为侵害的是私人生活安宁，第二类至第五类都是对私生活秘密的侵害，而《民法典》将私生活秘密分为私密空间、私密活动和私密信息。具体而言，第二类行为侵害的是私密空间，第三类行为侵害了私密活动，而第五类行为侵害的是私密信息。唯独第四类行为“拍摄、窥视他人身体的私密部位”似乎无法对应《民法典》第 1032 条第 2 款列举的四种类型的隐私。实际上，私密部位也属于私生活秘密的范畴，故此《民法典》第 1032 条应当以私生活秘密作为列举在私密空间、私密活动和私密信息之后的兜底性规定。换言之，所谓侵害隐私权的行为，实际上就可以分为两大类，即侵害私生活安宁与侵害私生活秘密，其中侵害私生活秘密表现为四个具体的类型，即《民法典》第 1033 条第 2－5 项。当然，即便如此，《民法典》第 1033 条列举的五类典型的侵害隐私权的方式之间的划分也不是泾渭分明的，例如，进入他人的住宅也会构成对他人私人生活安宁的干扰，而拍摄他人的私密活动很多时候当然就包括拍摄他人的住宅以及他人在该住宅中的起居活动等。

（一）侵害私人生活安宁

私人生活，简称私生活，即与公共利益和他人权益无关的自然人个人的生活，包括家庭生活、感情生活、社交活动等。私人生活安宁，是指自然人私生活不受他人的侵害、打扰或妨碍。学者将私生活安宁分为三种类型：其一，日常生活安宁，如禁止非法跟踪、骚扰等行为；其二，住宅安宁，即个人的住宅不受他人打扰，不得无故敲门或在室外喧哗等；其三，通信安宁，即个人通信不受他人打扰，如不得发送骚扰短信或垃圾信息等。① 在现代网络信息社会，一些违法犯罪分子为了谋取非法利益，通过使用伪基站、恶意软件以及非法收集、购买个人信息等手段，大量群发各种垃圾短信、垃圾邮件、弹窗广告或自动拨打他人电话等，进行诈骗、广告推销等活动，给广大人民群众的私生活安宁造成了严重干扰。为了治理此种“信息骚扰”行为，《全国人民代表大会常务委员会关于加强网络信息保护的决定》第 7 条明确规定：“任何组织和个人未经电子信息接收者同意或者请求，或者电子信息接收者明确表示拒绝的，不得向其固定电话、移动电话或者个人电子邮箱发送商业性电子信息。”《消费者权益保护法》第 29 条第

① 王利明：《人格权法研究》（第三版），中国人民大学出版社 2018 年版，第 591 页。

3 款规定："经营者未经消费者同意或者请求，或者消费者明确表示拒绝的，不得向其发送商业性信息。"《通信短信息服务管理规定》第 18 条规定："短信息服务提供者、短信息内容提供者未经用户同意或者请求，不得向其发送商业性短信息。用户同意后又明确表示拒绝接收商业性短信息的，应当停止向其发送。短信息服务提供者、短信息内容提供者请求用户同意接收商业性短信息的，应当说明拟发送商业性短信息的类型、频次和期限等信息。用户未回复的，视为不同意接收。用户明确拒绝或者未回复的，不得再次向其发送内容相同或者相似的短信息。基础电信业务经营者对通过其电信网发送端口类商业性短信息的，应当保证有关用户已经同意或者请求接收有关短信息。"第 19 条规定："短信息服务提供者、短信息内容提供者用于发送业务管理和服务类短信息的端口，不得用于发送商业性短信息。"再如，原国家工商行政管理总局颁布的《互联网广告管理暂行办法》第 8 条规定："利用互联网发布、发送广告，不得影响用户正常使用网络。在互联网页面以弹出等形式发布的广告，应当显著标明关闭标志，确保一键关闭。不得以欺骗方式诱使用户点击广告内容。未经允许，不得在用户发送的电子邮件中附加广告或者广告链接。"

为了更好地预防和制止通过短信、电话、邮件等方式侵扰他人私生活安宁的行为，明确这些行为的民事责任，《民法典》第 1033 条第 1 项专门规定，除法律另有规定或者权利人明确同意外，任何组织或个人不得"以电话、短信、即时通讯工具、电子邮件、传单等方式侵扰他人的私人生活安宁"。如果从事了此种行为，则构成对他人隐私权的侵害，应当承担相应的民事责任。例如，在一个案件中，原告购车并在某保险公司上了车险，此后在原告车险即将到期需要重新上保险时，被告保险公司的员工不断致电原告。在原告因手机提示该号码为保险公司的推销电话而不予接听后，被告的员工又使用另外一个电话不断致电原告推销车辆保险并说出了原告的姓名等信息。显然，在这个案件中，原告的姓名、电话号码等个人信息被非法泄露，而被告这种不断通过电话骚扰原告、推销保险的行为，构成对原告隐私权的侵害。①

---

① 《罗某诉某保险公司隐私权纠纷案——侵害公民个人信息的赔偿责任》，载《人民司法·案例》2016 年第 29 期。

（二）侵害私密空间

所谓私密空间，是与公共场所或公共空间对应的，指仅供特定自然人出入或者生活、学习、工作的空间。自然人的住宅，无论是属于其所有的，还是其租住的房间，都属于住宅，是私密空间。然而，私密空间不限于住宅，还包括其他为特定自然人占有，仅供该自然人使用的特定空间，如个人使用的办公室、研究室，宾馆的房间，学生的宿舍等。然而，需要注意的是，即便人们不在自己的住宅或房间，而置身于公共场所、公共空间，也并非完全失去私密空间，没有隐私权可言。例如，在德国联邦宪法法院判决的“卡洛琳公主案”中，被告周刊杂志社未经同意而擅自拍摄摩洛哥公主卡洛琳与其伴侣在餐厅隐秘处用餐，在乡间散步、在牧场骑马、上街购物，以及其与未成年子女一起划船等情景。卡洛琳公主向法院起诉，要求被告周刊杂志社承担侵害一般人格权（私生活领域）及受艺术著作权法所保护的照片的侵权责任。该案涉及的一个问题是，摩洛哥公主置身于公共场所时，是否还存在需要保护的隐私。该案最终由联邦宪法法院作出判决，该判决认为，即便摩洛哥公主作为公众人物，也有值得受保护的私人领域，但是该地点必须具有隐蔽性的要件。当有人退避至一个地点的隐秘之处，客观上可看出其欲独处（不受干扰），且因他信任该处的隐蔽性，而做出了在广大公众前不会做的举止动作，那么擅自拍摄和公开发表照片，也构成不法侵害行为。也就是说，并非人们在公共场所就完全不存在私密空间，关键要看该地点是否具有隐蔽性，而隐蔽性的标准的确定，既要考虑到人格权的保护，即人们在住宅之外也想有一个可以放松的空间，不愿意受到他人的窥视和拍摄，同时又要避免因此对新闻自由构成不当限制。①

由于私密空间是自然人进行私人生活，如个人生活、家庭生活、社交活动的场所，因此有不愿为他人知晓的私生活秘密，故此保护私生活秘密的首要任务就是保护私密空间，禁止他人的侵害。首先，对于住宅的保护，我国《宪法》第39条明确规定：“中华人民共和国公民的住宅不受侵犯。禁止非法搜查或者非法侵入公民的住宅。”同时，《刑法》第245条也将非法侵入他人住宅的行为规定为犯罪行为。因此，非法侵入他人住宅的行为不仅属于侵害隐私权的行为，也会构成

---

① 王泽鉴：《人格权法：法释义学、比较法、案例研究》，台北：作者印行2012年版，第447页。

犯罪行为。例如，在“潘某甲诈骗、非法侵入住宅案”中，法院认为：“原审被告人潘某甲为泄私愤，非法强行闯入公民住宅，并砸毁公民财物，被损毁财物价值人民币4891元，其行为侵犯了公民的隐私权，已构成非法侵入住宅罪。”① 再如，在2003年发生的全国影响很大的“夫妻看黄碟案”中，住宅属于私密空间，夫妻在家中看黄碟完全属于私密活动，既不违法，也未侵害他人合法权益或损害公共利益，公安人员没有搜查证就侵入他人住宅，将人带走并处以罚款，显然是违法行政，侵害他人的隐私权。②

对私密空间的侵害行为不限于非法侵入住宅，还包括窥视、拍摄他人住宅等行为。在我国，一些人为了满足猎奇、谋取非法利益等目的，通过在他人住宿的宾馆房间等私密空间中安装针孔摄像头等设备偷拍他人的行为，时有发生。③ 在编纂民法典时，不少常委委员、专家学者和社会公众也提出，应当对在宾馆房间私装摄像头进行偷拍、侵害公民隐私权的行为作出有针对性的规定。④ 故此，我国《民法典》第1033条第2项专门规定，除法律另有规定或者权利人明确同意外，任何组织或者个人不得“进入、拍摄、窥视他人的住宅、宾馆房间等私密空间”。凡是实施了此种行为者，皆构成侵害隐私权。

对于宾馆的经营者而言，如果其没有采取有效的措施防止他人实施在宾馆房间安装摄像头等行为，而导致自然人的隐私权受到侵害的，也应当承担相应的侵权责任。例如，在“赫安宁与伊犁大酒店隐私权纠纷案”中，2016年8月12日凌晨，原告随南方航空公司的航班机组及空乘人员入住被告伊犁大酒店，原告入住1209房间。2016年8月12日中午，原告发现在其房间内空调排气管上有一针孔摄像头，遂告知机长，由机长将摄像头拆下，同时通知了伊犁大酒店。原告遂起诉被告侵害隐私权。法院认为：“公民合法的民事权益包括隐私权。权利人对他人在何种程度上可以介入自己的私生活、对自己的隐私是否向他人公开以及公开的人群范围和程度等具有决定权。伊犁大酒店由于对客房管理不善，对客房中

① 武汉市中级人民法院（2014）鄂武汉中刑终字第00863号刑事判决书。

② 张新宝教授从保护隐私权的角度对该案进行了精彩分析，参见张新宝：《从隐私权的民法保护看“黄碟案”》，载《法学家》2003年第3期。

③ 《郑州一酒店客房发现针孔摄像头，警方已介入调查》，载《新京报》2019年6月19日。

④ 《全国人民代表大会宪法和法律委员会关于〈民法典人格权编（草案）〉三审稿修改情况的汇报》。

存有针孔摄像头有过错，构成了对入住客人赫安宁隐私权的侵害。”①

（三）侵害私密活动

私密活动就是指自然人不愿意为他人知晓的活动，如夫妻的性生活、家庭的日常生活、与朋友的聚餐、家人及朋友之间的谈话等活动。实践中比较常见的侵害私密活动的行为，就是偷录、偷拍或设置监视器、安装摄像机对他人进行拍摄，甚至将由此获得的他人的谈话或活动加以公开散播等。我国《民法典》第1033条第3项规定，除法律另有规定或者权利人明确同意外，任何组织或个人不得“拍摄、窥视、窃听、公开他人的私密活动”。此种侵害他人私密活动的行为，无论出于何种目的（保护自己的财产安全、报复他人、获取证据、发现违法线索或满足个人窥视他人的癖好）等，均构成对他人隐私权的侵害。例如，在一起案件中，被告为了获得原告与他人非法同居的证据，以便离婚，邀请另一被告为其拍摄原告在家中的活动，结果将四名原告在洗澡间洗澡的情形拍摄下来，后被抓获。法院认为，二被告窥视、偷拍四原告在浴室内洗澡的行为，构成了对四名原告隐私权的侵害，给原告的精神和心理上造成了痛苦，应当承担侵权赔偿责任。②即便偷拍、偷录行为尚未对隐私权造成实际损害，但已经构成侵害的，受害人也有权要求停止侵害。在另一起案件中，两被告在其房屋的房门外上方及南阳台上方外墙处各安装了一个监控摄像头并连接至家中电脑。上述摄像头监控范围包括原告南阳台外侧、双方公用的北阳台以及楼梯走道。在两被告安装了上述监控摄像头后，原告随即提出异议，经居委会调解，两被告拒绝予以拆除，原告遂诉至法院。法院认为：“被告安装的监控摄像头，其监控范围属公共及公用区域，包括与原告日常生活有密切联系的公用部位，被告的上述行为足以侵害到原告的隐私权。被告通过上述监控摄像头所采集的信息系为个人所用，对公共利益无益，也不利于邻里之间的团结和睦。故本案原告作为最密切受侵者要求被告拆除涉案监控摄像头，符合事实及法律规定，予以支持。”③

即便是共同从事私密活动的当事人（如性生活、私密谈话等），如果一方没

---

① 新疆维吾尔自治区高级人民法院伊犁哈萨克自治州分院（2017）新40民终1360号民事判决书。

② “李平诉妻子陈荣平离婚期间偷拍捉奸侵犯婚内隐私权案”，四川省泸州市龙马潭区人民法院（2002）龙马民初字第1599号民事判决书。

③ “张某诉潘某等隐私权纠纷案”，上海市第一中级人民法院（2011）沪一中民一（民）终字第288号民事判决书。

有得到另一方同意而对该私密活动进行拍摄、录制或加以公开，也构成侵害隐私权。例如，在一个案件中，原告与被告二人并非夫妻，但发生了性关系。被告没有经过原告的同意，擅自将其与原告发生性关系的过程拍摄成视频，法院认为，该行为侵害了原告的隐私权，应当承担侵权责任。①

值得研究的一个问题是，对于当事人采取偷拍、偷录等非法手段获取的证据，能否采用？在刑事诉讼程序中，为了保护公民的人身自由和财产权利规定了非法证据排除规则，即“在刑事控诉中必须排除那些由警察以侵犯一个人的宪法权利的方法获取的并用以控诉该人的任何证据”。② 我国《刑事诉讼法》第 56 条明文规定：“采用刑讯逼供等非法方法收集的犯罪嫌疑人、被告人供述和采用暴力、威胁等非法方法收集的证人证言、被害人陈述，应当予以排除。收集物证、书证不符合法定程序，可能严重影响司法公正的，应当予以补正或者作出合理解释；不能补正或者作出合理解释的，对该证据应当予以排除。在侦查、审查起诉、审判时发现有应当排除的证据的，应当依法予以排除，不得作为起诉意见、起诉决定和判决的依据。”但是，在民事诉讼中，一些当事人因为收集证据十分困难，而采取了偷拍或偷录他人谈话的方式，获取了有关的证据并在诉讼中提交给法院。对此类证据能否被法院采用的问题，涉及隐私权与诉权的关系，值得讨论。

1995 年《最高人民法院关于未经对方当事人同意私自录制其谈话取得的资料不能作为证据使用的批复》（法复〔1995〕2 号）规定：“证据的取得必须合法，只有经过合法途径取得的证据才能作为定案的根据。未经过对方当事人同意私自录制其谈话，系不合法行为，以这种手续取得的录音资料，不能作为证据使用。”显然这一规定将任何没有得到对方同意的录音证据都排除在外，过于严厉。③ 为此，2001 年最高人民法院颁布的《关于民事诉讼证据的若干规定》有所改变，该规定第 68 条明文规定：“以侵害他人合法权益或者违反法律禁止性规定的方法取得的证据，不能作为认定案件事实的依据。”这就是说并非所有私自录制的谈话等未经对方同意而取得的证据都不能使用，只有那些“以侵害他人合法权益或

---

① “邢某等隐私权纠纷案”，北京市第二中级人民法院（2018）京 02 民终 9366 号民事判决书。

② John N. Ferdico，Criminal Procedure，West Publishing Co. 1989，p. 47. 转引自张建伟：《证据法要义》（第二版），北京大学出版社 2014 年版，第 139 页。

③ 李国光主编：《〈最高人民法院关于民事诉讼证据的若干规定〉的理解与适用》，中国法制出版社 2002 年版，第 443 页。

者违反法律禁止性规定的方法取得的证据”不能使用，应当说这一规定更为合理。但是，即便是这一规定仍有值得商榷之处。首先，民事诉讼毕竟不同于刑事诉讼。在刑事诉讼中，侦查、起诉的是代表强大国家公权力的公安机关和检察院，犯罪嫌疑人处于弱势地位。故此，为了防止警察和检察官滥用国家公权力，侵害人民的基本权利，为了更加有效地保护处于弱势的犯罪嫌疑人，有必要规定特别严格的非法证据排除规则。在民事诉讼中，原告与被告的诉讼地位平等，不存在动用国家公权力违法收集证据的问题。因此，对于侵害他人合法权益的证据一概排除，似乎范围过宽。

其次，在民事诉讼中不作任何限制地仅以是否侵害他人合法权益作为非法证据的排除标准，也不利于查明真相，解决民事纠纷，保护当事人的合法权益。在有些民事纠纷中，因被告极端狡诈、所从事违法行为具有高度的隐秘性，原告不得不采取一些侵害他人合法权益的方式取证。例如，在因一方出轨而诉请离婚的民事纠纷中，显然被告并不都会坦然承认自己的不忠行为，而原告要取得被告出轨的证据可能难以避免地会采取偷拍、偷录的方式。而这种方式当然侵害了被告的隐私权，如果仅仅以此为由拒绝接受原告的证据，如何能够维护原告的合法权益？我国民事诉讼法学者也认为，“法官在行使取舍非法证据的自由裁量权时，应当采取利益衡量的原则。也就是说，对于绝大多数‘非法证据’，虽然存在违法取证的行为，但是只要证据的可靠性并没有受到影响，法律并不绝对地规定这些证据是不可采纳的，法官也不能仅仅因为该证据在取得程序上不合法就拒绝采用，法律将这类证据采纳与否的决定权交给法官，法官在判断是否采纳某一非法证据时应综合考虑案件的性质、当事人取证的难易程度、该非法证据对于正确认定案件事实的重要程度以及非法取证行为给被取证方造成的损害等各种因素”。①事实上，司法实践中法院也并不动辄以侵害他人权益为由而否定以违法方式取得的证据能力。② 例如，最高人民法院的一个判决就明确指出：“鉴于侵犯计算机软件著作权的行为隐蔽性较强，调查取证难度较大，被侵权人通过公证方式取证，其目的并无不正当性，其行为并未损害社会公共利益和他人合法权益，同时

---

① 陈桂明、计格非：《民事诉讼证据合法性的重新解读》，载《国家检察官学院学报》2005 年第 2 期。

② 李浩教授《民事判决中的非法证据排除规则》（载《现代法学》2012 年第 2 期）一文对相关的案例有详细的阐述，可供参考。

该取证方式也有利于解决此类案件取证难度问题，有利于威慑和遏制侵权行为，有利于加强对知识产权的保护，故其公证取证方式应认定为合法有效，所获取的证据亦应作为认定案件事实的依据。”①

最后，从比较法上来看，绝大多数国家和地区不是一概地在民事诉讼中适用非法证据排除规则，将任何侵害他人权益取得的证据都不予以采用。在刑事诉讼中首创非法证据排除规则的美国，也没有在民事诉讼中建立非法证据排除规则。即便是德国、日本等承认民事诉讼中非法证据需要排除的国家或地区，法院也不是一概排除侵害他人权益方式取得的证据，而是在权衡各种利益和价值后进行个案判断。② 例如，日本法院在民事诉讼中以是否“重大违法”作为排除非法证据的标准。日本东京高等裁判所 1977 年 7 月 15 日的一则判决承认了私录录音带具有证据能力，该判决认为：采用明显反社会的方法收集证据，如用限制他人肉体上、精神上自由等侵犯人格权的方法，就必须否定其证据能力，但本案中的录音带不过是偷录案外人在酒席上的谈话，并未造成对他人人格的严重侵害。③ 再如，我国台湾地区法院的一则判决认为：“因侵害隐私权或其他不法方式取得的证据是否欠缺证据能力，乃诉讼权保障与隐私权保护的冲突与协调问题。在刑事诉讼程序中，因有强大国家司法体系，由检察官、法官代表国家行使追诉审判权，国家与被告显立于不公平位置，不法取得的证据，其证据能力应严格对待，以证据排除法则限制司法权的作为。但在民事诉讼程序中，对立之两造立于公平地位，于法院面前为权利的主张与防御，证据的取得与提出，并无不对等情事，较无前述因司法权的强大作用可能造成的弊端，因此证据能力的审查密度，应采取较宽松态度，非有重大不法情事，否则不应任意以证据能力欠缺为由，为证据排除法则的援用。隐私权及诉讼权均为宪法所保障的基本权，当两者发生冲突时，当援引‘宪法’第 23 条规定及司法院解释所阐述的比例原则作为审查基准。依社会现实情况，妨害他人婚姻的不法行为，常以隐秘方式为之，并因隐私权受保护之故，被害人举证极度不易。在此前提下，当不法行为人的隐私权与被害人之诉讼

① “北大方正公司、红楼研究所与高术天力公司、高术公司计算机软件著作权侵权纠纷案”，载《最高人民法院公报》2006 年第 11 期。

② 李浩：《民事诉讼非法证据的排除》，载《法学研究》2006 年第 3 期。

③ 王亚新：《对抗与判定》，清华大学出版社 2002 年版，第 182－183 页。

权发生冲突时，两者间应为一定程度的调整。以侵害隐私权的方式而取得的证据排除方面，即应视证据之取得是否符合比例原则加以决定。”①

2015 年 2 月 4 日起实施的《最高人民法院关于适用〈中华人民共和国民事诉讼法〉的解释》改变了以往的做法，该解释第 106 条规定：“对以严重侵害他人合法权益、违反法律禁止性规定或者严重违背公序良俗的方法形成或者获取的证据，不得作为认定案件事实的根据。”这就是说，即便当事人是通过侵害他人合法权益的方法形成或者获取的证据，只要不是严重侵害他人合法权益、违反法律禁止性规定或者严重违背公序良俗，人民法院可以作为认定案件事实的根据。所谓严重侵害他人合法权益的方法，主要是指侵权行为已经构成犯罪的情形，例如采取绑架、限制人身自由或者殴打他人等方式取得的证据。当然，这种行为不仅属于严重侵害他人合法权益的行为，同时也违反了法律的禁止性规定。

（四）侵害私密部位

自然人身体的私密部位属于所谓的身体隐私，即不愿对他人公开的身体的各个部位，尤其是性器官、有残疾的部位。② 故此，我国《民法典》第 1033 条第 4 项规定，未经权利人明确同意而拍摄、窥视他人身体的私密部位，构成侵害隐私权的行为。例如，在一个案件中，原告与其他四人至被告处进行消费。次日 0 时 32 分结账，但被告未收回原告的手牌，让原告继续在被告处休息，10 时 30 分左右原告又回到 L06 房洗澡，其在干蒸房里干蒸，听到外面有声音便走出。同时，被告单位的一位男性保安人员进入该房，与从干蒸房内出来的原告相遇，男性保安人员拿了手表和手牌对原告说“对不起”即离开。为此双方发生争执，原告拨打“110”报警，经警署调解未果，原告遂以侵害隐私权为由诉至法院。法院认为：“被告工作人员未仔细查清女宾房内的顾客情况，即让男性保安人员进入，造成侵害原告人格尊严的侵权事实，被告应承担相应的法律责任。”因为“人的身体属于个人隐私，他人未经认可，不得非法侵入私人领域、窥视他人身体。沐浴场所对不同性别的人来说属两个特定的领域，不得随意进入，尤其对女性而言，其领域更不得侵犯，其身体异性不能窥视。对女性身体的窥视会造成其精神

---

① 我国台湾地区高等法院 2005 年上易字第 243 号判决。

② 王利明：《人格权法研究》（第三版），中国人民大学出版社 2018 年版，第 593 页。

遭受痛苦。”① 即便经过权利人明确同意而拍摄他人身体的私密部位，如果没有经过权利人同意而将相关的照片公开的，也构成侵害隐私权，如将他人同意拍摄的裸体照片在网上发布的行为，以及未经同意将给裸模画的油画加以出版发行等。

（五）侵害私密信息

现代社会是信息社会，要维护自然人的私生活安宁和私生活秘密不受侵害，就必须保护自然人的私密信息不被随意收集、公开或者被滥用。现代隐私权的一项重要功能就是保护自然人的私密信息。② 自然人的私密信息的范围十分广泛，凡是自然人不愿意为他人知晓的信息，无论是婚姻信息、财产信息、健康信息、家庭住址、病历资料、犯罪记录、个人人生经历、嗜好、性取向、日记、私人信件以及其他个人不愿公开的信息等，都可以纳入私密信息。例如，《民法典》第1226条规定：“医疗机构及其医务人员应当对患者的隐私和个人信息保密。泄露患者的隐私和个人信息，或者未经患者同意公开其病历资料的，应当承担侵权责任。”《传染病防治法》第12条第1款第2句规定：“疾病预防控制机构、医疗机构不得泄露涉及个人隐私的有关信息、资料。”《精神卫生法》第4条第3款规定：“有关单位和个人应当对精神障碍患者的姓名、肖像、住址、工作单位、病历资料以及其他可能推断出其身份的信息予以保密；但是，依法履行职责需要公开的除外。”《艾滋病防治条例》第39条第2款规定：“未经本人或者其监护人同意，任何单位或者个人不得公开艾滋病病毒感染者、艾滋病病人及其家属的姓名、住址、工作单位、肖像、病史资料以及其他可能推断出其具体身份的信息。”私密信息的核心在于它是自然人不愿意为他人知晓的信息，且该信息也与公共利益等无关。至于信息的内容并非都是高尚的、道德所允许的，也包括那些道德谴责的、为人所不齿的内容。毕竟，法律上没有规定人们负有“不得自甘堕落”的义务。因此，只要不违背公序良俗，不违反法律的强制性规定，即便是不道德的、为人不齿的信息，也属于私密信息，例如，丈夫违背夫妻忠诚义务而发生婚

① “陶岚诉上海黄金海岸金玉兰俱乐部有限公司侵犯人格权案”，上海市卢湾区人民法院（2000）卢民初字第2525号民事判决书。

② 参见王泽鉴：《人格权法：法释义学、比较法、案例研究》，台北：作者印行2012年版，第245页以下。

外情的信息，也属于私密信息，受到隐私权的保护，他人不得随意侵扰或公开，否则，构成侵害隐私权。①

依据《民法典》第1033条第5项，未经权利人明确同意，任何组织或者个人不得处理他人的私密信息，否则就构成对隐私权的侵害。所谓处理私密信息，包括收集、存储、使用、加工、传输、提供、公开等（《民法典》第1035条第2款）。例如，2013年广东发生的“人肉搜索第一案”就是最典型的泄露他人隐私信息案件。该案被告蔡晓青因怀疑受害人徐某在其服装店试衣服时偷了一件衣服，于是便将徐某在该店的视频截图配上“穿花花绿绿衣服的是小偷，求人肉，经常带只博美小狗逛街，麻烦帮忙转发”的字幕后，上传到其新浪微博上。该条微博发出仅一个多小时，有人迅即展开人肉搜索，将徐某的姓名、所在学校、家庭住址和个人照片等私密信息全部曝光，同时这些信息也被蔡晓青用微博发出。一时间，在网络上对徐某的各种批评甚至辱骂开始蔓延，也引起了很多徐某同校同学和社会上很多人对她的非议。两日后，徐某跳河自杀。同日12时许，徐某的父亲向公安机关报案。2014年9月7日，广东省汕尾市中级人民法院维持一审判决，以侮辱罪判处被告人蔡晓青有期徒刑一年。② 再如，在学校组织的体检中，大学生王某被查出患有肝炎，辅导员得知告诉了全班同学，因受孤立和歧视，王某愤而自杀。③ 又如，原告因患“易性癖”而做了变性手术，被告经原告同意后采访了原告，被告未经同意将采访写成文章，并使用原告真实姓名且配上为原告所拍摄的照片在被告某杂志上发表。④

即便某人得知私密信息是经过权利人同意的（如权利人主动将该信息告知他），但是隐私权人并未让该人公开，如果该人将此信息予以公开，也构成侵害隐私权。例如，原告认为自己在某日晚值班时受到被告谢某的“调戏”，被人“敲门窗”，后将该信息向单位领导被告时某汇报，时某未经原告同意在召开全单

---

① “王菲诉张乐奕名誉权、隐私权纠纷案”，北京市朝阳区人民法院（2008）朝民初字第10930号民事判决书。

② 参见《广东人肉搜索第一案终审宣判》，载中国法院网，http://www.chinacourt.org/article/detail/2014/09/id/1433588.shtml。

③ 《大学女生因乙肝歧视烧炭自杀，家属指责校方》，载 http://news.sina.com.cn/s/2015-04-30/025931778181.shtml。

④ “李××诉郝冬白等以其真实姓名发表采访其隐私内容的文章侵犯名誉权案”，载最高人民法院中国应用法学研究所：《人民法院案例选》（总第31辑），人民法院出版社2000年版，第116页以下。

位职工大会时提及此事，显然侵害了原告的隐私权。①

二、侵害隐私权的法律责任

（一）实施了侵害他人隐私权的行为

行为人只有实施了侵害他人隐私权的行为，才可能需要承担侵害隐私权的民事责任。所谓侵害他人隐私权的行为应当符合两个要件：其一，该行为未得到隐私权人或其监护人同意；其二，该行为侵害了隐私。

1. 未得到隐私权人或其监护人的同意

所谓隐私，就是自然人的私生活安宁和不愿为他人知悉的私生活秘密。故此，只有当法律没有规定且行为人没有取得隐私权人或者其监护人同意，而侵扰他人住宅等私密空间或者侵害他人私生活秘密，才构成侵害隐私权。如果行为人取得隐私权人或者其监护人同意，如受邀进入住宅、隐私权人允许行为人收集、处理私密信息等，则此种同意阻却了行为的违法性，该行为不构成侵害隐私权的行为。例如，在“钱栋鑫与乌鲁木齐电视台人格权纠纷案”中，原告钱栋鑫主动打电话联系被告电视台寻求帮助，希望电视台能帮其要回交通事故的赔偿款。后被告电视台在原告同意的情况下对其进行了采访，并帮助原告拿到赔偿款。电视台将原告求助的事件及帮助原告拿到赔偿款的过程拍摄成节目进行了播放，节目的全过程均未使用原告的全名，而是用“钱先生”来称呼钱栋鑫。原告在整个拍摄过程中均戴着墨镜，并在拍摄过程中出示了自己的残疾证。后原告以被告电视台播放其追讨赔偿款的事情及金额，并播出了其残疾证、X光片等为由，向法院起诉被告侵害了其名誉权、姓名权、肖像权和财产隐私权。法院认为：“本案中，钱栋鑫主动向采访记者出示残疾证，并在采访中多次明示其残疾人的身份，且未明确告知电视台不得公开透露赔偿案款金额等内容。钱栋鑫明知采访内容会公开播放，而且对采访活动积极配合，并未拒绝，视为其对上述信息的公开表示同意，故电视台并不存在擅自宣扬他人隐私的行为。”②

正因如此，我国《民法典》第1033条在列举侵害隐私的六类行为时，都有一个前提就是“除法律另有规定或者权利人明确同意外”。此外，由于隐私中的

---

① “姜凤兰诉时峰等侵犯隐私权纠纷案”，江苏省南通市中级人民法院（2002）通中民一终字第1470号民事判决书。

② 新疆乌鲁木齐市中级人民法院（2015）乌中民一终字第226号民事判决书。

私密信息本身也属于个人信息，适用个人信息收集和处理的规则，《民法典》第1036条对侵害个人信息的免责事由的规定中，第1项就是“在该自然人或者其监护人同意的范围内合理实施的行为”。由此可见，即便行为人取得了权利人或者其监护人的同意，其行为也不得超越同意和合理的范围。例如，被告得知原告进行变性手术，请求对原告进行采访，原告表示了同意，但是明确要求其不得公开报道或者在报道时必须匿名，而被告仍然实名报道了原告进行变性手术的事情，显然该行为超越了隐私权人同意的范围，依然构成对原告隐私权的侵害。至于是否得到隐私权人或其监护人的同意，应当由被告负举证责任。

2. 该行为侵害了隐私

前文已经对我国法上的隐私的涵义及其类型进行了论述，我国《民法典》第1033条也对侵害他人隐私权的各类行为作了全面的列举。侵害隐私权和侵害名誉权的一个很重要的区别就是，侵害隐私是指未经权利人同意而侵扰权利人的私生活安宁或知悉权利人不愿为他人知悉的私生活秘密，至于侵害行为人是否进一步将通过非法侵害行为而获得的隐私信息，加以散布或公开，不影响侵害隐私权的侵权责任的成立，只是对于侵权责任的承担有影响，如因为散布、公开而给受害人造成了严重的精神痛苦的甚至健康权受损的，需要承担相应的侵权赔偿责任。但是，侵害名誉权则必须是使第三人知悉行为人诽谤、侮辱等贬损他人名誉的行为，由此才能造成受害人的社会评价降低，即名誉受损，否则不构成侵害名誉权。我国司法实践中，一些法院对此似乎存在误解，认为侵害隐私也必须存在向第三人披露或公开的行为，否则就没有侵害隐私权，此种观点显然是错误的。①

（二）侵害隐私权给他人造成了损害

隐私权属于人格权，权利人享有停止侵害、排除妨碍、消除危险等人格权请求权，就这些请求权的行使而言，不以损害和过错为要件，故此，在隐私权人认为隐私权存在遭受侵害的危险时，即可以行使人格权请求权。但是，若要求行为

---

① 在“张某等与俞某等隐私权纠纷上诉案”中，法院认为：“本案中俞某未经张某的同意和授权，擅自以张某的名义到第一医院获取张某的CT报告单，该行为存在过错。但俞某在拿到该CT报告后，并没有向不特定的人群传播，且于当天将报告单还回了第一医院，没有给张某的隐私权造成损害。”浙江省杭州市中级人民法院（2017）浙01民终3053号民事判决书。

人承担侵害隐私权的赔偿责任，则受害人需要证明因行为人侵害隐私权的行为而给自己造成了损害，这种损害包括精神痛苦或者因隐私权遭受侵害而导致的身心健康的损害。

（三）行为人主观上存在过错

侵害隐私权的侵权赔偿责任适用的是过错责任原则，故此，行为人主观上须具有过错，即故意或者过失。但是，就隐私权人行使人格权请求权而言，则不需要行为人具有过错，即便行为人没有过错，隐私权人也可以要求停止侵害、消除危险等。例如，在一起隐私权纠纷案中，原告尉某的房屋建造在先且均系一层的平房，厢房房门及窗户均朝向东边。被告段某的房屋则建造在后，系四层半公寓式建筑，每间公寓在不同方向建有窗户两个，其中与原告相邻一方的每间公寓均建有窗户一个，朝向原告院落的窗户封有部分白色彩钢膜。原告认为，被告房屋朝向原告院落的窗户可清晰看见原告及家庭成员的生活作息，侵害了其隐私权。此种情形，无论被告有无过错，原告均可要求其停止侵害、消除危险。故此，法院判决被告段某于本判决生效之日起十日内将其房屋朝向原告尉某院落的窗户予以封堵。①

（四）侵害隐私权的抗辩事由

在隐私权侵权纠纷中，被告除了可以提出各种隐私权的限制、权利人已经同意等作为抗辩事由外，还可以提出的一项重要抗辩事由就是相关信息已经被权利人自行公开或合法公开，不属于隐私信息，故此不承担侵权责任。

1. 权利人自行公开或合法公开的信息不属于隐私

既然隐私所包括的私生活秘密，是自然人不愿意为他人知晓的私密空间、私密活动、私密信息，因此，如果相关信息或活动已经被公开，无论是权利人自己主动公开（如通过新闻媒体披露自己的同性恋倾向或者病情），还是此前的相关报道或者文件中已经公开（如裁判文书中公开的信息），则此等被公开的活动或者信息就不再属于私密活动或者私密信息，行为人对此加以收集、处理，原则上就不属于侵害隐私权。故此，《最高人民法院关于审理利用信息网络侵害人身权

---

① “段某与尉某相邻隐私权纠纷上诉案”，山西省运城市中级人民法院（2017）晋08民终2863号民事判决书。

益民事纠纷案件适用法律若干问题的规定》第12条第1款第4项规定，网络用户或者网络服务提供者利用网络公开自然人自行在网络上公开的信息或者其他已合法公开的个人信息，不构成侵害隐私权。例如，在一起隐私权纠纷案件中，法院认为：虽然被告王秀华撰写的《良知》一文中的病历摘要详细描述了傅强的手术过程，含有“睾丸下降固定术，隐睾，游离精索，牵拉睾丸到外环口处”等文字，但并未侵犯傅强的隐私权。理由在于：第一，在此文发表前，《法制日报》、中央电视台等新闻媒体已面向全国对傅强事件进行了公开报道。在这些报道中，本属于傅强隐私的“隐睾”病名及涉及隐睾手术的有关内容多次出现，成为大家公知的事实，使其失去了隐私必须具备的隐秘性的特征，所以这部分内容已不能再成为隐私。第二，两报刊登的《良知》一文中与隐睾及隐睾手术有关的术语均在以往的公开报道中出现，并没有超出其他新闻媒体已经报道的内容。①

需要注意的是，自然人的私密信息只有在其自行公开或者以其他合法方式公开的情况下，他人再次披露或公开这些信息才不构成侵害隐私权。所谓其他合法方式公开，主要是指符合法律、行政法规的规定而公开的自然人的私密信息，如行政机关基于重大公共利益的需要公开了涉及自然人隐私的政府信息，人民法院依法进行裁判文书公开时公开了相关信息，而行为人据此进行了报道，不构成侵害隐私权。② 如果原告的隐私信息是被他人非法披露或公开的，被告再次披露或公开该信息的，依然构成侵害隐私权。被告不得以该信息已被公开，不属于隐私为由加以抗辩。

2. 对权利人自行公开或合法公开信息的保护

尽管权利人自行公开或者合法公开的信息，已经不属于隐私，原则上不再受隐私权保护，但是这些信息依然属于个人信息，他人以违背公序良俗的方式利用这些信息或者通过利用这些信息侵害自然人的其他合法权益时，法律依然要给予相应的保护。《最高人民法院关于审理利用信息网络侵害人身权益民事纠纷案件

---

① “傅强、傅金山、马丽香与联合日报社、山东卫生报刊社、王秀华、潍坊市益都中心医院、青州市卫生局隐私权、名誉权纠纷案”，济南市历下区人民法院（1999）历民初字第276号民事判决书。

② “张×与魏某1等隐私权纠纷上诉案”，北京市第三中级人民法院（2018）京03民终5376号民事判决书。

适用法律若干问题的规定》第12条第2款规定，如果网络用户或者网络服务提供者以违反社会公共利益、社会公德的方式公开自然人自行在网络上公开的信息或者其他已合法公开的个人信息，或者公开该信息侵害权利人值得保护的重大利益，则依然要承担侵权责任。

所谓公开该信息侵害权利人值得保护的重大利益，最典型的就是行为人将多年前发生、当时人尽皆知的原告事实信息重新予以披露、报道或者改编为影视作品，从而侵害他人的人格尊严的情形。此类案件在美国、德国和日本都曾发生。例如，在美国，最著名的案件有1940年的Sidis v. F – R Publishing Corp案，该案原告Sidis曾经是一位数学天才儿童，但是没有在数学领域进一步发展，后来还因犯罪入狱，出狱后在一家公司任职。被告杂志发现了Sidis，便重翻往事，详细报道。Sidis以侵害肖像权、名誉权为由起诉杂志社。美国联邦法院认为，Sidis曾经是公众关切的人物，其作为公众人物的特质存在于相关事物之上，虽然时隔多年，该特质仍然存在，社会对其后来的发展的关切具有正当性，故此公众获取信息的利益大于其隐私权。①

日本曾发生过的这方面的著名案件就是所谓的“逆转案”，该案案情为：原告于昭和39年即1964年曾经和其他三人与驻守冲绳的美军发生争吵而互殴，结果致美军一死一伤。当时冲绳县仍由美国统治，故此美国琉球列岛民政府高等法院认定原告等四人构成伤害致死罪。原告被判处三年徒刑，1966年原告假释出狱。前往东京工作，此后结婚成家。由于原告隐瞒此事，加上事件发生时虽然冲绳当地的媒体大肆报道，但是日本本土的新闻媒体并无任何报道。故此原告周围的人并不知道原告曾因此事被判刑入狱的事实。被告伊佐千寻作为刑事案件陪审团成员在此事发生十多年后基于其陪审经验，写成了以《逆转》为题的一本非虚构类小说，旨在探明被美军占领下的冲绳的陪审团审理案件的真实状态，书中使用了原告的真实姓名。该书公开发行后获得好评。原告以被告使用其真实姓名，导致其有犯罪前科的事实被公开，侵害隐私权为由，起诉要求赔偿。日本最高裁判所判决认定原告胜诉，法院认为：“因为对某人来说，受到判罪、服刑的这一事实直接关系到该人的名誉和信用，所以不允许随便公开上述前科等事实应当说

---

① 王泽鉴：《人格权法：法释义学、比较法、案例研究》，台北：作者印行2012年版，第429页。

是值得法律保护的一种利益……而且，因为在此人受到有罪判决或者服刑之后，仍期待其作为一名市民回归到社会当中，所以公开其前科，对重新形成的安定的社会生活有害，应该说损害了其重新做人不受妨碍的利益。”①

在德国发生的此类案件就是由联邦宪法法院判决的“雷巴赫案”（Lebach）。该案诉愿人生于1945年，曾经参与了雷巴赫士兵谋杀案的重大犯罪行为。1969年两名犯罪分子针对德国某处联邦国防军弹药库发动突然袭击，杀害了四名熟睡中的警卫队士兵，重伤一人，并夺取了枪支、弹药，以便作为进一步犯罪的工具，从而实现他们在南太平洋游艇上的梦想人生。该案诉愿人曾经帮助其中的一名主犯，教他如何使用手枪。但是，他并未参与上述突袭活动。两名主犯在与诉愿人沟通后，通过信件勒索某位银行经纪人的财物。此外，三人之间的部分关系为同性恋。他们致力于在所厌倦的社会之外建立一个新的独立生活共同体。雷巴赫暴力犯罪事件发生后引起了德国民众极不寻常的关注，而警方对犯罪嫌疑人的抓捕和侦查也持续了数月之久。1970年8月7日法院判处两名主犯终身监禁，而本案的诉愿人作为帮助犯被判处六年徒刑。1972年因诉愿人已经服刑超过三分之二的刑期，剩余的刑期将于1972年7月通过假释而中止。正在诉愿人被释放前的时间内，德国第二电视台（ZDF）在1972年年初针对本案拍摄了一部纪录片。该片一开始就以照片的方式将诉愿人与主犯一同呈现在观众面前，此后则由演员扮演。诉愿人的姓名被反复提及。诉愿人认为电台如果播出该纪录片则侵害其肖像权以及一般人格权，同时会使其社会化的过程受到威胁，因此向法院请求禁止电视台播放该纪录片。原告此种请求在一、二审法院判决中均被驳回，后其向联邦宪法法院提出宪法诉愿。联邦宪法法院支持了诉愿人的请求，撤销了一、二审法院的判决。宪法法院认为：“就重大犯罪行为的即时报道而言，公众的信息利益相对于犯罪人的人格保护一般而言享有优先地位。尽管如此，除了考虑到不可触碰的、最内在的生活范围以外，还应当注重比例原则；据此而言，使用犯罪人的姓名、肖像或者其他身份标识，并不总是被允许的。宪法上的人格保护并不允许，电视台超出即时的报道之外——如以纪录片的形式——不受时间限制地干预犯罪人的人格及其私人领域。”“一项过时的报道无论如何是不被允许的，如果它——

① ［日］五十岚清：《人格权法》，［日］铃木贤、葛敏译，北京大学出版社2009年版，第157页。

不同于即时的信息——会对犯罪人造成重新的或者额外的巨大损害，尤其是威胁到他重新融入社会（再社会化）。通常应当被视为威胁再社会化的是，在犯罪行为人被释放以后或者即将被释放之前的时间里，播放某个可识别犯罪人的、有关其严重犯罪行为的节目。”①

我国也曾发生类似的案件，即“韩留贵诉中国社会出版社肖像权案”，该案案情为：1978 年 3 月 13 日，昆明市中级人民法院以反革命罪判处本案原告韩留贵有期徒刑八年，一年后昆明市中级人民法院撤销前述判决，以奸污妇女为由改判韩留贵有期徒刑三年。1983 年 7 月 20 日，昆明市中级人民法院又将上述判决撤销，宣告韩留贵无罪。1998 年中国社会出版社所发行和销售的《蓝镜头》一书刊登了“现行反革命韩留贵”的照片。原告以侵害了肖像权、姓名权、隐私权、名誉权为由诉至本院，要求被告承担侵权民事责任。被告中国社会出版社辩称《蓝镜头》一书只是重现历史，刊登的照片也是历史上的新闻性照片。此外，韩留贵的照片是 1977 年由政法机关拍摄，真实地反映了历史的原貌，且在原昆明市中级人民法院原址门口张贴过，该照片是已经公开过的。从双方争议的焦点来看，实际上本案涉及的是对于已经公开的原告的事实（如被张贴过的照片）等加以重现，是否构成对原告的隐私权的侵害问题。一审法院认为：“被告在其所出版发行的《蓝镜头》一书中，刊登原告韩留贵曾经被认定为‘现行反革命’的照片，虽然注明是‘旧照片’，用于历史的再现，但被告的这一行为侵害了原告的肖像权，客观上已给原告韩留贵造成伤害，被告应承担对原告肖像权侵权的民事责任。”二审法院维持了一审判决。②

（撰稿人：程啸）

---

① 冯威：《雷巴赫案》，载张翔主编：《德国宪法案例选释》（第 2 辑），法律出版社 2016 年版，第 55 页。

② 国家法官学院、中国人民大学法学院编：《中国审判案例要览》（2003 年民事审判案例卷），中国人民大学出版社 2004 年版，第 316 - 319 页。

第一千零三十四条 【个人信息保护】

自然人的个人信息受法律保护。

个人信息是以电子或者其他方式记录的能够单独或者与其他信息结合识别特定自然人的各种信息，包括自然人的姓名、出生日期、身份证件号码、生物识别信息、住址、电话号码、电子邮箱、健康信息、行踪信息等。

个人信息中的私密信息，适用有关隐私权的规定；没有规定的，适用有关个人信息保护的规定。

◆ 条文释义

一、个人信息受法律保护

（一）保护个人信息的必要性

《民法典》第 1034 条第 1 款规定："自然人的个人信息受法律保护。"在进入现代网络信息社会前，个人信息如自然人的姓名、身份证件号码、电话号码、家庭住址、肖像、财产信息、病历资料等就已经存在，并被政府、企业等主体收集、保管、分析和使用。然而，当前网络信息社会中的个人信息不仅类型相对简单、产生的渠道有限，而且收集处理的手段和方法也较为单一。此时，通过传统的人格权如姓名权、名誉权、隐私权、肖像权等足以满足对之加以保护的需要。例如，未经同意公开或披露自然人的隐私信息（如病历资料、银行存款信息等）的，构成对隐私权或名誉权的侵害；擅自使用他人姓名的行为是侵害姓名权的行为。但是，随着信息网络科技尤其是大数据与人工智能的发展，个人信息的产生、收集、存储和利用等方面发生了巨大的变化。

1. 个人信息的范围越来越广，种类也越来越多。一方面，除了传统的那些能够直接识别特定自然人的信息，如姓名、身份证件号码、家庭地址、电话号码等，还有一些虽然本身不足以识别特定自然人但与其他信息结合后就能识别出特定自然人的信息，如爱好、习惯、兴趣、性别、年龄、职业等，如果被汇聚组合后能够识别特定人的身份，也可能成为个人信息；另一方面，现代科技的发展也促使了各种新型个人信息的产生，如通信记录和内容、个人生物基因信息、网络交易信息、上网浏览痕迹、网络社交媒体留言、行踪轨迹等。在进入网络信息社会前，这些信息要么根本不存在，要么即使存在也无法被收集和处理。但现在，可以很容易地被网站通过数据收集技术或智能设备加以收集和保存。由此也导致了需要保护的个人信息的范围越来越广，甚至在许多情况下，连界定哪些信息属于个人信息都存在困难。

2. 个人信息的处理方式越来越多，由此对自然人的人身财产安全甚至社会公共利益、国家利益可能产生相关风险。进入信息社会之前，个人信息的收集方式多是由自然人主动填报并提交，政府、企业等主体收集后手工记载在纸质文档或录入电子档案中加以存储，不仅信息收集的效率、数量和范围有限，且因缺乏算法技术和足够的算力，也难以对其进行分析利用。然而，现代网络信息技术已将现代社会生活高度数字化（或数据化），数据收集技术和各种传感器可以自动地收集与存储个人信息。这种个人信息被大规模、自动化地收集和存储、使用的情形变得越来越普遍，几乎无处不在、无时不在。由此，产生了个人信息保护上的各种新情况和新问题，如海量的个人信息因保管不善被泄露甚至被非法出售或利用，进而出现犯罪分子利用非法取得的个人信息对受害人进行精准诈骗或者实施其他违法犯罪行为的问题。大数据与人工智能技术的发展使得对海量数据的分析与使用变得非常简单，个人信息被滥用的可能性被极大地增加。例如，在 2019 年披露出来的 Facebook 丑闻事件中，第三方应用通过各种网络平台分析和利用脸书平台上的海量的个人信息，对目标群体做人格画像，实施精准的政治广告营销甚至行为操纵，严重危害自然人的人格尊严，妨害人格的自由发展。① 此外，个人信息尤其是个人生物识别信息、基因信息等还涉及国家安全，因此，对于这些信息的跨境转移也需要进行严格的规范。

正因如此，各国都高度重视个人信息的保护。而以往单纯的通过隐私权保护个人信息的做法已经不适应现代网络信息社会发展的需要。因为，一方面，隐私

---

① 该事件大致内容为：2018 年 Facebook 公司泄露 8700 万用户的个人信息给提供政治咨询服务的剑桥分析公司使用，进而影响美国 2016 年大选。2019 年 7 月 14 日，美国联邦贸易委员会（FTC）决定对 Facebook 处以 50 亿美元的罚款，以达成和解，该决定将交由美国司法部审批。参见《Facebook 被罚 50 亿美元还不够，国会听证会继续拷问》，载腾讯网：https：//new. qq. com/omn/20190714/20190714A0CNSH00. html，2019 年 7 月 19 日访问。

权保护的是私密信息，而个人信息并非都是私密信息，因此无法全部通过隐私权加以保护；另一方面，个人信息的收集和处理是现代科技发展的必然要求，如果没有包括个人信息在内的信息的自由流动和共享，网络信息科技和数字经济的发展也会受到很大的妨碍。因此，自然人不仅可以自己使用个人信息，还可以许可他人使用自己的信息。此外，为了实施新闻报道和舆论监督，也应当允许对个人信息的合理使用。由此可见，个人信息的保护并非一个单纯的禁止他人使用或排除他人侵害的问题，而是需要在自然人的权益保护与信息自由之间进行协调。显然，这与隐私权主要是禁止他人侵害隐私，不存在对隐私进行使用的规范路径有所不同。故此，就个人信息的保护而言，采取公法与私法相结合的方法，而并非单纯的私法赋权或民事责任保护的路径。有鉴于此，各国除了保护隐私权，扩张隐私权的内涵以保护私密信息外，也都针对个人信息保护单独立法。

（二）我国个人信息保护立法

我国最早对个人信息收集、利用和保护加以规范的法律是《刑法》。2005 年第十届全国人大常委会第十四次会议通过的《刑法修正案（五）》增设了“窃取、收买、非法提供信用卡信息罪”（第 177 条之一第 2 款），这是我国法律上第一个关于侵害公民个人信息犯罪的法律规定。① 2009 年第十一届全国人大常委会第七次会议审议通过的《刑法修正案（七）》在《刑法》中新增第 253 条之一，首次将窃取或以其他方式非法获取公民个人信息、出售或非法提供公民个人信息的行为情节严重的规定为犯罪行为，从而纳入刑事打击的范围。②

2012 年颁布的《全国人民代表大会常务委员会关于加强网络信息保护的决定》首次对网络服务提供者和其他企业事业单位、国家机关及其工作人员在收集、使用、保管公民个人电子信息中应当遵循的原则、承担的义务及法律责任作出了较为具体的规定。该决定明确规定，任何组织和个人不得窃取或者以其他非法方式获取公民个人电子信息，不得出售或者非法向他人提供公民个人电子信息。网络服务提供者和其他企业事业单位在业务活动中收集、使用公民个人电子

---

① 参见喻海松：《网络犯罪二十讲》，法律出版社 2018 年版，第 203 页。

② 2015 年第十二届全国人大常委会第十六次会议通过的《刑法修正案（九）》第 253 条之一做了进一步完善，对向他人出售或者提供公民个人信息，情节严重的予以刑事制裁，并取消了原来对获取或非法出售个人信息的主体范围的限制。

信息，应当遵循合法、正当、必要的原则，明示收集、使用信息的目的、方式和范围，并经被收集者同意，不得违反法律、法规的规定和双方的约定收集、使用信息。此外，该决定还要求“网络服务提供者和其他企业事业单位及其工作人员对在业务活动中收集的公民个人电子信息必须严格保密，不得泄露、篡改、毁损，不得出售或者非法向他人提供”。“网络服务提供者和其他企业事业单位应当采取技术措施和其他必要措施，确保信息安全，防止在业务活动中收集的公民个人电子信息泄露、毁损、丢失。在发生或者可能发生信息泄露、毁损、丢失的情况时，应当立即采取补救措施。”在《全国人民代表大会常务委员会关于加强网络信息保护的决定》的基础上，2017 年 6 月 1 日起施行的《网络安全法》于第四章“网络信息安全”中对个人信息的收集、存储、保管和使用进行了更全面细致的规范。当然，从法律责任上，该法主要还是规定了网络运营者违反各种保护个人信息的法定义务的行政法律责任（如罚款、暂停相关业务、停业整顿、关闭网站、吊销相关业务许可证或者吊销营业执照等），但其也从私法的角度对个人信息保护作了一些规定，如该法第 74 条第 1 款规定：“违反本法规定，给他人造成损害的，依法承担民事责任。”

2013 年第十二届全国人大常委会第二次会议修订《消费者权益保护法》时，在原第 14 条中新增了消费者“享有个人信息依法得到保护的权利”，并在第 50 条就侵害该权利的民事责任作出了规定，这是我国法律首次从民事权利的角度对个人信息作出的规定。① 2017 年 10 月 1 日起施行的《民法总则》第 111 条规定：“自然人的个人信息受法律保护。任何组织和个人需要获取他人个人信息的，应当依法取得并确保信息安全，不得非法收集、使用、加工、传输他人个人信息，不得非法买卖、提供或者公开他人个人信息。”② 此外，该法第 127 条还规定：

① 《消费者权益保护法》中增加个人信息保护的规定，就是为了更好地保护消费者的个人信息。参见李适时（第十二届全国人大常委会法制工作委员会主任）：《关于〈中华人民共和国消费者权益保护法修正案（草案）〉的说明——2013 年 4 月 23 日在第十二届全国人民代表大会常务委员会第二次会议上》。

② 我国个人信息泄露以及非法数据交易现象极为严重，尤其是“徐玉玉因信息泄露而被骗学费引发急病发作死亡”以及“清华大学教师被电信诈骗 1700 多万元”这两则因个人信息被泄露而给受害人造成重大损失的案件，在社会上产生了很大的影响，进而推动了《民法总则》第 111 条关于个人信息保护规定的出台。参见杨立新：《个人信息：法益抑或民事权利——对〈民法总则〉第 111 条规定的“个人信息”之解读》，载《法学论坛》2018 年第 1 期。

“法律对数据、网络虚拟财产的保护有规定的，依照其规定。”尽管就《民法总则》第111条是否规定了自然人个人信息权仍存在争议，但该条毕竟“从民事基本法的高度赋予了自然人个人信息保护的权利（权益），为个人信息保护在民法分则进一步细化规定提供了基础”①，因此，具有十分重要的意义。

我国民法典编纂时，《民法总则》第111条被作为《民法典》第111条完全保留下来，同时，在《民法典》人格权编中，还对个人信息保护作出了更为详细的规定。一方面，在《民法典》人格权编的第六章“隐私权和个人信息保护”中，立法者使用六个条文（第1034条至第1039条）对个人信息的概念和类型，个人信息保护与隐私权的关系，处理个人信息应当遵循的原则和符合的条件，自然人对其个人信息享有的查阅、抄录和复制的权利以及更正和删除的权利，侵害个人信息的免责事由，信息处理者的义务等，作出了较为详细的规定；另一方面，《民法典》人格权编的第一章“一般规定”和第五章“名誉权和荣誉权”中还就个人信息的合理使用（第999条）、信用信息的处理的准用规则（第1030条）作出了规定。②

（三）民法典保护个人信息的重要意义

个人信息的保护需要公法与私法并重，公法对个人信息处理者确定的各种强制性义务以及行政责任、刑事责任，对于预防和制止个人信息遭受侵害具有非常重要的意义，同时也有利于实现权益保护与信息自由的协调。但是，明确自然人对其个人信息享有的权益，并提供私法上的救济方法，也具有不可或缺的重要意义。我国《民法典》对于个人信息保护作出专门规定是个人信息私法保护的重要体现，具有以下几个方面的重要意义。

1. 个人信息保护的最终目的不是维护公共利益和公共秩序，而是维护自然人的合法权益。通过赋予自然人对个人信息相应的民事权益，不仅能够为保护自然人既有的人身、财产等民事权益建立起有效的防御屏障，还可以避免其他可能出现的新型侵害行为。尽管刑事制裁与行政处罚具有重要的预防和威慑作用，但无

---

① 张新宝：《〈民法总则〉个人信息保护条文研究》，载《中外法学》2019年第1期。

② 此外，在《民法典》物权编和侵权责任编中也有涉及个人信息保护的规定，如《民法典》第219条规定：“利害关系人不得公开、非法使用权利人的不动产登记资料。”第1226条规定：“医疗机构及其医务人员应当对患者的隐私和个人信息保密。泄露患者的隐私和个人信息，或者未经患者同意公开其病历资料的，应当承担侵权责任。”

论是公安机关、网络安全主管部门还是市场监管部门，都不可能发现并查处每一个侵害个人信息的违法行为。况且，即便是对被发现的违法行为人进行了惩处，也不等于就填补了受害人的损害，并不能真正完全实现对受害人的个体保护。通过对个人信息的民法保护，赋予自然人对个人信息相应的民事权益，能够使广大自然人更加重视该权益，让他们真正认识到“线上平台的免费午餐券需要用我们的个人信息来换取”，而这种免费的成本已经变得越来越高了。[①] 这样就能促使人们在日常生活中“认真对待个人信息”，积极保护个人信息。[②] 在个人信息被非法收集、利用等侵害行为发生时，也可以更充分地调动自然人保护个人信息的积极性，使之“为权利而斗争”。这样不仅可促使其在发现侵害个人信息的违法行为后及时向执法机关举报，也可以让其通过对侵权人提起民事诉讼获得补偿，进而对现实的和潜在的侵权人产生巨大的威慑作用。

2. 民法上对自然人个人信息的保护作出规定，不仅意味着民法认可自然人对个人信息享有受保护的民事权益，彰显了法律对人格尊严和人格自由的尊重，也充分表明了在任何个人信息保护与数据权属的立法中都应始终关注自然人的民事权益保护与信息自由（信息的流动、共享与利用）这两个法律价值的权衡与协调。如果完全排除民法对个人信息的保护，一味基于所谓公共秩序或公共利益而仅由公法保护个人信息，必然导致价值权衡上的重大缺失，使得个人信息的法律保护缺乏充分的正当性基础，由此也会使得个人信息保护问题被简单化为数据处理者的利益与公共秩序、公共利益的矛盾冲突。在忽视甚至否定自然人对个人信息的民事权益的前提下，空谈公共利益或公共秩序，很可能会造成个人信息保护和数据权属立法最终沦落为利益相关方（各类不同的数据企业之间）围绕着个人信息（数据）这一稀缺资源展开的争夺战，甚至使得法律规定成为一方打击另一方，进而限制竞争、维护信息垄断地位的手段，最终损害整体的社会福利。反之，通过对个人信息进行民法保护，科学合理地承认自然人对个人信息应有的

---

① 参见［英］阿里尔·扎拉奇、［美］莫里斯·E. 斯图克：《算法的陷阱：超级平台、算法垄断与场景欺骗》，余潇译，中信出版集团2018年版，第41页。

② 正是因为我国广大民众还没有认识到个人信息保护的重要性，个别互联网企业家才会有“中国的消费者在隐私保护的前提下，很多时候愿意以一定的个人数据授权使用，去换取更加便捷的服务”的认识。参见李彦宏：《中国用户很多时候愿意用隐私来换便捷服务》，载新浪网，http://tech.sina.com.cn/i/2018-03-26/doc-ifysqfnf7938663.shtml，2019年4月30日访问。

民事权益，不仅不会损害公共利益和公共秩序，反而可以在更坚实的正当性基础上建立相应的规则和制度，更好地实现维护公共利益和公共秩序的目标。现代法律中几乎没有完全不受公共利益和公共秩序限制的民事权益，我国民法也不例外。我国《民法典》已明确将公序良俗作为民法的基本原则之一，不仅如此，《民法典》第999条还明确规定，为公共利益实施新闻报道、舆论监督等行为的，可以合理使用民事主体的个人信息。此外，通过民法对自然人就其个人信息的赋权性规范，可以为法律上细化有权机关针对大规模侵害个人信息的行为提起公益诉讼奠定基础，从而更好地维护公共秩序和公共利益。我国《民事诉讼法》第55条第1款明确规定，对侵害众多消费者合法权益等损害社会公共利益的行为，法律规定的机关和有关组织可以向人民法院提起诉讼。现代社会发生的非法收集、处理个人信息的行为往往构成对众多消费者合法权益的侵害，完全可以提起公益诉讼。①

3. 从比较法上来看，尽管各国对是否承认个人信息权有不同的看法，但没有哪个国家完全将个人信息的保护作为单纯的公法任务。各国都是综合利用公法与私法来实现对个人信息的有效保护。例如，欧盟《一般数据保护条例》除了对数据控制人侵害个人信息的违法行为规定了巨额罚款等行政责任外，还专门在第82条就损害赔偿请求权和民事责任作出了规定。②《德国联邦数据保护法》第83条规定，如果数据控制人处理他人数据的行为违反本法或其他法律，并导致他人损害的，控制人或者其法人负有损害赔偿义务。但是在非自动化数据处理的情形下，如果损害并非由于控制人的过错所致，则其不负有赔偿义务。③ 我国台湾地区“个人资料保护法”更是专章规定了侵害个人资料（即个人信息）的“损害

---

① 2020年3月27日下午，上海市宝山区人民法院公开开庭宣判宝山区首例侵犯公民个人信息刑事附带民事公益诉讼案件，在该案中韩某某等10名被告人非法收集和买卖公民的个人信息，对此宝山区人民检察院提起刑事诉讼，法院判处10名被告9个月至4年不等的有期徒刑，并处5000元至4万元不等的罚金。在提起刑事诉讼的同时，检察院还提起了附带民事公益诉讼，要求被告单位深圳某科技公司及韩某某等相关被告人承担赔偿损失、关闭网站、注销号码、删除公民个人信息以及赔礼道歉。法院对于这一附带民事公益诉讼中起诉人的请求也给予了支持。参见刘浩、贾路：《上海宝山宣判首例侵犯个人信息刑事附带民事公益诉讼案》，载《中国消费者报》2020年3月27日。

② 欧盟《一般数据保护条例》第82条的规定意味着，未来所有数据处理程序中涉及的主体都可能会因此而被起诉，从而承担民事责任。See Paul Voigt & Axel von dem Bussche, The EU General Data Protection Regulation（GDPR）：A Practical Guide, Spring, 2017, at 205.

③ Vgl. Paal& Pauly, DS – GVO BDSG, 2. Auflage 2018, Rn. 4 – 9.

赔偿与团体诉讼”。该“法”区分了公务机关与非公务机关的侵权行为，分别在第28条和第29条确立了侵害个人资料的侵权责任适用无过错责任与过错推定责任，同时还对损害赔偿的数额作出了具体的规定。依据第28条第2-5项的规定，被害人不仅可以要求非财产上之损害赔偿，而且在被害人不易或不能证明其实际损害额时，还有权请求法院依侵害情节，以每人每一事件新台币500元以上2万元以下计算，判令侵权人赔偿损害。①

我国的一些学者之所以反对个人信息的私法保护，主要是因为，他们错误地认为，承认个人信息的民法保护就等于在民法上将自然人对个人信息的权利界定为绝对权和支配权，而这会产生很大的弊端，会造成信息无法自由地流动，将每个人变成一座孤岛而无法进行正常的社会交往，② 因而无法实现个人信息上承载的不同价值和利益的平衡③。笔者认为，这种观点是对个人信息民法保护的一种误解。因为，承认个人信息的民法保护，并不当然意味着民法上就要承认自然人对个人信息的权利，更不等于必须将自然人对个人信息的权利界定为如同所有权那样的绝对权与支配权。

综上所述，传统民法在个人信息保护中虽然受到了挑战，存在需要完善、改进之处，但不能因此就否定个人信息私法保护的重要意义与功能。现代法律对个人信息的保护应当采取公法与私法并重的综合性保护方法，二者不可偏废：既要从公法的角度明确各类主体从事收集、存储、分析、使用个人信息等行为应当遵守法定义务，也要从私法的角度认可自然人就个人信息享有相应的权利，如是否同意个人信息被收集的权利、在个人信息发生错误时要求删除和更正的权利等；既应当对违反公法上个人信息保护义务的违法犯罪行为给予行政处罚甚或施加刑罚，也应当允许自然人基于其个人信息上的民事权益，请求侵害个人信息的侵权人承担赔偿损失、赔礼道歉等相应的民事责任。

---

① 在我国台湾地区，针对公务机关违反“个人资料保护法”而不法收集、处理、利用个人信息或其他侵害当事人权利的行为，受害人请求公务机关承担赔偿责任时，程序上应当先适用“国家赔偿法”的规定。参见林洲富：《个人资料保护法之理论与实务》，元照出版公司2019年版，第99页。

② 参见丁晓东：《个人信息私法保护的困境与出路》，载《法学研究》2018年第6期。

③ 参见刘金瑞：《个人信息与权利配置——个人信息自决权的反思和出路》，法律出版社2017年版，第2页。

二、个人信息的概念与特征

（一）个人信息的概念

《民法典》第1034条第2款对个人信息作出了界定，依据该款，所谓个人信息（Personal information），就是指以电子或者其他方式记录的能够单独或者与其他信息结合识别特定自然人的各种信息，包括自然人的姓名、出生日期、身份证件号码、生物识别信息、住址、电话号码、电子邮箱、健康信息、行踪信息等。在《民法典》颁布之前，我国也有一些法律、司法解释和技术标准对个人信息进行了界定。例如，《网络安全法》第76条第5项规定："个人信息，是指以电子或者其他方式记录的能够单独或者与其他信息结合识别自然人个人身份的各种信息，包括但不限于自然人的姓名、出生日期、身份证件号码、个人生物识别信息、住址、电话号码等。"《最高人民法院、最高人民检察院关于办理侵犯公民个人信息刑事案件适用法律若干问题的解释》第1条规定："刑法第二百五十三条之一规定的'公民个人信息'，是指以电子或者其他方式记录的能够单独或者与其他信息结合识别特定自然人身份或者反映特定自然人活动情况的各种信息，包括姓名、身份证件号码、通信通讯联系方式、住址、账号密码、财产状况、行踪轨迹等。"《最高人民法院关于人民法院在互联网公布裁判文书的规定》第10条第1项规定，人民法院在互联网公布裁判文书时，应当删除"自然人的家庭住址、通讯方式、身份证号码、银行账号、健康状况、车牌号码、动产或不动产权属证书编号等个人信息"。此外，国家标准《信息安全技术 个人信息安全规范》（GB/T 35273—2020）第3.1条将个人信息界定为："以电子或者其他方式记录的能够单独或者与其他信息结合识别特定自然人身份或者反映特定自然人活动情况的各种信息。"该界定的注释1中列举了以下个人信息的具体种类——"包括姓名、出生日期、身份证件号码、个人生物识别信息、住址、通信通讯联系方式、通信记录和内容、账号密码、财产信息、征信信息、行踪轨迹、住宿信息、健康生理信息、交易信息等"。

（二）个人信息的特征

从《民法典》第1034条第2款的规定来看，个人信息具有以下两项重要特征：

1. 个人信息是指自然人的个人信息

个人信息中的"个人"本身指的就是自然人，显然不包括法人、非法人组织。① 至于法人和非法人组织，当然也存在相关的各种信息，如政府信息、企业信息、财务信息、经营信息、人员信息、技术信息等。这些信息中，有些信息本身依法就应当公开，例如，《政府信息公开条例》明确要求行政机关公开政府信息，应当坚持以公开为常态、不公开为例外，遵循公正、公平、合法、便民的原则。《证券法》第五章“信息披露”中明确要求，发行人及法律、行政法规和国务院证券监督管理机构规定的其他信息披露义务人，应当及时依法履行信息披露义务，包括：按照国务院证券监督管理机构和证券交易场所规定的内容和格式编制定期报告并按照规定报送和公告；发生可能对上市公司、股票在国务院批准的其他全国性证券交易场所交易的公司的股票交易价格产生较大影响的重大事件，投资者尚未得知时，公司应当立即将有关该重大事件的情况向国务院证券监督管理机构和证券交易场所报送临时报告，并予公告，说明事件的起因、目前的状态和可能产生的法律后果。再如，依据《慈善法》的规定，慈善组织、慈善信托的受托人应当依法履行信息公开义务。信息公开应当真实、完整、及时（第71条）。慈善组织应当向社会公开组织章程和决策、执行、监督机构成员信息以及国务院民政部门要求公开的其他信息。上述信息有重大变更的，慈善组织应当及时向社会公开。慈善组织应当每年向社会公开其年度工作报告和财务会计报告。具有公开募捐资格的慈善组织的财务会计报告须经审计（第72条）。依据《企业信息公示暂行条例》的规定，工商行政管理部门登记的企业从事生产经营活动过程中形成的信息以及政府部门在履行职责过程中产生的能够反映企业状况的信息依法应当公示。至于不是依法必须公开的法人或非法人组织的信息，如果属于国家秘密或商业秘密，则分别受到《保密法》《反不正当竞争法》等法律的保护，也不存在个人信息保护的问题。

个人信息作为自然人的信息，仅仅是指活着即生存着的自然人的个人信息，而不包括已故人士（a deceased person）的信息。② 例如，欧盟《一般数据保护条例》“鉴于条款”的第27条就明确规定：“本条例不适用于已故人士的个人数据。

---

① 欧盟《一般数据保护条例》“鉴于条款”的第14条规定：“本条例提供的有关个人数据处理的自然人权利保护应当适用于所有自然人，不论其国籍和居住地。本条例不包括涉及法人特别是作为法人而成立的企业的个人数据处理，包括法人的名称、形式以及法人的详细联系信息。”

② 但是，已故人士的信息可能会成为其亲属或者继承人的个人信息。参见 Paul Voigt & Axel von dem Bussche, The EU General Data Protection Regulation (GDPR): A Practical Guide, Spring, 2017, at 11。

成员国可以对已故人士个人数据的处理进行规定。”再如，我国台湾地区“个人资料保护法施行细则”第 2 条也明确规定：“本法所称个人，指现生存之自然人。”死者已经去世，不属于民事主体，关于死者的各种信息也成为历史资料，无须通过个人信息保护制度加以保护。如果侵害死者的信息的行为构成对死者的姓名、肖像、名誉、荣誉、隐私等的侵害，依据《民法典》第 994 条，其配偶、子女、父母有权依法请求行为人承担民事责任；死者没有配偶、子女并且父母已经死亡的，其他近亲属有权依法请求行为人承担民事责任。

2. 个人信息是可以识别特定自然人的信息

无论对个人信息如何界定或怎样列举，个人信息的核心特征就在于“可识别性”，即能够单独或者与其他信息结合识别特定的自然人。因为，如果某些信息根本无法用于识别特定的自然人，那么对于这些信息的收集、存储、使用、共享等并不会对特定自然人的权益造成侵害或产生侵害的危险，也没有必要基于维护自然人的权益的考虑而通过个人信息保护制度对这些信息的处理加以规范。例如，完全是与自然人无关的纯粹的自然界的信息，如天气变化、潮汐情况、地质演变等物理信息；再如，通过采取匿名化技术处理后无法识别特定的自然人且不能复原的信息，如抽样调查统计数据中仅仅显示被调查的人数、地域分布、年龄、男女比例等信息，这些信息无法识别出具体的被调查的人是谁，也不属于个人信息。

“可识别性”这一认定标准也是世界上许多国家个人信息保护立法所采取的标准。例如，欧盟《一般数据保护条例》第 4 条将个人数据界定为“一个被识别或可识别的自然人的任何信息。一个可识别的自然人是指，通过姓名、身份证号码、位置数据、在线身份识别码这类标识，或通过针对该自然人的一个或多个身体、生理、遗传、心理、经济、文化或社会身份等要素，能够直接或间接地被识别。”德国《联邦数据保护法》第 3 条规定：“个人数据，指与一个已识别的或者可识别的自然人（数据主体）的私人或者实际情况有关的任何信息。”日本《个人信息保护法》第 2 条第 1 款规定：“本法所称的‘个人信息’是指，属于下列各项规定的情形之一的、有关生存着的个人的信息：（一）通过该信息中所含有的姓名、出生年月日及其他记述等［文字、图画或电磁记录（指以电磁方式，即电子方式、磁气方式及其他人类无法感知的方式，后一款第二项相同，制作的记录。第十八条第二款相同）中所记载或记录的或者使用声音、动作或其他方法所表示的所有事项（个人识别符号除外，以下相同）］能够识别特定个人（包括很容易与其他信息相对照，并能够以此来识别特定个人的信息）；（二）含有个人识别符号。本法所称的‘个人识别符号’是指，属于下列各项规定的情形之一的、由法令规定的文字、号码、记号及其他符号：（一）为了将特定个人身体的某一部分特征用于电子计算机而将其变换为文字、号码、记号及其他符号，并且能够识别该特定个人；（二）利用提供给个人的服务或购买出售给个人的商品时被分配或发行给个人的卡片及其他材料中所记载的或者以电磁方式记录的文字、号码、记号及其他符号，并且由于为区分不同利用者、购买者或接受发行者而进行了分配或者记载或记录，因而能够识别特定利用者、购买者或接受发行者。”我国台湾地区“个人资料保护法”第 2 条将个人资料界定为“指自然人之姓名、出生年月日、国民身分证统一编号、护照号码、特征、指纹、婚姻、家庭、教育、职业、病历、医疗、基因、性生活、健康检查、犯罪前科、联络方式、财务情况、社会活动及其他得以直接或间接方式识别该个人之数据。”同时，我国台湾地区“个人资料保护法施行细则”第 3 条规定：“本法第二条第一款所称得以间接方式识别，指保有该数据之公务或非公务机关仅以该数据不能直接识别，须与其他数据对照、组合、链接等，始能识别该特定之个人。”

我国《民法典》第 1034 条第 2 款将个人信息的可识别性区分为两类，即单独识别与间接识别。

1. 单独识别，也称直接识别，是指仅凭该信息本身就完全可以识别出特定的自然人，在我国最典型的此类个人信息是居民身份证件号码。《居民身份证法》第 3 条第 2 款规定：“公民身份号码是每个公民唯一的、终身不变的身份代码，由公安机关按照公民身份号码国家标准编制。”我国以往因为户籍管理中存在的问题，导致居民身份证号码的重号情况较为普遍，在 2009 年时全国曾有 171 万人的身份证号码重合，但是公安机关开展户口清理整顿工作以来，到 2017 年全国居民身份证重号人数已经减少为 8 人。① 故此，仅凭居民身份证号码这一信息即

---

① 《公安部：全国公民身份证号码重号人数由 171 万人减至 8 人》，载 https：//www. guancha. cn/minsheng/2017_ 04_ 27_ 405647. shtml。

可识别出特定的自然人。此外，个人生物识别信息作为自然人独一无二的个人信息，属于可以单独或直接识别出特定自然人的信息。

2. 间接识别，是指与其他信息结合后能够识别，即仅凭该信息本身尚无法识别出特定的自然人，但是只要将该信息与其他信息进行结合就可以识别出特定的自然人。例如，仅仅凭借 Cookie 收集的网页浏览痕迹信息是无法识别出究竟是谁浏览了相应的网页，但是只要将这些浏览痕迹与 IP 地址信息加以结合，就很容易识别出特定的自然人。例如，在“朱烨与北京百度网讯科技有限公司隐私权纠纷案”中就涉及这一问题。① 原告通过被告的搜索引擎进行了一些关键词检索，而被告依据这些关键词检索向原告进行了定向广告推送，原告认为被告侵害了其隐私权。这种情形就涉及被告收集和处理的原告的关键词记录是否属于原告的个人信息的问题。应当说，从单纯的关键词检索记录是无法识别出特定自然人的，但是，如果和 IP 地址结合起来尤其是考虑到现在的 IP 地址多为静态 IP 地址，且原告是在自己家中的个人电脑上进行检索的，就很容易识别出特定自然人。再如，电话号码在有些国家和地区没有强制要求实名登记，故此，仅仅凭借手机号码无法识别出特定自然人，但是将其与姓名结合起来，就可以识别出特定自然人。然而，在我国，由于法律法规规定电话号码必须实名登记，故此，电话号码这一信息本身就足以识别出特定的自然人。②

由此可见，信息是否可以识别特定自然人本身并不是固定不变的，不仅在不同的国家和地区是不同的，而且还会随着技术的发展及由此产生的识别成本、识

① 南京市中级人民法院（2014）宁民终字第 5028 号民事判决书。对该案的中间接识别问题的论述可参见李谦：《人格、隐私与数据：商业实践及其限度——兼评中国 Cookie 隐私权纠纷第一案》，载《中国法律评论》2017 年第 2 期。

② 《全国人民代表大会常务委员会关于加强网络信息保护的决定》第 6 条规定：“网络服务提供者为用户办理网站接入服务，办理固定电话、移动电话等入网手续，或者为用户提供信息发布服务，应当在与用户签订协议或者确认提供服务时，要求用户提供真实身份信息。”《网络安全法》第 24 条第 1 款规定：“网络运营者为用户办理网络接入、域名注册服务，办理固定电话、移动电话等入网手续，或者为用户提供信息发布、即时通讯等服务，在与用户签订协议或者确认提供服务时，应当要求用户提供真实身份信息。用户不提供真实身份信息的，网络运营者不得为其提供相关服务。”此外，工信部颁布的《电话用户真实身份信息登记规定》第 6 条规定：“电信业务经营者为用户办理入网手续时，应当要求用户出示有效证件、提供真实身份信息，用户应当予以配合。用户委托他人办理入网手续的，电信业务经营者应当要求受托人出示用户和受托人的有效证件，并提供用户和受托人的真实身份信息。”据工信部 2017 年发布的消息，2016 年工信部共组织 1.2 亿电话用户进行实名补登记，至此全部电话用户均实现实名登记。

别时间等因素的变化而发生改变，即以往无法识别特定自然人的信息可能在未来具有可识别性。

三、个人信息与个人数据

关于个人信息与个人数据之间究竟是什么关系，一直存在争论。从国外立法来看，有些国家使用个人信息保护法、个人资料保护法的名称，有些国家则使用个人数据保护法、数据保护法的名称。我国《民法典》和《网络安全法》《电子商务法》《刑法》等都使用“个人信息”的称谓，尚无法律使用“个人数据”这一表述。

就个人信息与个人数据的关系，笔者认为，信息是数据的内容，数据是信息的形式。姓名、性别等个人信息自古就有，但是，只有随着网络信息科技的发展，信息才被数据化，以数据的形式体现，尤其是在大数据时代，无法将数据与信息加以分离。就个人数据而言，其之所以具有经济利益或者涉及人格利益，就是因为包含着个人信息。没有个人信息或者其他信息的数据只是以二进制代码表现出来的比特形式。对于收集与使用这些数据的人没有意义，法律上自然无须也无法加以规范调整。这就如同作为所有权客体的动产和不动产当然是由各种化学元素组成的，但法律上绝不会讨论元素能否成为民事权利客体的问题，更不会认为某个特定的民事主体可以享有某一元素的所有权。需要讨论的只是该民事主体对由元素组成的特定动产或不动产上的民事权利。任何民事主体如果仅仅获取或复制二进制代码的数据而未能在“信息”的意义上加以呈现和利用，该行为既不会为获取者带来任何经济利益，也不会损害被复制者的经济利益或人格利益。只有数据被信息化呈现，关于数据归属的争议才会产生或者说资源的稀缺性才会出现，进而才有必要讨论数据应否被私人控制以及公共执法机构对该数据上的民事权利如何保护的问题。因此，当我们使用个人信息的表述时，更侧重的是内容，而并不在乎其是否通过数据加以呈现，使用个人数据的表述时，当然包括个人信息的意思，但更侧重的是数据化。① 例如，数据库中所记载的个人信息和便于检索而整理成文件的个人信息，可以成为个人数据。但是，为了向数据库输入数据而进行的书面申请，在申请书上填写的个人信息信息或者备忘笔记中记载的个人

① 有学者认为，立法使用个人数据的概念更为准确。参见郭瑜：《个人数据保护法研究》，北京大学出版社2012年版，第127－128页；谢永志：《个人数据保护法立法研究》，人民法院出版社2013年版，第6页。

信息都不属于个人数据。①

四、个人信息的类型

个人信息的种类很多，《民法典》第 1034 条第 2 款只是对个人信息作出了列举，即自然人的姓名、出生日期、身份证件号码、生物识别信息、住址、电话号码、电子邮箱、健康信息、行踪信息等，却没有将个人信息进行分类。个人信息有不同的分类，例如根据是否数据化可以分为数据化的个人信息和非数据化的个人信息，前者就是所谓的个人数据，而后者是指那些记录在纸张等数据载体上的个人信息。在个人信息分类中，最为重要的分类有三种：其一，依据个人信息是否属于隐私权所保护的范畴，可将之分为私密的个人信息和非私密的个人信息；其二，依据个人信息对自然人人身财产安全的敏感程度，可将之分为敏感的个人信息与非敏感的个人信息；其三，依据个人信息是否已经合法公开，可以分为公开的个人信息与非公开的个人信息。

（一）私密的个人信息与非私密的个人信息

现代社会是信息社会，要维护自然人的私生活安宁和私生活秘密不受侵害，就必须保护自然人的私密信息不被随意收集、公开或者被滥用。现代隐私权的一项重要功能就是保护自然人的私密信息。② 我国《民法典》第 1032 条第 2 款规定："隐私是自然人的私人生活安宁和不愿为他人知晓的私密空间、私密活动、私密信息。" 自然人的私密信息的范围十分广泛，凡是自然人不愿意为他人知晓的，无论是婚姻信息、财产信息、健康信息、家庭住址、病历资料、犯罪记录、个人人生经历、嗜好、性取向、日记、私人信件以及其他个人不愿公开的信息等，都可以纳入私密信息。例如，《民法典》第 1226 条规定："医疗机构及其医务人员应当对患者的隐私和个人信息保密。泄露患者的隐私和个人信息，或者未经患者同意公开其病历资料的，应当承担侵权责任。"《传染病防治法》第 12 条第 1 款第 2 句规定："疾病预防控制机构、医疗机构不得泄露涉及个人隐私的有关信息、资料。"《精神卫生法》第 4 条第 3 款规定："有关单位和个人应当对精

---

① 日本学者对个人信息和个人数据的关系做了较为清晰的阐述，参见［日］松本恒雄、斋藤雅弘、町村泰贵主编：《电子商务法》，朴成姬译，北京大学出版社 2019 年版，第 170－172 页。

② 参见王泽鉴：《人格权法：法释义学、比较法、案例研究》，台北：作者印行 2012 年版，第 245 页以下。

神障碍患者的姓名、肖像、住址、工作单位、病历资料以及其他可能推断出其身份的信息予以保密；但是，依法履行职责需要公开的除外。”《艾滋病防治条例》第39条第2款规定：“未经本人或者其监护人同意，任何单位或者个人不得公开艾滋病病毒感染者、艾滋病病人及其家属的姓名、住址、工作单位、肖像、病史资料以及其他可能推断出其具体身份的信息。”

从我国的法律规定来看，一般都是将个人信息分为两大类：其一，隐私信息，即涉及个人隐私的信息（或电子信息）；其二，其他个人信息，即不涉及隐私的个人信息。例如，《全国人民代表大会常务委员会关于加强网络信息保护的决定》第1条第1款规定：“国家保护能够识别公民个人身份和涉及公民个人隐私的电子信息。”《公共图书馆法》第43条规定：“公共图书馆应当妥善保护读者的个人信息、借阅信息以及其他可能涉及读者隐私的信息，不得出售或者以其他方式非法向他人提供。”《最高人民法院关于审理利用信息网络侵害人身权益民事纠纷案件适用法律若干问题的规定》第12条第1句规定：“网络用户或者网络服务提供者利用网络公开自然人基因信息、病历资料、健康检查资料、犯罪记录、家庭住址、私人活动等个人隐私和其他个人信息，造成他人损害，被侵权人请求其承担侵权责任的，人民法院应予支持。”

私密的个人信息即私密信息与非私密信息的根本区别在于，前者是自然人不愿意为他人知晓的信息，且与公共利益等无关的信息。之所以自然人不愿意为他人知晓这些信息，就是因为如果这些信息被他人知晓了，会使得其私生活安宁受到侵害或者私生活受到干扰，而此种利益就是隐私权保护的自然人的人格利益。私密信息的具体内容如何，在所不问，其并非都是高尚的、道德所允许的，也包括那些道德谴责的、为人所不齿的内容。毕竟，法律上没有规定人们负有“不得自甘堕落”的义务。因此，只要不违背公序良俗，不违反法律的强制性规定，即便是不道德的、为人不齿的信息，也属于私密信息，例如，丈夫违背夫妻忠诚义务而发生婚外情的信息，也属于私密信息，受到隐私权的保护。他人也不得随意侵扰或公开。否则，构成侵害隐私权。① 但是，非私密的个人信息，虽然也属于

---

① “王菲诉张乐奕名誉权、隐私权纠纷案”，北京市朝阳区人民法院（2008）朝民初字第10930号民事判决书。

个人信息，可并非是自然人不愿意为他人知晓的信息，甚至这些个人信息必须为他人所知，才能使得自然人更好地参与社会交往活动。例如，姓名属于个人信息，但姓名是自然人的标识，是区别自然人和自然人的一种语言标识。通过姓名，自然人得以在与其周围的人的关系中维护其人格，并将自己与他人在社会交往中加以区分，从而作为一个独特的个体存在，获得自我认同，实现人格尊严。①如果姓名不为他人所知，如何能够进行社会交往。另外，在很多时候，自然人将其个人信息加以主动公开，如将自己的联系电话、电子邮箱放在个人主页上，或作为微信的名称等，这种情形下原本属于私密信息的个人信息也就成了公开的个人信息。

我国《民法典》在隐私权部分对于侵害私密信息的行为作出了规定，即《民法典》第1033条第5项规定，除非法律另有规定或者经权利人明确同意，任何组织或者个人不得处理他人的私密信息，否则就构成对隐私权的侵害。所谓处理私密信息，包括收集、存储、使用、加工、传输、提供、公开等（《民法典》第1035条第2款）。即便某人得知私密信息是经过权利人同意的（如权利人主动将该信息告知他），但是隐私权人并未让该人公开，如果该人将此信息予以公开，也构成侵害隐私权。例如，原告认为自己在某日晚值班时受到被告谢某的“调戏”，被人“敲门窗”，后将该信息向单位领导被告时某汇报，时某未经原告同意在召开全单位职工大会时提及此事，显然侵害了原告的隐私权。②

（二）敏感的个人信息与非敏感的个人信息

个人信息的另外一个重要分类就是分为敏感的个人信息（personal sensitive information）与非敏感的个人信息。敏感的个人信息，也被称为特殊的个人信息。对于何为敏感的个人信息，各国法上有不同的界定。欧盟《一般数据保护条例》第9条第1款将之界定为“揭示种族或者民族出身，政治观点、宗教或者哲学信仰，工会成员的个人数据，以及以唯一识别自然人为目的的基因数据、生物特征数据，健康数据，自然人的性生活或者性取向的数据”。《德国联邦数据保护法》

---

① 因此，不使用他人姓名而是用数字、编号来代替，是对人格尊严的侵害，如纳粹的集中营中使用编号来称呼被关押的犹太人。

② “姜凤兰诉时峰等侵犯隐私权纠纷案”，江苏省南通市中级人民法院（2002）通中民一终字第1470号民事判决书。

则界定为“有关个人种族血统、政治观点、宗教或哲学信仰、工会成员资格、健康状况或者性生活的信息”。《巴西通用数据保护法》第5条规定，“关于种族或族裔、宗教信仰、政治观点、工会或宗教、哲学或政治组织成员身份的个人数据，与自然人有关的健康或性生活数据、基因或生物数据”，属于个人敏感数据。我国台湾地区“个人资料保护法”将“有关病历、医疗、基因、性生活、健康检查及犯罪前科”的个人资料规定为特殊的个人资料。

我国目前尚无个人信息保护法，也没有法律法规和司法解释对敏感的个人信息作出界定，只有一些国家标准中有相应的规定。例如，《信息安全技术 个人信息安全规范》将个人敏感信息界定为“一旦泄露、非法提供或滥用可能危害人身和财产安全，极易导致个人名誉、身心健康受到损害或歧视性待遇等的个人信息”。该规范认为，个人敏感信息包括身份证件号码、个人生物识别信息、银行账户、通信记录和内容、财产信息、征信信息、行踪轨迹、住宿信息、健康生理信息、交易信息、14岁以下（含）儿童的个人信息等。

笔者认为，所谓敏感的个人信息主要是指，那些涉及自然人人格尊严、人格自由或者其他重大权益的个人信息，这些个人信息倘若被非法处理，将会对所涉自然人的人格尊严、人格自由或者其他重大的人身权益、财产权益造成严重的威胁或损害。例如，自然人的生物识别信息具有唯一性和不可更改性，且由于人工智能技术的发展，这些生物识别信息往往与自然人的财产、隐私等密切关联，一旦被他人非法获取，就有可能给自然人造成重大的财产损失或者隐私权等被侵害的严重后果。再如，个人的政治观点或者宗教信仰信息，涉及宪法上的言论自由、宗教信仰自由等基本权利，这些个人信息被非法收集、处理，很有可能会侵害自然人的上述基本权利以及其他相关的基本权利，如政府针对特定宗教信仰的人进行迫害，或者在选举时通过各种方式对其进行人格操控等。依据这一界定，以下个人信息应当归入敏感的个人信息：（1）种族或民族信息；（2）宗教信仰信息；（3）政治主张信息；（4）生物识别信息；（5）基因信息；（6）医疗健康信息；（7）性生活与性取向信息；（8）储蓄、证券等金融账户信息。

正是由于敏感的个人信息对于自然人是非常重要的个人信息，故此，在敏感的个人信息的收集、处理上有一套不同于非敏感的个人信息的收集、处理的规则。主要表现在：首先，为了更好地保护敏感的个人信息，对于这些个人信息采取的是原则上禁止处理，除非存在法定的例外情形，例如经过自然人的单独同意、为了维护公共利益等。至于非敏感的个人信息，只要履行告知并取得同意即可进行收集和处理。例如，《欧盟通用数据保护条例》第9条就明确规定，对于特殊类型的个人数据原则上禁止处理，除非符合该条第2款规定的特殊情形，如为了维护数据主体的切身利益、维护重大公共利益等。再如，我国台湾地区“个人资料保护法”第6条规定，对于有关病历、医疗、基因、性生活、健康检查及犯罪前科之个人资料，不得搜集、处理或利用。但有下列情形之一者，不在此限：(1) 法律明文规定；(2) 公务机关执行法定职务或非公务机关履行法定义务必要范围内，且事前或事后有适当安全维护措施；(3) 当事人自行公开或其他已合法公开之个人资料；(4) 公务机关或学术研究机构基于医疗、卫生或犯罪预防之目的，为统计或学术研究而有必要，且资料经过提供者处理后或经搜集者依其揭露方式无从识别特定之当事人；(5) 为协助公务机关执行法定职务或非公务机关履行法定义务必要范围内，且事前或事后有适当安全维护措施；(6) 经当事人书面同意。但逾越特定目的之必要范围或其他法律另有限制不得仅依当事人书面同意搜集、处理或利用，或其同意违反其意愿者，不在此限。

其次，即便是个人信息的处理者在符合法律规定的前提下，可以处理敏感的个人信息，其在处理中负有的注意义务和法律上的要求也更高，否则如果因为处理者的安全防护措施不足而造成敏感的个人信息泄露，则会对自然人会造成很大的损害或风险。例如，对于依法收集的敏感的个人信息，在保管上，处理者负有更高度的注意义务，而法律法规对其有更严格的要求，如必须进行风险评估等。

敏感的个人信息与作为私密信息的个人信息之间存在交叉的关系，有些个人信息既是私密的个人信息也是敏感的个人信息，如医疗健康信息、性生活与性取向信息；有些个人信息虽然是私密的个人信息，但却并不是敏感的个人信息，如个人的嗜好、被他人性骚扰的个人信息；有些信息是敏感的个人信息却未必是私密的个人信息，如种族或民族信息、宗教信仰信息或政治主张信息等。

(三) 公开的个人信息与非公开的个人信息

公开的个人信息是指已经合法公开的个人信息，至于那些因他人泄露或非法公开的个人信息，虽然客观上确实处于公开的状态，但不属于法律上所谓的公开的个人信息。① 依据《民法典》第1036条第2项，合法公开的个人信息包括“该自然人自行公开的或者其他已经合法公开的信息”两大类型：其一，自然人自行公开的个人信息，如某教授将自己的办公室电话、手机号、电子邮箱、通信地址等在自己的个人网页上加以公开，从而使得这些个人信息进入了公共领域，任何人都可以获得。其二，其他已经合法公开的个人信息，这主要包括两种情形：一是依据行政行为而公开的个人信息，即因政府机关履行职责而依法加以公开的个人信息，例如，依据《政府信息公开条例》第15条的规定，“涉及商业秘密、个人隐私等公开会对第三方合法权益造成损害的政府信息，行政机关不得公开。但是，第三方同意公开或者行政机关认为不公开会对公共利益造成重大影响的，予以公开”。再如，依据国务院颁布的《企业信息公示条例》的规定，企业通过企业信用信息公示系统向工商行政管理部门报送上一年度年度报告，并向社会公示。企业的年度报告中涉及个人信息的内容如“企业为有限责任公司或者股份有限公司的，其股东或者发起人认缴和实缴的出资额、出资时间、出资方式等信息”“有限责任公司股东股权转让等股权变更信息”等。二是依据司法行为而公开的个人信息，即因为法院的司法行为而公开法律文书，其中涉及的应当公开的个人信息。例如，依据《最高人民法院关于人民法院在互联网公布裁判文书的规定》，人民法院作出的裁判文书除涉及国家秘密、未成年人犯罪等不应公开的情形外，都应当在互联网上公开。人民法院在互联网公布裁判文书时，虽然应当删除“自然人的家庭住址、通讯方式、身份证号码、银行账号、健康状况、车牌号码、动产或不动产权属证书编号等个人信息”“家事、人格权益等纠纷中涉及个人隐私的信息”等信息，但是有些个人信息仍然应当在裁判文书中保留。依据该司法解释第11条第1项，人民法院在互联网公布裁判文书，“除根据本规定第八条进行隐名处理的以外，当事人及其法定代理人是自然人的，保留姓名、出生日期、性别、住所地所属县、区”。

区分公开的个人信息和非公开的个人信息的最主要的意义在于：处理这些个人信息是否需要得到自然人的同意上的不同。除非法律、行政法规另有规定，对

① 有学者从数据的角度将此种分类称为公开的个人数据和隐私的个人数据。不过，笔者认为，隐私的个人数据还不甚准确，因为非公开的个人数据并非一定都是隐私的个人数据。参见王融：《大数据时代：数据保护与流动规则》，人民邮电出版社2017年版，第26页。

于非公开的个人信息，必须告知且得到自然人或者其监护人的同意。但是，依据《民法典》第1036条，处理已经合法公开的个人信息，原则上是无须告知并得到自然人同意的，除非“该自然人明确拒绝或者处理该信息侵害其重大利益”，否则该处理行为不构成侵害个人信息的侵权行为。由此可见，即便是已经公开的个人信息也是受到法律保护的，只是在保护的强度和密度上要明显弱于非公开的个人信息。

五、个人信息民事权益

《民法典》第1034条第1款和第111条第1句皆明文规定：“自然人的个人信息受法律保护。”那么，自然人对其个人信息究竟享有何种民事权益呢？对此，存在很大的争议。① 持民事权利说的学者认为，《民法典》确立了自然人对个人信息享有的是民事权利即个人信息权。② 关于个人信息权的性质，多数人认为是一种新型的人格权，即个人信息权或个人信息自决权，它是指自然人对其个人信息享有支配和自主决定的权利，其内容包括个人对信息被收集、利用等的知情权，以及自己使用或授权他人使用等。③ 该权利是不同于隐私权、名誉权等的一种新型人格权。

持民事利益说的学者则认为，自然人对个人信息享有的只是受法律保护的利益，并非民事权利。理由在于：一则，在《民法典》中并没有使用“个人信息权”的表述，这意味着立法机关没有将个人信息作为一项具体的人格权利，④ 这也“为未来个人信息如何在利益上兼顾财产化以及与数据经济的发展的关系配合预留了一定的解释空间”。⑤ 二则，《民法典》第111条采取了行为规制模式而非

---

① 参见张新宝：《〈民法总则〉个人信息保护条文研究》，载《中外法学》2019年第1期。

② 参见杨立新：《个人信息：法益抑或民事权利——对〈民法总则〉第111条规定的“个人信息”之解读》，载《法学论坛》2018年第1期。

③ 参见王利明：《论个人信息权的法律保护——以个人信息权与隐私权的界分为中心》，载《现代法学》2013年第4期。也有个别学者认为，个人信息权属于财产权，即是自然人对其个人信息的商业价值进行支配的一种新型财产权，参见刘德良：《个人信息的财产权保护》，载《法学研究》2007年第3期。还有人认为，个人信息完全可以通过扩张隐私权的方式予以保护，没有必要确立个人信息权这一新型的人格权，参见徐明：《大数据时代的隐私危机及其侵权法应对》，载《中国法学》2017年第1期。

④ 参见王利明主编：《中华人民共和国民法总则详解》（上），中国法制出版社2017年版，第465页。

⑤ 龙卫球、刘保玉主编：《中华人民共和国民法总则释义与适用指导》，中国法制出版社2017年版，第404页。

权利化模式来保护个人信息，即通过对他人行为加以控制的角度来构建利益空间，维护利益享有者的利益。①

笔者认为，从法解释的角度来看，确实难以直接得出《民法典》确立了自然人对个人信息享有民事权利即个人信息权的结论。第一，该条虽规定在第五章"民事权利"中，可是立法者并未将个人信息明确规定为"个人信息权"。我国人格权法的主流观点认为，人格权应当如同物权法承认物权法定主义那样，采取人格权法定主义的立场。② 从《民法通则》到《侵权责任法》的立法实践表明，凡是立法者认可为某类具体人格权的，必定会使用"某某权"的表述。③《民法典》总则编的第五章"民事权利"在列举了自然人的生命权、身体权、健康权、姓名权、肖像权、名誉权、荣誉权、隐私权、婚姻自主权等具体人格权和身份权后，才在第111条对个人信息的保护作出规定，且未使用"个人信息权"的表述。这足以表明，立法者只是认为自然人的个人信息应受到法律的保护，但没有将其确立为可称之"个人信息权"的一种具体人格权。

第二，无论是民法典编纂之前的《侵权责任法》第2条、《民法总则》第120条，还是《民法典》第1164条，皆将侵权法保护的范围界定为"民事权益"，即人身财产权益。而《民法典》总则编的第五章正是对我国民法上受保护的民事权益所作的最详尽的列举。该章首先规定的是最重要的民事权益即人格权益（第109－111条），其次是身份权（第112条），最后是财产权益，包括物权（第114－117条）、债权（第118－122条）、知识产权（第123条）、继承权（第124条）、股权和其他投资性权利（第125条）、法律规定的其他民事权利和利益（第126条）以及数据与虚拟财产（第127条）。因此，恐怕不能仅从《民法典》第五章的章名为"民事权利"就得出凡是规定在这一章的都是民事权利的结论。

---

① 参见叶金强：《〈民法总则〉"民事权利章"的得与失》，载《中外法学》2017年第3期。

② 参见曹险峰：《论人格权的法定化——人格权法独立成编之前提性论证》，载《吉林大学社会科学学报》2006年第2期；易军：《论人格权法定、一般人格权与侵权责任构成》，载《法学》2011年第8期；姚辉：《关于人格权性质的再思考》，载《暨南学报（哲学社会科学版）》2012年第3期；张平华：《人格权的利益结构与人格权法定》，载《中国法学》2013年第2期。

③ 这一点可以从我国法律对隐私的保护历史得到验证，参见程啸：《侵权责任法》（第二版），法律出版社2015年版，第165－166页。

第三，由于《民法典》是紧接在具体人格权的规定（第110条）之后，身份权、财产权（第112条以下）之前，对个人信息保护作出规定的（第111条）。故此，从体系解释的角度可以认为，立法者更倾向于将个人信息作为一种需要保护的人格利益。这也可以从《民法典》第111条第2句的规定得到验证，因为该句是从其他民事主体对自然人的个人信息负有保护的义务的角度作出的规定。[①] 换言之，任何组织或者个人只有在违反个人信息保护义务的情况下，才构成对个人信息的侵害并应当依法承担民事责任。至于这些个人信息保护义务的具体类型和内容，应交由《网络安全法》及将要制定的《个人信息保护法》《数据安全法》等法律加以明确。这就从另一个侧面说明了立法者就没有在民法典中确立个人信息权。

然而，尽管《民法典》没有直接使用个人信息权的表述，但是其明确保护自然人的个人信息的态度是非常明确的，而且也承认了自然人针对其个人信息享有相应的权利，如查询、抄录和复制其个人信息的权利，请求更正错误的个人信息的权利以及删除个人信息的权利。故此，可以肯定的是自然人对其个人信息享有民事权益，这种民事权益是受到法律保护的。

六、隐私权与个人信息权益

隐私权（the right to privacy），是指自然人享有的隐私不受侵害的权利。所谓隐私（Privacy），其内涵从这个词语本身就可以看出，所谓“隐”就是指不愿为他人所知悉或打扰的状态，而“私”就是指私人的事情，与他人权益、公共利益等无关。故此，简单地说，隐私就是自然人不愿意为他人知悉或侵扰的，仅与其私人相关而不涉及他人权益或公共利益的事情。从我国《民法典》第1032条第2款对隐私的界定——“自然人的私人生活安宁和不愿为他人知晓的私密空间、私密活动、私密信息”，即可看出其中的“安宁”和“不愿为他人知晓”体现了隐私中“隐”的特点，而“私人生活”“私密”的表述说明了与他人权益和公共利益无关。

隐私权与个人信息权益具有密切的联系，否则《民法典》人格权编也不会将

---

① 参见石宏主编：《〈中华人民共和国民法总则〉条文说明、立法理由及相关规定》，北京大学出版社2017年版，第264-265页。

二者合并规定在同一章当中。具体而言，隐私权与个人信息权益的共同点在于：首先，二者都属于人格权益，被规定在《民法典》的人格权编当中。尽管理论界有人认为，个人信息权益属于财产权益，但是，在我国民法上，保护自然人的个人信息并不是因为要保护自然人对个人信息的经济利益，而是通过保护个人信息，维护自然人的人身财产安全，最终维护自然人作为人的尊严。故此，个人信息权益本身也和隐私权一样，是私权利，属于民事权益的范畴。其次，二者都只是自然人享有的人格权益。无论是个人信息权益还是隐私权，其权利主体都只能是自然人，而不包括法人、非法人组织。这是因为隐私权和个人信息权益，“都体现了个人对其私人生活的自主决定。无论是个人隐私还是个人信息，都是专属自然人享有的权利，而且都彰显了一种个人的人格尊严和个人自由”。[①] 最后，二者的保护范围存在交叉。隐私权保护的隐私中包括私密信息，而私密信息是自然人所不愿他人知晓的个人信息，故此，私密信息也属于个人信息。一方面，私密信息作为隐私，受到隐私权的保护；另一方面，对于私密信息的处理，包括收集、使用、加工、传输、提供、公开等，也要受到个人信息保护制度的规范。然而，隐私权与个人信息权益也存在明显的区别，二者不能混淆。

1. 权利性质不同。隐私权作为一项人格权，性质上属于绝对权和支配权，具有对世效力，因此任何组织或个人都必须尊重隐私权，不得对之加以侵害或妨碍。但是，我国《民法典》并未将个人信息权益确认为绝对权和支配权，因为对个人信息的保护必须协调自然人权益的保护与信息自由与合理使用之间的关系。故此，对于隐私权，并没有如同个人信息那样规定合理使用的规则。《民法典》第999条规定，“为公共利益实施新闻报道、舆论监督等行为”可以合理使用个人信息，同时，第1037条也专门规定了侵害个人信息的免责事由。这些规定在隐私权部分都不存在。当然，这并不是说隐私权就不能因为维护公共利益而依据法律的规定受到限制，但可以肯定的是，不存在对隐私的合理使用的问题。

2. 侵害隐私权行为的类型很多，《民法典》第1033条以“列举加概括”的

① 王利明：《论个人信息权的法律保护——以个人信息权与隐私权的界分为中心》，载《现代法学》2013年第4期。

方式规定了六种类型，未经权利人明确同意而处理私密信息的行为只是侵害隐私权的行为中的一类。而且，未经同意而处理他人的私密信息这一侵害隐私权行为的主体可以是自然人，也可以是法人或非法人组织，无论侵害隐私权的行为是自动化处理还是非自动化处理，无论是发生在企业的商业活动或政府机关履行职责的公务活动，还是在家庭社交活动中，都可以适用。但是，个人信息权益的保护主要适用于个人信息处理活动，规范的是处理者从事个人信息的收集、存储、使用、加工、传输、提供、公开等活动。至于纯粹的私人或家庭活动中对个人信息的处理活动，如家人朋友之间进行的通信联络、保存联系方式或者社交活动的个人信息的提供等，不适用个人信息保护的规定。欧盟《一般数据保护条例》明确排除了这种情形的适用，依据该条例“鉴于条款”的第 18 条，“本条例不适用于自然人在不涉及任何职业或商业的纯个人或家庭活动中对个人数据的处理活动。个人或家庭活动可以包括通信、保存地址，或者社交活动以及在类似活动背景下进行的线上活动。但本条例适用于为上述个人日常活动提供个人数据处理方法的控制者或处理者”。从立法目的上来说，个人信息或个人数据保护立法就是针对现代网络信息科技发展而给个人信息或个人数据保护带来的挑战，因为在现代信息社会背景下，收集、使用、分享等处理个人信息或个人数据的能力与规模显著提高，从而给自然人的人格自由与人格尊严乃至各种人身财产安全带来了巨大的风险，故此才需要专门的立法加以规制。至于那些纯粹私人活动或家庭社交活动中个人信息的收集、使用、分享等行为，并不需要通过个人信息保护立法加以调整，如果涉及侵害隐私权、姓名权、肖像权等人格权的行为，完全可以交由《民法典》的人格权编和侵权责任编规范。故此，在个人信息保护法或个人数据保护法中排除对私人或家庭社交活动中个人信息的处理，当然是正确的。由于《民法典》是民商事领域的基本法，所以其对个人信息保护的规定侧重于基本规则与制度层面，不可能规定得非常细致。我国正在起草的《个人信息保护法》《数据安全法》等单行法律对此问题作出规定即可。

3. 许可他人使用上的不同。隐私权人可以自行处分权利，如自行在网络上或向媒体公开其私密信息。但是，隐私本身原则上是不能许可他人使用或商业化利用的。《民法典》第 993 条规定，民事主体可以将自己的姓名、名称、肖像等许可他人使用，但是依照法律规定或者根据其性质不得许可的除外。该条之所以没有列出隐私是因为：隐私权侧重于消极防御的功能，即防止他人对包括私生活安宁、私密信息在内的隐私的侵害，[①] 其保护的是自然人的隐私不受他人侵害的利益。因此，隐私权的主要权能就是排除他人侵害的权能，即消极权能。对于隐私，原则上不允许许可他人使用。[②] 而且，允许隐私的商业化利用也可能违背公序良俗原则这一民法的基本原则。然而，对于个人信息尤其是非私密的个人信息，自然人完全可以许可他人使用，从而促进网络信息产业和数字经济的发展。故此，根据《民法典》第1035条规定，只要遵循合法、正当、必要原则，不过度处理且符合相应的条件，就可以对个人信息加以使用或许可他人使用。

4. 私密信息和非私密信息的处理规则不同。在处理私密信息时，首先要适用的是《民法典》关于隐私权的规定，然后才能适用《民法典》关于个人信息保护的规定。依据《民法典》第1033条第5项，处理他人的私密信息要么是取得隐私权人的“明确同意”，要么是依据法律的规定，否则，任何组织或者个人实施的处理他人私密信息的行为都构成侵害隐私权的行为。但是，对于处理非私密信息的个人信息，依据《民法典》第1035条，要么是依据法律、行政法规的规定，要么是得到该自然人或者其监护人的“同意”。由此可见，《民法典》对私密信息和非私密的个人信息处理规则上有三点区别：其一，在未经权利人同意的情形下，处理私密信息只能依据法律的规定，而处理非私密的个人信息可以依据法律和行政法规的规定。显然，对于隐私权的保护更为严密。其二，处理私密信息必须取得权利人的同意，而处理非私密的个人信息可以取得自然人或者其监护人的同意。也就是说，监护人也不能擅自同意他人处理被监护人的私密信息。其三，处理私密信息必须取得权利人的“明确同意”，而处理非私密的个人信息取得自然人或者其监护人的同意即可。“明确同意”与“同意”的涵义是不同的。所谓明确同意，一方面意味着自然人在被告知私密信息将被处理的前提下而作出的清晰、明确的允许处理的意思表示；另一方面，应当是针对该私密信

---

① 王利明：《论个人信息权的法律保护——以个人信息权与隐私权的界分为中心》，载《现代法学》2013年第4期。

② 有观点认为，隐私权人也具有积极的权能，如隐私隐瞒权、隐私处分权和信息自主权。其中隐私处分权包括隐私公开权和隐私许可权。隐私许可权意味着隐私权人可以授权他人使用自己的隐私。参见张红：《人格权各论》，高等教育出版社2015年版，第522页。

息被处理而单独作出的同意的意思表示。但是，所谓同意既不要求必须是单独的同意，也不要求是仅针对被处理的特定个人信息作出的同意，而可以是概括性的同意（如通过 APP 的隐私政策取得自然人对某些非私密的个人信息处理的同意）。

七、私密信息保护的法律适用

《民法典》第 1034 条第 3 款规定："个人信息中的私密信息，适用有关隐私权的规定；没有规定的，适用有关个人信息保护的规定。"之所以作此规定，就是因为立法机关充分认识到了隐私权和个人信息保护之间的差异及联系（对此上文已有论述）。简单地说，依据该款，作为隐私的私密信息，首先，应当适用有关隐私权的规定。所谓"有关隐私权的规定"是一个范围很广的概念，不仅包括《民法典》第 1032 条和第 1033 条这两个直接针对隐私权的法律条文，还包括《民法典》中其他可以适用于隐私权的规定，如第 991 条、第 992 条、第 995 条、第 996 条、第 997 条、第 998 条、第 1000 条等，还包括其他法律中有关隐私权的规定。例如，《妇女权益保障法》第 42 条、《涉外民事关系法律适用法》第 46 条以及有关行政法规的规定，如《人类遗传资源管理条例》和有关司法解释如《最高人民法院关于审理利用信息网络侵害人身权益民事纠纷案件适用法律若干问题的规定》的规定。因为隐私权对于私密信息的保护的强度和密度更高，力度更大。其次，如果现行法律法规和司法解释中关于隐私权的规定没有对私密信息保护作出规定，由于私密信息也是个人信息，应当适用有关个人信息保护的规定。所谓个人信息保护的规定，范围也非常广泛，如《民法典》第 1034 条以下的规定，《全国人民代表大会常务委员会关于加强网络信息保护的决定》《网络安全法》《电子商务法》《消费者权益保护法》《刑法》等法律以及相关行政法规、部门规章和司法解释中的关于个人信息保护的规定。

（撰稿人：程啸）

第一千零三十五条　【个人信息处理的原则】

处理个人信息的，应当遵循合法、正当、必要原则，不得过度处理，并符合下列条件：

（一）征得该自然人或者其监护人同意，但是法律、行政法规另有规定的除外；

（二）公开处理信息的规则；

（三）明示处理信息的目的、方式和范围；

（四）不违反法律、行政法规的规定和双方的约定。

个人信息的处理包括个人信息的收集、存储、使用、加工、传输、提供、公开等。

◆ 条文释义

一、个人信息处理的涵义

（一）从个人信息的“收集、处理”到“处理”的演变

《民法典》第 1035 条第 2 款对何谓“个人信息的处理”作出了界定，依据该款，个人信息的处理包括个人信息的收集、存储、使用、加工、传输、提供、公开等。与个人信息相关的行为种类很多，在《民法典》颁布之前的法律中采取的主要是“收集、使用个人信息”的表述。例如，2012 年的《全国人民代表大会常务委员会关于加强网络信息保护的决定》中使用的就是“收集、使用公民个人电子信息”的表述。此后，2016 年的《网络安全法》和 2018 年的《电子商务法》也都延续了“收集、使用”个人信息这样的表述。

在民法典的编纂过程中，就如何对于与个人信息相关的各种行为采取最合理的表述经历了一个发展变化的过程。民法典草案第三次审议稿采取的是“收集、处理”个人信息的表述，即将个人信息的收集与处理并列，同时将“处理”规定为包括“个人信息的使用、加工、传输、提供、公开等”。该审议稿采取的“处理”（Process）一词来源于欧盟《一般数据保护条例》，但是，在欧盟的《一般数据保护条例》中，“处理”的涵义是非常广泛的。依据该条例第 2 条，所谓处

理，是指“对个人数据或个人数据集合的任何一个或一系列操作，如收集、记录、组织、建构、存储、修改、检索、咨询、使用、披露、传播或其他方式利用、排列、组合、限制、删除或销毁，无论该等操作是否采用自动化方式”。也就是说，在欧盟《一般数据保护条例》中，处理包含了对个人信息或个人数据的所有自动化或非自动化的操作，收集行为本身也被包含在内。有鉴于此，正式颁布的《民法典》不再将“收集”与“处理”相区分，而是借鉴欧盟的做法，以“处理”一词来统称对个人信息的收集、存储、加工、使用、提供、公开等活动。

依据《民法典》第 1035 条第 2 款，个人信息的处理包括个人信息的收集、存储、使用、加工、传输、提供、公开等。该款列举了与个人信息相关的最典型的七种行为类型，当然，实践中的行为不限于此，还可能包括其他的类型，如个人信息的删除、销毁等。而且，本条并没有将个人信息的处理限定于具体的方式，故此无论是通过人工还是机器，无论是自动化还是非自动化的处理，都被包括在内。至于纯粹的私人或家庭活动中对个人信息的处理活动，如家人朋友之间进行的通信联络、保存联系方式或者社交活动中的个人信息的提供等，是否包括在内，值得研究。欧盟《一般数据保护条例》明确排除了这种情形中个人信息的处理，依据该条例“鉴于条款”的第 18 条，“本条例不适用于自然人在不涉及任何职业或商业的纯个人或家庭活动中对个人数据的处理活动。个人或家庭活动可以包括通信、保存地址，或者社交活动以及在类似活动背景下进行的线上活动。但本条例适用于为上述个人日常活动提供个人数据处理方法的控制者或处理者”。从立法目的上来说，个人信息或个人数据保护立法就是针对现代网络信息科技发展而给个人信息或个人数据保护带来的挑战，因为在现代信息社会背景下，收集、使用、分享等处理个人信息或个人数据的能力与规模显著提高，从而给自然人的人格自由与人格尊严乃至各种人身财产安全带来了巨大的风险，才需要专门的立法加以规制。至于那些纯粹私人活动或家庭社交活动中个人信息的收集、使用、分享等行为，并不需要通过个人信息或个人数据保护立法加以调整，完全可以交由民法的人格权法和侵权法规范。故此，在个人信息保护法或个人数据保护法中排除对私人或家庭社交活动中个人信息的处理，当然是正确的。由于《民法典》是民事领域的基本法，所以其对个人信息保护的规定侧重于基本规则与制度层面，不可能规定得非常细致。我国正在起草的《个人信息保护法》《数据安全法》等单行法律对此问题作出规定即可。

目前，我国规范个人信息收集和处理的法律规范主要由法律、行政法规、部门规章和国家标准构成。其中，法律主要包括《民法典》《全国人民代表大会常务委员会关于加强网络信息保护的决定》《网络安全法》《电子商务法》《消费者权益保护法》等；行政法规包括《互联网信息服务管理办法》《地图管理条例》《征信业管理条例》等；部门规章包括《电信和互联网用户个人信息保护规定》《儿童个人信息网络保护规定》《网络音视频信息服务管理规定》《网络预约出租汽车经营服务管理暂行办法》等；国家标准或行业标准包括《信息安全技术 个人信息安全规范》（GB/T 35273—2020）、《个人金融信息保护技术规范》（JR－T0171—2020）等。

（二）个人信息处理的行为类型

1. 收集。收集个人信息的方式有很多种，包括要求自然人填写姓名、身份证号码、地址、电子邮箱、联系电话、家庭住址等，也包括通过计算机信息系统而自动记录自然人的个人信息，如通过 Cookie 技术记录网络用户的身份识别号码 ID、密码、浏览过的网页、停留的时间、用户在 Web 站点购物的方式或用户访问该站点的次数等，再如要求用户授权访问并读取用户手机的存储、通信录，通过设置在汽车、家用电器上的传感器记录用户使用的次数、频率和地址位置信息等。

2. 存储。被收集的个人信息需要进行存储，才能对其进行加工和使用。存储的时间可能是长期的，也可能是短期的；可能是以纸面的形式进行存储，更可能是存储至电脑硬盘中或者进行所谓的云存储。被存储的个人信息既包括被收集的原始的个人信息，也包括进行分析加工后的个人信息。

3. 使用。收集个人信息的主要目的就是使用个人信息。企业多是为了商业目的而使用这些个人信息，例如，通过对收集的用户的交易信息（如订购的商品、下单的时间、支付的方式等）进行分析，了解该用户的购物偏好、支付能力等，从而进行相应的广告推送。再如，收集个人信息后对用户进行个人信用的评价等。政府机关则往往是为了进行相应的行政管理和提供公共服务的需要而对个人信息进行收集。

4. 加工。加工是指对收集的个人信息进行分析、整理、计算、编辑等活动。

随着网络信息科技的发展，个人信息通过数据的方式表现即成为个人数据，而对个人数据的处理的规模和能力是以往所无法比拟的，这一点尤其体现在对大量的非结构化个人数据进行标注、清洗、建模和计算等方面。

5. 传输。传输是指处理者内部进行的个人信息的传输活动，如将本地硬盘上存储的个人信息数据上传到云存储中，或者在处理者内部不同单位之间进行的个人信息的传送。它与处理者将个人信息提供给其他民事主体不同。

6. 提供。提供个人信息是指数据处理者将其收集的个人信息或者进行加工后的个人信息提供给他人使用，这既包括政府之间进行的信息的共享，也包括企业集团内部各个公司之间互相交换信息或共享信息，还包括在获得被收集者同意后向他人提供个人信息，以及无须经过被收集者同意而提供经过处理无法识别特定个人且不能复原的信息。

7. 公开。所谓公开个人信息，是指依法将个人信息向特定的或不特定的主体予以公开的情形。例如，政府机关依据《政府信息公开条例》的规定，为了维护公共利益而公开包含个人信息的政府信息。

二、处理个人信息的基本原则

（一）规定处理个人信息的基本原则的意义

我国《民法典》第 3 条至第 9 条确立了民事活动的基本原则，包括民事权益受法律保护的原则、平等原则、自愿原则、公平原则、诚信原则、公序良俗原则以及绿色原则。这些基本原则是所有的民事主体，无论是自然人、法人还是非法人组织，在从事民事活动时都必须遵守的原则。任何组织或个人从事个人信息处理活动，自然也应当遵守这些基本原则。但是，个人信息的处理活动又有其特殊性，因为个人信息处理活动涉及自然人的基本权利、人身财产权益的保护与信息的自由流动、合理利用的关系的协调，不仅涉及一国国内法的问题，还涉及国际法的问题（如信息和数据的跨境传输），因此，非常专业且极为复杂，尤其是随着科技的发展，实践中各种各样的新型的个人信息处理活动层出不穷，即便是条文数量极为众多的个人信息保护的专门立法也难以一一预见并加以调整。故此，有必要依据宪法保障人权的精神和民法的基本原则确立个人信息处理的基本原则，从而避免立法上的挂一漏万，及时填补法律的空白，解释法律条款的精神实质，以适应保障人权和网络信息社会、数字经济发展的需要。例如，欧盟《一般数据保护条例》第5条第1款规定，个人数据应：(a) 以合法、公正、透明的方式处理（“合法性、公平性和透明性”）。(b) 为特定的、明确的、合法的目的收集，不符合以上目的不得以一定的方式进一步处理；为公共利益、科学、历史研究或统计目的而进一步处理，应符合本条例第89条第1款规定，不应被视为不符合初始目的（“目的限制”）。(c) 充分、相关，及以个人数据处理目的之必要为限度进行处理（“数据最小化”）。(d) 准确、必要、及时；以个人数据处理目的为限，应采取一切合理步骤确保不准确的个人数据被及时地处理、删除或修正（“准确性”）。(e) 允许以数据主体可识别的形式保存数据的时间不得超过数据处理目的之必要；为了保护数据主体的权利和自由，依据本条例第89条第1款予以实施本条例所要求的适当技术性和组织性措施，仅以实现公共利益、科学或历史研究、数据统计目的而处理的，个人数据能被以较长时间存储（“存储限制”）。(f) 以确保个人数据适度安全的方式处理，包括使用适当的技术性或组织性措施来对抗未经授权、非法的处理、意外遗失、灭失或损毁的保护措施（“完整性和保密性”）。由此可见，欧盟《一般数据保护条例》明确了合法原则、公平原则、透明原则、正当原则以及限制原则。再如，德国《联邦数据保护法》第47条规定，处理个人数据应当：(1) 合法、公平；(2) 为了特定、明确且合法的目的而收集的并以不违反这些目的的方式进行处理；(3) 就处理目的而言适当、相关且不过度；(4) 准确且于必要时更新；考虑到处理目的，应采取一切合理步骤来确保不准确的个人数据被删除或更正；(5) 以允许识别数据主体的形式所保存的时间不超过处理该数据之目的所必需的时间；(6) 以确保个人数据适当安全的方式进行处理，包括使用适当的技术或组织措施来防止未经授权或非法处理以及防止意外丢失，破坏或损坏。

（二）我国法上处理个人信息的基本原则

对于个人信息的处理，《民法典》第1035条第1款确立了合法、正当与必要三项原则。这三项原则在《全国人民代表大会常务委员会关于加强网络信息保护的决定》第2条和《网络安全法》第41条第1款中也有明确的规定。

1. 合法原则。所谓合法原则，就是指在对个人信息进行收集、存储、加工、使用、提供、公开等活动时，行为人应当严格按照法律法规的规定，不得违法处理个人信息。具体而言，合法原则体现在：首先，除非法律、行政法规另有规定，否则处理个人信息必须得到自然人或其监护人的同意或者符合当事人之间的约定；其次，处理个人信息的方法（如目的、方式、范围等）符合法律法规规定，并且不违反双方的约定。

2. 正当原则。所谓正当原则，也称公正原则，是指处理个人信息的行为必须符合正当的目的，此种目的的"正当性"或在于信息主体所同意的收集处理个人信息的特定目的，或在于有关国家机关依据法律法规规定履行职责所必要的，或在于是维护公共利益或国家安全所必须的。任何组织或者个人不能超出特定的目的或者为了不正当的目的去收集个人信息。正当原则也是世界各国个人信息保护立法中所确立的基本原则。例如，欧盟《一般数据保护条例》第5条规定："为特定的、明确的、合法的目的收集，不符合以上目的不得以一定的方式进一步处理；为公共利益、科学或历史研究或者统计目的而进一步处理，应符合本条例第89条第1款规定，不应被视为不符合初始目的。"2017年日本《个人信息保护法》第3条规定："在尊重个人人格的理念下，个人信息应被慎重对待，鉴于此，应当实现个人信息之正当处理。"再如，2012年新加坡《个人信息保护法》第20条规定："根据本法，机构可以收集、使用或披露个人信息，只用于以下目的——（a）一个理性的人认为在某种情况下是合适的；以及（b）若适用，该机构依据第22条通知到个人。"

3. 必要原则。该原则也称数据最小化或信息最小化原则，是指处理个人信息，都必须只处理那些为了满足个人信息处理目的之必要为限度的个人信息，不能超出这个限度去处理与满足个人信息处理目的无关的个人信息。从基础理论上说，个人信息处理应当遵循的必要原则是比例原则（der Grundsatz der Verhältnismäβigkeit）的具体体现。狭义的比例原则主要适用于负担行政行为以及所有的行政领域，而广义的比例原则产生于法治国家原则，不仅约束行政，也约束立法，同时被适用于一般性确定基本权利的界限，"即作为个人自由请求权和限制自由的公共利益之间的权衡要求适用"。[①] 在民法中，比例原则意味着"只有在以下情形当中，个人自由及其私法自治才能受到干预，即对于维护更高的利益而言这是必要的，且此种干预既适于实现预期的目标也是实现该目的的最缓和

① ［德］哈特穆特·毛雷尔：《行政法学总论》，高家伟译，法律出版社2000年版，第238－239页。

的方式。”① 个人信息或个人数据处理的必要原则也是世界各国个人信息或个人数据保护立法所坚持的一项基本原则。例如，欧盟《一般数据保护条例》在“鉴于条款”第39条指出：“个人数据应当充分、相关并且仅限于其处理目的所需的必要数据。这尤其要求确保对个人数据的存储期限的必要限制。只有在处理目的不能通过其他方式合理实现的情况下，才能进行个人数据处理。为确保个人数据的保存时间不超过必要时间，应由控制者制定时间限制以进行删除或定期审查。”该条例第5条将必要原则概括为“充分、相关，及以个人数据处理目的之必要为限度进行处理”“准确、必要、及时：以个人数据处理目的为限，应采取一切合理步骤确保不准确的个人数据被及时地处理、删除或修正。”再如，我国台湾地区“个人资料保护法”第5条规定：“个人资料之搜集、处理或利用，应尊重当事人之权益，依诚实及信用方法为之，不得逾越特定目的之必要范围，并应与搜集之目的具有正当合理之关联。”关于必要原则的具体要求，我国现行法律没有规定。国家标准《信息安全技术 个人信息安全规范》第5.2条则认为，基于收集个人信息的最小必要这一原则，对个人信息控制者应提出如下要求：（1）收集的个人信息的类型应与实现产品或服务的业务功能有直接关联，直接关联是指没有上述个人信息的参与，产品或服务的功能无法实现；（2）自动采集个人信息的频率应是实现产品或服务的业务功能所必需的最低频率；（3）间接获取个人信息的数量应是实现产品或服务的业务功能所必需的最少数量。

三、告知同意规则

（一）告知同意规则的涵义

所谓告知同意规则，也被称为“知情同意规则”，是指任何组织或个人在处理个人信息时都应当对信息主体即其个人信息被处理的自然人进行告知并取得同意，除非法律另有规定。由此可见，告知同意规则包含了两项规则：一是告知规则，二是同意规则。二者紧密联系，不可分割。没有告知，自然人无法就其个人信息被处理作出同意与否的表示；即便告知了，但没有充分的、清晰的告知，自然人即便作出了同意的表示，该同意也并非是真实有效的同意。反之，虽然告知了且充分、清晰地告知了，但并未取得自然人的同意，对个人信息的处理也是非

① Larenz/Wolf, Allgemeiner Teil des Buergerlichen Rechts, 9Aufl., Beck, 2004, §1, Rn. 4.

法的，构成对自然人个人信息权益的侵害。

告知同意规则是世界各国个人信息保护立法中所普遍确立的一项基本规则，该规则被认为奠定了个人信息处理的正当性与和合法性的基础。告知同意规则最早为1970年的德国黑森州的信息法所确认。1973年，美国政府成立的“关于个人数据自动系统的建议小组”发布的“公平信息实践准则”报告中提出了处理个人数据的五项原则，其中就包括了“必须确保个人了解其被收集的档案信息是什么，以及信息如何被使用”以及“必须确保个人能够阻止未经同意而将其信息用于个人授权使用之外的目的，或者将其信息提供给他人，用作个人授权之外的目的”。① 1974年美国颁布了适用于联邦政府部级以上机构收集和处理个人信息活动的《隐私法》，该法明确了自然人享有决定是否同意公开自己资料的权利，禁止行政机关在没有取得本人同意的情况下公开其个人信息。② 到目前为止，绝大多数国家的个人信息保护立法都明确规定了告知同意规则。例如，欧盟《一般数据保护条例》明确规定：“处理个人数据之前应征得数据主体的同意，通过清楚明确的行为自愿表明同意对其个人数据进行处理，例如，通过书面陈述（包括电子形式）或者口头声明。同意方式可以包括在浏览网页时在方框里打上钩，对信息社会服务进行技术设置或者其他陈述或行为以清楚表示接受对其个人数据的处理。因此，默示、预选方框或者不作为不构成同意。同意范围应当包括所有基于同一目的或者同一类目的而进行的数据处理活动。当数据处理活动存在多种目的时，每项目的都应当征得同意。如果数据主体是基于电子形式的请求而作出的同意，请求应清晰、简洁且不影响所提供服务的使用。”该条例第6条明确将数据主体同意其个人数据为一个或多个特定目的处理视为合法的情形之一，且在第7条以下，对同意的要件、关于信息社会服务适用于儿童时的同意条件以及特殊类型的个人数据处理时的同意要件作出了详细的规定。再如，日本《个人信息保护法》第16条第1、2款规定：“个人信息处理业者不得未事先取得本人的同意，而超出达到依照前一条的规定所特定的利用目的所必要的范围，处理个人信息。个人信息处理业者在因合并或其他事由而从其他个人信息处理业者处承受业务并

---

① 丁晓东：《论个人信息法律保护的思想渊源与基本原理——基于“公平信息实践”的分析》，载《现代法学》2019年第3期。

② 王融：《大数据时代：数据保护与流动规则》，人民邮电出版社2017年版，第36页。

取得个人信息后，不得未事先取得本人的同意，而超出达到业务承受前该个人信息的利用目的所必要的范围，处理个人信息。”我国台湾地区“个人资料保护法”第7条规定：“第十五条第二款及第十九条第一项第五款所称同意，指当事人经搜集者告知本法所定应告知事项后，所为允许之意思表示。第十六条第七款、第二十条第一项第六款所称同意，指当事人经搜集者明确告知特定目的外之其他利用目的、范围及同意与否对其权益之影响后，单独所为之意思表示。公务机关或非公务机关明确告知当事人第八条第一项各款应告知事项时，当事人如未表示拒绝，并已提供其个人资料者，推定当事人已依第十五条第二款、第十九条第一项第五款之规定表示同意。搜集者就本法所称经当事人同意之事实，应负举证责任。”

之所以在个人信息保护制度中以告知同意规则作为基本的规则，原因就在于自然人对其个人信息享有受到法律保护的民事权益，没有得到自然人的同意而处理其个人信息就是对个人信息权益的侵害行为，具有非法性。自然人针对个人信息享有的民事权益决定了自然人可以处分其个人信息，包括许可他人收集、存储、使用、加工、提供或公开其个人信息。在现代网络信息社会，告知同意规则面临着很多的挑战，① 甚至在实践中，自然人客观上往往很难拒绝个人信息被处理。很多时候，信息处理者给自然人的选择项只有留下或离开两个选项，即要么同意被收集个人信息，就能留下来，使用相应的产品或接受服务，生活变得更方便快捷；要么拒绝被收集，则无法使用产品或服务，只能离开。此外，由于信息处理者将告知的内容置于冗长的隐私政策当中，导致用户实际上几乎不会真正去阅读或真正了解这些隐私政策，故此有不少观点认为，建立在告知同意规则基础上的个人信息或个人数据保护和治理的框架是不科学的，也是无效的，而且还会阻碍数据的流转和信息的流动。②

笔者认为，上述观点是片面的、不妥当的，因为它们只是看到了问题的一个方面，就轻率地认为告知同意规则失去其意义，甚至认为自然人的对个人信息处

---

① 参见万方：《隐私政策中的告知同意原则及其异化》，载《法律科学》2019年第2期。

② 参见京东法律研究院：《欧盟数据宪章：〈一般数据保护条例〉GDPR述评及实务指引》，法律出版社2018年版，第51－52页。

理的同意不再是个人信息处理的正当性基础。① 首先，告知同意规则的具体适用中的困难并不能改变该规则的所蕴含的精神实质，即自然人有权决定对自己的个人信息的处理，信息的流动或者利用必须在尊重个人信息权益的前提下进行，二者应当实现协调。取消告知同意规则，势必使得自然人对其个人信息完全失去控制力，自然人针对其个人信息的民事权益也不复存在。其次，告知同意规则的重心不在于用户是否真正了解个人信息处理的目的、方式或范围等，而在于建立了处理个人信息行为的合法性基础。无论信息处理者在告知同意规则中使用如何复杂冗长甚至含混的表述，也无论个人信息被处理的自然人是否实际阅读或理解了告知的内容，只要因此发生法律纠纷，那么在法院裁判案件时，就要先审查个人信息处理者是否按照法律的规定履行了告知同意规则的要求，这对于保护自然人是非常有利的。如果个人信息处理者履行了告知同意规则的要求，不存在非法处理个人信息的行为，那么自然人也不得对处理者合法的个人信息处理行为进行阻碍，而这对于处理者又是非常有利的。最后，告知同意规则也为个人信息保护机构对告知同意规则的适用进行监管提供了正当性基础，因为这种监管的目的在于保护广大自然人的个人信息权益，具有充足的正当性。实际上，通过各种方法来确保告知同意规则真正得到落实，正是个人信息保护机构的重要职责，由此产生的各种问题应当依靠个人信息处理者的自律行为、监管者的严厉监管措施以及自然人针对信息处理者的民事诉讼三者共同加以解决。

（二）告知规则

任何组织或个人在进行收集、存储、使用、加工、提供、公开等个人信息的处理行为时，都应当遵守告知规则，向信息主体即自然人履行告知义务。如果不经过充分合法的告知，则自然人无法作出真实的同意。《民法典》第1035条第1款要求处理自然人的个人信息时必须公开处理信息的规则并明示处理信息的目的、方式和范围。《网络安全法》第41条第1款和《全国人民代表大会常务委员会关于加强网络信息保护的决定》第2条也规定，网络服务提供者和其他企业事业单位收集、使用个人信息，应当公开收集、使用规则，明示收集、使用信息的目的、方式和范围。

① 参见任龙龙：《论同意不是个人信息处理的正当性基础》，载《政治与法律》2016年第1期。

1. 告知义务的履行方式。可以分为两类：一是个人信息的处理者一对一地向个人信息被处理的自然人进行告知，从而取得自然人的同意；此种方式，在人工收集个人信息时使用较多，例如，信息处理者就其与自然人签订合同时收集到的个人信息，应当事先进行告知。例如，日本《个人信息保护法》第 18 条第 2 款就规定：“无论前一款规定如何，个人信息处理业者在因与本人签订合同而取得合同书及其他书面材料（包括电磁记录。以下于本款中相同）上所记载的该本人之个人信息的情形，以及其他直接从本人处取得书面材料上所记载的该本人之个人信息的情形，应当事先向本人明示其利用目的。但是，为保护人的生命、身体或财产而有紧急必要的情形，不在此限。”再如，不动产登记中，登记申请人向登记机构提交登记申请书，申请相应的不动产登记，不动产登记机构应当在登记申请书中向申请人告知处理该申请人的个人信息的目的、方式和范围等内容，进而取得申请人的同意。

二是个人信息的处理者通过制定个人信息处理规则的方式来统一告知个人信息被处理的自然人。这种方式往往是在通过信息网络进行个人信息的自动化处理时使用，如网络用户在下载安装网络公司提供的各种应用软件时，网络公司在所谓的“隐私政策”中对个人信息处理的目的、方式和范围等内容进行告知。如果个人信息处理者将制定的个人信息处理规则告知自然人，那么该规则必须是公开的，并且是便于查阅和保存的。否则，应当认为个人信息处理者没有履行告知的义务。尤其是实践中，个人信息处理规则是以电子信息的方式存在的情况下，如果自然人无法查阅或者保存这些规则，那么就容易出现个人信息处理者私自变更规则，从而导致双方就个人信息的处理发生纠纷时，自然人无法提供相应的证据。从证明责任的角度上说，是否履行了告知义务，应当由负有该义务的个人信息处理者承担证明责任。这也是符合证明责任分配的基本要求的。当然，最好是在未来我国的《个人信息保护法》中对此作出明确的规定。

2. 告知的具体内容。《民法典》第 1035 条以及《网络安全法》第 41 条第 1 款只规定了“处理信息的目的、方式和范围”等内容，没有作出更具体的规定。从比较法上来看，对告知的具体内容都有明确的规定。例如，欧盟《一般数据保护条例》第 13 条和第 14 条区分了从数据主体处收集个人数据和并非从数据主体处获取个人数据这两种情形，就信息控制应当向数据主体提供的信息作出了详细的规定。再如，我国台湾地区“个人资料保护法”第 8 条第 1 款规定：“公务机关或非公务机关依第十五条或第十九条规定向当事人搜集个人资料时，应明确告知当事人下列事项：一、公务机关或非公务机关名称。二、搜集之目的。三、个人资料之类别。四、个人资料利用之期间、地区、对象及方式。五、当事人依第三条规定得行使之权利及方式。六、当事人得自由选择提供个人资料时，不提供将对其权益之影响。”目前，在我国，只有国家互联网信息办公室颁布的《儿童个人信息网络保护规定》中对网络运营者收集儿童个人信息时应当告知的事项作出了较为详细的列举，依据该规定第10 条第1 款，网络运营者征得同意时，应当同时提供拒绝选项，并明确告知以下事项：（1）收集、存储、使用、转移、披露儿童个人信息的目的、方式和范围；（2）儿童个人信息存储的地点、期限和到期后的处理方式；（3）儿童个人信息的安全保障措施；（4）拒绝的后果；（5）投诉、举报的渠道和方式；（6）更正、删除儿童个人信息的途径和方法；（7）其他应当告知的事项。未来我国颁布的《个人信息保护法》中应当对告知的具体内容作出更详细的规定。

笔者认为，信息处理者无论是一对一告知还是以制定个人信息处理规则的方式告知，告知的内容至少要包括以下几项：（1）信息处理者的姓名、名称以及联系方式。这是为了使得自然人清晰其个人信息究竟是被谁收集、存储或使用的，一旦将来发生个人信息泄露或非法买卖个人信息的事件时，便于自然人查找侵权人，要求其承担相应的侵权责任。（2）个人信息处理的目的、方式以及被处理的个人信息的类型。所谓个人信息处理的目的，就是指信息处理者究竟是基于何种目的而对个人信息进行处理。首先，该目的应当是合法的、正当的，当然，至于是为了营利目的还是非营利目的，在所不问。其次，该目的必须是特定的、明确的，而不能是笼统的，如“为本公司经营发展之需要”之类的模糊目的，均不符合目的明确之要求。处理个人信息的方式，主要是指信息处理者对个人信息是收集、存储、加工、使用、提供、公开中的哪些情形，具体内容如何。个人信息的种类就是指处理者要明确清晰地告知自然人，其哪些个人信息被处理了，其中哪些是仅仅收集、存储而不使用，哪些还会使用甚至有些会公开之类的。（3）个人信息的保管方式和期限。个人信息的保存非常重要，很多个人信息的泄露或非法买卖就是因为信息处理者没有履行法律规定的个人信息的保管义务，故此应当告知自然人个人信息的保管方式，同时要明确保管的期限，因为在期限届满后，除非得到自然人的再次同意，否则就应当删除这些信息。（4）个人信息权益的行使方式。我国《民法典》和《网络安全法》赋予了自然人针对其被处理的个人信息享有查询、复制、抄录权，发现错误时的更正权以及要求删除个人信息的权利。为了切实保障自然人这些权利能够落实，信息处理者必须公布个人信息权益的行使方式。如果没有公布，则自然人有权以适当的方式行使其权益。

3. 免于告知的情形。在有些情形下，为了公共利益和个人信息被处理者自身的利益的需要，应当免除处理者的告知义务，否则将不利于保护公共利益或者维护自然人的合法按权益。例如，我国台湾地区“个人资料保护法”第 8 条第 2 款规定：“有下列情形之一者，得免为前项之告知：一、依法律规定得免告知。二、个人资料之搜集系公务机关执行法定职务或非公务机关履行法定义务所必要。三、告知将妨害公务机关执行法定职务。四、告知将妨害公共利益。五、当事人明知应告知之内容。六、个人资料之搜集非基于营利之目的，且对当事人显无不利之影响。”从我国《民法典》第 1036 条的规定来看，其中第 2 项和第 3 项的规定既属于免于告知义务的例外情形，也属于无须取得同意的例外情形。具体如下：首先，当处理者处理的是某一自然人自行公开的或者其他已经合法公开的信息的，则处理者既不需要告知自然人更无须取得该自然人的同意，除非该自然人明确拒绝或者处理该信息侵害其重大利益。其次，为了维护公共利益合理实施的处理个人信息的行为，无须告知。《民法典》第 999 条列举了一种具体情形，即为了实施新闻报道、舆论监督等行为而合理使用自然人的个人信息的，无须承担民事责任。再次，为了维护个人信息被处理的自然人的合法权益，在这种情形下，虽未告知，也不承担责任。例如，老年人 A 因记忆衰退在野外走失，此时，为了尽快找到 A，在没有告知的情况下，利用了 A 身上携带的智能手环中的 GPS 记载的行踪信息，找到了 A。最后，法律、行政法规如果特别规定了无须告知的情形，则依据其规定。

（三）同意规则

1. 同意规则适用的情形

首先，个人信息处理者在处理个人信息之前，必须得到个人信息被收集的自然人或者其监护人的同意，除非法律、行政法规另有规定。对此，《民法典》本条第 1 款第 1 项有明确的规定。此外，《全国人民代表大会常务委员会关于加强网络信息保护的决定》第 2 条和《网络安全法》第 41 条也有规定。所谓取得监护人的同意，是指在处理不完全民事行为能力人的个人信息时，处理者应当取得其监护人的同意。为了更好地保护未成年人的健康成长，防止因个人信息的处理而对未成年人的身心健康产生危害或危害的可能，比较法上各国对于儿童的个人信息都采取更严格的保护措施。例如，欧盟《一般数据保护条例》第 8 条规定："1. 若适用本条例第 6 条第 1 款（a）项，关于直接向儿童提供信息社会服务的，对 16 周岁以上的儿童的个人数据的处理为合法。儿童未满 16 周岁时，处在征得监护人同意或授权的范围内合法。成员国可以通过法律对上述年龄进行调整，但不得低于 13 周岁。2. 考虑到现有技术，控制者应当作出合理的努力证明在此种情况下已取得监护人同意或授权。"我国《儿童个人信息网络保护规定》第 9 条规定："网络运营者收集、使用、转移、披露儿童个人信息的，应当以显著、清晰的方式告知儿童监护人，并应当征得儿童监护人的同意。"该规定中的"儿童"，是指不满 14 周岁的未成年人（第 2 条）。

其次，在自然人的个人信息已经被处理后，如果处理者对个人信息的处理的规则或处理个人信息的目的、方式或范围发生变更，处理者也要取得自然人或者其监护人的同意。因为，自然人或者监护人此前作出的同意只是针对之前的处理规则和处理的目的、方式或范围的同意。既然现在处理规则或处理个人信息的目的、方式或范围发生了变化，就意味着处理者的处理行为超出了当初双方约定的个人信息处理的目的、方式或范围，自然要重新取得同意。

再次，依据《民法典》第 1038 条第 1 款以及《网络安全法》第 42 条第 1 款，如果个人信息处理者要将其处理的个人信息提供给他人，则除非该信息是经过加工无法识别特定个人且不能复原的，否则需要取得自然人或其监护人的同意。

最后，法律规定的其他需要取得同意的情形。例如，对于个人信息的跨境转移等处理活动，需要取得自然人或其监护人的同意。

2. 对于同意的要求

我国《民法典》第 1035 条只是规定要取得"自然人或者其监护人同意"，没有对同意的方式作出规定。欧盟《一般数据保护条例》第 4 条第 11 款将自然人对个人信息处理的同意界定为："是指数据主体通过声明或者明确肯定方式，依照其意愿自愿作出的任何具体的、知情的及明确的意思表示，意味着数据主体同意其个人数据被处理。”此外，在该条例“鉴于条款”的第32条，欧盟立法机关还明确规定：“处理个人数据之前应征得数据主体的同意，通过清楚明确的行为自愿表明同意对其个人数据进行处理，例如，通过书面陈述（包括电子形式）或者口头声明。同意方式可以包括浏览网页时在方框里打上钩，对信息社会服务进行技术设置或者其他陈述或行为以清楚表示接受对其个人数据的处理。因此，默示、预选方框或者不作为不构成同意。同意范围应当包括所有基于同一目的或者同一类目的而进行的数据处理活动。当数据处理活动存在多种目的时，每项目的都应当征得同意。如果数据主体是基于电子形式的请求而作出的同意，请求应清晰、简洁且不影响所提供服务的使用。”德国《联邦数据保护法》第51条第2款和第4款规定，如果数据主体的同意是在同时涉及其他事项的书面声明中作出的，则对于同意的请求应以与其他事项明显区分的方式提出，且该请求应当是易于理解的且所使用的文字应当清晰明了。同意只有在基于数据主体的自由决定作出时，才是有效的。在确定数据主体是否基于自由决定而同意时，应当考虑到作出同意的具体情事。我国《民法典》第1035条虽然没有对同意的具体要求作出规定，但是由于同意本身是自然人作出的意思表示，而依据《民法典》总则编关于意思表示的规定完全可以适用于自然人就个人信息处理所作出的同意。故此，自然人在因欺诈、胁迫或重大误解而作出的意思表示，是可以撤销的意思表示。一旦撤销，则处理者此前基于同意作出的个人信息处理行为均属于违法行为。

自然人对个人信息处理是否作出同意，应当由处理者举证证明。因为这种同意是个人信息处理行为的合法性基础。例如，欧盟《一般数据保护条例》第7条第1款规定：“如果处理是基于同意，控制者应能证明数据主体已经同意处理其个人数据。”德国《联邦数据保护法》第51条第1款规定：“如果可以基于同意而依法处理个人数据，则控制人必须能够提供数据主体同意的证据。”再如，我国台湾地区“个人资料保护法”第7条第3款规定：“搜集者就本法所称经当事人同意之事实，应负举证责任。”自然人可以撤回其对个人信息处理所作出的同意，一旦撤回同意，则处理者不得再处理该自然人的个人信息，并应当删除或销毁所存储的个人信息。当然，此前作出的个人信息处理行为依然是合法的。

3. 免于同意的情形

在法律有特别规定或者为了维护社会公共利益等情形下，处理者可以不经过自然人或者其监护人的同意而处理个人信息，这就是免于同意的例外情形。例如，欧盟《一般数据保护条例》第9条第2款规定多项例外情形，包括法律的规定，为了实现控制者或数据主体履行法定的义务和行使法定权利的目的而进行必要数据处理，为了保护数据主体的切身利益，处理被数据主体明显公开的个人数据，为了重大公共利益等。我国《民法典》等法律也规定了告知同意规则的例外情形，具体包括：

其一，为了实施新闻报道、舆论监督等行为而合理使用自然人的个人信息，此时无需告知并取得同意（《民法典》第999条）。

其二，处理该自然人自行公开的或者其他已经合法公开的信息，除非该自然人明确拒绝或者处理该信息侵害其重大利益（《民法典》第1036条第2项）。该规定来自《最高人民法院关于审理利用信息网络侵害人身权益民事纠纷案件适用法律若干问题的规定》第12条第2款。

其三，为维护公共利益或者该自然人合法权益，合理实施的处理个人信息的其他行为（《民法典》第1036条第3项）。所谓维护公共利益的情形，例如，当大规模疫情暴发时，为了能够防控疫情而需要对个人信息进行收集、使用；再如，学校、科研机构等基于公共利益为学术研究或者统计的目的而合理实施的个人信息的处理行为。维护该自然人的合法权益，是指为了维护个人信息被处理者的合法权益而在不经过其本人或监护人同意的情形下处理个人信息。例如，A因突发疾病而生命垂危，此时，无法取得其本人或近亲属的同意，而需要了解其既往的病史等健康信息，否则无法治疗，那么在这种情形下可以处理其相关的个人信息。

（撰稿人：程啸）

第一千零三十六条　【处理个人信息的免责事由】

处理个人信息，有下列情形之一的，行为人不承担民事责任：

（一）在该自然人或者其监护人同意的范围内合理实施的行为；

（二）合理处理该自然人自行公开的或者其他已经合法公开的信息，但是该自然人明确拒绝或者处理该信息侵害其重大利益的除外；

（三）为维护公共利益或者该自然人合法权益，合理实施的其他行为。

◆ 条文释义

一、侵害个人信息的民事责任的概念

所谓侵害个人信息的民事责任，是指个人信息的处理者因侵害自然人的个人信息权益而依法应当承担的民事责任。具体包括两种类型：一是违约责任，即个人信息处理者与自然人之间就个人信息的处理存在合同关系，但是个人信息处理者违反合同处理个人信息而应当承担的违约责任。例如，个人信息处理者违反合同约定的个人信息处理的目的、方式和范围处理个人信息，其行为构成违约行为，自然人可以要求处理者承担相应的违约责任。二是侵权责任，即个人信息处理者不法侵害自然人的个人信息权益而依法承担的侵权责任。侵害个人信息的侵权责任无须个人信息处理者与自然人之间有合同关系，均可适用之。例如，非法买卖、泄露个人信息的就应当承担侵害个人信息的侵权责任。《民法典》第1036条规定的“行为人不承担民事责任”既包括了违约责任，也包括了侵权责任。由于侵权责任的适用情形更为广泛，故此笔者此处主要讨论侵害个人信息的侵权责任的问题。

二、侵害个人信息的侵权责任的归责原则

（一）现行法上适用的是过错责任原则

在我国侵权法中，过错责任是最基本的损害赔偿责任的归责原则（《民法典》

第1165条第1款）。至于过错推定责任或无过错责任，都必须以法律有明确规定为前提（《民法典》第1165条第2款、第1166条）。但是，包括《民法典》在内的我国现行法并未就侵害个人信息的侵权责任规定适用无过错责任或者过错推定责任。因此，从解释论的角度出发，现行法上侵害个人信息的侵权责任适用的是过错责任，换言之，《民法典》第1165条第1款是个人信息遭受侵害的被侵权人的请求权基础。

有观点认为，我国《网络安全法》第74条第1款规定："违反本法规定，给他人造成损害的，依法承担民事责任"，该款规定的是无过错责任，即"基于违法性的无过错责任"。① 笔者不赞同此种看法，因为该款并非规定独立的请求权基础，更未确立无过错责任，只是依据我国立法惯例所作的一个衔接性的规定。在我国，很多行政管制性的法律均会在"法律责任"一章中作出类似的规定。事实上，这一点从该款"依法承担民事责任"中"依法"一词即可看出。也就是说，即便违反本法规定给他人造成损害，如何承担民事责任还是要依法（依据《民法典》等法律）来认定。故此，不能认为《网络安全法》第74条第1款确立了侵害个人信息的无过错责任。

（二）未来我国个人信息保护应确立无过错责任

我国《民法典》人格权编只是对个人信息保护的基本原则和规则作出了规定，至于侵害个人信息的侵权责任的问题，没有作出具体的规定，而交由未来的《个人信息保护法》作出规定。因此，值得讨论的问题是，未来我国个人信息保护立法上，究竟对侵害个人信息的侵权责任继续适用过错责任，还是规定无过错责任或者过错推定责任呢？

从比较法来看，一些国家或地区的法律对侵害个人信息的侵权责任规定了适用过错推定责任或无过错责任。欧盟《一般数据保护条例》第82条第2款规定："参与处理的任何控制者应当为违反本条例的数据处理所导致的损害负责。任何处理者，仅在其未遵守本条例对于处理者义务的特别规定或采取超出控制者的合法指令或者与控制者的指令相反的处理行为时，应为数据处理导致的损害负责。"该条第3款规定了控制者和处理者的免责事由，即如果能够证明其无论如何都不

① 叶名怡：《个人信息的侵权法保护》，载《法学研究》2018年第4期。

应对造成损害的事件负责时（it is not in any way responsible for the event giving rise to the damage），才能免除本条第 2 款的责任。显然，这一免责事由比之前的欧盟《个人数据保护指令》的要求更高了。① 因为数据的控制者和处理者基本上很难证明这一点，其即便证明了自己已经完全按照《一般数据保护条例》的要求履行了全部的义务也依然无法阻止损害的发生，前述免责事由也不会被适用。② 因此，欧盟《一般数据保护条例》第 82 条对侵害个人信息的民事责任采取的是极为严格的责任，仅仅证明没有过错或者履行了法定的义务等，都不足以免责。在德国，《联邦数据保护法》对于侵害个人数据的侵权责任的规定经历了一个变化过程。在为执行欧盟 1995 年《个人数据保护指令》而于 2002 年制定的德国《联邦数据保护法》，区分了一般的数据控制者侵权赔偿责任和公共机关自动处理数据的侵权赔偿责任。对于前者，依据该法第 7 条，适用过错推定责任，即只要控制者采取违法或不正当的方式收集、处理或使用个人数据而给数据主体造成了损害，控制者或其责任机构就应当赔偿由此造成的损失，除非能够证明尽到了具体情形中应尽的必要注意义务。对于后者，依据该法第 8 条，只要公共机关采取了违法或不正当的自动方式收集、处理或使用个人数据而给数据主体造成了损害，就应当承担赔偿责任，无论有无过错。然而，在 2016 年欧盟制定了《一般数据保护条例》之后，德国于 2017 年 6 月 30 日颁布了新的《联邦数据保护法》，该法第 83 条第 1 款规定："控制者违反本法或者其他关于数据处理的规定而处理个人数据，致使数据主体遭受损害的，控制者或者其权利主体应向数据主体负赔偿义务。在非自动化处理的情况下，倘若损害非因控制者过错所致，则不承担赔偿责任。"由此可见，新的德国《联邦数据保护法》是在区分自动化数据处理与非自动化数据处理的基础上分别规定了无过错责任与过错推定责任。具体来说，对于自动化的数据处理所产生的损害适用无过错责任，即只要数据控制者处理他人数据的行为违反了《联邦数据保护法》或其他法律并导致他人损害的，控制人或者其法人就负有损害赔偿义务。但是，在非自动化的数据处理的情形下，如果损

---

① 按照欧盟《数据保护指令》（Data Protection Directive）第 23 条第 2 款的规定，如果数据的控制者能够证明其无需对造成损害的事件负责，即可全部或部分免除责任。

② Paul Voigt & Axel von dem Bussche, The EU General Data Protection Regulation (GDPR), Springer, 2017, at 208.

害并非由于控制人的过错所致，则其不负有赔偿义务。① 再如，我国台湾地区“个人资料保护法”区分公务机关与非公务机关的信息侵权行为，分别规定了不同的责任。依据该法第 28 条，公务机关违反本法规定致个人资料遭不法收集、处理、利用或者其他侵害当事人权利的情形的，负损害赔偿责任，但是损害因为天灾、事变或者其他不可抗力所致者除外。该法第 29 条规定，非公务机关违反本法规定致个人资料遭不法收集、处理、利用或者其他侵害当事人权利的情形的，负损害赔偿责任，但是可以证明没有故意或者过失的除外。由此可见，我国台湾地区的公务机关与非公务机关侵害个人信息的侵权责任分别适用无过错责任与过错推定责任。②

应当说，侵害个人信息的侵权责任是随着网络信息科技的发展而产生的新型侵权行为，并非一般侵权责任。如果对之适用过错责任，要求受害人证明加害人的过错，显然是很困难的。即便在我国当前的司法实践中，法院审理个人信息侵权纠纷时，对于侵权人过错的认定基本上也都采取了客观化的判断标准，即依据法律关于个人信息保护的义务性规范直接将侵权人违反此等法定义务之行为视作有过错的行为，即违法视为过失。例如，在“庞理鹏与北京趣拿信息技术有限公司等隐私权纠纷”中，法院认为，《消费者权益保护法》第 29 条第 2 款规定“在立法层面上对消费者个人隐私和信息的保护，也是对经营者保护消费者个人信息的强制性规定。经营者违反了该条规定，即视为其存在过错”。“从本院现有证据看，东航和趣拿公司在被媒体多次报道涉嫌泄露乘客隐私后，即应知晓其在信息安全管理方面存在漏洞，但是，该两家公司却并未举证证明其在媒体报道后迅速采取了专门的、有针对性的有效措施，以加强其信息安全保护。而本案泄露事件的发生，正是其疏于防范导致的结果，因而可以认定东航和趣拿公司具有过错，理应承担侵权责任。”③ 我国也有学者认为，应当借鉴德国法的规定，对于个人信息侵权责任应当采取三元归责体系，即公务机关以数据自动处理技术实施的信

① Vgl. Paal&Pauly, DS - GVO BDSG, 2. Auflage 2018, Rn. 4 - 9.

② 在我国台湾地区，针对公务机关违反“个人资料保护法”而不法收集、处理、利用个人信息或其他侵害当事人权利的行为，受害人请求公务机关承担赔偿责任时，程序上应当先适用“国家赔偿法”的规定。参见林洲富：《个人资料保护法之理论与实务》，元照出版公司 2019 年版，第 99 页。

③ 北京市第一中级人民法院（2017）京 01 民终 509 号民事判决书。类似的判决还可参见“王艳春与王茹香、李春香等隐私权纠纷案”北京市门头沟区人民法院（2017）京 0109 民初 4611 号民事判决书。

息侵权适用无过错责任，采取自动化处理系统的非公务机关的信息侵权则适用过错推定责任；至于那些没有采取自动数据处理系统的数据处理者，其信息侵权应当适用一般的过错责任。①

笔者认为，对于侵害个人信息的侵权责任应当统一适用无过错责任，即受害人在针对信息处理者提起侵害个人信息的侵权之诉时，无须证明信息处理者存在过错，信息处理者只有在符合法定的免责事由时，才能免除责任。具体理由如下：首先，现代网络信息科技的发展使得信息处理者处理的个人信息的数量巨大，涉及的自然人人数众多。如此众多的个人信息汇聚起来，当然对于数字经济的发展是有利的，但同时也产生了高度的危险，即一旦信息泄露或被非法买卖将涉及人数极为众多的自然人的人身财产安全。故此，收集、存储、加工、使用和提供个人信息的处理活动可以认定为高度危险活动，开创了巨大的风险。依据风险开启法理，开启危险活动者自然要对该危险现实化所造成的损害承担无过错责任。其次，个人信息的处理对于处理者带来的巨大的收益，尤其是那些网络企业利用这些海量的个人信息进行精准的营销，设计了各种商业模式并获取了巨大的利润。基于侵权法上的报偿原则，“如果一项法律允许一个人——或者是为了经济上的需要，或者是为了他自己的利益——使用物件、雇佣职员或者开办企业等具有潜在危险的情形，他不仅应当享有由此带来的利益，而且也应当承担由此危险对他人造成任何损害的赔偿责任：获得利益者承担损失”。② 据此，处理者也应当承担无过错责任。再次，统一适用无过错责任能够更好地保护自然人的合法权益，使得自然人无须证明加害人的过错，同时，也避免了区分自动化处理与非自动化处理以及公务机关和非公务机关而适用不同的归责原则所造成的麻烦。最后，适用无过错责任并不会给信息处理者带来过重的负担。一方面，可以在适用范围和免责事由上针对各种主体从事的活动的差异性而作出不同的规定，以便协调个人信息保护与合理自由（言论自由、信息自由等）的维护之间的关系。具体而言，当被告从事的信息的收集和处理是纯粹的个人或者家庭生活中进行的活

---

① 叶名怡：《个人信息的侵权法保护》，载《法学研究》2018 年第 4 期。

② ［德］克里斯蒂安·冯·巴尔：《欧洲比较侵权行为法》（上卷），张新宝译，法律出版社 2001 年版，第 10 页。

动，则不属于个人信息保护法的调整范围，不适用无过错责任，[①] 如果产生侵权纠纷，仍然适用过错责任。此外，被告证明存在以下事由之一的，可以免除侵权责任：（1）被告是在原告或者其监护人同意的范围内实施的收集、使用或者公开个人信息的行为；（2）被告所使用的信息是原告自行公开的或者其他已合法公开的信息，除非使用该信息侵害该自然人重大利益或者自然人明确拒绝他人使用；（3）被告是为了实施新闻报道、维护公共利益或者为了维护原告的人身财产权益而合理实施的收集、使用或者公开个人信息的行为；（4）法律、行政法规规定的其他可以不经原告同意而收集、使用或者公开个人信息的情形。另一方面，危险责任可以通过法律规定最高赔偿限额，除非处理者存在故意或者重大过失，否则在一次个人信息泄露等事件中，其可以获得最高赔偿限额的保护（《民法典》第1244条）。同时，在有最高赔偿限额的情况下，也能通过保险分散损失。例如，我国台湾地区"个人资料保护法"第28条第4款就规定："对于同一原因事实造成多数当事人权利受侵害之事件，经当事人请求损害赔偿者，其合计最高总额以新台币二亿元为限。但因该原因事实所涉利益超过新台币二亿元者，以该所涉利益为限。"此外，如果个人信息中的私密信息受到侵害的，由于私密信息属于隐私，受到隐私权的保护，故此，当受害人选择以侵害隐私权而非侵害个人信息提起诉讼时，仍然适用《民法典》第1165条第1款规定的过错责任原则。

三、侵害个人信息的侵权责任的构成要件

（一）行为人实施了侵害个人信息的行为

1. 侵害个人信息的行为类型

由于个人信息是能够单独或者与其他信息结合识别特定自然人的各种信息，故此，侵害个人信息的加害行为可以分为两大类：其一，虽然侵害了个人信息，但加害人不以此为目的，而只是利用或借助个人信息来实现对受害人其他民事权益的侵害并造成损害。例如，犯罪分子非法窃取或购买个人信息来实施电信诈骗或杀害受害人；[②] 再如，加害人公开披露某人的家庭住址信息、工作场所信息、

---

① 参见欧盟《一般数据保护条例》（GDPR）第2条第2款第C项的规定。

② 在美国发生的一起案件中，由于信息中介将一名妇女的社会保险号和雇佣信息出售给了跟踪者，结果导致该女士被找到并被枪杀。参见 Remsburg v. Docusearch, Inc, 149 N. H. 148, 816 A. 2d 1001 (2003)。

银行存款信息等，从而损害受害人的隐私权、名誉权等人格权。由于这一类侵害个人信息行为的目的和后果是侵害受害人除个人信息之外的其他人身权益和财产权益，所以由此引发的侵权责任也主要表现为侵害生命权、隐私权、名誉权等的侵权责任。

其二，单纯侵害个人信息的加害行为，也就是说，该加害行为的目的和主要后果就是侵害受害人的个人信息。其中，最典型的一类就是《最高人民法院关于审理利用信息网络侵害人身权益民事纠纷案件适用法律若干问题的规定》第12条所规定的网络用户或者网络服务提供者利用网络“公开自然人基因信息、病历资料、健康检查资料、犯罪记录、家庭住址、私人活动等个人隐私和其他个人信息”。① 从司法实践来看，这一类案件的数量也占侵害个人信息侵权案件的大多数，且主要是以隐私权纠纷出现。② 此外，从实践来看，除了非法披露或公开个人信息的加害行为之外，单纯的侵害个人信息的行为至少还包括以下几类：

（1）非法收集个人信息，如未经被收集者的同意即收集个人信息，或者虽经同意但是未依法明示收集、使用信息的目的、方式和范围或超越目的、方式和范围过度收集个人信息。③

（2）泄露、毁损、丢失个人信息，即收集个人信息者违反法律规定和当事人的约定，未采取应有的技术措施和其他必要措施，确保其收集的个人信息安全，导致个人信息泄露、毁损、丢失。实践中这一类案件主要表现为医疗机构保管病历细心不当导致信息丢失、单位的人事部门或人力资源部门保管人事档案不当导致的信息缺损、电子设备维修不当错误删除记录等，其诉由主要是合同纠纷。④

（3）非法利用个人信息，即虽然个人信息的收集符合法律规定，经过被收集

---

① 由于现行的《民事案件案由规定》中并没有“个人信息纠纷”这一案由，故此类案件即便不构成隐私权纠纷或名誉权纠纷，也基本上会以这两类案由立案审理。例如，“王金龙与汉庭星空（上海）酒店管理有限公司、浙江慧某驿站网络有限公司隐私权纠纷案”，上海市浦东新区人民法院（2014）浦民一（民）初字第501号民事判决书。

② 根据北京市朝阳区人民法院的统计资料，此类侵害个人信息的侵权行为占整个案件数量的比例高达56%。参见北京市朝阳区人民法院编：《个人信息保护类民事案件研讨会参考资料》，2018年8月印刷，第29页。

③ 比较典型的案例就是“朱烨与北京百度网讯科技公司隐私权纠纷案”，南京市中级人民法院（2014）宁民终字第5028号民事判决书。

④ 北京市朝阳区人民法院编：《个人信息保护类民事案件研讨会参考资料》，2018年8月印刷，第29页。

人的同意，但是收集者没有经过被收集者的同意，违反法律、行政法规的规定或者双方的约定使用个人信息的。目前比较常见的有：利用他人的身份信息将他人登记为公司的股东、法定代表人或者董事、监事等；房产中介将客户的身份证信息以及房源信息伪造固定住所进而取得北京市居住证等。①

（4）非法泄露或者买卖个人信息，即个人信息处理者泄露个人信息或者未经被处理者同意将个人信息非法出售或者以其他方式传输给他人的行为。这类加害行为主要表现为非法买卖公民个人信息的犯罪行为。例如，电信部门、金融机构、房地产中介等利用职务之便，将获取的客户信息非法出售给他人牟利。

（5）其他侵害个人信息的行为，如因收集者的原因而致所收集的个人信息错误，最典型的就是征信系统中记载的他人的信用信息错误。

（二）加害行为与权益被侵害的因果关系

因果关系是所有法律责任的必备要件。在侵害个人信息的侵权责任中，也必须满足因果关系要件的要求，即加害人实施了侵害自然人个人信息权益的加害行为，受害人的权益被侵害与加害人的行为之间存在相当因果关系。然而，由于信息具有很强的流动性，而信息的收集、存储、使用、提供等行为类型众多，涉及的相关主体也较为复杂。故此，一旦发生侵害自然人个人信息权益的行为时，受害人往往很难证明究竟是其中的哪个主体实施了侵害自己的个人信息权益的加害行为。在我国，此种困难情形最常见于个人信息被泄露进而被违法犯罪分子用来实施电信诈骗的场合。此类案件中，原告往往难以查明实施电信诈骗的直接加害行为人，而只能以个人信息处理中涉及的某个或某几个信息处理者为被告提起诉讼，而被告则以信息并非自己所泄露为由进行抗辩。此时原告要提出证据证明就是被告实施了泄露其个人信息的行为（作为或不作为），往往十分困难。司法实践中，有些法院就以原告未能证明被告实施了加害行为为由驳回其诉讼请求。②而有些法院为了更好地保护个人信息，减轻原告在此类案件中的举证负担，采取

① 相关案例参见，“赵鹏与被告北京链家房地产经纪有限公司、宋英华、杨喜东，第三人宋金友一般人格权纠纷案”，北京市朝阳区人民法院（2018）京0105民初9840号民事判决书。

② 相关案例参见，“孙旭东与平安银行股份有限公司、深圳市鑫富源投资咨询有限公司隐私权纠纷案”，广东省深圳市中级人民法院（2017）粤03民终7378号民事判决书；“季海红与被告江苏苏宁易购电子商务有限公司隐私权纠纷案”，江苏省南京市玄武区人民法院（2016）苏0102民初1120号民事判决书。

了一些减轻原告举证困难的做法。例如，在“庞理鹏与北京趣拿信息技术有限公司等隐私权纠纷案”中，二审法院的法官就提出了证明加害人的高度可能性的判断标准，即只要原告提供的证据能够表明被告存在泄露原告个人隐私信息的高度可能性，而被告又不能反证推翻这种高度可能性，就可以认为被告实施了泄露个人信息的加害行为。① 该标准一经提出，即在司法实践中产生了很大的影响，一些法院在处理个人信息侵权案件时采取了该标准。②

笔者认为，以高度可能性的判断标准来确认被告是否实施了加害行为，是非常合理的，值得赞同。一方面，该标准并未改变《民事诉讼法》对证明责任分配的规定，原告依然需要提出相应的证据来证明被告存在泄露个人信息的行为的高度可能性；另一方面，考虑到现代信息社会中个人信息可能被很多主体所收集、存储和利用，信息的传递本身也具有极大的隐蔽性，要求原告确切无疑地证明究竟泄露个人信息的主体是谁，显然强人所难。故此，只需要证明被告存在泄露个人信息的高度可能性就行。原告的举证是否达到了证明被告存在泄露个人信息的高度可能性，应由法官结合案件的具体事实综合判断。一旦认可原告的证明达到了这种高度可能性，就应当由被告提供各种证据来推翻这种高度可能性。

不过在适用高度可能性的证明标准时，法院无论是在认定原告对被告加害行为的举证是否达到了高度可能性，还是在认定被告的举证是否足以推翻这种高度可能性时，需要综合考虑以下几个因素：（1）被告掌握原告的被泄露的个人信息的范围与程度。个人信息的类型众多，被告掌握原告的被泄露的个人信息的范围越大，程度越深，则其泄露原告个人信息的可能性越大。（2）其他单位或个人掌握被泄露的个人信息的可能性。尽管现代社会中任何自然人的个人信息可能都被很多单位或个人所掌握，但每个单位或个人所掌握的个人信息是不同的，例如，航班信息往往是被航空公司以及票务公司所掌握，如果被泄露，航空公司、票务公司泄露的可能性肯定要大于那些掌握自然人财务信息的银行等金融机构。（3）被告是否曾经存在泄露自然人个人信息的情形。如果被告曾经存在泄露自然人个人信息的情形，如被媒体披露过或者被相关政府主管部门进行过批评、警告甚至处

① 参见北京市第一中级人民法院（2017）京01民终509号民事判决书。

② “申瑾与上海携程商务有限公司，支付宝（中国）网络技术有限公司侵权责任纠纷案”，北京市朝阳区人民法院（2018）京0105民初36658号民事判决书。

罚的，其泄露个人信息的可能性就更大。(4) 被告已经采取的个人信息的保护机制和具体措施。被告如果能够举证证明自己已经采取了非常充分的个人信息的保护机制和具体措施，履行法律法规等规定的各种个人信息保护的义务，就可以在很大程度上推翻其泄露原告个人信息的高度可能性，至少将这种可能性降得比较低。(5) 信息收集者、信息存储者、信息使用者对接入其平台的第三方应用是否建立准入等相应的管理机制和履行管理义务的情形。这主要涉及泄露个人信息究竟是平台的提供者还是接入平台的第三方应用的问题。

(三) 造成损害

损害是所有损害赔偿责任的必备要件，没有损害就没有赔偿。故此，在侵害个人信息权益的纠纷中，原告要求被告承担侵权赔偿责任，就必须证明自己因此遭受的损害。从我国目前个人信息侵权纠纷案件来看，在利用非法取得个人信息实施电信诈骗的案件中，受害人往往遭受了实际的财产损失，对此，受害人比较容易举证证明。例如，在“申瑾与上海携程商务有限公司，支付宝（中国）网络技术有限公司侵权责任纠纷案”中，原告因个人的手机号和航班信息被他人泄露而被犯罪分子实施电信诈骗，损失了118900元。① 这个损失就是侵害个人信息权益所致。当然，由于该案中，被告并非直接实施电信诈骗的加害行为人，其没有妥善保管个人信息的行为与原告的损害之间只具有部分原因力，故此，法院认为：“因携程公司违反了网络运营主体的安全保障义务，存在个人信息保护上的安全维护漏洞，导致申瑾遭遇诈骗形成财产损失。本院综合案情及携程公司的过错责任程度，酌情确定携程公司在5万元赔偿数额的范围内对申瑾承担补充责任。”但是，在不少情形下，加害人虽然实施了侵害个人信息的行为，受害人却没有财产损失或者难以证明财产损失。例如，在“赵鹏与被告北京链家房地产经纪有限公司、宋英华、杨喜东，第三人宋金友一般人格权纠纷案”中，被告未经原告的同意用原告的房产信息和身份证信息为另一个被告办理了居住证，导致原告在为其亲戚办理居住证时无法办理，该案原告虽然要求被告承担10万元的经济损失，但其并未能提出相关的证据加以证明。② 对于此种情形，可以适用《民

① 北京市朝阳区人民法院（2018）京0105民初36658号民事判决书。

② “赵鹏与被告北京链家房地产经纪有限公司、宋英华、杨喜东，第三人宋金友一般人格权纠纷案”，北京市朝阳区人民法院（2018）京0105民初9840号民事判决书。

法典》第1182条的规定："侵害他人人身权益造成财产损失的，按照被侵权人因此受到的损失或者侵权人因此获得的利益赔偿；被侵权人因此受到的损失以及侵权人因此获得的利益难以确定，被侵权人和侵权人就赔偿数额协商不一致，向人民法院提起诉讼的，由人民法院根据实际情况确定赔偿数额。"此外，《最高人民法院关于审理利用信息网络侵害人身权益民事纠纷案件适用法律若干问题的规定》第18条第2款规定："被侵权人因人身权益受侵害造成的财产损失或者侵权人因此获得的利益无法确定的，人民法院可以根据具体案情在50万元以下的范围内确定赔偿数额。"

在上述"赵鹏与被告北京链家房地产经纪有限公司、宋英华、杨喜东，第三人宋金友一般人格权纠纷案"中，虽然原告没有能够证明其因个人信息被侵害而遭受的财产损失的数额，但是，法院认为："针对赵鹏主张的经济损失，随着社会的进步和信息经济的发展，个人信息作为一种愈益重要的资源，其财产价值日益凸显，个人信息处理业已形成产业链。个人信息同时体现着人格利益和财产价值，对个人信息的侵害必然带来相应经济赔偿责任。对于判定的经济损失数额，本院针对案件情况和侵权情节，确定经济损失赔偿金额为10万元。"① 由于法官在一个最高数额的情形下进行酌定，存在不确定性，加之侵害个人信息案件中往往涉及人数极为众多的受害人，如果一一酌定显然很困难，且最后给信息处理者施加的赔偿责任可能过重。故此，笔者认为，未来我国个人信息保护法应当借鉴《消费者权益保护法》第55条第1款、《食品安全法》第148条第2款的规定，在无法确定损害和获利的情形下，采取定额赔偿，即按照每个受害人在每一起侵害个人信息事件中赔偿某个固定数额（如1000元或500元人民币）的做法进行赔偿。②

至于侵害个人信息的精神损害问题，依据我国《民法典》第1183条第1款的规定，"侵害自然人人身权益造成严重精神损害的，被侵权人有权请求精神损害赔偿"。个人信息权益属于自然人的人身权益，侵害个人信息造成严重精神损

---

① "赵鹏与被告北京链家房地产经纪有限公司、宋英华、杨喜东，第三人宋金友一般人格权纠纷案"，北京市朝阳区人民法院（2018）京0105民初9840号民事判决书。

② 我国台湾地区"个人资料保护法"第28条第3项规定："依前二项情形，如被害人不易或不能证明其实际损害额时，得请求法院依侵害情节，以每人每一事件新台币五百元以上二万元以下计算。"

害的，当然应当承担精神损害赔偿责任。对此，《最高人民法院关于审理利用信息网络侵害人身权益民事纠纷案件适用法律若干问题的规定》第 17 条也有规定：“网络用户或者网络服务提供者侵害他人人身权益，造成财产损失或者严重精神损害，被侵权人依据侵权责任法第二十条和第二十二条的规定请求其承担赔偿责任的，人民法院应予支持。”故此，如果在侵害个人信息的案件中，原告无法证明自己遭受了严重的精神损害，则不得请求侵权人承担精神损害赔偿责任。

四、侵害个人信息的民事责任的免责与减责事由

（一）一般的免责事由

《民法典》规定的免责事由包括不可抗力、正当防卫、紧急避险（第 180－182 条）。这三类免责事由适用于所有的民事责任，故此规定在《民法典》的总则编。同时，《民法典》侵权责任编还对侵权责任的免责事由作出了规定，具体包括：受害人故意（第 1174 条）、自甘冒险（第 1176 条）以及自助行为（第 1177 条）。上述免责事由也可以适用于侵害个人信息的民事责任。不过，因为正当防卫、紧急避险而侵害个人信息的情形较为少见，比较有可能的是因为不可抗力而导致处理者所储存的个人信息丢失的情形，例如因为地震而导致存储个人信息的设备损坏，从而使其中存储的个人信息灭失，此时处理者可以以不可抗力作为免责事由。

（二）特殊的免责事由

《民法典》第 1036 条则对侵害个人信息的民事责任的免责事由作出了特别的规定，该规定适用于违约责任也适用于侵权责任。具体阐述如下：

1. 在该自然人或者其监护人同意的范围内合理实施的行为。个人信息被处理的自然人或者其监护人的同意是其个人信息处理的合法性基础，依法取得自然人或者其监护人的同意且在该同意的范围内实施的个人信息处理行为，属于合法的个人信息处理行为，处理者自然无须承担民事责任。但是，没有取得同意或者虽然取得同意但是超出了同意的范围，如改变了同意的处理目的或处理方式等，依然构成侵害个人信息的违法行为，应当承担民事责任。

2. 合理处理该自然人自行公开的或者其他已经合法公开的信息，但是该自然人明确拒绝或者处理该信息侵害其重大利益的除外。这一规定来自《最高人民法院关于审理利用信息网络侵害人身权益民事纠纷案件适用法律若干问题的规定》

第12条，依据该条第1款第4项，如果网络用户或者网络服务提供者利用网络公开的自然人基因信息、病历资料、健康检查资料、犯罪记录、家庭住址、私人活动等个人隐私和其他个人信息是自然人自行在网络上公开的信息或者其他已合法公开的个人信息，则不构成侵权行为，不承担侵权责任。但是，依据该条第2款，如果网络用户或者网络服务提供者以违反社会公共利益、社会公德的方式公开上述个人信息，或者公开该信息侵害权利人值得保护的重大利益，权利人请求网络用户或者网络服务提供者承担侵权责任的，人民法院应予支持。对于已经合法公开的个人信息，① 无论是自然人自行公开的还是其他已经合法公开的个人信息，原则上是无须告知并取得自然人的同意即能够自由地进行处理，因为这有利于促进信息的流动与利用，对于网络信息社会和数字经济的发展是有利的。例如，欧盟《一般数据保护条例》第9条第2款规定，在处理被数据主体明显公开的个人数据时，不适用本条第1款禁止处理的规定。但是，如果该自然人明确拒绝对已合法公开的个人信息的处理或者处理该信息侵害其重大利益的除外。这就是说，一方面，即便是已经合法公开的个人信息依然受到个人信息保护法的保护，自然人对这些个人信息并不因其公开而失去控制的权利，其有权拒绝他人对这些信息进行处理。另一方面，由于个人信息的保护对于维护自然人的人格尊严和人格自由具有很重要的意义，所以即便是已经合法公开的个人信息，也不得任意进行处理，如果处理该信息将侵害自然人的重大利益，也要承担民事责任。所谓“侵害自然人重大利益”的情形，是指此种处理将有害于自然人的生命、身体、自由、财产或其他重大利益。例如，通过对各种合法公开的信息的处理而对自然人进行人格画像，从而导致其在接受商品或服务的过程中遭受种族、性别的歧视等侵害人格尊严的行为，则该处理行为侵害了自然人的重大利益，是非法的。

3. 为维护公共利益或者该自然人合法权益，合理实施的其他行为。所谓维护公共利益的情形，例如，当大规模疫情或灾难发生时，为了应对该疫情或灾难而

---

① 所谓合法公开的个人信息有两点要求：其一，合法性，包括自然人自行公开（即行使个人信息权益而针对个人信息进行处分），也包括依据法律、行政法规的规定被公开（如法院公开裁判文书中涉及的个人信息）。其二，公开性，即个人信息被公之于众，不特定的人可以通过合法的途径而收集。例如，在接受记者采访时公开自己的个人信息，他人皆可通过网络搜索而合法获得。但是，如果只是在很小的亲友圈子内公开，如在微信朋友圈中公开，只有特定的人才可以获得的个人信息，不应认为是公开的个人信息。

需要对个人信息进行收集、使用等处理行为；再如，为了舆论监督而对自然人的个人信息进行披露的行为。所谓维护该自然人的合法权益，是指为了维护个人信息被处理者的合法权益而在不经过其本人或监护人同意的情形下处理个人信息。例如，甲突发疾病而生命垂危，急需在掌握其既往病史等个人信息的基础上进行治疗，而又无法取得其本人或近亲属的同意。此时，为了挽救甲的生命，可以实施个人信息处理行为。当然，无论是为了公共利益还是该自然人的合法权益，都必须是合理实施的行为，即不违反个人信息处理的正当原则、必要原则。

（三）减责事由

《民法典》对于违约责任规定的减责事由包括：其一，非违约方违反减损义务而导致损失扩大，即《民法典》第 591 条第 1 款规定："当事人一方违约后，对方应当采取适当措施防止损失的扩大；没有采取适当措施致使损失扩大的，不得就扩大的损失请求赔偿。"其二，过失相抵，即《民法典》第 592 条第 2 款规定："当事人一方违约造成对方损失，对方对损失的发生有过错的，可以减少相应的损失赔偿额。"就侵权责任的减责事由，《民法典》在侵权责任编作出了规定，即第 1173 条规定："被侵权人对同一损害的发生或者扩大有过错的，可以减轻侵权人的责任。"

在侵害个人信息的民事责任中，如果存在上述减责事由，则处理者可以相应地减轻责任。例如，在信息处理者因为第三人非法侵入其计算机信息系统窃取个人信息后，已经及时采取补救措施，依法告知被收集者并向有关主管部门报告。但是，被收集者没有及时采取措施如更改密码、转移资金等，而导致同一损失的发生或扩大的，处理者可以减轻赔偿责任。例如，德国《联邦数据保护法》第 83 条第 4 款就明确规定："民法典第 254 条的规定适用于数据主体存在与有过失的情形。"德国《民法典》第 254 条规定："损害之发生被害人与有过失者，赔偿义务及赔偿之范围，应按具体情事而定，即如斟酌损害在何种程度系主要由一方或他方所引起者。被害人之过失纵仅为怠于预促债务人注意其所不知或不可得而知之非通常高度损害之危险，或怠于避免或减轻损害者，亦同。"

五、侵害个人信息中多数人侵权责任

我国《民法典》第 1168 条至第 1172 条对多数人侵权责任作出了规定。具体包括：共同加害行为（第 1168 条）、教唆帮助行为（第 1169 条）、共同危险行为（第

1170 条）以及无意思联络的数人侵权（第 1171－1172 条）。从实践来看，侵害个人信息的案件中往往涉及多个行为人，属于多数人侵权责任，具体包括以下类型：

1. 非法买卖个人信息，即信息的处理者以买卖或者其他方式非法向第三人提供个人信息，进而给自然人造成损害。非法买卖个人信息是我国法律严厉禁止的行为，该行为对于自然人的人身财产权益的危害极大，也为各种电信诈骗活动提供了极大的便利。我国《刑法》第 253 条之一规定："违反国家有关规定，向他人出售或者提供公民个人信息，情节严重的，处三年以下有期徒刑或者拘役，并处或者单处罚金；情节特别严重的，处三年以上七年以下有期徒刑，并处罚金。违反国家有关规定，将在履行职责或者提供服务过程中获得的公民个人信息，出售或者提供给他人的，依照前款的规定从重处罚。窃取或者以其他方法非法获取公民个人信息的，依照第一款的规定处罚。单位犯前三款罪的，对单位判处罚金，并对其直接负责的主管人员和其他直接责任人员，依照各该款的规定处罚。"在非法买卖个人信息的情形下，无论是出卖人还是买受人都是故意的，二者属于共同故意实施侵权行为，故此依据《民法典》第 1168 条，构成共同加害行为，应当承担连带责任。

2. 雇佣、组织及教唆帮助侵害个人信息的侵权责任。《民法典》第 1169 条第 1 款规定："教唆、帮助他人实施侵权行为的，应当与行为人承担连带责任。"《最高人民法院关于审理利用信息网络侵害人身权益民事纠纷案件适用法律若干问题的规定》第 15 条规定："雇佣、组织、教唆或者帮助他人发布、转发网络信息侵害他人人身权益，被侵权人请求行为人承担连带责任的，人民法院应予支持。"故此，雇佣、组织、教唆或者帮助他人非法收集、处理个人信息，造成自然人损害的，这些人应当承担连带责任。

3. 两个以上信息处理者参与了同一处理个人信息的行为，其中一个或者数个信息处理者的行为造成损害，不能确定具体侵权人的。此时，应当适用共同危险行为，由行为人承担连带责任，除非行为人能够证明损害后果不是由其行为造成的。我国《民法典》第 1170 条规定："二人以上实施危及他人人身、财产安全的行为，其中一人或者数人的行为造成他人损害，能够确定具体侵权人的，由侵权人承担责任；不能确定具体侵权人的，行为人承担连带责任。"该规则当然也可适用于个人信息处理当中。从比较法来看，也有相应的立法例，例如，《欧盟一般数据保护条例》（GDPR）第82条第4项规定："当不止一个控制者或处理者，或控制者与处理者同时涉及同一处理，而且它们对第2段和第3段规定的处理所引起的所有损失承担责任，每个控制者或处理者都应当对损失负有连带责任，以便保证对数据主体的有效赔偿。"再如，《德国联邦数据保护法》（BDSG）第83条第3项规定："在个人信息的自动化处理场合，如果无法查明数个参与处理的控制者中谁造成了损害，则每一控制者或者权利行使者均负有责任。"

六、侵害个人信息的公益诉讼

我国《民事诉讼法》第55条第1款规定："对污染环境、侵害众多消费者合法权益等损害社会公共利益的行为，法律规定的机关和有关组织可以向人民法院提起诉讼。"《消费者权益保护法》第47条规定："对侵害众多消费者合法权益的行为，中国消费者协会以及在省、自治区、直辖市设立的消费者协会，可以向人民法院提起诉讼。"实践中，很多非法收集、处理个人信息的行为，侵害的是众多消费者的合法权益，而且会严重损害社会公共利益，例如，一些网络企业利用APP大规模非法收集个人信息，一些所谓的数据公司大肆非法买卖数据等。针对这些情形，除了受害的自然人可以单独提起诉讼或者推举代表人进行诉讼外，还应当鼓励公益诉讼。因此，未来我国的个人信息保护法应当明确规定：非法处理个人信息，侵害众多消费者合法权益，损害社会公共利益，法律规定的机关和有关组织有权依法提起公益诉讼。

（撰稿人：程啸）

第一千零三十七条　【个人信息主体的权利】

自然人可以依法向信息处理者查阅或者复制其个人信息；发现信息有错误的，有权提出异议并请求及时采取更正等必要措施。

自然人发现信息处理者违反法律、行政法规的规定或者双方的约定处理其个人信息的，有权请求信息处理者及时删除。

◈ 条文释义

一、概述

自然人对于个人信息享有相应的民事权益，确切地说，这种民事权益就是自然人享有防范因非法收集、处理其个人信息而使自身人身财产权益和人格尊严、人格自由遭受侵害或损害的受法律保护的民事利益。自然人对其个人信息享有的民事权益究竟是叫“个人信息权”抑或是叫“个人信息权益”，均非关键。重要的是，法律赋予自然人对个人信息享有哪些具体的权利内容以及在这种权益受到侵害时享有何种救济。

从比较法上来看，各国各地区对于自然人的个人信息权益的内容的规定有所不同。欧盟《一般数据保护条例》对数据主体针对个人数据享有的权利内容作了很详尽的规定。在该条例第三章中，赋予了自然人针对其个人数据享有以下七种权利：（1）访问权，即数据主体有权从控制者处确认其个人数据是否正在被处理，以及有权在该种情况下访问个人数据和相关信息（第15条）。（2）更正权，数据主体有权要求控制者及时更正其不准确的个人数据，数据主体基于处理的目的也有权将不完整的个人数据予以补充完整（第16条）。（3）删除权，也称被遗忘权，即数据主体有权要求控制者及时删除其个人数据，并且在符合规定的理由的情形下，控制者有义务及时删除数据主体的个人数据（第17条）。（4）限制处理权，即在符合法律规定情形下，数据主体有权限制控制者对个人数据的处理（第18条）。（5）数据可携带权，即数据主体有权以结构化、普遍使用的机器可读的形式获得其已经向控制者提供的个人数据，并有权不受控制者的限制将该数据提供给其他控制者（第20条）。（6）反对权，即数据主体在特定情况下有权反对控制者为了执行公共利益的任务或行使控制者的公共职权或者为了追求合法利益的必要而对数据进行的处理，包括进行相应的数据画像；除非控制者能够证明其合法利益高于数据主体的利益、权利和自由或者法律的特别规定（第21条）。（7）反对自动化决策包括数据画像的权利，即如果某种包括数据画像在内的自动化决策会对数据主体产生法律效力或造成类似的重大影响，则数据主体有权不受上述决策的限制（第22条）。之所以欧盟《一般数据保护条例》对于数据主体的权利作出如此详细的规定，是因为欧盟认为，自然人在个人数据处理方面获得保护是一项基本权利。《欧盟基本权利宪章》第 8 条第 1 款明确规定："人人均享有其个人信息受保护之权利（Everyone has the right to the protection of personal data concerning him or her.）。"此外，《欧盟运行条约》第 16 条第 1 款也有相同的规定。当然，欧盟《一般数据保护条例》在"鉴于条款"的第 4 条也指出："保护个人数据的权利不是一项绝对权利，必须考虑其在社会中的作用并应当根据比例性原则与其他基本权利保持平衡。"

在我国，《民法典》《网络安全法》以及《全国人民代表大会常务委员会关于加强网络信息保护的决定》赋予了自然人就其个人信息享有以下权能：其一，查阅复制权，即自然人可以向信息处理者查阅或者复制其个人信息（《民法典》第 1037 条第 1 款）；其二，更正权，即自然人发现其被合法收集的个人信息存在错误的，有权提出异议并请求及时采取更正等必要措施（《民法典》第 1037 条第 1 款第 2 句、《网络安全法》第 43 条）；其三，删除权，即当信息处理者违反法律规定或者约定处理个人信息的，自然人有权要求信息处理者及时删除该个人信息（《民法典》第 1037 条第 2 款、《网络安全法》第 43 条、《全国人民代表大会常务委员会关于加强网络信息保护的决定》第 8 条）。但是，我国法尚未对被遗忘权、数据可携带权、反对权以及反对自动化决策包括数据画像的权利作出规定。

二、查阅、复制个人信息的权利

（一）查阅、复制个人信息的权利的涵义

任何组织或者个人要收集、处理自然人的个人信息，必须遵守法律确定的原则，同时告知个人信息被收集并取得其同意。然而，履行完毕告知同意的程序后，信息处理者究竟在事实上收集了多大范围的个人信息，实际上采取了何种方式处理这些个人信息，是否违反约定的目的和范围处理个人信息，对此，自然人一无所知。故此，法律上有必要赋予自然人查询、抄录和复制个人信息的权利，以确保自然人对其个人信息的知情权和保持应有的控制，避免因为非法收集、处理而致其人身财产权益遭受侵害。有鉴于此，欧盟《一般数据保护条例》第 15 条赋予了数据主体的访问权，该条规定："1. 数据主体有权从控制者那里得知其个人数据是否正在被处理以及有权在该种情况下访问个人数据和以下信息：（a）处理的目的；（b）个人数据的类型；（c）个人数据已经被或者将要向其披露的个人数据的接收者的类型，特别是当接收者属于第三国或国际组织时；（d）在可能的

情形下，个人数据被储存的预期期限，若无法提供，则用于确定该期限的标准；（e）向控制者要求修改、删除、限制处理或拒绝处理的权利；（f）向监管机构申诉的权利；（g）在个人数据并非从数据主体处收集的情况下，可得到的关于其来源的任何消息；（h）存在自动化的决策，包括第22（1）和（4）条所规定的数据分析，以及在此类情形下，对于相关逻辑、包括此类处理对于数据主体的预期后果的有效信息。2. 当个人数据被转移到第三国或国际组织，数据主体有权获知和转移相关的符合第46条的恰当的保障措施。3. 控制者应当对进行处理的个人数据提供一份备份。对于任何数据主体所要求的额外备份，控制者可以根据管理花费而收取合理的费用。当数据主体通过电子方式而请求，且除非数据主体有其他请求，信息应当以通常使用的电子形式提供。4. 获取第3款所规定的备份的权利不应当对他人的权利与自由产生负面影响。”

我国《民法典》第1037条第1款规定了自然人针对信息处理者享有查阅或者复制其个人信息的权利。该权利是自然人个人信息权益的重要组成部分。一方面，如果不能查询或者复制其个人信息，则自然人在其个人信息被合法收集后就完全丧失了对个人信息的控制力，处理者究竟收集了多少自己的个人信息，这些被收集的个人信息是否符合法律规定或者符合约定，自然人将完全不清楚，谈何行使《民法典》第1037条第2款规定的删除权？另一方面，如果没有查询、复制其个人信息的权利，自然人无法知悉其被收集的个人信息是否有误，也就难以在发现错误后，依据《民法典》第1037条第1款的规定，提出异议并请求处理者及时采取更正等必要措施。故此，法律有必要赋予自然人查阅和复制个人信息的权利，以确保自然人对其个人信息的知情权和保持应有的控制，避免因为非法收集、处理而致其人身财产权益遭受侵害。

除了本条第1款规定了自然人查阅或者复制其个人信息的权利，《民法典》还特别在第1029条规定了“民事主体可以依法查询自己的信用评价”。这是因为，信用评价对于民事主体的社会交往、生产生活具有重大的影响，因此即便是有权对他人进行信用评价的主体，其对他人进行信用评价的结果和依据也必须供被评价主体查询，被评价主体对此享有知情权，否则就会损害民事主体的合法权益。虽然自然人的信用信息也属于个人信息，关于自然人与征信机构等信用信息处理者之间的关系也适用《民法典》关于个人信息保护的规定。但是，由于我国

《民法典》将信用纳入名誉的范畴（第1024条第2款），通过名誉权加以保护。故此，《民法典》第1029条中的查询权是基于名誉权而产生的。此外，该句中的有权查询的是民事主体，既包括自然人，也包括法人、非法人组织。但是，《民法典》第1037条第1款规定的查询权是个人信息权益的内容，而且有权查询的只是自然人，不包括法人、非法人组织。

当然，《民法典》第1037条第1款只是确立了自然人查阅或者复制其个人信息的权利，其具体的行使程序等，还需要由未来的《个人信息保护法》等法律法规作出更加细化的规定。例如，信息处理者应当以何种方式为自然人的查询、复制提供便利（如能否收取相应的费用抑或免费）？如果处理者拒绝自然人的查询请求，自然人可获得何种救济等？这些问题都需要法律法规的进一步规定。其中有些问题还存在比较大的争议。例如，关于信息处理者拒绝自然人查阅其个人信息时，① 自然人可以向法院提起诉讼的问题，一种观点认为，如果仅仅是为了查阅或者复制个人信息就到法院起诉，可能会造成诉讼爆炸，给法院增加很多工作量。另一种观点认为，查阅或者复制个人信息本来就是法律赋予自然人的权利，如果该权利受到侵害却无法得到司法救济，还不如不规定。况且，很多时候查阅或者复制个人信息对于自然人其他权益的维护也是非常重要的。因此，应当给予支持。对此，笔者认为，自然人依法享有查阅或者复制其个人信息以及在发现信息有错误时要求更正的权利，但原则上必须是先向信息处理者提出请求且被无正当理由拒绝后，才能提起诉讼，否则容易导致自然人滥用该权利给信息处理者增加负担。②

（二）个人数据的可携带权

关于自然人查阅、复制其个人信息的权利，有一个值得讨论的问题，即该权利是否包含了个人数据的可携带权或者是否可以从其中解释出该权利？个人数据

---

① 《信息安全技术　个人信息安全规范》（GB/T 35273—2020）第8.1条的注认为，如果自然人提出查询的个人信息并非其主动提供的个人信息时，个人信息控制者可在综合考虑不响应请求可能对个人信息主体合法权益带来的风险和损害，以及技术可行性、实现请求的成本等因素后，作出是否响应的决定，并给出解释说明。

② 例如，我国台湾地区"个人资料保护法"第14条就规定："查询或请求阅览个人资料或制给复制本者，公务机关或非公务机关得酌收必要成本费用。"这样的规定可以防止滥用查询权而给处理者增加不必要的负担。

的可携带权是由欧盟《一般数据保护条例》首次提出的，它是指自然人对于其同意处理者所处理的数据化形式承载的个人信息即个人数据，有权要求该处理者提供结构化的、通用的、机器可读的、能共同操作的以格式形式加以提供的权利，自然人可以将该个人数据转移给其他的信息处理者。在我国民法典编纂之前，就是否应当规定个人数据的可携带权，已经存在很大的争论。① 一种观点认为，此种查阅和复制个人信息的权利并不包含个人数据可携带权，我国法律上也不应当赋予自然人以数据可携带权。因为规定数据可携带权不仅会极大增加企业的经营成本，技术实现上存在很大的难度，而且也会导致企业的竞争优势丧失，毕竟个人信息是网络企业取得竞争优势的很重要的资产。此外，规定数据可携带权还将带来各个企业之间以此为工具抢夺数据，存在不正当竞争的风险。② 另一种观点认为，个人数据的可携带权体现了自然人对其个人信息或个人数据的支配性，是个人信息权益的重要组成部分。如果不规定数据可携带权，则很容易形成在个人信息或个人数据领域的垄断，容易扼杀新型网络企业的发展，不利于维护市场的公平竞争。③ 目前，我国司法实践中已经出现了涉及该问题的案件。④

笔者认为，从《民法典》第 1037 条第 1 款的规定来看，自然人复制其个人信息的权利可以解释出自然人享有个人数据的可携带权。这是因为，首先，既然自然人有权复制其个人信息，与之相对应的就是处理者应当提供该自然人的个人信息的副本，此种副本的形式包括纸质的，也包括电子的，而电子的个人信息就是个人数据，其应当是结构化的、通用的、机器可读的，否则复制的意义就不存在了。其次，《民法典》第 992 条规定："人格权不得放弃、转让或者继承。"自然人对其个人信息享有的民事权益虽然没有被明确界定为人格权，但是其属于人

① 不仅是自然人对其个人数据是否享有可携带权的问题存在争论，对于个人账户、邮箱、微信中的个人数据是否可以继承的问题，也存在很大的争论。

② 京东法律研究院：《欧盟数据宪章：〈一般数据保护条例〉GDPR 述评及实务指引》，法律出版社 2018 年版，第 64 页。

③ 赞同规定可携带权的观点可参见刘云：《欧盟个人信息保护法的发展历程及其改革创新》，载《暨南学报（哲学社会科学版）》2017 年第 2 期；叶名怡：《论个人信息权的基本范畴》，载《清华法学》2018 年第 5 期。

④ 腾讯和抖音就用户头像和昵称的归属所发生的争议中就涉及用户个人是否享有个人数据的可携带权的问题。相关评论参见包晓丽、熊丙万：《通讯录数据中的社会关系资本——数据要素产权配置的研究范式》，载《中国法律评论》2020 年第 2 期；谌嘉妮：《我的数据谁做主？——基于"头腾之争"对个人数据可携带权与企业数据权边界的研究》，载《互联网天地》2019 年第 6 期。

格权益是非常明确的。自然人可以许可他人使用其个人信息，而这种许可并不导致自然人转让其个人信息权益。故此，自然人虽然同意处理者处理其个人信息，但并不因此丧失对其个人信息的支配。否则，如何维护自然人的人格尊严和自由？自然人查阅、复制其个人信息以及要求更正和删除的权利，不仅是不能转让、继承的，而且也是不能预先抛弃或者个人数据的可携带权包括查阅、删除、更正等权利，不能转让，也不能预先抛弃。① 最后，规定个人数据的可携带权对于维护数字经济时代的竞争是有必要的，那种认为规定了个人数据可携带权就会导致利用该权利来进行不正当竞争的观点是片面的。在竞争中，网络企业等数字经济主体当然可以互相去吸引用户，将其在某个网络企业中的个人数据转移到自己这里来，这种竞争行为必须是合法的。如果是不正当竞争，自有《反不正当竞争法》加以规制。不能因为存在可能有人利用可携带权来进行不正当竞争，就反对这种权利本身，显然这种观点是荒谬的。

三、针对错误信息的提出异议及更正的权利

依据《民法典》第 1037 条第 1 款，自然人发现信息有错误的，有权提出异议并请求及时采取更正等必要措施。《网络安全法》第 43 条也规定，个人发现网络运营者收集、存储的其个人信息有错误的，有权要求网络运营者予以更正，网络运营者应当采取措施予以更正。这就是对自然人的更正权的规定。个人信息在收集后要进行处理，如使用、加工、传输、共享等，因此一旦个人信息错误而不能及时更正，就会对自然人产生不利的影响，如基于此种错误的个人信息进行的信用评价包括自动化决策，会对自然人的民事权益造成损害。故此，法律上允许自然人在发现个人信息有错误后予以更正。所谓更正，既包括将不符合事实的错误信息予以正确化，也应当包括将不完整的个人信息予以补充。当然，信息处理者在收到自然人的更正请求后，应当对个人信息予以核实，并及时更正（包括补充）。自然人在行使《民法典》第 1037 条第 1 款规定的提出异议及更正的权利时，应当提出相应的证据证明个人信息确实存在错误，否则信息处理者难以进行更正。至于信息处理者何时进行更正才是“及时”，需要根据不同类型的网络服

---

① 对此，我国台湾地区“个人资料保护法”第 3 条有明确的规定：“当事人就其个人资料依本法规定行使之下列权利，不得预先抛弃或以特约限制之：一、查询或请求阅览。二、请求制给复制本。三、请求补充或更正。四、请求停止搜集、处理或利用。五、请求删除。”

务而区分对待。

《民法典》除了在第1037条一般性地规定了自然人发现个人信息错误，有权提出异议及要求采取更正等必要措施的权利外，还特别在第1029条规定了民事主体发现信用评价错误时，有权提出异议并请求采取更正、删除等必要措施。如前所述，此种采取更正删除的权利是基于名誉权产生的，权利主体不限于自然人，还包括法人、非法人组织。

四、删除个人信息的权利

（一）删除权的行使条件

删除权也是为更好地保护自然人对个人信息享有的利益而作出的规定，《民法典》第1037条第2款和《网络安全法》第43条规定了删除权行使的具体情形：其一，信息处理者违反法律、行政法规的规定处理其个人信息的；其二，信息处理者违反双方的约定收集、使用其个人信息的。在这两种情形下，自然人有权请求信息处理者删除这些个人信息，否则就等于认可了此等违法或违约行为的存在，承认了信息处理者有权侵害自然人的个人信息。这两种情形可以说涵盖了需要删除个人信息的全部情形。当然，删除权中的很多具体问题，《民法典》不可能逐一规定，也没有必要规定，而应交由《个人信息保护法》等法律法规和国家标准相应地予以明确。例如，所谓删除究竟是指无法在线访问，还是包括在物理上将个人信息删除？① 自然人撤销此前对处理者所作出的处理其个人信息的同意，是否需要删除？等等。

（二）删除权与网络侵权中的"通知删除规则"

作为自然人个人信息权益内容的删除权与网络侵权中的"通知删除规则"是不同的。我国《民法典》第1194－1197条对网络侵权行为作出了规定，其中确立的一项最基本的规则就是所谓的"通知删除规则"。该规则来自于美国法上的避风港规则，其有效地协调了民事权益保护与网络活动自由的保障二者之间的关系。申言之，一方面，在网络用户利用网络服务实施侵权行为时，无论是从最有效地预防制止侵权行为的角度，还是基于报偿原理等公平正义的考虑，网络服务

---

① 《信息安全技术　个人信息安全规范》（GB/T 35273—2020）第3.9条规定："在实现日常业务功能所涉及的系统中去除个人信息的行为，使其保持不可被检索、访问的状态。"

提供者都应当尽到相应的注意义务，而不能无动于衷，任由网络用户利用网络服务实施侵权行为。另一方面，直接实施侵权行为的是网络用户而非网络服务提供者，不能对网络服务提供者提出过高的要求，让网络服务提供者对任何利用其网络服务实施的侵权行为都要负责显然不公平，违反了自己责任的精神，不利于保障合理的行为自由，促进网络产业的发展。故此，《民法典》第1195条与第1196条确立了通知删除规则，通过该规则，既可以使网络服务提供者在接到权利人的有效通知后及时制止网络用户的侵权行为，从而无须向权利人承担侵权责任；同时，又可以避免网络服务提供者不合理地采取措施损害网络用户的合法权益，以至于向网络用户承担责任。因此，通知删除规则也被称为"避风港规则"。

在网络用户利用网络侵害自然人的个人信息时，被侵权人当然有权依据《民法典》的上述规定通知网络服务提供者采取删除等必要措施。那么，这里的删除与《民法典》第1037条第2款规定的删除有何区别呢？笔者认为，二者虽然都有删除的表述，但是属于不同的规则，其具体区别表现在：首先，性质不同。《民法典》第1037条第2款规定的是作为自然人的个人信息权益内容即其中一项权能的删除权，该权利适用于所有的个人信息处理者，无论其是否为网络服务提供者。但是，《民法典》第1195条规定的删除则是法律施加给网络服务提供者预防和制止网络侵权行为的一项义务，仅适用于网络服务提供者。其次，适用条件不同。依据《民法典》第1037条第2款，删除权的行使要件为"自然人发现信息处理者违反法律、行政法规的规定或者双方的约定处理其个人信息"，即信息处理者存在违法处理个人信息或违反约定处理个人信息的行为，故此自然人有权行使删除权。通知删除规则是因为有网络用户利用网络服务实施了侵权行为，而权利人通知网络服务提供者采取删除等必要措施，网络服务提供者本身并未直接从事对权利人的侵权行为。最后，法律后果不同。信息处理者违反《民法典》第1037条第2款的规定拒绝自然人的删除请求的，自然人有权依法提起诉讼，请求法院判决处理者履行删除义务，如果因为没有及时删除而造成损害的，有权要求信息处理者承担赔偿责任。然而，网络服务提供者在接到权利人的通知后没有及时采取删除等必要措施的，依据《民法典》第1195条第2款，网络服务提供者要就损害的扩大部分与实施侵权行为的网络用户承担连带责任。此外，自然人行使作为个人信息权益的权能的删除权，不存在因错误行使该权利而承担赔偿责任的问题。但是，依据《民法典》第1195条第3款，因错误通知造成网络用户或者网络服务提供者损害的，发出通知的权利人应当承担侵权责任。

（三）有无必要规定被遗忘权

就《民法典》第1037条第2款规定的删除权，还有一个值得讨论的问题就是，是否应当规定被遗忘权？遗忘权（right to be forgotten）的概念最早是由欧盟法院在2014年就西班牙发生的“冈萨雷斯诉google”案中确立的。该案案情为：1998年，西班牙《先锋报》刊登了将举行财产强制拍卖的公告，被强制拍卖财产的人中有一位叫作冈萨雷斯的人，其姓名出现在了财产拍卖公告中，后该公告被谷歌搜索引擎收录。2009年冈萨雷斯联系《先锋报》，称该报刊登的有其姓名的拍卖公告被谷歌收录，其要求删除网上与他有关的信息，因为该拍卖活动早已结束，如果这些涉及他的个人信息继续存在于网络上将对其名誉造成持续的伤害。报纸的回复是刊登该公告是经过西班牙劳动与社会事务部授权的，因此相关个人数据无法删除。于是，2010年冈萨雷斯联系了谷歌西班牙分部，要求删除该公告链接。随后，冈萨雷斯又向西班牙数据保护局进行投诉，2010年7月30日，西班牙数据保护局驳回了冈萨雷斯针对《先锋报》删除数据的要求，但是要求谷歌公司删除相应的链接并确保通过该搜索引擎无法打开该信息。谷歌公司遂向法院起诉，该案后被提交给欧盟法院。欧盟法院认为，作为数据控制者的谷歌公司对于其处理的第三方发布的带有个人数据的网页信息负有责任，有义务将其删除。有关数据主体“不好的、不相关的、过分的”信息应当从搜索结果中删除。由此确立了欧盟法上的被遗忘权概念。此后，在2018年实施的欧盟《一般数据保护条例》中也明确规定了被遗忘权。依据该条例第17条，数据主体有权要求控制者及时删除其个人数据，同时如果数据主体已经请求这些控制者们删除相关个人数据的任何链接、副本或复制件，但数据控制者已经将个人数据公开，并且依据本条第1款有义务删除这些个人数据，那么控制者在考虑现有技术和实施成本后，应当采取合理步骤包括技术措施，通知正在处理个人数据的控制者。

在我国也曾发生被遗忘权纠纷的案件，即“任甲玉与北京百度网讯科技有限公司名誉权纠纷案”，该案原告曾经与无锡陶氏生物科技有限公司有过合作，网上存在不少关于该合作关系的信息。原告认为，其与陶氏公司的合作已经结束，且因该公司在业界口碑不好，经常有学生退钱，故如果有学生及合作伙伴搜索其名字，从百度页面看到搜索结果会误以为其与该公司还有合作，该不良搜索结果会影响其就业、工作交流及日常生活，这样的搜索信息应当被“遗忘”，故此其要求百度公司删除这些信息。法院认为，我国现行法中并无法定称谓为“被遗忘权”的权利类型，同时，由于“涉诉工作经历信息是任甲玉最近发生的情况，其目前仍在企业管理教育行业工作，该信息正是其行业经历的组成部分，与其目前的个人行业资信具有直接的相关性及时效性；任甲玉希望通过自己良好的业界声誉在今后吸引客户或招收学生，但是包括任甲玉工作经历在内的个人资历信息正是客户或学生借以判断的重要信息依据，也是作为教师诚实信用的体现，这些信息的保留对于包括任甲玉所谓潜在客户或学生在内的公众知悉任甲玉的相关情况具有客观的必要性。任甲玉在与陶氏相关企业从事教育业务合作时并非未成年人或限制行为能力人、无行为能力人，其并不存在法律上对特殊人群予以特殊保护的法理基础”。① 故此，任甲玉在本案中主张的应“被遗忘”（删除）信息的利益也不具有正当性和受法律保护的必要性，不应成为侵权保护的正当法益，其主张该利益受到一般人格权中所谓“被遗忘权”保护的诉讼主张，法院不予支持。②

对此，我国法上的删除权是否包括被遗忘权以及有无必要单独规定被遗忘权，理论界存在很大的争议。笔者认为，在我国法上，没有必要单独规定被遗忘权，理由在于：其一，如果网络上发布的信息涉及侵害自然人的名誉权、隐私权等人格权益时，自然人基于名誉权、隐私权当然有权行使停止侵害、排除妨碍等人格权请求权，要求发布相关信息的网络用户删除该等信息，同时也有权依据《民法典》第 1195 条要求网络服务提供者采取删除、屏蔽、断开链接等必要措施。其二，如果自然人发现信息处理者违反法律、行政法规的规定或者双方的约定收集、处理其个人信息的，则依据《民法典》第 1037 条第 2 款有权请求信息处理者及时删除。这里面就包括《民法典》第 1036 条第 2 项规定的，虽然是处理该自然人自行公开的或者其他已经合法公开的信息，但是该自然人明确拒绝或

---

① 北京市第一中级人民法院（2015）一中民终字第 09558 号民事判决书。

② 本案二审主审法官北京市第一中级人民法院丁宇翔庭长曾详细论述其在该案中的裁判思路，诚值参考！参见丁宇翔：《被遗忘权的中国情境及司法展开——从国内首例“被遗忘权案”切入》，载《法治研究》2018 年第 4 期。

者处理该信息侵害其重大利益的除外情形。应当说，上述两种情形的删除权的适用已经涵盖了自然人有权要删除个人信息的全部正当情形，除此之外，自然人已无正当的理由要求网络服务提供者或信息处理者删除相关个人信息。其三，如果允许自然人可以没有任何正当性理由就要求删除相关信息，势必会出现歪曲真相，损害公众的知情权，甚至构成对公众的欺骗的不良后果。① 例如，在我国发生的“任甲玉案”中，网络服务提供者通过搜索引擎所收录的是已经合法公开的、客观真实的个人信息，这些信息被通过搜索引擎再次呈现，既没有侵害原告的隐私权，也没有损害其人格尊严或妨害人格自由，故此，原告毫无正当理由请求加以删除。然而，西班牙的“冈萨雷斯诉google”案的情形，则有所不同。因为，该案中通过谷歌搜索冈萨雷斯全名可与其财产被强制拍卖的信息相连，在冈萨雷斯生活的区域内对其个人的生活造成了一定的困扰，涉及对其人格尊严和职业发展这一重大利益的侵害，故此，法院认为冈萨雷斯有权要求谷歌断开相关个人信息的链接是妥当的。②

五、侵害个人信息的人格权请求权

《民法典》人格权编为人格权提供了特殊的保护方法，即人格权请求权。所谓人格权请求权，就是基于人格权作为绝对权和支配权的效力而产生的排除对人格权的现实的或者潜在的侵害或妨碍，旨在维护人格权圆满状态的请求权。人格权请求权具有以下特征：一方面，人格权请求权具有从属性。人格权请求权是基于人格权而产生的请求权，从属于人格权，只有人格权的主体才能享有此类请求权。由于人格权具有专属性，不得转让、放弃或者继承，故此，从属于人格权的人格权请求权也不得转让、放弃或者继承，也不得由他人代位行使，即不能成为代位权的客体。另一方面，人格权请求权是人格权排他性的体现。人格权属于绝对权、支配权，具有排他效力，这种排他效力不仅体现在人格权的圆满状态已经受到妨害的情形，更体现在具有妨害危险之时。也就是说，人格权请求权不仅具有恢复人格权圆满状态的功能，还具有预防和制止侵害人格权的行为的功能。在民法中，物权、知识产权以及人格权等绝对权，基于其排他效力都会产生相应的

① 丁宇翔：《被遗忘权法定化不利于舆论监督》，载《光明日报》2020 年 1 月 11 日。

② 已有学者对此两案的不同之处作出了详细的分析，参见万方：《终将被遗忘的权利——我国引入被遗忘权的思考》，载《法学评论》2016 年第 6 期。

请求权，就物权而言，是物权请求权，如返还原物、排除妨碍、消除危险等（《民法典》第235－236条）；就知识产权中的著作权、专利权和商标专用权等具有排他效力的权利，我国法上也规定了知识产权请求权（《商标法》第60条第2款、第65条，《著作权法》第48条、第50条第1款，《专利法》第66条第1款和第60条）。[①]《民法典》第995条规定："人格权受到侵害的，受害人有权依照本法和其他法律的规定请求行为人承担民事责任。受害人的停止侵害、排除妨碍、消除危险、消除影响、恢复名誉、赔礼道歉请求权，不适用诉讼时效的规定。"该条中规定的停止侵害、排除妨碍、消除危险、消除影响、恢复名誉以及赔礼道歉请求权就属于人格权请求权。不仅如此，为了有效地保护人格权，《民法典》还借鉴英美国家的禁令制度为人格权请求权的行使提供了程序保障，即第997条规定："民事主体有证据证明行为人正在实施或者即将实施侵害其人格权的违法行为，不及时制止将使其合法权益受到难以弥补的损害的，有权依法向人民法院申请采取责令行为人停止有关行为的措施。"

虽然我国《民法典》将个人信息作为一种人格权益规定在人格权编，但是由于《民法典》没有明确规定个人信息权这一具体人格权，而其第995条又限于"人格权受到侵害的"情形，因此自然人是否享有上述人格权请求权，是值得怀疑的。但是，由于《民法典》第1167条规定："侵权行为危及他人人身、财产安全的，被侵权人有权请求侵权人承担停止侵害、排除妨碍、消除危险等侵权责任。"这些侵权责任的适用并不限于侵害人格权、财产权的行为，而且包括危及他人人身、财产安全的侵权行为，故此，在认定侵害个人信息的侵权责任时，个人信息被侵害的自然人可以依据该条要求侵权人承担停止侵害、排除妨碍、消除危险等侵权责任，实际效果也与行使人格权请求权没有差别。

（撰稿人：程啸）

---

① 知识产权请求权相关著作可参见杨明：《知识产权请求权研究——兼以反不正当竞争为考察对象》，北京大学出版社2005年版；刘知函：《知识产权诉前禁令制度研究》，中国政法大学出版社2018年版。

第一千零三十八条　【信息处理者的法定义务】

信息处理者不得泄露或者篡改其收集、存储的个人信息；未经自然人同意，不得向他人非法提供其个人信息，但是经过加工无法识别特定个人且不能复原的除外。

信息处理者应当采取技术措施和其他必要措施，确保其收集、存储的个人信息安全，防止信息泄露、篡改、丢失；发生或者可能发生个人信息泄露、篡改、丢失的，应当及时采取补救措施，按照规定告知自然人并向有关主管部门报告。

◆ 条文释义

一、不得泄露、篡改收集、存储的个人信息

信息处理者在告知并取得自然人同意后或者依据法律的规定而合法地处理个人信息，这种处理行为的合法性是一个全过程的体现，即不仅收集个人信息的行为应当是合法的，保管、加工、使用等行为也必须是合法的。《民法典》第1038条第1款前半句规定了信息处理者不得泄露、篡改其收集、存储的个人信息的义务。该义务的确立也为相应的法律责任（民事责任、行政责任和刑事责任）确立了前提，这种义务属于法定义务，不得因当事人的约定而改变，即便是作为个人信息主体的自然人也无权就自己的个人信息单方面免除信息处理者的此种义务。当然，《民法典》第1038条第1款前半句的目的是将处理者不得泄露、篡改所收集、存储的个人信息的义务确立下来。至于该义务的具体内容，如采取何种措施防止个人信息被泄露、篡改甚至丢失，在发生个人信息泄露等情形下应当采取何种措施，则由本条第2款以及《网络安全法》等法律法规作出具体的规定。具体而言，信息处理者不得泄露、篡改所收集、存储的个人信息的义务分为以下两类：

1. 禁止泄露的义务，即信息处理者不得泄露其所收集、存储的个人信息。这就是说，一方面，信息处理者对于其合法收集、存储的个人信息应当依法妥善保管，以免该信息因为信息处理者自身的原因或者其他原因而被泄露；因为个人信

息的处理会给自然人的人格自由、人格尊严以及人身财产权益造成不同可能性和严重程度的风险，如果信息处理者没有妥善保管，导致个人信息被泄露，就会对自然人造成难以预测的损害或危险。故此，法律上首先要给信息处理者施加不得泄露其所收集、存储的个人信息的义务。另一方面，不得泄露所收集、存储的个人信息的义务也意味着对于个人信息的处理应当符合必要的原则，不是个人信息收集、存储得越多越好，因为收集、存储的个人信息越多，意味着法律上的义务和责任越大。一旦泄露个人信息所带来的危险和损害后果也就越大。故此，《民法典》第1038条第1款实际上也在提高个人信息处理的门槛，没有有效履行防止泄露个人信息义务的能力的组织或个人，不应当去收集、储存个人信息。

2. 禁止篡改的义务，即处理者不得篡改个人信息的义务。个人信息处理者收集和存储个人信息本身不是目的，目的是加工、使用，从而在各种场景中予以运用，进而在客观上影响个人信息被收集的自然人社会生活的方方面面。如果处理者可以随意篡改个人信息，则这些被篡改的个人信息就是虚假的、错误的。对这种个人信息进行处理的直接后果就是损害自然人的权利和自由。例如，基于虚假的个人信息而对某人作出的信用评价就是错误的，受此评价的自然人将会因此遭受无法取得贷款、无法获得相应的商品或服务的困难，进而遭受人身财产权益上的损害。长此以往，对于网络信息社会和数字经济的健康发展也是不利的。故此，《民法典》一方面要赋予自然人在发现其个人信息是错误的情况下，提出异议并要求处理者及时采取更正等必要措施的权利；另一方面，又要给处理者施加不得篡改个人信息的义务。二者相互配合，才能保证真实的个人信息被合法地处理。

二、禁止非法提供个人信息的义务

（一）非法提供个人信息的涵义

个人信息的处理包括个人信息的收集、使用、加工、传输、提供、公开等。其中，个人信息的提供，是指个人信息处理者将所收集、存储的个人信息通过信息网络及其他方式传输给他人，使得他人能够据此对这些个人信息进行处理。个人信息尤其是以数据形式出现的个人信息即个人数据，具有“非独占性”或“共享性”的特点。一方面，与作为物权客体的有体物在占有、使用上的独占性所不同的是，数据无论在占有还是使用上都不具有独占性。数据并不会因为被某一特定主体收集、存储而无法被其他人收集、存储。数据完全可以同时在不同的地点由不同的人以不同的方式加以收集和存储，并进行使用、加工、传输、公开。另一方面，数据也不会因为被某人的使用而减少其他人的使用，相反可以由无穷多的人进行使用并创造不同的价值。也就是说，即便是完全相同的个人数据也可以基于不同的目的进行开发和使用，产生不同的增值服务或衍生应用，而这种多目的或多用途的适用之间又会相互影响和作用，从而产生更复杂和更高级的应用。① 正因如此，有观点认为，“数据不应该以它的存储而定义，应该由它的流转来定义”，② 大数据时代也正是由于数据可以在网络空间自由流动与分享才到来的。

因此，个人信息尤其是个人数据的处理者除了自己使用个人信息外，还可能会将个人信息提供给他人使用，接受该个人信息的组织或个人还可能再次将这些信息提供给他人，如此循环下去，在个人信息的处理者越来越多且纷繁复杂的同时，将极大地增加个人信息被处理的自然人所面临的人格自由、人格尊严和人身财产权益上的风险。因为自然人并不知道这些处理者保护其个人信息的能力如何，不知道它们以何种方式基于何种目的而处理其个人信息，在其个人信息被泄露的情况下，甚至完全不知道究竟是哪个环节出现了问题。因此，无论是域外的个人信息保护法，还是我国《民法典》等法律，都必须针对个人信息的提供作出特别的规范。

依据《民法典》第 1038 条第 1 款后半句，在个人信息处理者要将其收集、存储的个人信息提供给他人时，必须告知自然人或者其监护人并取得同意，否则这种个人信息的提供就是非法提供。具体阐述如下：

1. 《民法典》第 1038 条第 1 款后半句中的个人信息处理者所提供的个人信息必须是合法处理的个人信息，即其所收集、存储的个人信息是依法告知并取得自然人或者其监护人的同意的，或者是依据法律、行政法规规定的可以不经告知并取得同意而处理的个人信息。倘若处理者本身就是通过违法的方式而收集、存储个人信息，那么其实际上也不可能去取得自然人的同意后再向他人提供该等个

① 吴伟光：《大数据技术下个人数据信息私权保护论批判》，载《政治与法律》2016 年第 7 期。

② 该观点是被称为硅谷精神教父、科技商业预言家的凯文·凯利在斯坦福大学的一次讲演中提出的。参见《凯文·凯利斯坦福演讲：现在只是分享时代的早期》，载 2016 年 1 月 3 日，http://news.cnfol.com/it/20160103/22046845.shtml，2017 年 9 月 17 日访问。

人信息，因为他们本身就是违法者，其非法处理个人信息的行为本身就是侵权行为甚至犯罪行为。我国实践中常见的各种非法买卖个人信息的行为就属于此类。

2. 个人信息处理者向他人提供个人信息。所谓他人就是指个人信息处理者之外的自然人、法人或者非法人组织。即便是同一集团中的 A 有限责任公司向 B 有限责任公司提供个人信息，也属于向他人提供个人信息，因为 A 和 B 都是具有独立法律人格的主体，在法律上是两个不同的民事主体。提供的方式可以是通过信息网络的方式，如开放接口从而共享个人信息，如现在很多政府机关正在建立的信息共享机制，也可以是通过其他方式，如将个人信息存储在硬盘中交给他人等。提供可能是无偿的，如基于合作关系，也可能是有偿的。由于数据特别是个人数据属于重要的生产要素，对于很多网络企业而言，数据可能是最重要的资产和竞争优势的根本所在，因此，不同的网络企业之间基本上不可能互相提供个人信息。故此，才产生是否需要在法律上确立自然人的个人数据可携带权的争论。

3. 未经个人信息被收集者的自然人的同意，向他人提供个人信息属于非法提供个人信息。换言之，处理者虽然自身履行了告知并取得同意义务而使其处理自然人个人信息的行为具有合法性和正当性基础，但并不因此就当然有权任意将所合法收集、存储的个人信息向他人提供，其不能以自身对于个人信息或个人数据享有的权益来对抗自然人的个人信息权益。这是因为，自然人针对其个人信息享有的是人格权益，而处理者对于个人信息或个人数据充其量享有的只是财产权益，后者的法律位阶明显低于前者。故此，处理者要向他人提供其所合法收集、存储的个人信息必须告知个人信息被收集的自然人并取得其本人或者其监护人的同意。如果没有告知并取得同意，那么这种个人信息的提供就是非法提供。例如，《最高人民法院、最高人民检察院关于办理侵犯公民个人信息刑事案件适用法律若干问题的解释》第 3 条第 2 款就明确规定："未经被收集者同意，将合法收集的公民个人信息向他人提供的，属于刑法第二百五十三条之一规定的'提供公民个人信息'，但是经过处理无法识别特定个人且不能复原的除外。"此种非法提供个人信息的行为不仅是侵害自然人个人信息权益的侵权行为或违约行为，也是违法甚至是犯罪行为，需要遭受行政处罚乃至刑罚处罚。《网络安全法》第 64 条规定："网络运营者、网络产品或者服务的提供者违反本法第二十二条第三款、第四十一条至第四十三条规定，侵害个人信息依法得到保护的权利的，由有关主管部门责令改正，可以根据情节单处或者并处警告、没收违法所得、处违法所得一倍以上十倍以下罚款，没有违法所得的，处一百万元以下罚款，对直接负责的主管人员和其他直接责任人员处一万元以上十万元以下罚款；情节严重的，并可以责令暂停相关业务、停业整顿、关闭网站、吊销相关业务许可证或者吊销营业执照。违反本法第四十四条规定，窃取或者以其他非法方式获取、非法出售或者非法向他人提供个人信息，尚不构成犯罪的，由公安机关没收违法所得，并处违法所得一倍以上十倍以下罚款，没有违法所得的，处一百万元以下罚款。”我国《刑法》第253条之一规定：“违反国家有关规定，向他人出售或者提供公民个人信息，情节严重的，处三年以下有期徒刑或者拘役，并处或者单处罚金；情节特别严重的，处三年以上七年以下有期徒刑，并处罚金。违反国家有关规定，将在履行职责或者提供服务过程中获得的公民个人信息，出售或者提供给他人的，依照前款的规定从重处罚。窃取或者以其他方法非法获取公民个人信息的，依照第一款的规定处罚。单位犯前三款罪的，对单位判处罚金，并对其直接负责的主管人员和其他直接责任人员，依照各该款的规定处罚。”

近年来，我国实践中经常发生的个人信息泄露、侵害他人隐私权等事件，很多就是因处理者非法向他人提供个人信息所致。尤其是一些国家机关、企业事业单位，因为内部管理松弛，员工可以很容易获得个人信息并将之非法提供给他人。此种情形下，这些员工利用职务便利而获取个人信息进而非法提供的行为，属于执行工作任务的行为，不仅这些员工要承担法律责任，单位也要承担法律责任。在民法上，应当由员工和单位承担连带责任，在刑法上应当实行双罚制，即对犯罪的员工处以刑罚的同时，该单位也构成犯罪要遭受刑罚处罚。

（二）无需同意而可以提供的例外

1. 匿名化的信息

《民法典》第1038条第1款第2句规定了一种例外情形，可以不经被收集者同意向他人提供个人信息，而不构成非法提供个人信息，这是针对那些经过加工无法识别特定个人且不能复原的信息。《网络安全法》第42条第1款也规定：“未经被收集者同意，不得向他人提供个人信息。但是，经过处理无法识别特定个人且不能复原的除外。”所谓经过处理无法识别特定个人且不能复原的信息，就是指信息的匿名化。① 由于信息或数据匿名化处理后，无法识别特定的自然人，因此就不属于个人信息，为了促进大数据的发展和应用，《网络安全法》借鉴了一些国家的做法，对于个人信息匿名化作出了规定，作为向他人提供个人信息须经本人同意的例外。② 例如，欧盟《一般数据保护条例》第 4 条第 5 款将“匿名化”界定为：“是一种使个人数据在不使用额外信息的情况下不指向特定数据主体的个人数据处理方式，若该处理方式将个人数据与其他额外信息分别存储，凭技术性和组织性措施无法指向一个可识别或被识别的自然人。”再如，日本《个人信息保护法》第 2 条将“匿名加工信息”界定为：“针对下列各项规定的个人信息相应地采取同项规定的措施，从而为了无法识别特定个人而对个人信息进行加工后所得到的有关个人的信息中，通过处理使该个人信息无法恢复的部分：（一）第一款第一项规定的个人信息，删除该个人信息中所含有的部分记述等（包括以使该部分的记述等丧失有可能恢复的规律性的方式，将该部分记述等转换为其他记述等）；（二）第一款第二项规定的个人信息，删除该个人信息中所含有的全部个人识别符号（包括以使该个人识别符号丧失有可能恢复的规律性的方式，将该个人识别符号转换为其他记述等）。”该法第 37 条规定：“匿名加工信息处理业者在将匿名加工信息（自己加工个人信息并制作而成的匿名加工信息除外。以下于本节相同）提供给第三人时，应当依照《个人信息保护委员会规则》的规定，事先公布被提供给第三人的匿名加工信息所含有的个人相关信息中的项目及提供的方法，并同时向该第三人明示该提供所涉及的信息为匿名加工信息。”

当然，个人信息或个人数据的匿名化只是相对的，在可获得的数据来源越来越丰富以及算法越来越强大的大数据时代，无法识别出个人的数据也存在重新具有可识别特定个人的可能。例如，将大量的匿名化数据重新整合在一起进行相关性分析，就完全有可能导致特定个人的身份信息被识别从而泄露隐私。美国学者 Paul Ohm 教授认为，随着大数据、云计算等新技术的兴起，传统的仅仅删除姓名和社保号码的匿名化技术已经失败了，技术专家可以通过再识别（Re-identify）

① 个人信息或个人数据的匿名化不同于“假名化”，后者是指对个人数据处理后，在没有特定信息参考（该特定信息被安全地单独保存）的情况下，不能指向特定个人。假名化数据与匿名化数据最大的不同是，前者仍然属于个人数据，仍要适用个人数据保护法。参见王融：《数据匿名化的法律规制》，载《中国征信》2017 年第 3 期。

② 杨合庆主编：《中华人民共和国网络安全法解读》，中国法制出版社 2017 年版，第 95－96 页。

或者去匿名化（De-anonymize）的方法来实现个人身份的再识别。[①] 例如，2006年8月，美国在线公布了大量旧的搜索查询数据供研究者分析，尽管整个数据库进行过精心的匿名化处理，但《纽约时报》的两名记者 Michael Barbaro 与 Tom Zeller 依然在几天内就通过把搜索记录综合分析，识别出了该数据库中代号 4417749 的用户是来自佐治亚州利尔本的一位名叫赛尔亚·阿诺德的62岁寡妇。[②] 故此，法律上对于数据的匿名化也有相应的要求，只有经过无法再识别的匿名化处理的个人数据才能认定为非个人数据。

《民法典》第1038条第1款第2句、《网络安全法》第42条第1款第2句对个人信息匿名化提出的要求是“无法识别特定个人”且“不能复原”。所谓无法识别特定个人，是指既不能凭借该信息本身识别特定的自然人，将该信息与其他信息结合也无法识别特定的自然人。欧盟《一般数据保护条例》“鉴于条款”第26条指出：“为判断自然人身份是否可识别，需要考虑所有可能使用的手段，比如利用控制者或其他人来直接或间接地确认自然人身份。为判断所使用的手段是否可能用于识别自然人，需要考虑所有客观因素，包括对身份进行确认需要花费的金钱和时间，考虑现有处理技术以及科技发展。因此，数据保护原则不适用于匿名信息，即不适用于已识别的或可识别的自然人或者个人数据是匿名的并且不再能对所属自然人的身份进行确认的信息。”

所谓不能复原，是指从技术上不能复原或者非花费巨大的成本而难以复原。毕竟能否复原是相对的，如果说穷尽一切措施都无法复原才能认定不能复原，显然要求过高。例如，欧盟《一般数据保护条例》“鉴于条款”第29条指出：“为鼓励处理个人数据时使用匿名化保护措施，匿名方法在允许一般性分析的前提下在同一控制者下是可行的，当该控制者对相关处理程序采取了必要的技术性和组织性措施以确保本条例被遵守和适用，以及确保能够用于识别特定数据主体的额外信息分开独立保存。”

2. 其他情形

除了经过加工无法识别特定个人且不能复原的信息可以不经被收集者同意而

① Paul Ohm, Broken Promises of Privacy, 57 UCLA Law Review, 1701 (2010).

② Paul Ohm, Broken Promises of Privacy, 57 UCLA Law Review, 1701 (2010), at 1718.

提供给他人外，在其他一些情形下也可以未经被收集者同意而提供给他人。例如，日本《个人信息保护法》第 23 条第 1 款规定："除下列情形外，个人信息处理业者不得未事先取得本人的同意，而将其个人数据提供给第三人：（一）以法令为依据的情形；（二）为保护人的生命、身体或财产而有必要，却又难以取得本人同意的情形；（三）为提高公众卫生，或者推进儿童的健康成长而有特殊必要，却又难以取得本人同意的情形；（四）有为国家机关或地方公共团体，或者受其委托的主体执行法令规定的事务而提供协助的必要，却又有可能因取得本人的同意而对该事务的执行造成障碍的情形。"

在我国，依据《民法典》第 1035 条第 1 款第 1 项和第 1036 条第 2、3 项之规定，符合以下情形之一的，也可以不经被收集人同意而将个人信息提供给他人：其一，法律、行政法规有明确规定的情形；其二，提供的信息是自然人自行公开的或者其他已经合法公开的信息，但是该自然人明确拒绝或者处理该信息侵害其重大利益的除外；其三，为维护公共利益或者该自然人合法权益而合理实施的将个人信息提供给他人的行为。

三、保证个人信息安全的义务

（一）保证个人信息安全的义务的内容

个人信息被收集后要加以储存、保管，除了禁止信息处理者泄露、篡改或非法提供个人信息外，最重要的是对处理者提出具体的要求，强制其采取相应的措施，保护个人信息的安全。我国实践中之所以出现大量的电信诈骗案件，很重要的原因就是处理者没有采取相应的措施来确保个人信息的安全，从而导致个人信息被泄露、篡改或丢失。故此，《民法典》第 1038 条第 2 款规定："信息处理者应当采取技术措施和其他必要措施，确保其收集、存储的个人信息安全，防止信息泄露、篡改、丢失；发生或者可能发生个人信息泄露、篡改、丢失的，应当及时采取补救措施，依照规定告知自然人并向有关主管部门报告。"《全国人民代表大会常务委员会关于加强网络信息保护的决定》第 4 条规定："网络服务提供者和其他企业事业单位应当采取技术措施和其他必要措施，确保信息安全，防止在业务活动中收集的公民个人电子信息泄露、毁损、丢失。在发生或者可能发生信息泄露、毁损、丢失的情况时，应当立即采取补救措施。"《网络安全法》第 42 条第 2 款也规定："网络运营者应当采取技术措施和其他必要措施，确保其收集的个人信息安全，防止信息泄露、毁损、丢失。在发生或者可能发生个人信息泄露、毁损、丢失的情况时，应当立即采取补救措施，按照规定及时告知用户并向有关主管部门报告。”由此可见，信息处理者负有的保证个人信息安全的义务内容包括以下两项：

1. 采取技术措施确保个人信息安全

所谓技术措施，是指通过对个人信息进行加密、匿名，采取更安全可靠的数据系统、存储措施，采取防止黑客等第三方非法入侵信息系统等技术上的手段措施，从而实现保证个人信息安全，防止个人信息泄露、被窃取、篡改、毁损、灭失。例如，欧盟《一般数据保护条例》第 32 条第 1、2 款规定：“1. 考虑行业现状、实施成本、处理性质、范围、目的，以及处理活动可能的风险和处理可能给自然人权利自由造成影响的程度，控制者、处理者应当实施适当的技术性和组织性措施，以确保与风险相适应的安全等级，视情况而定包括：（a）个人数据的匿名和加密；（b）确保处理系统和服务的保密性、完整性、可用性以及系统可恢复性的能力；（c）在发生物理或者技术故障的情况下，个人信息的恢复可用性及可访问性；（d）对技术性及组织性措施的有效性定期进行测试、访问、评估，以确保处理过程的安全性。2. 安全账户等级评估应当特别考虑处理过程中的风险，特别是在个人数据的传输、存储以及其他方式的处理过程中意外或非法销毁、灭失、变更、未经授权披露或者访问。”

对于非数据化形式存在的个人信息（如存在于纸面上的个人信息）以及虽然被数据化但存储于未连接互联网的计算机中的个人信息而言，安全措施无非就是防火、防盗、防潮等，容易实施。复杂的是对于以数据形式存储网络信息系统中的个人信息，为此我国《网络安全法》《计算机信息系统安全保护条例》《电信条例》等法律法规作出了详细的规定。首先，针对网络运营者采取技术措施保障数据信息安全的义务，《网络安全法》第 21 条规定：“国家实行网络安全等级保护制度。网络运营者应当按照网络安全等级保护制度的要求，履行下列安全保护义务，保障网络免受干扰、破坏或者未经授权的访问，防止网络数据泄露或者被窃取、篡改：（一）制定内部安全管理制度和操作规程，确定网络安全负责人，落实网络安全保护责任；（二）采取防范计算机病毒和网络攻击、网络侵入等危害网络安全行为的技术措施；（三）采取监测、记录网络运行状态、网络安全事件的技术措施，并按照规定留存相关的网络日志不少于六个月；（四）采取数据分类、重要数据备份和加密等措施；（五）法律、行政法规规定的其他义务。”所谓网络安全等级保护，是指根据网络在国家安全、经济建设、社会生活中的重要程度，以及其一旦遭受破坏、丧失功能或者数据被篡改、泄露、丢失、毁损后，对国家安全、社会秩序、公共利益以及相关公民、法人和其他组织的合法权益的危害程度等因素，对网络安全保护实行分级保护的制度。具体而言，分为五个网络安全保护等级：第一级，一旦受到破坏会对相关公民、法人和其他组织的合法权益造成损害，但不危害国家安全、社会秩序和公共利益的一般网络；第二级，一旦受到破坏会对相关公民、法人和其他组织的合法权益造成严重损害，或者对社会秩序或公共利益造成危害，但不危害国家安全的一般网络；第三级，一旦受到破坏会对相关公民、法人和其他组织的合法权益造成特别严重损害，或者会对社会秩序和社会公共利益造成严重危害，或者对国家安全造成危害的重要网络；第四级，一旦受到破坏会对社会秩序和公共利益造成特别严重危害，或者对国家安全造成严重危害的特别重要网络；第五级，一旦受到破坏会对国家安全造成特别严重危害的极其重要网络。因此，网络服务提供者应当根据自己所提供的网络的评级与定级结果，采取不同的网络安全保护措施。

其次，对于关键信息基础设施的运行安全的特别规定。所谓关键信息基础设施，是指公共通信和信息服务、能源、交通、水利、金融、公共服务、电子政务等重要行业和领域，以及其他一旦遭到破坏、丧失功能或者数据泄露，可能严重危害国家安全、国计民生、公共利益的关键信息基础设施（《网络安全法》第 31 条)。根据《网络安全法》第 34 条，除了负有一般的网络服务提供者的安全保护义务之外，关键信息基础设施的运营者还负有如下义务：(1) 设置专门安全管理机构和安全管理负责人，并对该负责人和关键岗位的人员进行安全背景审查；(2) 定期对从业人员进行网络安全教育、技术培训和技能考核；(3) 对重要系统和数据库进行容灾备份；(4) 制定网络安全事件应急预案，并定期进行演练；(5) 法律、行政法规规定的其他义务。

2. 其他必要措施

所谓其他必要措施，是指为了维护个人信息的安全而依据当时的情形等应当采取的措施。毕竟法律、法规、规章不可能将所有保护个人信息安全的措施列举完毕，因此，虽然法律法规没有规定，但是根据具体的情形（如个人信息存储的容量、遭受非法侵入的风险和已经发生的时间、处理者的技术水平和财务能力等），处理者应当采取的保护个人信息安全的措施就是必要措施。

处理者没有采取技术措施和其他必要措施，确保其收集、存储的个人信息安全，以致信息泄露、篡改、丢失的，应当依法承担法律责任。例如，在“赵鹏与北京链家房地产有限公司等一般人格权纠纷案”中，法院明确指出：“链家公司要求经纪人必须将客户的身份证、房产证及合同信息拍照后上传至公司内网。链家公司可以预见，在这样的处理方式下会极大地增加侵犯客户个人信息行为发生的可能性和危险性，而链家公司对此没有采取任何实际有效的操作规程等防范措施予以风险的防控，公司员工可以轻易将业主个人信息泄露用于非法目的。因此，本案侵权事实的发生与链家公司内部对客户个人信息的保护存在监管漏洞直接相关。因链家公司的管理存在过错，其亦应对赵鹏的个人信息被侵害的损害后果承担侵权责任。”①

（二）采取补救措施的义务

《民法典》第 1038 条第 2 款第 2 句和《网络安全法》第 42 条第 2 款后半句规定，发生或者可能发生个人信息泄露、篡改、丢失的，应当及时采取补救措施，按照规定告知自然人并向有关主管部门报告。这就是所谓的采取补救措施的义务。关于该义务需要注意以下几点：

首先，只要发生或者可能发生个人信息泄露、篡改、丢失的，处理者就应当及时采取补救措施，至于导致个人信息泄露、篡改或丢失的原因是否可归责于处理者，在所不问。也就是说，即便处理者完全没有任何过错可言，完全是由于第三人的行为如黑客攻击，只要发生或者可能发生个人信息的泄露、篡改、丢失的，处理者就应当采取补救措施，同时按照规定告知被收集者和向有关主管部门报告。所谓及时，我国法律没有确定具体的时间，欧盟《一般数据保护条例》第 32 条规定的是 72 小时。

其次，及时采取补救措施并不免除处理者的侵权责任。申言之，只要个人信息泄露、篡改、丢失，给自然人造成了损害，即便处理者及时采取了补救措施，

① 北京市朝阳区人民法院（2018）京 0105 民初 9840 号民事判决书。

那么也只是对采取补救措施之后由于自然人自身的原因而导致的扩大的损失，不承担责任，而对采取补救措施之前已经造成的损害，依然要承担赔偿责任。如果没有及时采取补救措施或者根本就不采取补救措施，则处理者对扩大的损害也要承担赔偿责任。

再次，处理者应当依照规定及时告知被收集者，从而促使被收集者提前采取措施避免因为个人信息泄露、篡改、丢失而遭受损害。告知的方式可以是逐一通知，也可以是采取显著的可获知的公告的方式。例如，欧盟《一般数据保护条例》第 34 条第 1、2 款规定："若个人数据泄露可能给自然人权利和自由造成高风险，控制者应当及时向数据主体告知个人数据泄露。本条第 1 款所述的告知数据主体，应当至少包括本条例第 33 条第（3）款（b）（c）（d）项所述的信息和措施，并且用清晰易懂的语言描述个人数据泄露的性质。"至于通知的内容，通常应当包括：（1）对个人信息泄露、篡改或丢失的描述，如泄露的原因，被泄露的个人信息的种类等；（2）已经采取的补救措施；（3）可能对自然人造成的危险或损害以及可以采取的预防或减少损害的措施；（4）处理者负责此次事件人员及联系方式等。

最后，出现个人信息泄露等事件后，处理者应当向有关主管机关报告。我国没有设立专门的个人信息保护机构，而是依据不同类型的个人信息由不同的部门主管。《网络安全法》第 8 条第 1 款规定："国家网信部门负责统筹协调网络安全工作和相关监督管理工作。国务院电信主管部门、公安部门和其他有关机关依照本法和有关法律、行政法规的规定，在各自职责范围内负责网络安全保护和监督管理工作。"之所以在出现个人信息泄露等事件后，处理者要向有关主管机关报告是因为：一方面，个人信息的泄露等事件往往是大规模的，涉及广大人民群众的人身财产安全,① 主管机关作为个人信息的保护监管机构，应当了解相应的情况，从而采取相应的措施。例如，对于出现泄露的处理者要求整改，作出处罚，涉嫌犯罪的，移送犯罪线索给公安机关进行侦查。另一方面，通过掌握每一起个

---

① 例如，仅仅在 2019 年我国就发生多起涉及人数极为众多的个人信息泄露事件，如 2019 年 7 月，智能家居公司欧瑞博（Orvibo）的数据库泄露涉及超过 20 亿条 IoT 日志；2019 年 4 月，国内多家企业的 MongoDB 和 ElasticSearch 服务器因暴露泄露 5.9 亿份简历；2019 年 2 月，深网视界（AI 安防）泄露 250 万人的人脸数据。参见《2019 年国内外数据泄露事件盘点——个人信息保护刻不容缓》，载 http：//blog. nsfocus. net/inventory－of－data－breaches－at－home－and－abroad－in－2019/。

人信息泄露事件，有关个人信息保护机关也可以进一步完善相应的监管措施，包括在将来修订、完善相应的法律法规。

（撰稿人：程啸）

第一千零三十九条 【国家机关及其工作人员对个人信息的保密义务】

国家机关、承担行政职能的法定机构及其工作人员对于履行职责过程中知悉的自然人的隐私和个人信息，应当予以保密，不得泄露或者向他人非法提供。

◆ 条文释义

一、规范目的

所谓国家机关包括立法机关、司法机关和行政机关。承担行政职能的法定机构是指，虽然不属于国家机关，但是实际上承担行政职能的机构，即法律法规授权具有行政职能的事业单位和社会组织。例如，依据《中共中央、国务院关于分类推进事业单位改革的指导意见》的要求，对完全承担行政职能的事业单位，可调整为相关行政机关的内设机构，确需单独设置行政机构的，要按照精简效能的原则设置。已认定为承担行政职能但尚未调整到位的事业单位，在过渡期内继续按照现行法律法规和政策规定履行职责，使用事业编制且只减不增，人事、财务、社会保险等依照国家现行政策规定实施管理。实践中有不少这样的依法履行行政职能的事业单位，如有些地方以事业单位名义设立但是依法承担行政管理职能的广播电视局、新闻出版局、旅游局、房地产管理局、知识产权局等。此外，实践中还有一些并不属于国家机关，但是依法承担公共服务职能的单位，如社会保险经办机构（其提供社会保险服务，负责社会保险登记、个人权益记录、社会保险待遇支付等工作）、不动产登记中心（其具体承担不动产登记业务）等。

国家机关、承担行政职能的法定机构及其工作人员在依法履行职责的过程中，不仅要大量收集自然人的个人信息，也产生出新的个人信息，同时还会知悉很多自然人的隐私。此外，由国家机关、承担行政职能的法定机构所处理的个人信息准确度也非常高。如果国家机关、承担行政职能的法定机构及其工作人员不能有效保守所知悉的自然人的隐私和个人信息，将会对自然人的人格尊严、人格自由和人身财产权益的安全造成很大的危险及损害。故此，在个人信息保护立法中，有些国家或地区专门对公务机关即国家机关处理个人信息加以规范，以区别非公务机关的个人信息处理行为。例如，德国《联邦数据保护法》专门对公共机关（öffentliche Stellen）的信息保护义务作出了规定，而我国台湾地区的“个人资料保护法”更是将个人资料的收集、处理及利用区分为两种类型，分两章加以规定，其中第二章规定的是“公务机关对个人资料之收集、处理及利用”，第三章规定是“非公务机关对个人资料之收集、处理及利用”。依据该法第 2 条第 7 款和第 8 款，所谓公务机关，是指依法行使公权力之中央或地方机关或行政法人；非公务机关是指前款以外之自然人、法人或其他团体。

欧盟《一般数据保护条例》并未依据公务机关与非公务机关对个人信息处理行为作出不同的规定，但是该条例排除了两类情形下公共机关处理个人数据活动对该条例的适用：一是，依据该条例第 2 条第 2 款之规定，主管当局以预防、调查、侦查或起诉刑事犯罪，或执行刑事处罚为目的，包括保障并预防公共安全受到威胁而进行的个人数据处理，不适用该条例；但是，依据该条例“鉴于条款”第 19 条，公权力机构在基于上述目的对个人数据进行处理时，应适用更加具体的欧盟法律，即欧洲议会和欧盟理事会发布的指令（EU）2016/680 。成员国可以将任务委托给指令（EU）2016/680 中定义的主管机构，如果任务不是为了预防、调查、侦查或起诉刑事罪行或执行刑事处罚，包括保障和防止出现对公共安全及其相关数据自由流动的威胁有必要进行个人数据处理活动，而是为了其他目的，则只要属于欧盟法所调整的范围，就应适用《一般数据保护条例》。当主管机构基于《一般数据保护条例》规定的目的而进行的个人数据处理，则成员国应当能够维持或采取更加具体的规定来适用该条例的规则。二是，依据该条例“鉴于条款”第 20 条，当该条例适用于法院和其他司法机关的活动时，欧盟或成员国法律可以对有关法院和其他司法机关处理个人数据的操作和程序进行具体规定。为保障司法机关在履行包括作出裁判在内的司法职能时能保持司法独立，法院因履行司法职能而进行的个人数据处理活动不受监管机构监督管理，可允许各国将该种数据处理行为的合法监督授权于成员国司法系统内部的特定机构，从而确保《一般数据保护条例》得以遵守，增强司法系统内成员有关本条例承担责任的意识，并且处理有关数据处理活动的投诉。

我国目前尚无专门的个人信息保护法，无论是《民法典》还是《网络安全法》等法律都没有按照公务机关和非公务机关对个人信息处理行为作出不同的规定，不过法律上也注意到国家机关及其工作人员应当严格履行保护自然人隐私和个人信息不被非法泄露的义务。《民法典》第 1039 条规定也正是为了强化个人信息的保护而专门作出的规定。除了前文所列法律规定外，我国还有大量的行政法规就国家机关及其工作人员对依法履行职责中知晓自然人的隐私和个人信息予以保密的规定，如《个人所得税法实施条例》《全国经济普查条例》《征信业管理条例》《戒毒条例》《居住证暂行条例》《缺陷汽车产品召回管理条例》等。

二、政府信息公开与隐私和个人信息的保护

所谓政府信息，是指行政机关在履行行政管理职能过程中制作或者获取的，以一定形式记录、保存的信息。依据《政府信息公开条例》，行政机关公开政府信息，应当坚持以公开为常态、不公开为例外，遵循公正、公平、合法、便民的原则。除了该条例第 14－16 条规定的政府信息外，政府信息应当公开。该条例第 15 条规定："涉及商业秘密、个人隐私等公开会对第三方合法权益造成损害的政府信息，行政机关不得公开。但是，第三方同意公开或者行政机关认为不公开会对公共利益造成重大影响的，予以公开。"由此可见，原则上对于涉及个人隐私的政府信息，公开会损害他人的合法权益，故此不得公开，但是第三方同意公开或行政机关认为不公开会对公共利益造成重大影响的，也应当公开。

这实际上就是基于公共利益的考虑而对自然人的隐私权和个人信息权益所作出的限制。此外，依据《最高人民法院关于审理政府信息公开行政案件若干问题的规定》第 5 条第 2 款的规定，因公共利益决定公开涉及商业秘密、个人隐私政府信息的，被告应当对认定公共利益以及不公开可能对公共利益造成重大影响的理由进行举证和说明。例如，在一起案件中，原告依据《政府信息公开条例》要求被告房管局公开经济适用房、廉租房的分配信息并公开所有享受该住房住户的审查资料信息（包括户籍、家庭人均收入和家庭人均居住面积等），被告以这些信息涉及他人隐私为由拒绝公开。一审法院支持被告的观点，认为原告要求公开的政府信息包含享受保障性住房人的户籍、家庭人均收入、家庭人均住房面积等内容，此类信息涉及公民的个人隐私，不应予以公开，判决驳回原告的诉讼请求。二审法院则认为，虽然申请人申报的户籍、家庭人均收入、家庭人均住房面积等情况属于个人隐私，但这些信息属于申请人能否享受保障性住房的基本条件。只要申请经济适用房就必须向主管部门提供符合相应条件的个人信息，以接受审核。“当涉及公众利益的知情权和监督权与保障性住房申请人一定范围内的个人隐私相冲突时，应首先考量保障性住房的公共属性，使获得这一公共资源的公民让渡部分个人信息，既符合比例原则，又利于社会的监督和住房保障制度的良性发展。”因此，被告房管局以涉及个人隐私为由拒绝公开是违法的，二审判决被告自判决生效之日起 15 个工作日内对申请人的信息公开申请重新作出书面答复。①

三、政府信息共享与个人信息保护

为了更好地提供公共服务，遵循便民利民原则，实现“信息多跑路，群众少跑腿”，打破信息孤岛，党中央和国务院大力推进“互联网+政务”，希望能够通过电子政务的建设，将各部门的数据联通，实现共享。《政务信息资源共享管理暂行办法》第 2 条规定，政务信息资源，是指政务部门（即政府部门及法律法规授权具有行政职能的事业单位和社会组织）在履行职责过程中制作或获取的，以一定形式记录、保存的文件、资料、图表和数据等各类信息资源，包括政务部门直接或者通过第三方依法采集的、依法授权管理的和因履行职责需要依托政务信息系统形成的信息资源等。依据该办法第 5 条，政务信息资源“以共享为原则，不共享为例外。各政务部门形成的政务信息资源原则上应予共享，涉及国家秘密和安全的，按相关法律法规执行”。“需求导向，无偿使用。因履行职责需要使用共享信息的部门（以下简称使用部门）提出明确的共享需求和信息使用用途，共

---

① 详见“杨政权诉山东省肥城市房产管理局案”，2014 年 9 月 13 日最高人民法院公布全国法院政府信息公开十大案例之一。

享信息的产生和提供部门（以下统称提供部门）应及时响应并无偿提供共享服务。”

显然政府信息共享时如果涉及对个人信息的共享，实际上就属于个人信息的处理者将收集的个人信息提供给他人的情形。合法的数据共享应当以合法的个人信息处理为前提。① 那么，政府机关共享各自收集的个人信息，是否要符合这一规定取得被收集者的同意呢？王利明教授指出，数据共享必须取得个人信息权利人即自然人的授权，而且必须是特别授权，不允许概括授权。② 笔者赞同这一观点，即除非法律、行政法规另有规定，否则政府机关之间共享个人信息，就是属于我国《民法典》第 1038 条第 1 款后半句规定的情形，“未经自然人同意，不得向他人非法提供其个人信息，但是经过加工无法识别特定个人且不能复原的除外”。

四、国家机关、承担行政职能的法定机构及其工作人员违反个人信息保护义务的法律责任

国家机关、承担行政职能的法定机构及其工作人员不履行法律规定的对履行职责过程中知悉的自然人的隐私和个人信息予以保密的保护，而泄露或者向他人非法提供个人信息或隐私的，应当承担法律责任。例如，《网络安全法》第 72 条规定：“国家机关政务网络的运营者不履行本法规定的网络安全保护义务的，由其上级机关或者有关机关责令改正；对直接负责的主管人员和其他直接责任人员依法给予处分。”第 73 条规定：“网信部门和有关部门违反本法第三十条规定，将在履行网络安全保护职责中获取的信息用于其他用途的，对直接负责的主管人员和其他直接责任人员依法给予处分。网信部门和有关部门的工作人员玩忽职守、滥用职权、徇私舞弊，尚不构成犯罪的，依法给予处分。”再如，《社会保险法》第 92 条规定：“社会保险行政部门和其他有关行政部门、社会保险经办机构、社会保险费征收机构及其工作人员泄露用人单位和个人信息的，对直接负责的主管人员和其他直接责任人员依法给予处分；给用人单位或者个人造成损失的，应当承担赔偿责任。”

---

① 王利明：《数据共享与个人信息保护》，载《现代法学》2019 年第 1 期。
② 王利明：《数据共享与个人信息保护》，载《现代法学》2019 年第 1 期。

因此，国家机关、承担行政职能的法定机构及其工作人员泄露隐私或个人信息，给自然人造成损害的，受害人有权依法请求侵权人承担侵权责任。当然，国家机关在承担了用人者责任后可以依据《民法典》第 1191 条第 1 款向有故意或者重大过失的工作人员追偿。

（撰稿人：程啸）

图书在版编目（CIP）数据

中华人民共和国民法典人格权编释义 / 王利明，程啸，朱虎著.—北京：中国法制出版社，2020.7

ISBN 978 –7 –5216 –1162 –5

Ⅰ.①中… Ⅱ.①王…②程…③朱… Ⅲ.①人格–权利–法律解释–中国 Ⅳ.①D923.15

中国版本图书馆 CIP 数据核字（2020）第 110993 号

策划编辑：戴蕊　　责任编辑：程思　　封面设计：李宁

中华人民共和国民法典人格权编释义

ZHONGHUA RENMIN GONGHEGUO MINFADIAN RENGEQUANBIAN SHIYI

著者/王利明　程啸　朱虎

经销/新华书店

印刷/三河市国英印务有限公司

开本/710 毫米×1000 毫米　16 开　　印张/ 30.5　字数/ 460 千

版次/2020 年 7 月第 1 版　　2020 年 7 月第 1 次印刷

中国法制出版社出版

书号 ISBN 978 –7 –5216 –1162 –5　　定价：98.00 元

北京西单横二条 2 号

邮政编码 100031　　传真：010 –66031119

网址：http：//www.zgfzs.com　　**编辑部电话：010 –66066620**

市场营销部电话：010 –66033393　　**邮购部电话：010 –66033288**

（如有印装质量问题，请与本社印务部联系调换。电话：010 –66032926）